중앙문화재연구원 학술총서
20

중앙문화재연구원 엮음

신라 고고학 개론

新羅考古學概論

下

진인진

자료 제공

경상문화재연구원, 국립경주문화재연구소, 국립경주박물관, 국립김해박물관, 국립중앙박물관, 동아대학교박물관,
두류문화연구원, 성림문화재연구원, 영남문화재연구원, 울산문화재연구원, 한국문화재조사연구기관협회

지은이

남익희(세종문화재연구원)
윤상덕(국립중앙박물관)
주경미(부산외국어대학교)
이한상(대전대학교)
이현정(울산박물관)
신동조(부산박물관)
우병철(영남문화재연구원)
김혁중(국립김해박물관)
이인숙(국립경주문화재연구소)
전은희(국립대구박물관)
한성욱(민족문화유산연구원)

신라고고학개론 下

초판 1쇄 발행 ┃ 2014년 8월 31일
 2판 1쇄 발행 ┃ 2017년 1월 31일

엮 음 ┃ (재)중앙문화재연구원
발행인 ┃ 김영진
발행처 ┃ 진인진
등 록 ┃ 제25100-2005-000003호
표 지 ┃ 정하연
본문편집 ┃ 배원일
주 소 ┃ 경기도 과천시 별양상가 1로 18, 614호(별양동 과천오피스텔)
전 화 ┃ 02-507-3077~8
팩 스 ┃ 02-504-3079
홈페이지 ┃ http://www.zininzin.co.kr
이메일 ┃ pub@zininzin.co.kr

ⓒ 진인진 2017
ISBN 978-89-6347-320-8 94910
ISBN 978-89-6347-318-5 94910(세트)

:::목 차

책을 펴내며

우리 연구원에서는 그동안 연구·학술지원 사업의 일환으로 『동아시아의 고분문화』, 『아시아의 고대 문물교류』, 『한국 신석기문화의 양상과 전개』, 『한국 신석기시대 토기와 편년』 등 한국 고고학의 다양한 주제를 선정하여 학술총서를 간행한 바 있고, 특히 『한국 신석기문화의 양상과 전개』는 2013년도 대한민국학술원 우수학술도서로 선정되었습니다. 또 『마한·백제의 분묘 문화』를 비롯하여 『고구려의 고분 문화』와 『발해의 고분 문화』를 연차적으로 간행하여 마한·백제의 분묘와 고구려·발해의 고분에 좀 더 쉽게 접근하여 그 문화상을 이해할 수 있도록 하고 있습니다.

또한 우리 연구원에서는 한국 고고학의 전반적인 흐름을 파악할 수 있도록 개론서의 간행을 계획하여 『한국 신석기문화 개론』과 『낙랑고고학개론』을 간행하였습니다. 특히 2011년에 간행한 『한국 신석기문화 개론』은 2012년도 대한민국학술원 우수학술도서로 선정되는 영예를 얻었습니다. 앞으로 『한국 청동기문화 개론』, 『가야고고학개론』, 『마한고고학개론』, 『북방고고학개론』 등이 순차적으로 간행될 예정입니다.

신라고고학은 우리나라에서 조사나 연구가 가장 활발한 분야라고 할 수 있음에도 불구하고 그동안 신라문화를 종합적으로 파악할 수 있는 개론서가 없었습니다. 이러한 상황에서 우리 연구원은 경북대학교 박천수 선생님과 함께 2013년 3월부터 신라고고학에 대한 입문서를 간행하고자 준비하였고, 1년여의 노력 끝에 『신라고고학개론』을 간행하게 되었습니다만, 한 권으로 간행하기에는 많은 양이어서 독자의 편의를 위하여 부득이 두 권으로 나누어 간행하게 되었습니다. 2014년 8월 간행한 『신라고고학개론 -上-』에는 신라고고학 자료 가운데 유적과 대외 문물교류를 중심으로 11편의 논고를 수록하였고, 이번 『신라고고학개론 -下-』에는 고 신라토기, 인화문토기, 금속공예, 장신구, 말과 마구, 농공구, 무기, 갑주, 기와, 철생산, 자기문화 등 신라고고학 자료 가운데 유물과 관련된 11편의 논고를 수록하였습니다.

아무쪼록 이 학술총서가 관련 연구자들과 한국고고학계에 작으나마 보탬이 되기를 기대하고, 앞으로도 한국고고학계에 도움이 될 수 있는 다양하고 심도 있는 주제를 선정하여 학술총서를 발간할 것을 약속드립니다.

끝으로 옥고를 집필하여 주신 남익희 선생님을 비롯한 여러 선생님들과 이 학술총서가 간행될 수 있도록 책임연구를 맡아 주신 경북대학교 박천수 선생님께 감사드립니다. 또한 이 학술총서가 간행될 수 있도록 애써준 중앙문화재연구원 학예연구실 직원 여러분, 어려운 여건에서도 이 학술총서의 간행을 맡아주신 김영진 사장님과 진인진 관계자 여러분께 감사드립니다.

2014년 10월

중앙문화재연구원장 조 상 기

남 익 희

고 신라토기

__머리말

　　토기의 사전적 의미는 '점토를 물에 개어 빚은 후 불에 구워 만든 용기'이며, 신석기시대 이래 수렵·채집 생활에서 농경을 바탕으로 하는 정착생활로 전환하면서 식량을 저장하고, 식수를 담아두는 용기가 필요하게 되면서 출현하였다고 알려져 있다. 토기는 보통 500~1,000℃ 이하에서 구워지지만 그 이상의 온도에서 구워진 것을 도기陶器라 부르고, 유약을 바른 것을 자기磁器라 부르는데, 일반적으로 한국 고고학에서 통일신라시대 이후 등장하는 유약을 바른 자기를 제외하고는 모두 토기라 부르고 있다. 본고에서 사용하는 '신라토기'는 말 그대로 '삼국시대 신라의 토기'를 의미하고, 조금 범위를 좁히자면 시간적으로는 고고학사전(국립문화재연구소 2003)에서 정의한 신라토기 전~중기에 해당하는 '원삼국시대 이후부터 6세기 중엽 인화문 토기가 등장하기 전까지', 공간적으로는 '영남지방을 중심으로 한 신라 권역'에서 생산·사용된 토기를 의미한다.

본고는 먼저 신라토기에 대한 여러 연구자들의 연구사를 정리하고, 신라토기 연구와 관련된 여러 쟁점에 대해 간략히 살펴보고자 한다. 이후 경주지역을 중심으로 신라토기의 편년과 생산 등에 대해 살펴보고, 영남지방 각 지역에서 확인되는 신라토기의 편년과 변천, 특징에 대해 검토해보고자 한다.

신라토기 연구사 및 연구 쟁점

신라토기는 영남지방 고분에서 출토되는 여러 유물들 중에서 가장 보편적이고 친숙하게 인식되는 유물로서, 토기에 대한 연구는 오늘날까지 신라고고학의 중심을 이루어 왔다고 해도 과언이 아닐 것이다. 즉, 삼국시대, 신라, 영남지방의 고고학을 이야기 할 때 가장 중심에 있었던 것이 신라토기라 할 수 있으며, 신라토기에 대한 연구를 바탕으로 고분의 편년은 물론 그에 따르는 다양한 역사적 해석이 이루어져 왔다. 본 장에서는 먼저 1960년대 이후 본격적으로 이루어진 신라토기에 대한 여러 연구자들의 연구성과를 간략하게 정리하고, 오늘날까지도 신라토기의 연구에서 가장 쟁점이 되고 있는 몇몇 사항에 대해 살펴보고자 한다.

신라토기 연구사에서 가장 먼저 언급되어야 할 연구자는 김원룡이다. 김원룡은 1960년 『新羅土器의 研究』라는 논고를 발표한 이후, 한국고고학에 대한 개설서(『韓國考古學槪說』, 1973, 一志社)는 물론, 원삼국시대 토기를 비롯한 신라·가야토기에 대한 다양한 연구를 진행하였고, 1981년 『新羅土器』를 통해 신라토기의 제작법과 발생, 변천과정 등에 대해 설명하였다.

간략하게 그 내용을 살펴보자면, 먼저 김원룡은 신라토기는 토기 그 자체로서뿐 아니라 신라고분의 편년을 위한 기본자료로서, 신라고고학이나 신라의 역사·문화를 연구하는데 다시없이 중요한 의의를 가진다고 설명하였다. 또한 신라토기는 보통 삼국시대에 경상도지방을 중심으로 발전한 토기를 말하며, 신라토기는 영남 중심의 지역적 토기였고, 지리적으로는 영남토기라 설정하였다. 더불어 신라토기의 시간적 범위에 대해서는 통일신라토기도 신라토기에 포함되어야 하지만, 좁은 의미에서 신라토기는 '고신라토기'를 가리켜야 할 것으로 판단하였다.

다음으로 신라토기의 제작법에 대해서는 회전판(물레)을 이용한 '성형'과 파상문, 기하문, 삼각문, 원권문과 같은 '표면장식', 실요와 등요를 통한 1,000~1,200℃ 정도의 고화도 '소성' 등으로 나누어 설명하였다. 또한 신라토기의 발생에 관해서는 신라토기의 모체가 되는 것은 김해토기라 불리는 경도

硬陶이고, 김해토기의 발생은 서력기원 개시 전후라 생각되며, 그것은 중국 전국시대의 회도 기법이 서기전 3, 4세기경 서북한으로 들어와 낙랑군의 설치와 더불어 서해안을 거쳐 남한으로 퍼지면서 발생한 것으로 보았다. 더불어 김해토기 후기단계에 이르러 화로형토기, 고배, 장경호, 대각의 투창 등이 등장하게 되고, 이것이 신라토기로의 과도기에 해당된다고 보았다. 즉, 3세기 후반 타날문 위주의 김해식 토기가 사라지고, 고배나 대각이 달린 토기 등의 고분부장용 토기가 나타나기 시작하는데, 이때를 신라토기의 시작, 발생으로 보았다.

이후 김원룡은 기원후 300년을 전후한 1세기(250~350년)를 신라토기의 조기로 설정하고, 그 다음은 1세기 마다 전기(350~450), 중기(450~550), 후기(550~650)로 각각 설정하여 크게 신라토기를 네 분기로 나누어 설명하였다. 먼저 조기는 웅천패총 II기, 부원동 패총A구, 창원 성산패총, 김해 예안리 묘지 하층 등에서 출토되는 토기로 대표되며, 원삼국 말기에서 신라고분기를 연결하는 과도기에 해당되고, 이 시기 토기의 특징에 대해서는 타날문의 소멸과 고배, 경배, 화로형 토기의 등장 등으로 설명하였다. 전기는 경주에서 황남동 109호분 3·4곽, 110호분, 황남대총 남분 등이 해당되고, 조기와 뚜렷하게 구분되는 특징으로 개와 장경호의 발생, 본격적인 장방형의 투창과 돌대 및 밀집 파상문의 유행 등을 들었다. 또한 전기에는 무개식, 유개식 고배와 개배, 호, 기대, 경배, 파배, 각배, 이형토기 등의 다양한 토기가 유행하는 것으로 설명하였다. 중기는 전기의 토기에서 보이는 고졸古拙, 힘, 날카로움, 견고성이 후퇴하고, 태토가 고와지며, 영락이 부착되는 등 형태·제작 측면에서 어딘가 약해지는 듯한 양상이 나타난다고 설명하였다. 마지막으로 후기는 고신라토기의 종말기이며, 이 시기의 후반기에 통일기의 인화문토기가 출현하는 것으로 설명하였다.

다음으로 신경철은 1986년 「新羅土器의 發生에 對하여」라는 논고를 통해 신라토기의 발생과 도질토기의 출현, 신라·가야토기의 분화과정 등에 대해 설명하였다. 먼저 신경철은 원삼국시대를 대표하는 토기는 재래의 무문토기 기반 위에 낙랑토기의 직접적인 영향으로 성립된 남부지방 특유의 '와질토기'임을 주장하고, 와질토기의 상한을 조양동 38호분과 김해 지내동 합구식옹관 부장토기 등을 기준으로 기원후 1세기 1/4분기 혹은 늦어도 2/4분기에 설정하고, 하한을 기원후 300년에 위치시켰다. 이후 기원후 300년을 와질토기의 하한이자 고식도질토기의 상한으로 설정하고, 고식도질토기의 발생은 남조와의 교섭을 통해 습득된 신제도술, 즉 등요의 도입에 기인한 것으로 추정하였다. 더불어 고식도질토기의 단계를 크게 I~IV단계로 나누고, I단계를 4세기 전반, II단계를 4세기 중반, III단계를 4세기 후반, IV단계를 5세기 전반(400~430년)에 비정하였다. 특히 고식도질토기 IV단계는 복천동 31·32호에서 25·26호까지의 시기에 해당하는데, 아직까지 신라·가야토기가 분화되기 이전에 해당하고, 다음 시기인 황남동 109호분 3·4곽과 같은 복천동 21·22호 단계(430년대)에서 전형적인 신라양식토기가 등장함과 동시에 신라·가야토기가 분화되는 것으로 설명하였다. 즉, 황남동 109호분 3·4곽 토기부터 전형적인 신라양식토기라 부를 수 있고, 이전 시기의 고식도질토기는 지역적으로 각각 차이가 존재하여 (조기)신라양식토기로 부르기 보다는 '고식경주토기', '고식부산 김해토기' 등으로 명명하는 것이 타당하다고 주장하였다. 또한 고식도질토기 Ⅳ단계에서부터 보이는 교호투창 등의 요소는 '고식경주토기'의 영향으로 보는 것이 타당할 것으로 판단하였다. 그리고 협의의 전형적인 신라양식토기의 발생은 적석목곽분의 등장과 궤를 같이하는 황남동 109호분 3·4곽 시기부터이며, 광의의 신라식토기의 발생은 고식도질토기가 등장하는 기원후 300년 무렵으로 보고, 더불어 영남지방에서 도질토기의 발현과 제작은 어느 특정한 곳*에서 먼저 시작되어 확산된 일원적인 것이 아니라 여러 곳에서 다원적·동시적으로 이루어진 것으로 판단하였다.

최병현은 1992년 발표한 『新羅古墳研究』를 통해 신라토기의 기원은 물론 토광묘에서부터 적석목곽묘, 수혈식석곽묘, 횡혈식석실묘에 이르는 신라 고분의 구조 및 변천과정, 편년 등을 설명하였다. 먼저 연구의 시간적 범위를 크게 조기, 전기, 후기의 3기로 나누고, 공간적 범위를 낙동강 동안의 영남지방과 서안의 성주 이북의 영남지방, 강릉 이남의 동해안을 포함하는 것으로 설정하였다. 이후 토광묘 단계부터 적석목곽묘(수혈식석곽묘) 단계를 거쳐 횡혈식석실묘 단계에 이르는 각 단계를 세분하고, 절대연대를 부여하였으며, 토광목관묘의 등장, 토광목곽묘에서 수혈식석곽묘로의 전환, 경주지역에서 적석목곽분의 등장과 분류 등 신라 고분의 기원과 변천과정 전반에 대하여 설명하였다.

이와 함께 신라양식토기는 원삼국시대 공통양식토기에서 분립된 것이고, 그 시기는 경주지역에서 적석목곽분이 조영되는 시점이라 주장하였다. 더불어 토광목곽묘 시기(원삼국시대)의 신라토기를 신라조기양식토기로, 적석목곽분 시기의 신라토기를 신라전기양식토기로, 통일신라토기는 신라후기양식토기로 명명할 것을 제안하였다. 또한 최근의 논고(최병현 2012)에서도 신라토기의 시작, 신라전기양식토기의 성립은 원삼국시대 토기로부터 비롯된 것이며, 원삼국시대 토기의 전통에서 4세기 전반 이후 신라전기양식토기가 발생하였는데, 황남동 109호분 3·4곽 출토 토기가 교호투창 등의 특징을 처음으로 내비치는 가장 빠른 신라양식토기라 설명하였다. 더불어 신라조기양식에서 신라전기양식으로의 전환은 4세기 전반 북방아시아 목곽분 문화와 용기문화가 영남지방으로 전해지며 적석목곽분은 물론 신라양식토기가 성립한 것으로 보았고, 전형적인 신라토기의 등장은 적석목곽분의 출현시기와 직결되는 것으로 해석하였다. 또 신라양식토기가 여러 지역에서 다원적으로 발생한 것이 아니라 한 곳의 구심점, 즉 경주지역을 중심으로 퍼져나간 것이라 설명하였고, 가야양식토기는 원삼국시대 공통양식토기를 강하게 계승한 것이며, 신라양식토기는 그와 반대로 공통양식토기에서 이탈, 분립하며 형성된 것으로 설명하였다.

이성주는 1993년 「洛東江東岸樣式土器에 대하여」라는 논고를 통해 낙동강동안양식토기의 발생과 변천경향, 편년 등을 검토하고, 이를 통하여 영남지방 각 지역 고분의 편년과 낙동강동안양식토

---

* 최병현이 신라양식토기 발생의 구심점으로 생각하는 경주지역을 지칭하는 것으로 판단된다.

기의 공간적 분포와 의의에 대해 살펴보았다.

먼저 이성주는 그동안 토기양식의 지역적 단위를 정치체의 단위와 비교하거나 때로는 그와 동일시 하는 경향이 존재하였는데, 이는 토기의 생산, 분배가 정치적인 맥락에 의해 조정되거나 토기양식의 상호작용이 정치체의 상호작용과 비례한다는 양식의 의미가 논증되지 않는 한 직접적인 관련성은 주장되기 어렵다고 전제하였다. 또한 정치적 선택압 등이 아닌 자연스러운 지역 간 상호작용에 의해 낙동강동안양식이 하나의 군을 이루며 유사성을 띠었을 것이라 설명하였다. 그리하여 낙동강동안양식토기는 5세기 중후엽 경주와 그 주변지역 고분부장용 토기의 기종과 기형을 중심으로 한 일정한 시공적인 폭으로 정의될 수 있다고 하였다.

그리고 낙동강동안양식의 성립과 변천에 관해 다음과 같이 설명하였는데, 먼저 낙동강동안양식은 5세기 전엽에 초현하며, 그 전단계의 고식도질토기는 4세기 전반의 어느 시점에 처음으로 고배, 파배, 광구소호, 기대 등의 기종이 생산되기 시작된 것으로 판단하였다. 또한 4세기 중엽 이전은 영남지방의 고식도질토기 양식이 김해지역과 그 외의 지역으로 선명하게 대립되고, 4세기 중엽 이후 영남지방의 고식도질토기는 불균형적인 지역양식이 어느 정도 희석되면서 공통양식으로 접근한 것으로 파악하였다. 그리고 4세기 말엽에서 5세기 초엽의 어느 시점에 낙동강 동·서 양안의 양식이 분립하고, 동안 일대에는 전형적인 동안양식으로서의 출발점이 되는 토기양식의 pool이 형성된 것으로 보았다. 이후 고식도질토기의 잔적이 소멸함과 동시에 각 토기 생산지역에서는 그 나름대로 동안양식토기를 생산하게 되는데, 일정한 유사성을 띠며 낙동강동안양식으로 묶을 수 있게 되는 것은 동안지역 일대의 광범위한 양식적 상호작용 때문이라 설명하였다. 또한 전형적인 동안양식은 5세기 중엽경에 형성되고, 서안양식과 뚜렷하게 비교되는 전형적인 낙동강동안양식의 존속기간은 대체로 5세기 중엽에서 6세기 전반대인 것으로 보았다. 더불어 6세기 초엽이 되면 기형의 다양성이 감소하고, 통일성을 띠게 되는데, 이는 토기 제작자들이 조직화 되거나 대규모 생산체제로 통합되고, 생산기술의 효율이 제고되어 토기가 표준화되어 가기 때문인 것으로 파악하였다.

마지막으로 이성주는 낙동강동안양식토기를 기준으로 영남지방 각 지역 고분의 편년을 실시하였는데, 낙동강동안양식 I기는 400~425년(5세기 전엽), II기는 425~450년(5세기 중엽), III-1기는 450~475년(5세기 후엽), III-2기는 475~500년(5세기 말엽), IV기는 500~525년(6세기 전엽), V기는 525~550년(6세기 중엽)으로 설정하고, 경주지역을 비롯한 대구, 칠곡, 부산, 양산, 김해, 창녕, 성주, 선산, 의성, 안동지역의 주요 고분을 편년하였다.

이희준은 1998년 『4~5세기 新羅의 考古學的 研究』(서울大學校 大學院 博士學位論文)에서 신라고고학의 기본틀을 정립하기 위한 방법론을 논의하기 위해, 4세기 중엽에서 6세기 초엽을 시간적 범위로, 경주지역과 사로의 지배가 성립하는 해당지역(크게 낙동강 이동지역)을 공간적 범위로 설정하고, 그 안의 고분 자료를 검토하였다. 그 과정에서 낙동강 이동지방 고분 자료(토기, 위세품, 고총)

의 정형성을 검토하고, 영남지방 내 각 지역 고분의 편년을 실시하였으며, 신라와 가야의 구분문제, 신라의 성장과정, 지방지배 등에 대해 논의하였다. 먼저 낙동강 이동양식 토기의 성립에 대해서는 원신라 양식이라 할 경주토기 양식이 먼저 성립하고, 그것이 다른 지역으로 확산되면서 각 지역의 기존 토기에 '양식적 선택압'이 작용한 결과 범이동양식 토기가 성립한 것으로 설명하였다. 또한 고배 대각에서 상하단 교호투창이 등장하는 현상을 이동양식 토기 성립의 지표로 보았으며, 이동양식 토기는 시간이 흐름에 따라 지역색이 탈색되는 방향으로 정형성을 나타내며 변화하여, 결국 양식상의 공통성이 점점 강해지는 것으로 파악하였다. 더불어 이동양식 토기는 4세기 중엽 성립한 이후 6세기 중엽 단각고배가 등장하기 전까지 크게 네 단계의 변화를 거치는 것으로 설명하였다. 먼저 I단계는 이동양식 고배가 성립하는 단계로서, 고배의 대각에 교호투창이 나타나기 시작하나 대각의 형태는 곡선적인 팔자형이고, 이 단계의 늦은 시기에는 대각이 좀 더 직선화되지만 3단으로 구성된 것이 많은 것으로 파악하였다. 다음 II단계는 절두원추형의 이단 대각에 교호투창이 뚫리고, 직립하거나 약간 내경하는 뚜껑받이턱을 갖춘 고배가 확립되는 단계로 설명하였고, III단계는 사격자문, 이중거치문 등 여러 가지 문양이 유행하는 단계로서 대각이 상대적으로 홀쭉해지고, 대각과 배부의 높이가 대략 같아지며, 표준화가 더욱 강하게 진전되는 것으로 설명하였다. 마지막으로 IV단계는 단각화가 진행되는 단계이며, 이 단계의 고배는 개와 배부를 결합한 형태가 구형를 띠는 것이 특징이라 설명하였다. 각 단계의 절대연대는 I단계를 4세기 후반, II단계를 5세기 전반, III단계를 5세기 후반, IV단계를 6세기 전반으로 비정하였고, I~III기를 각각 a, b기로 세분하여, Ia기를 4세기 3/4분기, Ib기를 4세기 4/4분기, IIa기를 5세기 1/4분기, IIb기를 5세기 2/4분기, IIIa기를 5세기 3/4분기, IIIb기를 5세기 4/4분기로 설정하였다. 이후 토기의 변천상을 근거로 경주, 부산, 양산, 경산, 대구, 성주, 창녕, 의성지역 고분의 편년을 실시하였다.

김용성은 1998년 발표한 『新羅의 高塚과 地域集團』을 통해 대구와 경산지역을 중심으로 분묘와 출토유물을 분석하여 분묘의 변천상과 공간적 특성, 편년 등을 검토하였다. 또한 고분군과 개별 고분에 대한 계층화를 실시하여 단위지역 집단들의 사회체계를 살펴보고자 하였는데, 편년 검토 및 시기구분 등을 위해 분묘 출토 유물 가운데 토기를 상세히 분석하였다.

김용성은 목곽묘 단계에서는 유개대부호, 노형토기(기대), 고배, 단경호 등을 분석대상으로 하였고, 고총 단계에서는 이단투창고배와 장경호를 분석대상으로 삼았다. 이 중 주로 고배를 자세히 분석하였는데, 4세기를 전후한 시기 장각고배의 경우 배신무구분형, 투공각무개형, 투공각유개형 등으로 분류를 실시하였고, 이후 4세기 후, 말엽부터 등장하는 투창각고배에 대해서는 대각부 형태에 따라 나팔형, 八자형, 11자형, 절두A형, 几자형 등으로 분류하였다. 그리고 이들을 다시 투창의 형태와 배열에 따라 세장방일렬투창형, 상세장방하장방형교호투창형, 상하장방교호투창형, 상단투창형으로, 투창의 수에 따라 다투창형, 4투창형, 3투창형으로, 뚜껑의 유무에 따라 유개식과 무개식으로 세분하였다. 그 결과 고배를 '일렬투창각무개형, 일렬투창각유개형, 3단각무개형, 2단각무개형, 3단각유개형, 2단각유개형, 절두A3단각4투형, 절두A2단각4투형, 절두A2단각3투형, 범자2단각3투형, 범자2단각상투형' 등으로 형식분류 하였다.

이후 목곽묘 단계를 고배, 노형기대 등의 변화양상을 기준으로 크게 3기로 구분하였는데, 목곽묘 단계 1기는 신식와질토기 1기에 해당하고, 신식와질토기만 출토되는 분묘들의 시기로서 다시 5개의 분기로 세분하였다. 목곽묘 단계 2기는 신식와질토기 2기로서 조기신라토기 1기에 해당하고, 와질토기와 조기신라토기가 동반해서 출토되는 분묘들의 시기로서 다시 2개의 분기로 세분하였다. 목곽묘 단계 3기는 조기신라토기 2기로서 와질토기가 사라지고 조기신라토기만 출토되는 분묘의 시기로, 이 시기의 대표적인 분묘로 임당 1A-1호, 예안리 151호, 복천동 54호, 월성로 가-29호분 등을 제시하였다.

다음 고총 단계는 고배와 장경호 등의 변화양상을 기준으로 역시 3기로 구분하였는데, 먼저 고총 단계 1기는 조기신라토기 3기로서, 복천동 25·26호, 월성로 가-6호분, 경산 임당 G-5, 6호분 등이 해당되고, 이 시기의 분묘에 매납되는 기종으로는 고배, 장경호, 경배, 파배, 소형기대, 원통형기대, 발형기대, 단경호, 대호, 연질발 등이 있는 것으로 파악하였다. 고총 단계 2기는 본격적인 신라토기로 진입한 전기신라토기 단계로서, 고배 각 형식의 성행기에 따라 다시 3개의 분기(a, b, c기)로 세분되고, a기는 월성로 가-13호분, 황남동 109호분 3·4곽, 복천동 31·32호, 21·22호, b기는 조영동 CⅡ-2호, 임당동 7A호, 복천동 10·11호, c기는 임당동 7B호, 7C호, 조영 EⅢ-4호, 예안리 122호 등이 해당하는 것으로 파악하였다. 다음 고총 단계 3기는 중기신라토기 단계로서 경산과 대구지역에 횡구식묘제가 등장하는 시기이며, 고배는 3단각이 소멸하고 2단각에 투창을 교호배치한 형태의 것이 제작되고, 역시 고배의 성행기에 따라 다시 3개의 분기(a, b, c기)로 세분하였다. a기는 조영동 EI-1호, 조영동 EⅢ-6호, 조영동 1A-5호, 황남대총 남분과 북분, 금관총, b기는 조영동 EⅡ-2호, 임당동 5A호, 천마총, c기는 임당동 6A호, 임당동 5C호, 조영동 EⅡ-4호 등이 해당하는 것으로 파악하였다. 마지막으로 고총 단계 3기 이후는 석실 단계에 해당하며, 후기신라토기 단계로서 통일양식토기 및 단각고배가 등장하는 것으로 파악하였다. 그리고 각 분기의 절대연대에 대해서는 목곽묘 단계 1기는 2세기 후반전엽~3세기 후반전엽, 목곽묘 단계 2기는 3세기 후반후엽~4세기 전반전엽, 목곽묘 단계 3기는 4세기 전반후엽, 고총 단계 1기는 4세기 후반전엽, 고총 단계 2기는 4세기 후반후엽~5세기 전반후엽, 고총 단계 3기는 5세기 후반전엽~6세기 전반전엽, 석실 단계는 6세기 전반후엽 이후로 각각 비정하였다.

이상 여러 연구자들의 신라토기에 대한 연구사를 간략하게 검토하였는데, 정리하자면 연구자들은 공통적으로 신라토기의 변천 단계를 크게 4기(조기, 전기, 중기, 후기 혹은 Ⅰ~Ⅳ기) 혹은 3기(조기, 전기, 후기)로 나누고 있으며, 신라토기 후기는 공통적으로 인화문 토기로 대표되는 통일신라토기(신라후기양식토기)가 등장하는 시기로 설정하고 있다. 또한 각 단계의 절대연대 비정과 단계를 세분하는 방식과 시점 등에서는 차이가 있지만, 전형적 혹은 본격적인 신라토기의 시작을 공통적으로 황남동 109호분 3·4곽, 월성로 가-13호분 출토 토기로 보고 있다.

　하지만 여전히 쟁점이 되고 있는 몇몇 주제가 존재하는데, 먼저 첫 번째는 '신라토기의 초현 시점 및 절대연대 비정'에 관련된 것이다. 전술하였듯이 본격적인 신라토기의 시작에 대해서는 대부분의 연구자가 황남동 109호분 3·4곽, 월성로 가-13호분 출토 토기를 그 표지로 하고 있지만, 그 시기는 연구자에 따라 4세기 전반, 4세기 중반, 4세기 후반, 5세기 전반 등 매우 다양한 것을 알 수 있다. 이는 후술할 황남대총 남분의 연대를 언제로 보느냐와 밀접한 관련이 있지만, 결국 본격적인 신라토기의 초현 시점으로 두고 연구자에 따라서 길게는 100년 이상의 차이를 보이고 있는 것이다. 두 번째는 '신라토기의 발생 과정·배경'과 관련된 것으로, 연구자에 따라 신라토기는 전 시기에 해당하는 원삼국시대의 토기를 계승하여 자체적으로 발생하였다는 견해가 있고, 반면 '북방아시아 목곽분문화와 용기문화', '고구려남정과 관련된 고구려문화의 전래'와 같은 외부 영향에 의해 신라토기가 발생하였다는 견해도 있다. 다음으로 세 번째는 '신라토기의 발생지와 확산'에 관련된 것으로 연구자에 따라서는 한 곳의 중심지, 즉 신라의 수도인 경주지역에서 신라토기가 발생하여 이곳을 중심으로 영남지방의 각 지역으로 퍼져나간 것으로 보기도하고, 반면 경주 이외의 여러 지역에 토기 생산지가 있어 신라토기는 다원적으로 발생·확산된 것으로 보기도 한다. 네 번째는 토기가 가지는 의미, 해석과 연관된 것으로 '한 지역양식 토기가 당시 사회의 문화와 기술력을 반영하는 것 이외에, 과연 그 지역 정치체의 정체성 혹은 정치적인 그 무엇을 반영하고 있는가'라는 질문과 관련이 있다. 즉 예를 들면 영남지방 내에서 신라토기의 확산을 두고도 신라 중앙의 '양식적 선택압'에 의한 결과로 보는 견해가 있고, 정치적 의미를 배제한 '토기양식 분포의 변화나 생산 분배자 교체'의 결과로 보는 견해가 있는 것이다. 다섯 번째는 '영남지방 내 각 지역별 신라토기의 변천 및 편년'에 관한 것으로, 경주지역을 중심으로 한 토기의 변천과정과 분묘의 상대편년 등은 연구자들 사이에 어느 정도 공통성을 보이나, 그 외 지역의 신라토기 변천과 편년에 있어서는 아직도 연구자들 사이에 많은 이견이 존재하고 있다. 또한 지역 토기에 대한 연구는 최근의 발굴자료 증가로 인해 활발히 진행되고 있으나, 영남지방 내 각 지역 토기를 아울러 보는 연구는 거의 전무하고, 자연히 토기를 기준으로 영남지방 내 각 지역의 교차편년 역시 안정되어 있지 않다고 할 수 있다.

　이외에도 기본적인 용어문제를 비롯한 다양한 신라토기 연구의 쟁점이 존재하나, 크게는 '신라토기의 초현 시점과 절대연대 비정', '신라토기의 발생 과정·배경', '신라토기의 발생지와 확산', '신라토기의 의미와 해석', '영남지방 내 각 지역별 신라토기의 변천 및 편년' 등으로 정리할 수 있다.

본 장에서는 신라토기의 편년과 변천과정, 생산 등에 관해 알아보고자 하는데, 신라토기의 편년과 변천과정은 주로 경주지역과 그 인근 지역의 분묘 출토 토기를 중심으로 검토하며, 기존 여러 연구자들의 편년안 역시 간략하게 살펴보고자 한다. 더불어 신라토기의 생산에 대해서는 크게 토기 자체의 생산기술과 그것을 실질적으로 구워내는 토기 가마로 나누어 살펴보고자 한다.

신라토기 편년과 변천

● 상대편년

신라토기를 대표하는 기종으로는 고배, 장경호, 단경호, 기대 등 여러 가지가 있으나, 4~6세기 신라토기의 통시적 변화 과정을 살펴보기 위해서는 시간적 변화에 민감한 고배와 기대를 중심으로 편년을 실시하는 것이 타당할 것으로 생각된다.

먼저 고배를 분류하는 기준으로는 구연부의 형태, 배신부의 형태, 대각부의 형태, 대각부 투창의 수와 배열 등 다양한 속성들이 존재한다. 하지만 이 중에서도 대각부의 형태가 시간적 변화양상을 가장 잘 반영하는 것으로 판단되고, 크게 원통형, 나팔형, 八자형, 절두원추형 등으로 분류하여 살펴보는 것이 좋을 것으로 생각된다. 또한 대각부를 세부적인 형태 차이에 따라 수십에 이르는 형식으로 나눌 수도 있지만, 고배의 전반적인 변화 양상, 흐름을 파악한다는 의미에서 너무 세밀한 분류와 설정은 지양하고자 하며, 여기에서는 아래와 같이 분류하여 편년하고자 한다.

· **원통형(I형식)**: 대각부 형태가 좁은 원통형을 띠고, 투공이 뚫린 것이 다수를 차지한다. 원삼국시대 와질계 고배의 전통을 따르는 것을 IA형식, 그 보다 원통형 대각부가 길어지며 전반적인 기고가 높아진 것을 IB형식으로 한다. IA형식은 봉길리 사토장부지 가-7호 목곽묘 출토품, IB형식은 칠곡 심천리 93호 목곽 출토품을 각각 표지로 한다.

· **나팔형(II형식)**: 대각부 형태는 상위가 좁고 하위로 갈수록 벌어지는데, 대각부 외면은 부드러운 곡선을 띤다. 구연부에 뚜껑받이턱이 형성되지 않고, 대각부에 투공(창)이 뚫린 것을 IIA형식, 구연부에 뚜껑받이턱이 형성되고, 대각부에 투창이 뚫린 것을 IIB형식으로 한다. IIA형식은 칠곡 심천리 19호 목곽 출토품, IIB형식은 월성로 가-6호분 출토품을 각각 표지로 한다.

· **八자형(III형식)**: 대각부 형태가 나팔형과 거의 비슷하나 대각부가 상위에서 직선으로 내려오다 중위에서 한번 꺾임이 있다. 구연부에 뚜껑받이턱이 존재하고, 대각부가 3단으로 구분되며, 대각부

<table>
<tr><td>원통형(IA형식)</td><td>원통형(IB형식)</td><td>나팔형(IIA형식)</td><td>나팔형(IIB형식)</td></tr>
<tr><td>八자형(III형식)</td><td>절두원추형(IVA1형식)</td><td>절두원추형(IVA2형식)</td><td>절두원추형(IVA3형식)</td></tr>
<tr><td>절두원추형(IVA4형식)</td><td>절두원추형(IVA5형식)</td><td>절두원추형(IVA6형식)</td><td>절두원추형(IVB형식)</td></tr>
</table>

도1_ 신라양식 고배 형식분류

상·중단에 교호의 투창이 뚫리는 등 본격적인 신라양식이라 할 만한 형태를 띤다. III형식은 월성로 가-13호분 출토품을 표지로 한다.

· 절두원추형(IV형식): 신라양식 고배에서 가장 일반적인 대각부 형태로서, 2단 구획되는 것을 IV A형식, 3단 구획되는 것을 IVB형식으로 한다. IVA형식은 다시 형태 차이에 따라 세분되는데, IVA1 형식은 대각부 상위와 하위의 구경이 넓고, 배신부 역시 비교적 구경이 넓으나, 전체적인 기고는 높지 않다. IVA2형식은 IVA1형식을 약간 축소해놓은 양상을 띠는데, 대각부는 2조의 뚜렷한 돌대에 의해 구분되며, 구연부는 약간 내경한다. IVA3형식은 대각부가 상대적으로 홀쭉하고, 대각부가 길어지면서 고배의 전체적인 기고가 높아져 '늘씬한' 양상을 띤다. IVA4형식은 IVA3형식과 유사한 형태를 띠나, 전반적으로 기벽이 얇으며, IVA3형식보다 약간 소형화된 양상을 띤다. IVA5형식은 IVA4 형식과 유사하나 대각단부가 살짝 말려 올라가는 것이 일반적이고, 배신부도 IVA4형식에 비해 좀더 부드러운 구형을 이룬다. IVA6형식은 대각부에 단각화가 일어나 배신부와 대각부의 높이가 비슷해지고, 전체적으로 기고가 낮아진다. IVA1형식은 경주 동산리 49호분 출토품, IVA2형식은 황남대총 남분 출토품, IVA3형식은 월성로 가-11-1호분 출토품, IVA4형식은 월성로 나-9호분 출토품, IV A5형식은 구어리 19호 적석목곽분 출토품, IVA6형식은 쪽샘 A3호 목곽묘 출토품, IVB형식은 쪽샘 A1호 목곽묘 출토품을 각각 표지로 한다.

다음으로 기대를 분류하는 기준으로는 고배와 마찬가지로 대각부의 형태, 수부의 형태, 구경부의 형태, 수부에 시문되는 문양과 장식 등이 있는데, 이 중에서 수부의 형태가 시간적 변화양상을 잘 반영하는 것으로 판단된다. 따라서 수부가 S자형을 띠고, 수부의 중하위에서 꺾임이 있는 것을 A형식, 수부가 S자형을 띠며, 수부의 중상위에서 꺾임이 있는 것을 B형식, 수부가 U자형을 띠는 것을 C형식으로 한다.

· A형식: 수부가 S자형을 띠고, 수부의 중하위에서 꺾임이 있다. 대각부는 상위 구경이 좁고 하위로 갈수록 벌어져 나팔형을 띠고, 대각부에 투공이 뚫리는 경우도 있다. 포항 학천리 45호 목곽 출토품, 칠곡 심천리Ⅱ 88호 목곽 출토품을 표지로 한다.

· B형식: 수부가 S자형을 띠고, 수부의 중상위에서 꺾임이 있다. A형식에 비해 대각부의 상위 구경이 넓고, 대각부는 직선으로 내려오다 단부에서 벌어지는 八자형을 띠며, 삼각형의 투창이 뚫리는 것도 있다. 구경부 끝이 강하게 외반하는 것을 B1형식, 구경부 끝이 약하게 외반하는 것을 B2형식으로 한다. B1형식은 월성로 가-29호분, 포항 학천리 17호 목곽묘 출토품을 표식으로 하고, B2형식은 포항 학천리 43호 목곽묘 출토품을 표지로 한다.

· C형식: 수부가 U자형을 띠고, 구경부의 끝이 거의 직립하거나 살짝 외반한다. 대각부는 절두원추형을 띠고, 완전한 고배형기대의 모습을 보인다. 구경부 끝이 살짝 외반하는 것을 C1형식, 구경부 끝이 거의 직립하는 것을 C2형식으로 한다. C1형식은 칠곡 심천리 19호 목곽 출토품, C2형식은 경산 임당 G-6호분 출토품을 표지로 한다.

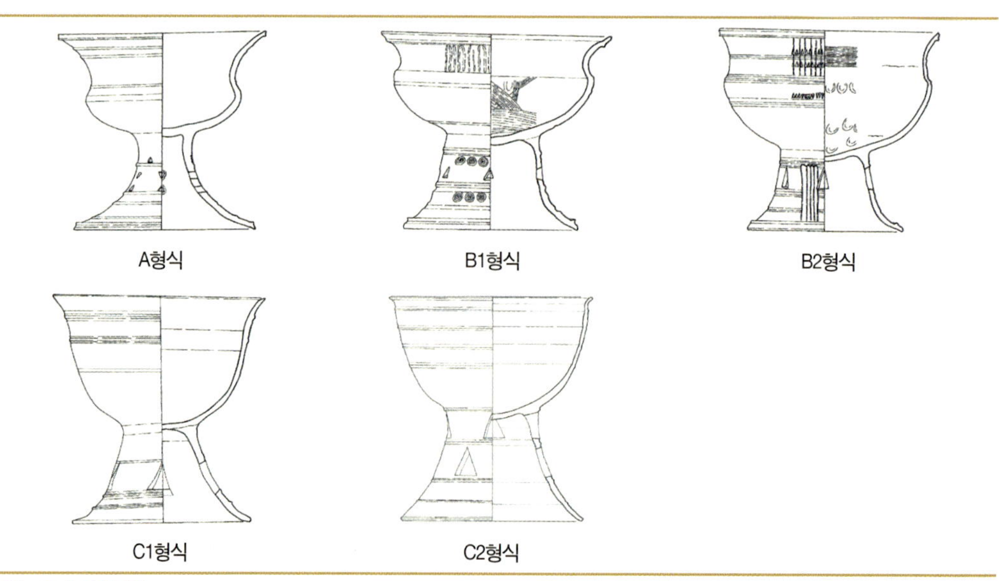

도2_ 기대 형식분류

이상과 같이 고배와 기대의 형식분류를 바탕으로 경주지역을 중심으로 한 신라토기의 변화양상을 검토해보자면 크게 11기로 나누어 살펴볼 수 있다.

1기: IA형식 고배가 확인되고, 원삼국시대 토기의 전통이 남아있는 시기이다. 연질의 소형옹과 동체에 승석문 타날이 이루어진 호가 존재한다. 경주지역 이외의 대구, 포항지역에서는 A형식의 기대가 확인된다. 경주지역 고분 중 월성로 가-30호분과 가-31호분, 봉길리 사토장부지 가-7호 목곽묘 등이 이 시기에 해당한다.

2기: IA형식 고배가 유존하고, B1형식 기대가 등장한다. 경부 중앙에 1조의 돌대가 돌아가며 구연이 짧게 외반하는 호와 대각이 달인 소호, 양이부호 등이 공반된다. 경주 주변의 포항, 경산지역에서는 IB형식 고배가 확인된다. 경주지역 고분 중 월성로 가-29호분, 동산리 34호 등이 이 시기에 해당한다.

3기: IIA형식 고배가 확인되고, 경주와 주변 지역에서 B2형식과 C형식의 기대가 등장하는 시기이다. 경부가 전 시기에 비해 약간 길어진 경질의 단경호가 확인되고, 소형의 통형기대도 확인된다. 경주지역 고분 중 월성로 가-5호분, 가-8호분이 이 시기에 해당한다.

4기: IIB형식 고배가 확인되고, 고배에 뚜껑받이턱이 형성된다. 장경호라 불릴 수 있는 긴 경부를 가진 호가 본격적으로 등장하고, 전 시기와 마찬가지로 소형의 통형기대도 확인된다. 경주지역 이외의 포항, 청도, 경산지역 등에서는 공통적으로 개를 공반한 대부파수부호가 등장하고, C2형식 기대가 확인된다. 경주지역 고분 중 월성로 가-6호분, 인왕동 1호 등이 이 시기에 해당한다.

5기: III형식 고배가 확인되고, IIB형식 고배 역시 유존한다. 고배 대각부가 중앙의 2조 돌대에 의해 뚜렷이 구분되기 시작하고, 본격적으로 대각부에 상하교호 투창이 등장한다. 경부가 직립하며 3단으로 구분되는 장경호가 나타나고, 기고가 전반적으로 높아진 C2형식 기대도 확인된다. 경주지역 고분 중 월성로 가-13호분, 인왕동 10호 적석목곽분, 동산리 31호 등이 이 시기에 해당한다.

6기: III형식 고배가 유존하고, 경부가 짧고 비교적 긴 대각이 달린 대부장경호가 등장한다. 고배의 경우 전 시기와 마찬가지로 대각부는 2조의 돌대에 의해 3단으로 구분되고, 상·중단부에 장방형의 투창이 교호로 뚫리며, 배신부 구경이 넓고 전체적인 기고가 높은 것이 다수를 차지한다. 경주지역 고분 중 월성로 나-13호분, 계림로 37호, 조양동 박대봉씨 밭 목곽묘, 동산리 33호, 72호 등이 이 시기에 해당한다.

7기: IVA1형식 고배가 확인되고, III형식 고배 역시 일부 유존한다. 전 시기 보다 짧은 대각이 달린 대부장경호가 등장하고, 경주지역을 비롯한 주변의 대구, 포항지역에서도 장경호의 경부에 파상문 등이 본격적으로 시문된다. IVA1형식 고배는 대각부 상·하위의 구경이 비교적 넓어 마치 '짧고 굵다'라는 느낌을 주며, 경주지역을 비롯한 울산, 포항, 강릉, 대구지역 등에서 동시에 확인된다. 경주지역 고분 중 계림로 33호, 사라리 113호 목곽, 동산리 49호, 54호 등이 이 시기에 해당한다.

8기: IVA2형식과 IVB형식 고배가 확인되고, IVA1형식 고배 역시 일부 유존한다. 고배의 대각부는 직선화되어 상위에서 하위로 곧게 벌어지며 내려오고, 대각도치형의 손잡이를 가진 개蓋를 비롯하여 다양한 형태와 문양을 가진 개가 나타난다. 장경호는 이 시기부터 본격적으로 경부가 돌대에 의해 3분되고, 아래에서 위로 직선적으로 뻗어 올라온다. 경주지역 고분 중 황남대총 남분, 쪽샘 A1호 목곽, C1호 목곽, 계림로 17호, 사라리 7호 적석목곽, 동산리 10호, 88호, 봉길리 56호 석곽 등이 이 시기에 해당한다.

9기: IVA3형식과 IVA4형식 고배가 확인되고, 장경호는 전 시기에 비해 경부가 길어지며, 토기의 기벽이 전반적으로 얇아진다. IVA3형식 고배의 경우 대각부가 상대적으로 홀쭉해지며 늘씬한 느낌을 주고, IVA4형식 고배 역시 대각부가 홀쭉해지고, 대각단부가 뭉툭해지며 아주 살짝 말려 올라가는 듯한 양상을 띤다. 개와 고배의 신부에는 집선문, 삼각집선문 등이 시문되고, 장경호의 경부에는 여전히 파상문이 주로 시문된다. 경주지역 고분 중 황남대총 북분, 월성로 가-11-1호분, 나-8호분, 다-6호분, 쪽샘 A9호 적석목곽, 사라리 17호 적석목곽, 구어리 29호 적석목곽, 황오동 100번지 유적 14호 목곽 등이 이 시기에 해당한다.

10기: IVA5형식 고배가 확인되고, IVA4형식 고배도 일부 유존한다. 장경호의 경부는 전 시기에 비해 기벽이 더욱 얇아지고, 구경부가 살짝 안쪽으로 꺾이는 경우도 있다. 대부장경호의 경우 대각부가 상하 이단으로 나뉘고, 교호로 투창이 뚫린다. IVA5형식 고배의 배신부에는 중위에 1조의 횡침선을 돌린 후 침선 상위에 사격자문을 시문하거나, 2~4치구의 집선문을 V자상으로 시문하기도 한다. 이러한 문양을 시문한 IVA5형식 고배는 경주지역을 비롯하여 전체 영남지방에서 공통적으로 확인된다. 경주지역 고분 중 은령총, 월성로 가-4호분, 가-13-1호분, 계림로 27호, 로동리 4호분, 인왕동 6-A적석목곽, 구어리 19호 적석목곽, 동산리 78호, 봉길리 20호 목곽, 조양동 Ⅰ-14호 등이 이 시기에 해당한다.

11기: IVA6형식 고배가 확인되고, 일부 IVA5형식 고배가 유존한다. IVA6형식 고배는 상당부분 단각화가 이루어져 배신부와 대각부의 높이가 비슷해지고, 전체적인 기고 역시 낮아지며, 개와 고배의 배신부를 합하면 소위 구형球形을 이루게 된다. 고배를 비롯한 대부완, 대부장경호 등의 대각단부는 공통적으로 끝이 말려 올라가고, 보주형의 손잡이를 가진 개가 공반되기도 한다. 이 시기부터 부가구연장경호가 본격적으로 등장하고, 장경호의 경부에는 원점문 등의 문양이 시문된다. 경주지역 고분 중 월성로 가-1호분, 가-18호분, 다-5호분, 천마총, 호우총, 계림로 14호, 쪽샘 A3호 목곽, A4호 적석목곽, 동산리 1호, 조양동 Ⅰ-2호 등이 이 시기에 해당한다.

이상의 경주지역 신라토기의 편년을 도면으로 정리한 것이 〈도3~7〉이다.

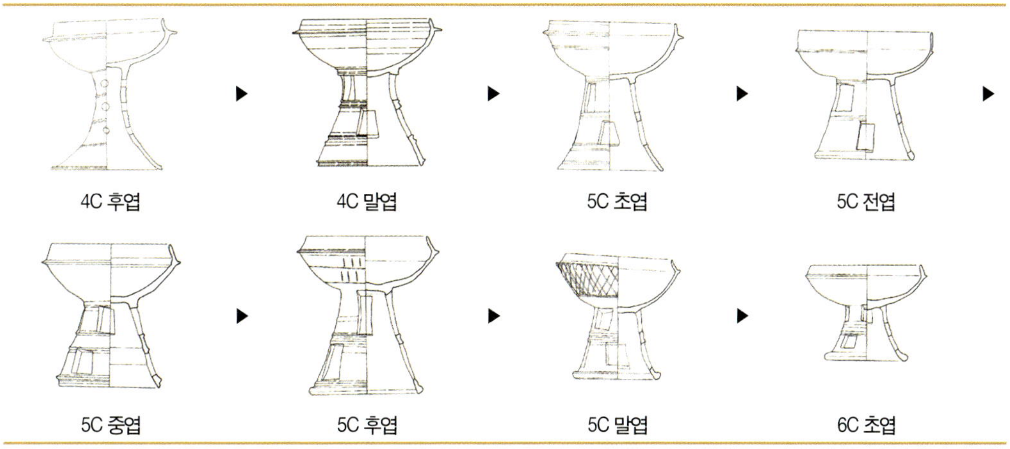

도3_ 경주지역 4~6세기 고배 변천과정

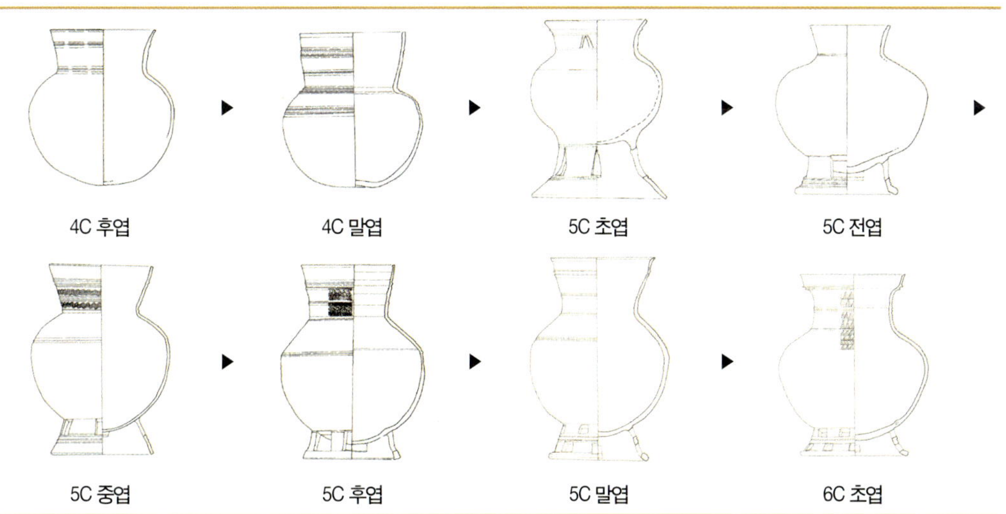

도4_ 경주지역 4~6세기 장경호 변천과정

● 절대편년

　신라토기를 부장하고 있는 경주지역 고분의 상대편년은 오늘날 연구자 간에 상당한 접근이 이루어져 비교적 안정적 상태에 접어들었다고 볼 수 있다. 하지만 연구자들 사이에 역연대, 즉 절대편년에 대해서는 50년에서 많게는 100년 이상의 차이가 여전히 존재하고 있다. 2000년대 중후반에 들어 이러한 역연대에 대한 다양한 견해가 본격적으로 정리·논의되었고, 특히 경주지역 고분의 역연대에 대해서는 크게 황남대총 남분의 피장자를 누구로 보느냐에 따라 약 50년의 연대 차이가 설정될 수 있음이 다시 한 번 확인되었다.

　신라 고분 역연대의 기준이 되는 황남대총 남분의 피장자를 내물마립간으로 보는 연구자(이희준

1995·2010)는 그 시기를 5세기 초엽으로 보고 있고, 눌지마립간으로 보는 연구자(김용성 1996, 박천수 2006·2012)는 그 시기를 5세기 중엽으로 보고 있으며, 최근에는 황남대총 남분의 피장자를 실성마립간으로 보아 그 시기를 420년 전후로 보는 연구자(함순섭 2010)도 있다. 각 연구자들의 自說에 대한 자세한 내용을 본고에서 전부 다룰 필요는 없다고 생각되고, 여기서는 크게 황남대총 남분의 역연대를 어떻게 보느냐에 따라 연구자들의 신라 고분 절대편년, 특히 경주지역 고분의 절대편년이 어떻게 설정되는지 간략하게 살펴보도록 하겠다.

먼저 연구자들 사이에 공통적으로 인정되고 있는 경주지역 고분의 상대편년은 대략적으로 "월성로 가-6호분→황남동 109호분 3·4곽→황남동 110호분→황남대총 남분→황남대총 북분→금관총→천마총"이라 할 수 있다. 물론 연구자들 사이에 세부적인 차이가 존재할 수 있지만 전체적인 흐름상 크게 문제될 것은 없다고 생각된다. 여기서 먼저 황남대총 남분의 연대를 5세기 초엽으로 보게 되면, 자연히 그 보다 3단계 정도 앞서는 월성로 가-6호분의 연대는 4세기 전·중엽에 해당하게 되고, 황남동 109호분 3·4곽이 4세기 후엽, 황남동 110호분이 4세기 말엽에 위치하게 되며, 천마총이 5세기 후·말엽에 위치하게 된다. 다음으로 황남대총 남분의 연대를 5세기 중엽으로 보게 되면, 월성로 가-6호분의 연대가 4세기 후엽에 해당하게 되고, 황남동 109호분 3·4곽의 연대가 4세기 말엽, 황남동 110호분이 5세기 초·전엽에 위치하게 되며, 천마총이 6세기 초·전엽에 해당하게 된다. 즉 황남대총 남분의 피장자를 누구로 보느냐에 따라 내물마립간과 눌지마립간의 沒年 차이*에 해당하는 약 50년의 연대 차이가 존재하게 되는 것이다.

여러 연구자들의 경주지역 고분 편년을 정리하면 아래 〈표1〉과 같다.

본고는 기본적으로 황남대총 남분을 5세기 중엽에 위치시키고, 한 세기를 5분하여 분기를 설정한 박천수의 편년안(박천수 2010)을 토대로 본고의 1~11기에 각각의 역연대를 부여하고자 한다. 즉 본고의 1기는 4세기 초엽, 2기는 4세기 전엽, 3기는 4세기 중엽, 4기는 4세기 후엽, 5기는 4세기 말엽, 6기는 5세기 초엽, 7기는 5세기 전엽, 8기는 5세기 중엽, 9기는 5세기 후엽, 10기는 5세기 말엽, 11기는 6세기 초엽에 각각 비정하고자 한다.

---

* 내물마립간 沒年 402년, 눌지마립간 沒年 458년.

표1 _ 경주지역 고분 편년안

		최병현 (1992·2012)	이성주 (1993)		김용성 (1996)		이희준 (1998·2007)		박천수 (2010)	
4C	3C말~ 4C초	월성로 가-31호	1/4		1/4		1/4		초	구어리 1호
	4C전	죽동리 2, 월성로 가-8호	2/4	월성로 가-16, 30호	2/4	월성로 가-29호	2/4	월성로 가-5, 6호	전	죽동리 2호
	4C 중경 이후의 4C 전반	황남동 109호 3·4곽, 월성로 가-13호, 황남동 110호	3/4	월성로 가-5호	3/4	월성로 가-6호	3/4	월성로 가-13호, 황남동 109호 3·4곽	중 후	월성로 가-6, 8호
	4C 후반	황남대총 남분, 미추왕릉 1-C, 황오동 33호東塚	4/4	월성로 가-6, 29호	4/4	월성로 가-13호, 황남동 109호 3·4곽	4/4	황남동 110호	말	월성로 가-13호, 황남동 109호 3·4곽
5C	4C말~ 5C초	황남대총 북분, 미추왕릉 5-8, 15, 황남동 82호西塚	1/4	월성로 가-13, 14호	1/4	안계리 3호분	1/4	황남대총 남분	초	월성로 나-13호
			2/4	미추왕릉 5-1호	2/4		2/4	월성로 나-12호, 가-11-1호	전	황남동 110호
	5C초 이후의 전반기	미추왕릉 C-3, 서봉총	3/4	월성로 나-9호, 황남동 110호	3/4	황남동 110호, 황남대총 남분, 북분	3/4	월성로 가-4호, 다-2호	중 후	황남대총 남분 황남대총 북분
	5C 후반	미추왕릉 C-11, 금관총, 천마총, 식리총	4/4	월성로 나12, 14호	4/4	천마총	4/4	월성로 다-5호, 가-15호	말	금관총
6C	5C말~ 6C초	황오동 5, 미추왕릉 C-1, 호우총, 보문리 부부총	1/4 2/4	보문리 부부총	1/4	금령총, 호우총	1/4	호우총	초	천마총

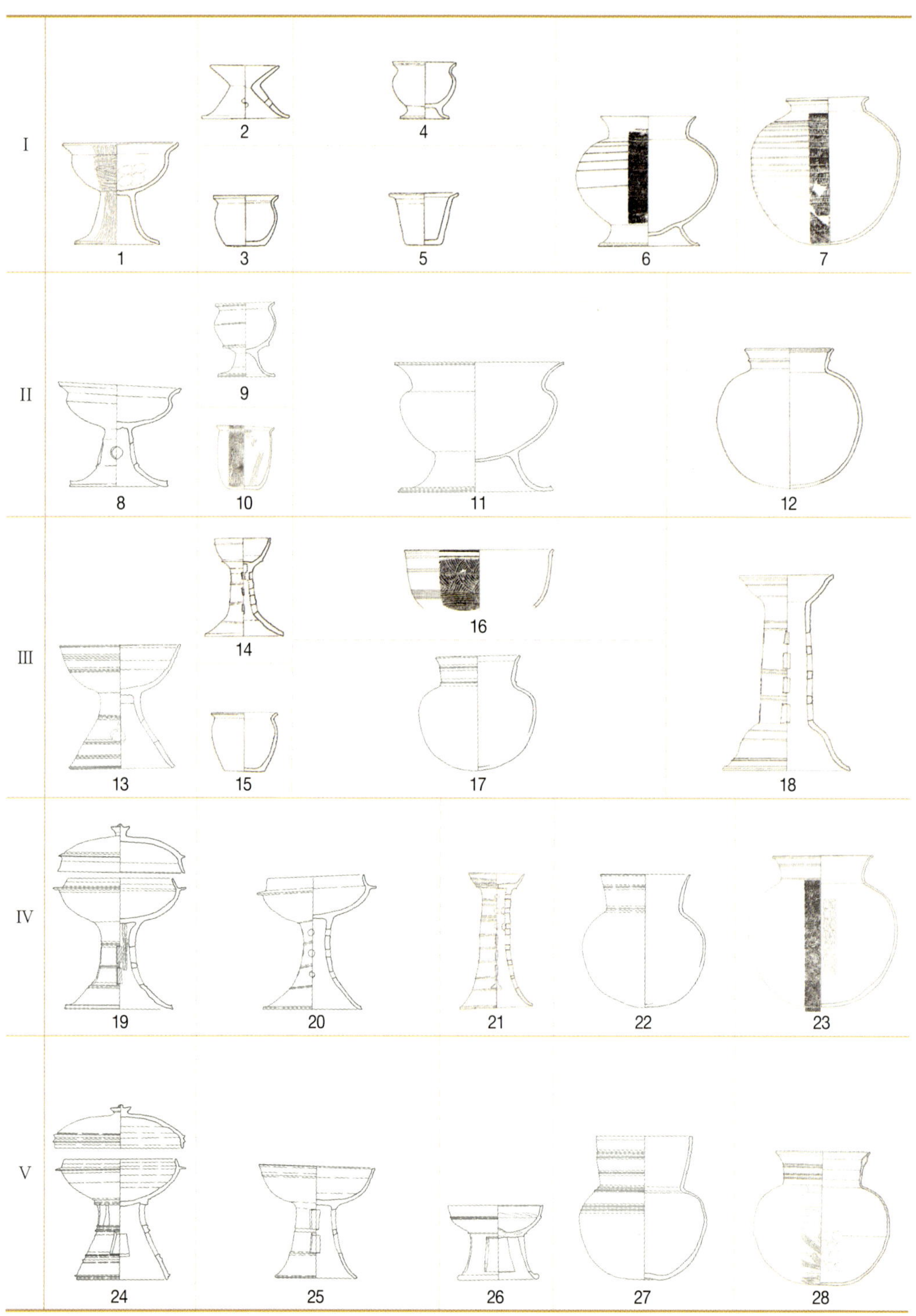

도5_ 경주지역 고분편년 1
(1. 봉길리 사토장부지 가-7호 목곽, 2~5. 월성로 가-31호분, 6·7. 월성로 가-30호분, 8~10. 동산리 34호, 11·12. 월성로 가-29호분, 13·17. 월성로 가-5호분, 14~16·18. 월성로 가-8호분, 19~23. 월성로 가-6호분, 24~27. 월성로 가-13호분, 28. 인왕동 10호 적석목곽)

도6 _ 경주지역 고분편년 2
(1. 계림로 37호, 2·4. 동산리 72호, 3·5·6. 월성로 나-13호분, 7·10·12. 계림로 33호, 8·11. 동산리 49호, 9. 동산리 54호, 13. 쪽샘 A1호 목곽, 14~17. 황남대총 남분, 18. 쪽샘 C1호 목곽, 19. 월성로 가-11-1호분, 20. 월성로 나-8호분, 21. 황오동 100유적 14호 목곽, 22. 쪽샘 A9호 적석목곽, 23·24. 월성로 나-9호분)

도7_ 경주지역 고분편년 3
(1·3~5. 월성로 가-4호분, 2. 봉길리 80호 석곽, 6. 로동리 4호분, 7. 쪽샘 A3호 목곽, 8~10·12. 월성로 가-18호분, 11. 계림로 14호)

신라토기 생산*

● 토기 생산기술

신라토기의 생산기술은 크게 연료와 태토, 성형, 요내재임, 소성 등으로 나눌 수 있다. 먼저 연료를 준비하는 작업은 가마를 구축하는 것보다 훨씬 더 힘든 작업으로 불리는데, 본격적인 신라토기의 생산단계에 들어서면 대규모 요장을 운영하기 위해 별도의 '외부 연료조달 시스템'이 존재하였을 것으로 상정되고, 태토(점토) 채취 역시 별도의 채토장에서 실시되었을 가능성이 높다. 토기의 원료인 점토는 가소성**과 내화성***을 가지고 있어야 하는데, 일반적으로 점토는 가소성을 가지고 있지만 내화성은 사용된 점토에 따라 다르게 나타난다. 점토 내에 규소나 알루미나 성분이 많으면 내화성이 강하므로 태토로는 산성토양이 유리하며, 일반적으로 비가 많고 온도가 높은 지역일 수록 토양의 산성도가 높다고 알려져 있다. 점토는 채취 후 불순물을 제거하나 필요한 물질을 첨가하는 등의 가공

---

* 본 항은 '이상준, 2013, 『신라토기 생산기술』, 성림문화재연구원 2013년 제15회 『신라문화특강』강연 및 토론회'를 토대로 작성하였다.

** 외부의 힘에 의해 형태가 변한 물체가 외부의 힘이 없어져도 원래의 형태로 돌아오지 않는 성질. 예를 들어 점토덩어리로 고배를 만들었을 때 성형 이후 고배가 다시 점토덩어리로 돌아가지 않는 성질.

*** 외부의 열에 대한 저항 성질. 즉 불에 견디는 성질.

24

이 이루어지고, 첨가재로는 장석, 석영, 활석과 같은 무기물과 식물섬유, 곡물껍질, 동물분 등의 유기물이 있다.

다음으로 성형은 실질적으로 토기의 기형을 만들어내는 과정으로서 성형, 정면, 건조 과정으로 세분할 수 있다. 성형방법으로는 수날법, 윤적법, 권상법, 회전법 등이 있는데, 이 중 회전대나 물레의 회전력을 사용하여 토기를 성형하는 회전법이 신라토기의 성형에 주로 사용된 것으로 보인다. 정면은 토기를 1차 성형하고 면을 고르게 다듬는 일종의 마무리 작업이며, 성형과 동시에 이루어지기도 하나 성형된 토기를 어느 정도 건조한 후에 이루어지기도 한다. 정면방법으로는 깎기, 회전물손질, 목판긁기, 마연, 슬립 등이 있다. 건조는 토기제작 시 반드시 거쳐야 되는 공정이나 고고학적으로 그 흔적을 찾기 어려운데, 대부분 그늘진 곳이면 어디서나 건조를 할 수 있기 때문이다.

요내 재임에는 크게 가마 바닥에 1단의 토기만을 깔아놓는 방법과 동종 혹은 재임이 용이한 토기끼리 중루 재임(겹쳐쌓기)하는 방법이 있다. 본격적인 신라토기 생산단계에 들어서면 전용 요도구[*]를 사용하여 가마 내에 중루 재임을 한 것으로 보이는데, 요도구는 이상재[**]와 이기재[***]로 나눌 수 있다. 이상재로는 초본류, 모래, 활석, 토기편, 점토, 고배대각형, 왕관형, 쐐기형토제품 등이 있고, 이기재로는 초본류, 점토, 토기편, 장고형토제품, 고리형토제품, 고배대각형, 왕관형 등이 있다. 이러한 요도구를 이용한 중루 재임은 토기의 대량생산을 위해 고안된 것으로 판단된다.

마지막으로 소성(회청색의 발현)은 먼저 토기 재임이 끝난 가마 내로 공기를 충분히 들여보내 가마 내부의 온도를 상승시키고, 이후 토기 소성에 필요한 온도[****]까지 이르면 다량의 연료를 투입하고 가마 내의 산소유입을 극단적으로 차단[*****]하여 환원상태를 유지한다. 전형적인 신라토기의 회청색은 바로 이 최종단계의 일시적 환원상태와 환원냉각에 의해 태토에 함유된 산화철이 물리적·화학적 변화를 일으켜 발현하는 것으로 알려져 있다. 결국 신라토기의 회청색은 태토 내의 철분함량, 1,200℃ 이상 승온과 환원조작이 용이한 가마, 환원상태에서의 냉각 등에 의해 나타나는 것으로 정리할 수 있다.

● 토기 가마의 분류와 전개양상

가마를 분류하는 구조적 속성으로는 평면형태, 소성부의 위치, 화구와 연소부의 바닥 연결형태, 연소부와 소성부의 바닥 연결형태, 소성부의 요상경사도, 연도의 형태, 화구의 적석유무 등이 있다. 먼저 가마의 평면형태는 흔히 사두형, 주저형, 장타원형, 만두형 등으로 불리지만, 단순화시키자면

---

[*] 가마 상면과 토기, 토기와 토기간의 용착을 방지하고 화염의 유동을 원활하게 하는 도구.
[**] 토기와 가마를 분리하는 도구.
[***] 토기와 토기 사이를 분리하는 도구.
[****] 소위 회청색 경질의 신라토기는 1,200℃ 내외의 고온에서 소성되는 것으로 알려져 있다.
[*****] 연료 투입구(火口), 배연구(煙道) 등 가마에 뚫려 있는 모든 창을 점토 등으로 완전히 밀봉하는 것.

길이가 요체가 짧고 소성실 중앙에서 최대폭을 가지는 우거리요형과 요체가 길고 소성실에서 연도부로 갈수록 폭이 좁아지는 여초리요형으로 나눌 수 있다.

다음으로 요체의 대부분을 차지하는 소성부의 위치를 기준으로는 지하식, 반지하식, 지상식 등으로 나눌 수 있고, 신라토기 가마는 대부분 반지하식 구조를 가지고 있는 것으로 알려져 있는데, 이는 가마 구축상의 기술적 난이도, 조업상의 편의 등을 따져볼 때도 지하식보다는 반지하식이 유리하기 때문으로 판단된다.

신라토기 가마의 화구와 연소부의 바닥 연결형태는 대부분 화구와 연소부가 수평으로 연결된 수평연소부를 띠고 있었던 것으로 추정되고, 연소부와 소성부의 바닥 연결형태는 경주 물천리 가마와 같은 몇몇 유단식 가마를 제외하고는 대부분 연소부와 소성부 사이에 특별한 구분시설은 존재하지 않았던 것으로 판단된다.

소성부의 요상경사도는 흔히 가마를 등요 혹은 평요로 분류하는 기준이 되는데, 요상경사도가 있는 것을 등요, 경사도가 전혀 없거나 완만한 것을 평요라 부른다. 가마 연도의 형태는 가마 후벽의 형태와 경사도 등을 고려하여 경사연도, 직립연도, 돌출연도 등으로 구분할 수 있고, 화구에 할석을 쌓은 화구적석요는 6세기를 전후한 시기부터 본격적으로 유행하는 것으로 판단된다.

신라토기 가마의 전개양상은 크게 3기로 나누어 살펴볼 수 있는데, 먼저 I기는 본격적인 신라토기가 생산되기 이전 단계로서, 함안 우거리 1~3호, 창녕 여초리 A~B호, 경주 화산리 1~4호, 경산 옥산동, 대구 신당동 2호 등이 해당한다. 이 시기의 특징은 본격적인 구조요의 등장, 단독요와 집단요의 동시 분포, 전용 요도구의 미사용 등이 있다. 다음 II기는 본격적인 신라토기를 생산하는 단계로서, 경주 손곡동 A39호, 경산 옥산동 36호, 대구 신당동 1호 등이 해당된다. 경주 손곡동 A39호 가마에서 출토된 고배는 황남대총 남분 출토품과 같은 시기의 것으로 판단되고, 이 시기의 특징은 거대 요적군과 전용 요도구의 등장 등으로 정리된다. 이 시기에 들어서 전업적 생산체제가 더욱 강화되고, 토기의 대량생산이 가능해진 것으로 판단된다. III기는 단각고배를 표식으로 하는 소위 신라후기양식토기가 등장하는 단계로서, 대표적인 가마로 경주 손곡동 A30호가 있다. 이 시기의 특징은 재소성이 용이한 화구적석요가 주류를 이루며, 다양한 형태의 이상재와 이기재가 출현한다는 것이다. 이전 시기보다 실생활에 사용되는 토기를 보다 많이 생산한 것으로 추정되고, 선호하는 토기 역시 이단투창고배와 대부장경호 등의 대형토기에서 단각고배와 같은 소형토기로 변화한 것을 알 수 있다.

더불어 본격적인 신라토기를 생산한 것으로 추정되는 경주 손곡동유적, 경산 옥산동유적 등의 대규모 생산유적은 각각 대규모 소비처인 경주 왕경유적과 경산 임당유적의 주변에 위치하고, 철저히 조직화된 전업적 생산집단에 의해 운영되었을 것으로 추정된다.

__영남지방 각 지역별 신라토기

　본 장에서는 앞서 실시한 분석을 토대로 영남지방 각 지역별 신라토기의 편년과 변천, 병행관계 등을 알아보고자 한다. 대상 지역은 신라토기가 확인되는 낙동강 이동의 제지역이라 할 수 있는데, 성주, 상주지역과 같은 일부 낙동강 이서지역과 최근 토기자료가 다수 확인된 강릉지역도 포함하고자 한다. 그리하여 대상 지역을 크게는 낙동강 중류지역, 낙동강 상류지역, 동해안지역 등으로 대별한 뒤 차례대로 검토를 실시하고, 각 지역의 편년과 병행관계 파악 등은 기본적으로 앞 장에서 실시한 경주지역 신라토기의 편년과 분석을 기준으로 하고자 한다. 또한 제지역에서 확인되는 토기는 각각 'ㅇㅇ지역 토기'로 불릴 수 있지만 기본적으로 신라토기의 범주 안에 포함되고, 각 지역의 토기는 경주양식 토기의 유입이나 영향으로 인해 점차 신라양식화 되는 것을 전제로 하고 논의를 진행하고자 한다.

낙동강 중류지역

● 대구지역

연구사 검토

　대구지역은 후술할 경산지역과 마찬가지로 경주지역에서 큰 지리적 장애 없이 쉽게 왕래가 가능하고, 비교적 이른 시기 신라에 복속된 것으로 알려져 있다. 자연히 토기 역시 경주지역과 많은 유사성을 띠고 있으며, 창녕, 의성, 성주지역과 같이 '지역색'이라 부를만한 독특한 토기양식이 확인되지는 않는 것으로 알려져 있다.

　대구지역 토기와 편년에 관한 연구로는 박광열(朴光烈 1992), 이희준(李熙濬 2000·2007), 이혜진(李惠眞 2006) 등이 있는데, 먼저 박광열은 대구, 경산, 칠곡지역 출토 토기를 검토하고, 고분의 편년을 실시하였으며, '낙동강동안식가야토기론' 등을 재검토하였다. 결과 대구, 경산, 칠곡지역 고분의 편년을 크게 6단계로 나누고, 4세기 중엽부터 6세기 중엽에 이르기까지 토기의 변화양상과 특징을 정리하였고, '낙동강동안식가야토기'에서 신라토기가 발생하였다는 주장은 수정이 필요하다고 지적하였다. 또한 대구, 경산, 칠곡지역 토기는 4세기대에는 공통양식을 띠다가 5세기초 경주계 문물의 이입으로 신라양식을 띠게 되는 것으로 설명하였다.

　다음으로 이희준은 달성고분군(비산·내당동고분군)을 중심으로 토기의 양상을 파악하고, 편년을 실시하였다. 또한 연구자들 사이에 절대연대와 분기는 차치하고라도 상대연대에서 상당한 차이가 있다는 것을 지적하며, 내당동 51호분 1, 2곽을 자신의 IIa기(5세기 1/4분기)에 비정하고, 비산동

37호분 2곽을 IIb기(5세기 2/4분기), 비산동 37호분 1곽, 내당동 50호분 1, 2곽, 내당동 55호분을 IIIa 기(5세기 3/4분기), 비산동 34호분 1곽을 IIIb기(5세기 4/4분기)에 각각 비정하였다.

이혜진은 다차원척도 분석을 통해 대구·경산지역 토기를 검토하고, 토기의 생산·분배체계 등을 설명하였는데, 대구와 경산지역에서 지역 전체를 아우르는 '지역양식'을 설정하기는 어렵고, 대체로 읍락을 단위로 하는 '소지역양식'을 설정할 수 있음을 주장하였다.

위 연구자들의 대구지역 고분 편년안을 정리하면 아래 〈표2〉와 같다.

표2_ 대구지역 고분 편년안

		박광열(1992)	이희준(2000 · 2007)		이혜진(2006)	
4C	4세기 중엽전후	두산동, 소라동, 괴전동 고분				
	4세기 중엽 ~ 5세기 전엽	심천동, 괴전동, 인동 2호 트렌치 출토품	1/4	내당동 51호 1, 2곽		
5C	5세기 전엽 ~ 5세기 중엽	인동 1, 3호, 구라동, 구암동 채집품	2/4	비산동 37호 2곽	2/4	내당동 51호, 복현동 I-1, 3호, 심천리 30, 65호
	5세기 중엽 ~ 5세기 후엽	내당동 51호 1, 2곽, 내당동 50호 1곽, 북사동 2, 3호	3/4	비산동 37호 1곽, 내당동 50호 1, 2곽, 내당동 55호	3/4	비산동 37호 복현동 I-21, 57호, 심천리 15, 43호
			4/4	비산동 34호 1곽, 구암동 56호	4/4	내당동 50호, 34호 1곽, 구암동 56호, 복현동 I-4, 8호, 심천리 58, 70호
6C	6세기 전엽 ~ 6세기 중엽	불로동 甲호, 내당동 50호 2곽, 내당동 55호, 비산동 37호 2곽			1/4	복현동 I-16-2, 55호, 심천리 154, 188, 213호
	6세기 중엽 이후	불로동 乙호, 비산동 34호 1, 2곽, 비산동 37호 1곽, 구암동 56호			2/4	복현동 I-17-3, 53호, 심천리 228, 191호

편년

최근의 발굴자료로 인해 대구지역의 4세기대 토기 양상을 파악할 수 있게 되었고, 세부적인 차이를 지적할 수도 있겠지만, 전반적으로 대구지역 토기는 4~6세기 동안 신라토기의 범주 안에서 경주, 경산지역과 유사한 변화양상을 띠는 것으로 판단된다.

· I기 : 심천리II 88호 목곽으로 대표되고, A형식의 기대와 동체부 상위에 '耳'를 부착하고 승문이 타날된 호, 컵형토기, 파수부옹 등이 확인된다.

· II기 : 심천리 93호 목곽, 심천리II 77호 목곽 등에서 원통형 대각부를 가진 IB형식 고배와 B1형식의 기대, 경부에 1조의 돌대가 형성된 단경호, 컵형토기 등이 확인된다. IB형식의 고배는 포항 학천리 36호 목곽 출토품과 유사하고, B1형식 기대는 경산 임당 G-45호 출토품과 유사성이 확인된다.

· III기 : 심천리 44호 목곽, 157호 목곽에서 나팔형 대각부를 가진 IIA형식 고배가 확인되고, 봉무동III 1호 목곽에서는 C1형식 기대가 확인된다. IIA형식 고배의 대각부에는 작은 삼각형 혹은 사각형의 투공(창)이 3개씩 뚫려있고, C1형식 기대의 대각부에는 전 시기와 마찬가지로 삼각형의 투창이 확인된다.

· IV기 : 심천리 146호 목곽, 심천리II 60호 목곽에서 나팔형 대각부를 가진 IIA형식, IIB형식 고배가 확인되고, 같은 시기로 판단되는 심천리II 10호 목곽에서는 C2형식 기대와 경부에 1조의 돌대가 형성된 장경호가 확인된다. IIB형식 고배는 경주 월성로 가-6호분 고배와 같은 형식으로 판단되고, C2형식 기대는 경산 임당 G-6호분 출토품과 유사하다.

· V기 : 심천리 73호, 97호 목곽, 172호 석곽 등으로 대표되고, 월성로 가-13호분 출토 고배와 유사한 八자형 대각부를 가진 III형식의 고배와 대각부에 장방형의 투창을 상하교호로 뚫은 C2형식 기대가 확인된다. 고배에는 경산, 창녕지역과 마찬가지로 단추형 손잡이를 가진 개가 함께 확인되고, 더불어 전 시기보다 경부가 길어진 장경호 등도 부장된다.

· VI기 : 심천리 117호 목곽으로 대표되고, 대각부에 장방형의 투창을 상하교호로 뚫은 고배와 기대 등이 확인된다. 심천리 117호 목곽 출토 고배는 뚜껑받이턱이 확실히 형성되지 않았고, 대각단부가 안쪽으로 살짝 내경하는 특징을 가진다.

· VII기 : 대각단부가 안쪽으로 살짝 내경하는 고배가 심천리 90호 석곽, 심천리II 4호 목곽 등에서 확인되는데, 이러한 형태의 고배는 크게 대각부 상위와 하위의 구경이 넓은 IVA1형식 고배에 속하는 것으로 볼 수 있다. 같은 시기로 판단되는 문산리 M2-1호 석곽 내에서는 고배와 함께 경부가 2조의 돌대에 의해 2분되는 대부장경호 등이 확인된다.

· VIII기 : 불로동 91호분 2-1곽, 문산리 3호분 3곽 등에서 황남대총 남분 출토 고배와 같은 IVA2형식 고배와 경부가 2조의 돌대에 의해 3분되며 파상문을 시문한 대부장경호 등이 확인된다. 동시에 내당동 51호분 2곽에서는 대각부가 3단으로 구분되고, 배신부의 구경이 넓은 비교적 대형의 고배가 확인되는데, 이러한 형태의 고배는 낙동강을 사이에 두고 있는 성주지역 고배와 유사성이 확인된다.

· IX기 : 내당동 37호분 1곽, 문산리 3호분 4곽, 불로동 91호분 3곽 등에서 경주 월성로 가-11-1호분 출토품과 유사한 대각부가 상대적으로 홀쭉해지며, 늘씬한 느낌을 주는 IVA3형식 고배와 IVA4형식 고배 등이 확인된다. 이와 공반하여 전체적으로 기벽이 얇아지고, 경부가 길게 외반하는 대부장경호와 일단투창고배, 통형기대 등이 확인된다.

· X기 : 배신부 중위에 1조의 횡침선을 돌린 후 침선 상위에 사격자문을 시문하거나, 2~4치구의 집선문을 V자상으로 시문한 IVA5형식 고배가 내당동 55호분, 화원 성산동 동1호, 가천동 5호 석곽, 사수동 563유적 D-9호 석곽 등에서 출토되고, 이와 공반하여 구경부가 살짝 안쪽으로 꺾이며, 대각

부에 상하교호의 투창을 뚫은 대부장경호 등이 확인된다. 이 시기에 이르러 대구지역 토기는 완전히 경주양식화 되는 것으로 판단된다.

·XI기 : 내당동 50호분 2곽, 화원 성산동 서1, 2호, 심천리 127호, 188호 석곽, 사수동 563유적 D-4호 석곽 등에서 단각화·소형화가 나타나는 IVA6형식 고배와 부가구연장경호 등이 확인된다.

이상을 정리한 것이 아래 〈도8~10〉과 같다.

도8_ 대구지역 고분편년 1
(1~5. 심천리Ⅱ 88호 목곽, 6·7. 심천리Ⅱ 77호 목곽, 8·9. 심천리 66호 목곽, 10·13. 심천리 44호 목곽, 11. 심천리 157호 목곽, 12. 봉무동Ⅲ 1호 목곽, 14. 심천리Ⅱ 60호 목곽, 15·17. 심천리 146호 목곽, 16. 심천리Ⅱ 10호 목곽, 18. 심천리 97호 목곽, 19. 심천리 172호 석곽, 20·21. 심천리 73호 목곽)

도9 _ 대구지역 고분편년 2
(1·2. 심천리 117호 목곽, 3. 심천리 90호 석곽, 4~6·8. 문산리 M2-1호, 7. 심천리 II 4호 목곽, 9·12~14. 불로동 91호분 2-1곽, 10·11. 문산리 3호분 3곽, 15·18·20. 불로동 91호분 3곽, 16. 문산리 3호분 4곽, 17·19. 화원 성산동 1호 부곽)

도10_ 대구지역 고분편년 3
(1·3·5. 화원 성산동 동1호, 2·6. 사수동 563유적 D-9호 석곽, 4. 화원 성산동 서3호, 7. 화원 성산동 서1호,
8. 사수동 563유적 D-4호 석곽, 9. 심천리 191호 석곽, 10. 심천리 127호 석곽, 11. 화원 성산동 서2호)

● 경산지역

연구사 검토

경산지역은 1980년대 초반부터 시작된 임당유적의 발굴조사로 인해 기원전 2세기를 전후한 시기
부터 통일신라시대까지 이르는 분묘를 비롯한 환호, 토성, 주거지, 저습지 등의 다양한 유구가 확인
되었다. 이로 인해 유구 자체에 대한 연구는 물론 출토된 토기를 비롯한 여러 유물에 대한 연구 역시
비교적 일찍부터 이루어져 왔다. 경산지역은 대구지역과 마찬가지로 경주지역에서 지리적으로 그
리 멀지 않은 곳에 위치하고, 『三國史記』등의 문헌을 통해서도 비교적 이른 시기에 해당하는 3세기
중엽 이후 신라에 복속된 것으로 알려져 있다. 따라서 4세기 이후의 토기양식 역시 경주지역과 유사
하고, 대구지역과 마찬가지로 지역 전체를 포괄하는 '지역양식'을 설정하는 것은 어려울 것으로 판
단된다.

경산지역 토기와 편년에 관한 연구로는 김용성(金龍星 1996·1998), 이희준(李熙濬 2004·2007),
이혜진(李惠眞 2006) 등이 있다.

먼저 김용성은 경산지역의 분묘와 출토유물을 분석하는 과정에서 토기를 상세히 검토하였는데,
고배와 장경호 등을 면밀히 분석하여 형식분류를 실시하고, 이후 그 변천양상과 편년 등을 살폈다.

결과 조영 1B-74호을 가장 빠른 4세기 1/4분기에 위치시키고, 차례대로 6세기 1/4분기까지 임당유적의 고분을 편년하였다.

이희준은 김용성이 실시한 경산지역 주요 고분 개개간의 상대편년은 크게 문제 삼을 것이 없다는 전제하에 분기와 절대연대에서 약간의 재검토를 실시하였다. 그래서 김용성이 5세기 1/4분기에 비정한 임당 7A호를 본인의 Ib기(4세기 4/4분기)에 비정하고, 나머지 임당유적 고분의 편년을 조정하였다.

이혜진은 대구·경산지역 토기를 검토하여 지역의 토기 생산·분배체계 등을 설명하였는데, 경산지역 토기 역시 대구지역과 마찬가지로 '지역양식'을 설정하기는 어렵고, 대체로 읍락을 단위로 하는 '소지역양식'을 설정할 수 있다고 주장하였다. 그는 경산지역을 크게 임당지구, 자인지구, 진량지구, 불로지구로 구분하고, 각 지구 별로 토기양식이 구분되지만, 뚜렷한 '소지역양식'을 설정할 수 있는 것은 임당지구와 자인지구라 설명하였다.

위 연구자들의 경산지역 고분 편년안을 정리하면 아래 〈표3〉과 같다.

표3 _ 경산지역 고분 편년안

		김용성(1996)		이희준(2004·2007)		이혜진(2006)
4C	1/4	조영 1B-74호, 조영 1A-19호				
	2/4	임당 1A-1호				
	3/4	임당 G-5, 6호	3/4			
	4/4	옥수 1C-69호, 옥수 1C-77호	4/4	임당 7A호, 7B호, 조영 EⅢ-8호		
5C	1/4	임당 7A호	1/4	임당 7C호, 조영 EⅢ-6호, 북사리 2, 3호		
	2/4	임당 7B호, 7C호, 조영 EⅢ-8호, 북사리 2호	2/4	조영 EⅡ-2호, 북사리 1호	2/4	임당 7C호, 조영 CⅠ-1호
	3/4	조영 EⅢ-6호	3/4	임당 5B1호	3/4	임당 5B-1호, 조영 EⅢ-18호, 북사리 2, 3호
	4/4	임당 2북, 임당 5B1호	4/4	임당 6A호	4/4	임당 2북, 남, 임당 6A호, 5C호
6C	1/4	임당 6A호			1/4	임당 G-46, 51호, 조영 1B-6, 30호
	2/4				2/4	임당 G-113호, 조영 1B-18호

경산지역 토기 역시 대구지역과 마찬가지로 크게는 신라토기의 범주 안에 포함되고, 4~6세기 토기의 변화양상 역시 경주지역과 유사하다. 4세기대에는 고배와 기대, 장경호, 단경호, 대부파수부호 등이 확인되고, 5세기에 들어서면 고배를 비롯하여 일단투창고배, 대부장경호, 대부완, 고배형기대 등이 주요 기종으로 확인된다.

· I 기 : 원통형 대각부를 가진 고배가 조영 1B-74호에서 확인되고, 고배와 함께 동체부 상위에 두 개의 손잡이를 가진 양이부호 등이 확인된다.

· II 기 : 조영 1A-19호와 임당 G-45호 등에서 B1형식 기대가 확인되는데, 기대의 대각부에는 삼각형의 투창이 뚫려있다. 기대와 함께 단경호, 소호 등이 확인된다.

· III 기 : 임당 G-37호에서 B2형식 기대와 긴 대각부를 가지고, 짧게 직립하는 경부를 가진 대부호가 확인되는데, 대각부의 투창 형태는 다르지만 크게는 칠곡 심천리 130호 목곽 출토 대부호와 유사성이 확인된다.

· IV 기 : 임당 G-5호, 6호 등에서 나팔형 대각부를 가진 IIB형식 고배가 확인되고, 이와 공반하여 C2형식 기대와 대부파수부호 등이 확인된다. 임당 G-5호, 6호 출토 IIB형식 고배는 칠곡 심천리 II 60호 목곽, 경주 월성로 가-6호분, 청도 봉기리 4호 목곽 출토품과 유사하고, 임당 G-5호 출토 대부파수부호는 부산 복천동 93호 출토품 등과 상당한 유사성이 확인된다.

· VII 기 : 임당 7A호, 조영 CII-2호 등에서 대각부 상위와 하위의 구경이 넓은 IVA1형식 고배가 확인되고, 이와 공반하여 파수부대부완, 경부가 2단으로 구분되며 비교적 긴 대각부를 가진 대부장경호 등이 확인된다.

· VIII 기 : 임당 7B호, 조영 EI-1호 등에서 황남대총 남분 출토 고배와 같은 IVA2형식 고배가 확인되고, 조영 CII-1호, 조영 EIII-3호에서는 창녕 교동 3호 출토 고배와 유사한 3단으로 구분되는 긴 대각부를 가진 IVB형식 고배가 확인된다. 이들과 공반하여 경부가 돌대에 의해 3단으로 구분되고, 파상문이 시문된 대부장경호와 대각부가 2단으로 구분되는 파수부대부완, 일단투창고배 등이 확인된다.

· IX 기 : 임당 5A호, 임당 G-10호 등에서 대각부가 상대적으로 홀쭉해지며 길어진 IVA3형식 고배와 그 보다 기고가 약간 작은 IVA4형식 고배가 확인되고, 고배와 장경호에 집선문, 심각집선문 등의 다양한 문양이 시문된다. 고배와 함께 전 시기보다 기벽이 얇아지고, 대각부가 길어진 파수부대부완, 일단투창고배 등이 확인되고, 이 시기에 이르러 경산지역 토기는 일부 지역색이 확인되지만 전반적으로 경주양식화 되는 것으로 판단된다.

· X 기 : 임당 G-22호, 조영 1B-27호, 신상리 가II-15호 등에서 배신부 중위에 1조의 횡침선을 돌린 후 침선 상위에 사격자문을 시문하거나, 2~4치구의 집선문을 V자상으로 시문한 IVA5형식 고배

가 확인되고, 주변의 대구, 경주지역과 마찬가지로 구경부가 살짝 안쪽으로 꺾이고, 대각부가 상하 이단으로 구분되는 대부장경호가 공반된다.

· XI기 : 임당 D-II-1호, 조영 1B-11호, 68호, 신상리 가II-7호 등에서 전 시기에 비해 소형화가 진행된 IVA6형식 고배가 확인되고, 이와 공반하여 원점문이 경부에 시문된 부가구연장경호 등이 확인된다.

이상을 정리한 것이 아래 〈도11~13〉과 같다.

도11_ 경산지역 고분편년 1
(1~4. 조영 1B-74호, 5·6. 조영 1A-19호, 7~9. 임당 G-45호, 10~13. 임당 G-37호, 14~16. 임당 G-5호, 17. 임당 G-6호, 18. 임당 G-65호)

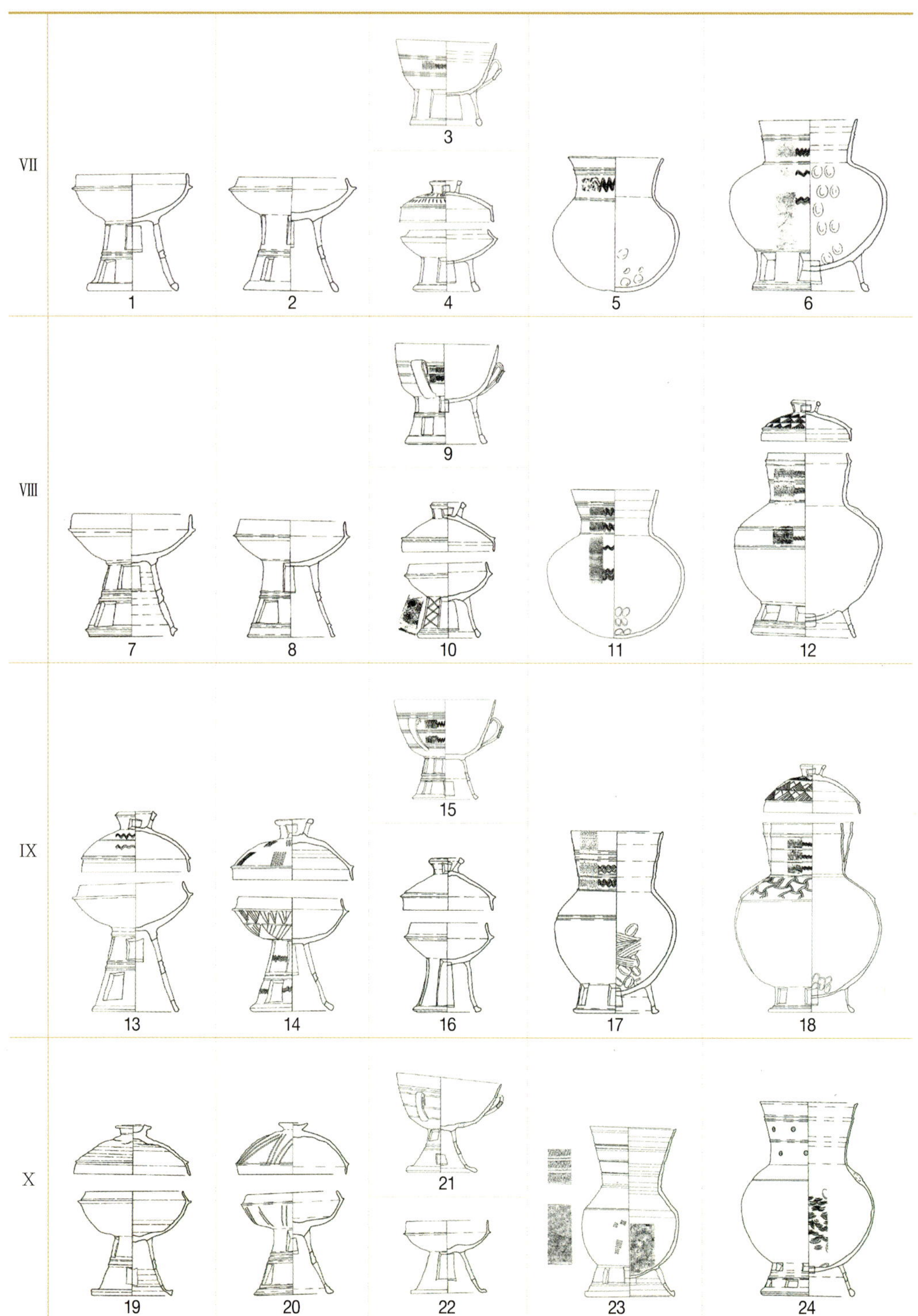

도12_ 경산지역 고분편년 2
(1·4·5. 조영 CII-2호, 2·3·6. 임당 7A호, 7·11. 임당 7B호, 8·9. 조영 CII-1호, 10·12. 조영 EI-1호, 13·15·18. 조영 CI-1호, 14. 임당 G-94호, 16. 임당 7C호, 17. 신상리 가II-29호, 19. 임당 G-22호, 20·24. 신상리 가II-15호, 21. 임당 2호, 22. 임당 5B1호, 23. 임당 G-64호)

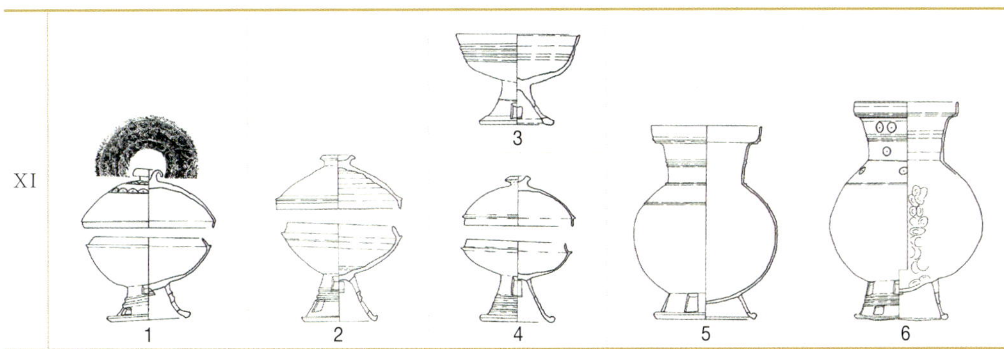

도13_ 경산지역 고분편년 3
(1·5. 조영 1B-11호, 2·3·6. 조영 1B-68호, 4. 신상리 가II-7호)

● 성주지역

연구사 검토

성주지역은 낙동강 서안에 위치하고 있지만, 지역 내 여러 유적에서 확인되는 토기의 대다수는 신라양식을 따르고, 독특한 지역색을 띠는 것으로 알려져 있다. 특히 토기는 물론 금공품을 비롯한 다양한 유물들이 신라양식을 따르고 있어 성주지역은 '과연 신라인가, 가야*인가'에 대한 논란이 존재하였고, 성주지역에서 확인되는 토기는 안근의 대구, 창녕지역 토기와 유사성이 확인되어 지역 사이의 관계에 대해서도 여러 의견이 존재하였다.

성주지역 토기와 편년에 관한 연구로는 사다모리 히데오(定森秀夫 1988), 김세기(2005), 이희준(2007), 남익희(南翼熙 2009) 등이 있다. 먼저 사다모리 히데오는 성산동고분군 1, 2, 6호분 출토토기를 기준으로 성주지역 토기의 성격과 편년 등을 실시하였다. 그는 자신의 V단계(5세기 중엽)에는 성주지역 토기가 '가야토기 낙동강이동군'으로서 낙동강 이동지역 토기와 공통성을 보이며, VI단계(5세기 후엽)에는 '성주 Type'이라 할 만한 지역색이 강한 토기가 나타나며, VII단계(6세기 전엽)가 되면 토기에서 지역색을 점차 잃어가는 것으로 판단하였다. 그리고 성산동 '2호분(V단계)→성산동 1호분(VI단계)→성산동 6호분(VII단계)→팔도분(VIII단계: 6세기 말 이후)'으로 편년을 실시하였다.

김세기는 5세기 초엽부터 성주의 지역성을 띤 성주양식 토기기 성립하며, 고령양식 토기와는 판이하게 차이가 나는 장경호, 유개고배, 단경호, 통형기대 등이 존재하는 것으로 설명하였다. 또한 성주지역의 토기문화를 ① 고배 대각 투창의 상하 엇갈림 ② 사다리꼴의 직선 대각 ③ 깊은 배신 ④ 대각도치형 뚜껑 ⑤ 장경호의 직립원통형 경부와 각진 어깨 ⑥ 대부장경호의 존재 등으로 정리하였다.

이희준은 사다모리 히데오가 설정한 '성산동 2호분→1호분→6호분'의 상대편년을 인정하면서 성산동 2호분과 38호분을 자신의 IIa기(5세기 1/4분기)에 비정하고, 1호분과 59호분을 IIb기(5세기

---

* 성주지역은 『三國遺事』五伽耶條에 나오는 星山伽耶의 故地로 비정되고 있다.

2/4분기), 6호분을 IIIb기(5세기 4/4분기)에 각각 비정하였다.

남익희는 성주양식 토기의 특징을 크게 형태적(외형적) 측면과 소성기법적 측면, 장식(문양)적 측면으로 나누어 살펴보았는데, 고배 배신부에 형성되어 있는 1조의 돌대와 중위 혹은 하위에서 급격하게 꺾이는 대각부, 검은색에 가까운 흑회색 또는 청회색의 외면 색조, 보편적인 파상문의 시문, 대각부 투창 좌우에 시문되는 '11'자 문양 등을 성주양식 토기의 특징으로 보았다.

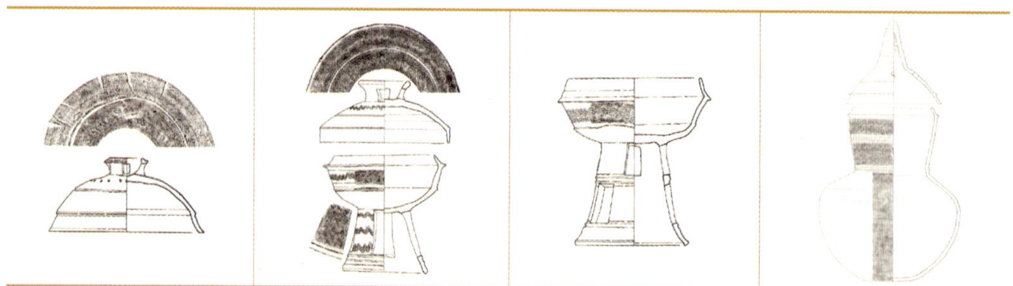

도14_ 성주양식 토기(성산동 38호분, 59호분)

위 연구자들의 성주지역 고분 편년안을 정리하면 아래 〈표4〉와 같다.

표4_ 성주지역 고분 편년안

		사다모리 히데오(1988)		이희준(2007)		남익희(2009)
5C	전엽		1/4	성산동 2호, 38호	초엽 ~ 전엽	시비실 1-1호 목곽, 시비실 24호 목곽
			2/4	성산동 1호, 59호		
	중엽	성산동 2호	3/4		중엽	성산동 2호, 38호 시비실 3호 목곽
	후엽	성산동 1호	4/4	성산동 6호	후엽	성산동 1호, 39호, 58호, 59호 시비실 6-1호 목곽
					말엽	성산동 6호, 57호 장학리 별티 1-1호
6C	전엽	성산동 6호			초엽	八桃墳, 장학리 별티 4호, 7호
	말엽 이후	八桃墳				

편년

성주지역 토기는 주로 고분 출토품이 다수를 차지하고, 대부분 5~6세기대에 집중되는 것으로 알려져 있다. 하지만 성주 가암리유적 내 주거지에서 4세기대에 해당하는 토기가 출토되어 미약하게나마 5세기 이전 성주지역 토기의 양상을 파악할 수 있게 되었다.

성주지역에서 확인되는 토기의 주요 기종으로는 고배, 장경호, 단경호, 대부완, 기대 등이 있고, 이

중 지역색을 강하게 나타내는 기종은 고배이며, 장경호는 일부 대가야양식을 따르는 것도 확인된다. 성주양식 토기에 지역색이 확인되는 시기는 대략 5세기 전엽~후엽에 해당하는 약 50년의 기간이며, 토기의 제작기법이나 일부 기종의 형태는 낙동강 중류역에 위치한 대구, 창녕지역 토기와 유사성을 보이기도 한다.

· I기 : 가암리 10호 주거지에서 승석문을 타날하고, 그 위에 침선을 돌린 단경호와 양이부호 등이 확인된다. 이들은 경주 월성로 가-30호분, 칠곡 심천리II 88호 목곽, 부산 복천동 38호 출토 단경호 및 양이부호와 유사성이 확인된다.

· II기 : 가암리 11호 주거지에서 B1형식 기대 수부, 평저의 장경호가 확인되고, 1호 호에서 기대 대각부 등이 확인되는데, 이 중 11호 주거지에서 출토된 기대 수부는 칠곡 심천리II 77호 목곽 출토 기대와 유사성이 확인된다. 더불어 3호 호에서 출토된 기대 대각부는 八자형을 띠고, 중위에 삼각형의 투창을 뚫었는데, 이는 임당 G-45호 출토 기대와 유사하다.

· VI기 : 시비실 목곽 1-1호에서 八자형 대각부를 가진 III형식 고배가 확인되는데, 경주 계림로 37호, 동산리 72호 출토 고배와 유사하고, 공반되는 개는 대각도치형의 손잡이를 가지며 외면에는 파상문이 시문되어 있다.

· VII기 : 시비실 2호 목곽, 7-1호 목곽 등에서 대각부 상위와 하위의 구경이 넓은 IVA1형식 고배가 확인되고, 이와 공반하여 배신부 상위에 1조의 돌대를 가진 고배와 긴 대각부를 가지며 경부가 2분되는 대부장경호, 통형기대 등이 확인된다. 특히 배신부 상위에 1조의 돌대를 가진 고배는 마치 뚜껑받이턱이 2개인 것처럼 보이기도 하는데, 이 시기부터 성주지역 토기에 독특한 지역색이 나타나는 것으로 볼 수 있다.

· VIII기 : 성산동 38호분, 시비실 3호 목곽 등에서 IVA2형식 고배와 3단으로 구분되는 긴 대각부를 가진 IVB형식 고배 등이 확인된다. 이와 함께 배신부 중위에 1조의 돌대가 형성되고, 그 사이에 파상문을 시문한 지역색이 강한 고배가 확인된다. 더불어 신부에 장식대를 부착한 통형기대와 전 시기보다 대각부가 짧아진 대부장경호 등이 공반된다.

· IX기 : 성산동 39호분, 59호분 등에서 대각부가 상대적으로 길어진 IVA3형식 고배가 확인되는데, 여전히 배신부 중위에는 1조의 돌대가 형성되고, 배신부와 대각부에는 파상문이 시문되는 등 일정부분 지역색이 나타난다. 이들 고배와 공반되는 유물로는 경부가 3단으로 구분되고, 동체부 상위에 1조의 침선으로 각이 형성된 전형적인 신라양식 장경호와 동체부가 둥글고 경부가 직선으로 올라오는 대가야양식 장경호, 장식대가 사라지며 한결 간소화된 통형기대 등이 있다.

· X기 : 별티 1-1호, 3-1호 등에서 배신부에 2~4치구의 집선문을 V자상으로 시문한 IVA5형식 고배가 확인되고, 구경부가 살짝 안쪽으로 꺾이고, 대각부가 상하 이단으로 구분되는 대부장경호 등이 확인된다. 이 시기에 이르러 토기에서 지역색이 사라지고, 점차 경주양식화 되는 것으로 판단된다.

·ⅩⅠ기 : 별티 1-7호, 10-1호 등에서 전 시기에 비해 소형화가 진행된 ⅣA6형식 고배가 확인되고, 이와 함께 원점문이 시문되고 기벽이 상당히 얇아진 대부장경호와 부가구연장경호 등이 확인되는데, 이 시기에 이르러 성주지역 토기는 완전히 경주양식화 된다.

이상을 정리한 것이 아래 〈도15·16〉과 같다.

도15_ 성주지역 고분편년 1
(1~4. 가암리 10호 주거지, 5~7·9. 가암리 11호 주거지, 8. 가암리 1호 호, 10~13. 시비실 1-1호 목곽, 14·18. 시비실 2호 목곽, 15·17. 시비실 8-1호 목곽, 16·19. 시비실 7-1호 목곽)

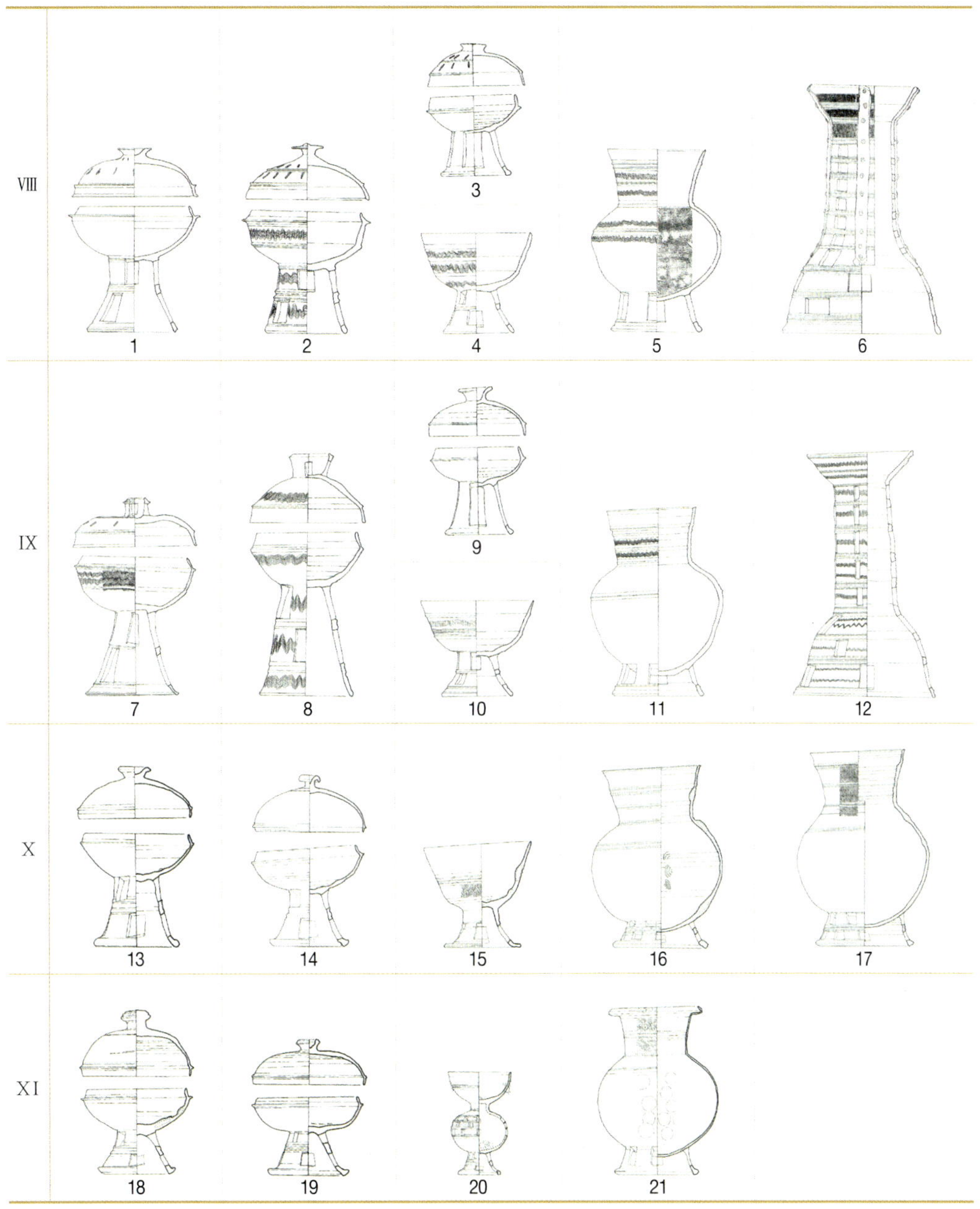

도16_ 성주지역 고분편년 2
(1~6. 성산동 38호분, 7·10. 성산동 39호분, 8·9·11·12. 성산동 59호분, 13·15~17. 별티 1-1호, 14. 별티 12호, 18·20·21. 별티 1-7호, 19. 별티 2호)

● 창녕지역

연구사 검토

창녕지역은 1980년대부터 토기와 고분의 편년에 대한 본격적인 연구가 시작되었고, 대각도치형의 높은 손잡이를 가진 개, A자형으로 곧게 뻗은 대각부를 가진 고배 등이 지역색을 잘 나타내주는 기종으로 인식되어 왔다. 창녕지역은 토기를 통한 고분의 편년은 물론 성주지역과 마찬가지로 '창녕지역은 과연 신라인가, 가야인가', '창녕지역 정치체의 성격은 어떠한가' 등에 대한 많은 이견이 존재하였고, 주변의 현풍, 청도, 성주지역 토기와 창녕지역 토기의 유사성으로 인해 제지역 사이의 관계에 대해서도 여러 의견이 제시되어 왔다.

창녕지역 토기와 편년에 관한 연구로는 사다모리 히데오(定森秀夫 1981), 박천수(朴天秀 1993, 2001), 이희준(李熙濬 2005·2007) 등이 있다. 먼저 사다모리 히데오는 유개식고배를 기준으로 창녕지역을 5단계로 설정하고, '교동 116호(5세기 중엽)→교동 89호(5세기 후엽)→교동 31호고(6세기 전엽)→교동 31호신(6세기 후엽)'으로 편년하였다.

박천수는 구고에서 창녕지역 토기의 분석을 통하여 지역집단의 성격과 동향을 파악하고, 창녕양식 토기의 성립과 해체 배경 등을 살펴보았다. 그 과정에서 창녕지역을 7단계로 설정하고, '1·2단계(4세기 후엽·5세기 전엽:계성초교, 성산중교 소장품)→3단계(5세기 중엽:교동 116호, 계남리 1호)→4단계(5세기 후엽:합천 옥전 31호)→5단계(6세기 전엽:교동 11호)→6단계(6세기 중엽:교동 31호古)→7단계(6세기 후엽:교동 31호신)'으로 편년하였다. 이후 박천수는 신고에서 합천 옥전 31호를 계남리 1·4호에 선행하는 것으로 수정하고, '옥전 68호→옥전 23호→가달 5호→옥전 31호→교동 3호·계남리 1, 4호'의 순서를 설정하였다.

이희준은 여러 연구자들의 창녕지역 토기 연구 및 편년을 차례대로 검토·평가하고, 종합적인 편년안을 제시하였다. 결과 계남리 1, 4호를 자신의 Ib기(4세기 4/4분기)에 비정하고, 교동 3호를 IIa기(5세기 1/4분기), 교동 4호를 IIb기(5세기 2/4분기), 교동 2호, 11호를 IIIa기(5세기 3/4분기), 교동 31호고, 사리A1 1관을 IIIb기(5세기 4/4분기), 교동 31호신, 사리A1 2관을 IV기(6세기 전엽)에 각각 비정하였다.

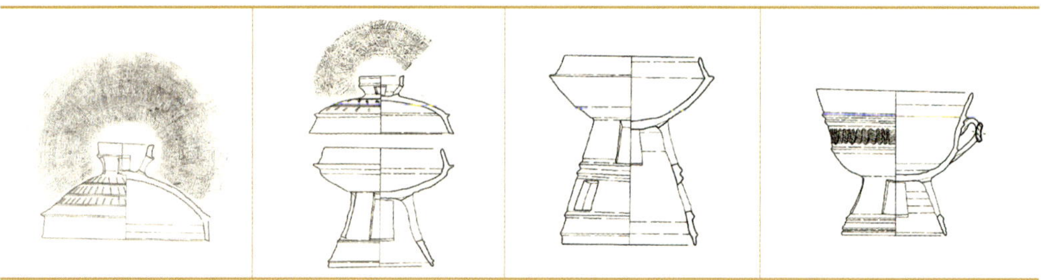

도17_ 창녕양식 토기(교동 3호)

위 연구자들의 창녕지역 고분 편년안을 정리하면 다음 〈표5〉와 같다.

표5_ 창녕지역 고분 편년안

	사다모리 히데오(1981)		이희준(2007)		박천수(2010)	
4C					초엽	여초리 A지구
					전엽	여초리 B지구
					중엽	
					후엽	청도 봉기리 3호 목곽
			4/4	계남리 1, 4호	말엽	청도 봉기리 5호 목곽
5C	전엽		1/4	교동 3호	초엽	청도 성곡리 가 47호 석곽
			2/4	교동 1, 4호	전엽	청도 성곡리 나 1호 목곽
	중엽	교동 116호	3/4	교동 2, 11호	중엽	교동 3호
					후엽	교동 2호
	후엽	교동 89호	4/4	교동 31호古, 사리 A1 1관	말엽	교동 11호
6C	전엽	교동 31호古	1/4	교동 31호新, 사리 A1 2관	초엽	교동 31호古
	후엽	교동 31호新			전엽	계성리 Ⅲ-1호

편년

창녕지역 토기는 북쪽의 현풍지역을 비롯하여 동쪽의 청도지역, 남쪽의 영산면 부근까지 확인되고, 낙동강 중하류역에 광범위하게 분포하는 것으로 알려져 있다. 최근 송현동고분군의 발굴조사를 비롯하여 청도 성곡리, 봉기리유적의 조사를 통해서도 다수의 창녕양식 토기가 확인되었는데, 역시 지역색을 잘 나타내는 기종은 개와 고배이며, 이외에도 일단투창고배, 대부완, 대부장경호, 고배형 기대 등이 주요 기종으로 확인되었다.

· Ⅳ기 : 청도 봉기리 1호, 3호 목곽 등에서 나팔형 대각부를 가진 ⅡB형식 고배와 C2형식 기대, 대부파수부호, 장경호 등이 확인되는데, 고배의 경우 전체적인 기고가 높고 대각부에는 장방형의 투창이 일렬로 뚫려있다. 이와 유사한 형태의 고배는 경산 임당 G-5호, 부산 복천동 93호, 칠곡 심천리 Ⅱ 60호 목곽 등에서 확인되고, C2형식 기대 역시 대각부에 삼각형의 투창이 뚫려있는데, 동일 형식의 기대가 경산 임당 G-6호, 칠곡 심천리Ⅱ 10호 목곽 등에서 확인된다.

· V기 : 청도 봉기리 5호 목곽에서 전 시기보다 기고가 약간 낮아진 ⅡB형식 고배와 경부가 2분되며 파상문을 시문한 장경호, C2형식 기대 등이 확인된다.

· Ⅵ기 : 청도 성곡리 가 8호, 47호 석곽, 나 1호 목곽 등에서 나팔형 대각부를 가진 ⅡB형식 고배와 八자형 대각부를 가진 Ⅲ형식 고배가 확인되는데, 대각부에는 장방형의 투창이 상하교호로 뚫리고, 세트를 이루는 개에는 유충문이 시문된다. 이와 공반하여 2조의 돌대에 의해 경부가 2분되고, 비교적 짧은 대각부를 가진 대부장경호, 파수가 부착된 일단투창고배, 컵형토기 등이 확인된다.

· Ⅶ기 : 청도 성곡리 가 5호, 19호 석곽 등에서 Ⅲ형식 고배가 확인된다. 특징적인 점은 고배의 대각단부가 안쪽으로 살짝 내경한다는 것이며, 이는 같은 시기로 판단되는 칠곡 심천리 90호 석곽, 심천리Ⅱ 4호 목곽 출토 고배와 유사하다. 고배와 공반하여 대각부가 전 시기에 비해 약간 직선화되고 판상의 파수가 부착된 일단투창고배, 경부가 3분되는 대부장경호 등이 확인된다.

· Ⅷ기 : 교동 3호, 청도 성곡리 가 6호, 34호 석곽, 나 91호, 132호 석곽 등에서 ⅣB형식 고배가 확인되고, 이와 공반하여 경부가 3단으로 구분되고 파상문이 시문된 대부장경호 등이 확인된다. 교동 3호 출토 고배는 A자형으로 곧게 뻗은 대각부를 가지고, 세트를 이루는 개는 대각도치형의 높은 손잡이를 가지며, 개 신부 외면에는 유충문이 시문되는 등 전형적인 창녕양식 토기의 특징을 보여준다.

· Ⅸ기 : 교동 1호, 2호, 청도 성곡리 나 89호 석곽 등에서 대각부가 상대적으로 길어진 ⅣA3형식 고배와 ⅣA4형식 고배, 전 시기보다 대각부 상하 구경이 약간 줄어든 ⅣB형식 고배가 확인된다. 이와 함께 경부와 동체부에 원점문과 격자의 집선문 등을 시문한 장경호와 파수부대부완, 기대 등이 확인된다. 이 시기에 들어 고배는 전반적으로 지역색이 사라지고, 경주양식화 되는 것이 확인되지만, 고배와 세트를 이루는 개는 여전히 창녕양식 토기의 특징을 보여주는 것들이 다수를 차지한다.

· Ⅹ기 : 송현동 7호분, 청도 성곡리 가 23호 석곽, 나 25호 석곽, 봉기리 1호 석곽 등에서 배신부 중위에 1조의 횡침선을 돌린 후 침선 상위에 사격자문을 시문하거나, 2~4치구의 집선문을 V자상으로 시문한 ⅣA5형식 고배가 확인된다. 이와 함께 대각부가 상하 이단으로 구분되며, 기벽이 얇아진 대부장경호와 전반적으로 소형화가 이루어진 일단투창고배, 대부완 등이 확인된다. 이 시기에 이르러 토기에 지역색이 완전히 사라지고 경주양식화된 것으로 볼 수 있다.

· Ⅺ기 : 송현동 15호분, 청도 성곡리 가 31호 석곽, 나 22호 석곽, 봉기리 16호, 23호 석곽 등에서 ⅣA6형식 고배가 확인되고, 이와 함께 부가구연장경호 등이 부장되기 시작한다.

이상을 정리한 것이 다음 〈도18·19〉와 같다.

도18 _ 창녕·청도지역 고분편년 1
(1·3·4. 봉기리 1호 목곽, 2·5·6. 봉기리 3호 목곽, 7~11. 봉기리 5호 목곽, 12·15~17. 성곡리 나 1호 목곽, 13. 성곡리 가 47호 석곽, 14. 성곡리 가 8호 석곽, 18~21. 성곡리 가 5호 석곽, 22. 성곡리 가 19호 석곽)

도19_ 창녕 · 청도지역 고분편년 2
(1~5. 교동 3호, 6. 성곡리 나 91호 석곽, 7 · 11. 교동 1호, 8 · 12. 성곡리 나 89호 석곽, 9. 교동 2호, 10. 성곡리 나 116호 석곽,
13 · 18. 봉기리 1호 석곽, 14 · 16. 송현동 7호분, 15 · 17. 성곡리 나 25호 석곽, 19 · 23. 봉기리 16호 석곽, 20 · 21 · 24. 송현동 15호분,
22. 성곡리 나 16호 석곽)

낙동강 상류지역

● 상주지역

연구사 검토

상주지역은 낙동강 상류지역의 서안에 위치하고, 경주지역에서 지리적으로 비교적 멀리 떨어져 있다. 자연히 상주지역 토기는 경주 인근지역의 토기와 비교할 때 어느 정도 독자성을 띠고, 비교적 오랫동안 재지의 토기제작 전통이 유지된 것으로 알려져 있다. 하지만 대구, 경산지역과 마찬가지로 상주지역 전체를 포괄하는 '지역양식 토기'를 설정하기는 어렵고, '함창지구 양식', '상주분지 양식' 등의 '소지역양식'을 설정하는 것은 가능할 것으로 생각된다.

상주지역 토기와 편년에 관한 연구로는 홍지윤(洪志潤 2003), 이성주(李盛周 2004), 서경민(徐敬敏 2008) 등이 있다.

먼저 홍지윤은 함창분지 내 고분군과 상주분지 내 고분군이 분묘의 성격과 토기 등에서 차이점을 보이므로 각각을 별개의 정치체로 파악하였고, 의성, 안동, 상주지역의 재지계 토기를 묶어 '영남북부지역 양식 토기'로 명명하고, 소지역별 고분과 토기의 변천 과정 등을 검토하였다.

이성주는 토기의 제작 기술과 매장의례 등을 통해 상주지역 낙동강이동 토기양식의 성립에 대해 살펴보았는데, 상주지역을 크게 '병성천변 청리고분군', '함창분지 신흥리고분군', '상주분지 성동리·병성동고분군'의 세 개 소지역으로 나누고, 각 소지역 마다 토기의 기형, 기종구성, 기종별 부장량의 비

표6_ 상주지역 고분 편년안

	홍지윤(2003)		이성주(2004)		서경민(2008)
4C			말엽	성동리(한) 11호, 17호	4/4	신상리 12호, 15호, 헌신동 58호
5C	초엽	청리 C-5호, 9호 석곽	전엽	청리 C-17호, 41호 목곽	1/4	헌신동 17호, 39호
	중엽	청리 C-6호 석곽	중엽		2/4	병성동(경) 5-1호, 헌신동 30호
	후엽	청리 C-14호, 19호 석곽	후엽	청리 C-6호, 14호 석곽	3/4	병성동(경) 3호, 헌신동 23호
6C	5C 말엽~ 6C 초엽	청리 D-6호, 7호 석곽	말엽	병성동(경) 4-1호, 13호, 성동리(한) 43호	4/4	헌신동 8호, 성동리(경) 2호
			전엽	병성동(경) 3호, 4-1호, 성동리(한) 5호, 65호		
			중엽	청리 D-4호 석곽 병성동(경) 32호		*(한)-한국문화재보호재단 (경)-경상북도문화재연구원

율 등을 분석하였다. 그 결과 각 소지역마다 토기 제작기술체계가 다른데, 이는 매장의례 관념 차이에 의한 제작자 집단의 기술적 선택이 달랐음을 의미하고, 상주지역 내 소지역의 토기는 장기간 존속하며 계기적인 변화를 보이지 않기 때문에 '지역양식'을 설정하는 것은 어려울 것이라 판단하였다.

서경민은 상주지역 토기를 기종별로 형식을 분류하고, 그 변화양상을 파악하여 5단계로 분기를 설정하였다. 이후 상주지역을 함창지구, 상주지구, 청리지구로 구분하고 각 지구별 토기의 유사성을 파악하여, 시기별로 각 지구 정치체 사이의 관계에 대해 살펴보았다.

위 연구자들의 상주지역 고분 편년안을 정리하면 〈표6〉과 같다.

편년

상주지역 토기는 크게 지역 남쪽에 위치한 '병성천변 청리고분군', 북쪽에 위치한 '함창분지 신흥리고분군', 지역 동쪽에 해당하는 낙동강 서안의 '상주분지 성동리·병성동고분군' 등에서 확인된다. 세 소지역마다 기형과 기종의 구성 등에서 약간의 차이점이 확인되지만 공통적으로 고배, 대부완, 장경호 등이 확인되고, 주변지역과 교차편년이 가능할 것으로 생각된다.

·IV기 : 청리 C-41호, 74호 토광묘에서 나팔형 대각부를 가진 IIA형식 고배와 일단투창고배, 파수부대부완, 경부가 외반하는 장경호 등이 확인되고, 오대동 가-1호 주거지에서 C2형식 기대가 확인된다. 청리 C-74호 토광묘 출토 IIA형식 고배는 경주 인왕동 1호, 칠곡 심천리 146호 목곽 출토품과 유사성이 확인되고, 청리 C-41호 토광묘 출토 장경호는 세부적인 형태의 차이는 있지만 경주 월성로 가-6호분, 칠곡 심천리II 10호 목곽 등에서 출토된 경부가 외반하는 장경호와 유사하다. 오대동 가-1호 주거지 출토 기대는 경산 임당 G-6호 출토 기대와 동일한 형식이다.

· V기 : 청리 C-59호 토광묘에서 구경부가 외반하고, 대각부에 장방형의 상하교호 투창을 뚫은 고배와 경부가 1조의 돌대에 의해 2분되는 장경호 등이 확인된다. 이와 유사한 형태의 고배는 경주 인왕동 10호 적석목곽, 포항 학천리 24호 목곽, 칠곡 심천리 73호 목곽 등에서 확인된다.

·VI기 : 청리 C-40호 토광묘에서 대각부가 3단으로 구분되고, 구연부에는 아직 뚜껑받이턱이 형성되지 않은 고배가 확인되는데, 칠곡 심천리 117호 목곽, 울산 중산리 IA-51호 출토 고배와 유사성이 확인된다.

·VII기 : 청리 C-5호, 28호 토광묘, C-6호 석곽묘 등에서 소위 '청리식 고배'가 확인된다. 이들 고배는 짙은 회청색의 색조에 사립이 많이 들어있는 조질의 태토이며, 대각단부를 안쪽으로 내경하게 깎는 특징을 가지는데(李盛周 2004), 이와 유사한 형태의 고배가 칠곡 심천리 90호 목곽 등에서 확인된다. 더불어 청리 C-5호 토광묘 출토 고배 중에는 대각부 상위와 하위의 구경이 넓은 IVA1형식 고배도 존재하고, 같은 시기로 판단되는 신상리 9호 목곽 내에서는 긴 대각부와 직립하는 경부를 가진 대부장경호 등이 확인된다.

도20 _ 상주지역 고분편년 1

(1·3. 청리 C-74호, 2·4~6. 청리 C-41호, 7~11. 청리 C-59호, 12~14. 청리 C-40호, 15·18·19. 청리 C-6호, 16·17. 청리 C-5호, 20. 신상리 9호 목곽, 21. 청리 C-30호, 22. 헌신동 6호 석곽, 23·25. 헌신동 17호 석곽, 24. 신상리 17호 석곽, 26. 헌신동 20호 석곽)

·Ⅷ기 : 청리 C-30호 토광묘, 헌신동 6호, 17호 석곽 등에서 황남대총 남분 출토 고배와 같은 IVA2 형식 고배가 확인되며, 이와 함께 전 시기보다 대각부가 약간 짧아지고, 외반하는 경부를 가진 대부 장경호 등이 확인된다.

·Ⅸ기 : 성동리 65호(한)* 에서 대각부가 상대적으로 길어진 IVA3형식 고배가 확인되고, 성동리Ⅱ 35호 석곽, 병성동 5-1호(경)** , 신상리 19호 석곽 등에서 IVA4형식 고배가 확인된다. 이와 더불어 전 시기보다 기벽이 얇아지고 대각단부가 살짝 말려 올라가는 일단투창고배와 경부가 돌대에 의해 3분 되는 대부장경호 등이 확인된다.

· Ⅹ기 : 청리 D-3호 석곽, 성동리Ⅱ 6호 석곽, 성동리 24호(한), 병성동 34호(경), 신상리 1호 석곽, 오대동 가-1-1호, 다-25호 등에서 배신부 중위에 1조의 횡침선을 돌린 후 침선 상위에 사격자문을

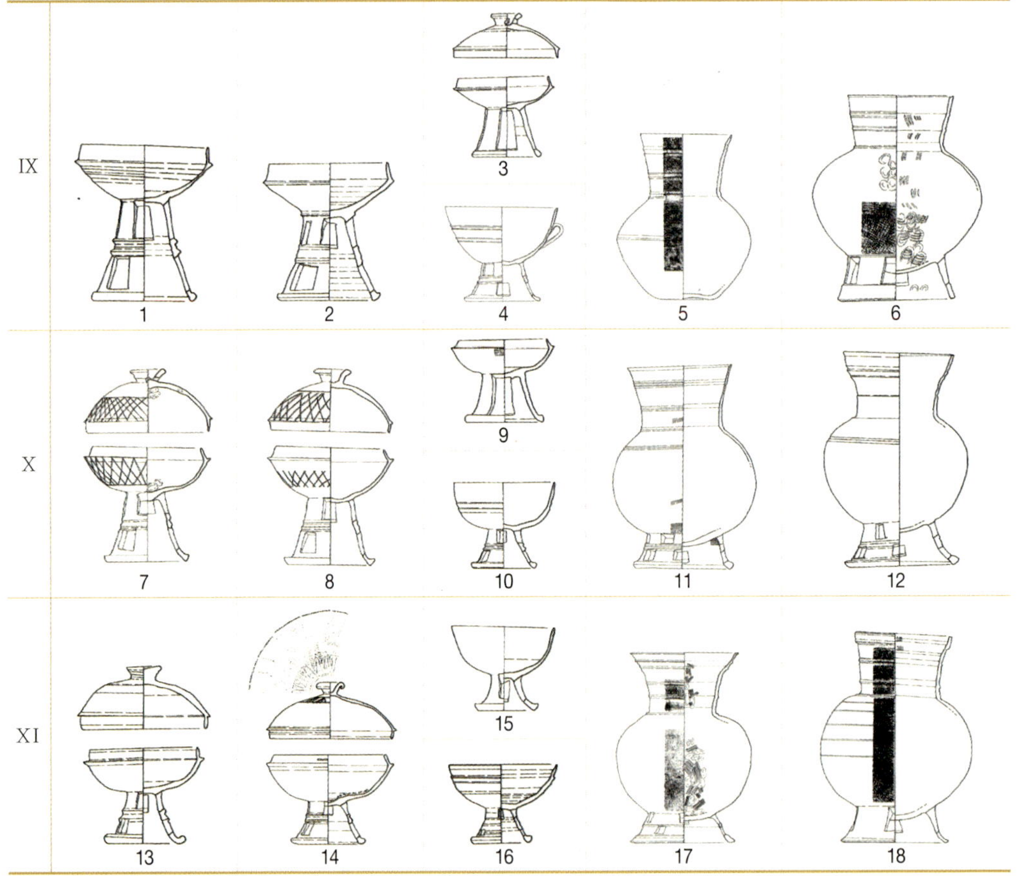

도21 _ 상주지역 고분편년 2
(1. 헌신동 2호 석곽, 2. 신상리 19호 석곽, 3·6. 헌신동 23호 석곽, 4. 성동리 65호 석곽(한), 5. 청리 D-5호, 7. 성동리Ⅱ 6호 석곽, 8. 오대동 다-25호, 9~11. 오대동 가-1-1호, 12. 병성동 15호 석곽(한), 13·18. 헌신동 18호 석곽, 14. 병성동 27호 석곽(경), 15. 성동리Ⅱ 2호 석곽, 16. 헌신동 19호 석곽, 17. 성동리Ⅱ 24호 석곽)

---

* (한)-한국문화재보호재단
** (경)-경상북도문화재연구원

50

시문한 IVA5형식 고배가 확인되고, 이와 함께 구경부가 살짝 안쪽으로 꺾이고, 대각부가 상하 이단으로 구분되는 대부장경호가 확인된다. 병성동 3호(경) 등에서는 의성양식 토기가 확인되기도 하지만, 이 시기에 이르러 상주지역 토기는 완전히 경주양식화 되는 것으로 판단된다.

·XI기 : 청리 D-9호 석곽, 성동리II 2호, 24호 석곽, 병성동 27호(경), 병성동·헌신동 17호 석곽(한), 신상리 14호 석곽, 오대동 다-9호 등에서 소형화가 진행된 IVA6형식 고배가 확인되고, 이와 함께 부가구연장경호 등이 확인된다.

이상을 정리한 것이 위의 〈도20·21〉과 같다.

● 의성지역

연구사 검토

의성지역은 낙동강 상류역의 동안에 위치하고, 낙동강을 사이에 두고 상주지역과 맞닿아 있다. 예전부터 의성지역에서 확인되는 토기는 독특한 지역색을 가지는 것으로 알려져 왔고, 이를 가장 잘 나타내주는 고배는 외반하는 무개식 구연부를 가지며, 대각단부와 하단 투창 사이의 간격이 넓고, 전체적인 기벽이 두껍다는 특징을 가진다.

의성지역 토기와 편년에 관한 연구로는 사다모리 히데오(定森秀夫 1988), 이성주(李盛周 1993), 이희준(2007), 서경민(徐敬敏 2008) 등이 있다.

먼저 사다모리 히데오는 탑리고분에서 출토된 고배형기대의 변화를 중심으로 크게 탑리 I단계(I·II·IV곽:5세기 중엽)와 탑리 II단계(III·V곽:5세기 후엽)로 구분하여 편년을 실시하였다.

이성주는 탑리고분을 통해 적어도 5세기 후엽부터 의성지역은 낙동강동안양식의 한 지역적 토기 생산중심지로 자리하였고, 장림동고분군의 자료는 대체로 6세기 전엽 이후의 자료이며, 경주계 토기의 유입 시점은 6세기 이후인 것으로 판단하였다.

이희준은 탑리고분과 장림동고분군, 조탑리고분군 출토 토기를 검토하여 의성지역 고분의 편년을 실시하였는데, 결과 탑리 I곽을 자신의 Ib기(4세기 4/4분기)로 설정하고, 탑리 II곽을 IIa기(5세기 1/4분기), 탑리 III·IV곽을 IIb기(5세기 2/4분기), 탑리 V·VI곽[*]을 IIIa기(5세기 3/4분기)에 각각 비정하였다.

서경민은 의성지역 토기 중 고배, 개, 대부장경호를 형식분류하고, 그 변화양상을 파악하여 5단계로 분기를 설정하였다. 이후 의성지역을 금성지구, 미천지구, 위천지구로 나누고, 각 지구 내 고분의 구조와 위계 등을 검토함과 동시에 지구 간 토기의 유사성 등을 파악하여 시기별 각 지구 정치체 사이의 관계와 신라의 지배에 대해 살펴보았다.

---

[*] 탑리고분 '봉토 내 유물군'을 하나의 묘곽으로 설정하여 VI곽으로 명명하였다.

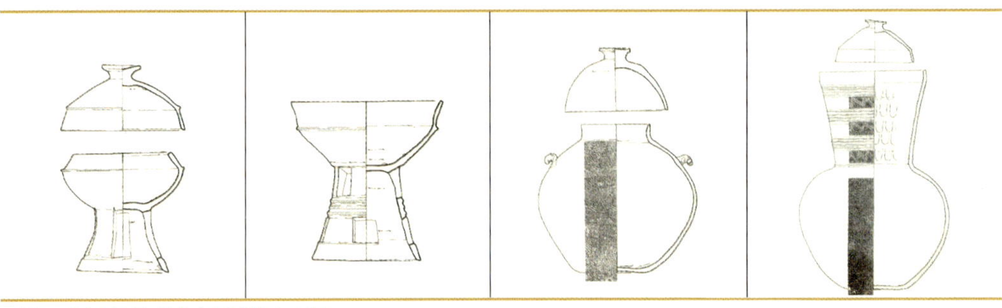

위 연구자들의 의성지역 고분 편년안을 정리하면 아래 〈표7〉과 같다.

표7_ 의성지역 고분 편년안

		사다모리 히데오(1988)		이희준(2007)		서경민(2008)
4C			4/4	탑리 I곽	4/4	탑리 I곽
5C	전엽		1/4	탑리 II곽	1/4	탑리 II곽, 공정리 II-5호
	중엽	탑리 I · II · IV곽	2/4	탑리 III · IV곽	2/4	탑리 III곽, 조탑('94) 33호
	후엽	탑리 III · V곽	3/4	탑리 V · VI곽	3/4	조탑('92) 1-1호, 3호
			4/4		4/4	학미리 3호

편년

  의성지역 토기는 크게 중심고분군이라 할 수 있는 금성산고분군(탑리, 대리, 학미리고분군)과 미천유역의 조탑리고분군, 장림동고분군 등의 조사를 통해 확인되었고, 위의 여러 고분군에서 확인된 토기는 대부분 5세기대를 중심으로 하는 것으로 알려져 있다. 안타깝게도 의성지역의 4세기대 토기 양상을 살필 수 있는 유적이 확인된 바가 없고, 가장 최근의 조사[*]를 통해서도 5세기 중엽을 전후한 고분이 확인되었다. 따라서 아래에서는 의성지역의 5~6세기 토기 양상을 살펴보고, 더불어 의성지역 북쪽의 안동지역 고분 출토 토기 역시 함께 검토해보고자 한다.

  · Ⅷ기 : 탑리고분 II곽, 대리리 2호분 A-1 주·부곽, 3호분 2곽 주곽, 후평리 1-1호, 조탑동('94) 9호 석곽 등이 해당한다. 탑리고분 II곽에서는 배신부가 둥글고, 구경이 비교적 넓은 일단투창고배와 단추형 손잡이를 가지고 외면에 유충문이 시문된 개가 확인된다. 대리리 2호분 A-1 부곽, 조탑동('94) 9호 석곽 등에서는 외반하는 무개식 구연부와 A자형의 직선적인 대각부를 가진 전형적인 의성양식 이단투창고배와 동체부가 둥글고 경부가 2조의 돌대에 의해 2분되는 대부장경호 등이 확인된

---

[*] (재)경상북도문화재연구원에서 실시한 의성 대리리 2호분, 의성 후평리고분군 발굴조사.

52

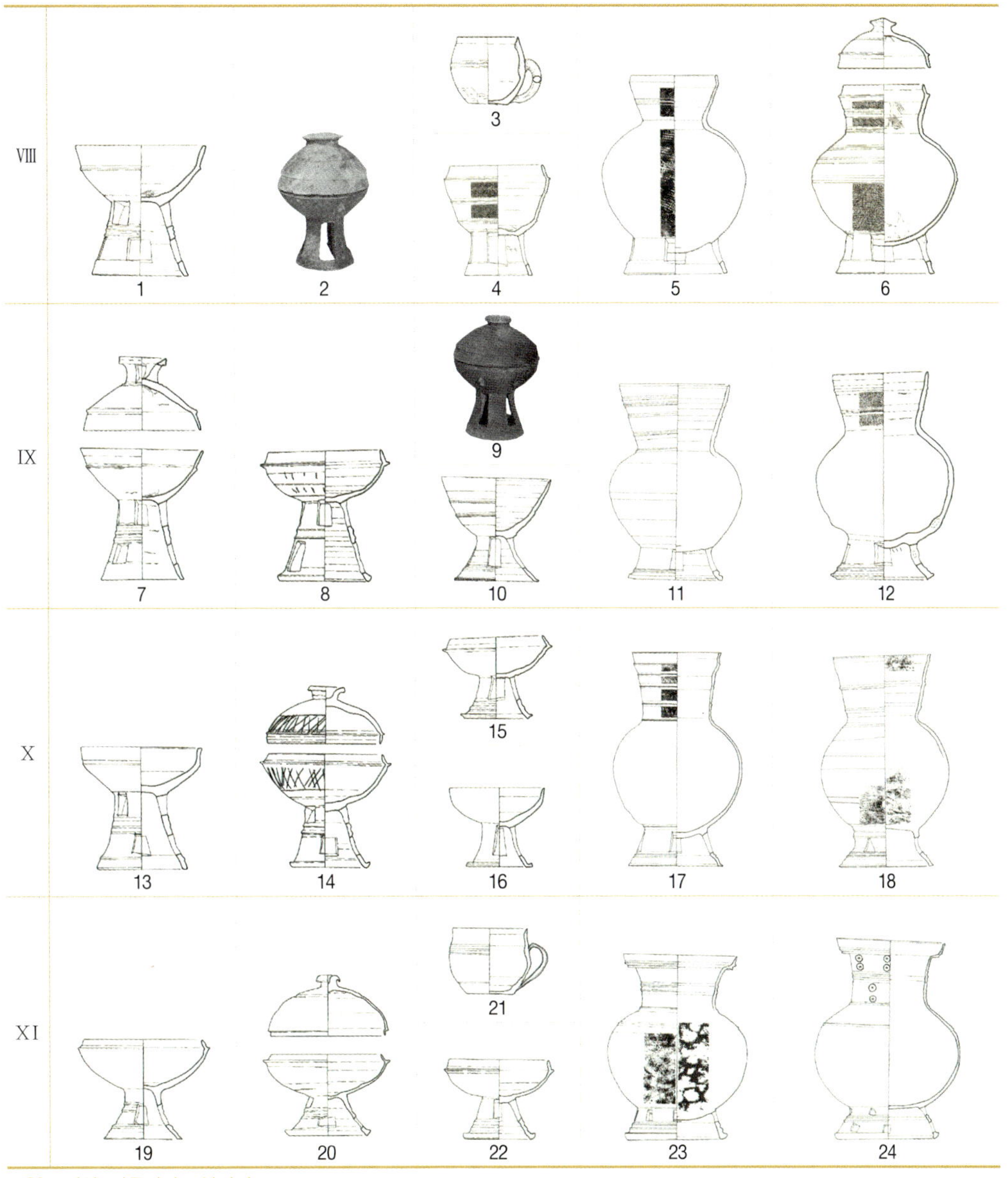

도23 의성·안동지역 고분편년 1
(1·3. 대리 2호분 A-1 부곽, 2. 탑리 II 곽, 4·6. 대리 2호분 A-1 주곽, 5. 조탑동('94) 9호 석곽, 7. 후평리 2-1호, 8·10. 조탑동('94) 19호 석곽, 9. 탑리 IV곽, 11. 조탑동('92) 2-1호 석곽, 12. 성곡동 1-1호 석실, 13·16. 조탑동('94) 23호 석곽, 14·18. 조탑동('92) 3-1호 석곽, 15. 성곡동 3-1호 석실, 17. 조탑동('94) 3-3호 석곽, 19. 학미리 1호, 20. 학미리 3호, 21·24. 평팔동 2호, 22·23. 율리 1호)

다. 이 시기에 해당하는 의성양식 토기 대부분은 기벽이 비교적 두껍고, 외면 색조가 어둡다는 특징을 가진다.

·IX기 : 탑리고분 III곽, V곽, 후평리 1-2호, 2-1호, 장림동 II -9호, 조탑동('92) 2-1호 석곽, 안동 태화동 7호 등에서 대각부 구경이 좁아지고, 대각단부가 벌어지는 일단투창고배와 전 시기보다 대

각부 상·하위 구경이 약간 좁아진 의성양식 이단투창고배가 확인된다. 이와 함께 경주양식을 모방하여 제작한 것으로 판단되는 IVA3형식 고배가 후평리 2-1호 등에서 확인되고, IVA4형식 고배 역시 조탑동('94) 19호 석곽 등에서 확인된다. 더불어 조탑동('92) 2-1호 석곽, 안동 태화동 7호에서는 3단으로 구분되는 경부와 동체부 상위에 1조의 침선으로 각이 형성되는 대부장경호 등이 공반되는데, 이 시기부터 토기가 점차 경주양식화 되는 것으로 볼 수 있다.

·X기 : 장림동 II-5호, 조탑동('92) 3-1호 석곽, 조탑동('94) 3-3호 석곽, 18-2호 석곽, 안동 성곡동 3-1호 석실, 수곡2동 5호 등에서 배신부 중위에 1조의 횡침선을 돌린 후 침선 상위에 사격자문을 시문하거나, 2~4치구의 집선문을 V자상으로 시문한 IVA5형식 고배가 확인된다. 조탑동('94) 23호 석곽에서 확인되는 의성양식 이단투창고배는 전 시기에 비해 기고가 작아지고, 여타 기종들 역시 전반적으로 경주양식화 되는 것이 확인된다. 이들과 공반하는 대부장경호는 전 시기에 비해 경부가 더욱 길어지고, 전체적으로 기벽이 얇아지며, 구연부가 살짝 'ㄴ'형태로 내경하는 등의 특징을 보인다.

·XI기 : 학미리 1호, 3호, 평팔동 2호, 율리 1호 등에서 소형화가 진행된 IVA6형식 고배와 일단투창고배, 대부완 등이 확인되는데, 일부 의성지역 토기의 특징을 보이는 고배가 확인되지만, 이 시기에 이르러 완전히 경주양식화 된 것으로 판단된다.

이상을 정리한 것이 〈도23〉과 같다.

동해안지역

● 부산지역

연구사 검토

낙동강 하류역의 동안에 위치한 부산지역은 1960년대 후반부터 최근까지 이어진 복천동고분군의 조사로 인해 4~5세기대 토기자료가 풍부하게 확인된 지역이다. 또한 연산동고분군의 조사로 6세기대 자료까지 검토할 수 있는 여건이 마련되어 어느 지역보다 안정적인 편년이 가능한 지역이라 할 수 있다. 하지만 절대연대의 비정은 물론 상대편년에서도 다양한 의견이 존재하고, 특히 창녕, 성주지역 등과 더불어 '어느 시기에 신라에 복속되었는지, 지역 정치체의 성격은 어떠하였는지' 등에 대한 논쟁이 끊이지 않는 지역이기도 하다.

부산지역 토기와 편년에 관한 연구로는 신경철(申敬澈 1986), 최병현(崔秉鉉 1993), 이희준(2007), 박천수(2010), 조성원(2010) 등이 있다.

간략하게 살펴보자면 먼저 신경철은 신라토기의 발생을 검토하는 과정에서 복천동고분군과 화명동고분군 출토 고배를 중심으로 편년을 실시하였다. 복천동고분군 출토 고배를 크게 네 형식으로 나누고, 이를 기준으로 '복천동 31·32호→35·36호→25·26호→21·22호→8·9호→10·11호'의 순서로 편년하였다.

최병현은 복천동고분군 내 대형분의 축조순서와 분묘의 변천과정, 출토 토기 등을 검토하여 '구릉 정상부 가까이에 25·26호가 축조되고, 이어서 31·32호, 39호 순으로 내려왔으며, 35·36호는 31·32호와 39호 사이에 축조되었고, 구릉 정상부에서 북쪽으로 내려간 대열은 남쪽 대열의 35·36호가 설치된 다음 21·22호가 배치되고 이어 8·9호 순으로 축조되는 것'으로 파악하였다.

이희준은 복천동고분군의 유구 배치를 참조하여 복천동 25·26호 이북의 고분군을 한 그룹, 31·32호, 35·36호, 39호를 다른 한 그룹으로 나누고, 경주지역 출토 토기와의 비교를 통하여 편년을 실시하였다. 결과 복천동 25·26호와 35·36호를 이동양식 이전 단계인 4세기 2/4분기로 편년하고, 복천동 31·32호와 21·22호를 자신의 Ia기(4세기 3/4분기), 복천동 53호, 39호, 10·11호를 Ib기(4세기 4/4분기), 복천동 5호, 7호를 IIa기(5세기 1/4분기), 복천동 4호, 23호, 연산동 4호분을 IIb기(5세기 2/4분기), 두구동 임석 1호, 2호를 IIIb기(5세기 4/4분기), 덕천동 D-11호를 IV기(6세기 전엽)에 각각 비정하였다.

표8 _ 부산지역 고분 편년안

	신경철(1986)		이희준(2007)		박천수(2010)		조성원(2010)	
4C			1/4		초엽	복천동 38호		
			2/4	복천동 25·26호, 복천동 35·36호	전엽	복천동 60호		
					중엽	복천동 48호, 54호, 57호		
			3/4	복천동 31·32호, 복천동 21·22호	후엽	복천동 31·32호		
			4/4	복천동 53호, 39호, 10·11호	말엽	복천동 21·22호		
5C	초엽 (400~420)	복천동 31·32호	1/4	복천동 5호, 7호	초엽	복천동 10·11호, 53호	1/4	복천동 31·32호, 35·36호, 화명동 7호
		복천동 35·36호						
	전엽 (420~440)	복천동 25·26호	2/4	복천동 4호, 23호, 연산동 4호	전엽	복천동 1호	2/4	복천동 21·22호, 복천동 10·11호
		복천동 21·22호			중엽	복천동 4호, 15호		
	중엽 (440~460)	복천동 8·9호	3/4		후엽	학소대 2區 1호	3/4	복천동 39호, 53호, 109호, 오륜대 9호, 10호
		복천동 10·11호						
	후엽		4/4	두구동 임석 1, 2호	말엽	두구동 임석 1, 2호	4/4	복천동 4호, 23호, 141호, 오륜대 3호, 4호
	말엽							
6C			전엽	덕천동 D-11호				

박천수는 가야·신라고분의 역연대를 검토하는 과정에서 복천동 21·22호를 황남동 109호분 3·4 곽, 합천 옥전 23호와 같은 단계로 설정하였고, 복천동 10·11호를 경산 임당 7B호, 고령 지산동 30호 분과 같은 단계로 설정하였다. 그리고 복천동 4호, 15호를 황남대총 남분과 같은 단계로, 두구동 임 석 1호, 2호를 5세기 말엽에 각각 비정하였다.

조성원은 부산·김해지역 출토 고배를 검토하여 재지토기의 분포상황을 기초로 네 개의 소지역권 을 설정하였다. 결과 복천동고분군을 중심으로 한 온천천-수영강수계 지역, 대성동, 화정, 두곡고분 군으로 대표되는 해반천수계 지역, 양동리고분군을 중심으로 한 고김해만 서안 지역, 예안리, 괴정 동고분군 등을 대표로 하는 낙동강 양안지역 등으로 소지역권을 설정하였고, 시기별 토기문화의 전 개와 의미를 파악하였다.

위 연구자들의 부산지역 고분 편년안을 정리하면 〈표8〉과 같다.

편년

부산지역 토기는 구연부가 바깥쪽으로 꺾이는 '외절구연고배'가 지역색을 나타내는 대표적 기종 이며, 비교적 이른 시기부터 신라토기의 직·간접적인 영향을 받은 것으로 알려져 있다. 4세기대에 는 외절구연고배를 비롯하여 대부파수부호, 단경호, 노형기대, 고배형기대, 통형기대 등이 확인되 고, 5세기에 들어서면 고배, 대부장경호, 대부완, 고배형기대 등이 주요 기종으로 확인된다.

·I기 : 복천동 38호로 대표되고, 동체부에 파수를 부착한 노형기대, 양이부호, 승석문타날호 등이 확인된다.

·II기 : 복천동 10호(동)[*], 57호, 60호 등에서 원통형 대각부를 가진 IB형식 고배가 확인되고, 이와 함께 단각의 외절구연고배와 승석문타날호, 파수부노형기대, 통형기대 등이 확인된다. 노형기대의 대각부에는 전 시기와 마찬가지로 삼각형의 투창이 뚫려 있다.

·III기 : 복천동 54호, 95호 등에서 나팔형 대각부를 가진 IIA형식 고배가 확인되고, 전 시기 보다 기고가 약간 높아진 외절구연고배와 대부호, 장경호, 통형기대 등이 확인된다. 복천동 95호 출토 통 형기대는 전 시기보다 기고가 높아지고, 외면에 문양이 시문되지 않았다.

·IV기 : 복천동 25·26호, 93호, 157호 등에서 나팔형 대각부를 가진 IIB형식 고배와 파수가 부착 된 대부완, 전 시기보다 더욱 대각부가 길어진 외절구연고배, 대부파수부호, 통형기대 등이 확인되 고, 화명동 2호에서는 C2형식의 기대가 확인된다. 복천동 93호 출토 IIB형식 고배는 월성로 가-6호 분, 경산 임당 G-5호 출토 고배와 강한 유사성이 확인되고, 대부파수부호 역시 경산 임당 G-5호 출 토품과 유사하다.

---

[*] (동)-동아대학교박물관.

· V기 : 복천동 21·22호, 35·36호에서 대각부에 상하교호 투창을 뚫은 III형식 고배가 확인되고, 이와 공반하여 대각부 상하에 일렬로 장방형의 투창을 뚫고, 구연부가 길게 외반하는 고배도 확인된다. 더불어 소형의 고배형기대와 대부파수부호, C2형식의 기대, 원저의 장경호 등도 확인된다. 복천동 21호, 35호 출토 고배와 유사한 형태의 고배는 경주 월성로 가-13호분, 칠곡 심천리 97호 목곽, 울산 중산리 VIII-14호 등에서 출토된 바 있다.

· VI기 : 학소대 1區-1호에서 대각부에 상하교호 투창을 뚫은 III형식 고배와 대각부 상하에 일렬로 장방형의 투창을 뚫고, 구연부가 외반하는 고배 등이 확인된다. 이와 공반하여 배신부에 파상문을 시문한 파수부대부완, 짧은 경부를 가진 대부장경호 등이 확인된다. 학소대 1區-1호 출토 III형식 고배는 경주 계림로 37호, 동산리 74호, 울산 중산리 IA-51호 출토 고배와 유사하다.

· VII기 : 복천동 10·11호, 105호, 학소대 1區-2호 등에서 대각부 상위와 하위의 구경이 넓은 IVA1형식 고배가 확인되는데, 대각부 하위에 2조의 돌대가 형성되어 상단의 투창은 세로로 긴 장방형을 띠고, 하단의 투창은 거의 정사각형을 띤다. 이러한 특징은 이 시기 부산지역 토기에서 나타나는 지역색으로 볼 수 있고, 같은 시기로 판단되는 학소대 1區-3호에서도 4세기대 재지토기의 전통을 잘 보여주는 외반 구연을 가진 무투창의 고배가 확인된다.

· VIII기 : 복천동 53호, 143호, 144호, 166호, 연산동 4호 목곽(우)[*]에서 IVA2형식 고배와 전 시기보다 기벽이 얇아지고 대각부가 길어진 파수부대부완, 경부가 3단으로 구분되며 파상문이 시문된 대부장경호 등이 확인된다. 이 시기까지 외반 구연의 무투창 고배가 복천동 171호 등에서 일부 확인되지만, 전반적인 토기 양상이 경주양식화 되기 시작한다.

· IX기 : 복천동 108호, 학소대 2區-1호, 연산동 7호 석곽(우), 38호(부박)[**], 기장 연구리 8호 석곽 등에서 IVA4형식의 고배가 확인되고, 연산동 7호 석곽(우), 70호(부박) 등에서는 기벽이 얇고 경부가 길게 외반하는 대부장경호와 대부완 등이 공반된다.

· X기 : 연산동 1호, 5호, 12호 석곽(우), 23호, 58호(부박), 두구동 임석 1호, 덕천동 D-11호 등에서 배신부 중위에 2~4치구의 집선문을 V자상으로 시문한 IVA5형식 고배가 확인되고, 연산동 58호(부박)에서는 배신부에 집선문을 V자상으로 시문한 고배와 배신부 중위에 사격자문을 시문한 개가 세트를 이룬 채 확인된다. 또한 연산동 1호 석곽(우) 등에서는 고배와 공반하여 경부에 원문이 시문된 대부장경호가 출토된다. 이 시기에 이르러 부산지역 토기도 완전히 지역색이 사라지고 경주양식화 되는 것으로 판단된다.

· XI기 : 연산동 24호, 96호(부박), 두구동 임석 2호, 5호, 8호, 덕천동 C-20호, 기장 연구리 4호 석곽 등에서 소형화가 이루어진 IVA6형식 고배가 확인되고, 고배와 함께 부가구연장경호, 단각화가

---

[*] (우)-우리문화재연구원.
[**] (부박)-부산박물관.

이루어진 일단투창고배, 대부완 등이 확인된다.

　이상을 정리한 것이 아래 〈도24~26〉과 같다.

도24＿ 부산지역 고분편년 1
(1~4. 복천동 38호, 5. 복천동 57호, 6·8·9. 복천동 60호, 7. 복천동 164호, 10~15. 복천동 95호, 16·19·21. 복천동 93호, 17·20. 복천동 103호, 18. 화명동 2호)

도25_ 부산지역 고분편년 2
(1·6. 복천동 21호, 2·4. 복천동 35호, 3·5. 복천동 36호, 7~12. 학소대 1區-1호, 13·15·17·18. 복천동 10호, 14·16. 복천동 105호, 19·24. 복천동 143호, 20·23. 복천동 166호, 21. 복천동 144호, 22. 연산동 4호 목곽(우), 25·27. 복천동 108호, 26·29. 연산동 38호(부박), 28. 학소대 2區-1호)

도26_ 부산지역 고분편년 3
(1·5. 연산동 58호(부박), 2~4. 연산동 5호 석곽(우), 6. 연산동 23호(부박), 7·9. 두구동 임석 2호, 8·12. 연산동 96호(부박), 10. 두구동 임석 8호, 11. 덕천동 C-20호)

● 울산지역

울산지역은 1990년대 중산리고분군이 조사되면서 원삼국~삼국시대의 목관묘, 목곽묘, 석곽묘, 석실묘 등의 다양한 분묘가 확인되었고, 이후 분묘의 변화과정과 특징, 당시 정치체의 동향 등에 초점을 맞춘 연구(이성주 1992·1996, 김형곤 1997, 권용대 2010)가 활발히 진행되었다. 하지만 중산리고분군의 조사 이후 하삼정고분군, 운화리고분군 등에서 다수의 4~6세기 분묘와 유물이 확인되었음에도 불구하고 토기에 관한 연구는 부족한 편이라 할 수 있다. 울산지역의 토기양상 및 편년에 대해 간략하게 검토해보자면 아래와 같다.

·II기 : 하삼정 나-26호, 나-42호 목곽에서 B1형식 기대와 승석문타날호 등이 확인된다. 기대의 대각부에는 삼각형의 투창이 상하 일렬로 뚫려있는데, 전반적인 형태는 포항 학천리 17호 목곽, 경산 임당 G-45호 출토 기대 등과 유사하다.

·III기 : 중산리 IA-26호 대표되고, 컵형토기를 비롯한 승석문타날호, 단경호, 경부에 1조의 돌대가 형성된 장경호 등이 확인된다.

·IV기 : 중산리 IB-1호에서 C2형식 기대와 경부에 1조의 돌대가 형성되고 경부 끝이 살짝 외반하는 장경호 등이 확인된다. 기대는 경산 임당 G-6호 출토품과 같은 형식이며, 장경호는 포항 학천리 22호 목곽, 칠곡 심천리II 10호 목곽 출토품과 유사성이 확인된다.

· V기 : 대각부에 상하 일렬로 장방형의 투창을 뚫은 IIB형식 고배와 대각부에 장방형의 상하교호 투창을 뚫고, 뚜껑받이턱이 형성되지 않는 무개식 고배 등이 중산리 VIII-14, 86호 등에서 확인된다. 이들 고배는 칠곡 심천리 172호 석곽, 포항 학천리 24호 목곽, 청도 봉기리 5호 목곽 출토 고배와 유사하고, 더불어 중위에 2조의 돌대가 형성되며, 전 시기보다 직선적 경부를 가진 장경호 등이 공반된다.

· VI기 : 중산리 IA-51호, 하삼정 나-17호 목곽 등에서 대각부에 상하교호 투창을 뚫은 III형식의 고배가 출토되고, 이와 공반하여 경부가 2조의 돌대에 의해 2분되고, 경부와 동체부에 파상문이 시문된 장경호가 확인된다.

· VII기 : 중산동 4호 목곽(울)*, 하삼정 나-2호, 25호 목곽 등에서 대각부 상위와 하위의 구경이 넓은 IVA1형식 고배와 III형식 고배가 확인된다. 이와 함께 대각부가 비교적 짧은 일단투창고배와 경부가 2조의 돌대에 의해 2분되며, 동체부가 둥근 대부장경호가 출토된다.

· VIII기 : 중산리 IB-2호, IC-2호, 중산동 2호, 17호 목곽(울), 하삼정 가-187호 석곽 등에서 IVA2형식의 고배가 확인되고, 고배와 개의 외면에는 삼각집선문, 파상문 등의 다양한 문양이 시문된다. 고배와 함께 일단투창고배, 파수부대부완, 대부장경호 등이 확인되는데, 장경호의 동체부 상위에는 1조의 침선에 의해 각이 지워지기 시작한다.

· IX기 : 중산동 27호 목곽, 10호 석곽(울), 하삼정 가-35호, 82호, 302호 석곽, 운화리 14호 등에서 대각부가 상대적으로 긴 IVA3형식 고배와 IVA4형식 고배 등이 확인되고, 이와 함께 2조의 돌대에 의해 경부가 3분되고, 동체부 상위에 뚜렷한 각이 생긴 대부장경호 등이 확인된다. 전반적으로 토기의 기벽이 전 시기보다 얇아지고, 토기 외면에는 파상문 이외에도 5~6치구의 집선문 등이 시문된다.

· X기 : 중산리 IA-1호, 중산동 31호 석곽(울), 하삼정 가-17호, 33호, 123호 석곽, 운화리 5호, 35호, 호계·매곡동 1A호 등에서 배신부 중위에 1조의 횡침선을 돌린 후 침선 상위에 사격자문을 시문하거나, 2~4치구의 집선문을 V자상으로 시문한 IVA5형식 고배가 확인된다. 더불어 구경부가 살짝 안쪽으로 꺾이고, 대각부가 상하 이단으로 구분되는 대부장경호 등이 함께 출토된다.

· XI기 : 중산리 VIII-1호, VIII-2호, 중산동 34호 석곽(울), 하삼정 가-26호, 202호 석곽, 운화리 33호, 42호 등에서 IVA6형식 고배가 확인되고, 같은 시기로 판단되는 하삼정 가-1호 석곽에서는 부가구연장경호 등이 확인된다. 장경호를 제외한 대부분의 기종이 소형화되기 시작한다.

이상을 정리한 것이 〈도27·28〉과 같다.

---

* (울)-울산문화재연구원.

도27_ 울산지역 고분편년 1
(1. 하삼정 나-26호 목곽, 2~4. 하삼정 나-42호 목곽, 5~8. 중산리 ⅠA-26호, 9~12. 중산리 ⅠB-1호, 13~16. 중산리 Ⅷ-14호,
17~20. 중산리 ⅠA-51호, 21. 하삼정 나-17호 목곽)

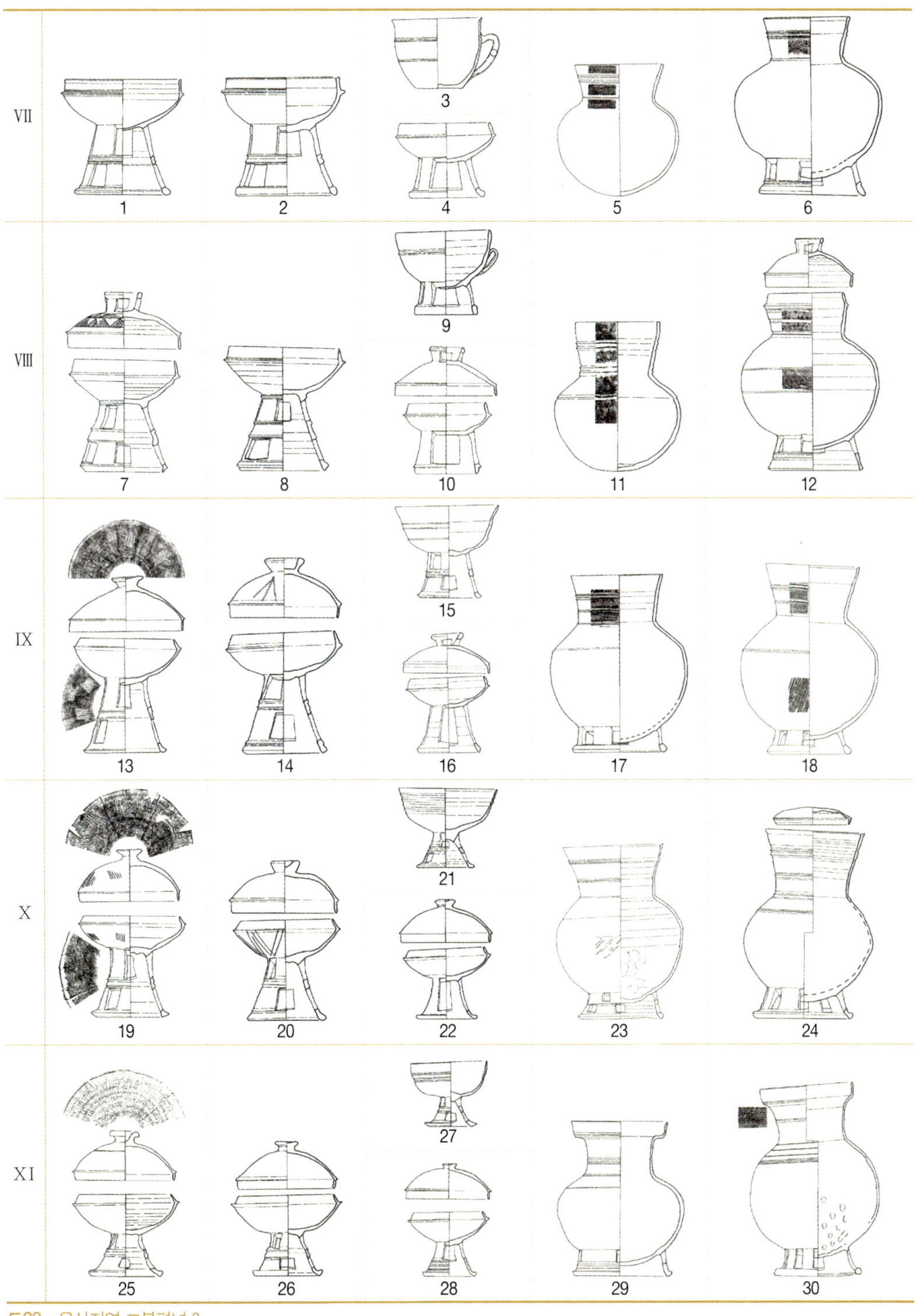

도28 _ 울산지역 고분편년 2
(1·6. 중산동 4호 목곽(울), 2. 하삼정 나-2호 목곽, 3~5. 하삼정 나-25호 목곽, 7·10·11. 중산리 I B-2호, 8. 하삼정 가-187호 석곽,
9. 중산동 35호 석곽(울), 12. 중산동 17호 목곽(울), 13·17. 중산동 27호 목곽(울), 14. 운화리 14호, 15. 하삼정 가-302호 석곽,
16. 중산동 10호 석곽(울), 18. 하삼정 가-82호 석곽, 19·23. 중산리 I A-1호, 20·22. 운화리 35호, 21·24. 중산동 31호 석곽(울)),
25. 중산리 Ⅷ-1호, 26. 중산동 34호 석곽(울), 27. 하삼정 가-6호 석곽, 28. 하삼정 가-202호 석곽, 29. 하삼정 가-1호 석곽,
30. 하삼정 가-26호 석곽

위와 같이 울산지역은 4~6세기에 걸친 전반적인 토기의 변화양상이 경주지역과 매우 유사하며, 양식상 특별한 지역색이 확인되지 않는다. 이는 울산지역이 경산, 대구지역 등과 마찬가지로 경주지역과 지리적으로 매우 가깝고, 이른 시기부터 분묘는 물론 토기양식 역시 경주지역의 직·간접적인 영향 아래 놓여 있었기 때문인 것으로 판단된다.

포항지역은 1990년대 이후 옥성리고분군, 학천리고분군 등이 조사되며 다수의 원삼국·삼국시대 분묘와 유물이 확인되었다. 하지만 울산지역과 마찬가지로 지역 분묘의 특징과 변화양상, 신라의 동해안 진출과 경영 등에 관한 연구(이한상 2003, 김은진 2005, 손정미 2006)가 주를 이루었고, 출토 토기에 관한 연구는 부족한 편이라 할 수 있다. 아래에서는 4~6세기 포항지역의 토기양상과 편년을 검토해보고자 하는데, 포항지역 북쪽의 영덕, 울진지역 고분 출토 토기 역시 함께 살펴보고자 한다.

· I기 : 학천리 45호, 85호 목곽으로 대표되고, A형식 기대가 확인된다. 학천리 45호 목곽 출토 기대는 수부가 S자형을 띠고, 수부의 중하위에서 꺾임이 있으며, 대각부는 나팔형으로 벌어진다. 학천리 45호, 85호 목곽 내에서는 기대와 함께 파수부소호, 개, 단경호 등이 출토된다.

· II기 : 학천리 17호, 36호 목곽에서는 원통형 대각부를 가진 IB형식 고배와 B1형식 기대 등이 확인되고, 유사한 형태의 기대가 울산 하삼정 나-42호 목곽, 칠곡 심천리II 77호 목곽 등에서 출토된 바 있다.

· III기 : 학천리 43호 목곽으로 대표되고, B2형식 기대와 긴 대각부가 달린 단경호, 승석문타날호, 컵형토기 등이 공반된다.

· IV기 : 학천리 22호 목곽, 옥성리 가-24호 등에서 나팔형 대각부를 가진 IIB형식 고배와 경부가 2분되는 장경호, 컵형토기 등이 확인된다. 학천리 22호 목곽 출토 IIB형식 고배는 경주 월성로 가-6호분 출토 고배와 유사한데, 대각부에 삼각형의 투창을 가지고 있다는 점에서 약간의 차이가 있다.

· V기 : 학천리 24호 목곽, 옥성리 가-35호, 대각리 II-35호 목곽 등에서 八자형 대각부를 가진 III형식 고배와 구연부가 뚜렷한 받이턱 없이 부드럽게 외반하는 무개식 고배가 확인되는데, 이와 유사한 형태의 고배는 경주 월성로 가-13호분, 인왕동 10호 적석목곽, 칠곡 심천리 97호 목곽, 울산 중산리 VIII-14호 등에서 출토된 바 있다.

· VI기 : 학천리 111호 목곽, 옥성리 가-30호 내에서는 III형식 고배가 확인되고, 고배와 세트를 이루는 개에는 단추형 손잡이가 부착되어 있다. 같은 시기로 판단되는 대각리 II-30호 목곽에서는 III형식 고배와 함께 경부가 2분되며, 동체부가 둥근 장경호가 확인된다.

· VII기 : 옥성리 가-23호, 가-38호, 가-52호 등에서 III형식 고배와 대각부 상위와 하위의 구경이 넓은 IVA1형식 고배가 함께 확인되고, 고배와 함께 파수가 달린 대부완, 장경호, 경부가 비교적 짧은

대부장경호 등이 공반된다.

· Ⅷ기 : 학천리 104호, 115호 목곽, 194-1호 석곽, 옥성리 가-66호, 대각리 Ⅱ-17호 목곽 등에서 ⅣA2형식 고배가 확인된다. 이와 함께 경부가 2조의 돌대에 의해 2분되는 원저 장경호와 대부장경

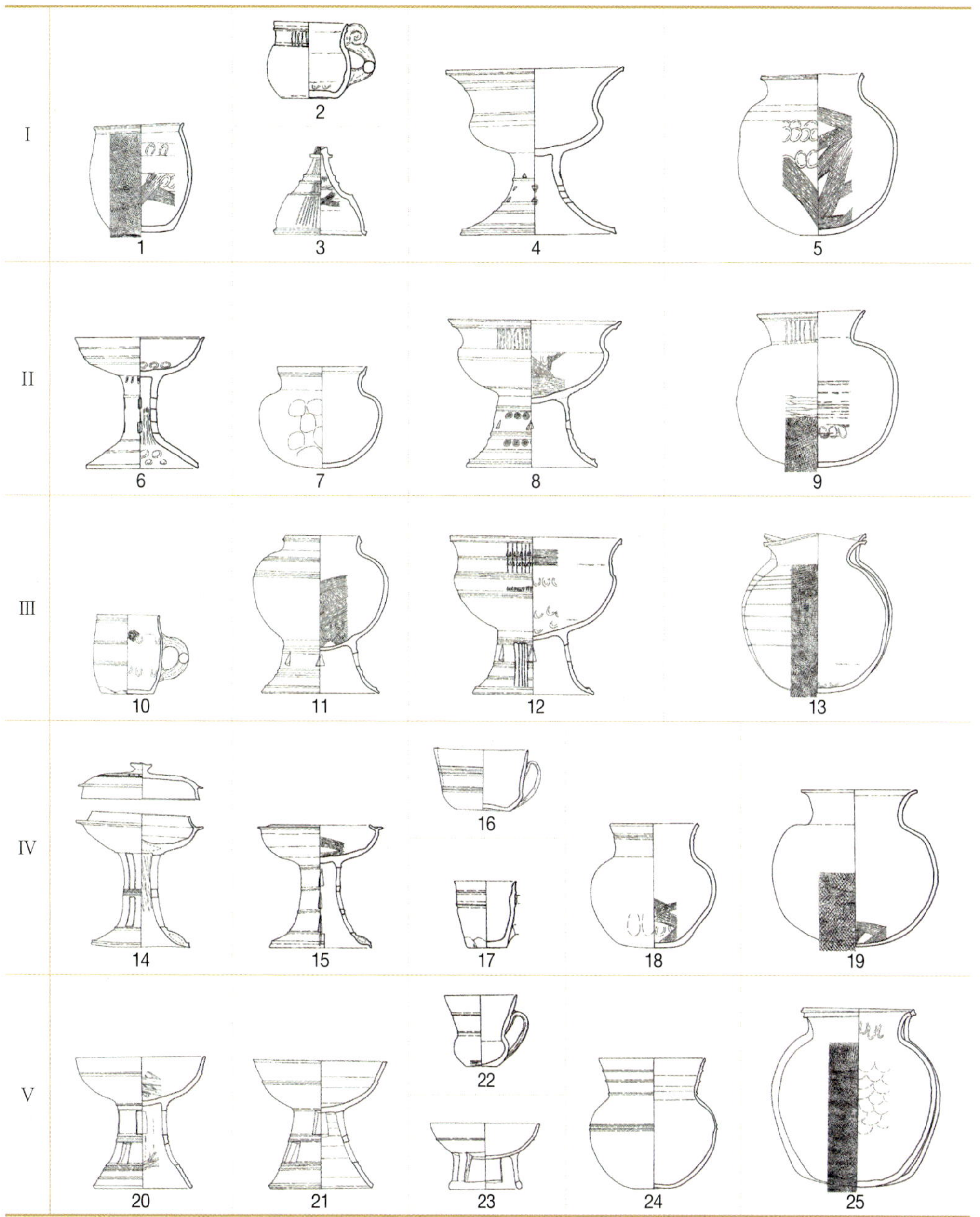

도29 _ 포항지역 고분편년 1
(1 · 4 · 5. 학천리 45호 목곽, 2 · 3. 학천리 85호 목곽, 6 · 9. 학천리 36호 목곽, 7 · 8. 학천리 17호 목곽, 10 ~ 13. 학천리 43호 목곽, 14 · 16. 옥성리 가-24호, 15 · 17 ~ 19. 학천리 22호 목곽, 20 · 23. 옥성리 가-35호, 21 · 24. 대각리 Ⅱ-35호 목곽, 22. 옥성리 가-15호, 25. 학천리 24호 목곽)

도30_ 포항지역 고분편년 2
(1·5. 학천리 127호 목곽, 2. 옥성리 가-30호, 3. 학천리 111호 목곽, 4. 대각리 Ⅱ-30호 목곽, 7·9·11. 옥성리 가-38호, 8·10. 옥성리 가-52호, 12. 옥성리 가-23호, 13. 학천리 104호 목곽, 14·17. 학천리 115호 목곽, 15·18. 옥성리 가-66호, 16. 대각리 Ⅱ-17호 목곽, 19·22. 옥성리 가-88호, 20·24. 괴시리 16호분, 21. 학천리 5호 적석목곽, 23. 학천리 71호 목곽)

호, 대각도치형 손잡이를 가진 개와 일단투창고배 등이 확인된다.

·Ⅸ기 : 학천리 5호 적석목곽, 71호, 103호, 123호 목곽, 옥성리 가-88호, 영덕 괴시리 16호분, 울진 덕신리 15호, 61호 등에서 ⅣA4형식 고배가 확인되고, 영덕 괴시리 16호분 내에서는 경부가 2조의 돌대에 의해 3분되고, 구경부가 살짝 내경하는 대부장경호와 통형기대 등이 함께 출토된다.

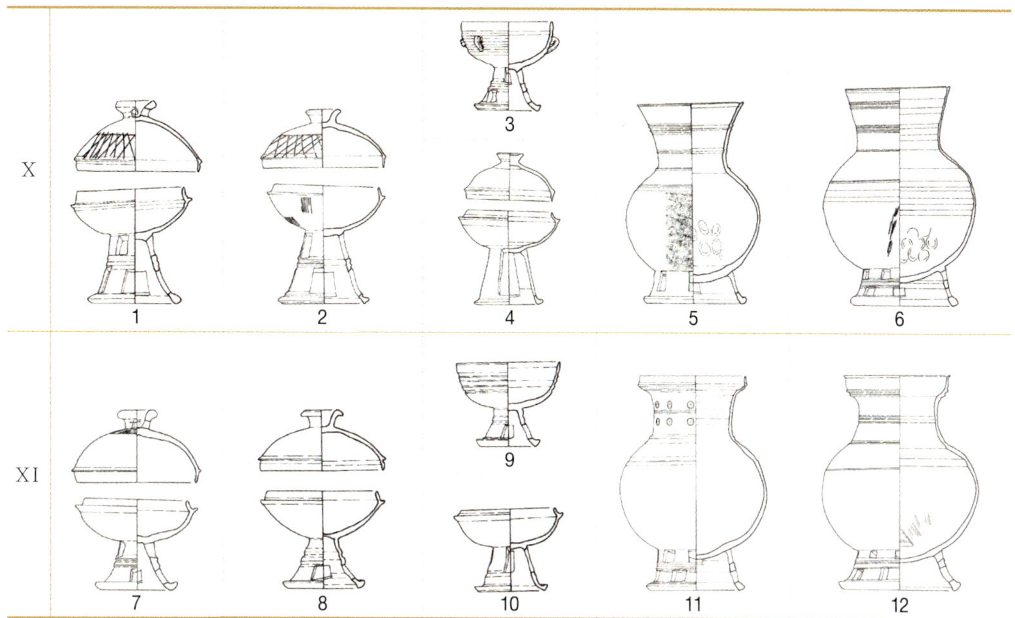

도31 _ 포항지역 고분편년 3
(1·3. 학천리 93-1호 수혈식 석곽, 2. 학천리 13호 횡구식 석곽, 4·6. 세계리 Ⅱ-2구역 3호 석곽, 5. 학천리 216호 수혈식 석곽,
7·12. 옥성리 가-74호, 8·9·11. 학천리 11호 횡구식 석곽, 10. 학천리 5호 횡구식 석곽)

· X기 : 학천리 93-1호 수혈식 석곽, 216호 수혈식 석곽, 13호 횡구식 석곽, 세계리 Ⅱ-2구역 3호, 4호 석곽, 울진 덕신리 51호 등에서 배신부 중위에 1조의 횡침선을 돌린 후 침선 상위에 사격자문을 시문한 ⅣA5형식 고배와 대각단부가 살짝 말려올라가는 일단투창고배 등이 확인된다. 같은 시기로 판단되는 학천리 87호 목곽, 9호 횡구식 석곽 등에서는 전반적으로 기벽이 얇고, 경부가 길게 외반 하는 대부장경호가 출토된다.

· XI기 : 학천리 5호, 11호, 30호 횡구식 석곽, 옥성리 가-74호, 세계리 Ⅱ-2구역 5호 석곽, 오도리 4호 석실, 울진 덕신리 1호, 2호 등에서 소형화가 이루어진 ⅣA6형식 고배가 확인되고, 같은 시기로 판단되는 학천리 35호 횡구식 석곽 내에서는 경부에 원점문을 시문한 부가구연장경호가 확인된다.

포항지역은 울산지역과 마찬가지로 경주지역에서 비교적 가까운 곳에 위치하고, 따라서 지역토 기 역시 비교적 이른 시기부터 경주양식 토기의 영향을 강하게 받은 것으로 생각된다. 포항지역의 4 세기 후엽 이후 토기양상은 경주지역과 거의 동일하고, 특징적인 지역색을 가지는 '지역양식 토기' 를 설정하는 것은 어려울 것으로 판단된다.

이상을 정리한 것이 〈도29~31〉과 같다.

강릉지역은 1970년대 이후 초당동고분군과 하시동고분군 등이 조사되며, 본격적으로 지역 내에 다수의 삼국시대 고분군이 분포하고 있음을 알게 되었다. 그러나 지금까지 울산, 포항지역과 마찬가지로 지역 분묘의 성격과 변화양상, 신라의 동해안 진출 등에 관한 연구(이상수 1995, 이한상 2003, 이창현 2005)가 주를 이루었고, 출토 토기에 관한 연구는 부족한 편이었다. 하지만 최근 초당동고분군 인근의 소규모 개발과 안현동고분군의 조사 등으로 인해 새로운 토기자료가 다수 확인되었고, 이에 5세기대 강릉지역의 토기양상을 파악해 볼 수 있는 여건이 마련되었다. 토기양상 및 편년에 대해 간략하게 검토해 보자면 아래와 같다.

· III기 : 안현동 2호 주거지로 대표되고, 주거지 내에서는 컵형토기, 파수부배, 통형기대 등이 출토되었다. 이 중 통형기대는 전체적인 형태와 기고 등이 경주 월성로 가-8호분 출토품과 유사하다.

· VI기 : 안현동 3호, 20호 목곽으로 대표되고, 八자형 대각부를 가진 III형식 고배와 파수가 달린 대부완, 경부가 비교적 짧은 대부장경호 등이 확인된다. 특히 III형식 고배는 경주 동산리 33호, 울산 중산리 IA-51호, 포항 학천리 127호 목곽 출토 고배와 높은 유사성이 확인되고, 대부장경호 역시 같은 시기로 판단되는 경주 월성로 나-13호분 출토품과 유사하다.

· VII기 : 초당동IV 7호 석곽, 안현동 4호, 35호 목곽 등에서 III형식 고배와 대각부 상위와 하위의 구경이 넓은 IVA1형식 고배가 함께 확인되고, 특히 IVA1형식 고배는 포항 옥성리 가-38호 출토품과 동일한 양상을 보인다. 이와 공반하여 안현동 4호 목곽 등에서는 경부가 2분되며 파상문이 시문된 장경호가 확인된다.

· VIII기 : 초당동IV 13호 석곽, 초당동 272-7유적 1호 석곽, 안현동 14호, 18호, 21호 목곽, 6호 석곽 등에서 IVA2형식의 고배와 경부가 3분되며 파상문이 시문된 장경호 등이 확인된다. 이와 함께 대각부에 상하교호의 투창이 뚫리고, 파수를 부착한 대부완과 일단투창고배, 컵형토기 등이 출토된다.

· IX기 : 초당동IV 3호, 9호 석곽, 초당동 V B-6호 석곽, 초당동 300-12유적 5호 석곽, 안현동 1호 석곽 등에서 IVA3형식, IVA4형식 고배가 확인되고, 경부가 길게 외반하며 기벽의 두께가 얇아진 대부장경호, 통형기대 등이 함께 출토된다.

· X기 : 초당동IV 14호 석곽, 초당동 123-1유적 1호 석곽, 초당동 300-12유적 11호 석곽, 안현동 12호 석곽 등에서 배신부 중위에 1조의 횡침선을 돌린 후 침선 상위에 사격자문을 시문한 IVA5형식 고배가 확인되고, 이와 함께 전 시기보다 배신부가 둥글어지고, 대각단부가 살짝 말려 올라가는 대부완, 경부에 원점문을 시문하며 동체부가 둥근 대부장경호 등이 확인된다.

· XI기 : 초당동 V A-1호 석곽, 초당동 300-12유적 9호, 16호 석곽 등에서 소형화가 이루어진 IVA6형식 고배와 대부완, 부가구연장경호 등이 확인된다.

이상과 같이 강릉지역은 경주지역에서 비교적 먼 거리에 위치하고 있지만, 늦어도 5세기 초엽부

도32 _ 강릉지역 고분편년 1
(1~4. 안현동 2호 주거지, 5·8~10. 안현동 3호 목곽, 6·7. 안현동 20호 목곽, 11·12·14. 안현동 1호 목곽, 13. 안현동 35호 목곽,
15. 초당동Ⅳ 7호 석곽, 16·20. 안현동 14호 목곽, 17·18. 안현동 6호 석곽, 19. 초당동Ⅳ 13호 석곽, 21. 안현동 16호 목곽,
22·25. 초당동Ⅴ B–6호 석곽, 23·27. 초당동Ⅳ 9호 석곽, 24. 초당동Ⅳ 3호 석곽, 26. 안현동 1호 석곽)

터는 신라토기의 직접적인 영향을 받은 것으로 생각되고, 자연히 토기의 변화양상 역시 경주, 포항

지역 등과 매우 유사한 것을 알 수 있다. 4세기대 강릉지역의 토기 양상을 검토하지 못하여 아쉬움

이 남지만, 4세기대 역시 경주지역과 크게 다르지 않을 것으로 예상되고, 신라의 강릉지역으로의 진

출 시점 역시 더욱 소급될 가능성이 높은 것으로 생각된다.

　이상을 정리한 것이 〈도32·33〉과 같다.

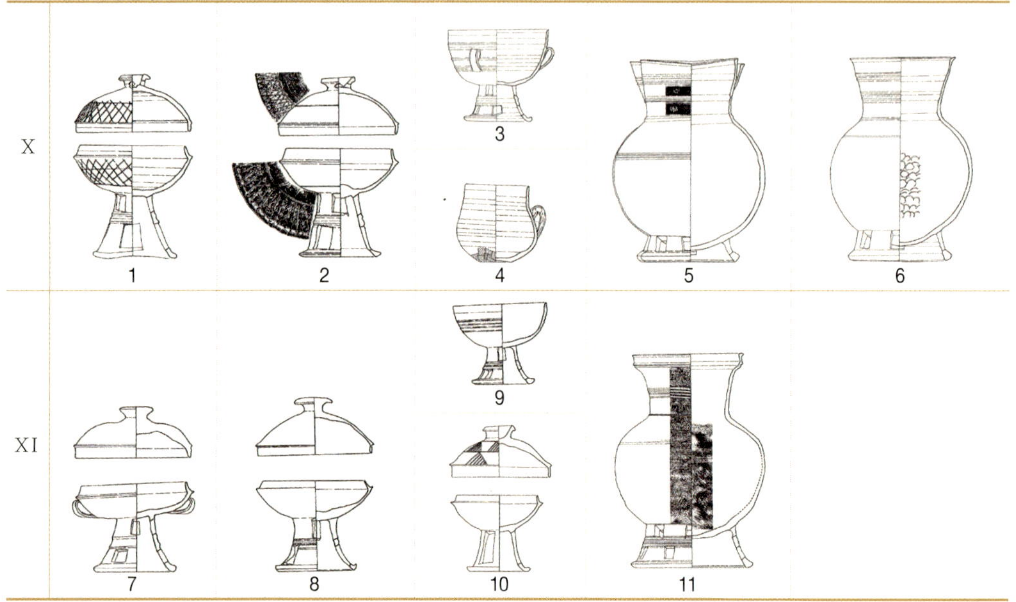

도33__ 강릉지역 고분편년 2
(1·4. 초당동 123-1유적 1호 석곽, 2. 초당동 300-12유적 11호 석곽, 3·6. 안현동 12호 석곽, 5. 초당동 IV 14호 석곽,
7·10. 초당동 V A-1호 석곽, 8·9·11. 초당동 300-12유적 16호 석곽)

__맺음말

　본고는 신라토기의 연구사를 간략하게 정리하고, 이후 4~6세기 신라토기의 변화양상과 편년, 생
산 등을 살펴보았으며, 마지막으로 신라토기가 확인되는 각 지역의 토기양상과 편년을 검토하였다.
하지만 오늘날까지도 신라토기의 연구에서 가장 큰 쟁점이 되고 있는 '신라토기의 발생', '3~4세기
대 경주지역 토기의 양상과 계보' 등의 문제에 대해서는 구체적인 답을 하지 못했다. 본서의 기본 성
격이 개론서이기에 개인의 의견을 최대한 자제하려한 이유도 있겠지만, 현재 쟁점이 되고 있는 문제
에 대한 필자의 무지가 가장 큰 이유일 것으로 생각된다. 또한 신라토기, 토기를 연구하기 위해서는
토기의 형태뿐만 아니라 제작기술을 검토해야 하고, 그를 통해 제작자의 의도와 그러한 특정 양식
의 토기가 만들어졌던 배경까지 검토해야 함은 자명한 일이나, 본고는 그러한 단계까지 이르지 못했

70

다. 더불어 세부적으로 따지자면 토기 형식의 분류, 상대·절대편년 등에 대한 다양한 이견이 존재할 것이고, 최근의 자료를 적소에 제시하지 못하였거나 여러 연구자들의 연구내용을 제대로 해석·인용하지 못한 경우도 있었을 것이라 생각된다.

하지만 경주지역을 포함한 영남지방의 주요 지역에서 출토된 신라토기를 전반적으로 살펴보고, 개략적인 변화양상과 나름의 편년안 등을 제시하였다는 것에 의의를 두고 싶다.

표9_ 신라고분 편년표

분기			경주	경산	대구	창녕·청도	성주	상주	의성·안동	부산	울산	포항·울진·영덕	강릉
I	4C	初	월성로 가-30호 월성로 가-31호 봉길리 사토장 가-7호	조영1B-74호	심천리II 88호 목곽		가암리 10호 주거지			복천동 38호		학천리 45호 목곽 학천리 85호 목곽	
II		前	월성로 가-29호 동산리 34호	조영 1A-19호 임당 G-45호	심천리 50호 목곽 심천리II 77호 목곽		가암리 11호 주거지 가암리 1호			복천동 10호(동), 57호, 60호, 164호	하삼정 나-26호 목곽 하삼정 나-42호 목곽	학천리 17호 목곽 학천리 36호 목곽	
III		中	월성로 가-5호 월성로 가-8호	임당 G-37호	심천리 44호 목곽 봉무동III 1호 목곽					복천동 54호, 95호	중산리 1A-26호	학천리 43호 목곽	안현동 2호 주거지
IV		後	월성로 가-6호 인왕동 1호	임당 G-5,6호 임당 G-65호	심천리 19호 목곽 심천리 146호 목곽 심천리II 10호 목곽 심천리II 60호 목곽	봉기리 1호 목곽 봉기리 3호 목곽		청리 C-41호 토광 청리 74호 토광 오대동 가-1호 주거지		복천동 25·26호, 70호, 93호, 103호, 157호 화명동 2호, 7호	중산리 1B-1호 하삼정 가-24호 목곽	학천리 22호 목곽 옥성리 가-24호	
V		末	월성로 가-13호 황남동 109호 3·4곽 인왕동 10호 적목 동산리 31호		심천리 73호 목곽 심천리 97호 목곽 심천리 172호 석곽	봉기리 5호 목곽		청리 C-59호 토광		복천동 21·22호, 35·36호, 169호	중산리 VIII-14호, 86호 중산동 16호 목곽(울)	학천리 24호 목곽 옥성리 가-15호 옥성리 가-35호 대각리 II-35호 목곽	
VI	5C	初	월성로 나-13호 계림로 37호 동산리 33호, 72호		심천리 117호 목곽	성곡리 가 8호 석곽 성곡리 가 47호 석곽 성곡리 나 1호 목곽	시비실 1-1호 목곽	청리 C-40호 토광		학소대 1區-1호	중산리 1A-51호 중산리 VIII-50호 하삼정 나-17호 목곽	학천리 111호 목곽 학천리 127호 목곽 옥성리 가-30호 대각리 II-30호 목곽	안현동 3호 목곽 안현동 20호 목곽
VII		前	황남동 110호 계림로 33호 사라리 113호 목곽 동산리 49호, 54호	임당 7A호 임당 G-129호 조영 EIII-2호, 5호 조영 CII-2호	문산리 M2-1호 심천리 165호 목곽 심천리 90호 석곽 심천리II 4호 목곽	성곡리 가 5호 석곽 성곡리 가 19호 석곽	시비실 2호 목곽 시비실 7-1호 목곽 시비실 8-1호 목곽 시비실 24호 목곽	청리 C-5호 토광 청리 C-28호 토광 청리 C-6호 석곽 신상리 9호 목곽		복천동 10·11호, 105호 학소대 1區-2호, 1區-3호	중산리 VIII-5호 중산동 4호 목곽(울) 하삼정 나-2호 목곽 하삼정 나-25호 목곽	옥성리 가-23호 옥성리 가-38호 옥성리 가-52호	초당동IV 7호 석곽 안현동 7호 목곽 안현동 4호 목곽 안현동 35호 목곽
VIII		中	황남대총 남분 쪽샘 A1호 목곽 쪽샘 C1호 목곽 계림로 17호 사라리 7호 적목 동산리 10호, 88호 봉길리 56호 석곽	임당 7B호 임당 G-1호, 3호 조영 EI-1호 조영 EIII-3호, 6호 조영 CII-1호 신상리 가III-1호	내당동 51호 2곽 불로동 91호 2-1곽 문산리 3호 3곽 가천동 48호 석곽	교동 3호	성산동 2호분 성곡리 가 6호 석곽 성곡리 가 34호 석곽 성곡리 나 91호 석곽 성곡리 나 132호 석곽	청리 C-30호 토광 헌신동 6호, 17호, 20호 석곽 신상리 17호, 23호 석곽	탑리 II곽 대리 2호분 A-1호 후평리 1-1호 조탑동('94) 9호	복천동 53호, 143호 144호, 166호 연산동 4호 목곽(우)	중산리 IB-2호 중산리 IC-2호 중산동 17호 목곽(울) 중산동 35호 석곽(울) 하삼정 가-187호 석곽 하삼정 나-1호 목곽	학천리 71호 목곽 학천리 80-1호 목곽 학천리 104호 목곽 학천리 115호 목곽 학천리 194-1호 수석 옥성리 가-66호 대각리 II-17호 목곽	초당동IV 13호 석곽 초당동 272-7유적 1호 석곽 안현동 14호 목곽 안현동 6호 석곽 안현동 7호 석곽 병산동 9호
IX		後	황남대총 북분 월성로 가-11-1호 월성로 나-8호 월성로 다-6호 쪽샘 A9호 적목 사라리 17호 적목 구어리 29호 적목 황오동 100유적 14호 목곽	임당 5A호 임당 7C호 임당 G-10호, 94호 조영 1A-5호, 10호 조영 CI-1호 신상리 가II-29호, 나-6호	내당동 37호 1곽 불로동 91호 3곽 불로동 甲호 문산리 3호 4곽 화원 성산동 1호 주·부곽 죽곡리 봉토분 2호 심천리 5호 석곽	교동 1호 교동 2호	성산동 1호분 성산동 39호분 성곡리 가 1호 석곽 성곡리 나 89호 석곽 성곡리 나 116호 석곽	청리 D-6호 석곽 성동리 24호, 65호(한) 성동리II 35호 석곽 병성동 5-1호(경) 헌신동 2호, 23호 석곽 신상리 19호 석곽	탑리 III곽, V곽 대리 2호분 B-1호 대리 3호분 2곽 주곽 후평리 1-2호, 2-1호 장림동 II-9호 조탑동('92) 2-1호 조탑동('94) 19호 태화동 7호 성곡동 1-1호 석실 수곡2동 4호	복천동 108호 학소대 1區-1호 연산동 7호 석곽(우) 연산동 38호, 70호(부박) 기장 연구리 8호 석곽	중산동 27호 목곽(울) 중산동 10호 석곽(울) 하삼정 가-35호 석곽 하삼정 가-82호 석곽 하삼정 가-302호 석곽 운화리 14호	학천리 5호 적목 학천리 71호 목곽 학천리 103호 목곽 옥성리 가-88호 영덕 괴시리 16호분 울진 덕신리 15호	초당동IV 3호 석곽 초당동IV 9호 석곽 초당동 V B-6호 석곽 초당동 300-12유적 5호 석곽 안현동 1호 석곽
X		末	은령총 월성로 가-4호 월성로 가-13-1호 계림로 27호 로동리 4호분 인왕동 6-A적목 조양동 I-14호 구어리 19호 적목 동산리 78호 봉길리 80호 석곽	임당 5B1호 임당 2호 임당 G-22호, 64호 임당 D-II-1호 조영 1B-27호, 72호 신상리 가II-15호, 37호	내당동 34호 내당동 55호 화원 성산동 1호 3곽 화원 성산동 동1호 화원 성산동 서3호 가천동 5호 석곽 사수동 563유적 D-9호, 10호 석곽	송현동 7호분 성곡리 가 23호 석곽 성곡리 나 25호 석곽 성곡리 나 34호 석곽 봉기리 1호 석곽 봉기리 6호 석곽	장학리 별티 1-1호 장학리 별티 3-1호 장학리 별티 12호	청리 D-3호 석곽 성동리 24호(한) 성동리II 6호, 14호 석곽 병성동 3호, 34호(경) 병성동 9호, 15호 석곽(한) 신상리 1호 석곽 오대동 가-1-1호 오대동 다-25호	대리 3호분 1곽 장림동 II-5호 조탑동('92) 3-1호 조탑동('94) 3-3호 조탑동('94) 18-2호 성곡동 3-1호 석실 수곡2동 5호	연산동 1호, 5호 석곽(우) 연산동 58호(부박) 두구동 임석 1호 덕천동 D-11호	중산리 I A-1호 중산동 31호 석곽(울) 하삼정 가-17호 석곽 하삼정 가-33호 석곽 하삼정 가-123호 석곽 운화리 5호, 35호 호계·매곡동 1A호	학천리 87호 목곽 학천리 93-1호수석 학천리 216호 수석 학천리 4호 횡석 학천리 13호 횡석 세계리 II-2구역 3호 울진 덕신리 51호	초당동IV 1호 석곽 초당동IV 14호 석곽 초당동 123-1유적 1호 석곽 초당동 300-12유적 11호 석곽 안현동 12호 석곽 영진리 A-12호, B-4호
XI	6C	初	천마총 호우총 월성로 가-1호 월성로 다-5호 계림로 14호 쪽샘 A3호 목곽 쪽샘 A4호 적목 조양동 I-2호 동산리 1호	임당 C-I-84호 임당 D-I-83호 임당 D-II-1호 조영 1A-28호 조영 1B-11호, 68호 신상리 가II-7호	내당동 50호 2곽 화원 성산동 1호 5곽 화원 성산동 서1, 2호 심천리 127호 석곽 심천리 188호 석곽 심천리II 9호 석곽 사수동 563유적 D-4호 석곽	송현동 15호분 계성 3호 성곡리 가 31호 석곽 성곡리 나 16호 석곽 성곡리 나 22호 석곽 봉기리 16호 석곽 봉기리 23호 석곽	성산동 6호분 시비실 1-1호 석실 장학리 별티 1-7호 장학리 별티 2호분 장학리 별티 4호분	청리 D-9호 석곽 성동리II 2호, 24호 석곽 병성동 27호(경) 헌신동 18호 석곽(경) 병성동 17호 석곽(한) 신상리 14호 석곽 오대동 다-9호 오대동 다-21-2호	학미리 1호, 3호 평팔동 2호분 율리 1호	연산동 24호, 96호(부박) 두구동 임석 2호, 5호, 8호 덕천동 C-20호 기장 연구리 4호 석곽	중산리 VIII-1호 중산리 VIII-2호 중산동 34호 석곽(울) 하삼정 가-1호 석곽 하삼정 가-6호 석곽 하삼정 가-26호 석곽 하삼정 가-202호 석곽 운화리 33호, 42호	학천리 214호 수석 학천리 5호 횡석 학천리 11호 횡석 학천리 16호 횡석 옥성리 가-74호 세계리 II-2구역 5호 오도리 4호 석실 울진 덕신리 1호	초당동 V A-1호 석곽 초당동 300-12유적 9호, 16호 석곽
비고								(경)-경상북도문화재연구원 (한)-한국문화재보호재단		(동)-동아대학교박물관 (우)-우리문화재연구원 (부박)-부산박물관	(울)-울산문화재연구원		

___참고문헌

보고서 · 도록

●경주지역

慶尙北道文化財硏究院, 2005, 『慶州 奉吉里古墳群』.

國立慶州文化財硏究所, 2002, 『慶州 仁旺洞 古墳群』.

________________, 2011, 『慶州 쪽샘地區 發掘調査 報告書Ⅰ』.

________________, 2012, 『慶州 쪽샘地區 新羅古墳Ⅱ』.

國立慶州博物館 · 慶北大學校博物館 · 慶州市, 1990, 『慶州市月城路古墳群』.

________________, 2000, 『慶州 朝陽洞 遺蹟Ⅰ』.

________________, 2010, 『慶州 鷄林路 14號墓』.

________________, 2012, 『慶州 鷄林路 新羅墓 1』.

慶州市, 1974, 『天馬塚』.

國立中央博物館, 2000, 『慶州 路東里 四號墳』.

________________, 2010, 『황남대총』.

東國大學校 慶州캠퍼스 博物館, 2008, 『慶州 皇吾洞100遺蹟Ⅰ』.

文化財管理局 文化財硏究所, 1993, 『皇南大塚』.

신라문화유산연구원, 2010, 『慶州 東山里遺蹟Ⅱ-1』.

________________, 2010, 『慶州 東山里遺蹟Ⅱ-3』.

________________, 2010, 『慶州 奉吉里遺蹟-방사성폐기물처분시설 건설부지내 유적-』.

嶺南文化財硏究院, 1999, 『慶州 舍羅里遺蹟Ⅰ』.

________________, 2007, 『慶州 舍羅里遺蹟Ⅲ』.

________________, 2002, 『慶州 九於里古墳群Ⅰ』.

蔚山大學校博物館, 2000, 『경주 봉길고분군Ⅰ』.

齊藤忠, 1937, 「慶州 皇南里第百九號墳 皇吾里第十四號墳 調査報告」, 『昭和九年度古蹟調査報告』一,
　　　　　朝鮮總督府.

●대구지역

國立大邱博物館, 1999, 『大邱 斗山洞古墳 發掘調査報告書』.

慶北大學校博物館, 1989, 『大邱 伏賢洞古墳群Ⅰ』.

________________, 2003, 『大邱 花園 城山里1號墳』.

慶尙北道文化財研究院, 2004, 『達城 汶山里 古墳群 Ⅰ地區』.

________________ 2004, 『漆谷 深川里遺蹟』.

________________ 2004, 『大邱 不老洞古墳群-91·93號墳-』.

________________ 2008, 『達城 竹谷里古墳群』.

________________ 2013, 『칠곡 심천리유적Ⅱ』.

國立大邱博物館, 1999, 『大邱 斗山洞古墳 發掘調査報告書』.

世宗文化財研究院, 2012, 『大邱 泗水洞563番地 遺蹟』.

嶺南文化財研究院, 2001, 『大邱 西邊洞古墳群Ⅰ』.

________________, 2002, 『大邱 佳川洞古墳u群Ⅰ』.

________________, 2010, 『大邱 鳳舞洞遺蹟Ⅲ』.

________________, 2005, 『達城 汶山里古墳群Ⅰ』.

________________, 2011, 『大邱 西邊洞古墳群Ⅱ』.

朝鮮總督府, 1923, 『朝鮮古蹟調査報告』.

●경산지역

嶺南大學校博物館, 1991, 『慶山林堂地域古墳群Ⅰ-造永1A地域-』.

________________, 1994, 『慶山林堂地域古墳群Ⅱ-造永EⅢ-8號墳 外』.

________________, 1998, 『慶山林堂地域古墳群Ⅲ-造永1B地域-』.

________________, 1999, 『慶山林堂地域古墳群Ⅳ-造永CⅠ·Ⅱ號墳-』.

________________, 2000, 『慶山林堂地域古墳群Ⅴ-造永EⅠ號墳-』.

________________, 2002, 『慶山林堂地域古墳群Ⅵ-林堂2號墳』.

________________, 2003, 『慶山林堂地域古墳群Ⅶ-林堂5·6號墳』.

________________, 2005, 『慶山林堂地域古墳群Ⅷ-林堂7號墳』.

________________, 2006, 『慶山 新上里 遺蹟』.

________________, 2012, 『慶山林堂地域古墳群Ⅸ-造永EⅢ-2號墳-』.

________________, 2013, 『慶山林堂地域古墳群Ⅹ-造永EⅢ-3號墳-』.

嶺南文化財研究院, 2001, 『慶山 林堂洞遺蹟Ⅱ-G地區 5·6號墳-』.

________________, 2001, 『慶山 林堂洞遺蹟Ⅲ-G地區 墳墓-』.

________________, 2001, 『慶山 林堂洞遺蹟Ⅳ-G地區 墳墓-』.

韓國文化財保護財團, 1998, 『慶山林堂遺蹟Ⅱ-C地區 古墳群-』.

________________, 1998,『慶山林堂遺蹟Ⅲ-D-Ⅰ·Ⅲ·Ⅳ地區 古墳群-』.

________________, 1998,『慶山林堂遺蹟Ⅳ-D-Ⅱ地區 古墳群-』.

●성주지역

慶北科學大學博物館, 2007,『玄風-金泉間 高速國道(第45號線) 建設敷地內 文化遺蹟發掘調査報告
　　　　書-星州 차동골 遺蹟』.

경상북도문화재연구원, 2008,『성주 시비실유적』.

________________, 2008,『성주 장학리 별티유적』.

________________, 2008,『성주 가암리 유적』.

啓明大學校 行素博物館, 2006,『星州星山洞古墳群』.

星州郡, 2001,『星州 明川里古墳群 精密地表調査報告書』.

대구한의대학교박물관, 2005,『개관 10주년 기념 발굴유물특별전』.

국립대구박물관, 2004,『개관 10주년 기념특별전 嶺南의 큰 고을 星州』.

朝鮮總督府, 1918,『大正七年度古蹟調査報告』.

●창녕·청도지역

경상북도문화재연구원, 2006,『淸道 鳳岐里 遺蹟』.

________________, 2010,『청도 성곡리 유적Ⅰ』.

________________, 2011,『청도 성곡리 유적Ⅳ·Ⅴ·Ⅵ』.

국립가야문화재연구소, 2011,『창녕 송현동고분군Ⅰ』.

________________, 2012,『창녕 송현동고분군Ⅱ』.

東亞大學校博物館, 1992,『昌寧校洞古墳群』.

湖巖美術館, 2000,『昌寧 桂城 古墳群』.

●상주지역

慶尙北道文化財研究院, 2001,『尙州 屛城洞古墳群』.

________________, 2003,『尙州 新上里 古墳群Ⅰ·Ⅱ』.

________________, 2003,『尙州 軒新洞 古墳群』.

________________, 2003,『尙州 城洞里 古墳群Ⅱ』.

상주박물관, 2012,『尙州墳墓資料集成』.

中央文化財研究院, 2004,『尙州 午臺洞遺蹟』.

韓國文化財保護財團, 1998,『尙州 靑里遺蹟(VII)』.

________________, 1998,『尙州 靑里遺蹟(VIII)』.

________________, 1999,『尙州 城洞里古墳群』.

________________, 2001,『尙州 屛城洞・軒新洞古墳群』.

________________, 2002,『尙州 佳庄里 古墳群』.

●의성·안동지역

慶北大學校博物館, 1981,『義城長林洞廢古墳群』.

慶北大學校博物館 外, 1992,『大邱～春川間高速道路 建設豫定地域內 文化遺蹟發掘調査報告書』.

慶北大學校博物館, 1996,『安東造塔里古墳群II('94)』.

________________, 2002,『鶴尾里古墳』.

________________, 2006,『義城 大里里 3號墳』.

경상북도문화재연구원, 2008,『안동 성곡동고분군I』.

________________, 2012,『義城 大里里 二號墳I』.

________________, 2012,『義城 大里里 二號墳II』.

________________, 2012,『의성 후평리 고분군』.

국립대구박물관, 2002,『召文國에서 義城으로』.

國立博物館, 1962,『義城塔里古墳』.

安東郡・安東大學 博物館・慶北大學校博物館, 1989,『臨河댐水沒地域 文化遺蹟 發掘調査報告書(II)』.

安東大學校博物館, 1998,『安東 太華洞 古墳群』.

●부산지역

東亞大學校博物館, 1971,『東萊福泉洞第1號古墳發掘調査報告』.

福泉博物館, 2004,『福泉洞古墳群 第7次調査 報告』.

________, 2008,『東萊福泉洞古墳群-第8次發掘調査 160～166號-』.

________, 2010,『東萊福泉洞古墳群-第5次發掘調査 38號墳-』.

________, 2010,『東萊福泉洞古墳群-第8次發掘調査 167～174號-』.

釜山直轄市立博物館, 1983,『釜山德川洞古墳』.

________________, 1990,『釜山 杜邱洞 林石遺蹟』.

________________, 1992,『東萊福泉洞53號墳』.

釜山廣域市立博物館, 1997,『東萊福泉洞93・95號墳』.

______________, 1997, 『東萊福泉洞古墳群-第5次 發掘調査 99~109號墓-』.

______________, 1999, 『東萊福泉洞古墳群-第6次 發掘調査 141~153號·朝鮮時代 遺構-』.

釜山博物館, 2012, 『蓮山洞古墳群-연제체육공원 조성부지 조사-』.

釜山大學校博物館, 1979, 『釜山華明洞古墳群』.

______________, 1983, 『東萊福泉洞古墳群 I 』.

______________, 1990, 『東萊福泉洞古墳群 II 』.

______________, 1996, 『東萊福泉洞古墳群 III 』.

______________, 2012, 『東萊福泉洞古墳群 IV 』.

______________, 2001, 『東萊 福泉洞 鶴巢臺古墳』.

釜山女子大學 博物館, 1991, 『釜山 蓮山洞 4號墳 發掘調査報告』.

우리문화재연구원, 2009, 『부산 연제구 연산동 공동주택 예정부지 내 유적』.

●울산지역

東亞細亞文化財研究院, 2011, 『蔚山 虎溪·梅谷洞 複合遺蹟』.

蔚山文化財研究院, 2008, 『蔚山雲化里古墳群』.

______________, 2011, 『蔚山中山洞古墳群』.

창원대학교박물관, 2006, 『울산 중산리유적 I 』.

韓國文化財保護財團, 2009, 『蔚山 下三亭 古墳群 I 』.

______________, 2010, 『蔚山 下三亭 古墳群 II 』.

______________, 2011, 『蔚山 下三亭 古墳群 III 』.

______________, 2011, 『蔚山 下三亭 古墳群 IV 』.

●포항·영덕·울진지역

慶尙北道文化財研究院, 2002, 『浦項 鶴川里遺蹟發掘調査報告書 I · II · III 』.

國立慶州博物館, 1999, 『盈德 槐市里 16號墳』.

______________, 2000, 『玉城里 古墳群 I · II · III 』.

聖林文化財研究院, 2007, 『浦項 大覺里 遺蹟』.

______________, 2008, 『浦項 烏島里 新羅墓群』.

______________, 2010, 『浦項 世界里 新羅墓·高麗瓦窯群』.

안동대학교 박물관, 2004, 『울진 덕신리유적』.

嶺南埋藏文化財研究院, 1998, 『浦項玉城里古墳群 I · II -나地區-』.

•강릉지역

강릉대학교박물관, 2000, 『발굴유적유물도록』.

江原考古文化研究院, 2010, 『江陵 草堂洞 古墳群』.

江原文化財研究所, 2008, 『江陵 草堂洞 遺蹟Ⅳ』.

__________, 2009, 『江陵 草堂洞 遺蹟Ⅴ』.

예맥문화재연구원, 2008, 『江陵 草堂洞遺蹟Ⅲ』.

__________, 2008, 『江陵 草堂洞遺蹟Ⅳ』.

__________, 2011, 『江陵 雁峴洞遺蹟』.

논저

권용대, 2010, 「고대 울산 중산동 지배집단의 성격」, 『嶺南考古學』53, 嶺南考古學會.

김성남·김경택, 2013, 『와질토기 논쟁고』, 진인진.

金世基, 2004, 「古代 星州의 歷史와 文化」, 『개관 10주년 기념특별전 嶺南의 큰 고을 星州』, 국립대구
　　　박물관.

______, 2005, 「성주지역 고분의 유형과 지역성」, 『개관 10주년 기념 발굴유물특별전』, 대구한의대
　　　학교박물관.

金龍星, 1996, 「土器에 의한 大邱·慶山地域 古代墳墓의 編年」, 『韓國考古學報』35, 韓國考古學會.

______, 1998, 『新羅의 高塚과 地域集團－大邱·慶山의 例－』, 춘추각.

______, 2002, 「의성지역 고분문화의 성격」, 『김文國에서 義城으로』, 국립대구박물관.

金元龍, 1960, 『新羅土器의 硏究』.

______, 1981, 『韓國의 美術1 新羅土器』, 열화당.

金銀眞, 2005, 「浦項地域 木槨墓 硏究」, 嶺南大學校 大學院 碩士學位論文.

金亨坤, 1997, 「新羅式 土壙木槨墓의 檢討－中山里遺蹟을 中心으로－」, 『昌原史學』第3輯, 昌原大學
　　　校史學會.

南翼熙, 2008, 「5～6世紀 星州 地域 政治體 硏究」, 慶北大學校 大學院 碩士學位論文.

______, 2009, 「5～6세기 성주양식토기 및 정치체 연구」, 『嶺南考古學』49, 嶺南考古學會.

朴光烈, 1992, 「琴湖江下流域 古墳의 編年과 性格－陶質土器를 中心으로－」, 『嶺南考古學』11, 嶺南考
　　　古學會.

朴天秀, 1993, 「三國時代 昌寧地域 集團의 性格研究」, 『嶺南考古學』13, 嶺南考古學會.

______, 2001, 「考古資料로 본 가야시기 昌寧地方」, 『가야시기 창녕지방의 역사·고고학적 성격』.

______, 2003, 「地域間 竝行關係로 본 加耶古墳의 編年」, 『가야 고고학의 새로운 조명』.

______, 2010, 『가야토기 – 가야의 역사와 문화』, 진인진.

______, 2012, 「新羅・加耶古墳 曆年代 再論」, 『原三國・三國時代 曆年代論』, 세종문화재연구원.

定森秀夫, 1981, 「韓國慶尙南道昌寧地域出土陶質土器の檢討–陶質土器に關する一私見–」, 『古代文化』第33券 第4號.

______, 1988, 「韓國慶尙北道 星州地域出土 陶質土器에 대하여」, 『伽倻通信』17.

______, 1988, 「韓國慶尙北道義城地域出土陶質土器について」, 『日本民族・文化の生成』1 , 永井昌文教授退官記念論文集.

徐敬敏, 2008, 「洛東江 上流地域 三國時代 土器 研究」, 慶北大學校 大學院 碩士學位論文.

孫貞美, 2006, 「동해안지역 신라고분에 대한 연구」, 嶺南大學校 大學院 碩士學位論文.

______, 2007, 「삼국시대 동해안지방 토기의 편년」, 『石心鄭永和教授 停年退任紀念 天馬考古學論叢』, 嶺南大學校文化人類學科.

申敬澈, 1986, 「新羅土器의 發生에 對하여」, 『韓日古代文化의 諸問題』, 韓日文化交流基金.

윤천수, 2013, 「대구 불로동・봉무동 고분군의 편년과 성격」, 『제26회 조사연구발표회 대구 봉무동 유적의 고고학적 검토』, 영남문화재연구원.

李相洙, 1995, 「嶺東地方 新羅古墳에 대한 一考察」, 『韓國上古史學報』18, 韓國上古史學會.

이상준, 2013, 『신라토기 생산기술』, 성림문화재연구원 2013년 제15회 『신라문화특강』강연 및 토론회.

李盛周, 1992, 「蔚山 中山里遺蹟 發掘을 通하여 본 新羅墓制의 起源」, 『제1회 영남고고학회 학술발표회 및 토론요지』, 嶺南考古學會.

______, 1993, 「洛東江東岸樣式土器에 대하여」, 『제2회 영남고고학회 학술발표회 및 토론요지』, 嶺南考古學會.

______, 1996, 「新羅式 木槨墓의 展開와 意義」, 『신라고고학의 제문제』, 韓國考古學會.

______, 2003, 「기술혁신의 사회적 조건과 과정」, 『삼한・삼국시대의 토기생산기술』, 복천박물관.

______, 2004, 「技術, 埋葬儀禮, 그리고 土器樣式」, 『韓國考古學報』52, 韓國考古學會.

______, 2008, 「樣式의 生成–新羅, 加耶樣式과 小地域樣式의 形成에 대한 檢討–」, 『樣式의 考古學』, 韓國考古學會.

李昌鉉, 2005, 「江陵地域 新羅古墳 研究」, 檀國大學校 大學院 碩士學位論文.

李漢祥, 2003, 「동해안지역의 5〜6세기대 신라분묘 확산양상」, 『嶺南考古學』32, 嶺南考古學會.

李惠眞, 2006, 「5〜6世紀 慶山・大邱地域 土器 樣式의 統計學的 研究」, 慶北大學校 大學院 碩士學位論文.

李熙濬, 1998, 「4∼5세기 新羅의 考古學的 硏究」, 서울大學校 大學院 博士學位論文.

______, 2000, 「대구 지역 古代 政治體의 형성과 변천」, 『嶺南考古學』26, 嶺南考古學會.

______, 2004, 「경산 지역 고대 정치체의 성립과 변천」, 『嶺南考古學』34, 嶺南考古學會.

______, 2005, 「4∼5세기 창녕 지역 정치체의 읍락 구성과 동향」, 『嶺南考古學』37, 嶺南考古學會.

______, 2007, 『신라고고학연구』사회평론.

鄭昌熙, 2005, 「5∼6世紀 大邱 洛東江沿岸 政治體의 構造와 動向」, 慶北大學校 大學院 碩士學位論文.

조성원, 2010, 「고분 출토 고배로 본 5세기대 낙동강하류역의 소지역성 연구」, 『嶺南考古學』55, 嶺南
　　　考古學會.

주보돈, 2002, 「문헌상에서 본 古代의 義城」, 『召文國에서 義城으로』, 국립대구박물관.

崔秉鉉, 1992, 『新羅古墳硏究』, 一志社.

______, 1993, 「新羅古墳 編年의 諸問題」, 『韓國考古學報』30, 韓國考古學會.

______, 2012, 「신라 조기양식토기의 설정과 편년」, 『嶺南考古學』63, 嶺南考古學會.

咸舜燮, 2010, 「皇南大塚을 둘러싼 論爭, 또 하나의 可能性」, 『황남대총』, 국립중앙박물관.

洪志潤, 2003, 「尙州地域 5世紀 古墳의 樣相과 地域政治體의 動向」, 『嶺南考古學』32, 嶺南考古學會.

홍진근, 2013, 「경주 화곡리 유적과 신라지역 가마의 비교 연구」, 『신라토기 연구의 새 지평을 열다』,
　　　성림문화재연구원.

윤 상 덕

인화문토기

신라 중기~말기양식 토기

__신라토기 시기구분

연구사

이 시기 토기에 대해 구체적으로 처음 연구한 이는 아리미츠 교이치(有光敎一 1932)이다. 그는 충효동고분에 대한 보고서에서 이 고분군의 연대를 설정하면서 현실 내 합을 묻는 방식이 골호와 유사하고, 출토 토기류도 '읍남고분군'(적석목곽분) 출토 신라토기와 다른 부분이 많고 양식상 변천이 보이는 점, 그리고 일부 출토품이 십이지가 있는 구정동 방형분의 출토품과 유사한 점 등을 들어 충효동고분을 신라의 삼국통일 이후에 조영된 것으로 추정하였다. 구체적으로 토기는 적석목곽분 출토 토기에 비해 대부분 소형이고 기벽이 두꺼우며, 고배의 경우 대각이 극히 낮아지고 투공이 퇴화하였고, 합(대부완)은 목곽분에서는 볼 수 없는 새로운 것이라 하였다. 또한 문양은 적석목곽분 출토품은 빗과 같은 도구로 문양을 새긴 데 비해, 이 무덤군 출토품은 압형문(인화문)으로 원호와 중원을 연달아 개신 전면에 장식하였고, 이 역시 화장골호에서 많이 보인다고 하였다. 비록 그가 통일신라기의 토기로 본 것은 6세기 중엽부터 유행한 토기를 포함하고 있으나 적석목곽분에서 출토된 것과 구분하여 토기양식을 설정한 점은 이후 통일신라토기 연구에 큰 영향을 미치게 된다.

김원룡(1968)은 통일기 토기의 특징으로 다리가 긴 유개고배와 장경호가 없고, 장경병, 다리가 짧은 무개고배, 유개합 등 진보된 형식이 존재하며, 사각형병, 방원병 등 특수병이 출현하는 것을 들었다. 문양은 고신라기의 음각된 기하학문 대신 타날 압날된 각종 화문花文이 전면을 덮는다고 하였다. 통일기 토기(충효동고분군 출토 토기)로의 변화시기는 650년(1977·1979)에서 600년(1986)으로 점차 상향되었다. 그리고 고신라 토기를 전기-중기-후기로 나누고 통일양식 토기는 전기-후기로 나누었다. 통일양식 토기 전기는 서악동고분 출토품이 대표적으로 얕은 굽의 고배와 장경호가 유행하는 시기로 보았다. 후기는 고배가 소멸하고 긴 목의 병이 나타나며 각병, 방원병이 만들어지고 인화문은 차츰 없어진다고 하였다(1984·1986).

오다 후지오(小田富士雄 1978)는 일본 큐슈 지역에서 출토되는 신라계 토기와 스에끼와의 공반관계를 토대로 인화문과 통일양식 기형의 출현을 6세기 후반에서 말경으로 추정하였다.

한병삼(1979)은 통일직후 창건된 것이 분명한 안압지 유적에서 충효동과 서악동석실분 출토 토기가 보이지 않는 점을 들어 양 석실분에서 출토된 토기는 통일 이전에 제작된 것이라 하였다. 기존의 통일신라토기란 석실분 축조기부터 신라말까지, 즉 7세기 중엽부터 10세기 전반까지의 토기를 지칭한다고 하였다.

정징원·신경철(1983)은 경주 적석목곽묘의 최말기가 법흥왕 말년이라는 윤무병의 견해를 근거로 횡혈식묘제 출토품의 연대를 6세기 중엽까지 올렸다.

신경철(1985)은 예안리고분의 발굴성과를 토대로 횡혈계 무덤이 조영되는 시기(Ⅲ기, 6세기 후반~삼국통일기 전후)를 설정하고 이 시기를 한강유역 이남의 토기문화가 양식적으로 통일현상을 보이는 '통일양식토기문화기'라고 하여 새로운 정의를 시도하였다.

최병현(1987)은 삼국통일이라는 역사적 사건을 경계로 '고신라토기'와 '통일신라토기'로 시기구분하는 것을 비판하고 신라토기 양식변천의 추이를 잘 나타낼 수 있도록 양식구분의 명칭이 바뀌어야 한다고 주장하였다. 그는 종래의 '고신라토기'를 '신라전기양식토기'로, '통일신라토기'는 '신라후기양식토기'로 고쳐 부를 것을 제안하고 통일 이전의 신라후기양식토기를 '고신라기 신라후기양식토기'로 설정하여 통일 이전 시기를 하나의 획기로 설정하였다. 또한 이러한 토기양식은 고분문화를 기준으로 한 '조기(목관·목곽묘 축조기)-전기(적석목곽분 축조기)-후기(횡혈식석실분 축조기)'의 시기구분과도 유기적으로 관련되어 있다고 하였다.

홍보식(2001·2004)은 통일 이전의 토기양식을 기종 구성의 단순화, 대각의 단각화, 침선문의 유행 등을 특징으로 하는 '후기양식토기^{後期樣式土器}'로 설정하고 시기는 6세기초에서 660년으로 하였다. 그리고 660년경부터 통일신라말까지를 '통일양식토기^{統一樣式土器}'로 설정하였다. 통일양식토기의 특징은 고배가 서서히 사라지고 고배 구연 높이가 낮아지며 삼각집선문, 반원점문, 원점문이 사라지고, 종장연속문, 지그재그문, 수적형문 등의 인화문이 유행한다고 하였다. 또한 한강이남 전역에 걸쳐 각 기형의 법량, 시문범위, 문양구성 등에서 후기양식토기보다 규격화 현상이 나타나며 이는 토기생산시스템에 대한 전국적인 규범이 마련된 결과로 보았다.

박보현(2003)은 호서지역의 신라문화 정착과정을 검토하면서 '적석목곽분 축조시기-단각고배 시기-인화문토기 시기-주름무늬토기 시기'의 네 시기로 나누고 다시 적석목곽분 축조시기를 장각과 단각 시기로, 인화문토기 시기를 유개합 중심 시기와 외반구연 발 중심시기로 나누어 총 7기로 하였다.

윤상덕(2004)은 '신라후기양식토기'에 대한 자료가 증가함에 따라 '신라후기양식'이 지칭하는 6세기 중엽부터 신라 멸망까지의 기간 중에 몇 차례 큰 변화가 있었다는 것이 밝혀졌고, 이 시기를 하나의 양식으로 정의하기에는 무리가 따름을 지적하였다. 또한 불명확한 시기구분으로 인해 연구에 지장을 초래하고 있으므로 시기구분에 대한 논의가 있어야 한다고 주장하였다. 윤상덕은 6세기 중엽 이후의 토기변화를 세 시기(중-후-말)로 나누어 신라토기를 '전기-중기-후기-말기'와 '신라전기-신라후기-통일신라전기-통일신라후기'로 나누는 안을 제안하였다. 이후 후자의 안이 역사적 사건을 물질문화의 시대구분 용어로 사용하는 것이 연구의 장애가 될 소지가 있다고 보고 전자의 안을 사용해서 고분문화의 변화와 비교하여 구체적으로 설명하고자 하였다(2010).

야마모토 타카후미(山本孝文 2007)도 토기 기형이나 문양과 더불어 토기의 용도, 출토유적, 생산량, 분포 등을 참고하고 역사적 배경을 감안하여 전기·중기·후기·말기의 4개 양식(단계)으로 설정하는 안을 제안하였다.

최병현(2011)은 전기-중기-후기-말기로 구분하는 분류안에 대해 중기와 후기를 가르는 주된 기준인 인화문의 변화는 시기구분의 기준이 되기는 어렵다고 비판하고, 종래의 '전기-후기' 분류안에 8세기 후엽 이후의 '나말여초양식'을 추가하여 기존의 시기구분안을 보완하였다.

시기구분

이 장에서는 신라토기의 시기구분에 대하여 윤상덕(2010)의 안을 중심으로 야마모토 타카후미(2007)와 최병현(2011)의 안을 비교 검토하겠다.

표1 _ 연구자별 시기구분안

윤상덕 (2004·2010)	야마모토 타카후미 (2007)	연대	최병현 (2011)	묘제
전기	전기		전기	적석목곽분
			후기1	
중기	중기 단각고배	550	단각화	
		600	후기2	
단각고배 인화문시작	후기		인화문시작	석실분
		650	후기3 흩어찍기 종장연속문	
	인화문 대부완	700	후기4	
후기			외반유개합, 종장연속문 발달 무문화 시작	
고배 소멸 대부완, 대부병		750		화장묘 (석실분)
인화문 전성기		800		
말기	말기		나말여초	
병류, 대옹 무문화	병류 무문화	850	병류, 편호 무문화	
		900		
		935		

    신라 전기양식 토기는 높은 대각이 있는 고배와 대부장경호를 주 기종으로 하는 토기양식으로, 적석목곽분이 조영되던 시기에 만들어진 토기를 말한다. 고배와 대부장경호, 그리고 뚜껑 등에 그물문, 삼각형문, 콤파스문을 뾰족한 도구로 그어서 장식하였다. 전기양식 토기의 내용은 대부분의 연구자가 동의하고 있다. 절대연대는 약간의 차이가 있는데 최병현은 전기에서 중기로의 전환을 525

년으로, 윤상덕은 540년으로 설정하였다.

다음 시기는 중기양식 토기이다. 6세기 중엽이 되면 대각이 낮아진 고배들이 제작되는데, 특히 대각이 마치 굽과 같은 형태로 낮아진 단각고배短脚高杯가 출현한다. 문양은 삼각형과 원문류의 조합에 '인화문印花文'이 새롭게 발생하여 문양 표현방식에서 큰 변화가 생긴다. 즉 원문류가 먼저 긋는 방식(컴퍼스문)에서 찍는 방식으로 변하고 이어서 삼각형문이 찍은 문양으로 변한다. 삼각형문은 수적형문으로 발전하고 이 시기의 마지막 시기에 원문류가 독립적으로 토기 표면 전면에 찍히기도 한다. 이 시기는 적석목곽분이 사라지고 횡혈식석실분이 조영되는 시기로 전기양식과 전혀 다른 양상을 보인다는 점은 여러 연구자들이 동의하고 있다. 야마모토 타카후미는 각 양식의 정의는 윤상덕과 유사하나 편년은 정확하게 제시하지 않았다. 최병현은 이 시기부터 '신라후기양식토기'로 설정하였다. 구체적으로 그의 후기양식 1·2기에 해당한다. 윤상덕에 비해 최병현은 10~20년 정도 이르게 편년하고 있다.

다음 시기인 후기양식은 전기와 중기에 걸쳐 크게 유행했던 고배류가 사라진 것이 큰 특징이다. 그 자리는 대부완(합, 유개완)이 차지하였다. 대부완은 전기양식과 중기양식에도 사용되었으나 이 시기에 가장 중요한 기종이 되었다. 연속문을 비롯하여 다양한 인화문을 토기 전면에 장식한 시기로 가장 화려한 토기가 만들어졌다. 화장이 유행하여 화려한 골호가 다수 제작되었다. 후기양식의 시작시기로 윤상덕은 중장연속문이 전면에 장식되고 고배의 소멸, 대부완의 본격적인 유행을 기준으로 7세기 4/4분기부터로 보았다. 종료 시기는 정확히 설정하기 어려우나 인화문이 800년 전후로 소멸한다는 견해를 받아들여 8세기 말까지로 잠정적으로 설정하였다. 야마모토 타카후미는 정확한

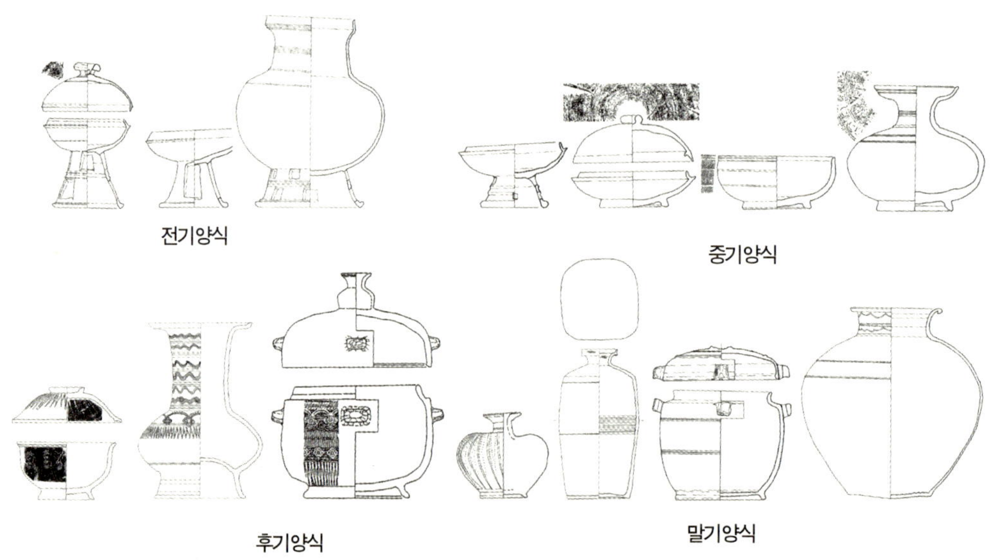

도1_ 시기별 대표 기종(축척부동, 윤상덕 2011a)

편년은 유보하였으나 대부완의 유행시기와 인화문 발생이 연관된다고 보고 이를 후기양식으로의 전환시점으로 하여 중기에서 후기양식으로의 전환이 7세기 전반 중에 일어난 것으로 설명하였다. 이 글의 후기양식은 최병현의 후기양식 3·4기에 해당한다. 그의 후기양식 4기에 인화문의 퇴화가 일어나는데 4기를 8세기 중엽까지로 보았다.

말기양식은 9세기초에서 통일신라가 멸망하는 10세기 전엽까지이다. 주름문병과 각진병(四面扁瓶, 一面扁瓶) 등 각종 병류와 목에 파상문이 있는 대호가 유행하는 시기이다. 이전 시기에 이어 골호가 유행하였는데 인화문이 거의 사라졌다. 주름문병과 같은 기종에 간단한 인화문이 남아 있는 경우가 있으나 대부분의 토기에서 인화문이 사라진 것이 가장 큰 특징이다. 최병현의 나말여초양식 토기, 김원룡의 '통일기토기-후기양식'에 해당한다.

앞서 설명한 시기구분안을 요약하면 〈표2〉와 같다.

표2_ 신라토기의 시기구분 시안(윤상덕 2010, 표 1 변형)

분기	주기종	문양	묘제	시기
前期樣式	長脚高杯, 臺附長頸壺	그은 문양	적석목곽분	4C 후반~6C 전엽
中期樣式	短脚高杯, 臺附瓶	인화문 사용 시작	석실분(일부 화장묘)	6C 중엽~7C 3/4
後期樣式	臺附盌, 印花文 骨壺	인화문 본격 유행	석실분·화장묘	7C 4/4~8C 말
末期樣式	各種 瓶, 大壺, 無文 骨壺	무문화	화장묘(일부 석실분)	9C 초~10C 전엽

__ 인화문의 분류와 변천

인화문에 대한 연구는 이 시대 토기 연구의 근간이 되어 왔다고 해도 과언이 아니다. 또한 여러 연구자들간에 변천순서에 대해 의견일치도 상당히 이루어진 분야다. 여기서는 여러 연구자들이 제시한 안을 종합하여 인화문의 기본적인 분류방법을 제시하도록 하겠다. 분류안은 최병현(1987·2011), 미야카와 테이치(宮川禎一 1988·1989·1993), 윤상덕(2001·2010), 변영환(2007), 이동헌(2008a·2008b)을 참고하였고 특히 최근에 발표된 윤상덕과 이동헌의 안을 중심으로 정리하였다. 여기서는 기본적인 분류안과 변천과정을 간단하게 설명하고 인화문의 발생과정이나 자세한 변천내용은 다음 장에서 살펴보겠다.

분류

● 문양 형태

삼각집선문과 원문류

이 문양은 전기양식의 삼각집선문과 원문류의 조합에서 비롯된 것으로, 중기에 들어와서 찍은 문양으로 바뀌면서 더욱 다양한 변화를 보인다(도2). 특히 삼각집선문은 수적형문으로 변화하고 다양해진다. '수적형문'이라는 용어는 물방울이 떨어지는 모양을 본 딴 용어이나 새롭게 출현한 문양이라기보다는 삼각집선문에서 변형된 것으로 보는 것이 일반적이다.

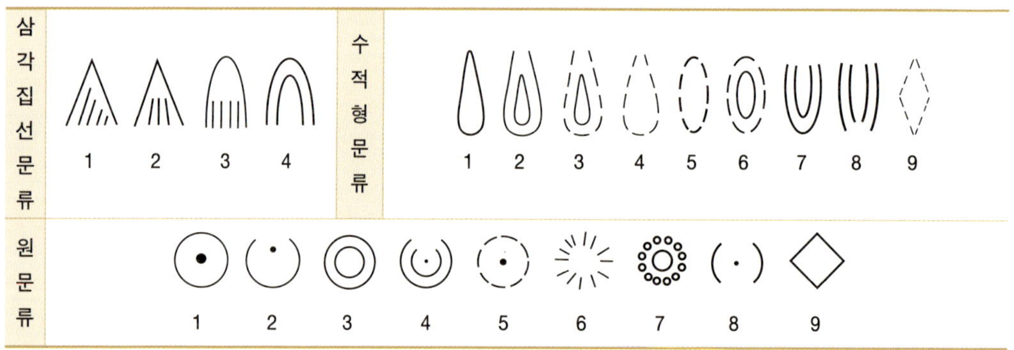

도2 _ 삼각집선문, 수적형문, 원문류 각종(a형: 그은 문양, b~i형: 찍은 문양)

종장연속문

종장연속문은 원문류가 전면시문을 거쳐 출현하는 것으로 알려졌다(宮川禎一 1993). 도장 하나에 원문류를 하나만 새겨서 찍던 것에서 이를 새로 방향으로 여러개를 한꺼번에 도장에 새기기 시작하면서 종장연속문이 발생하였다. 따라서 종장연속문 초기에는 2~3개의 원문류를 연속으로 새긴 도장을 사용하다가 나중에는 4~6의 문양을 연속으로 새긴 도장을 사용하게 된다. 이후 문양이 다양하게 변화하는데 초기에는 원문의 형태를 유지하다가 도식화하여 'U'사형(마제형문;말굽모양)이 유행하고, 다시 간략화되어 점열문이나 파상문이 나타난다(도3).

횡장연속문

처음에는 종장연속문을 찍는데 사용하는 도장을 수평으로 찍은 것으로 추정된다(이동헌 2008a). 이후에는 종장연속문의 문양변화와 관계없이 독립적으로 나타난다. 초기에는 직선형이었으나 나중에는 좀 더 장식적인 활모양(弧形, 곡선형)이 유행하였다.

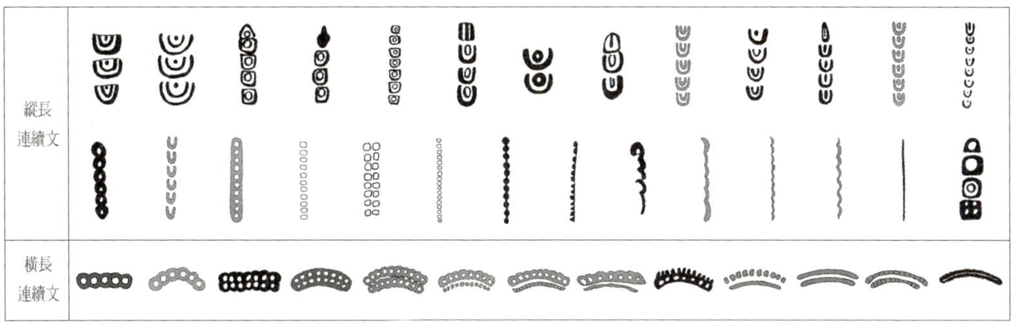

도3_ 종장연속문, 횡장연속문 각종(김주호 2002)

기타 단일문

원문류에서 파생된 것일 가능성이 있으나 꽃이나 새 등 어떤 독립적인 모양을 형상화한 것도 있다 (도4). 이 문양은 하나의 도장에 하나의 문양을 새겨서 사용하였다. 인화문을 토기 전면에 시문하는 시기에 종장·횡장 연속문과 함께 사용하거나 인화문이 퇴화될 때 마지막까지 남아서 개별로 사용 되었다.

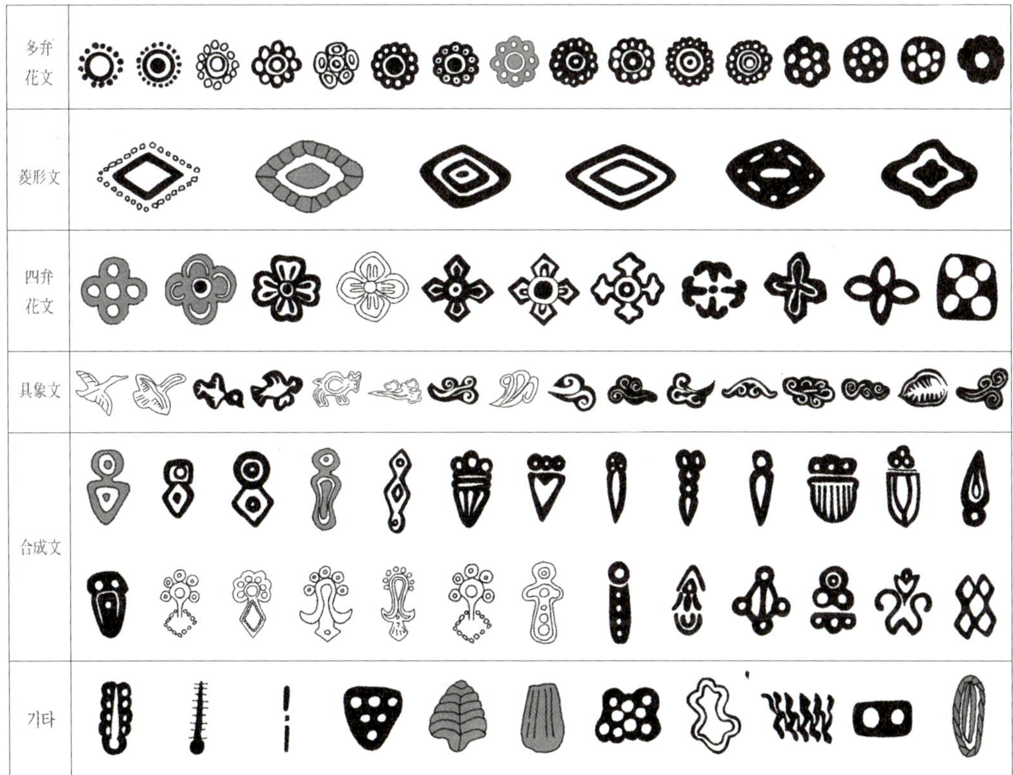

도4_ 단일문 각종(김주호 2002)

표현 범위

: '부분시문^{部分施文}'과 '전면시문^{全面施文}'

'부분시문'은 토기 표면의 일부에만 찍는 것으로 삼각집선문과 원문류를 조합하여 뚜껑의 드림부에 찍거나 원문류를 대부완의 구연부에 찍는 것이 대표적인 예이다. '전면시문'은 토기 표면 전체에 문양을 찍는 것으로 원문류 하나를 새긴 도장을 사용해서 전면에 찍거나 종장연속문과 횡장연속문 등 여러 문양을 조합해서 토기 전체에 문양을 표현한다 (윤상덕 2010).

도5_ 전면시문 토기(출토지미상)

도장 형태

: '개별시문^{個別施文}'과 '연속시문^{連續施文}'

'개별시문'은 도장 하나에 하나의 문양만 새겨서 문양을 찍는 방법으로 원문류나 각종 단일문류가 대표적이다. '연속시문'은 도장 하나에 둘이상의 단위 문양을 새겨서 찍는 방식이다(윤상덕 2010). 원문류를 연속으로 새긴 종장연속문이나 횡장연속문이 대표적이다. 종장연속문 초기에는 2~3개의 문양을 나란히 새긴 도장을 사용하다가 나중에는 4~6의 문양을 나란히 새긴 도장을 사용하게 된다.

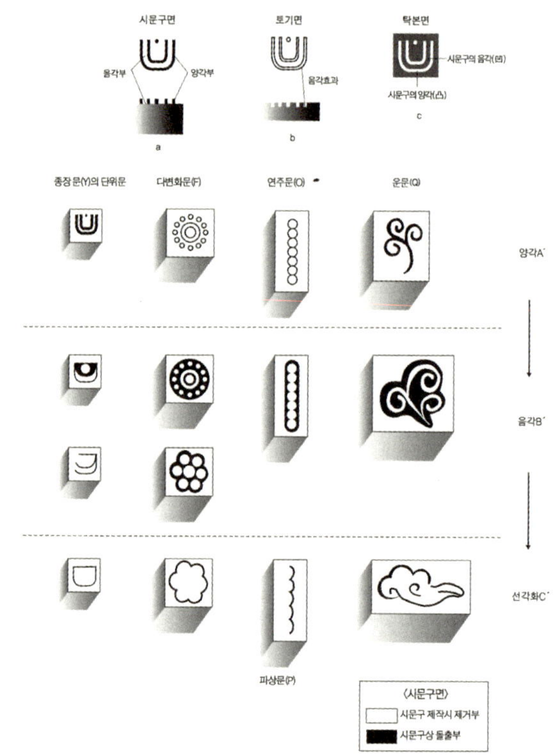

도6_ 도장 제작방법에 의한 분류(이동헌 2008a)

도장 제작방법

: 양각기법, 음각기법

이동헌(2008a)은 도장 문양면에 문양을 새기는 방법을 3가지 종류로 나누었다(도6). 양각기법, 음각기법, 선각화기법이 그것이다. 양각기법은 도장을 제작할 때 표현할 문양을 돌출시킨 것이고 음각기법은 먼저 음각으로 표현할 문양을 새기고 그 주변을 모두 제거하는 방법이다.[*] 양각기법은 문양을 도장에 새길 때 가장 정교하고 노력이 많이 드는 작업이며, 음각기법은 이 보다는 간편한 방법이다. 선각화기법은 문양이 간단하고 퇴화되면서 나타난 방법이라고 한다.

종장연속문 찍기 방법

: 'A수법', 'B수법(人자형 찍기)', 'C수법(지그재그 찍기)'

미야카와 테이치(1988a)는 종장연속문의 찍기 방법에 따라 세 가지 방법으로 분류하였다(도7). 'A수법'은 여러개의 동일한 단위문양이 새겨진 길쭉한 형태의 도장을 단순하게 나란히 찍는 것이고, 'B수법(人자형 찍기)'은 위쪽을 고정한 채로 '人'자 모양으로 찍는 방법이다. 이에 대해서 종장연속문을 찍다보면 위쪽은 겹치고 아래쪽은 겹치지 않는 것이 자연스럽게 나타날 수 있다고 보고 B수법을 인정하지 않는 의견(홍보식 2004, 重見泰 2004)도 있다. 그러나 도공이 문양찍기 방법의 개선을 위해 의도적으로 위쪽을 고정하여 '人'자 모양으로 찍는 형태가 확인되고, 세 단계로 나누어 설명하는 것이 문양찍기 방법의 단계적인 변화를 잘 설명할 수 있으므로 독립된 수법으로 설정하는 것이 효과적이다. 'C수법'은 정길자(1980)가 '지그재그Zigzag 선문'이라고 명명한 것으로, B수법에서 나아가 도장을 토기 표면에서 떼지 않고 번갈아 가며 위쪽과 아래쪽을 축으로 해서 지그재그로 찍는 방법이다.

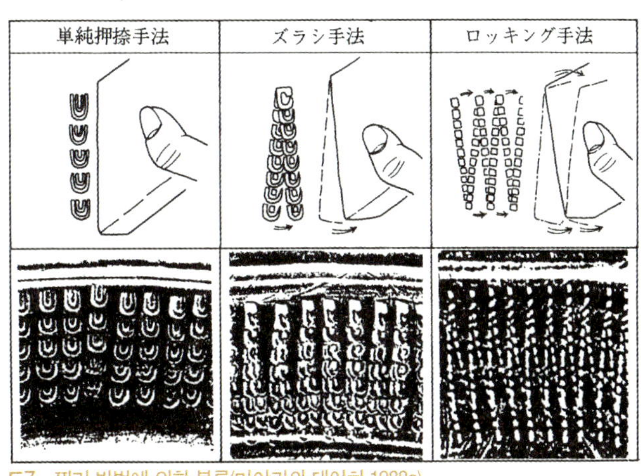

도7 _ 찍기 방법에 의한 분류(미야카와 테이치 1988a)

변천

앞서 설명한 문양 종류의 변화와 찍기 방법의 변화를 검토하여 변천상을 설명할 수 있다. 이에 대한 초기 연구는 최병현(1987)과 미야카와 테이치(1988a · 1988b · 1989 · 1993)에 의해 시작되었다. 최

---

[*] '선각화기법'은 양각기법의 일종으로 볼 수 있다.

병현은 신라 통일 이전, 6~7세기의 인화문 초기 발생기의 양상을 설명하였다. 미야카와 테이치는 인화문 전시기에 대해 편년의 기본틀을 세웠다. 두 연구자에 의해 제시된 변천안은 인화문 연구에 많은 영향을 끼쳤다. 이후 이동헌(2008a · 2011 · 2013), 윤상덕(2010) 등에 의해 세부적인 변천상이 제시되었다. 먼저 최병현과 미야카와 테이치의 안을 요약하면 아래와 같다.

최병현(1987)

1단계: 그은 삼각집선문+찍은 원문류, 찍은 문양으로 이행해가는 과도기, 6세기 중기

2단계: 찍은 삼각집선문+찍은 원문류, 본격적인 찍은 문양 단계, 6세기 후반기 중 이른 시기

3단계: 삼각집선문 소멸, 국화형화판문(수적형문)+원문류 조합, 6세기 말~7세기 초

4단계: 이중원문, 이중반원문 등 원문류 전면시문, 6세기 말~7세기 초

5단계: 이중반원문의 말각방형화 시작, 연주화형문, 능형화판문, 7세기 전반기

6단계: 말각방형화한 문양만 시문, 연주화형문, 국화문, 종열연주문, 지그재그 점열문 등,
　　　　7세기 중엽

미야카와 테이치(1988a · 1988b · 1989)

0식: 찍은 문양(스탬프문) 출현 이전

1a식: 찍은 문양 출현 직후, 그은 문양 혼재, 삼각형문+원문류 구성 준수, 6세기 후엽

1b식: 찍은 문양 보급, 삼각형문+원문류 구성 붕괴 직전, 수적형문 출현,
　　　후반기에 시문면적 확대(원문류 전면시문), 7세기 전반

2a식: 종장연속문(A수법) 출현, 삼각형문, 수적형문 소멸, 다변화문, 능형문, 합성문으로 변화,
　　　7세기 3/4분기

2b식: 종장연속문(A수법), 일조직선의 횡장연속문 출현, 7세기 4/4분기

3식: 종장연속문 B수법 출현, 호선의 횡장연속문, 8세기 초(단기간)

4a식: 종장연속문 C수법, 횡장연속문 성행, 영락문, 구상문 등, 가장 복잡. 8세기 전반

4b식: 종장연속문 C수법, 횡장연속문 쇠퇴, 구상문, 토기 표면에 돌대 부착, 문양 간소화.
　　　8세기 후반

5식: 횡위문양대 구성 붕괴, 돌대와 침선 성행, 그은 파상문, 문양 소실 직전, 9세기 초(단기간)

6식: 문양 사라짐, 9세기 전엽(815년) 이후

　위 안의 내용은 이전 시기 유행한 문양조합-삼각집선문과 원점문-에서 점진적으로 인화문을 채택하여 토기 전면에 인화문을 시문하는 방향으로 변화하였고, 다시 시문방법의 효율성이 증대되는

방향(종장연속문의 A수법에서 B수법, C수법으로의 변화)으로 나아가다가, 마지막으로 문양이 간략해지고 정형적인 문양대가 붕괴되면서 무문화되는 것으로 설명하였다. 윤상덕의 안(2010)을 중심으로 최병현, 미야카와 테이치, 이동헌의 연구를 참고하여 문양 변화에 초점을 맞춰 변천 단계를 다시 정리하면 아래와 같다.

 I 단계:삼각집선문류와 원문류의 조합단계로 두 문양이 모두 그은 문양인 단계(IA), 그 다음 '그은 삼각집선문'과 '찍은 원문류'가 조합되는 단계(IB), 그리고 모두 찍은 문양인 단계(IC)로 나뉜다. IB단계부터 인화문 단계라고 할 수 있다. 도장에 문양 하나만 새겨서 찍는 개별시문단계이다. 인화문이 처음 발생하는 시기는 6세기 말로 추정되며, IC단계는 7세기 초에서 7세기 3/4분기로 보인다. IB는 최병현의 1단계, IC는 2단계이다. 미야카와 테이치의 안으로는 IB, IC는 1a식에 해당한다.

 II단계:수적형문류와 원문류가 조합되는 단계로 여기까지는 토기 표면 일부에만 '부분시문'되는 단계다. 여전히 도장 하나에 하나의 문양만 새겨서 사용하였다. 수적형문은 7세기 2/4분기~7세기 3/4분기에 유행한 것으로 추정된다.[*] 최병현의 3단계, 미야카와 테이치의 1b 식의 전반에 해당한다.

 III단계:원문류가 토기 표면 전체에 시문되는 '전면시문'이 발생하는 단계이다. 그러나 이 단계까지는 여전히 '개별시문'방식을 사용하였다. 7세기 3/4분기에 나타난 양상으로 추정된다. 최병현의 4단계, 미야카와 테이치의 Ib 식의 후반에 해당한다.

 IV단계:표면 전체에 종장연속문이 출현하여 시문되는 단계이다. 도장 하나에 둘 이상의 문양 단위가 있는 '연속시문' 방식이 도입되었다. 이 단계에는 종장연속문을 A수법으로 찍었는데 도장 하나에 2~3의 문양 단위가 새겨진 것이 초기모습이다. 종장연속문은 7세기 4/4분기부터 본격적으로 출현한 것으로 추정된다. 최병현의 5단계, 미야카와 테이치의 2a식이다.

 V단계:횡장연속문이 출현하는 단계이다. 대부분 연구자가 7세기 후엽, 종장연속문 출현 직후에 출현하는 것으로 상정하였다. 이 단계를 미야카와 테이치은 별개의 단계(2b식)로 설정하는데 비해 이동헌은 종장연속문 출현 단계(II단계)와 동일하게 설정하였다.

 VI단계:종장연속문 B수법이 출현하는 단계이다. A수법을 개량하여 B수법이 생겨났을 것으로 추정된다. A수법, C수법과 중복 사용되기도 하였다. B수법만 사용된 시기는 비교적 짧은 것으로 보고 있다(최병현 2011, 미야카와 테이치 1989). 미야카와 테이치의 3식으로 그는 8세기 초로 추정하였다.

 VII단계:종장연속문 C수법이 출현하는 단계이다. 역시 B수법 출현 뒤에 C수법이 출현한 것으로 보인다. 또한 전형적인 마제형문이 쇠퇴하고 점열문 등의 문양이 사용되었다. 미야카와 테이치의 4a 식, 이동헌의 IV단계로 8세기 전엽이 중심시기이다.

---

[*] 각 단계는 문양의 변화에 초점을 맞춰서 설정한 것이다. 절대연대는 서로 중복될 수 있다.

三角形文＋円弧文構成
コンパス描き
ヘラ描き
推定年代
［スタンプ文の出現］
手描きとスタンプ文の混在
［円弧文］
［三角形文］
1a
全文様のスタンプ化
［水滴形文の出現］
600年頃
1b
崩壊
［水滴形文］
1b末 （全面施文へ）
［縦長連続文の出現］
650年頃
2a
A手法
（連続馬蹄形文）
［縦長連続文］
［多弁花文］
［合成文］
［菱形文］
［横長連続文の出現］
横位文様帯構成
2b
（直線）
［横長連続文］
700年頃
3
B手法
（弧線）
4a
印花文陶器発展の頂点
（一条弧線）
［四弁花文］
［具象文］（雲気文・鳥文など）
（用いられる原体の種類・数）
骨壺A
（列点文）
750年頃
C手法
原体の減少傾向
4b
骨壺B
［突帯・凹線］
800年頃
（波形文）
崩壊
5
［スタンプ文の消滅］
（「元和十年」銘骨壺）
815年
6
脚台の消失

도8 미야카와 테이치 편년안(高正龍 2000)

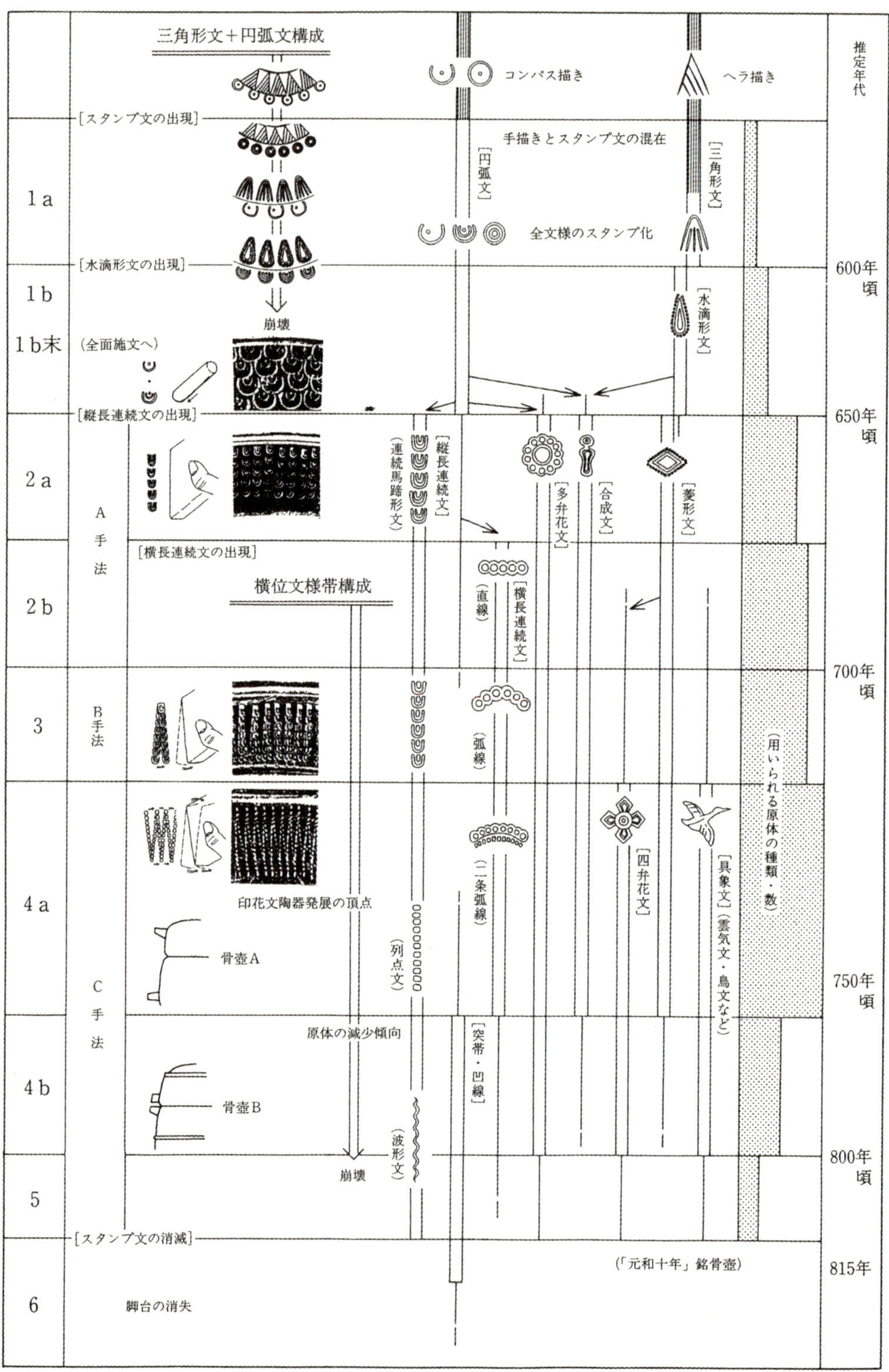

94

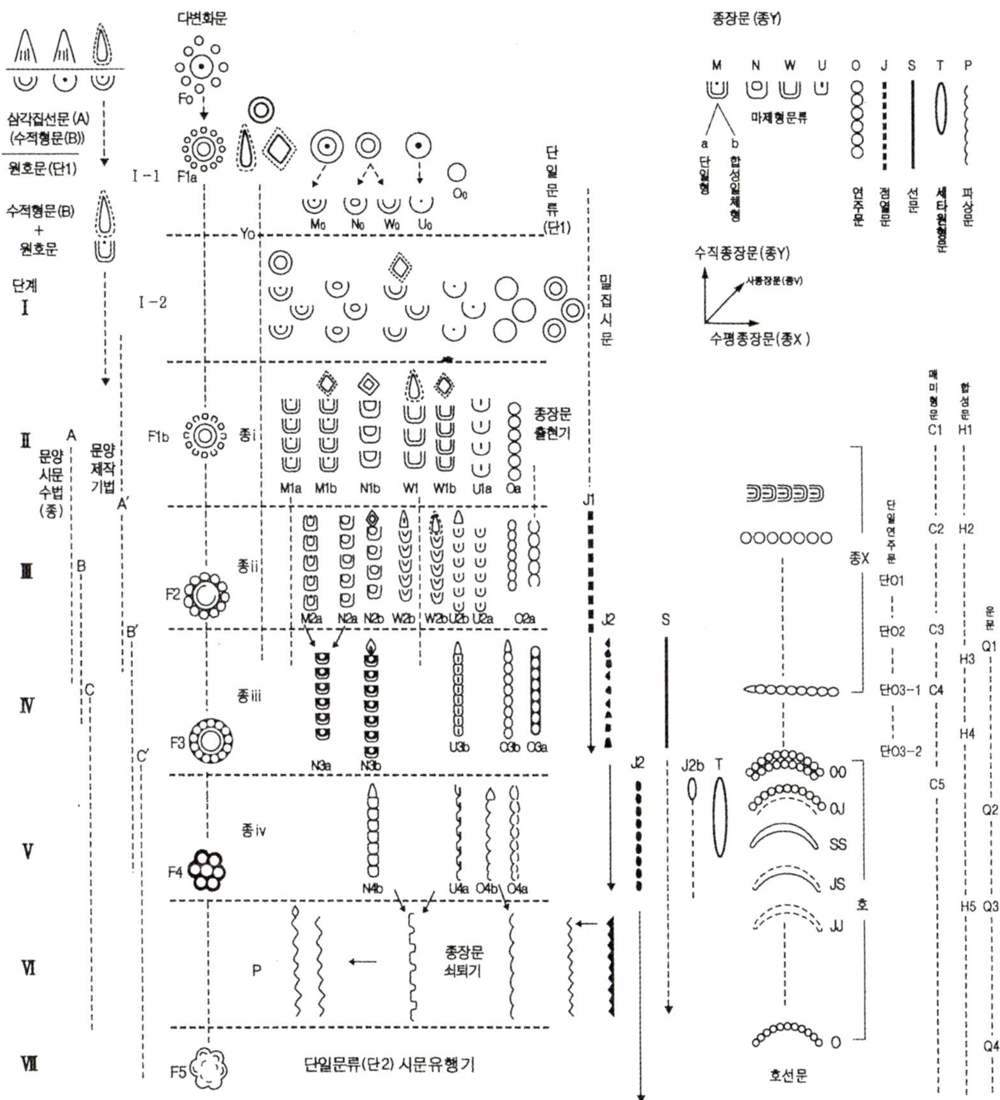

도9_ 인화문 대부완의 문양변천 모식도(이동헌 2008a)

VIII단계:종장연속문 중에 점열문이 여전히 사용되나 파상문이 나타나는 것이 특징이다. 인화문의 쇠퇴가 시작되는 시기이다. 8세기 후반으로 추정되나 이 단계 이후는 구체적인 변천 양상이 밝혀지지 않았다. 미야카와 테이치의 4b식, 이동헌의 V, VI단계이다.

IX단계:종장연속문이 사라지고 단일문류만 남아 있는 시기이다. 인화문이 소멸되기 직전 양상이다. 미야카와 테이치의 5식, 이동헌의 VII단계로 8세기 말에서 9세기 초에 해당한다.

이 장에서는 주요 기종이 어떻게 변천하는지를 시기별로 살펴보겠다. 중기양식토기의 연구가 많이 진전되어 있으므로 상세하게 다뤘다. 후기와 말기양식은 아직 연구가 많이 부족한 상황으로 상대적으로 소략하다.

중기양식

중기양식토기의 기종별 변천에 대해서는 윤상덕(2010·2011b)을 중심으로 기존 연구를 참고하여 살펴보겠다.

●유개식고배 有蓋式高杯

유개식고배는 전기양식토기의 대표적인 기종이다. 중기가 되면 새롭게 단각고배가 출현하고 여러 변화가 생긴다. 고배는 점차 소멸하여 전체 토기에서 차지하는 비중은 축소된다. 기종구분은 2단투창이 퇴화하여 1단투창만 남는 경우가 있으므로 전기양식에서와 같이 2단과 1단투창고배로 나누는 것보다 대각의 돌대를 기준으로 유돌대고배와 무돌대고배(단각고배)로 나누고 유돌대고배를 다시 2단투창고배와 1단투창고배로 구분하여 변천 양상을 살펴보는 것이 효과적이다. 대체로 유돌대고배의 대각높이는 2.4cm 이상이고 무돌대고배는 2.4cm 이하이다. 무돌대고배는 일반적으로 '단각고배'라고 부르는 것이다.

유돌대고배

대각에 돌대가 있는 고배로, 전기양식 2단투창 유개고배에서 계보를 찾을 수 있다. 새롭게 출현한 단각고배에 주요 기종으로서의 자리를 내주면서, 출토량도 많지 않고 양식 변화의 방향이나 규칙성도 찾기가 쉽지 않다. 이를 다시 두 유형으로 나누어 살펴보는 것이 변화를 파악하는데 용이하다(도 10).

첫 번째는 유돌대 2단투창고배이다(A류). 2단 교호투창 고배의 기형을 유지하고 있는 것이다. 2단 투공이 실제로 있는 경우가 많으나 일부는 퇴화하여 1단만 투공이 있거나 투공이 없는 경우도 있다. 두 번째는 유돌대 1단투창고배로 투공이 상단에 1단만 있는 고배다(B류). 전기양식의 2단투창고배의 영향을 받은 것으로 보이나, 세로로 긴 1단 투창은 전기양식의 1단투창고배의 영향도 함께 받은

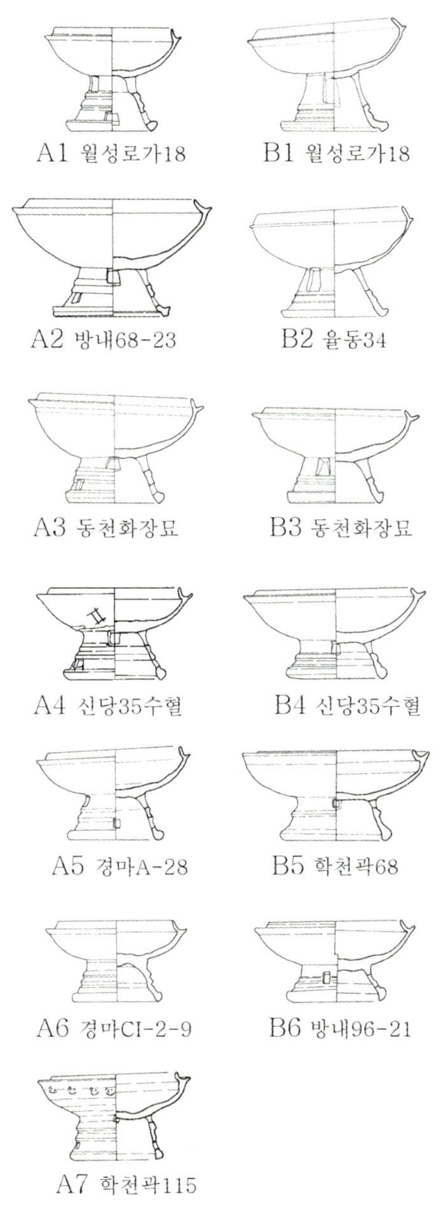

A1 월성로가18

B1 월성로가18

A2 방내68-23

B2 율동34

A3 동천화장묘

B3 동천화장묘

A4 신당35수혈

B4 신당35수혈

A5 경마A-28

B5 학천곽68

A6 경마CI-2-9

B6 방내96-21

A7 학천곽115

도10_ 유돌대고배의 분류(윤상덕 2010)

것으로 추정된다(윤상덕 2004).

- 유돌대 2단투창고배(A류):변화방향은 대각 상단이 좁은 것에서 점차 넓어지는 것이다. 이 외에 배신이 납작해지고 투공이 축소되는 것으로 설정할 수 있다(도10). A1형식은 전기양식 마지막 단계의 고배형으로 대각이 크게 축소되었다. A3형식은 상단이 더 넓어지고 배부가 반구형으로 깊어져서 안정적인 형태를 가지게 된다. 이후 대각 상단이 넓어지고 배신이 납작해지며 투공이 작아지는 방향으로 계속 진행한다. 마지막 단계(A6과 A7형식)가 되면 대각 상단과 하단의 지름이 크게 차이가 나지 않아 대각이 거의 수직인 느낌을 준다. 투공은 2단으로 뚫린 것도 있으나 상단만 뚫리거나 투공이 없는 이형異形도 확인되며 통일성이 떨어진다. 또한 A7형식이 되면 구순이 극히 낮아지는 것이 보인다.

- 유돌대 1단투창고배(B류):주된 변화방향은 A류와 같이 대각 상단이 넓어지면서 배신이 반구형에서 납작한 것으로 변화한다. 초기형태(도10의 B1형식)는 이전 시기 2단투창고배와 1단투창고배로부터 영향을 받아 긴 장방향의 1단투창과 돌대가 함께 보인다. A류와 같이 B3형식이 되면 배신이 반구형이 되면서 대각 상부가 조금 넓어지고 안정적인 대각을 가지는 형태로 변화한다. 이후 배신이 납작해지는데 B4형식에서는 배신 높이가 대각에 비해 크다가 B5형식이 되면 배신이 납작해져서 대각높이와 같거나 작아진다. B6형식은 대각 상단이 넓어지고 전체적으로 소형화된다.

두 유형의 고배는 늦은 형식으로 갈수록 비록 같은 형식이지만 형태의 통일성이 떨어진다. 고배 소멸기의 말기적인 양상을 보여주는 것으로 이해된다.

단각고배는 6세기 중엽에 출현하는 신라 중기양식토기의 대표적인 기종이다. 전기양식토기의 1단투창고배에서 변화한 것으로 보인다(윤상덕 2001·2010, 최병현 2011). 물론 대부완과 같은 낮은 굽이 있는 기종의 영향도 작용했을 수 있으나 방

도11_ 고배 각종(파주 성동리 2호 석실, 1 유돌대고배 A류, 2 단각고배)

내리 23호(68년 발굴, 도23) 출토품과 같이 단각고배로 진행해가는 중간단계의 기형이 확인되기 때문에 직접적인 계보는 1단투창고배에서 찾아야 할 것이다. 최병현(2011)은 단각고배에 대해 보다 세분할 필요가 있다고 하고 대족의 몸체와 굽부분이 구분되는 A형과 고배 동체에 바로 환형의 굽이 붙은 B형, 그리고 일시적으로 존재한 대형으로 나누는 안을 제시한바 있다. 아직까지 단각고배의 세부적인 변천을 설명하기는 어려우나 굽단부의 형태는 살짝 말린 형태에서 안쪽을 깎아 내거나 밋밋하게 마무리한 형태로 변하며, 배신도 점차 납작해지는 것으로 이해된다. 고배의 편년과 관련해서 전기양식에 비해 중기양식의 유개식고배의 구순이 크게 낮기 때문에 이를 편년의 기준으로 삼으려는 시도가 있었다. 시게미 야스시(重見泰 2005)는 구순높이가 점차 낮아지는 방향으로 변화하며 그 정도를 기준으로 세부적인 편년을 시도하였다. 그러나 세부 기종을 나누어 분석한 결과 구순높이가 낮아진 형식은 마지막 단계에서만 일부 확인되고, 대부분 동일한 형식에서도 구순의 높이가 다양하게 존재하여 구순의 높이를 기준으로 편년을 진행하는 것이 어렵다는 것을 알 수 있었다(윤상덕 2010). 최병현(2011)도 구연부는 변이가 심하므로 계량화하여 형식을 세분하는 것은 문제가 있다고 지적한 바 있다.

● 무개식고배無蓋式高杯

연구자에 따라 이를 '대부완盌附盌'이라 부르기도 한다. 그러나 이 기종은 '완류'보다는 '고배류'와 기형상 연관이 크기 때문에 고배의 한 종류로 보는 것이 적합하다. 한편 기존의 '무개고배'의 경우 실제로 뚜껑이 사용되었을 가능성이 크기 때문에 '무개고배無蓋高杯'라는 용어도 엄밀히 보면 적합한 용어는 아니다. 그러나 혼란을 피하기 위해 기존 용어를 받아들이되 '식式'이라는 글자를 넣어 사용하고자 한다.*

---

* 즉 '有蓋式高杯'는 구연부에 뚜껑받이가 있는 것, '無蓋式高杯'는 뚜껑받이가 없는 것을 지칭하고자 한다.

98

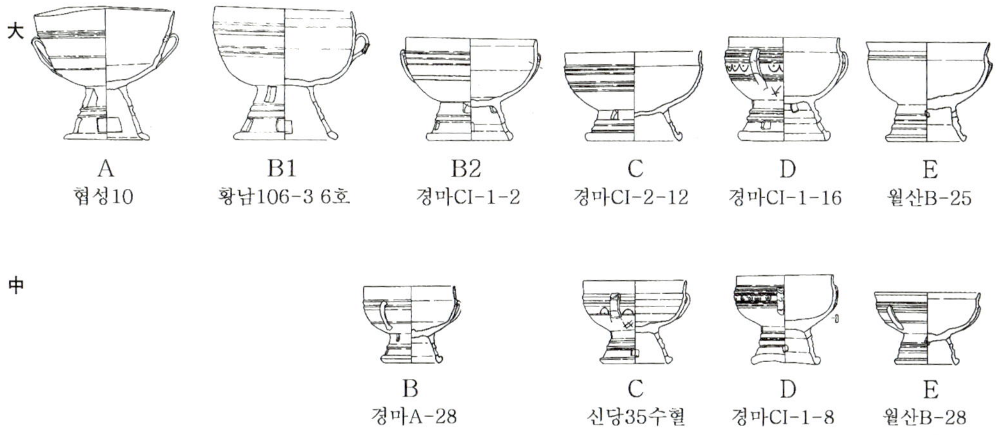

도12_ 무개식고배 대형군과 중형군의 분류(윤상덕 2010)

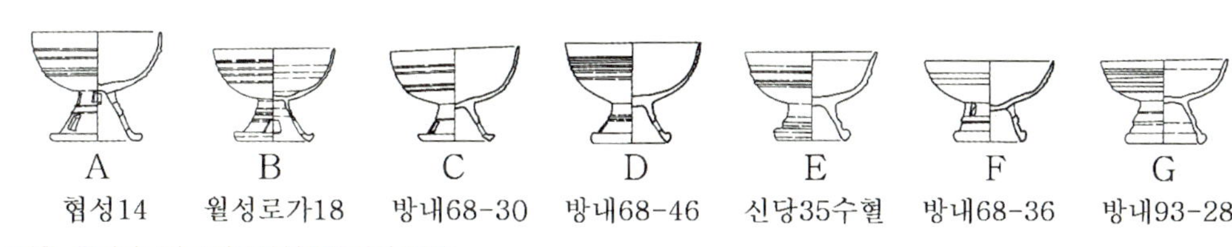

도13_ 무개식고배 소형군의 분류(윤상덕 2010)

　무개식고배는 구경 11cm와 15cm를 기준으로 대형, 중형, 소형으로 나뉜다.[*] 대형군에서 시간을 가장 잘 반영하는 것은 구연부의 형태이다. 즉 구연부가 바깥으로 경사지게 벌어지는 것(A형식)에서 직립하는 것(B형식), 그리고 구연부가 구분되는 것(C형식)을 거쳐 외반하는 것(D, E형식)으로 변화한다(도12). 이 외에 대각이 비교적 높고 상부 지름이 작은 것에서 대각이 낮아지고 상부 지름이 커지는 방향으로의 변화도 보인다. 이러한 변화 방향은 앞서 살펴본 유개식고배 대각의 변화내용과 같다. 중형군은 대형군의 변화와 유사하다.

　소형군은 대부분 2단투창고배이지만 투창이 1단만 뚫린 경우도 확인된다. 이렇게 2단과 1단투창이 혼재하는 양상은 D형식까지도 보이는데 결국 1단만 뚫리는 형태로 변화하고 마지막 G형식에 가면 대각에 투공이 없는 것도 보인다(도13). 배신은 반구형에서 점차 납작해지고, 대각도 낮아져서 전체 기형이 작아진다. 그리고 유개식고배와 같이 대각상부지름이 좁은 것에서 넓어지는 방향으로 변화한다. G형식의 양상은 유개식고배 말기형인 A6, A7형식의 변화와 같이한다.

---

[*] 최병현(2011:127.)은 배신에 3개의 귀(耳)가 붙어 있는 것을 하나의 기종으로 분리하여 '3耳附盌'을 추가로 설정하였다. 그러나 '귀'의 부착은 단순한 장식으로 보아 별도로 분리하지 않았다.

● 뚜껑

뚜껑은 그 짝이 되는 기형에
따라 크게 복자형 卜字形 뚜껑과
입자형 入字形 뚜껑(안턱식 뚜껑)
으로 구분된다(윤상덕 2000). 복
자형 뚜껑은 뚜껑받이가 있는
유개식고배의 뚜껑이고, 입자형
뚜껑은 대부완(도14), 무개식고
배, 부가구연장경호와 같이 뚜
껑받이가 없는 토기의 짝이 되

도14_ 뚜껑과 대부완(경주 왕경지구)

는 것이다. 또한 후기 이후가 되면 둥근 원판에 꼭지가 수직으로 붙은 'ㅗ'자형뚜껑, 종형 鐘形 뚜껑이 나타
난다. 'ㅗ'자형뚜껑은 대부병과 같은 병류의 뚜껑으로 알려져 있다.

뚜껑의 꼭지 형태도 다양한데 접시형, 단추(버튼)형, 대각도치형(대족형), 굽도치형(輪形, 環形), 보
주형, 호형 壺形 등이 있다(도15). 접시형, 단추형, 대각도치형은 전기에도 보이는 것으로 비교적 이른 시
기에 유행한 형태이다. 굽도치형은 중기에 단각고배가 출현하면서 함께 나타난다. 굽도치형은 꼭지 지
름이 넓은 것과 좁은 것이 있는데 처음에는 넓은 것이 유행하였다. 입자형 뚜껑의 몸체가 꺾이는 형태
로 변하면서 지름이 넓은 꼭지는 더 이상 부착할 수 없게 되고 좁은 꼭지가 유행하게 된 것으로 보인다.

복자형 뚜껑은 전기양식에서 유개식고배와 함께 크게 유행한 기종으로 전기양식에서도 시간이
지나면서 드림이 짧아지는 현상이 보이나 중기 이후에 들어서면 급격히 짧아지고 안으로 기울어 뭉
툭해진다. 복자형 뚜껑은 유개식고배가 사라짐에 따라 함께 점차 소멸된다.

입자형 뚜껑은 앞서 설명한 바와 같이 여러 기종과 짝이 되기 때문에 크기가 매우 다양하다. 입자
형 뚜껑의 편년에는 드림부의 형태가 중요한 속성이다(최병현 1987). 드림부에 안턱이 분명한 것에
서 점차 안턱이 사라지고 흔적기관화 하는 방향으로 나아간다(윤상덕 2001). 즉 복자형 뚜껑과 같은

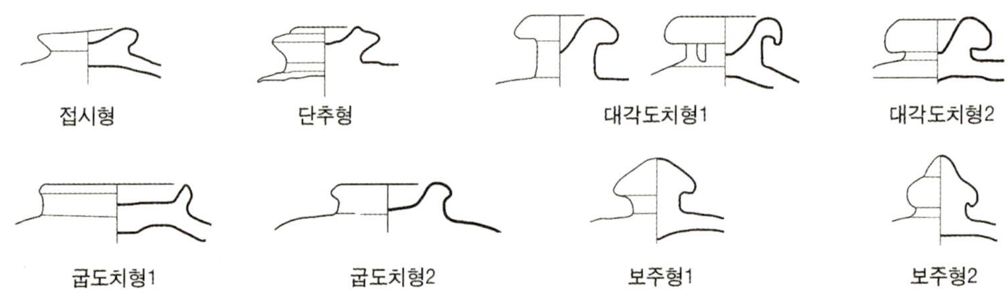

도15_ 뚜껑 꼭지형태 분류(윤상덕 2010)

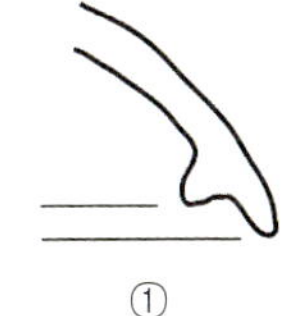 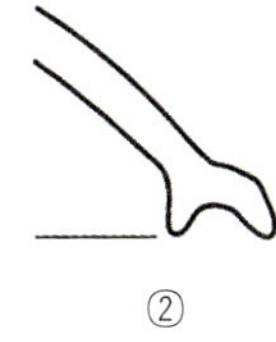 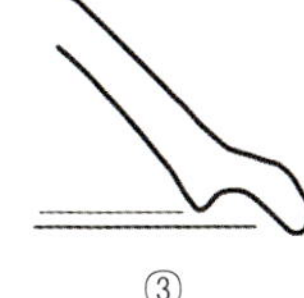 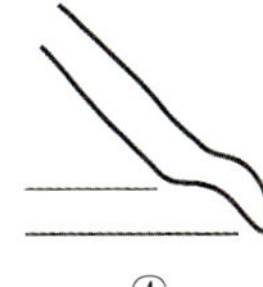 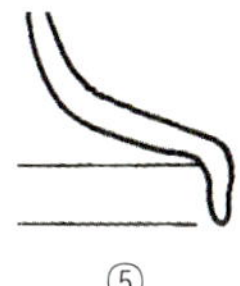

도16_ 입자형 뚜껑 드림형태 분류(윤상덕 2010)

반구형 몸체 안쪽에 턱이 붙은 형태가 가장 초기형(도16-①)이고[*], 이후 몸체가 살짝 접히고 안턱이 작아진다. 시간이 지나면 안턱이 없고 단면 'ㄱ'자형의 드림을 가진 뚜껑이 나타난다.

• 부가구연대부장경호 附加口緣臺附長頸壺

부가구연대부장경호는 전기양식의 대표적인 기종 중에 하나이다. 전기의 초기형태는 대부장경호 경부의 가장 윗 단이 살짝 꺾이는 형태였다. 월성로 나13호나 황남대총 남분 등에서 확인되는데, 수량이 많지 않다. 초반에는 구연이 직립한 대부장경호가 많이 제작되다가 점차 부가구연대부장경호로 대체된다. 구연부가 안쪽으로 살짝 꺾이는 초기 형태(도17-①)를 지나 경부가 벌어지고 'ㄴ'자형 부가구연(도17-②)을 형성하면서 본격적인 부가구연대부장경호의 기형을 형성한다. 꺾이는 부분의 아래쪽은 날카로운 두줄의 돌대가 있다. '3형(도17-③)'은 구연끝이 밖으로 벌어지는 형태로 꺾이는 부분의 돌대도 돌출이 많지 않고 뭉툭하다. '3형' 중에는 꺾이는 부분이 아래로 처졌다가 벌어지면서 올라가는 형태도 보인다.

'ㄴ'자형 부가구연이 처음 출현하는 기형은 동체부의 최대경이 위쪽에 있어 어깨가 형성된 기형으로 추정된다. 곧이어 동 최대경이 중위로 내려가 동체형태가 횡타원형, 또는 구형의 것이 유행한다. 이후 시간이 지나면서 동체부가 편구화되는 경향을 보인다(이성주 1994). 동체가 납작해지면서 전체 크기가 작아지며, 전체높이에서 경부가 차지하는 비중이 높아진다(윤상덕 2001). 또한 높

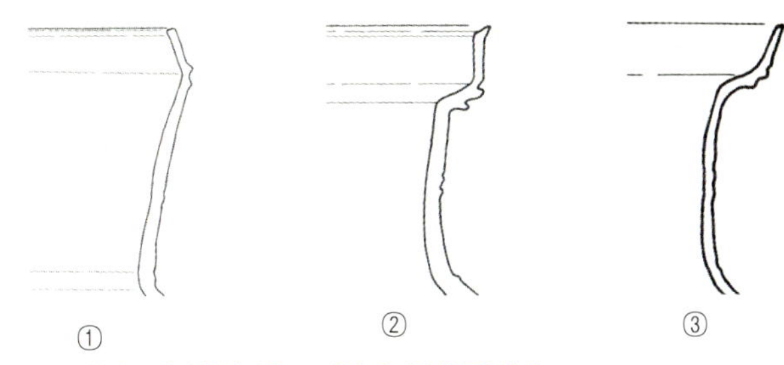

도17_ 부가구연대부장경호 구연부 형태 분류(윤상덕 2010)

---

[*] 1형은 개신부가 반구형에 가깝고 문양의 시문방법 등은 복자형 뚜껑과 유사하다. 이는 복자형 뚜껑에서 입자형 뚜껑이 발생하는 과도기의 모습을 보여주는 것이다. 1형을 별도로 기종분류하는 의견(김주호 2002)도 있으나 1형도 안턱이 있어 무개식고배나 대부완과 같이 뚜껑받이턱이 없는 기종의 짝이었던 것이 분명하기 때문에 입자형 뚜껑에 포함하였다.

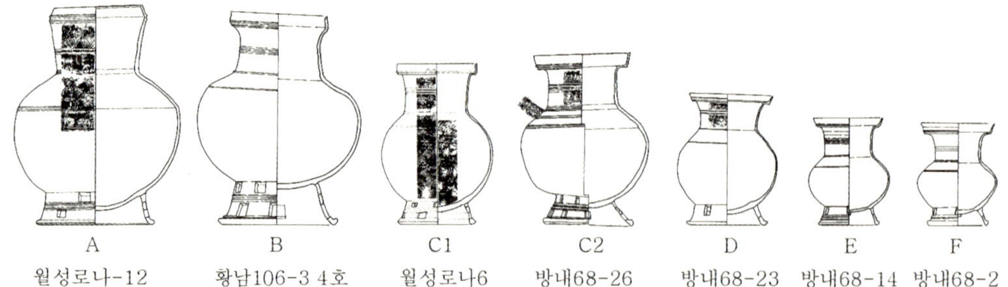

A 월성로나-12 　 B 황남106-3 4호 　 C1 월성로나6 　 C2 방내68-26 　 D 방내68-23 　 E 방내68-14 　 F 방내68-2

도18_ 부가구연대부장경호의 형식(윤상덕 2010)

이 약 24cm와 32cm 기준으로 대형, 중형, 소형으로 나눌 수 있다. 대형은 전기양식에서 유행하고 중기에 들어오면 대형과 중형이 혼재하다가 점차 소형이 주로 제작되게 되고 대각의 투창수도 줄어든다.

A형식은 1형 구연을 한 것으로 대형과 중형이 있다(도18).[*] B형식은 구연부 형태가 'ㄴ'자로 분명하게 꺾인 형태(2형)이다. 몸통은 어깨가 있는 것이 특징이다. 대형과 중형이 있다. C형식은 B형식에 곧이어 출현하는 것으로 다른 특징은 B형식과 같으나 동체형이 구형(C1형식)이거나 횡타원형(C2형식)으로 바뀐다. C1형식과 C2형식간의 선후관계는 파악하기 어렵다. 거의 동시에 만들어졌던 것으로 추정한다. D형식은 A~C형식과 같이 중대형의 크기이나 구연형이 밖으로 벌어지는 형(3형)으로 바뀐 것이다. 이후 부가구연대부장경호의 구연부는 모두 3형이다. E형식과 F형식은 높이 24cm 이하의 소형이다. 두 형식은 구연부형(3형), 동체형(3형)이 같으나 F형식이 동체부에 비해 목의 비중이 상대적으로 더 커졌다. 투창 수는 점차 줄어든다. 즉 중대형인 A~D형식은 투창이 7~10개가 뚫려있는데 비해 소형인 E, F형식은 투창수가 4~7개가 뚫린다. 최병현(2011)은 늦은 시기 대부장경호의 특징으로 대족 상단의 직경이 넓어져서 대족이 직선화하는 양상과 투창이 형식화되어 생략되는 것을 들었다.

마지막으로 F형식이 제작되는 시기에 소량이지만 서악동석실분 출토품과 같이 부가구연이 사라지고 낮은 굽형 대각이 붙는 새로운 형식의 대부장경호가 제작되기 시작한 것으로 추정된다. 최병현(2011)의 '후기형 장경호'에 해당하는데, 그는 방내리 42호분 출토품을 가장 이른 시기로 보고 시

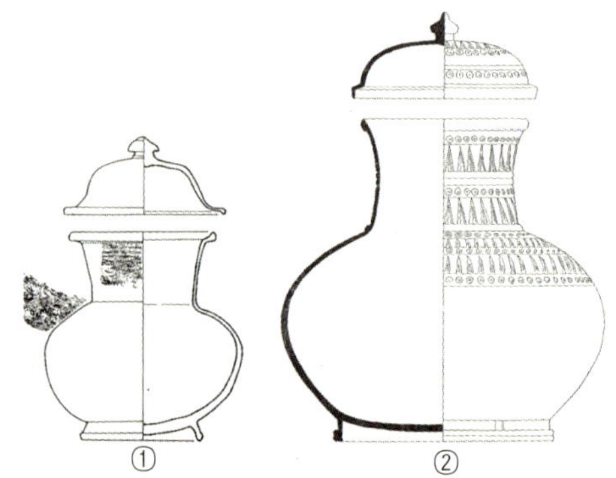

도19_ '후기형' 장경호(①방내리 42호, ②서악동석실분)

---

[*] A형식은 대체로 5세기에 속한다. 더 세분되나 여기서는 6세기 이후가 분석대상이므로 제외하였다.

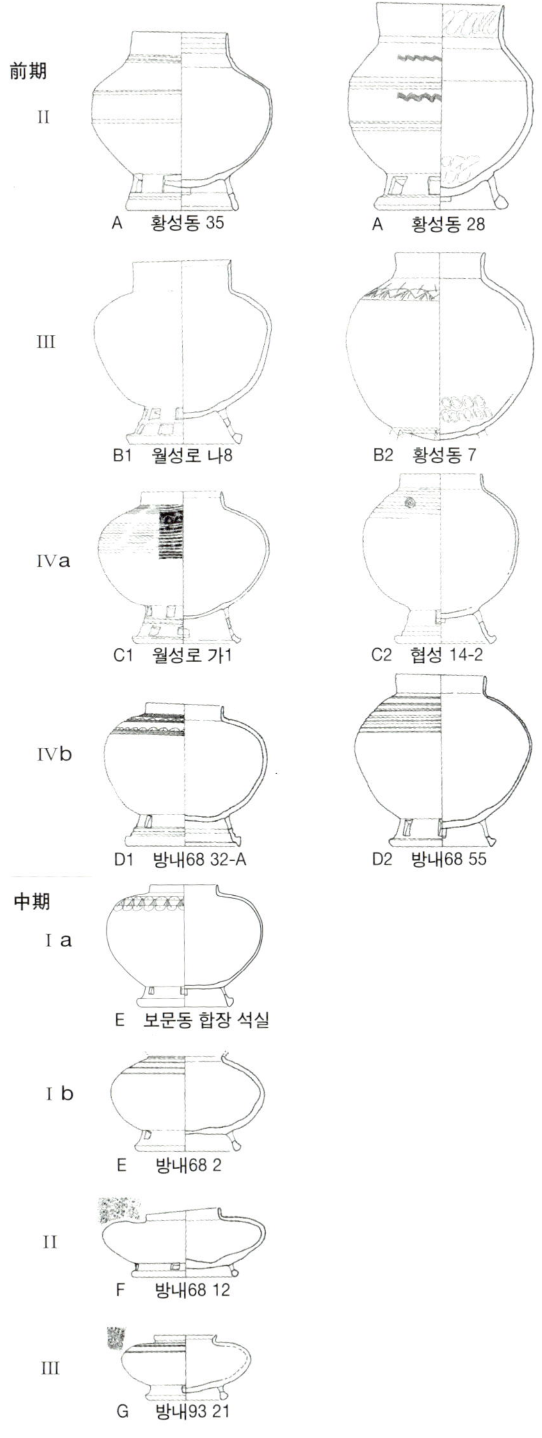

도20 대부직구호 I류의 분류와 편년(윤상덕 2011b)

기가 지나면서 몸체가 납작해져가며, 대족이 낮아지면서 투공이 생략되는 방향으로 변화한다고 보았다(도19). 또한 방내리 42호분 출토품은 금속기를 토기로 번안한 것이라고 추정하였다.

● 대부직구호臺附直口壺

대부직구호는 대각이 있고 구연부가 짧게 직립하는 형태로 5세기부터 본격적으로 나타나는 기종이다. 크게 두 가지 기종으로 나눌 수 있는데 먼저 크기가 크고 구경이 동최대경에 비해 비교적 좁은 것(I류)과 크기가 작고 구경이 넓은 것(II류)이 그것이다(윤상덕 2001). I류는 대부분 대형이고 II류는 소형이므로 크기를 기준으로 '대형'과 '소형'으로 나눌 수 있으나 시간이 지나면 I류 중에서도 크기가 작아져서 소형에 속하는 것이 있기 때문에 크기보다는 외형상의 차이를 기준으로 I류와 II류로 구분하여 설명하겠다. I류(대형)는 전기양식에서 출현하여 중기까지 유행하는 기종이고, II류(소형)는 중기양식의 어느 시점에서 출현한 기종이다.

대부직구호 I류[대형]

대부직구호 I류의 전체적인 변화 양상 중 가장 큰 특징은 동체부가 점차 납작해지고 전체 크기가 시간이 갈수록 작아지는 것이다(윤상덕 2011b, 도 20). 대각도 비교적 높은 1단, 또는 2단 투창에서 높이가 낮아져서 1단 투창 일색으로 바뀐다. 이러한 전체적인 변화양상과 속성을 고려하여 몇 개의 형식으로 나눌 수 있다.

먼저 A형식은 가장 초기 형태로 구형 또는 타원형의 동체와 넓고 짧게 직립하는 구연을 하였다. 동체부 상부가 각이 지고 돌대가 있는 것이 특징이다. B형식은 이러한 돌대가 사라지는 단계인데 동체부가 역삼각형인 것(B1)과 구형인 것(B2)으로 나뉜다. 2단투창이 있는 대각도 유행한다. C형식은 구연의 높이가 낮아진 것이 가장 큰 특징으로 역시 어깨가 형성된 역삼각형의 형태와 구형인 것으로 나뉜다. 어깨에 삼각집선문과 원점문이 장식되는 것이 많고 크기도 조금 작아졌다. D형식은 대각이 1단투창으로 모두 바뀌고 크기도 조금 작아진다. 대각 단부는 뭉툭하지 않고 여전히 이전 단계의 형태가 남아 있다.

중기에 들어서면 동체부가 납작해지고 대각도 낮아지는 방향으로 변화한다. 중기 초반에 유행하는 형식은 E형식이다. 대각 단부를 살짝 말아 올려 뭉툭하게 한 것이 큰 특징이다. 동체부는 횡타원형으로 찌그러지고 전체 크기도 작아진다. 동체부 어깨부분에 원점문-삼각집선문-원점문의 순서로 그어서 문양을 넣은 것도 보인다. F형식은 동체부가 매우 심하게 납작해진다. 또한 어깨에 인화문이 장식되기도 한다. G형식은 대부직구호 Ⅰ류의 마지막 형식으로 매우 소형화 되어 Ⅱ류와 크기가 같아진다.

대부직구호 Ⅱ류[소형]

대부직구호 Ⅱ류는 6세기 말에 출현하는 기종으로 앞서 설명한 대부직구호 Ⅰ류의 영향으로 발생한 것으로 추정된다. 이 기종은 자료가 많지 않아 상세하게 변천양상을 설명하기가 어렵다. 대략 대부직구호 Ⅰ류와 같이 몸체가 점점 납작해지는 방향으로 진행해나간다. 대각에는 투공이 더 이상 뚫리지 않는다. 몸체가 납작해지는 것과 함께 동최대경의 위치도 중간에서 위쪽으로 이동하여 역삼각형의 모양에 가까워진다. 또한 대각단부의 형태도 초기 기형은 단부형태가 살짝 말린 형태이고 시간이 지나면서 다른 기종과 마찬가지로 대각 단부 안쪽이 살짝 깎인 형태로 변화한다(윤상덕 2001). 대각 단부에 따른 형태 분류는 동체부 형태의 분류와 대체로 일치한다. 즉 동체부의 편구도는 타원형과 횡타원형 두 개의 군으로 나뉘는데, 타원형의 동체에는 대각 단부가 살짝 말린 형태가 주로 보이고 횡타원형의 동체에는 안쪽이 살짝 깎인 형태가 주로 결합된다.

도21_ 대부직구호 Ⅱ류와 뚜껑

●병류

구형병球形瓶은 짧은 주둥이가 붙고 바닥이 말각抹角 평저 또는 환저丸底인 병이다. 전기양식토기에는 거의 찾아보기 힘들고 후반부에 조금씩 출토된다. 특히 6세기에 많이 보인다. 대부병臺附瓶은 이 시기에 새롭게 출현하는 기종으로 기형 변화가 일정한 방향성이 있고, 형식 내 기형의 통일성이 높다. 특히 구형병과 함께 분석하면 구형병에서 대부병으로 대체과정 및 세부 변화양상을 알 수 있어 중기양식 토기 편년에 유용하다.

구연부의 형태는 구형병과 대부병에 모두 적용할 수 있다. 구연부는 크게 단순한 것(1형)에서 반부盤部가 형성되는 것(2형)으로 변화 방향을 설정할 수 있다(도22). 먼저 단순하게 외반하는 것(1a형), 단순하게 외반하나 구단부에 침선을 넣은 것(1b형), 경부가 약간 직립하다가 구단부가 수평으로 짧게 벌어지는 것(1c형)으로 나눌 수 있다. 반부가 형성된 것에는 그 초기형으로 구순이 살짝 꺾여 올라간 것(2a형), 'ㄴ'자 형으로 올라간 것(2b), 완만하게 꺾인 것(2c형), 구경이 비교적 넓어지고 외부에 침선이 한 줄 생긴 것(2d), 2d형과 유사하나 목이 길고 침선이 두 줄인 것(2e)으로 나뉜다. 이 중 2b형과 2e형은 대부병에서만 확인되며, 2c형은 구형병과 대부병에서 모두 보인다.

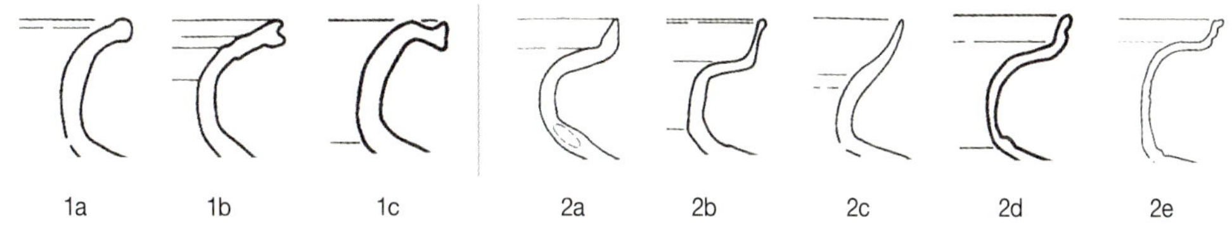

도22_ 병류의 구연형태 분류(윤상덕 2010)

구형병

구형병은 구연부의 형태와 저부 및 동체부의 형태, 어깨에 있는 문양, 동체와 경부가 만나는 부분의 돌대 유무가 중요한 속성이다. 저부는 바닥이 넓고 편평한 것, 좁고 편평한 것, 그리고 말각평저로 나뉜다. 동체부의 형태는 장동형, 구형, 횡타원형으로 나뉜다. 저부는 바닥이 넓고 편평한 것에서 좁아지다가 말각평저로 바뀌며, 동체형태도 장동형에서 횡타원형으로 점차 납작해진다.

구연부의 변화와 저부형태로 병의 변천을 파악할 수 있다. 구연부는 앞서 설명한 것과 같이 단순한 모양에서 반부가 형성되는 방향으로 변하며, 각 속성을 조합하면 A~F형식으로 분류할 수 있다(도23).* 구형병은 문양이 시문되지 않는것이 대부분인데 E~F형식 중에는 어깨부위에 수평의 침선이 1~2줄 있는 것이 확인된다. 이는 삼각집선문과 원점문이 시문될 때 문양대 구성을 위해 토기 표

---

* 이와 같이 구형병의 변화를 하나의 계열 안에서 설명하는 견해에 대해 최병현(2011)은 구형병은 별개의 계보로 판단되는 세 개의 형이 공존한 것이라 설명하였다.

면에 굿는 침선과 유사하다. 이 문양이 시문되던 다른 기종(대부병 등)의 영향을 보여주는 것일 수 있다. 또한 2형 구연형 역시 대부병 초기형의 구연부 변화와 일치한다. 이는 대부병과 구형병이 서로 영향을 끼쳤을 가능성을 보여주는 것이다.

대부병은 동체부가 납작해져서 편구화되는 방향으로 변화한다는 것에 대부분 연구자가 동의한다. 이 외에 최병현(1987)은 목의 직경이 넓어지는 것을 늦은 시기의 특징으로 주목하였고, 홍보식(2001)은 구연부 형태와 견부 침선대를 중요 기준으로 삼았다. 윤상덕(2001)은 목 높이와 편구도를 토대로 목이 짧고 동체부가 타원형인 것에서 목이 길고 편구형인 것, 그 중간 형태인 것으로 나누고 경부와 동체 접점의 돌대, 굽단부형, 목 중위의 침선대를 통해 대략적인 형식발전 순서를 제시하였다. 이후 구연형태, 목의 직경 비율, 인화문의 조합상을 검토하여 6개 형식으로 세분해서 대부병의 변화를 설명하였다(윤상덕 2010).

먼저 A형식은 대부병의 출현기 형태이다(도23·43). 동체형은 구형에 가깝고 목이 짧다. 동체의 편구도만을 기준으로 하면 앞의 구형병 마지막 단계(편구도 1.50이상)와 겹치는 것을 알 수 있다. 굽단부는 끝이 말린형태이고 경부와 동체부 접점에 돌대가 없고, 목 가운데에 침선이 없다. 구연형태는 단순한 반부^{盤部}가 형성되었고(2b형), 인화문은 그은 삼각형과 찍은 원점문이 조합되었다. B형식은 A형식과 기형은 동일하나 구연부가 좀 더 부드러워졌다(2c형). B형식은 굽단부형태에 따라 단부형태가 말린 형태인 것(B1)과 안쪽이 깎인 것(B2)로 나뉜다. B형식에서 굽단부형이 깎인 형태로 변화하였고 이후 대부병 굽단부는 대부분 깎인 형태이다. 또한 경부와 동체부 접점에 돌대가 생기기 시작한다. C형식은 동체형이 좀 더 납작해졌다. 구연부 형태는 밖으로 벌어진 후 비스듬히 경사지게 올라가고 구단부에 침선이 두 줄 돌아가는 2e형이다. 이후의 대부병 구연형은 모두 2e형이다. 그리고 경부와 동체부 접점에 돌대가 있으며 여전히 목 가운데 침선이 없다. C형식까지의 인화문은 IB단계의 문양('그은 삼각집선문'+'찍은 원문류')과 IC단계의 문양('찍은 삼각집선문'+'찍은 원문류')이 혼재한다. D형식은 목 중위에 가로방향의 침선이 생기는 것이 특징으로 동체부는 2형과 3형이 혼재한다. 인화문은 IB단계가 한 점 보이나 주된 인화문은 IC단계로 C형식에 이어 계속 시문되고 새롭게 II단계의 문양(수적형문류)이 유행한다.

E형식은 동체부가 좀 더 납작해지고 목이 길어져서 4형의 동체형이다. 인화문은 '찍은 삼각집선문+원문류(IC단계)'와 '수적형문+원문류(II단계)'가 유행한다. 또한 전면에 원문류를 시문한 것이 출현했을 가능성이 크다. 울산 다운동 1호 석실분 출토품은 전면에 원문류를 찍은 인화문 III단계이다. F형식은 동체부가 더욱 납작해지고 동최대경이 위치한 부분이 바둑알처럼 뾰족해진다(도24). 그리고 목 하부 지름이 커졌다. F형식 중에는 포항 강사리 28호 석곽 출토품, 다운동 마6호 출토품처럼 목

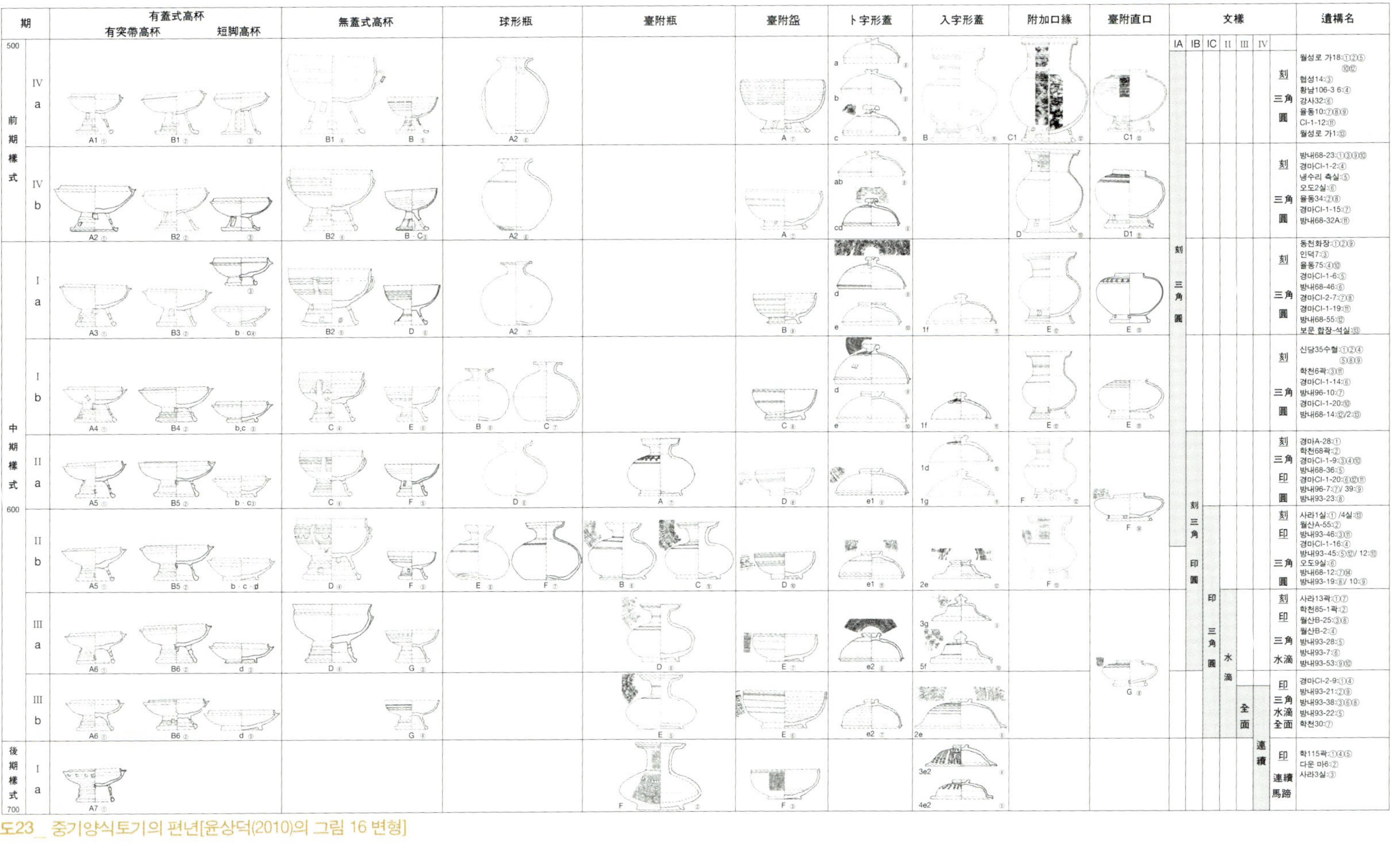
期
有蓋式高杯
有突帶高杯　短脚高杯
無蓋式高杯
球形瓶
臺附瓶
臺附盌
卜字形蓋
入字形蓋
附加口緣
臺附直口
文樣
IA IB IC II III IV
遺構名
前期樣式
中期樣式
後期樣式
IV a
IV b
I a
I b
II a
II b
III a
III b
I a
刻 三角 圓
印
水滴
全面
連續
馬蹄
월성로 가18:①②⑤⑩⑫
협성14:③
황남106-3 6:④
강사32:⑥
율동10:⑦⑧⑨
CI-1-12:⑪
월성로 가1:⑬
방내68-23:①③⑨⑩
경마CI-1-2:④
냉수리 축실:⑤
오도2실:⑥
율동34:②⑧
경마CI-1-15:⑦
방내68-32A:⑪
동천화장:①②⑨
인덕7:③
율동75:④⑩
경마CI-1-6:⑤
방내68-46:⑥
경마CI-2-7:⑦⑧
경마CI-1-19:⑪
방내68-55:⑫
보문 합장-석실:⑬
신당35수혈:①②④⑤⑧⑨
학천6곽:③⑪
경마CI-1-14:⑥
방내96-10:⑦
경마CI-1-20:⑩
방내68-14:⑫/2:⑬
경마A-28:①
학천68곽:②
경마CI-1-9:③④⑩
방내68-36:⑤
경마CI-1-20:⑥⑫⑪
방내96-7:⑦/ 39:⑨
방내93-23:⑧
사라1실:①/4실:⑬
월산A-55:②
방내93-46:③⑪
경마CI-1-16:④
방내93-45:⑤⑫/ 12:⑩
오도9실:⑥
방내68-12:⑦⑭
방내93-19:⑧/ 10:⑨
사라13곽:①⑦
학천85-1곽:②
월산B-25:③⑧
월산B-2:④
방내93-28:⑤
방내93-7:⑥
방내93-53:⑨⑩
경마CI-2-9:①④
방내93-21:②⑨
방내93-38:③⑥⑧
방내93-22:⑤
학천30:⑦
학115곽:①④⑤
다운 마6:②
사라3실:③

가운데에 침선이 없는 것이 있는데, 이는 기형 전체에
인화문을 시문하게 되면서 나타나는 현상으로 보인다.
또한 인화문은 모두 IV단계의 문양(종장연속문류)이
시문된다. 후기와 말기의 대부병의 변화는 아직 분명
하지 않다. F형식으로 변화가 급격하여 E형식과 사이
에 다른 형식이 추가될수 있다. 말기에는 동체 형태가
주판알 모양이고 구연부가 매우 단순화된 편구병으로
변화했을 가능성을 상정할 수 있으나 분명하지 않다.

도24_ 후기양식 대부병(출토지 미상)

　마지막으로 구형병과 대부병의 관계를 살펴보겠다.
앞서 대부병의 출현기 형태인 A형식이 구형병의 마지
막 형식인 F형식의 동체형태(편구도 1.50이상)와 흡사한 것을 지적하였다. 이에 더해 구연형태도 두
기종의 관계를 보여준다. 대부병 A형식의 2b형 구연은 구형병 D형식에서 보이는 2a형 구연에서 반
부가 분명하게 형성된 것으로 이해할 수 있다(도25-①). 2c형 구연은 구형병 E형식과 대부병 B1형
식에서 모두 보인다(도25-②). 그리고 구형병의 마지막 단계인 F형식에 보이는 2d형 구연은 대부병
의 2e형 구연과 침선의 수만 차이가 있고 거의 흡사하여 상호 영향관계를 추측케 한다(도25-③). 즉
두 기종에서 보이는 구연형태와 동체부형태의 유사성을 통해 구형병에 굽이 부가되면서 대부병이
발생한 것으로 이해할 수 있고, 두 기종이 일정기간 공존했음을 알 수 있다.

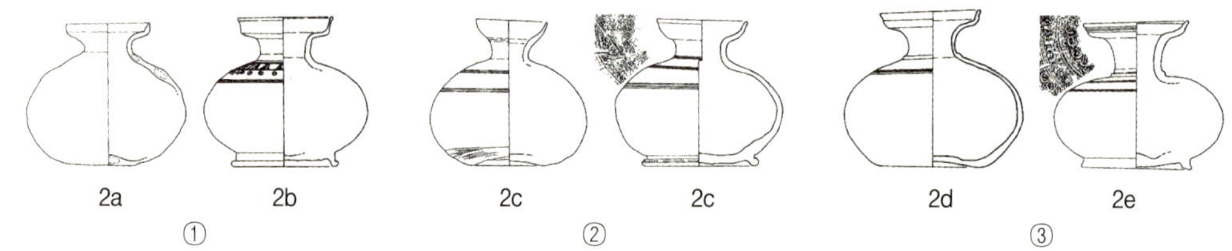

도25_ 구형병과 대부병의 비교(윤상덕 2010)

후기·말기양식

●대부완臺附盌

　대부완*은 통일신라시대 토기의 주요기종 중의 하나이다. 처음 출현한 것은 신라전기였으며 청동

---

* 대부완은 연구자에 따라 합, 유개합(有蓋盒), 유개완(有蓋盌) 등으로 불린다. 합이나 유개완이라는 용어는 뚜껑을
　고려한 용어로, 여기서는 뚜껑의 여부와 상관없이 토기의 기형에 초점을 맞추어 완에 굽이 부착된 형식이라는 의
　미에서 '대부완'이라고 칭하고자 한다.

108

도26_ 각종 대부완(① 출토지 미상, ② 월지)

대부완을 모방한 것으로 보고 있다. 이후 6세기에 나타나기 시작하여 후기양식 토기에 와서 크게 유행하였고, 고배류가 소멸한 자리를 대체한 것으로 추정된다.

전기양식의 대부완은 구연이 직립하면서 동체부가 크고 깊은 반구형이었다. 표면에는 특별한 장식은 없으나, 등간격으로 여러줄의 침선이 있고, 굽단부는 살짝 삐쳐 올라간 형태이다. 중기에 접어들면 동체부가 점차 납작해지고 침선이 구연부 바로 아래와 동체부 중위, 두 부분에만 형성되며 굽단부형도 단순하게 마무리되는 형태가 보인다. 이후 인화문이 시문되고 구연부 안쪽이 깎인 형태가 나타나며 인화문을 표면 전체에 찍으면서 침선이 구연부에만 남게 된다. 이와 같이 중기에서 후기초의 대부완의 변천은 어느 정도 알려져 있으나 후기 이후의 변천상은 아직 분명하게 밝혀지지 않았다. 아래에서 크기에 따른 분류방법, 주요 속성과 변천을 중심으로 설명하겠다.

윤상덕(2001)은 구경 20cm를 기준으로 대형과 소형으로 나누고, 대형을 전기양식의 대부완을 계승하고 있는 것으로 보았다. 이동헌(2008)은 윤상덕의 소형에 해당하는 대부완을 다시 구경 15.5cm와 13cm 기준으로 대형, 중형, 소형으로 나누어 변천상을 파악하였다. 따라서 두 연구를 종합하면 크기에 따라 초대형-대형-중형-소형으로 나눌 수 있으며, 이 중 구경 20cm 이상의 초대형은 전기에 소량 제작되다가 중기에 오면 소멸하는 것으로 추정된다. 이동헌은 소형은 늦은 시기까지도 계속 제작되나 중형은 늦은 시기의 속성들이 보이지 않아 소멸하는 것으로 보았다.

표면의 장식을 기준으로 무문에 침선이 많은 형태(1형)에서 침선이 구연부와 중위에 있는 것(2형), 구연부에만 있는 것(3형)으로 변화한다. 이는 인화문 시문과 관련 있는데 2형은 원문류, 또는 원문류와 수적형문의 조합이 많이 보이고 3형은 전면에 연속문이 시문된다(윤상덕 2001). 최병현(2011)은 시간적 변화를 가장 잘 나타내주는 것으로 침선대의 배치를 지적하였다. 초기에는 여러 단으로 구분하다가 점차 단수가 줄어드는데, 이는 시기가 내려오면서 동체부의 깊이가 얕아지는 데 따

완 \ 개	1	2	3	4	5	6
I	●1	●2,3 ■1	■2	▲2,3 ●5,6 ■4		
II			▲1 ●4 ■3	▲4,5,6 ●7 ■5 ■①		
III			■6	▲7,8,9 ●8 ■7,8,9,10,11 ■12,13,14 ■②		
IV				■15	■16	■22
V				■17,20,21 ■18,19 ▲10 ■③	■33 ■23 ■④ ■⑤	■24,28,29 ■27,31 ■25,26 ■30,32,34,35 ■⑥
VI						■36 ■37(파상선문)

▲ 소형, ● 중형, ■ 대형　　　개·완 문양동일(유개완)

도27_ 대부완과 개의 속성 조합(이동헌 2008a)

른 것이며 문양대의 구성과도 관련 있다고 하였다.

구연부의 형태는 편년의 중요한 속성으로 알려져 있다. 윤상덕(2001)은 구연부를 외반도와 구단부 모양에 따라 3가지 형식으로 나누었다. 첫 번째는 직립하는 것(1형), 두 번째는 내면이 깎이고 바깥쪽으로 살짝 꺾기는 것(2형), 마지막은 'S'자로 외반하는 것이다(3형). 이동헌(2008a)도 직립한 구연에서 외반 구연으로 변화한다고 보고 구연부를 총 6개 형태로 나누었는데 'S'자로 외반한 다음에 직선적으로 벌어지는 단계를 설정하였다(도27). 또한 이동헌은 대부완과 뚜껑이 함께 매장되기 때문에 이를 하나의 조합으로 간주하고 대부완과 뚜껑의 속성 결합양상을 검토하여 변천 과정을 설명하였다. 외반구연이 나타나는 시기는 이동헌(2008a)은 8세기 초엽(IV단계)로 추정하였고 최병현(2011)은 7세기 말(4a기)로 보았다. 한편 늦은 형태의 인화문과 함께 대부완 중에 굽이 높아진 기형이 결합된 것이 보이는데 굽이 높아지는 것이 후기의 특징일 가능성이 있다. 이동헌(2008a)도 구연이 외반하는 변화와 함께 굽 높이가 높이진다고 하였고, 김주호(2002)가 경주 왕경유적 출토품으로 순서배열한 결과를 보아도 굽 높이가 높아지는 방향이 보인다.

대부완의 계보와 관련해서 권오영(2004)은 용인 성복동 유적 출토 대부완이 동체의 하위가 급격히 꺾이며 대각으로 이어지며 八자모양 대각을 하고 있음을 근거로 금속기를 모방하여 제작한 것이라 보았다. 최병현(2011)은 외반구연합이 직립구연합에서 발전되어 온 것으로 보기 어려우며, 그의 후기양식 4기에 금속기를 모방하여 나타난 것으로 추정하였다.

화장은 불교 전래와 관련된 매장 풍습으로, 경주 동천동에서 발굴된 골호(국립경주박물관 1994)로 보아 삼국통일 이전인 6세기에 이미 화장풍습이 생겼던 것으로 추정된다. 본격적으로 화장이 유행하는 시기는 통일 이후이다.

110

도28_ 각종 뼈항아리(① 경주 조양동, ② 경주 추정)

골호는 유개식고배나 대부완(합) 등 일반 용기가 사용되기도 하였고 중국 당삼채(도28-①)나 자기가 사용되기도 하였다. 그리고 화장을 위해 특수하게 제작한 용기를 사용하였는데, 전용그릇의 가장 큰 특징은 내용물 보호에 적합한 형태를 갖춘 점이다. 화강암으로 튼튼한 외호를 만들어서 쉽사리 열지 못하게 하거나(도28-②), 뚜껑이 쉽게 분리되지 않도록 뚜껑과 항아리에 고리를 부착해서 묶도록 하였다. 후자를 연결고리 유개호라 하는데 여기서는 이를 중심으로 살펴보겠다.

골호에 대한 초기 연구는 한병삼(1979)에 의해 진행되었다. 그는 먼저 화장이 통일신라 초부터 시작되었다는 생각은 최근에 경주에서 통일기 이전에 속하는 신자료가 출토하는 것으로 보아 잘못되었다고 지적하고 골호를 형식분류하였다. 초기, 중기, 후기로 분류하였는데, 초기는 일상용기를 골호로 사용한 시기로 탑형골호, 합 등을 들었다. 이 중에 (고)신라의 기형과 유사한 것들이 있는 점 등을 근거로 초기는 삼국 말인 7세기 중엽에서 통일 초인 7세기말에 해당한다고 보았다. 중기는 8세기로 이 시기는 신라문화의 전성기이자 골호의 전성기로, 각종 인화문이 토기 전면에 시문되는 것이 큰 특징이라 하였다. 그리고 이 시기의 중요한 골호로 뚜껑과 동체에 4개의 파수형돌기를 만들어 결박한 형태의 골호(연결고리 유개호)를 들었다. 그는 이 골호를 크게 두 종류로 나누고 첫 번째는 연결고리의 위치가 뚜껑과 동체의 중간에 위치하여 위 아래로 떨어진 것이고(도29-①), 두 번째는 연결고리가 뚜껑의 아래쪽, 동체의 상부에 위치하여 상호 접해있다고 하였다(도29-②). 전자는 소형으로 꼭지가 다양하고 후자는 꼭지가 단순하고 원추형의 커다란 꼭지가 있다고 하였다. 그리고 후자는 문양도 단조로운데 이 두 종류의 골호는 시기차가 있는 것으로 전자는 중기에, 후자는 후기에 속하는 것으로 보았다. 중기에는 연유를 시유한 골호도 많다고 하였다. 후기의 대표적인 골호로 경주 배리 출토품을 들었다(도29-③). 내호로 사용된 청자의 연대로 보아 9세기 말에서 10세기 초로 추정하였다. 여기에는 문양도 없고 다만 뚜껑과 동체에 돌대가 들어가며 꼭지도 퇴화한 형태로 이와 같이 후기 골호는 문양이 단조로워지며, 이는 9세기대 매너리즘에 빠진 신라미술의 일단을 보여

도29_ 각종 뼈항아리(① 경주 추정, ② 전민애왕릉 출토 원화십년명, ③ 배리 삼릉)

준다고 하였다.

정길자(1980)는 뼈항아리를 초기양식(7세기), 중기양식(8세기), 후기양식(9세기~935년)로 편년하였다. 대체적인 편년 및 연결고리 유개호의 분류가 한병삼의 견해와 비슷하다. 역시 연결고리 유개호는 중기부터 출현하는 것으로 보았고, 맺음고리(연결고리)의 간격이 먼 것에서 가까워지는 것으로 변화하는 것으로 보는 것도 한병삼의 견해와 동일하다. 이 외에 기형이 둔중해지는 것도 중기양식 후반 및 후기양식 골호의 특징으로 보았다. 중기양식 골호의 특징으로 화려하고 다양한 문양을 찍은 것을 들었다. 후기양식이 되면 용기가 커지고 둔중한 느낌을 주는데 연결고리가 상하 접하는 위치에 만들어지고 인화문이 완전히 사라지며 한 두 줄의 침선이 음각된다고 하였다.

강경숙(1987)도 경주 배리출토 골호(도29-③)의 연대 추정을 시도하면서 1986년에 발굴된 '원화십년元和十年(815년)'명 골호(도29-②, 도46-①)와 비교하여 이와 같이 음각의 횡선과 돌대가 돌아가는 무문의 골호는 9세기 양식으로, 화려한 인화문 골호를 8세기 골호로 규정할 수 있다고 하였다.

이와 같이 골호를 연결고리의 위치를 기준으로 두 유형으로 나누고 후기로 가면 연결고리가 서로 접하고 토기 표면에 인화문이 사라진다는 연구가 계속되었는데, 미야카와 테이치(1989·1993)는 이를 좀 더 상세하게 정리하였다(도30). 그는 연결고리의 거리에 따라 떨어진 것(A형)과 붙은 것(B형)으로 나누고 형태의 변천과 인화문의 조합양상을 살펴보았다. A형 골호는 고리의 간격이 먼 것이 오래된 것이라고 하고 뚜껑의 꼭지는 호형이 대부분이며 B형은 보주형이 대부분이라 하였다. 꼭지도 호형은 대형에서 소형으로 변화하고 보주형도 꼭지가 높은 것에서 낮은 것으로 변한다고 보았다. 대각은 A형이 높고 B형이 낮으며 최후에는 대각이 없어지는 형태가 만들어지며, 인화문은 C수법의 종장연속문이 주를 이루며 횡장연속문, 다변화문, 합성문 등이 조합된다고 하였다. 종장연속문은 A형 골호에는 점열문이 B형 골호에는 파상문이 보이며 합성문, 능형문은 A형에, 운기문 중심의 구상문은 B형에 비교적 많다고 한다. B형은 문양의 쇠퇴가 시작되어 시간이 갈수록 사용되는 문양수가 적어지고 결국 인화문이 전혀 남아 있지 않게 되는데, 문양이 점차 없어지면서 돌대와 점선이 생긴다고 하였다. 그는 자신의 인화문 변천 단계와 비교하여 A형 골호는 4a식에 해당하고 B형 골호는 4b

112

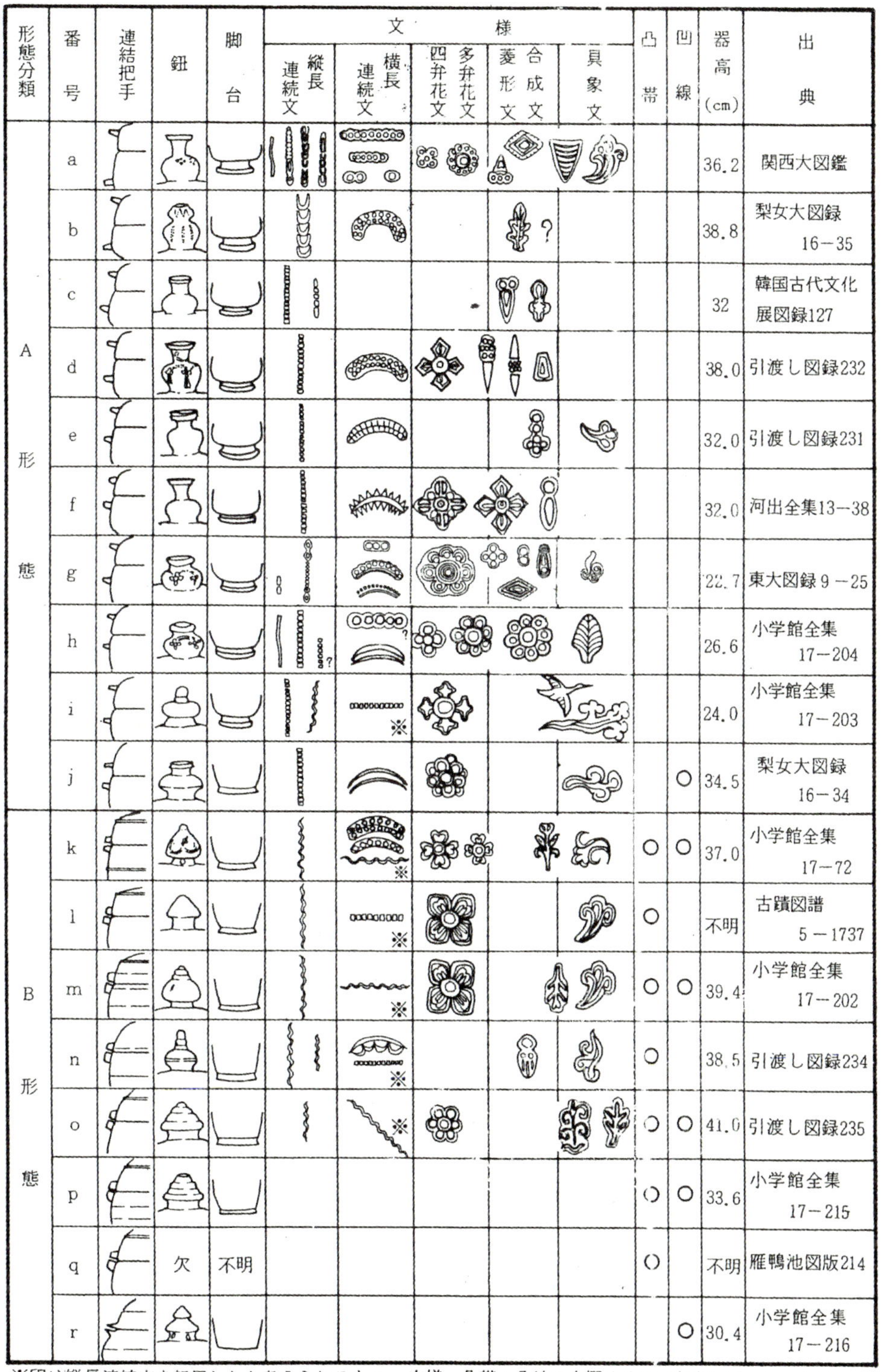

形態分類	番号	連結把手	鈕	脚台	文様						凸帯	凹線	器高(cm)	出典
					縦長連続文	横長連続文	四弁花文	多弁花文	合成菱形文	具象文				
A形態	a												36.2	関西大図鑑
	b												38.8	梨女大図録 16－35
	c												32	韓国古代文化展図録127
	d												38.0	引渡し図録232
	e												32.0	引渡し図録231
	f												32.0	河出全集13－38
	g												22.7	東大図録9－25
	h												26.6	小学館全集 17－204
	i												24.0	小学館全集 17－203
	j												○	34.5	梨女大図録 16－34
B形態	k											○	○	37.0	小学館全集 17－72
	l											○		不明	古蹟図譜 5－1737
	m											○	○	39.4	小学館全集 17－202
	n											○		38.5	引渡し図録234
	o											○	○	41.0	引渡し図録235
	p											○	○	33.6	小学館全集 17－215
	q		欠	不明								○		不明	雁鴨池図版214
	r												○	30.4	小学館全集 17－216

※印は縦長連続文を転用したと考えられるもの。 文様・凸帯・凸線の空欄はそれが存在しないことを意味する

도30_ 연결고리 유개호 제요소 일람표(宮川禎一 1989)

식 이후에 해당한다고 하였다. 또한 5식은 인화문의 '횡위문양대구성'이 무너졌으며 6식에 오면 문양이 소멸된 B형 골호가 제작되는 것으로 추정하였다. 4a 식은 8세기 전엽, 4b 식은 8세기 중·후엽, 그리고 5식은 9세기 초의 단기간이고 6식은 9세기 전엽 이후에 해당한다고 하였다. 편년의 기준이 되는 유물은 경주 배리 삼릉 출토 골호와 전민애왕릉 출토 '元和十年'명 골호로 이를 근거로 9세기 초엽부터 인화문이 더 이상 유행하지 않았을 것으로 추정하였다.

홍보식(2005)은 선행 연구들과는 반대의 변천방향을 제시한바 있다. 즉 원화십년명 골호와 같이 연결고리가 상접하고 문양이 없는 것(I형식)을 가장 빠른 것으로, 연결고리가 떨어지고 각종 인화문이 시문되는 것을 늦은 것으로 보았다. 연대는 8세기 말에서 9세기 초에 I형식이 출현하고 9세기 2/4분기에는 무문양과 인화문이 있는 것이 병존하다가 9세기 2/4분기 후반 이후에 인화문이 전면에 시문되면서 발달의 정점을 맞이하며, 연결고리 사이의 간극은 점점 벌어져서 9세기 3/4분기 이후가 되면 최대가 된다고 하였다. 이와 관련하여 최근 연결고리 유개호편이 발굴된 경주 화곡리유적의 출토사례를 살펴보자. 화곡리유적의 자연수로 1에서 연결고리 유개호편이 출토되었는데, 상층인 Ⅴ·Ⅵ층에서 연결고리가 상호 접한 형태의 무문양 골호편(미야카와 테이치의 B형)이 발굴되었고, 하층인 Ⅷ층에서는 연결고리간 거리가 떨어진 것(미야카와 테이치의 A형)이 출토되었다. 자연수로 1이 오랜 기간에 걸쳐 토기가 폐기된 유구로 각 층위가 시간에 따라 명확히 구분된다고 할 수는 없으나, 이동헌(2013)의 분석에 의하면 하층(Ⅷ층)은 파상종장문, 복합문 등의 비중이 높고 상층(Ⅴ·Ⅵ층)은 종장파상문이 소멸되면서 단일문류 구성이 나타나고, 종장연속문도 하층에서 상층으로 가면서 A수법에서 C수법이 점진적으로 늘어나는 양상을 확인할 수 있다. 따라서 상층은 인화문 소멸기의 양상을, 하층은 인화문이 여전히 시문되는 양상으로 이해된다. 결국 한병삼, 미야카와 테이치 등

도31 _ 십이지명 골호

114

에 의해 제시된 연결고리유개호의 변화 방향은 화곡리 유적의 출토상황과도 일치하는데 비해 홍보식의 변천안은 이와는 맞지 않음을 알 수 있다.

마지막으로 뼈항아리는 장례도구였기 때문에 십이지를 사용하는 풍습과 결합되었다. 십이지는 시간과 방위의 신으로 무덤에서는 나쁜 기운이 접근하지 못하도록 사방을 지키는 역할을 하였다. 신라인들은 뼈항아리를 묻고 주변에 흙이나 돌로 만든 십이지신상十二支神像을 함께 안치하였는데 특이하게 뼈항아리 자체에 십이간지명十二干支銘을 새겨 넣기도 하였다(도31).

● 주름문병

주름문병은 덧띠무늬병, 덧줄무늬병, 주름무늬병, 유병油甁 등으로 불리는 것으로 짧고 좁은 목과 편구형의 몸통, 낮은 굽, 그리고 표면에 덧띠를 붙이거나 점렬문을 줄무늬모양으로 표현한 것이다. 최맹식(1991)은 '줄무늬병'은 음각으로 침선을 긋거나 눌러 찍은 것이고 '덧띠무늬병'은 덧 띠를 세로로 덧붙인 것으로 덧 줄 사이에 세로로 점선을 나타낸 것이라고 하였다. '줄무늬병'과 '덧띠무늬병'은 최맹식도 언급한 바와 같이 표면 장식 외에는 기형상으로는 큰 차이가 없다. 여기에서는 이를 포괄하여 '주름문병'이라는 용어를 사용하고자 한다. '주름문(무늬)병'이라는 용어는 박순발(1998), 윤상덕(2000), 변영환(2007), 송윤정(2007) 등에 의해 사용되었다.

최맹식(1991)은 미륵사지의 발굴 결과를 토대로 이 병의 연대를 추정한 바 있다. 즉 '대중십이년太中十二年(858년)명 대호편이 반출된 층위에서 주름문병과 1면편병, 4면편병, 편구병 및 중국 월주요게 해무리굽 자기가 함께 출토되었는데, 이 층은 고려청자나 기타 고려시대 유물은 전혀 발견되지 않는 층이라 하였다. 또한 '태평흥국오년太平興國五年(980년)명 기와가 출토되는 층에서는 고려 청자는 발견되나 줄무늬병이나 월주요게 자기 등은 발견할 수 없다고 하고, 이러한 점을 근거로 대략 9세기 전반경에 발생한 것으로 추정하고 하한은 10세기 후반 이후로 떨어지지 않을 것이라 보았다.

박순발(1998)은 주름문병 구연부형태와 표면 장식을 기준으로 분류하였다. 그의 G형과 D형 구연에 해당하는데 D형의 경우 초기 형식은 비교적 단순하고 시간이 가면서 단부가 점차 길어지다가 꺾인 것으로 보았다. 표면 장식은 '다치압인多齒押印 주름문', '점토대 다치압인 주름문', '단순 점토대 주름문'으로 나누고, 이 외에 미야카와 테이치의 종장연속문 표현 기법인 인화문 B, C수법이 사용된 것으로 보았다. 그의 나말여초토기 1단계는 700~750년으로 인화문 B, C수법이 사용된 시기로 설정하였는데, 이 시기에 이미 주름문병이 출현하는 것으로 보고 있다. '다치압인 주름문'과 '점토대 다치압인 주름문', '단순 점토대 주름문'은 3단계(850~900)에 유행하는 것으로 보았으며 마지막 4단계에는 '단순 점토대 주름문'만 남은 것으로 설정하였다. 즉 초기에는 점토대 없이 B, C수법의 인화문이 있는 것에서 점토대와 인화문이 함께 표현된 것으로, 그리고 마지막에는 점토대만 남아 있는 것으로 변화 방향을 설정하였다.

변영환(2007)도 구연 형태와 동체문양을 중심
으로 분류하였다. 구연 형태는 내부에 단이 있는
뚜렷한 반구형 구연(A형)에서 내부 단이 없어지
고 수평으로 벌어지는 수평구연(C형)으로 변화
한다고 하여 박순발의 방향과 반대로 설정하였
다. 문양은 크게 4가지, 세부적으로는 6가지 형
으로 분류하였다(도33). i1형은 점토대 없이 인화

도32_ 주름문병(보령 진죽리)

문만 표현되는 것, i2형은 점토대와 짧은 길이 점열문이 결합된 것이고 i3형은 점토대 사이에 인화문
C 기법의 점열문이 있는 것이다. ii형은 단순 점토대 주름문, iii형은 점토대 사이에 한 줄의 점열문이
시문된 경우(점토대 다치압인 주름문), iv형은 점토대가 생략되고 세로방향 음각선문이나 점열문이
촘촘하게 시문된 것(다치압인 주름문, 음각 주름문)으로 설정하였다. 변영환은 8세기 이후의 토기를
'나말여초토기' 1단계에서 6단계로 설정하였는데 주름문병은 8세기 후엽으로 추정한 2단계에 출현
하는 것으로 설정하였다. 다음 단계인 3단계(9세기 전반)에 ii형과 iii형 문양과 B형 구연이 성행하며,

구분		특징	도면	편년		
				A	B	C
인화문	i 1	세로 방향의 점토대 또는 음각선이 없는 단순 인화문, 때에 따라서는 두 가지 이상의 문양이 결합하기도 한다.				
	i 2	세로방향의 점토대와 인화문이 결합된 형식이다. 인화문은 화문 또는 원문 등 전형적인 인화문과 인화문 C기법(宮川禎一 1993)에 해당하는 짧은 길이의 점열문 등으로 구성되며 경우에 따라서는 두 가지 이상이 복합적으로 시문된다.				
	i 3	세로방향의 점토대+ 점토대 사이 길이가 긴 C기법의 점열문 시문				
점토대	ii	세로방향의 점토대만 부착되어 있는 것→점토대주름문(박순발 1998), 덧띠무늬(최맹식 991)				
점토대+ 점열문	iii	세로방향 점토대가 부착되고 점토대 사이에 한 줄의 점열문이 시문된 경우→점토대다치압인주름문(박순발), 덧띠무늬(최맹식)				
점열문 (음각선문도 포함)	iv	점토대가 생략되는 대신 세로 방향의 음각선문 또는 점열문이 촘촘하게 시문된 것→다치압인주름문, 음각주름문(박순발), 줄무늬(최맹식)				

* A: 진죽리1기/나말여초2기-중심연대 8세기 후엽
* B: 진죽리2기/나말여초3기-중심연대 9세기 초
* C: 진죽리3기/나말여초4기-중심연대 9세기 중엽

도33_ 진죽리유적 출토 주름문병 편년안[변영환 2007, 송윤정(2007) 재구성]

116

4단계(9세기 중엽)에는 iv형이 유행한다고 하였다.

박순발과 변영환 안은 주름문병 출현 시기와 구연부의 변화 방향, 주름문의 순서에서 차이가 있다. 박순발은 단순점토대 주름문을 가장 마지막까지 잔존하는 것으로 본 반면, 변영환은 다치압인 주름문을 마지막 단계로 설정하였다. 구연부 변화 방향도 변영환은 뚜렷한 반구형에서 수평구연으로 변한다고 보고 있어 차이가 있다. 변영환(2007)이 소개한 보령 진죽리 유적의 층위별 출토상황을 보면 뚜렷한 반구형의 구연이 가장 빠른 형식이며 변영환의 A형에서 B형 구연으로의 변화가 인정된다. 또한 동체부 문양에서도 단순 점토대 주름문(변영환 ii형)이 점토대 다치압인 주름문(iii) 및 다치압인 주름문(iv형)보다 이른 것으로 보인다. 한편 변영환은 다치압인 주름문의 연대를 9세기 중엽으로 보고 있으나, 장도 청해진 자료를 보면 재고의 여지가 있다. 청해진의 성벽 다짐층에서 출토된 주름문병을 보면 대부분이 다치압인 주름문(iv형)이 시문된 것을 알 수 있는데 청해진의 축조 및 점유 시기가 9세기 전반대에 한정될 가능성이 큰 점을 고려하면 다소 상향될 가능성이 있다.

●대호 大壺

대호는 음식물의 저장이나 숙성의 용도로 사용된 대형의 항아리이다. 미륵사지에서 목에 '대중 십이년 大中十二年(858년)이라는 연호가 새겨진 것이 발굴되어 일찍부터 통일신라 9세기대 토기 편년에 중요한 역할을 해왔다. 또한 경주 일대 뿐만 아니라 장도 청해진, 보령 진죽리·성주사지, 부여 부소산성, 서울의 아차산성 등 전국 각지에서 출토되어 이 시기의 양상을 대표하는 유물로 알려졌다. 바닥은 평저와 환저가 있고 구연부는 벌어진다. 동체부 최대경은 중위 또는 중상위에 있다. 동체 중상위 또는 어깨 부분에 돌대가 돌아가며, 목에 파상문을 음각으로 시문한 것이 특징이다.

대호의 편년은 최근에 일부 이루어졌는데, 박순발(1998), 한혜선(2001), 변영환(2007), 송윤정(2007)의 연구가 있다. 대호의 특징은 목에 그어진 문양과 구연부의 형태로 이를 중심으로 편년이

도34_ 월지 출토 대호

이루어졌다. 송윤정은 이 외에 동체부 돌대의 모양, 동체부 내면의 정면 형태, 저부형태 등을 고려하였다.

　박순발(1998)은 대호 경부의 침선 형태 기준으로 '밀집 음각 파상선문+현문弦文'을 가장 초기형태로 보고 '단선 음각 파상선문+현문' - '단순 현문' - '음각 단선문'으로 변화하는 것으로 보았다. 한혜선(2001)은 경부 문양의 변화에서 초기에 파도문이 조밀하게 나타나다가 시대가 떨어지면서 점차 무늬가 없어지는 현상을 지적하였으며 그 시기를 고려시대로 보았다. 문양의 분류와 내용을 좀 더 보완하면, 박순발의 견해와 같이 대호 경부의 문양은 밀집 음각 파상선문에서 단선 파상선문으로 변화하는데, 구체적으로 단선 파상선문은 파도문이 정형성을 유지하는 것에서 정형성이 파괴되는 방향으로 설정할 수 있다. 정형성이 유지되는 단계의 단선 음각 파상선문은 현문과 조합하여 여러 가지 형태로 나타나는데, 가장 윗 단에 파동이 큰 파도문을 긋고 그 아래 횡침선으로 구획하면서 사이사이에 파동이 작은 파도문을 그은 것, 다시 아래쪽에 큰 파도문을 그은 것, 그리고 파도문 대신 반원을 연속으로 표현한 것 등이 있다. 그리고 정형성이 파괴되는 단계는 파상문의 굴곡이 크고 불규칙해서 상하의 문양이 일부 교차하는 것이 대표적이다. 송윤정(2007)은 대호가 원저에서 평저로 변화하면서 경부 무문에서 경부 파상문으로 변화한 것으로 보았다. 경부 문양대를 파상문의 조합에 따라 크게 3형으로 구분하였는데, Ⅰ형은 파상문과 횡침선문이 교차 시문되고, Ⅱ형은 파상문만, 그리고 Ⅲ형은 횡침선문만 시문되고, 이후 경부 길이가 짧아지면서 무문화한다고 보았다(도35).

　기존의 연구를 종합하면 처음에는 횡침선으로 문양대를 만들고 그 중간에 정형의 파상문을 표현하다가 파상문의 파고가 낮아지면서 횡침선화 하며, 나중에는 무문화되는 것으로 이해된다. 즉, 파상문의 형식변천 방향에 초점을 맞추어 나열하면 '무문→밀집파상문→정형 단선파상문→비정형 단

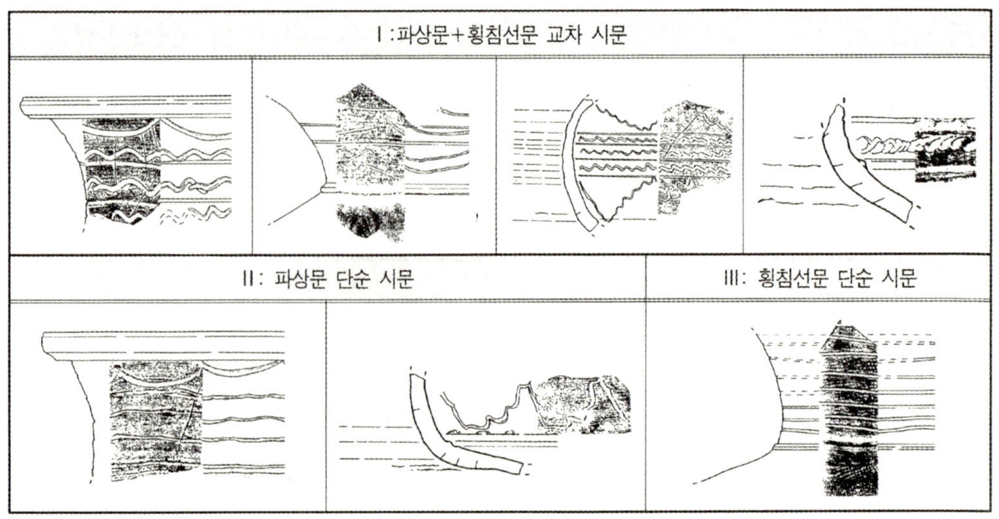

도35_ 용인 언남리 출토 대호의 문양분류(송윤정 2007)

선파상문→무문'으로 볼 수 있다. 그러나 대호에 대한 연구가 유적별로 진행되었고 종합적인 연구가 미진하기 때문에 오류 가능성이 있다. 실제로 진죽리요지의 대호를 분석한 변영환(2007)은 진죽리 유적 3지구 11·12폐기장의 층위별 출토현황을 토대로 비정형 단선파상문을 비교적 이른 시기로 설정한 바 있어 앞서 설정한 형식변천 방향과 맞지 않는다. 앞으로 추가적인 연구가 필요하다.

각 문양의 연대를 추정하면, 먼저 9세기 전중엽의 연대를 가지는 장도 청해진 출토품은 파상문이 비교적 크고, 큰 반원문이 정연하게 시문되어 정형 단선파상문이라 할 수 있다. 9세기 중엽인 858년의 연대를 가지는 미륵사지 출토 대호는 비록 경부 아래쪽만 남아 있으나 매우 정연한 반원이 시문되어 있다. 그 위쪽에 파도문이 있을 가능성이 크며 역시 정형 단선파상문으로 추정된다. 따라서 9세기 중엽에는 정형 단선파상문이 유행하였음을 알 수 있다. 또한 고려 초로 편년되는 영동 계산리 건물지에서는 정형 단선파상문과 비정형 단선파상문으로 볼 수 있는 것들이 출토되었는데(박순발 2002), 비정형 단선파상문의 연대 설정에 참고할 수 있다.

한편 대호 구연 형태가 다양하게 변화하기 때문에 구연형태와 경부문양을 비교하려는 연구가 시도되었다. 박순발(1998)은 보령 성주사지 출토 대호의 구연부형을 C, E, I형으로 분류하고 각 형식별로 2~5가지의 세부 형태를 설정하여 대체로 단순한 것에서 복잡한 것으로 형식학적 발전방향을 상정하였다. 이 외에도 익산 미륵사지, 보령 진죽리, 용인 언남리, 장도 청해진, 울산 반구동유적 등에서 대호에 대한 연구가 있었으나 형태가 다양하여 상호 연결시키기가 어렵다. 이는 신라 말에 토기 양식의 지역성이 강해져서 전국의 토기변천을 하나의 기준으로 분류하는 것이 어려울 가능성이 있는데, 이는 앞으로 연구해야 할 부분이다.

__시기별 변천

중기

●변천

중기는 6세기 중엽에서 7세기 3/4분기까지로 극히 낮은 대각이 붙은 단각고배가 유행하고 인화문이 나타나는 시기이다(도36). 묘제에서는 그동안 유행했던 적석목곽분이 소멸하고 횡혈식석실분으로 바뀌었다.

고배는 전기양식에서 유행했던 장각고배長脚高杯의 변형 기형도 계속 존재하나 비중은 많이 줄어들었다. 동시에 주로 유개식고배의 뚜껑으로 사용된 복자형 뚜껑도 수량이 줄어든다. 시간이 지나

도36_ 6세기 중엽 이후의 변화(경주 일원)

면서 고배는 점차 대부완(합)에 자리를 내어 주며 이의 뚜껑으로 사용되던 안턱이 있는 입자형 뚜껑이 출현하여 유행한다. 그리고 대부병이 등장한다.

윤상덕(2010)은 중기양식토기의 세부적인 변화양상을 크게 Ⅰ~Ⅲ기로 나누고 각 기를 다시 두 개의 소기로 세분하여 총 6기로 나누어 살펴보았다. 이를 중심으로 중기양식토기의 변화를 세부적으로 살펴보면 먼저 Ⅰ기는 중기양식의 첫 단계로 단각고배와 굽도치형 꼭지의 복자형 뚜껑이 출현한다. 문양은 아직 인화문이 출현하지 않았고, 그은 삼각집선문과 원문류만 장식된다. 아무 문양이 없는 것도 많다. Ⅱ기가 되면 비로소 인화문이 발생하고 대부병이 출현한다. 이 시기는 Ⅱa기로 6세기 말로 추정된다. 초기의 인화문은 삼각집선문과 원문류의 조합에서 원문류만 인화문으로 바뀌어 나타난다(최병현 1987, 宮川禎一 1988a). 뚜껑류와 대부병, 그리고 대부완의 표면에 처음

나타나는 것으로 보인다. 7세기 1/4분기인 Ⅱb기가 되면 삼각집선문과 원점문을 모두 찍은 인화문이 나타난다. 그러나 인화문 초기형태인 그은 삼각집선문과 찍은 원문류의 조합도 여전히 남아 있다. 대각 단부의 형태도 전기양식토기에서 유행했던 끝을 말아 올리는 형태는 점차 사라지고 끝을 비스듬히 깎아서 마무리하는 형태로 바뀐다. 대부병은 단각고배와 같이 이 시기에 처음 출현한 형식으로 초기 형태는 목이 짧고 동체형이 구형인 것에서 목이 길고 동체형이 납작한 것으로 변화한다. 구연부 형태도 단순한 형태에서 복잡한 형태로 변한다. Ⅲ기는 인화문 중에서 수적형문이 나타나서 유행하는 것이 특징이다. 그러나 여전히 삼각집선문과 원문류 모두를 찍은 것도 확인된다. 7세기 3/4분기인 Ⅲb기에는 원문류를 토기 표면 전체에 시문하는 방식이 나타난다. 후기양식에서는 이러한 연속문양이 본격적으로 발전하게 된다. 관점에 따라서는 전면시문이 출현하는 Ⅲb기를 후기양식의 첫 번째 시기로 설정할 수 있을 것이나, Ⅲb기를 과도기로 간주하고 후기양식은 이러한 변화가 완료된 다음 4~8개의 연속문양이 본격적으로 장식되기 시작한 시기로 설정하였다. 또한 Ⅲb기까지는 고배류가 일부 확인되는데 이후 소멸하는 것으로 추정된다.

한편 6세기 중엽 이후 신라가 영역을 확장하면서 신라토기의 출토지역도 영남지역에서 전국으로 확대되었다. 유적도 영역 확장 과정에서 축조한 성곽유적이 한강유역을 중심으로 많이 발견되었다. 무덤은 횡혈식석실분이 크게 유행하게 된다. 신라의 발전과 함께 대형 사지도 축조되었다. 주요 유적을 살펴보면 무덤은 경주에서는 방내리, 손곡동·물천리, 월산리, 율동, 덕천리 등이며, 경주 인근

인 포항에 학천리, 강사리유적이 있다. 중부지역에는 충주 누암리, 여주 매룡리, 용인 보정리, 서울 방이동·가락동, 파주 성동리, 동해 추암동유적 등이 있다. 산성은 이성산성, 아차산성 등 이 시기에 새로 축성된 산성이 많이 분포한다. 사지는 황룡사지가 대표적이다.

한강유역과 충청지역 등 신라가 새롭게 확보한 영토에서는 무덤을 신라식으로 썼고 동시에 신라토기도 부장하였다. 여기에 부장한 신라토기는 경주에서 만들어졌다고 추정되는 매끈하고 단단한 것도 있지만, 경주의 토기 양식을 받아들여 해당 지역의 기술로 제작한 토기도 많이 보인다. 이는 묻힌 자의 성격이나 당시 토기의 제작 및 유통 체계와 관련이 있을 것이다.

마지막으로 토기 변천과 관련해서 절대연대를 추정할 수 있는 자료를 간단히 소개하면(도37), 경주에서는 먼저 황룡사 창건과 관련해서 착공(553년), 1차 가람 완공(566년 또는 569년)과 관련된 출토품(최병현 1987·2011)이 6세기 중엽의 양상을 살펴볼 수 있는 자료이다. 또한 복천동 65호분에서는 중국 청자가 중기양식의 고배와 함께 출토되어 중국의 절대연대 자료와 비교할 수 있게 되었다 (도37-①, 홍보식 2001, 윤상덕 2010). 그리고 551년 이후 신라의 한강유역 진출과 관련된 자료로 서울 아차산성 성벽 다짐층 출토품이 있다(도37-②, 임효재·윤상덕 2002, 윤상덕 2010). 대가야 멸망 (562년) 후 가야지역에서 보이는 자료(홍보식 2001)가 있으며, 삼국통일 과정에서 부여와 공주의 점령 직후(660년)의 자료로 정림사지 연지 출토품(도37-③, 이희준 1994), 능산리사지 출토품(도37-④, 김현정 2002, 이동헌 2011), 부소산성 출토품(홍보식 2001, 이동헌 2011) 등이 있다. 월지에서 출토된 유개호는 개원통보가 들어 있어 621~674년에 묻힌 것으로 추정된다(도37-⑤). 또한 황성동

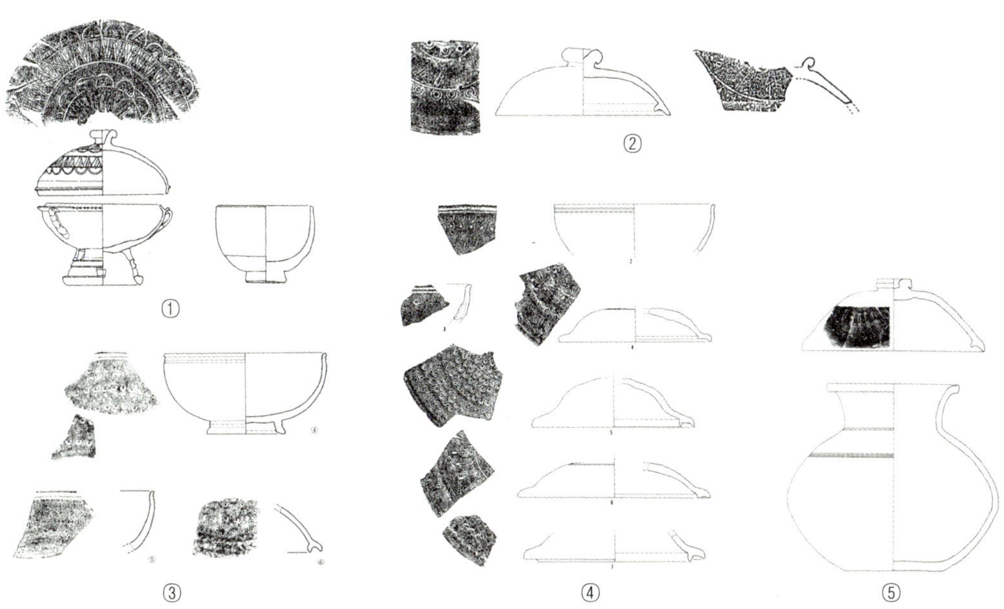

도37_ 절대연대 관련 자료(① 복천동 65호, ② 아차산성, ③ 정림사지 연지, ④ 능산리사지, ⑤ 월지)

석실분(이강승·이희준 1993, 홍보식 2001, 윤상덕 2010)에서는 당의 복식을 수용한 토용이 출토되어 7세기 중엽경의 사례를 보여준다.

흔히 통일신라토기의 가장 큰 특징으로 표면에 화려한 문양을 넣어 장식한 것을 든다. 전기양식 토기도 표면이 화려한 문양으로 장식된 것이 있지만, 이 문양은 뾰족한 도구로 새긴 것이었다. 반면에 6세기 말 이후가 되면 이전과는 달리 도장에 문양을 파서 도장 찍듯이 표면을 장식하는 방법을 사용하였다. 여기에서는 인화문 발생의 이유, 효과, 그리고 과정을 간단히 살펴보겠다.

먼저 도장을 파서 찍으면 어떤 효과가 생길까. 먼저 문양이 균일하게 표현된다. 그리고 도장을 찍어서 표면을 장식하므로 토기 제작 시간이 크게 줄어든다. 동시에 문양을 빽빽하게 새길 수 있어 사람들에게 화려하다는 느낌을 준다. 즉 토기의 장식이 매우 경제적이고 효율적으로 된다. 이렇게 아름다우면서도 효율적으로 작업을 진행할 수 있게 된 것이 인화문 도입의 이유와 효과일 것이다.

좀 더 구체적으로 인화문의 발생 과정은 어떠한가. 발생과정에 대해 그간 많은 견해가 제시되었다. 먼저 김원룡(1968)은 통일신라 유개합을 설명하면서 화문花文이 당 도자기의 영향을 받았다고 간단히 설명했다. 한병삼(1979)도 골호에 시문되는 문양은 삼국기의 문양을 계승한 것도 있으나 당의 채화문彩花文이나 첩화문貼花文 도자기의 영향을 받은 것이 적지 않다고 하였다. 이후 김원룡(1984)도 인화문의 채택은 중국 첩화문 자기의 장식에서 온 것이라 하였다. 이와 같이 초기에는 인화문의 채택이 중국 자기의 영향이라고 보았으나 이는 인화문 전성기의 다양한 문양을 염두에 둔 결론일 가능성이 있다. 이후 최병현(19874)과 미야카와 테이치(1988a·1988b)이 인화문의 발생을 이전 시기의 콤파스로 그어낸 원문류의 형태를 그대로 계승해서 단계적으로 진행된 것으로 설명한 이후 대부분 연구자들은 전통적인 방법을 개량하면서 자체 발생한 것으로 인식하게 되었다.

이러한 단계적인 자체발생에 대해 중국 자기의 영향을 다시 제기한 연구가 있다. 야마모토 타카후미(2007)는 자생발전론의 관점은 타당하다고 보면서도, 삼각형문+원문의 조합을 이 시기 문양의 기본으로 보는 것은 신중을 기해야 한다고 하고, 원문만을 기면에 시문한 자료가 많고 인화문으로의 변화가 원문 먼저 이뤄진 것으로 볼 때 삼각형문과 원문은 계통을 달리하는 것으로 볼 수 있으며, 이런 시각에서는 인화문의 등장도 다른 관점을 제시할 수 있다고 하였다. 즉 중국 홍주요洪州窯에서 제작된 원문류를 찍는 대부완이 신라에 전해져 인화문토기와 대부완의 유행에 영향을 줬을 것이라는 시각이다(도38). 최병현(2011)도 찍은 무늬로서 처음으로 나타나는 것이 반원점문이 아니고 이중원문인 점을 지적하고 찍은 이중원문의 출현은 중국 자기의 영향으로 보았다. 나아가 수적형문도 홍주요 자기의 양각 연판을 신라토기에서 재현한 것일 가능성을 지적하였다.

그러나 기존의 삼각형과 원점문의 조합에서 해당 문양 구성을 그대로 유지하면서 원점문만 찍은

도38_ 신라 대부완과 중국 홍주요 출토 인화문 청자(야마모토 타카후미 2007; ① 경주 동국대박물관, ② 중국 홍주요)

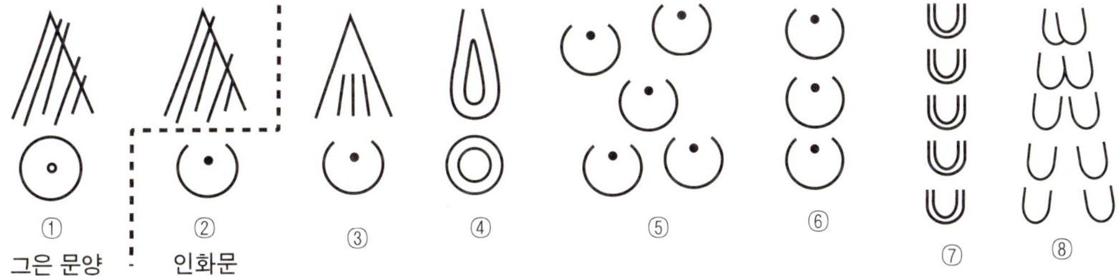

도39_ 인화문기법의 변천

문양으로 전환한 점(도39-②), 그리고 단계적으로 삼각형문도 찍은문으로 전환되어 인화문이 본격화 된 점(도39-③)으로 보아 인화문의 출현은 중국의 영향보다는 독자적인 발전의 결과로 이해하는 것이 합당하다고 생각한다. 즉 신라 도공이 문양을 하나하나 그어서 표현하는 방식에서 이를 도장을 이용하여 효율적으로 개선시켜 나간 노력의 결과로 보는 것이다. 또한 원문류를 찍어서 문양을 표현하는 방식은 이미 신라전기양식에서도 확인되는 것으로 대부장경호의 문양 중에는 원문양을 찍어 표현한 것(竹管文)이 보이는 것은 잘 알려져 있다.

　인화문의 출현시기에 대해서는 몇가지 견해가 있다. 최병현(2011)은 6세기 후반의 전반(6세기 3/4분기)으로 추정하였고, 미야카와 테이치(1988)는 6세기 후반의 어느 시점으로 보았다. 윤상덕(2010)은 아차산성 성벽 다짐층 자료로 볼 때 늦어도 6세기 말에는 시작되는 것으로 추정하였다. 홍보식(2001)은 620~640년으로 가장 늦게 보았다. 인화문 출현 이후 한 분기 정도의 시간이 지나 7세기 1/4분기가 되면 위쪽의 삼각형문양도 도장 찍는 방식을 적용하게 되어 삼각형문과 원문양 모

---

* 야마모토 타카후미(2007)는 죽관문의 전통이 중기양식 단계에서는 확인되지 않아 단절된 기간을 인정할 수 있으므로 인화문의 발생과 연결시키기는 어렵다고 하였다.

두가 인화문으로 전환된다.* 인화문이 처음 생길 때의 문양은 이전시기의 문양을 가능하면 똑같이 표현하려고 노력하였고, 초기의 인화문은 그은 문양과 육안으로 구별하기 힘든 경우도 있다. 이제 도공은 예전의 삼각형과 원문을 똑같이 복제하는 것에서 벗어나 문양의 아름다움을 개발하고 적극적으로 개량하는 시도를 한다. 즉 원문은 모양이 좀 더 복잡하고 다양해지며, 7세기 2/4분기가 되면 삼각형문양도 마치 떨어지는 물방울 같은 형태(수적형문水滴形文)가 나타난다(도39-④).

후기

●변천

후기는 7세기 4/4분기부터 8세기말에 해당한다. 후기양식토기는 동시에 여러 기종의 토기가 매납된 자료가 거의 없어 세부적인 변천상을 파악하기가 어렵다. 주로 인화문의 변천을 중심으로 대략적인 편년을 하는 실정이다.

중기양식과 구별되는 후기양식의 가장 큰 특징은 전기와 중기양식에 걸쳐 유행한 기종인 고배류가 사라지고 대부완이 유행하는 것이다. 또한 전형적인 종장연속문이 출현하여 토기 표면 전체에 화려한 인화문이 시문되는 것도 큰 특징이다.

종장연속문은 원문류를 토기 전면에 시문하던 것에서 발생한 것으로 추정되며 후기의 종장연속문은 도장에 원점문을 4~8개 연속으로 새겨서 찍는 방식이다(도40). 이런 방식은 기존 방식에 비해 더욱 화려하게 토기 표면을 장식 하면서도 문양 장식 시간을 크게 줄이는 효과를 주었다. 종장연속문은 원점문에서 발생했기 때문에 초기 모양은 이와 유사하다(도39-⑥). 이후 변형이 되어 말굽형태(馬蹄形文)로 변하고(도39-⑦) 시간이 지나면 더욱 단순해져서 점열문과 파상문이 나타난다. 8세기가 되면 위쪽을 축으로 '人'모양으로 찍는 B수법이 생기고 곧 이어 지그재그 모양으로 찍는 C수법이 생긴다. 또한 가로방향으로도 찍어서 문양을 표현하게 된다. 이 횡장연속문은 직선형에서 활모양으로 변화한다. 이러한 연속문 외에 구름문, 영락문 등과 같은 단독 문양도 표현하였다.

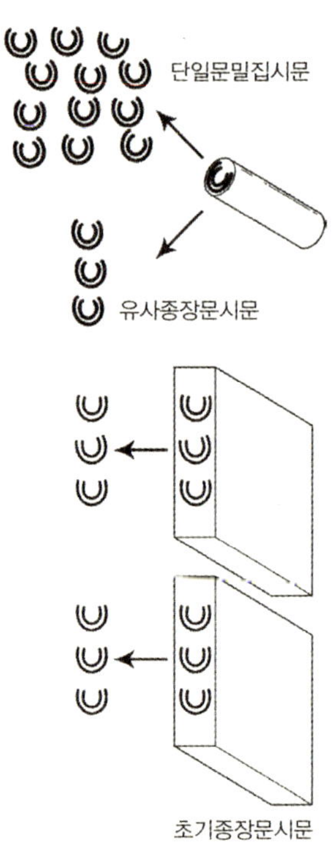

도40_ 종장연속문의 도입(이동헌 2011)

---

* 찍은 삼각집선문이 출현하는 시기, 그리고 수적형문이 출현하는 시기 역시 인화문 출현시기의 연대 차이에 따라 비슷한 차이를 보인다. 예를 들면 수적형문의 출현은 최병현은 7세기 전반의 전반(7세기 1/4분기), 미야카와 테이치는 7세기 전반, 윤상덕은 7세기 2/4분기, 홍보식은 660년 직후로 보고 있다.

기종 변화를 보면 각종 고배류는 거의 보이지 않고 대부완과 대부병, 안턱이 있는 입자형뚜껑이 주로 보인다. 대부완은 구연이 'S'자로 외반하는 형태로 변화한다. 그 시기는 7세기 말(최병현 2011)에서 8세기 초(이동헌 2008a)로 추정된다. 대부병은 목의 지름이 더 커지고 동체부가 납작해지는 것으로 보이는데 아직 정확한 변화내용은 밝혀지지 않았다. 8세기에는 주름문병이 출현하

도41_ 후기양식토기 각종(월지)

였다. 이 시기에는 횡혈식석실분 자료는 크게 줄어든다. 화장이 발달하여 생긴 현상으로 보이며, 인화문으로 화려하게 장식한 골호가 많이 보이는 것이 특징이다. 골호는 정지산 유적 같이 일상 용기였던 대부완을 이용하는 경우가 많았을 것으로 추정된다. 그러나 전용용기를 만들기도 했는데, 전용용기는 외호外壺와 내호內壺로 나누어서 내호에 화장한 뼛가루를 넣고 이를 외호에 넣어 땅속에 매장하였다. 경우에 따라 외호를 다시 석함에 넣는 경우도 있다. 외호는 뚜껑이 열리지 않도록 뚜껑과 호의 사방에 연결고리를 만들어 끈으로 묶거나 가는 철봉을 꽂았다. 화장을 위한 전용용기였던 연결고리 유개호의 초기형태는 뚜껑과 호에 부착된 연결고리 간격이 많이 떨어진 것이었다. 연결고리의 간격이 점차 좁혀져서 결국 완전히 붙은 것이 제작되었다. 미야카와 테이치는 연결고리 유개호의 유행시기를 초기형은 8세기 전엽으로, 후기형은 8세기 중·후엽 이후로 보았다.

674년에 완공된 월지(안압지) 출토품이 이 시기와 말기양식을 대표한다. 토기 가마가 전국에 분포하는데 경주 화곡리요지, 보령 진죽리 하층, 서울 사당동요지 등이 대표적이다. 경주 왕경지구 및 동천동에서는 통일신라시대의 대규모 건물지가 조사되었다. 사찰 유적은 분황사지, 사천왕사지, 감은사지가 대표적이다. 또한 울릉도를 비롯해서 통일과 함께 진출한 곳에서도 많은 신라토기가 발굴되었다.

마지막으로 절대연대를 추정할 수 있는 자료를 간단히 소개하면(도42), 경주 사천왕사지 출토품(국립경주문화재연구소 2013)은 7세기 후반의 후기양식으로의 전환기에 해당하며, 황룡사 경루지 조성(종루 건립과 동시기인 754년 추정)과 관련된 출토품(도42-①, 최병현 1987), 갈항사 동탑 유개호(도42-②, 高正龍 2000; 758년), '영태이년永泰二年'(766년, 도42-③)명 납석제호와 공반된 인화문호(朴敬源·丁元卿 1983), 서울 호암산성 제2우물지(서울大學校博物館 1990)는 8세기 중엽의 양상을 살펴볼 수 있는 자료이다.

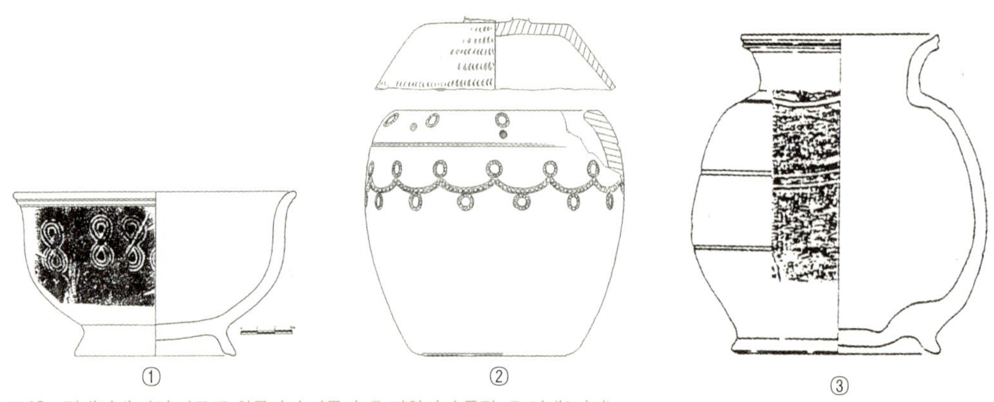

도42_ 절대연대 관련 자료(① 황룡사지 경루지, ② 갈항사지 동탑, ③ 영태2년명)

●**인화문의 존속기간**

   중기와 후기양식 토기 편년에 가장 중요한 위치를 차지하고 있는 것이 인화문의 변천에 대한 것이다. 인화문을 연구할 때 특정 문양요소가 특정시기에만 존재하는 것으로 간주하고 연대추정을 하는 경우가 많은데, 인화문의 존속기간이 상당히 길기 때문에 이를 감안해야 한다. 인화문의 존속기간이 길어 여러 종류의 문양이 공존했을 가능성은 계속 지적되어 왔다(이희준 1994, 윤상덕 2001, 홍보식 2004). 특히 대부병의 기형변화와 인화문의 조합을 살펴보면 이를 좀 더 분명하게 살펴볼 수 있다. 앞서 살펴본 바와 같이 6~7세기의 대부병은 A형~F형까지 6개의 형식으로 분류되는데(윤상덕 2010) 대부병의 기형 변화는 일정한 방향성 아래 단계적인 변화를 보여준다(도43). 즉 목이 짧고 동체부가 구형에 가까운 것에서 목이 길어지고 동체부가 납작해지는 방향으로 변화하며, 구연부도 단순한 'ㄴ'자형의 반부가 형성된 것에서 바깥쪽에 침선이 돌아가는 좀 더 복잡한 형태로 변화한다. 목과 동체부가 만나는 부분의 돌대는 처음에는 없다가 뒤에 생기며, 목 가운데의 침선도 초기에는 보이지 않는다. 굽의 단부형태도 살짝 말리는 것에서 끝을 비스듬히 깎아서 마무리 하게 된다. 대부병의 기형변화는 일정한 방향성 아래 단계적인 변화를 보여주는데 이러한 기형변화와 인화문이 표현되는 양상을 비교해 보면, 인화문은 여러 형식에서 중복해서 나타남을 알 수 있다(도43). 즉 '그은 삼각집선문+찍은 원문류(IB단계)'는 대부병 A형식에서 C형식까지 계속 나타나며, D형식에서도 일부 확인된다. 삼각집선문과 원문류를 모두 찍은 문양(IC단계)도 B~E형식까지 보인다. 수적형문(II단계)은 D형식과 E형식에서 나타나며 찍은 삼각집선문류 단계와 함께 사용된다. A형식(6세기말)-B·C형식(7세기 1/4분기)-D형식(7세기 2/4분기)-E형식(7세기 3/4분기)-F형식(7세기 4/4분기)으로 편년되는데, 단위 문양 모티브의 존속기간이 상당히 긴 것을 알 수 있다. 결국 '그은 삼각집선문+찍은 원문류'는 6세기말에서 7세기 2/4분기의 이른 시기까지 사용되어 약 50년 정도의 존속기간을 보

期	年代	型式	도면 (축척동일)	인화문				
				IB	IC	II	III	IV
전기 IIa		A	①	刻三角 印圓				
	600							
IIb		B	②		印三角 印圓			
		C	③					
	625							
IIIa		D	④			水滴		
	650							
IIIb		E	⑤				全面	
	675							
후기 Ia		F	⑥					連續 馬蹄

도43_ 대부완 기형변화와 인화문(윤상덕 2011)
① 방내리96-7호, ② 방내리93-39, ③ 방내리93-10호, ④ 방내리93-7, ⑤ 방내리93-22호, ⑥ 다운동 마7호

인다. 또한 찍은 삼각집선문과 원문류는 7세기 1/4분기에서 3/4분기까지, 마지막으로 수적형문은 7세기 2/4분기부터 7세기 3/4분기까지 사용되었을 것으로 추정된다. 따라서 각 문양들이 적어도 50년 이상의 존속기간을 가지며 상당기간 중복됨을 알 수 있다. 이는 문양의 존속기간을 고려하지 않고 인화문 문양 모티브의 존부만을 가지고 토기 편년을 진행하는 것은 편년을 왜곡시킬 수 있음을 알려준다. 인화문을 이용한 편년시에 반드시 이러한 양상을 고려해야 할 것이다.

말기

●변천

말기는 9세기 이후 통일신라 말까지로 인화문 장식이 급격하게 감소하여 무문화되는 것이 가장 큰 특징이다. 주름문병에 찍은 점열문이 남아 있는 등 인화문이 완전히 소멸하지는 않았으나 이전 시기까지 크게 유행했던 다양한 인화문은 거의 보이지 않게 된다. 소형의 주름문병은 표면에 띠를 붙이거나 점선, 실선을 촘촘하게 찍어 장식한다. 주름문병과 각병

도44 _ 각종 병류(경주 월지)   도45 _ 각종 병류(보령 진죽리)

(사면편병四面扁甁, 일면편병 一面扁甁) 등 각종 병류가 크게 유행한다. 병류 외에도 표면에 물결문 또는
침선만을 베풀어 전시기에 비해 표면 장식이 간결해지고 낮은 굽이 달린 호가 유행한다. 또한 물결
문이 목 부분에 시문된 대형 호도 제작된다. 특히 이 시기에는 중국 월주요계 청자완이 안압지를 비
롯한 여러 생활유적에서 반출되고 있는데 이를 수입하여 생활용기로 사용한 것으로 보인다. 이 시
기에는 소형기종의 감소 현상이 일어나는데 최건(1987)은 청자의 사용으로 소형 토기를 자기가 대
체해 나갔다고 보았다. 정치 사회적으로는 이러한 청자 제작의 주체를 신라 중심세력이 아닌 후삼
국의 지원하에 있는 지방의 호족세력으로 보는 의견(이희관 2002, 이종민 2002)도 발표되었다. 한편
김영원(1999)은 도기제작 이전에 자체적으로 형성된 생산체계를 강조하였다. 자기가 한반도에서 제
작 된 시기를 고려시대로 보는 시각이 다수이나 통일신라 말에 자기를 제작했을 가능성도 제기되었
다. 박순발(2001)은 해무리굽완의 굽 크기분석을 통해 9세기 전반경에 한반도에서 생산이 이루어졌
을 가능성을 제기하였고, 이종민(2002)은 10세기 초, 이희관(2003)은 10세기 2/4분기로 추정하였다.

　말기의 대표유적은 후기부터 계속 이어져 오는 것이 많다. 안압지나 황룡사지, 미륵사지, 성주사
지가 대표적이고 토기 요지로는 보령 진죽리요지, 시흥 방산동요지, 영암 구림리 등이 있다. 말기의
가장 특징적인 유적은 각지에서 축조되는 성곽유적이라고 할 수 있다. 장도 청해진유적을 비롯해서
각지에 성곽이 축조되었다. 특히 한강유역 산성인 이성산성, 호암산성, 아차산성의 경우 출토 토기
의 양상을 보면 대체로 중기에 처음 축조되고 다시 말기에 집중적으로 사용된 것을 알 수 있다.* 성

---

* 이성산성의 1차, 2차저수지의 양상, 그리고 호암산성의 한우물과 제2우물지의 양상이 이를 잘 보여준다(윤상덕
　2000)

128

곽에서 출토되는 중기양식 토기의 출현은 6세기 중엽 이후 신라의 한강유역 진출과 통일전쟁을 수행한 시기와 관련이 있을 것이다. 그리고 말기양식 토기가 출토되는 것은 통일신라말의 지방 호족의 득세와 후삼국의 각축을 반영하는 것으로 추정된다. 홍형우(1999)는 목천토성, 사산성, 신금성, 행주산성, 회진토성, 부소산성의 성벽 축조법과 출토유물을 장도 청해진의 조사 결과와 비교하여 기단석렬이 있는 판축토성은 대부분 9세기를 중심으로 한 시기에 축조되었고, 이는 신라 하대 지방 호족세력의 등장과 밀접한 관련이 있는 것으로 보았다.

절대연대를 추정할 수 있는 자료는 다른 시기에 비해 많지 않다. 가장 대표적인 유물은 전 민애왕릉 출토 '元和十年(815년)'명 골호(국립경주박물관 1985, 도29-②, 46-①)로 인화문 소멸시기를 알려주는 자료로 알려져 있다. 장도 청해진(국립문화재연구소 2001)은 828년에 설치되어 851년 폐진된 후 사람들을 강제로 육지로 이주시킨 것으로 기록되어 있어, 9세기 전반대의 자료로 의미가 크다(도46-②). 경주 석장동 동국대 구내 출토 장골기(이희준 1992)는 절대연대를 알려주는 명문은 없으나 뚜껑으로 사용된 중국청자를 통해 9세기 전엽, 또는 중엽의 절대연대 자료로 활용되고 있다(도29-③, 도46-③). 익산 미륵사지 '大中十二年(858년)'명 대호(도46-④)와 관련 출토품은 9세기 중엽경의 자료이다.

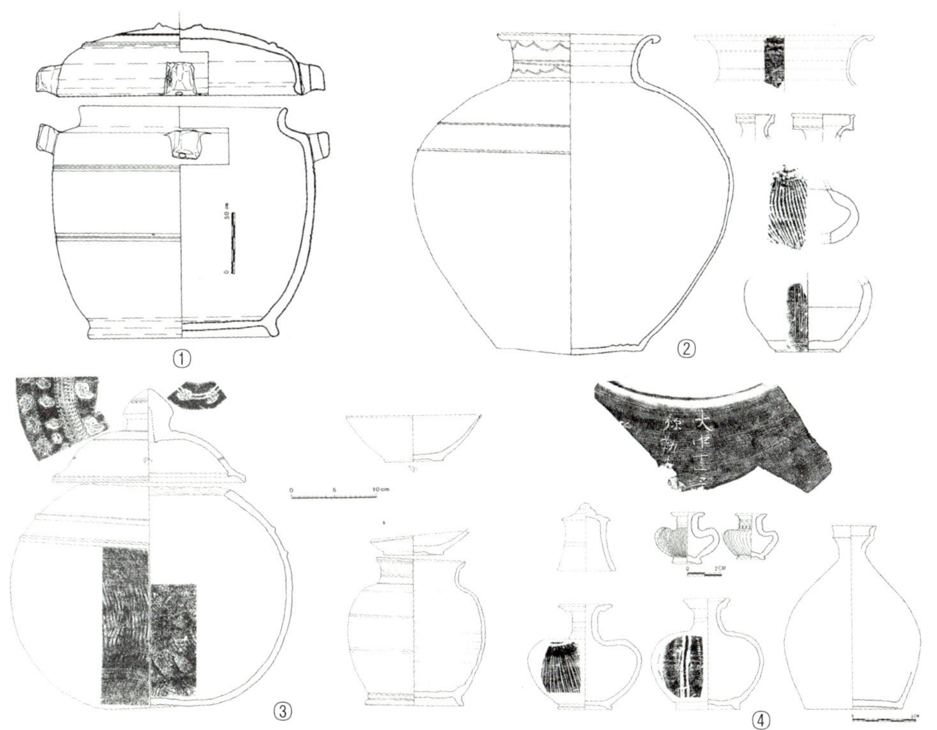

도46_ 절대연대 관련 자료(① 원화10년명 골호, ② 장도 청해진, ③ 경주 석장동 골호, ④ 대중2년명 등 미륵사지 동원승방지)

　인화문의 소멸 시기는 많은 논란이 있는 부분이다. 한병삼은 배리 삼릉 출토 골호를 근거로 9세기에는 인화문이 소멸되는 것으로 추정하였고, 이후 원화십년명 골호(815년)의 발견으로 인해 이러한 시각은 여러 연구자들이 받아들였다. 이에 대해 최근에는 다양한 견해가 제시되고 있다. 박순발(2002)은 영동계산리 건물지에서 C수법 점렬문과 화문, 깃털무늬 인화문 3점이 출토된 것을 근거로 인화문 소멸시기를 10세기 말로 추정하였다. 홍보식은 9세기 중엽으로 추정되는 경주 석장동 동국대 구내 장골기의 인화문과 주름병의 점열문 등을 근거로 미야카와 테이치의 9세기 초 인화문 소멸설을 비판하고 10세기 전반까지 지속된 것으로 보았다. 이에 반해 최병현(2011)은 오히려 소멸기시를 좀 더 올려서 8세기 후엽부터 인화문이 소멸하는 것으로 추정하였다. 각 연구자의 관점에도 차이가 있는데 완전히 인화문이 소멸된 시기에 방점을 두는 의견(홍보식 2004)과 퇴화가 시작하는 시기를 강조하는 입장(최병현 2011)이 있다. 이러한 입장 차이에 따라 쇠퇴시기의 추정도 큰 차이가 있다. 완전히 사라지는 시기를 강조하여 인화문 소멸시기를 늦춰 보는 것보다는, 문양이나 장식 기법이 소멸되는 것은 점진적인 과정을 거칠 것이므로 이를 감안하여 시기를 설정할 필요가 있다. 즉 당시 토기의 전체 범주에서 '인화문'이라는 요소가 더 이상 주된 장식요소로 사용되지 않는 시기를 소멸시기로 설정하는 것이 토기양식을 이해하는데 더 유용할 것이다. 다시 말하면 인화문의 다양한 문양과 조합이 거의 확인되지 않고, 인화문이 점열문으로 주름문병의 동체에만 남는 단계(약 9세기 초)부터를 소멸기로 보는 것이 타당하다고 생각한다.

　한편 인화문의 쇠퇴 이유로 정길자(1980)는 9세기 이후의 왕위쟁탈전, 중앙권력의 쇠퇴로 인한 가혹한 수취와 각지에서 발생한 민란, 그리고 선종이 유행하는 현상을 들은 바 있다. 향후 소멸시기에 대한 연구뿐만 아니라 왜 이러한 현상이 나타났는지에 대한 연구도 수행되어야 할 것이다.

전망과 과제

　신라 중기양식에서 말기양식 토기에 대한 연구는 전기양식에 비해 출토수량도 적고 동일시기에 제작한 것이 확실한 자료도 많지 않아 연구가 많이 진행되지 않았다. 이런 한계 때문에 파편으로도 연구가 가능한 인화문 연구에 집중해 온 것이 사실이다. 그러나 최근 중기에서 후기 초기인 6~7세기의 경우 동시에 묻힌 것으로 파악되는 유물의 사례가 증가함에 따라 상세한 편년이 가능하게 되었다. 8세기 이후의 연구는 여전히 답보상태에 있으나 상대적으로 자료가 많고 인화문과 기형변화

130

를 파악하기 쉬운 대부완과 연결파수부유개호(골호)을 중심으로 연구가 진행되고 있다. 또한 9세기 이후에는 주름문병과 대호, 각종 병류를 추가하여 편년연구가 시도되었다. 경주 화곡리요지에서는 이 시기에 해당하는 대량의 토기가 발굴되어 중요한 자료를 제공하였다.

이 글에서는 기존 연구를 토대로 현재 신라토기에 대한 연구가 어디까지 진행되었는지를 소개하였다. 여러 연구를 종합하여 설명하려고 하였으나 대략적인 내용에 그치는 경우가 많았다. 특히 후기와 말기양식의 토기는 상세한 설명이 어려웠다. 이 시기에 대한 연구는 향후 과제이다.

이 글의 대상은 사실상 경주지역의 토기에 한정하였다. 먼저 경주에서 제작하고 사용했던 토기양상이 명확하게 파악되어야 다른 지역의 토기도 연구할 수 있다는 생각이 있었기에 경주지역에 집중하였다. 그러나 실상은 다른 지역의 연구가 부족하기 때문이었다. 지역별 연구가 영세하다 보니 중앙과 지방 토기양식의 통일이나 다양성에 대한 연구는 진행하기가 어려웠다. 통일신라의 토기는 신라가 삼국을 통일한 이후 어떻게 신라토기가 새롭게 점령한 지역으로 퍼져갔는지, 혹은 피점령인이 어떻게 이를 수용했는지에 대한 연구를 할 수 있는 좋은 자료이다. 앞으로 이런 시각에서 통일신라토기에 접근하는 것도 효과적일 것이다.

마지막으로 신라토기를 전기-중기-후기-말기로 나누어 살펴보았다. 신라토기 자료가 증가하고 연구가 계속 됨에 따라 새롭게 분류하고 공통점을 묶어서 상호 비교하는 작업이 필요하게 되었다. 최근에는 시기구분안에 대한 여러 논의가 시작되고 있다. 여기서 설명한 시기구분안은 아직 많은 보완이 필요한 시안에 불과하다. 향후 이에 대해 더욱 진전된 연구가 이루어지기를 기대한다.

보고서

慶北大學校考古人類學科, 1987,『陜川苧浦里D地區遺蹟』.

慶尙北道文化財硏究院, 2000,『大伽倻 歷史館 新築敷地內 高靈池山同古墳群』.

__________________, 2002,『浦項 鶴川里遺蹟發掘調査報告書I, II, III』.

__________________, 2006,『慶州 月山里遺蹟』.

__________________, 2007,『浦項 江沙里 遺蹟』.

國立慶州文化財硏究所, 1995,『乾川休憩所新築敷地 發掘調査報告書』(1993년 발굴).

__________________, 1995,『慶州 皇南洞 106-3番地 古墳群 發掘調査報告書』.

__________________, 1996,『慶州芳內里古墳群』(1968년 발굴).

__________________, 1998,「慶州 芳內·棗田里 古墳群」,『文化遺蹟發掘調査報告-緊急發掘調査
　　報告書』III(1996년 발굴).

__________________, 2002,『新羅王京 發掘調査報告書I』.

__________________, 2004,『慶州蓀谷洞·勿川里遺蹟』.

__________________, 2005,『慶州 九黃洞 皇龍寺址展示館 建立敷地內 遺蹟: 九黃洞 苑池 遺蹟』.

__________________, 2005,『芬皇寺 發掘調査報告書 I』.

__________________, 2012,『四天王寺 I 金堂址 발굴조사보고서』.

國立慶州博物館, 1985,『傳閔哀王陵周邊整備報告』.

__________________, 1990,『慶州市月城路古墳群』.

__________________, 1993,『慶州 隍城洞 石室墳』.

__________________, 1994,「慶州 東川洞 收拾調査 報告」,『국립경주박물관연보』.

__________________, 1995,『冷水里 古墳』.

__________________, 2011,『慶州 普門洞合葬墳(舊 慶州 普門里夫婦塚)』.

國立文化財硏究所, 2001,『將島淸海鎭 遺蹟發掘調査報告書 I』.

__________________, 2002,『將島淸海鎭 遺蹟發掘調査報告書II』.

國立扶餘文化財硏究所, 1996,『彌勒寺 遺蹟發掘調査報告書II』.

國立中央博物館, 2003,『特別展 統一新羅』.

畿甸文化財硏究院, 2005,『龍仁 寶亭里 소실遺蹟 試·發掘調査報告書』.

東亞大學校博物館, 1982,『陜川三嘉古墳群』.

文化公報部 文化財管理局, 1979,『雁鴨池 發掘調査 報告書』.

文化財管理局 文化財研究所, 1984, 『皇龍寺 遺蹟發掘調査報告書I』.

___________________, 1989, 『彌勒寺 遺蹟發掘調査報告書I』.

福泉博物館, 2006, 『機張 校里遺蹟』.

釜山大學校博物館, 1983, 『蔚州華山里古墳群』.

___________________, 1987, 『陜川苧浦里E地區遺蹟』.

서울大學校博物館, 1990, 『한우물』.

___________________, 2000, 『아차산성-시굴조사보고서』.

聖林文化財研究院, 2008, 『浦項 烏島里 新羅墓群』.

___________________, 2012, 『慶州花谷里生産遺蹟』.

신라문화유산조사단, 2008, 『慶州 德泉里遺蹟』.

嶺南文化財研究院, 2005, 『慶州 舍羅里 525番地遺蹟』.

___________________, 2005, 『浦項 牛伏·南城里遺蹟』.

___________________, 2009, 『慶州 芳内里 古墳群-경부고속철도 건설구간내』.

蔚山文化財研究院, 2008, 『蔚山茶雲東436-5遺蹟』.

蔚山發展研究院 文化財센터, 2003, 『蔚山 茶雲洞 마地域 遺蹟』.

___________________, 2009, 『울산 반구동 유적』.

梨花女子大學校博物館, 1987, 『특별전 統一新羅·高麗질그릇』.

忠南大學校博物館, 1998, 『聖住寺』.

韓國文化財保護財團, 1999, 『慶州市 競馬場 豫定敷地 C-1 地區 發掘調査 報告書』.

___________________, 2000, 『慶州市 栗洞 1108番地 古墳群 發掘調査 報告書』.

___________________, 2005, 『慶州 隍城洞 遺蹟 II-江邊路 3-A工區 開設區間内 發掘調査 報告書』.

___________________, 2006, 『浦項 仁德洞 遺蹟』.

___________________, 2009, 『慶州 神堂里 遺蹟』.

논저

姜敬淑, 1987, 「慶州 拜里出土 土器骨壺 小考」, 『三佛金元龍敎授停年退任記念論叢』, 一志社.

_____, 1989, 「統一新羅時代 土器」, 『韓國陶磁史』, 一志社.

_____, 1998, 「고려청자의 편년시안」, 『考古美術史論』6 忠北大學校考古美術史學科.

姜昌和, 1994, 「統一新羅時代土器의 變遷에 對한 研究」, 嶺南大學校 大學院 碩士學位論文.

江浦洋, 1988, 「日本出土の統一新羅系土器とその背景」, 『考古學雜誌』74-2.

강현숙, 1996,「경주에서 횡혈식석실분의 등장에 대하여」,『신라고고학의 제문제』, 제20회 한국고고학전국대회, 韓國考古學會.

高正龍, 2000,「葛項寺石塔と舍利容器-8世紀中葉の新羅印花文土器-」,『朝鮮古代研究』2, 朝鮮古代研究刊行會.

宮川禎一, 1988a,「文樣からみた新羅印花文陶器の變遷」,『歷史學と考古學』, 高井悌三郎先生喜壽記念論集.

________, 1988b,「新羅陶質土器研究の一視點-7世紀代お中心として」,『古代文化』40-6.

________, 1989,「新羅連結把手付骨壺の變遷」,『古文化談叢』20-中, 九州古文化研究會.

________, 1991,「宗像市相原2号墳出土新羅土器の再檢討-初期印花文陶器の文樣系譜」,『地域相研究』, 第20卷 上卷.

________, 1993,「新羅印花文陶器變遷の劃期」,『古文化談叢』30-中, 九州古文化研究會.

________, 2000,「新羅印花文土器の文樣分析-慶州雁鴨池出土土器の檢討」,『朝鮮古代研究』2, 朝鮮古代研究刊行會.

權五榮 外, 2004,「Ⅵ. 종합고찰」,『龍仁 星福洞 統一新羅 窯址』.

金秉模·沈光注, 1991,「고찰」,『二聖山城-三次發掘調査報告書』, 漢陽大學校博物館.

金英媛, 1999,「統一新羅時代 鉛釉의 發達과 磁器의 出現」,『美術資料』62, 國立中央博物館.

金玉順·李祥美, 1998,「5~6世紀 醴泉 地域集團의 空間的 範圍」,『嶺南考古學』23.

金元龍, 1960,『新羅土器의 研究』, 乙酉文化社.

_____, 1968,『한국미술사』.

_____, 1977,「安東郡馬洞古墳郡의 土器에 對한 考察-新羅土器의 編年을 위한 一作業」,『歷史學報』75·76.

_____, 1979,「古新羅의 土器と土偶」,『世界陶磁全集』17, 小學館.

_____, 1984,「統一新羅土器初考」,『考古美術』162·163.

_____, 1985,「統一新羅-土器」,『韓國史論』15, 國史編纂委員會.

_____, 1986,『韓國考古學槪說』, 一志社.

_____, 1987,「斯盧六村과 慶州古蹟」,『韓國考古學研究』, 제3판, 一志社.

金載悅, 1988,「高麗白磁의 發生과 編年」,『考古美術』177.

金鍾萬, 1989,「短脚高杯의 歷史性에 對한 研究」, 忠南大學校 大學院 碩士學位論文.

金賢晶, 2002,「陵山里寺址 出土 印花紋土器에 대한 檢討」,『공주박물관 紀要』第15輯.

김재현, 1991,「伽倻故地 出土 短脚高杯에 관한 연구」, 東亞大學校 大學院 碩士學位論文.

金柱昊, 2002,「考察-土器」,『新羅王京 發掘調査報告書』I.

134

남진주, 2000,「尙州 靑里 고분출토 청자 편년연구」,『美術史學硏究』225·256.

朴敬源·丁元卿, 1983,「永泰二年銘蠟石製壺」,『年報』6, 釜山直轄市立博物館.

朴普鉉, 1998,「短角高杯로 본 積石木槨墳의 消滅年代」,『新羅文化』15, 東國大學校新羅文化硏究所.

______, 2003,「湖西地域의 水系別 新羅文化 定着過程」,『嶺南考古學』32.

朴淳發, 1998,「遺物에 대한 考察-土器·磁器」,『聖住寺』, 忠南大學校博物館.

______, 2000a,「羅末麗初 土器 編年 豫告」.『韓國古代史와 考古學』.

______, 2000b,「唐代 玉壁底의 變遷과 韓半島 해무리굽 磁器의 出現,『용인 서리 고려백자요지의 재조명』, 용인시사편찬위원회.

______, 2002,「永同稽山里 建物址의 性格-中世考古學의 一例」,『湖西考古學』6·7, 湖西考古學會.

변영환, 2007,「羅末麗初土器 硏究」, 충남대학교 대학원 석사학위논문.

山本孝文, 2001,「古墳資料로 본 新羅勢力의 湖西地方 進出」,『湖西考古學』4·5, 湖西考古學會.

________, 2007,「印花紋土器의 發生과 系譜에 대한 試論」,『嶺南考古學』41.

石家庄地區革委會文化局文物發掘組, 1977,「河北贊皇東魏李希宗墓」,『考古』6.

成在賢, 2001,「淸州地域 出土 新羅土器의 編年硏究」, 高麗大學校 大學院 碩士學位論文.

成正鏞, 2002,「錦山地域 三國時代 土器編年-百濟와 加耶 勢力 사이의 內陸交通路에 대한 理解를 위하여」,『湖南考古學報』16.

小田富士雄, 1978,「對馬·北部九州發見의 新羅系陶質土器」,『古文化談叢』5, 九州古文化硏究會.

__________, 1987,「對馬·北部九州發見의 新羅土器」,『三佛金元龍敎授停年退任記念論叢』考古學篇, 一志社.

宋閏貞, 2007,「토기」,『龍仁 彦南里 : 統一新羅 生活遺蹟』, 한신대학교박물관.

申敬澈, 1985,「考察」,『金海禮安里古墳群』I, 釜山大學校博物館.

申鍾煥, 1996,「淸州 新鳳洞出土遺物의 外來的 要素에 關한 一考-90B-1号墳을 中心으로」,『嶺南考古學』18.

______, 1997,「忠北地方 三韓·三國土器의 變遷-遺蹟의 編年的 相對序列을 提示하며」,『考古學誌』8.

吳在鎭, 2001,「忠北地方 新羅古墳」,『湖西考古學』4·5, 湖西考古學會.

______, 2001,「新羅의 湖西地方 進出過程에 대한 고고학적 연구」, 崇實大學校 大學院 碩士學位論文.

우순희, 1989,「慶南地域의 6世紀 土器硏究-土器定型化科程에 대해」, 慶北大學校 大學院 碩士學位論文.

有光敎一, 1932,「慶州忠孝里石室古墳調査報告」,『1932年度古蹟調査報告』第二冊, 朝鮮總督府.

尹相悳, 2000,「고찰-토기」,『아차산성-시굴조사보고서』, 서울大學校博物館.

______, 2001, 「6~7世紀 新羅土器 相對編年 試論」, 『韓國考古學報』45.

______, 2004, 「통일신라시대 토기의 연구현황과 과제」, 『통일신라시대고고학』, 제28회 한국고고학
　　　　전국대회, 韓國考古學會.

______, 2010, 「6~7세기 경주지역 신라토기 편년」, 『한반도 고대문화 속의 울릉도-토기문화』, 동북
　　　　아역사재단 연구총서 57.

______, 2011a, 「신라토기의 시기구분과 변천」, 『특별전 용천동굴의 신비』, 국립제주박물관.

______, 2011b, 「普門洞合葬墳의 築造年代」, 『慶州 普門洞合葬墳(舊 慶州 普門里夫婦塚)』.

尹龍二, 1986, 「高麗陶磁의 變遷」, 『澗松文華』31, 澗松美術館.

______, 1991, 「고려시대 질그릇(陶器)의 變遷과 特色」, 『고려시대 질그릇』, 연세대학교박물관.

尹容鎭·朴淳發, 1991, 「考察」, 『慶州新院里古墳群發掘調査報告書』, 慶北大學校博物館·慶南大學校
　　　　博物館.

李康承·李熙濬, 1993, 『慶州 隍城洞 石室墳』, 國立慶州博物館.

李東憲, 2008a, 「印花文 有蓋盌 研究-慶州地域 出土遺物을 中心으로」, 釜山大學校 大學院 碩士學位
　　　　論文.

______, 2008b, 「印花文 有蓋盌相對編年」, 『考古廣場』2, 釜山考古學研究會.

______, 2011, 「統一新羅 開始期의 印花文土器-曆年代 資料 確保를위하여」, 『韓國考古學報』81, 韓
　　　　國考古學會.

______, 2013, 「경주 화곡리 출토 통일양식토기 문양 도상의 변화」, 『경주 화곡리 생산유적과 신라왕
　　　　경의 요업-신라토기 연구의 새 지평을 열다』, 학술대회발표자료집, 聖林文化財研究院.

이상수, 1995, 「영동지방 신라고분에 대한 일고찰-북평지역 고분군을 중심으로」, 『韓國上古史學
　　　　報』18.

李盛周, 1993, 「洛東江東岸樣式土器에 대하여」, 『제2회 영남고고학회 학술발표회 발표 및 토론요
　　　　지』.

______, 2003, 「기술혁신의 사회적 조건과 과정」, 『삼한·삼국시대의 토기생산기술』, 제7회 복천박
　　　　물관 국제학술대회.

李鐘玟, 2002, 「韓國의 初期靑磁 研究」, 弘益大學校 大學院 博士學位論文.

李種宣 외, 1987a, 『龍人西里 高麗白磁窯』, 湖巖美術館.

______, 1987b, 「龍人 高麗白磁窯의 窯業變遷에 대한 試考-計量的 屬性 分析을 통해 본 요업형태
　　　　변천의 연구」, 『三佛金元龍敎授停年退任記念論叢』, 一志社.

李漢祥, 1999, 「7세기대 전반의 신라 대금구에 대한 인식-황룡사지형 대금구의 설정」, 『고대연구』7.

______, 2003, 「동해안지역의 5~6세기대 신라분묘 확산양상」, 『嶺南考古學』32.

李喜寬, 2002,「韓國 初期靑磁에 있어서 해무리굽碗 問題의 再檢討」,『제45회 전국역사학대회 발표
　　　요지문』, 歷史學會.

李喜寬·崔健, 2001,「高麗初期 靑磁生産體制의 變動과 그 背景」,『美術史學硏究』232.

李熙濬, 1992,「慶州 錫杖洞 東國大 構內出土 藏骨器-中國靑磁가 伴出된 例」,『嶺南考古學』11.

　　　, 1994,「부여 정림사지 蓮池 유적 출토의 신라 인화문토기」,『韓國考古學報』31.

任孝宰·尹相悳, 2002,「峨嵯山城의 築造年代에 대하여」,『悠山姜仁求敎授 停年紀念 東北亞古文化
　　　論叢』, 淸溪史學 16·17輯.

任孝宰·崔鍾澤, 1990,「한우물-出土 遺物에 대한 考察」,『한우물』, 서울大學校博物館.

鄭吉子, 1980,「新羅藏骨容器硏究」,『韓國考古學報』8.

　　　, 1989,「新羅時代의 火葬骨藏用土器 硏究」, 崇實大學校 大學院 碩士學位論文.

鄭明鎬, 1986,「高麗時代의 질그릇(土器)」,『考古美術』171·172.

鄭澄元·申敬澈, 1983,「考察」,『蔚州華山里古墳群』, 釜山大學校博物館.

齊藤忠, 1936,「新羅火葬骨壺考」,『考古學論叢』第二輯.

重見泰, 2004,「新羅 印花文土器 硏究의 文樣論 再考-「新羅王京樣式」의 提唱과 그 基礎硏究로
　　　서-」,『韓日交流의 考古學』, 第6回 嶺南·九州考古學會 合同考古學大會 발표문.

　　　, 2005,「7世紀前後における新羅土器 '有蓋高杯'の形態變化」,『考古學硏究』第51券 第4号.

　　　, 2012,『新羅土器からみた 日本古代の國家形成』, 學生社.

秦弘燮, 1979,「慶州出土骨壺의新例」,『考古美術』2-5, 한국미술사학회.

崔健, 1987,「韓國 靑磁 發生에 관한 背景的 考察」,『古文化』31.

　　　, 1990,「統一新羅時代 硬質陶器의 傳統繼承과 中國陶磁文化의 受容에 관하여」,『韓國陶器發生
　　　에 관한 諸問題』, 第1回 東垣記念學術大會發表要旨.

　　　, 1995,「고려청자 언제 어떻게 만들어졌나」,『美術史論壇』1.

崔孟植, 1991,「統一新羅 줄무늬 및 덧띠무늬 토기병에 관한 小考」,『文化財』24.

崔秉鉉, 1987,「新羅後期樣式土器의 成立 試論」,『三佛金元龍敎授停年退任記念論叢』, 一志社.

　　　, 1988,「新羅石室古墳의 硏究」,『崇實史學』5, 崇實大學校史學會.

　　　, 1992,『新羅古墳硏究』, 一志社.

　　　, 1997,「서울 江南地域 石室墳의 性格」,『崇實史學』10, 崇實大學校史學會.

　　　, 2001,「新羅 初期 石室墳의 樣相」,『韓國考古學報』44.

　　　, 2010,「중원의 신라고분」,『중원의 고분』, 국립중원문화재연구소.

　　　, 2011,「신라후기양식토기의편년」,『嶺南考古學』59, 嶺南考古學會.

崔喆熙, 2003,「高麗時代 질그릇의 型式分類와 變遷過程-瓶·壺·大甕을 中心으로」, 한신大學校 大

學院 碩士學位論文.

韓炳三, 1979, 「統一新羅の土器」, 『世界陶磁全集』17, 小學館.

______, 1981, 「土器」, 『韓國의 美』, 中央日報社.

韓惠先, 2001, 「경기지역 출토 고려시대 질그릇 연구」, 檀國大學校 大學院 碩士學位論文.

洪潽植, 1995, 「考古資料로 본 6~7世紀代 社會變化-嶺南地域을 中心으로」, 『韓國古代史論叢』, 韓
        國古代社會研究所.

______, 2001, 「6~7世紀代 新羅古墳 研究」, 釜山大學校 大學院 博士學位論文.

______, 2004, 「統一新羅土器의 上限과 下限 - 연구사 검토를 중심으로」, 『嶺南考古學』34.

______, 2005, 「통일신라연결고리유개호의발생과전개」, 『韓國上古史學報』50.

洪亨雨, 1999, 「將島 淸海鎭 遺蹟의 考古學的 考察-土器, 기와, 城壁築造技法을 중심으로」, 서울大
        學校 大學院 碩士學位論文.

03

주 경 미

신라의 금속공예

__ 머리말

　금속공예는 금속의 특성을 이용하여 만든 각종 공예품으로서, 인류가 금속을 사용하기 시작한 이후로 지금까지 꾸준히 발달해왔다. 지구상에 현존하는 금속은 매우 다양하지만, 고대부터 현재까지 공예품의 제작에 주로 사용된 금속은 금(金, Au), 은(銀, Ag), 구리(동[銅], Cu), 철(鐵, Fe), 주석(錫, Sn), 아연(亞鉛, Zn), 납(연[鉛], Pb) 등이다. 동아시아에서는 이 중에서 금, 은, 동, 주석, 철을 오금五金이라고 하여 특히 중요시했다(이난영 2012, 전용일 2006).

　금속은 상온에서 단단하고 안정적이며, 표면에 광택이 있어서 아름다우며, 전연성展延性이 좋아서 다양한 형태로 조형화될 수 있다. 특히 전연성이 뛰어나고 안정된 금, 은 등의 귀금속은 각종 장신구를 비롯한 위세품威勢品의 제작에 널리 사용되었으며, 청동이나 철과 같은 단단한 금속은 실용적인 무기, 공구, 기물의 제작에 사용되었다. 또한 비철금속들은 대부분 서로간의 합금合金이 가능하며, 합금을 통해 원래의 금속 성질이 변하는 점이 공예품 제작에 활용되기도 했다.

신라에서는 이미 건국 초기부터 청동기와 철기를 다양하게 제작하여 사용했으며, 신라의 고분에서는 화려한 금은제 공예품들이 다수 출토되어 일찍부터 금속공예가 높은 수준으로 발전해 있었다. 신라의 금속공예 중에서도 일찍부터 주목받은 것은 고신라시대의 적석목곽분에서 출토된 다양한 금속제 장신구와 기물류器物類이다. 이에 대해서는 이미 고고학 및 관련 학계에서 오래전부터 심도 깊게 연구되어 왔다.

신라의 금속공예품은 크게 용도에 따라 일상생활용 공예품과 불교공예품으로 나누어진다. 이중에서 일상생활용 공예품은 다시 용도에 따라 장신구, 기명器皿, 마구, 무구, 농공구, 기타 장식품 등으로 나누어지는데, 고분을 비롯하여 궁성지, 공방지, 사지寺址 등 다양한 유적에서 출토된다. 기명류는 완盌, 합盒, 접시(평명平皿), 초두鐎斗, 정鼎, 숟가락, 국자 등 일상생활용 그릇들이 중심이며, 고배高杯와 향로香爐 등과 같은 특수한 용도를 가진 예도 있다. 6세기 이후 신라 왕실에서 적극적으로 불교를 발전시키면서 불교 관련 금속공예품의 제작도 활발해졌다. 통일신라시대에는 고분 출토 유물의 수가 극히 줄어드는 대신 불교 공예품의 예가 급격하게 늘어난다. 신라의 불교 공예품은 각종 불교 의례에서 사용되었던 공예품들로서 불사리장엄구佛舍利莊嚴具, 범종, 금고金鼓, 향로, 등촉구 등 여러 가지가 있다(진홍섭 1980, 이호관 1996, 장충식 2004, 김연수·최응천 2004).

이 책에서는 장신구, 농기구, 철기, 무기, 무구 등에 대해서 각각 별도의 장에서 다루고 있으므로, 여기에서는 금속공예의 전반적인 특징과 주요 제작기법, 그리고 주요 출토 유적 및 불교 관련 금속공예품 등을 중심으로 신라의 금속공예를 개괄하겠다. 먼저 신라 금속공예의 주요 제작기법과 특징을 살펴보고, 그 다음으로는 금속공예품들이 출토된 주요 유적의 종류와 특징을, 그리고 그 다음에는 출토된 주요 금속공예품들을 각각 일상생활용 공예품, 불교 공예품으로 나누어 살펴보겠다.

금속공예의 연구에 있어서 가장 중요한 것은 바탕이 되는 금속의 재질과 특성에 대한 이해이다 (엄준상 1984, 송오성·이정임 2009). 비철금속들은 서로간의 합금이 가능하며, 합금 성분과 비율에 따라 색상과 성질이 조금씩 달라진다. 그러나 동과 동합금인 청동, 황동, 백동 등을 비롯한 다양한 금속 재질로 만든 공예품들은 오랜 시간이 지나면 표면이 산화되고 색상이 변하여 육안으로는 정확한 성분을 파악하는 것이 불가능하다. 또한 수은(水銀, Hg)을 이용한 도금기법鍍金技法이 발달하면서 합금된 금속의 표면에 도금한 공예품들은 정확한 재질을 파악하기 어려운 경우가 많다. 철의 경우에도 비철금속과의 합금은 어렵지만 탄소(C)와 합금이 되기 때문에 합금 비율에 따라 나타나는 다양한 성질들이 공예 제작기법에 여러 가지로 응용된다.

1980년대 이전의 연구에서는 금속공예품에 대한 기본 성분 및 재질 조사가 대체로 육안에 의해서 이루어졌기 때문에 기초 데이터가 부정확하게 조사된 경우가 종종 있었다. 그러나 1990년대 이후 보존과학분야를 중심으로 금속 성분 분석 및 표면처리 방식, 단면 현미경 촬영에 의한 금속 조직 및 X선 촬영에 의한 구조 파악 등의 기초 데이터 조사가 과학적 방법으로 꾸준히 행해지면서 이전의 통설과는 다른 여러 가지 새로운 사실들이 밝혀지게 되었다(임선기 1992, 姜大一 1992). 아직까지 모든 발굴 금속공예품에 대한 과학적 조사가 이루어지지는 않았지만, 이러한 과학적 기초 조사는 고고학적 발굴 금속공예품의 연구에서 꾸준히 활용되어야 할 중요한 과제이다.

기존의 금속공예 연구에서는 육안으로 구별되는 금, 은, 동, 동합금(혹은 청동), 철 등을 재질별로 나누어 연구해 온 경향이 강했다. 물론 금속의 재질에 따라 주요 제작기법이 달라지기는 하므로 기본적인 재질 파악은 중요하지만, 고대 금속공예품에서는 서로 다른 금속을 사용하여 하나의 공예품을 제작하는 경우도 있고, 신라의 공방지 중에는 금속기와 유리기, 칠기 등을 하나의 공방에서 제작했던 흔적도 발견된다. 그러므로 앞으로의 금속공예 연구에서는 개별 유물의 재질과 형식에 집착하는 기존의 분류학적 단계를 넘어서서 유물이 발굴된 전체 유적이나 시대상황 등을 고려하여 전체적이고 종합적인 관점에서의 연구가 필요하다. 여기에서는 이러한 연구상의 한계점을 고려하면서 지금까지 알려진 신라 금속공예의 전반적 모습을 개괄하겠다.

__금속공예의 제작기법

금속공예의 연구에서 가장 기본적이지만 논의하기 어려운 부분이 바로 제작기법 문제이다. 금속공예의 제작기법은 바탕 금속의 성질마다 다르게 적용되며, 활용하는 장인의 솜씨에 따라 여러 가지 금속의 성질을 이용한 다양한 제작기법이 사용되었다. 금속 중에서도 특히 중요한 것은 단단한 철, 금이나 은과 같이 자연상태에서 안정성이 높고 화려한 귀금속들, 다양한 합금이 가능하여 보편적으로 사용되던 구리 등이 있다. 각 금속들은 서로 성질이 다르고, 사람들이 만들고자하는 물건의 용도도 각각 다르기 때문에 개별 유물들은 제작목적에 따라 다양한 재질과 제작기법을 응용하여 제작되었다. 단단하면서도 실용적인 도구나 공구를 만들 때에는 철이나 청동을, 장식성이 강한 위세품을 만들 때는 값비싼 금이나 은을 사용하는 것이 일반적이다.

금속공예의 제작기법은 기본적으로는 기본 형태를 만드는 형성과정과 완성된 형태의 표면을 마무리하거나 장식하는 여러 단계의 표면 장식 공정을 거쳐서 완성된다. 신라의 금속공예품 중에서는 금이나 은으로 만든 위세품들이 표면에 각종 장식이 이루어진 경우가 많은데, 이러한 표면장식기법

142

은 매우 섬세하고 발달된 수준을 보여준다. 한편 형성과정에서부터 표면장식을 조각해서 완성하거나, 2-3차의 공정을 거쳐서 표면장식기법이 복합적으로 이용되는 경우도 있어서 공예품마다의 실제 제작공정은 일정하지 않다. 여기에서는 신라 금속공예의 제작기법을 크게 공예품의 주요 형태를 형성하는 형성기법形成技法과 형성된 공예품의 표면을 장식하는 표면장식기법으로 나누어 살펴보겠다.

형성기법

금속을 이용하여 물건을 만들 때에 이용되는 가장 기본적이고 중요한 두 가지 금속의 성질은 용해성과 전연성이다. 용해성이란 금속이 일정한 온도에서 녹아서 액체화되는 성질로서 이 성질을 이용한 중요한 형성기법이 바로 주조기법(鑄造技法, casting)이다. 전연성은 금속이 넓고 얇게 늘어나는 성질로서, 이 성질을 응용하는 기법으로는 금속판을 망치로 두드려서 넓게 펴거나 긴 막대기로 만드는 단조기법(鍛造技法, Forging or Hammering) 및 넓게 펴서 만든 금속판을 자르거나 땜으로 붙여서 형태를 만드는 판금기법(板金技法, Sheet Metal Technique) 등이 있다.

주조기법은 인류 역사에서 금속을 이용한 공예품을 제작하던 가장 이른 시기부터 사용되어 온 가장 오래된 기법으로, 광석을 가열하여 용해한 후 액체 상태의 금속을 일정한 형태의 틀, 즉 거푸집(鑄型, 范, mold)에 부어 넣어서 형태를 만드는 기법이다. 이 기법은 대부분의 모든 금속에 적용할 수 있으며, 금속의 전연성을 이용한 공예품을 만들 때에도 기본적으로는 주조하여 판이나 봉을 만든 후 형성하게 되므로 금속공예의 제작기법 중에서는 가장 기본적이면서도 중요한 기법이다.

주조기법은 기본적으로 만들고자하는 원형(原型, model)을 만든 후 그 원형을 이용하여 다시 만든 거푸집에 금속물을 부어 넣어 굳혀서 형상을 만드는 과정으로 진행된다. 이때 원형과 거푸집의 재질과 형태에 따라 하나의 원형을 이용하여 똑같은 거푸집을 여러 개 만들거나 같은 거푸집에 여러 번 금속물을 부어 넣어서 동일한 형태와 크기의 물건을 여러 개 반복하여 제작하는 것도 가능하여 비교적 대량 생산에 적합하다. 그러나 원형과 틀의 재질 및 제작방식에 따라 하나의 형태만을 만드는 경우도 많다. 주조기법은 원형과 거푸집의 제작방식에 따라 다양한 여러 가지 세부 기법으로 나누어질 수 있다(전용일 2006, 尹用賢 2013).

주조기법 중에서 비교적 간단한 방식은 나무나 금속, 흙 등으로 만든 원형을 흙 혹은 주물사鑄物沙 위에 대고 눌러서 만든 거푸집인 토범土范을 이용한 주조기법이다. 좀 더 발전하게 되면 흙으로 만든 거푸집을 불에 구워서 도범陶范으로 만들거나 돌로 깎아서 만든 거푸집인 석범石范을 사용하기도 한다.

정교한 주조품을 만들 때에는 밀랍(蜜蠟, wax)을 사용하여 원형을 만든 후 그 원형을 흙으로 둘러 싼 후 가열하여 틀을 만드는 밀랍주조방식(失蠟法, lost wax casting)을 사용한다. 중국에서는 밀랍주

조방식이 이미 기원전 6~5세기경 전국시대부터 고도로 발전했다. 신라에서도 일찍부터 밀랍주조방식을 받아들였으며, 통일신라시대에는 범종을 비롯한 다양한 불교 공예품들이 발달된 밀랍주조기법으로 제작되었다.

신라의 금속공예품 중에서 주조기법으로 만들어진 예는 상당히 많은데, 대부분 청동제 그릇 및 범종, 향로 등이다. 신라의 청동제 그릇들은 대부분 구리와 주석의 합금으로 제작되는데, 합금 성분은 구리 78%에 주석 22%의 성분을 가지는 조선시대의 유기(鍮器, 놋쇠)와 유사한 경우가 많다(안귀숙 2002). 간혹 신라 청동기 중에는 구리와 주석에 아연이 다수 포함된 고석청동기도 있는데, 육안으로는 이러한 성분 구별이 불가능하므로 대부분 청동제로 통칭되고 있다. 경주 동천동을 비롯한 여러 청동기 공방 유적에서는 통일신라시대의 청동제 그릇을 제작할 때 사용했던 거푸집과 도가니, 금속 슬래그 등이 출토되어(도1), 이러한 금속기의 주조공방이 경주 시내에 있었음이 확인되었다(동국대학교 경주 캠퍼스 박물관 1998, 권혁남 외 2000, 김길웅 외 2004).

주조된 기물 중에는 표면에 정을 비롯한 도구로 문양을 새기거나 도금하여 장식하는 경우도 있으며, 원형이나 거푸집 자체에 조각을 하여 입체적인 문양을 처음부터 함께 만드는 경우도 있다. 또한 둥그스름한 청동제 그릇들은 녹로에 놓고 돌려가면서 표면을 금속칼로 깎아 내어 표면을 마무리하는데, 이렇게 돌아가며 깎은 흔적을 '가질흔'이라고 하며, 이러한 표면처리기법을 녹로기법 혹은 가질기법이라고 한다.

금속의 전연성을 이용한 판금 및 단조기법은 주조기법에 비해 다양하고 복잡한 공구들을 상당히 많이 사용하는데, 주로 사용되는 도구는 다양한 형태의 망치와 모루이다. 근대기까지 대부분의 금속공예가 혹은 대장장이는 망치와 모루, 집게와 같은 공구들을 직접 만들어서 사용했으며, 신라의 금속공예가 혹은 대장장이도 역시 이러한 공구들을 직접 만들어서 썼을 것이다. 이러한 도구들은 대부분 철을 단조하여 제작하기 때문에(주경미 2011), 판금 및 단조기법은 수준높은 철 단조기술을 바탕으로 발전한 보다 수준높은 수공예기법에 해당한다.

판금기법은 바탕 금속을 넓은 판으로 만든 후 그 판을 자르거나 두드리거나 접합하여 형태를 만드는 기법이다. 종이판을 잘라서 오리고 붙이는 것과 비슷한 방식이지만, 금속판끼리 붙일 때에는 땜

도2 _ 금은제 완(경주 월성로 가-13호분 출토)

을 이용해야 하기 때문에 판금기법으로 기물을 형성할 때에는 땜기법이 함께 이용되는 경우가 많다.

판금기법과 함께 복합적으로 사용되는 중요한 형성 기법 중의 하나가 바로 망치와 모루, 정 등을 이용하여 금속판을 두드려서 여러 가지 자유로운 형태를 만드는 단조기법이다. 단조기법은 금속판을 놓고 두드리는 방식과 도구들의 형태에 따라 여러 가지 기법으로 다시 나누어진다(전용일 2006). 가장 기본적인 단조기법은 금속판을 둥그렇고 납작하게 잘라서 망치로 두드려서 오목한 그릇을 만드는 기법이다. 기본적 단조기법을 이용해서 만든 가장 오래된 신라의 금속공예품은 경주 월성로 가-13호분에서 일괄품으로 포개어 출토된 금, 은으로 만든 완^盌 세트이다(도2). 이 완들은 각각 얇은 금판과 은판을 두드려서 만든 그릇으로 구연부는 바깥쪽으로 말아 놓은 점이 특징이다. 이러한 완의 형태는 곧 두 개의 금속판을 두드려서 뚜껑과 몸체를 만드는 합^盒의 제작으로 발전했으며, 곧 다양하고 복잡한 형태의 금속기의 제작에도 단조기법이 응용되었다.

신라에서는 판금 및 단조기법으로 기물의 각 부분을 나누어 제작한 후 전체를 모아서 땜하거나 조립하여 완성하는 경우도 종종 있다. 땜은 순도를 떨어뜨린 땜납을 녹여서 바탕 금속을 붙이는 기법이 일반적으로 사용되었지만, 금이나 은으로 만든 작은 공예품 중에는 땜납 없이 바탕 금속판이나 장식 자체의 몸체를 녹여 붙이는 제물땜 기법이 사용되는 경우도 종종 확인된다. 한편 판금기법으로 기물을 제작할 때에는 기물을 만드는 바탕 금속판을 투각하거나 타출기법 및 각종 조금기법으로 장식한 후 형태를 결합하기도 하므로, 형성기법과 표면장식기법의 순서는 제작하는 공예품의 성격에 따라 달라지기도 한다.

표면장식기법

주조 혹은 판금기법을 이용하여 형성된 각종 공예품들은 그 자체로서 표면 마연 및 광택, 도금 등으로 마무리하여 완성하기도 하지만, 여러 가지 장식과 공구들을 이용하여 장식을 하기도 했다. 청동이나 동으로 만들어진 공예품들은 표면에 도금을 하는 경우가 많은데, 도금기법은 표면장식기법

중에서 가장 흔하게 사용되는 기법이다. 그 외에 금이나 은으로 만들어진 귀금속제 공예품의 표면에는 다양하고 화려한 표면장식기법이 활용되었는데, 신라 금속공예를 이해하는 데에는 각종 조금기법, 타출기법, 투각기법, 누금세공기법, 감옥^{嵌玉}기법, 금속상감기법, 옥충^{玉蟲}장식기법, 나전^{螺鈿}장식기법, 평탈^{平脫}기법 등이 중요하다(이난영 2012, 주경미 1997).

도금기법은 금속의 표면에 다른 금속에 덧입혀 장식하는 표면처리기법의 하나이다. 대의 도금은 대체로 수은을 이용한 수은아말감 도금기법이 사용되었다. 그외에 크래딩^{Cladding}도금, 박^箔도금, 칠박^{漆箔}도금 등이 있다(임선기 외 1991). 이중에서 박도금, 칠박도금 등은 바탕 금속 위에 얇은 금박판을 칠로 붙여서 장식하는 것으로, 이때 붙이는 금판이 두꺼우면 금장도금이라고도 한다.

조금기법(彫金技法, chasing and engraving)은 금속공예품의 표면을 '정', 혹은 '끌'이라는 공구와 망치를 이용하여 깎거나 긁어내거나 찍어서 음각, 혹은 부조로 장식하는 기법이다. 조금기법은 사용되는 정의 끝부분 형태나 날카로움의 정도에 따라서 ①모조^{毛彫}기법, ②새김눈(刻目)기법, ③음각(陰刻, engraving)기법, ④점선조^{點線彫}기법, ⑤축조^{蹴彫}기법, ⑥어자문^{魚子文}기법 등으로 세분되지만, 그 외에도 다양한 정들이 사용되었다. 모조기법은 청동기나 유기의 표면에 날카로운 정이나 끌을 이용하여 머리카락과 같이 가는 선을 긋듯이 얕게 새기는 기법이다. 새김눈기법은 신라 금제 장신구의 선 세공에 종종 이용되는 장식기법으로 가느다란 금속선의 표면에 '쪼이정'으로 일정한 간격의 눈금 모양을 새겨서 표면을 장식하는 기법이다. 혹은 새김눈이 표현된 음각의 형틀에 금선을 대고 쳐서 새기는 경우도 있다. 음각기법은 날카로운 강철의 끌을 사용하여 금속의 표면을 파서 조각하는 기법으로 신라에서는 마구나 불교공예품 등의 제작에 사용되었다. 음각기법은 신라보다는 백제에서 먼저 발달했던 것으로 추정되며, 통일신라시대가 되면 음각기법을 이용하여 금속선을 새겨 넣는 상감기법으로 발전하게 된다. 점선조기법은 끝이 뾰족한 '운풍정'으로 음각의 점을 연속적으로 찍어서 선 모양을 나타내는 기법으로 어떤 경우에는 금속판의 반대쪽에서 찍어서 오돌도톨한 양각의 점들이 표면에 나타나도록 사용하기도 한다. 축조기법은 끝이 약간 편평한 '공군정', 혹은 '축조정', '삼각정'이라고 불리는 정을 비스듬히 세워 잡고 망치로 가볍게 연속적으로 두드려 쳐서 이등변삼각형 모양의 정 자국을 이어가면서 음각선을 표현하는 기법이다. 고신라시대부터 조선시대까지 꾸준히 보이는 선조^{線彫} 기법으로서 금속의 바탕 표면을 깎아내는 음각기법과는 달리 표면을 찍어 눌러서 음각의 문양을 표현해내는 기법이다. 어자문기법은 고대 중근동에서 시작하여 중앙아시아를 거쳐 전래된 서역계 금속공예기법의 하나이다. 물고기의 알과 같이 작고 오목한 동그라미 형태의 정을 연이어 쳐나가는 기법으로 독특한 형태의 강철제 '어자문정'을 사용하는 것이 특징이다. 어자문정은 '누깔정', '방울정'이라고도 한다. 통일신라시대에는 어자문정을 이용하여 연주문이나 연주환문을 표현하거나, 주문양의 바탕 부분을 어자문정으로 가득 채워 넣어서 주문양이 도드라지게 보이도록 하는 어자문지^{魚子文地} 표현 방식들이 유행했다(이난영 1991·1992).

146

타출기법(打出技法, repoussé and chasing)은 대체로 전연성이 좋은 순금이나 순은 혹은 순동제 금속판의 형성 및 표면장식에 모두 사용된 기법이다(주경미 1998). 역시 정과 망치로 두드려서 금속판의 표면에 입체감 있는 요철을 표현하는 기법으로 고신라시대부터 통일신라시대까지 꾸준히 사용된 중요한 서역계 장식기법의 하나이다. 타출기법과 각종 조금기법들은 사용하는 도구들이 서로 유사하며, 방법도 비슷한 연관 기법이므로 일반적으로는 두 기법이 서로 복합적으로 사용되는 경우가 많다.

투각기법은 금속판의 표면에 구멍을 뚫어서 장식하는 기법으로, 신라에서는 대부분 날카로운 끌을 이용하여 따내기기법으로 구멍을 뚫었다.

누금세공기법(鏤金細工技法, filigree and granulation)은 주로 금으로 만드는 세공품의 표면장식에 사용되는 기법으로, 드물게 은제품에도 이용된다. 누금세공기법은 가느다란 금선과 금알갱이를 바탕 금판의 표면에 직접 붙여서 장식하는 기법으로 제물땜 혹은 융착기법을 활용한 서역계 표면장식기법의 예이다. 귀걸이를 비롯한 신라고분 출토 금제 장신구 중에는 누금세공기법이 상당히 발달한 양식으로 나타나며, 통일신라시대의 불교공예품 제작에도 계속 활용되었다. 신라 금제 장신구 중에는 누금세공기법과 유리를 녹여 붙이는 감옥기법이 함께 사용되는 경

도3_ 금제 반지(경주 황남대총 남분 출토)

우도 종종 볼 수 있다(도3).

감옥기법은 원래 보석을 금속 표면에 부착하여 장식하는 일종의 상감象嵌기법으로 보석을 끼워 넣는 난집을 만들어서 바탕 금속 표면에 부착하여 장식하는 기법을 뜻한다. 그러나 신라의 금속공예에서는 실제로 난집을 만들어서 보석을 끼워넣은 예는 많지 않으며, 대신 금속 표면에 초록색 혹은 군청색 유리를 녹여 붙여서 장식한 경우가 많다(도 3). 이렇게 유리를 붙여 장식하는 기법은 실제로는 보석을 끼워넣는 것이 아니라 초보적인 칠보기법 혹은 유리감장기법에 해당한다. 이것은 보석을 사용하는 것이 아니므로 감옥기법이라고 부르기는 어렵지만, 학계에서는 감옥기법의 대체방식에 해당한다고 보아서 감옥기법으로 통칭해왔다. 신라 금속공예에서는 이러한 유리 장식과 함께 붉은 색의 진사辰砂를 난집 안에 채워 넣어 금속 표면에 색을 장식하는 기법을 감옥기법에 포함시키기도 한다. 이러한 다채색의 준보석, 유리, 안료를 이용하여 금제 장신구의 표면을 화려하게 장식하는 것은 고대 유라시아에서 발달했던 다채양식장신구(多彩樣式裝身具, polychrome style jewelry)의 영향

을 받은 것으로 서역계 장식기법
의 하나이다(주경미 2013).

감옥기법이 다채색의 보석 혹
은 이물질을 금속 표면에 끼워넣
거나 붙여서 장식하는 상감기법
의 일종인 반면, 금속 표면에 바
탕금속과는 다른 색상과 재질의
금속을 끼워 넣는 기법도 상감기
법 혹은 세분하여 금속상감기법
이라고 한다. 고려시대에는 이러
한 금속상감기법을 은입사^{銀入絲}

기법이라고 부르기도 하였다. 금속상감기법은 바탕 금속의 표면을 날카로운 정이나 끌로 파새김하
여 음각의 선이나 면을 만든 후 바탕을 파낸 부분에 다른 색의 금속을 끼워 넣어서 표면을 장식하는
기법이다.

금속상감기법은 백제에서 먼저 철제 무기의 장식에 응용하면서 발달했으며, 신라에서도 무기의
장식에서 종종 보인다. 통일신라시대 8세기 이후가 되면 청동제 그릇이나 철제 마구의 표면에 금이
나 은을 상감하여 화려하게 장식하는 기법이 발달했다. 황해도 평산에서 출토된 철제금은입사호등
^{鐵製金銀入絲胡鐙}에는 표면에 금과 은을 상감하여 날개달린 천마를 매우 정교하게 표현하여 발달된 금
속상감기법의 수준을 보여준다(도4).

신라 금속공예품 중에서 금속의 표면에 이물질을 끼워넣거나 붙여서 표면을 장식하는 기법, 즉
광의의 상감기법에 해당하는 기법은 감옥기법이나 금속상감기법 이외에도 여러 가지가 있다. 특
히 고신라시대의 공예품에서 확인되는 독특한 표면장식기법으로는 옥충^{玉蟲}, 즉 비단벌레의 날개
를 투각한 금속판 아래에 장식하여 화려함을 강조하는 옥충장식기법이 있다. 이 기법은 원래 일본
의 7세기 불교 공예품인 옥충주자^{玉蟲廚子}에서 처음 확인되어 일본만의 독자적인 공예기법으로 알
려졌으나, 훨씬 이른 시기인 신라의 황남대총 및 계림로 고분 등에서 장신구와 마구의 장식에 사용
되었던 예들이 확인되면서 신라에서 시작되어 일본으로 전해진 기법으로 보고 있다(문화재연구소
1993·1994, 국립중앙박물관 2010).

통일신라시대에는 나전이나 금은판과 같은 다양한 재질의 장식품을 바탕 금속의 표면 위에 칠로
붙여서 장식을 하는 기법들이 발전했는데, 이러한 기법들은 중국 당나라 문화의 영향을 받아 발전한
것이다. 나전장식기법은 조개나 전복 껍질을 잘라서 바탕 금속 위에 칠로 붙이는 것으로 독특한 광
택과 질감으로 화려한 미감을 보여준다. 간혹 나전과 함께 바다거북이의 등껍질인 대모^{玳瑁}를 함께

장식하기도 한다. 평탈기법은 금은판을 문양대로 잘라서 바탕 재질 위에 칠로 붙이고 표면을 칠로 마무리하는 기법으로 동경銅鏡이나 목칠기의 장식에 응용되었다(채해정 2001).

이상에서 살펴 본 것과 같이 신라 금속공예에서 발달한 표면장식기법은 그 종류와 방식이 매우 다양하며, 대부분의 주요 금속공예 기법들은 전근대시대까지 그다지 큰 변화없이 지속되었다. 이중 누금세공기법이나 옥충장식기법, 평탈기법 등은 신라 금속공예에서 독특하게 발전하고 유행했던 기법으로서 주목된다.

__주요 유적

신라의 금속공예품이 출토되는 유적은 매우 다양하고 광범위하다. 고신라시대에는 대부분의 금속공예품들이 고분에서 출토되었지만, 통일신라시대가 되면 고분 구조의 변화와 함께 고분에서 출토되는 금속공예품이 거의 없다. 통일신라시대의 금속공예품은 주로 일반 생활유적이나 사찰지에서 출토되며, 금은제 공예품은 매우 드문 편이다. 여기에서는 신라의 금속공예품이 주로 출토되는 유적의 성격을 고분, 공방지, 궁성지, 사찰지로 크게 나누고, 각각 주요 유적과 특징을 살펴보겠다.

고분

신라의 고분, 특히 고신라시대의 적석목곽분에서는 매우 많은 양의 각종 금속공예품들이 출토되었다(최병현 1992, 이난영 1992, 국립경주박물관 1996a · 1996b · 2001, 이한상 2004). 고신라시대 고분 출토 각종 금속공예품은 장신구, 마구, 무구, 철기, 기명류 등 그 예가 매우 많으며, 금속공예품의 재질도 금, 은, 동, 청동을 비롯한 각종 동합금, 동에 도금을 한 금동, 철 등 매우 다양하다. 이미 수많은 고신라 고분 출토 금속공예품에 대한 연구는 선학들에 의해서 종류별로 세분되어 다양하게 이루어져 있으므로 주요 고분과 출토품에 대한 설명은 생략한다.

고분에서 출토되는 금속공예품 중에서 비교적 지금까지 연구가 미진한 부분은 일상생활용품이라고 할 수 있는 각종 기명류에 대한 연구이다(朴普鉉 1990, 이난영 1992, 毛利光俊彦 2004 · 2005, 金智惠 2006). 고신라 고분에서는 금, 은, 동, 청동, 금동, 철 등 다양한 재질로 만들어진 다양한 형식의 기명류가 출토되었지만, 이에 대한 연구는 일부 형식에 대한 분류와 해석이 이루어졌을 뿐이다. 이러한 기명류는 보통 관 바깥쪽에 부장품을 별도로 매납하는 공간에 토기들과 함께 매납되어 있었으며, 내부에서 음식물로 추정되는 물질이 확인되는 경우도 가끔 있다. 이러한 고분 출토 금속제 기명류에 대한 연구가 아직까지 부진한 가장 큰 원인은 황남대총 및 금관총, 천마총 등과 같이 오래전에 발굴된 유적 출토 유물에 대한 조사가 완전히 끝나지 않았다는 점이다. 또한 동시대의 중국 및 동아시아 금속공예품과의 비교 연구가 어려워서 제작지에 대한 논란이 끊이지 않고 있다는 점도 중요한 난제 중의 하나이다.

이미 알려진 바와 같이 고신라시대 고분에서 출토된 금속공예품 중에는 경주 호우총의 청동제 호우壺杆나 금관총 출토 청동유개사이호靑銅有蓋四耳壺 등과 같이 고구려계 유물들이 상당수 포함되어 있다(이난영 1996). 또한 황남대총 북분 출토 은잔과 마찬가지로 독특한 도상과 제작기법을 가진 기명은 국내산인지 서역산인지에 대한 논란이 있다(이난영 1992, 국립경주박물관 2008, 국립중앙박물관 2010). 호우와 은잔과 같이 소형의 그릇들은 이동이 간편하기 때문에 명문이나 문헌기록이 없다면 제작국의 논쟁은 해결되기 어렵다. 그렇지만 이러한 외래계 유물들이 신라 고분에서 출토된다는 것은 당시 신라인들의 일상생활에서 이러한 외래계 유물들이 흔하지는 않지만 당시 상류층에 의해서 실제로 사용되었음을 알려준다.

고신라시대의 고분에서 각종 금속공예품이 다량으로 출토되는 것과는 달리 7세기 이후의 신라 고분은 석실분으로 구조가 변화되면서 금속공예품의 출토에는 거의 사라진다. 경주 용강동석실분에서 발견된 통일신라시대의 청동제 12지신상과 같은 예는 신라 석실분에서 발견된 매우 드문 금속공예품이자 조각의 예이다(국립중앙박물관 2003:116). 석실분으로 변화한 이후의 고분 출토 금속공예품의 예가 줄어드는 것은 묘제 변화로 인한 도굴의 확산과 관련된 것일 가능성이 크다.

삼국통일 이후 불교 문화의 발전과 함께 화장火葬이 새로운 장례 방식으로 발전하게 되면서 신라에서는 화장한 인골을 골장기骨葬器에 담아서 매납하는 화장묘가 점차 늘어난다. 대부분의 골장기들은 토도기로 제작되는 것이 일반적인데, 드물게 골장기의 뚜껑을 금속제 그릇으로 사용하는 예가 발견되기도 하였다. 경주 조양동 출토 당삼채골호는 통일신라시대 8세기경의 골장기로 사용되었던 중요한 예로서(도5), 통일신라시대에 흔하게 사용되었던 납작한 접시 모양의 청동제 그릇(平皿)을 뚜껑으로 사용하고 있다. 이러한 형식은 경주 안

도5_ 당삼채골호와 청동제그릇, 골장기 일괄품(경주 조양동 출토)

압지, 황해도 평산유적, 부여 부소산성 등 통일신라시대의 여러 생활유적에서 출토되는 일상용 그릇
으로서, 일상용 그릇 형식이 골장기로 이용되는 경우도 있었음을 알려준다.

공방지

　신라의 금속기 제작은 문헌기록에 보이는 철유전鐵鍮典과 축야방築冶房 등의 관청에서 담당했을 것
으로 추정되는데, 이 관청들의 실체는 알려진 바가 없었다. 한편 경주 황성동 일대에서 제철유적이
발굴조사되면서부터 신라 금속공예의 생산시설인 공방지에 대한 조사가 본격화되기 시작했다. 이
후 경주를 비롯하여 여러 지역에서는 다양한 제철유적과 청동기 공방 유적이 발견되었다. 지금까지
신라의 제철유적은 현재 경주, 울산, 대구, 양산, 김해, 밀양, 충주 등에서 16곳 정도가 확인되었으며
(김권일 2010:64~65), 청동기 공방 유적은 경주지역에서만 17곳이 확인되었다(차순철 2000·2005).
아직까지 이러한 금속공예 공방지에 대한 연구는 철기와 청동기 공방 유적을 각각 분리하여 조사하
는 경향이 강하며, 개별 유적과 유물에 대한 분석과 개괄 정도만 이루어진 상태이다. 신라의 주요 제
철유적으로는 경주 황성동유적, 경주 덕천리유적, 울산 천상리 평천유적, 경주 성동동 386-5번지 유
적, 충주 탑평리유적, 충주 큰골유적 등이 있는데, 제련유적과 단야유적이 함께 발견되는 곳도 종종
있다. 청동기 공방 유적은 주로 통일신라시대의 유적으로 경주 황남동, 구황동, 동천동, 서부동, 성
동동, 황오동 등 여러 곳에서 확인되었다.
　제철유적이나 청동기 공방 유적에서 공통적으로 확인되는 것은 송풍관과 슬래그 등으로 확인되
는 가마, 즉 노爐와 숯의 존재이다. 유적마다 출토되는 유물의 양상은 조금씩 다른데, 거푸집이나 도
가니, 완성되지 못한 불량품의 존재, 망치와 모루 등의 단야鍛冶 도구 등이 확인되는 경우가 많다. 청
동기 주조 공방 유적에서는 그릇 제작에 사용한 거푸집도 발견되었다. 이중에서도 망치와 모루 등
의 단야구는 사실 철기 제작에서만 사용되는 것이 아니라 청동기, 금은기의 단조 및 판금기법에서도
사용되는 것이기 때문에 제철유적 중에서 단야공방으로 알려진 곳에서는 철기 뿐만 아니라 금은기
의 제작이 함께 이루어졌을 가능성도 있다.
　여러 금속공예 공방지 중에서도 특히 주목되는 것은 경주 구황동 신라왕경 S1E1 지구의 공방지,
경주 황남동 376번지 유적, 경주 동천동유적이다. 1982년부터 2002년까지 국립경주문화재연구소
에서 발굴한 신라왕경 S1E1지구 공방지에서는 청동과 유리를 함께 생산한 것으로 추정되는 공방지
가 발견되었고, 인근 건물지에서는 활석제품을 생산하던 공방지도 확인되었다(국립경주문화재연
구소 2002). 특히 청동기와 유리 공방지 흔적이 한 건물지에서 발견되어 재질이 다르긴 하지만 생산
공정이 유사하거나 연결되어 있는 경우 혹은 같은 온도의 불가마를 사용해야하는 공예품들이 하나

의 공방에서 제작되었던 것으로 보인다. 1994년 동국대학교 경주캠퍼스 박물관에서 발굴조사한 경주 황남동 376번지 유적은 7~8세기경의 공방 유적으로 매우 중요한데, 청동기와 유리, 칠기 공방지가 인근 지역에서 한꺼번에 발견되었으며, "관인官印"명의 인장이 발견되어 신라의 주요 관영 수공업 공방지였음이 확인되었다(차순철 2002, 황상주 외 2002, 이상준 2004, 김세기 2006). 경주 동천동 일대에서는 681-1번지, 696-2번지, 764-2번지, 789-10번지, 791번지, 793번지 등 여러 개의 청동기 공방 유적이 발굴되었다(동국대학교 경주캠퍼스 박물관 1998, 영남문화재연구원 2004, 김길웅 외 2004·2005). 아쉽게도 이들에 대한 발굴보고서는 매우 미흡한 편이어서 한도식(2001), 차순철(2005) 등의 연구 등을 통해서만 개략적인 특징을 알 수 있을 뿐이다. 동천동 청동기 공방지 중에서도 비교적 가마와 도가니, 거푸집 등이 다양하게 발견된 곳은 681-1번지와 793번지이다. 이 두 유적에서는 청동기와 유리 제작 공방의 흔적 그리고 장인들의 주거지로 추정되는 주거지가 함께 발견되어 비교적 큰 규모의 공방지가 있었던 곳으로 추정된다. 또한 동천동 791번지에서는 주조에 사용하는 거푸집을 공방 내에서 직접 사용했던 흔적이 발견되어 주목된다(차순철 2005). 이와 같이 황남동과 동천동 일대의 통일신라시대 금속공예 공방지에서는 유리기 및 칠기, 활석기 등을 같은 공간에서 혹은 인근에서 함께 제작했던 것으로 보인다. 이 공방지들은 신라의 관청에서 운영하던 관영공방지 유적으로 추정되며, 신라의 주요 금속공예품들은 이 일대에서 제작되었을 가능성이 크다.

공방지의 연구에서 아쉬운 점은 아직까지 신라의 금은기 제작 공방지 위치 및 불교 공예품의 제작 공방지에 대해서 그다지 많이 알려져 있지 않다는 점이다. 물론 금은기 제작공방은 제철유적 중 단야공방지나 청동기 공방지와 같은 곳 혹은 인근의 관영공방과 함께 같은 곳에서, 혹은 인근 지역에서 동시 운영되었을 가능성이 높다. 불교 공예품의 경우에도 초기의 소규모 공예품의 경우에는 이러한 관영공방에서 제작되었을 것이다. 그렇지만 성덕대왕신종과 같은 대형의 범종이나 불상과 같은 대규모의 주조 작업이 행해질 때에는 사찰 인근 지역에 공방을 만들고 제작했을 것이다. 통일신라시대의 경주 황룡사, 분황사, 익산 미륵사와 같은 대형 사찰에서는 대부분 사찰 안에서 공방지가 확인되었으며, 분황사 경내에서는 돌로 만든 숟가락 제작용 거푸집이 확인되어 사찰 내에서 필요한 기물을 직접 제작했음이 확인되었다(국립경주문화재연구소 2006:148).

아직까지 불상이나 범종과 같은 대형 주조 공방지 유구는 경주 인근에서 확인된 바가 없다. 최근 강원도 동해시 지가동의 지상사지池上寺址에서는 통일신라 말기에 창건된 사찰 유구와 함께 추정 사찰지 남쪽에서 원형의 수혈유구를 확인했는데, 내부에서 불상 나발의 토제 거푸집으로 추정되는 조각이 발견되어 철불을 주조했던 주형유구鑄型遺構로 추정되었다(강원고고문화연구원 2012:64~68). 그렇지만 지상사에 남아 있는 철불은 양식적으로 고려 전기에 속하므로 이 주형유구의 건립 연대는 앞으로 좀 더 논의될 필요가 있다. 최근 하남시 하사창동에서 통일신라말기에서 고려 초기에 속하는 주종유구鑄鐘遺構, 즉 범종 주조 공방지가 확인되었는데(한국문화재보호재단 2012), 바닥에 소토와 점토가 깔린 원형의 수혈식 유구이다. 신라의 불상 및 범종 주조 유구에 대해서는 아직까지 예가 드물지만, 동시대 일본에서는 여러 곳에서의 주종유구 및 주형유구들이 확인되었다(杉山洋 1995). 앞으로는 일본의 관련 유적들과의 비교 검토 및 사지 인근의 공방지 유적 확인 등을 통해서 좀 더 이러한 주조 공방 유구들의 조사와 연구가 필요하다.

궁지宮址 및 성지城址

신라의 왕궁은 당시 도성이었던 경주에 있었지만, 정궁의 위치는 아직까지 확실하지 않다. 그러나 왕경 유적 및 월성, 안압지 등의 유적이 발굴되면서 신라 왕실 사람들의 일상 생활과 관련된 금속공예품들이 종종 발견되었다. 특히 신라 왕경 유적에서는 일상 생활에 사용되었던 동곳, 허리띠 장식, 방울 등과 같은 금속제 장신구의 파편이나 동경, 각종 금속제 장식판, 국자, 숟가락, 그릇 등 다양한 금속공예품들이 출토되었다(국립경주문화재연구소 2002·2008, 국립중앙박물관 2003).

신라 왕실의 일상생활 관련 금속공예품의 연구에서 가장 중요한 유적은 안압지이다. 1975년 발굴 조사된 안압지는 674년 신라 문무왕이 만든 궁원지이며, 월지月池 혹은 동궁 유적의 일부로 알려져 있다(문화재관리국 1987). 안압지에서는 창건기부터 신라 멸망기까지 신라 왕실에서 사용했던 중요한 공예품의 흔적이 다수 확인되어 중요한데, 그중에서도 특히 중요한 것은 일본 나라奈良 동대사東大寺의 정창원正倉院 소장품과 공통된 양식을 보여주는 각종 금속공예품들이다.

정창원은 756년 일본의 성무천황聖武天皇이 죽자 그의 유품을 부인인 광명황후光明皇后가 동대사에 기증한 유물들을 보관한 곳으로서 당시 일본 뿐 아니라 신라와 당에서 제작되어 천황가로 보내졌던 국제적 유물들이 지금까지도 상당수 남아 있다(正倉院事務所 1989, 後藤四郎 1999). 이중에서 통일신라에서 제작된 것으로 알려진 사와리가반佐波理加盤은 여러 겹의 금속제 그릇을 겹쳐서 사용한 일괄 세트품으로서 세트의 구성과 보존상태가 완전한 편이다. 정창원에 소장된 사와리가반은 3~10개의 그릇을 포개어서 한 세트를 구성하는데, 현재 86세트 436점이 남아 있다(이난영 1992, 中野政樹 1994, 최재석 1996). 이 사와리가반 세트에는 보존을 위해서 그릇 사이마다 종이를 끼워넣었는데, 이 종이가 신라의 고문서이므로 이들이 신라에서 전래된 것으로 확인되었다(도12).

보존상태가 좋아서 황동색으로 빛나는 정창원의 금속기와는 달리, 안압지에서 출토된 금속기들은 재질이 같긴 하지만 진흙 속에 오랫동안 묻혀있었기 때문에 광택은 사라지고 금속은 대부분 흑갈색으로 변하고 부식이 심한 상태이다(도6). 또한 완전한 세트가 아니라 일부 그릇들만 개별적으로 남은 상태로서 입이 넓고 외반하며 낮은 굽이 달린 대접 형식, 굽이 없는 대접 형식, 호리병 모양의 작은 꼭지가 달린 합 등이 확인되었다. 이들은 일본 정창원 소장품 뿐만 아니라 당나라 금은기金

銀器와도 공통된 형식을 보여
주기는 하지만(齊東方 1999),
당나라에서는 무문無文의 동
합금제 그릇은 그다지 많지
않다. 안압지에서는 이러한
그릇들 이외에도 정창원 소
장품과 상당히 유사한 금속
제 숟가락과 초심지를 자르
는 금동제 가위, 금속제 자물
쇠, 각종 금동제 건축 마구리

도6 _ 각종 청동제 그릇류(경주 안압지 출토)

장식 등 다양한 금속공예품들이 다수 출토되어 화려한 통일신라시대 왕실의 일상 생활에 사용되었
던 각종 금속공예품의 면모를 잘 보여준다(문화재관리국 1987, 국립경주박물관 2002).

경주 왕경 이외에도 창녕 화왕산성, 광양 마로산성, 부여 부소산성, 문경 고모산성, 서울 호암산
성, 장도 청해진 유적 등 여러 산성 및 일상생활유적에서도 통일신라시대에 실제로 사용되었던 일상
용 금속공예품이 종종 출토되었다(임효재 · 최종택 1990, 국립문화재연구소 2001, 최인선 · 이순엽
2005, 차용걸 외 2007). 이 유적들에서 출토되는 각종 청동제 그릇과 숟가락과 같은 일상생활용 금
속공예품들은 안압지 출토품과 공통된 양식을 보여준다. 그중 창녕 화왕산성에서는 철로 만든 정鼎,
다연茶碾, 금속제 자물쇠 등이 출토되어 주목된다(경남문화재연구소 2009).

사찰지

통일신라시대의 사찰지는 전국 각지에서 확인되고 있으며, 그 수는 매우 많다. 특히 통일신라시
대의 사찰지에 남아 있는 석탑에서는 각종 사리장엄구들이 발견되어 통일신라 문화, 특히 불교문화
를 이해하는 데에 매우 중요한 자료가 되고 있다.

통일신라시대의 탑 및 사찰지 발굴은 전국 각지에서 행해졌는데, 그중에서도 비교적 중요한 금
속공예품들이 출토된 유적으로는 경주 황룡사와 분황사, 감은사, 불국사 등의 주요 사찰지 및 탑지,
창녕 말흘리유적 및 군위 인각사지 등이 주목된다. 특히 황룡사, 분황사, 감은사, 불국사 등은 오랜
기간 동안 꾸준히 발굴조사되어 비교적 자세히 조사되었다(국립박물관 1954, 문화재관리국 1983,
1984, 국립문화재연구소 2000, 국립경주문화재연구소 2006 · 2008). 사찰지에서 출토되는 주요 금속
공예품으로는 각종 불사리장엄구를 비롯하여, 범종, 향로, 등촉구등 다양한 불교 공예품들이 발견된

다. 또한 사찰의 일상 생활에서 사용하던 각종 청동제 그릇이나 숟가락들도 발견된다.

통일신라시대의 탑 및 사찰지 출토 혹은 전래 금속공예품들에 대해서는 이미 많은 연구가 이루어져왔다(진홍섭 1980, 김희경 1989, 이호관 1996, 신대현 2003, 김연수·최응천 2004). 그러나 꾸준한 고고학적 발굴조사가 전국에서 행해지면서 새로운 유물들이 계속 발견되고 있으므로 지속적으로 새로운 자료에 대한 연구가 필요하다. 최근에는 다수의 불교 공예품들이 창녕 말흘리와 군위 인각사 등에서 일괄 출토되어 주목되는데, 이러한 유적들은 교장窖藏 혹은 퇴장退藏 유구로 지칭되기도 한다. 이러한 유구들의 성격은 아직까지 자세하지 않으나, 사찰의 폐사로 인하여 일괄 폐기 및 매납된 예들이나 승탑의 유구 등 개별 유구마다 조금씩 다르게 해석되고 있다.

2003년 조사된 창녕 말흘리유적에서는 건물지 구석의 구덩이에서 금동제품들이 가득 들어 있는 철제 솥이 발굴되었다(경남고고학연구소 2005). 철편으로 덮힌 철제 솥의 내부 및 구덩이 내부에서는 500여점 이상의 금동제품들이 발굴되었는데, 각종 향로를 비롯하여 금속제 풍탁, 금속제 투조장식판, 금동제 자물쇠와 각종 장식, 금속제 공 등이 확인되었다. 특히 다양한 크기와 문양 장식을 투조한 금동제 장식판은 비단 위에 2장의 금속판을 맞붙여 만든 것으로서, 원래는 비단 위에 붙여 장식했던 번幡의 일부로 추정된다. 불단 및 사찰 내부를 장식하는 장엄구인 금속제 번은 삼국시대부터 사용되었다고 하지만, 실물이 다량으로 출토된 것은 말흘리유적이 처음이다. 이 번들과 함께 발견된 풍탁과 금속제 장식과, 자물쇠 등은 당시 사찰에서 사용했던 대형 불감佛龕에 장식되었던 일괄 유물일 가능성이 크다(국립김해박물관 2011). 이 일괄품은 향로의 형식 및 금동제 장식판들의 양식 등으로 보아 8세기 중후반 이후의 유물로서 갑작스러운 사찰의 폐사로 인하여 급하게 매납된 것으로 추정된다.

2008년 조사된 군위 인각사지에서는 중심사역의 동편에 있는 방형집석유구의 북동 모서리 부근의 평기와로 만든 함 모양의 공간 안에서 일괄 유물이 발견되었다. 출토유물은 탑모양의 뚜껑이 덮인 향합과 청동기 등이 들어 있는 청동제 금고와 청동제 정병, 청동제 원통형 2단합, 금동제 병향로, 해무리굽청자, 청동발 등인데(도7), 통일신라 후기의 일괄 유물로 추정되고 있다(최응천 2010, 불교중앙박물관 2013). 인각사지 출토 일괄 유물들과 유

도7_ 군위 인각사지 출토 각종 금속공예품의 발굴 현황

사한 성격을 가진 불구들은 765년 매납된 중국 하남성 낙양의 승려 신회神會의 묘탑에서도 일괄유물로 출토되었으며, 철제부는 천마총 출토품이 있다. 인각사 출토 유물들의 성격에 대해서는 폐사지의 일괄품, 선종 사찰의 사리단舍利壇 혹은 계단戒壇의 봉안품, 승탑僧塔의 공양품 등이 논란이 있는데, 9세기 이후 통일신라에서 고려시대로 이어지는 불교 공예품의 양식 변화 연구에는 매우 귀중한 자료로서 그 가치가 높다.

__ 일상용 금속공예품

일상용 금속공예품은 의식주 생활 문화와 관련된 공예품으로서 대체로 조리용기 및 식기 등으로 사용하는 각종 금속용기金屬容器와 숟가락 그리고 의생활과 관련된 장신구류와 동경銅鏡, 기타 실내 장식 및 실내용품 등 다양한 종류가 있다. 여기에서는 고신라시대와 통일신라시대로 나누어 각각 주요 유물들을 고찰하겠다.

고신라시대의 일상용 금속공예품

고신라시대의 일상용 금속공예품은 대부분 고분에서 출토되었으며, 금속용기와 동경 등이 있다. 고신라시대 고분 출토 금속용기, 즉 각종 금속으로 만든 그릇들은 금, 은, 은제도금, 청동, 동, 금동, 철 등 다양한 금속 재질을 이용해서 만든 것으로 형식도 매우 다양하다. 아직까지 이들에 대한 연구는 기형器形에 대한 형식분류적 측면에서만 이루어져왔을 뿐이다.

여러 금속 재질 중에서도 금, 은, 철은 육안으로도 어느 정도 재질상의 특징이 구별된다. 그러나 기본 금속이 구리이면서 조금씩 성분이 다른 동제와 청동제, 금동제는 표면에 푸른 녹이 심하게 나 있는 경우가 많기 때문에 육안상으로는 구별이 어려운 경우가 많다. 기본적으로 동제는 순 구리로만 만들어진 것, 청동제는 구리와 주석을 합금하여 만든 것, 금동제는 동이나 청동으로 만든 후 금으로 도금을 한 것을 뜻한다. 그렇지만 청동제라고 통칭하는 것 중에는 구리, 주석, 아연이 합금된 고석청동기의 예들도 포함되어 있으므로 구체적인 성분이 밝혀져 있지 않은 동합금제 유물들은 청동제로 통칭하는 경우가 많다. 이것은 아직까지 금속기의 과학적 성분 분석이 자세히 이루어져 있지 않기 때문이다.

이미 청동기시대 초기부터 각종 청동제 그릇들을 사용해온 중국과는 달리, 한반도에서 금속제 그릇이 사용되기 시작하는 것은 기원전후 경부터이다. 한반도 북부의 낙랑 유적에서는 다수의 금속 용기들이 출토되고 있지만 낙랑 고분 출토 금속용기들 중 상당수는 중국에서 만들어져 수입된 것일 가능성이 크다. 낙랑과 같은 시기의 한반도 남부지역에서는 드물게 동복銅鍑이나 철복鐵鍑과 같은 금속용기들이 출토되기는 하지만 그 예가 많지는 않다. 아마도 한반도 남부지역의 초기 금속제 그릇들은 일상 생활에서 사용했던 실용적 그릇의 성격보다는 일부 한정된 지배계층의 위상을 높이기 위한 제사 혹은 의례에서 사용했던 상징성이 강한 그릇으로 추정된다.

고신라의 수도였던 경주 지역의 원삼국시대 고분에서 금속제 용기가 출토된 예는 매우 드물며, 경주 사라리舍羅里130호분에서 출토된 철복 정도가 알려져 있다(영남문화재연구권 2001). "복鍑"은 아가리가 넓고 몸체가 긴 솥의 일종으로, 몽골이나 중국 요녕성 등 북방의 유목민족들이 사용하던 그릇의 일종으로 보통 청동으로 만든다. 경주 사라리 출토 철복은 주조기법으로 제작되었으며, 높이가 39.4cm인데 현재까지 알려진 철복 중에서는 가장 크다. 사라리 130호분에서는 작은 동경 4점이 함께 출토되었는데, 빗금과 역S자 모양의 추상적 문양이 새겨진 형식이다. 이 동경들은 중국 한나라 동경을 모방해서 방제경倣製鏡들으로서 청동기시대나 원삼국시대 무덤에서 종종 발견되는 형식이다 (복천박물관 2009).

4~5세기 이후의 고신라시대 고분에서는 청동이나 철로 만든 그릇 뿐만 아니라 금, 은, 동, 청동, 금동 등 다양한 재질로 만든 그릇이 사용되었으며, 그릇의 형태도 다양해진다. 이미 가장 초기의 적석목곽분에 해당하는 월성로 가-13호분 및 황남대총 단계에서부터 값비싼 금은제 그릇이 출토되고 있다. 경주 월성로 가-13호분에서 출토된 금그릇와 은그릇 세트는 무덤내 인골의 머리 위와 목곽의 중앙부에서 각각 1세트씩 발견되었다. 각 세트는 여러 점의 은제완銀製盌을 포개어 놓고 가장 안쪽에 1점의 금제완金製盌을 겹쳐 놓은 상태였다(도2). 완(盌, 碗, 椀, 鋺)은 발鉢과 비슷한 형식으로 국그릇 혹은 대접 모양의 그릇이다. 보통 완이 발보다는 좀 작은 크기이며, 굽이 없는 경우도 있다. 단독 유물로 나온 경우에는 완과 발의 구별이 모호한 경우도 많아서 이럴 때에는 대접이라는 명칭으로 통칭되는 경우도 있다. 월성로 출토 금은제 완은 모두 얇은 판을 두드려서 만들었으며 굽이 없다. 구연부는 직립하는데, 단조한 금속판의 끝부분을 짧게 바깥쪽으로 뒤집어 감아서 붙여서 완성하였다. 가장 안쪽에 놓인 금제완은 형태가 일부 변하긴 했지만 지름은 대략 11cm가량으로 추정된다. 이 그릇들은 고신라 고분에서 출토된 금속용기 중에서 금속판을 두드려서 형태를 만드는 단조기법으로 제작된 가장 이른 예로서 신라에서 일찍부터 단조 기법으로 그릇을 제작하는 기술이 발달해 있었음을 알려준다.

경주의 고신라시대 왕릉급 고분에서 출토되는 금속제 그릇들의 수량을 보면 대부분 한 고분당 40~50여개를 매납했던 것으로 보인다. 비교적 이른 시기의 고분인 황남대총 남분南墳에서는 금제

그릇 6점, 은제 그릇 20점, 금동제 그릇 1점, 청동제 그릇 21점, 철제 그릇 4점 등 총 52점의 금속용기가 출토되었으며, 북분北墳에서는 금제 그릇 12점, 은제 그릇 13점, 금동제 그릇 14점, 동제 그릇 9점, 철제 그릇 3점 등 총 51점의 금속제 용기가 출토되었다. 이보다 조금 늦은 금관총에서는 금제 그릇 6점, 은제그릇 11점, 금동제 그릇 23점, 철제 그릇 4점, 청동제 그릇 3점 등 총 47점이 부장되었으며, 천마총에서는 은제 그릇 5점, 금동제 그릇 31점, 철제 그릇 4점, 동제 그릇 3점 등 총 43점 등이 부장되어 있었다(국립중앙박물관 2010:112). 재질의 가격이 비싼 금제와 은제 그릇은 왕릉급에 해당하는 최고층의 대형 고분에서 주로 출토되고 있으며, 고분의 규모가 작아지면 금속용기의 매장량은 현저하게 줄어든다. 즉 고분에 부장된 각종 금속용기들은 당시 지배계층의 사회적 위치를 반영하는 위세품威勢品으로서 당시 사회 문화를 이해하는 데에 중요한 자료이다. 철제 그릇은 전체적으로 수량이 적은 편으로 대형고분이라고 해도 한 고분당 출토에는 3~4점 정도에 불과하다.

각 재질별로 보면 그릇의 종류와 형태는 조금씩 차이가 있는데, 금제나 은제 그릇은 완(혹은 대접), 합, 고배 등이 중심이다(도8). 물론 황남대총에서는 은제 파수용기 및 은제 국자 등 독특한 형식이 발견되기도 했다.

청동제 그릇들은 일반적인 국그릇을 닮은 완 또는 대접, 그리고 대접 모양의 그릇 위에 작은 손잡이가 달린 커다란 뚜껑이 덮혀서 전체적으로 둥그스름한 공 모양에 가까운 합盒이 많다. 이외에 중국 청동기의 영향을 받은 정(鼎, 세발솥)이나 초두(鐎斗, 자루솥), 다리미와 같은 기형과, 장경호, 시루, 쟁반 등 다양한 형식의 그릇이 있다. 또한 중국에서는 보기 드문 각배(角杯, 뿔잔)와 같은 서역계 그릇 형식도 발견되어 신라 문화의 국제적 성격도 알 수 있다. 그 외에 숟가락이나 국자와 같은 식기류도 금속제가 발견된다.

지금까지 발굴된 고분 중에서 금속용기, 특히 금은기가 가장 많이 출토된 것은 시기가 비교적 이른 황남대총이다. 남성의 무덤으로 알려진 남분과 여성의 무덤으로 알려진 북분에서 출토된 금속용기의 구성은 기본적으로는 서로 유사하다. 먼저 월성로 가-13호분에서 출토되었던 것과 유사한 금은제 완은 남분과 북분에서 모두 출토되었다. 황남대총 남분과 북분에서 출토된 금은제 완은 입지름이 10~11cm 가량으로 월성로 출토품과 비슷한 크기이며 역시 단조기법으로 제작되었다. 또한 구

도9_ 은제타출문잔(황남대총 북분 출토)

연부의 처리방식이 월성로 출토품과 마찬가지로 바깥으로 뒤집어 감아서 말아 붙여 마무리하는 방식을 따르고 있어서 이러한 구연부 처리 기법이 고신라시대에 널리 사용되었음을 알 수 있다. 국그릇 형태의 일반형 금속제 완이나 대접들은 일상 생활에서 음식을 담는 식기로 추정되며, 이러한 형태는 지금까지도 꾸준히 사용된다. 이러한 금은제 완이나 대접들은 대부분 표면에 단조한 망치자국 이외에는 별다른 문양이 없다.

일반형 완 혹은 대접 모양의 그릇 중에서 유일하게 표면에 문양이 표현된 것은 황남대총 북분에서 출토된 은제타출문잔이다(도9). 이 은잔은 지름이 7.5cm에 불과하여 다른 금은제 그릇들보다는 조금 작은 편이다. 이 그릇은 표면 전체에 타출기법打出技法으로 화려한 문양을 표현해 놓아서 유명하다. 표현된 문양은 세 부분으로 나뉘어지는데, 구연부에는 연판문대를 돌렸고, 몸체에는 육각문을 기본으로 하여 각종 상서로운 동물 문양을 배치했다. 몸체와 바닥면을 구별하기 위해서 다시 연판문을 돌리고, 바닥면 중앙에는 연꽃을 배치하고, 그 안에 다시 상서로운 동물 한 마리를 표현하였다. 이 은잔은 표면의 독특한 문양과 함께 고신라시대 금속공예품 중에서는 가장 발달된 타출기법 수준을 보여주고 있기 때문에 제작지와 제작자에 대해서는 여러 가지 논란이 있다. 그중에서도 서역이나 중국 북위에서 수입한 것으로 보는 견해와 서역계 장인이 신라에 와서 제작했다고 보는 견해 등이 주목된다. 아직까지 동시기의 중국 유적에서는 이와 유사한 금속제 그릇이 드문 편이며, 그릇의 형태 및 구연부의 처리방식 등이 같은 고분 출토 금은기와 유사하다는 점으로 볼 때 이 은잔은 외국에서 온 서역계 장인이 신라에서 제작한 것일 가능성이 크다.

황남대총에서는 신라에서 처음으로 금은제 고배高杯와 합이 발견되었다. 고배는 일반형의 대접 아래에 투각 장식이 된 높은 굽을 붙인 형태로, 굽다리접시라고도 한다(도8). 고배는 동시대 유행한 토기로 많이 제작되었던 형식으로서 토제 고배와 금은제 고배의 형식은 큰 차이가 없다. 고배는 일상 생활에서 사용하던 것이라기보다는 장례 및 조상 숭배를 위한 제례 때에 사용되었던 의례용儀禮用 그릇으로 추정된다.

뚜껑이 있는 합은 일반적인 대접 형태 위에 둥그스름한 반구형半球形의 뚜껑을 덮어서 둥근 공과 비슷한 형태가 된다. 고신라시대의 금속제 합에는 대부분 뚜껑 중앙에 손잡이가 달려있는데, 황남대총 남분과 북분에서 출토된 은합에는 뚜껑 중앙에 삼엽문三葉文의 장식 위에 원형 고리를 매달아

159

놓은 형태의 손잡이 형식과 십자형 손잡이가 달린 형식 등이 있다. 황남대총 출토 은합 중에는 구연부와 손잡이 부분에만 부분적으로 금도금을 해 놓은 것이 있는데, 이렇게 은그릇에 부분적으로 금도금하는 부분도금기법은 동아시아에서는 비교적 이른 몽골의 흉노 고분에서 보일 뿐이며, 이후 당나라 은기에서 다시 나타나는 독특한 기법이다. 이외에 황남대총 남분에서는 손잡이가 달린 독특한 은제파수용기와 은제 순가락, 은제 국자 등이 출토되었다. 은판을 두드려 만든 은제 국자는 뒷부분에 어딘가에 걸기 위한 고리가 달려 있으며 손잡이 부분은 구불구불한 형태를 단조기법으로 만든 독특한 형식으로 당시 단조기법이 상당한 수준으로 발전해 있었음을 알려준다.

황남대총에서 출토된 청동제 용기들은 발이 세 개 달린 솥인 정鼎, 목이 길고 뚜껑이 있는 항아리인 장경호長頸壺 등 다양한 형식이 있다. 이러한 정이나 장경호는 음식을 담거나 요리하는 데에 사용했을 것이다. 몸체 아래에 다리가 세 개 달리고 몸체 한쪽에는 손잡이로 사용하는 자루가 달린 솥의 일종인 초두鐎斗나 바닥에 구멍이 뚫린 시루, 세 발 달린 쟁반 등도 역시 음식을 담았던 식기의 일종이다. 긴 손잡이가 달리고 다리가 없는 다리미는 숯을 담아서 의복을 다림질할 때 사용하는 생활 도구의 일종이다. 황남대총 남분에서는 동으로 만든 뚜껑이 덮인 합이 여러 점 출토되었는데, 이 합들은 은제로 만든 합들과 형태가 비슷하다. 청동 및 동제 용기들 중에서 다리미나 초두, 정, 쟁반 등과 같은 형식은 중국 청동기의 영향을 받은 것으로 유사한 예들이 중국 남북조시대 고분에서도 종종 출토된다. 다른 고분들에 비해서 황남대총에서는 청동제 용기의 형식이 다양하게 발견되었으며, 금속제 시루와 쟁반은 아직까지 황남대총에서만 출토되었다.

금관총이나 서봉총, 식리총, 호우총, 천마총 등에서도 역시 상당수의 청동 용기들이 출토되기는 했지만, 황남대총과는 약간 구성이 달라진다.

금관총에서는 금동제 각배角杯와 네 귀가 달린 항아리인 청동제 사이호四耳壺와 같은 독특한 청동기가 출토되었다. 금동제 각배는 동판을 말아서 뿔모양으로 만든 그릇으로 서역에서 유행하던 독특한 그릇 형식이다. 신라와 가야지역에서는 흙으로 만든 각배도 종종 보이는데, 금속으로 제작된 예로는 창녕 교동에서 출토된 것이 있다. 금관총 출토 청동제 사이호는 고구려토기 형식을 그대로 모방하여 제작된 것으로서 고구려토기보다는 조금 작으며 뚜껑이 있다. 이러한 그릇 형식은 고구려 문화의 영향을 받아 만들어진 것이다.

청동제 합은 신라 고분 출토 청동제 그릇 중에서 가장 많은 수를 차지하는 형식으로 제작지가 다양하며 고구려에서 제작된 예도 있다. 신라의 호우총에서 출토된 "호우壺杅"는 415년 고구려의 광개토대왕을 기리기 위해서 만든 청동합으로 고구려에서 만들어져 신라로 전해졌다가 후대의 무덤에 매납된 예이다. 뚜껑에 둥근 꼭지가 달린 이 호우는 신라에서 출토된 청동제 그릇 중에서는 보기 드물게 긴 명문이 몸체의 바닥면 바깥쪽에 양각으로 새겨져 있으며, 주조기법으로 제작되었다. 한편 신라에서는 단조기법으로 만든 합도 많이 제작되었다. 특히 금이나 은으로 만든 합들은 단조기법으

160

도10_ 각종 청동합(경주 각지 출토)

로 제작되었으며, 서봉총 출토 은제합과 같이 명문이 새겨진 예도 있다. 서봉총 출토 은제합의 뚜껑 안과 몸체 바닥 바깥에는 가느다란 은각선으로 "연수원년延壽元年"으로 시작되는 명문이 새겨져있는 데, "연수" 연간이 언제인지 불명확하여 제작국과 제작지에 대해서는 논란이 많다. 이 합은 뚜껑 위에 십자형의 꼭지가 달려 있는데, 십자형 꼭지가 달린 합은 황남대총 남분과 천마총, 은령총 등에서도 출토되었다. 한편 식리총이나 황오리고분에서는 유사한 형식의 합 뚜껑 위에 새 모양의 꼭지가 달려 있기도 하고, 인동총에서는 대추모양의 꼭지가 달려있기도 했다(도10). 즉 고신라 고분에서 출토되는 합은 비슷한 형태이지만 꼭지의 형태는 보주형, 원형, 십자형, 대추형, 새 모양 등 다양하며, 제작기법은 주조기법과 단조기법 등 여러 가지가 있다.

호우총에서는 그리스의 납작한 타원형 기름 및 술병의 일종인 아스코스Askos 형식을 닮은 청동제 용기가 한 점 출토되었다(김재원 1948:도 31~32). 이 청동제 용기는 둥글고 납작한 몸통 위에 주구注11와 긴 손잡이가 달렸으며, 주구에는 연꽃 모양의 뚜껑이 달려 있다. 이러한 기형은 다른 지역에서는 거의 발견되지 않은 신라 특유의 형식으로 각배와 마찬가지로 서역 문화의 영향을 받은 것으로 추정된다.

고신라시대 고분에서는 철제 용기가 항상 일정하게 3~4점 정도 발견되는데, 대부분 솥 종류이며, 드물게 대접 형태도 보인다. 철로 만든 솥은 다리가 세 개 달리고 손잡이가 두 개 있는 정鼎 형식이 많은 편이지만, 다리가 없고 전이 달린 부釜형식도 있다. 또한 몸체에 손잡이가 달린 초두 변형 형식의 솥도 있다. 철제정은 황남대총과 식리총, 호우총, 미추왕릉지구 제 7구역 7호분 등에서 출토되었다. 철제 정은 청동제정과 기본적인 형태가 비슷한데, 청동제정은 대부분 청동으로 만든 뚜껑이 달려있다. 그러나 철제정이나 철제부에는 철제 뚜껑 대신 사발 모양의 토기를 엎어서 뚜껑으로 사용한 경우가 많다.

고신라시대의 고분 출토 금속용기는 대체로 지배계층의 위세품이었던 것으로서 고구려나 중국의 금속용기들의 영향이 보이는 예가 많다. 그렇지만 황남대총 은잔, 금관총 출토 각배, 호우총 출토 아스코스형 청동제 용기 등과 같이 서역 문화의 영향을 받은 독특한 금속공예품들은 고신라 문화의 국제적 성격을 보여주는 중요한 예들이다. 고신라시대의 고분에서는 금관총과 황남대총 등에서 금속제 숟가락이 출토되기는 했지만 그 예가 드문 편이며, 금속제 젓가락도 발견되지 않았다. 아마도 금속제 숟가락이 보편적으로 사용되는 것은 통일신라시대부터로 추정된다.

한편 고신라 고분에서는 동이나 철로 만든 거울, 즉 동경이나 철경鐵鏡이 가끔 출토되는데, 그 수는 많지 않다. 황남대총 남분과 금령총 등에서 출토된 동경은 중국 동경을 모방한 방제경인데, 제작지에 대해서는 다소 논란이 있다. 황남대총 북분에서는 보기 드문 철경이 출토되었는데, 삼베와 비단 보자기로 감싸 놓았던 흔적이 남아 있어서 주목된다(이난영 2003).

아직까지 고분 이외의 생활 유적에서 고신라시대의 금속 용기가 발견된 예는 드문 편이다. 숟가락과 그릇과 같은 금속제 식기 중심의 금속용기들이 생활유적에서 종종 발견되기 시작하는 것은 통일신라시대부터이며, 이때부터 금속기의 사용이 보편화되었다고 생각된다.

통일신라시대의 일상용 금속공예품

고분의 구조 변화 및 불교식 화장火葬의 유행으로 인하여 통일신라시대 고분에서 금속공예품이 출토되는 경우는 찾아보기 힘들다. 특히 금속으로 만든 화려한 장신구나 금은으로 만든 그릇 등의 예는 통일신라시대 유적에서 거의 발견되지 않는다. 이 시기의 금속공예품들은 대부분 경주 왕경지구나 지방의 산성 유적, 사찰지 등 각종 생활유적에서 출토되는 예들이 중심이며, 일상 생활에서 사용한 식기류나 자물쇠 등이 많다. 이 시기에는 청동기 뿐만 아니라 철제 도구 및 그릇들도 상당히 널리 사용되었다.

통일신라시대에는 구리와 주석을 합금하여 만드는 청동기의 제작이 활발했던 것으로 보이며, 당시 청동기의 합금 성분은 전통 유기鍮器의 성분과 비슷하다(안귀숙 2002). 즉 유기 제작 전통은 이미 통일신라시대부터 시작된 것이다. 당시 청동기의 생산은 수도였던 경주의 여러 공방지를 중심으로 이루어졌다. 여러 공방지에서는 단조에 사용되는 철로 만든 모루와 집게, 망치 등이 발견되는데, 이러한 철제 공구들도 실제로는 장인들이 직접 필요에 따라 제작하는 중요한 금속공예품의 하나이다.

현존하는 통일신라시대의 장신구들은 대부분 청동제 혹은 금동제이다. 경주 왕경유적에서는 청동제 혹은 금동제 뒤꽂이와 허리띠 장식들이 다수 출토되었으며, 용도를 알 수 없는 방울이나 장식품들도 다수 출토되었다. 뒤꽂이와 허리띠 장식과 같은 장신구들은 지방의 산성 유적에서도 종종 출토된다.

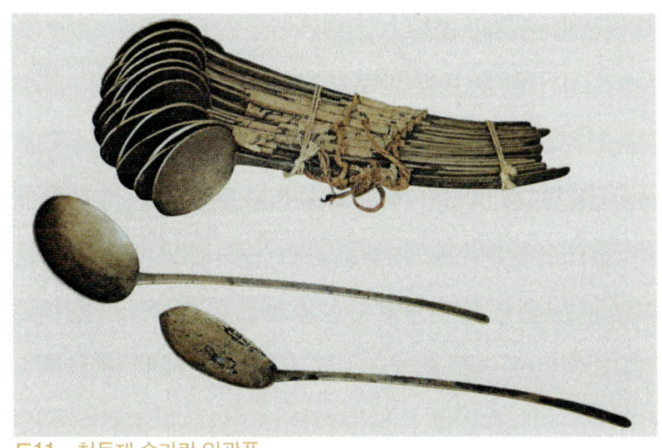

도11_ 청동제 숟가락 일괄품

도12_ 사와리가반

통일신라시대의 일상용 금속공예품 중에서 가장 중요한 것은 각종 그릇들과 숟가락 등의 식기류이다. 통일신라시대의 금속제 식기류에 대한 연구는 1975년 안압지의 발굴품과 일본 정창원 소장품의 비교를 통해서 본격화되었다(이난영 1992, 中野政樹 1994). 안압지와 정창원에서 공통적으로 발견되는 통일신라시대의 중요한 금속제 식기류는 숟가락, 대접과 합 등이다. 8세기 중엽경의 정창원에 보관된 통일신라시대의 금속제 식기류들은 여러 개의 대접을 비롯한 그릇을 포개어 세트로 사용하는 가반 형식의 그릇들과 숟가락 세트 등 일괄품으로 보관되고 있다.

안압지를 비롯한 국내 통일신라시대의 유적에서는 이러한 그릇들이 모두 낱개로 분리되어 부식되고 파손된 상태로 출토되어 원래의 상태는 알 수 없다. 통일신라시대 생활 유적에서 출토되는 식기들은 문양이나 장식이 거의 없는 청동제 그릇들과 숟가락, 철제 솥이 중심이며, 이들은 대부분 직접적인 식생활용품으로 추정된다.

먼저 통일신라시대의 일상용 금속공예품 중에서 가장 보편적으로 발견되는 숟가락을 보면, 정창원 소장품에서는 시면匙面이 원형인 형식과 타원형에 끝이 약간 뾰족해지는 형식 등 두 가지가 있다. 둘 다 손잡이는 길고 직선에 가까우며, 표면에는 아무런 문양이 없다. 정창원에서는 이 두 형식의 숟가락을 종이로 말아서 한 세트로 인식하여 보관하고 있었다(도11). 그러나 안압지를 비롯한 전국 각지의 통일신라시대 유적지에서 출토되는 숟가락들은 두 가지 형식이 대부분 낱개로 발견된다(이난영 1992, 정의도 2008). 국내 유적에서 출토된 통일신라시대의 숟가락들은 대부분 문양이나 명문이 없다. 예외적으로 서울 호암산성의 한우물 유적에서는 보기 드물게 숟가락 손잡이 뒷 부분에 가느다란 음각으로 "仍伐內力只乃末□□□"이라는 명문이 새겨져 있는 타원형 형식의 숟가락 1점이 발견되었다(임효재·최종택 1990). 명문의 내용으로 볼 때 이 숟가락도 역시 8세기 중엽경에 제작된 것으로 추정되어 이러한 형식의 숟가락은 통일신라시대 유적의 중요한 기준 유물로 알려져 있다.

정창원에 소장된 통일신라의 금속제 그릇들은 일본사람들이 "사와리가반佐波理加盤"이라고 부르는 것으로 황동색을 띠는 유기 재질이다. 일본에서 사와리는 향동響銅이라고도 하는데, 동과 주석을 합금한 청동 재질의 일종으로 역시 합금 비율은 우리나라의 전통 유기와 유사하다. 정창원의 사와리가반은 보통 크고 작은 비슷한 형태의 대접들을 3~10개 정도씩 포개어서 하나의 세트를 구성해 놓은 것으로 문양이나 장식이 없다(도12). 가반 세트 안에는 굽이 없는 대접에서부터 굽이 달린 대접, 그리고 뚜껑으로 사용되는 넓고 평평하면서 굽이 달린 그릇 등 여러 가지 크기와 형식의 그릇이 포함되어 있다.

통일신라시대의 유적에서는 역시 이러한 다양한 형태와 크기의 대접들이 낱개로 발견되는 것이 일반적이며, 납작하고 굽이 달린 접시 형태가 정창원의 사와리가반처럼 합의 뚜껑으로 이용되는 경우도 볼 수 있다. 통일신라 시대 유적에서 발견되는 금속제 그릇들은 대부분 심하게 부식되고 변색된 상태로 발견되므로 보존상태가 완호한 정창원 소장품들과는 차이가 있다. 그러나 낮은 굽이 달리고 둥글고 넓은 몸체를 가진 청동제 대접들, 그리고 낮은 굽을 가진 납작한 접시 모양의 뚜껑이면서 합의 뚜껑으로 사용되었던 그릇들, 그리고 대접 위에 보주형 꼭지를 가진 뚜껑이 덮힌 합 다양한 크기와 형식의 금속제 그릇들은 안압지를 비롯한 여러 유적에서 확인된다(도6). 안압지에서 출토된 청동합 중에는 뚜껑과 몸체에 각각 "仇"자를 음각으로 새겨서 서로 짝임을 표시한 예도 발견되기는 했으나, 대부분의 경우에는 이러한 출토유물들의 원래 세트 구성이 불명확하다.

현존하는 통일신라의 금속제 그릇들은 대부분 문양이 없는 유기질의 청동기이다. 같은 시기의 중국 당나라에서는 이러한 대접을 비롯한 여러 형식의 그릇들과 비슷한 금은기들이 다수 발견되었는데, 당나라 금은기에는 화려하게 문양을 새긴 경우가 많다(齊東方 1999, 陝西歷史博物館 2003). 이미 고신라시대부터 신라 왕실에서는 금은제 그릇을 사용했던 것이 확인되었기 때문에 통일신라시대에도 당나라와 유사한 금은기를 사용했을 가능성은 있다. 그러나 현존하는 통일신라시대의 금은제 그릇은 남아있는 예가 거의 없으며, 유적에서 출토된 예는 한 점도 없다.

통일신라시대의 생활 유적지로 알려진 황해도 평산군 산성리에서는 전형적인 통일신라시대의 청동제 숟가락과 대접류들과 함께 청동제 접시, 그릇 받침, 호등 등 다양한 유물들이 일괄품으로 발견되었다(이난영 1992). 이중에서 접시는 굽이 없고 구연부가 5개의 꽃잎 모양을 그리는 오화형五花形 접시와 구연부가 바깥쪽으로 각지게 약간 외반한 낮은 접시 등 여러 가지 형태가 발견되어 역시 이러한 접시 형식이 통일신라시대에 널리 사용되었음을 알 수 있다.

이상과 같은 숟가락, 대접, 합 등의 전형적인 통일신라시대 금속기들은 황해도 평산군 유적, 국립경주박물관 관내 통일신라 우물지, 경주 구황동 원지 유적, 경주 왕경유적 및 황룡사지, 경남 창녕 화왕산성, 전남 광양 마로산성, 전남 장도 청해진 유적, 서울 호암산성, 충남 부여 부소산성, 익산 미륵사지 등 여러 곳에서 출토되었다. 이러한 금속기들은 통일신라시대의 일상 생활에서 식기로 사용

도13_ 각종 철제 솥(창녕 화왕산성 출토)

되었던 중요한 공예품들이다.

일상용 청동제 금속공예품들이 발견되는 여러 유적, 특히 산성 유적에서는 철제 솥들이 다수 출토된다. 통일신라시대의 철제솥은 몸체 중앙에 전이 달린 가마솥 모양의 다리 없는 철제 부(鐵製釜, 가마솥)와 다리가 세 개 달리고 전이 있는 철제 정(鐵製鼎, 세발솥) 형식이 있다. 세발솥 중에는 한쪽 부분에 손잡이가 달린 경우도 있는데(도13), 이것은 고신라시대의 정鼎과 초두鐎斗 형식이 결합되어 변화된 것으로, 통일신라시대에는 자루의 유무가 그다지 중요하지 않다. 이러한 형식의 철제 세발솥은 창녕 화왕산성에서는 6점 이상이 출토되었으며, 광양 마로산성을 비롯한 여러 유적에서도 상당수가 출토되었다. 이러한 철제 세발솥은 음식을 만드는 데에 사용한 조리기구로 추정되는데, 점차 손잡이가 사라지고 용량이 커지는 형식으로 변화되어 고려시대까지 계속 유행한다. 철제 부는 여러 곳에서 출토되고 있는데, 최근 인천 앞바다의 영홍도선靈興島船에서는 통일신라시대의 철제 부 10여 점이 발견되었다. 한편 청동으로 만들어진 세발솥들은 몸체가 얕은 대접 형태이며 전이 달려있지 않고, 다리는 짧으며, 장식적인 손잡이가 달린 초두 형식이 많다. 철제 솥보다는 청동제 솥이 크기도 작은데, 경주의 왕경유적이나 부소산성 등에서 출토되었다.

화왕산성에서는 철로 만든 다연이 솥과 그릇들과 함께 발견되어 주목된다. 다연이란 약초나 차잎을 갈아서 가루로 만드는 도구로서 차를 마시는 데에 사용되었던 도구이다. 통일신라시대의 다연은 부소산성에서도 출토되어서 8세기 이후부터 차를 마시는 풍습이 널리 유행했음을 알 수 있다(이난영 1992).

9세기경의 장도 청해진 유적에서는 제사에 사용되었던 것으로 보이는 방형의 철반鐵盤과 청동병靑銅瓶, 토기 등이 일괄 유물로 발견되었다(국립문화재연구소 2001). 이중에서 청동병은 통일신라시대에 새로 나타나서 유행하는 형식이다. 청동병은 부여 부소산성, 익산 미륵사지 등에서도 출토되었는데, 병의 형태는 유적마다 조금씩 차이가 있다.

현존하는 통일신라시대의 금속제 그릇류는 대부분 동이나 동합금제이며, 대부분 문양이 장식되어 있지 않다. 그렇지만 통일신라시대의 상류층에서는 당나라와 마찬가지로 금이나 은 등으로 만든 화려한 금속기들을 일상생활에서 사용했을 가능성이 크다. 최근 성주 기산리유적에서는 당나라 금은기에서 종종 보이는 서역계 팔릉형대접 형식의 동제 그릇이 한 점 출토되었는데(삼강문화재연구원 2012), 이러한 독특한 형식은 통일신라와 당나라 문화의 교류 관계를 보여주는 것으로서 주목된다.

도14_ 청동제 금은입사항아리

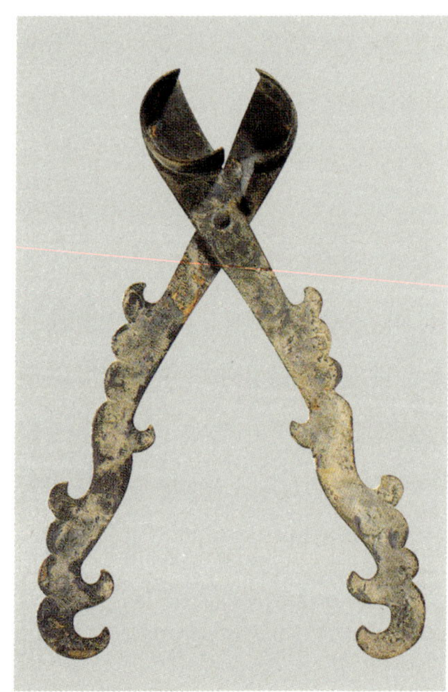

도15_ 금동제 가위(경주 안압지 출토)

현존하는 통일신라시대의 금속제 그릇 중에서 예외적으로 화려한 문양이 남아 있는 예들은 작은 금은입사항아리들 뿐이다(도14). 현존하는 예들은 그 수가 매우 작고 모두 출토지가 불명확하지만, 모두 표면에 금은입사기법, 즉 금은상감기법으로 장식하여 매우 화려한 양식을 보여준다. 그릇 몸체에 표현된 장식문양들은 서역계의 쌍조문雙鳥文과 쌍수문雙獸文으로 전형적인 통일신라시대의 서역계 장식문양이다(국립중앙박물관 1997, 이난영 2001). 통일신라시대의 금은상감기법 혹은 금은입사기법은 그릇 뿐만 아니라 마구의 장식에도 사용되어 황해도 평산 출토 철제금은입사호등에는 날개달린 천마가 금은상감기법으로 장식되기도 했다(도4).

각종 금속제 그릇 및 숟가락과 같은 식기류 이외의 중요한 금속공예품으로는 생활에서 사용하던 각종 도구의 성격을 가진 공예품들과 실내 장식을 위해서 사용되는 건축부재용 공예품 등이 있다.

안압지에서 출토된 금동제가위는 얇은 동판 2장을 구불구불한 모양으로 잘라서 못으로 연결하여 만든 것으로 날 부분 위에 반원형의 금속판을 붙여 놓았다(도15). 이러한 형식의 가위는 초 심지를 자르는데 사용된 것으로 손잡이 부분에는 화려한 당초문을 새기고 그 바탕은 어자문魚子文기법으로 가득 채워넣었다. 이 금동제 가위는 거의 동일한 크기와 문양의 예가 일본 정창원에도 소장되어 있어서 통일신라 왕실에서 사용하던 독특한 실용적 공예품이었음을 알 수 있다(이난영 1992). 이 가위의 손잡이 부분에 장식된 어자문기법은 서역에서 전래되어 8세기 이후 통일신라시대에 크게 유행했던 표면장식기법으로서 중요하다. 이 가위의 형태와 장식문양은 8세기 중엽경에 발달한 통일신라 왕실의 화려하고 국제적인 미술 양식을 잘 보여준다.

안압지에서 출토된 기타 금속공예품 중에는 금동으로 만든 괴수 모양의 문고리, 당초문을 투각한 금동판으로 만든 각종 마구리 장식, 연봉형태의 금동제 장식, 금동제 대형 자물쇠 세트 등 다양한 건

166

축 부재용 금속공예품들이 발견되었다. 그중에서도 "동궁아일東宮衙鎰", "사정당북일思正堂北日", "합령천일合容關鎰" 등의 명문이 새겨진 자물쇠들이 여러 개 발견되었는데, 이러한 명문은 동궁의 부속 건물지 이름으로 추정된다. 통일신라시대의 금속제 자물쇠들은 동 혹은 철로 제작되었으며, 안압지뿐만 아니라 화왕산성이나 창녕 말흘리 등 전국 각지의 산성지나 사찰지에서 종종 출토된다. 자물쇠는 보통 열쇠와 함께 세트로 발견되는데, 일반적인 것은 별다른 문양이 없는 장방형이지만, 창녕 말흘리유적에서는 자물쇠의 몸체에 용머리와 화려한 꽃문양을 조각하여 화려한 양식의 금동제품이 발견되었다.

통일신라시대의 화려한 공예미술 양식을 보여주는 금속공예품들은 금은상감기법, 나전기법, 평탈기법, 보석상감기법 등으로 장식된 몇몇 예들인데, 아쉽게도 고고학적 발굴조사에 의해서 출토된 예는 거의 없다. 『삼국사기三國史記』에 의하면 '당나라의 현종玄宗이 통일신라의 금은보전金銀寶鈿을 보고 놀랐다'는 기록이 있어서 당시의 금속공예 장식기법, 특히 나전 및 평탈 등의 장식기법이 상당히 발달했던 것으로 추정된다(채해정 2001).

삼성미술관 리움에 소장된 나전단화금수문경螺鈿團花禽獸紋鏡은 동으로 만들고 그 위에 나전과 준보석 등을 감입嵌入하여 꽃과 산, 사자, 새 등의 문양을 장식했으며, 같은 삼성미술관 소장품인 통일신라시대의 장식빗은 금판 위에 나전과 바다 거북이의 등껍질인 대모玳瑁, 준보석 등을 상감한 매우 화려한 공예품이다(호암미술관 2001, 문화재청 2008, 삼성미술관 2013). 그 외에 안압지에서 출토된 평탈기법으로 장식된 목공예품, 국립중앙박물관 소장의 금은평탈보상화문경金銀平脫寶相華文鏡 등도 이러한 장식기법들을 이용해서 제작했던 화려한 신라 왕실의 공예품들이다. 이후 이러한 공예기법들은 고려시대로 계승되어 좀 더 본격적인 나전칠기나 은입사 공예품 등으로 발전하게 된다.

통일신라는 고신라시대에 발달했던 다양한 공예기법을 계승하면서도 삼국 통일 이후 받아들인 고구려와 백제의 금속공예 기술 및 중국 당나라와의 교류를 통해서 받아들인 새로운 미술 양식 등을 결합하여 화려한 공예 양식을 발달시켰다. 『삼국유사三國遺事』에 의하면 통일신라의 경덕왕이 당나라 대종代宗에게 갖가지 공예기술을 이용하여 만불산萬佛山이라는 정교한 모형을 만들어 보냈더니 대종이 신라의 솜씨가 매우 뛰어남에 탄복했다는 이야기가 전하는데, 이러한 기록에서 보는 바와 같이 정교하고 뛰어난 공예기술은 발달된 금속공예기술을 바탕으로 다양한 재료들을 효과적으로 활용하여 발전한 것이다. 아쉽게도 아직까지 이러한 화려한 장식이 남아 있는 금속공예품이 일상생활 유적에서 발굴된 예는 많지 않지만, 불교 유적에서 출토되는 사리장엄구와 같은 불교 공예품들은 이러한 발달된 통일신라의 금속공예 수준을 잘 보여준다.

__불교 금속공예

신라에서 불교를 공인한 7세기 이후 수많은 불교 공예품들이 왕실의 후원 아래에서 제작되었다. 특히 통일신라시대에는 중국 당나라의 영향을 받으며 매우 화려하면서도 독특한 불교미술양식이 발전하였다. 불교 금속공예는 고신라시대부터 발전했던 뛰어난 기술과 삼국통일 이후 흡수한 고구려와 백제의 기술을 융합하여 뛰어난 양식을 보이며 발전하였다.

삼국통일의 위업을 달성한 문무왕은 불교를 독실하게 믿었으며, 신라의 왕 중에서는 처음으로 불교식 화장火葬을 택하여 장례를 치렀다. 문무왕의 화장 이후 통일신라에서는 화장을 한 후 골장기에 뼈를 봉안하여 매납하는 불교식 장례법이 유행했으며, 다양한 불교 문화가 사회에서 보편화되었다.

통일신라시대의 불교 금속공예품으로는 탑에 봉안하는 불사리장엄구佛舍利莊嚴具, 사찰에서 범음구梵音具로 사용하는 범종梵鐘과 금고金鼓, 사찰 의례에 사용하는 향로, 정병淨瓶, 광명대光明臺 등 다양한 종류가 있다. 불사리장엄구는 한번 탑에 매납되면 다시 세상 사람들에게 보이지 않는다는 분묘미술의 성격을 가지고 있으므로 발굴이나 중수를 통해서 원래의 매납 상태 그대로 출토되는 경우가 종종 있다. 그러나 다른 불교 공예품들은 사찰에서 사용하면서 지속적으로 전래된 의례용품들이므로 고고학적 발굴품보다는 사찰에서 내려오는 전세품傳世品이 많다(주경미 2003b·2005).

불사리장엄구

불사리장엄구란 불교에서 신앙의 대상으로 존숭되는 '사리舍利'를 공양하기 위해서 갖추어 꾸미는 모든 조형물을 뜻하는 것으로서 사리를 담기 위한 그릇과 사리 공양 의례에서 사용된 물건들, 공양품들을 포괄한다(奈良國立博物館 1983, 김희경 1989, 국립중앙박물관 1991, 강우방 1993, 신대현 2003). 탑 안에 봉안되어 있던 사리장엄구는 불교적 성물聖物일 뿐만 아니라 매납 당시의 각종 문화를 타임캡슐과 같이 그대로 보여주는 중요한 문화유산이다.

탑 안에 봉안되는 사리는 크게 신사리身舍利와 법사리法舍利로 나누어진다. 신사리는 직접적인 인체의 일부에 해당하는 이빨이나 머리뼈, 손가락뼈 등의 형태를 가진 골아형사리骨牙形舍利와 기적을 일으키는 신비하고 빛나는 구슬 모양의 보주형사리寶珠形舍利 등이며, 법사리는 성물聖物로서 봉안된 경전이나 다라니, 게송偈頌 등에 해당한다(주경미 2003a).

신라에 사리가 처음 전해진 것은 진흥왕 10년(549)으로 중국 남조 양나라를 통해서 전해졌다(주경미 2002·2014). 이후 신라에서는 사리를 봉안한 탑을 여러 곳에 세웠으며, 탑에는 사리를 공양하기 위한 사리장엄구 및 각종 공양구를 봉안하였다. 신라의 사리신앙과 장엄은 왕실을 중심으로 크게 발전했으며, 경주를 중심으로 출토되는 신라 왕실 발원 불사리장엄구는 당시 공예기술과 미술 양식, 불교 사상을 종합한 뛰어난 조형물로서 매우 중요하다. 현존하는 통일신라시대의 사리장엄구는 출토지가 확실한 예들만도 20여 세트 이상이며, 정확한 출토지를 모르는 예까지 합하면 총 80여세트가 알려져 있다(국립중앙박물관 1991, 국립문화재연구소 2000).

고신라시대의 사리장엄구는 634년 창건한 경주 분황사 모전석탑 출토 사리장엄구를 비롯하여 경주 황룡사지 사리장엄구 등 그 예가 매우 적다. 분황사탑은 1915년 일본인들에 의해서 해체수리되면서 2층 탑신에서 석함과 은제 원형합, 유리병으로 구성된 사리장엄구와 은제 이전耳栓, 각종 금동제 장식품, 청동제 소형 편병扁甁, 중국 북제시대 오수전五銖錢 등과 같은 각종 공양구 등이 출토되었다(국립경주문화재연구소 2006, 주경미 2007b). 현재 분황사탑 출토 유물들 중에는 고려시대 동전이 한 점 섞여져 있어서 고려시대의 중수가 있었던 것으로 보는 견해도 있었다(국립중앙박물관 1991). 그러나 정확한 발굴 보고서가 작성되지 않았고, 발굴 이후 유물 보관에서 다소 교란이 있었던 정황이 확인되었기 때문에 출토유물들의 최종 매납 연대에 대해서는 다소 논란이 있다.

경주 황룡사지 9층목탑은 645년 선덕여왕의 후원으로 창건한 왕실의 후원으로 창건된 신라 최대의 목탑이었지만, 13세기 몽골군의 침입으로 소실되었다. 이 목탑지의 사리장엄구 일괄품은 1964년 도굴꾼에 의해서 사리공舍利孔 내부에서 도난을 당했다가 회수되었다. 이후 국립문화재연구소에서는 1966년부터 황룡사 목탑지의 심초석 윗면 사리공과 하부를 정식으로 발굴조사하여 수많은 유물을 발견하였다. 당시 발굴조사의 결과에 의하면 목탑지에는 심초석 하부와 심초석 사리공 내부에 각각 유물들을 봉안했음이 확인되었다(문화재연구소 1983). 황룡사 목탑지 심초석 사리공 내부에서 출토 및 도난회수 유물들은 창건기 이후 여러 차례에 걸친 황룡사 목탑의 중수 때 공양된 유물들, 그리고 폐사廢寺 이후 매납된 유물들이 혼재되어 있어서 개별 유물들의 구체적인 편년은 어렵다.

출토유물 중에서는 심초석 하부 출토 유물들만이 확실한 목탑 창건기의 유물인데, 주요 유물은 중국제 백자 사리호舍利壺와 금동제 태환이식, 동합銅盒 및 각종 공양구이다. 대부분의 공양구는 당시 사리공양 및 기탑起塔 의례에서 직접 봉안된 귀중한 공양물로서 비슷한 시기의 분묘에 봉안되는 유물들과 상통하는 성격을 가진 것이 많다.

심초석 중앙에 마련된 사리공 내부에서 발견된 유물로는 창건기의 것으로 추정되는 청동제 외함外函과 금동제 내함內函을 비롯하여 각종 장엄구 및 공양구들이 들어 있었다. 청동제 외함은 사리공의 내벽에 붙어있는 상태로 발견되어 보존상태가 좋지 못하지만, 갑옷을 입은 무장형의 신장상神將像들이 축조기법을 이용하여 새겨져 있다. 금동제 내함은 금동판 네 장을 이어서 측벽을 만들고 아래판과 뚜껑을 따로 만들어서 결합한 방형 상자형태인데, 표면에는 금강역사상과 천왕상 및 탑의 중수 내력을 기록한 명문인 〈찰주본기刹柱本記〉가 새겨져 있다(도20). 찰주본기는 872년 경문왕 연간에 탑

도16_ 감은사지 서탑 출토 사리장엄구 일괄(수정병, 금동제 내함, 금동제 외함)

도17_ 금동제 내함. 보장형사리기형식
(경주 감은사지 동탑 출토)

을 중수하면서 만들어 넣은 것으로 황룡사 목탑의 연혁과 사리장엄구의 봉안에 대해서 자세히 기록하고 있다. 또한 사리공 안에서는 은판을 두드려 만들고 얕은 점열문과 축조기법으로 연화문과 당초문을 장식한 납작한 원형의 은합과 금동제 방형합, 금은제합, 은제이전편을 비롯한 각종 장신구 및 구슬류, 은제 및 금동제 팔각사리탑 등 창건기부터 이후 중수기까지 여러 시대의 유물이 발견되어 통일신라시대 불교 금속공에 연구에 매우 중요한 자료가 된다(주경미 2008).

통일신라 초기의 사리장엄구 중에서 가장 대표적인 것은 682년 문무왕의 원찰로 창건된 경주 감은사 동서 쌍탑 출토 사리장엄구 세트이다. 서탑은 1959년 해체조사 도중 3층탑신 윗면의 사리공에서 사리장엄구 일괄이 출토되었으며(도16), 동탑은 1996년 해체조사되어 같은 위치의 사리공에서 사리장엄구가 출토되었다(국립박물관 1954, 국립문화재연구소 2000). 출토당시 사리장엄구의 상태는 부식되어 붕괴된 상태였으므로 보존처리 과정을 거쳐 현재의 모습으로 복원되었다.

두 세트의 사리장엄구는 보존처리 방식의 차이로 현재의 상태가 다소 차이가 있지만, 기본적으로 금동제 외함外函, 금동제 내함內函, 수정제 병 등의 3중 구성인 점은 공통된다.

가장 바깥쪽의 금동제 외함은 손잡이가 달린 방추형 상자 형식으로, 네 측면에 각각 동판을 타출하여 만든 사천왕상四天王像을 붙여 장엄하였다. 사천왕상의 배치는 당시 『금광명경金光明經』및 호국불교 사상의 발전과 관계된 것이다.

내함은 수미좌 형태의 기단부와 사방의 기둥, 꼭대기의 2중 천개天蓋로 이루어진 '보배로운 장막', 즉 '보장寶帳'의 형태를 따른 형식이다(도17). 장막의 중앙에 놓여진 보주형寶珠形 구조물 안에는 사리를 봉안한 수정제 사리병이 들어 있는데, 사리병의 아래 위는 누금세공으로 장식한 금판으로 막아

170

놓았다. 보주형 구조물 주위는 천인, 혹은 승려와 사천왕 등이 호위하고 있다. 통일신라시대 초기에 새롭게 유행한 독특한 보장형 사리기는 관棺을 옮기는 상여나 고귀한 인물을 모시는 장막 혹은 사리를 이운할 때 사용하는 가마의 형태에서 기원한 것으로 '전각형殿閣形', '상여형喪輿形', '영장형靈帳形' 등으로 불리기도 한다(주경미 2002·2003b). 내함은 주조기법과 판금기법, 어자문기법 및 축조기법 등 각종 조금기법을 모두 응용해서 제작되었는데, 기본적인 제작기법은 고신라시대의 금속공예기법을 따르고 있지만 정밀한 주조기법이나 어자문기법, 타출기법 등 그 이전의 고신라시대 공예기법에서는 보이지 않던 새로운 기법들을 함께 받아들여 사용하고 있다. 즉 이 사리기는 통일신라시대 초기의 뛰어나고 정교한 금속공예 기법을 대표하는 것으로서 매우 중요하다.

감은사지 쌍탑 출토 사리장엄구와 비슷한 보장형 사리기 형식은 경북 칠곡 송림사 전탑에서도 출토되었는데, 송림사 출토품의 내부에는 초록색의 유리병과 유리발琉璃鉢이 봉안되어 있었으며 사천왕과 같은 불교적 도상은 표현되어 있지 않았다. 송림사 전탑에서는 백제의 관식冠飾과 유사한 수지형장식과 금제 이전이 공양구로 봉안되어 있었다(김재원 2000). 사리기의 제작방식은 판금기법을 주로 이용하여 감은사탑 출토품보다는 좀 더 고식을 따르고 있다.

신라에는 8세기 전반경 중국에서 704년에 새로 번역된『무구정광대다라니경無垢淨光大陀羅尼經, 이하 무구정경)』이 전래되면서 이 경전을 법사리로 봉안하는 독특한 법사리장엄 방식이 발전하였다. 무구정경에서는 탑을 세우거나 옛 탑을 재건하는 다라니 의례와 그 공덕에 대해서 서술하고 있으며, 그중에서도 특히 99개의 다라니와 소탑小塔을 만드는 다라니작법은 이 경전에서만 보이는 독특한 내용이다. 통일신라시대 8세기 이후의 사리장엄구 중에서는 이러한 무구정경의 내용을 따라서 99개의 소탑을 만들어서 사리장엄구와 함께 봉안하는 경우가 많았다. 이러한 무구정경에 의한 소탑 공양은 통일신라시대에 창안된 독특한 사리장엄 방식으로서 매우 중요하다(주경미 2004·2011c).

경주 황복사지 삼층석탑은 706년 신라의 성덕왕이 신문왕과 신목태후, 효소왕을 위해서 건립한 것으로 1943년 해체수리되었다(이홍직 1954). 이 수리 과정에서 2층 탑신 윗면의 사리공에서 사리장엄구가 발견되었는데, 금동제 방형함, 금제 방형합, 은제 방형합, 유리병 등으로 구성되어 있었다(도18). 사리장엄구와 함께 금제 불상 2점과 금은제 고배, 구슬 등도 출토되었다. 이중에서 외함으로 사용된 금동함의 바깥면에

도18_ 경주 황복사지 석탑 출토 사리장엄구 일괄품(금동합, 은합, 금합)

는 무구정경의 다라니작법에 기록된 99개의 소탑을 점각으로 새겨 놓았으며, 뚜껑에 새겨진 명문에서도 무구정경을 봉안했다는 내용이 있다. 즉 이 사리장엄구는 무구정경에 의한 법사리장엄의 가장 이른 예로서 매우 중요하다.

통일신라시대 무구정경에 의한 99개의 소탑들은 그림이나 장식 문양 등 평면적으로 조형화되기도 했지만, 나무, 돌, 흙 등을 이용해서 입체적인 소탑으로 제작되는 경우가 많았다. 8세기 전반의 경주 나원리 오층석탑에서는 사천왕상을 새긴 금동제 방형함 안에 무구정경을 쓴 종이편과 함께 목제 및 금동제 소탑들이 다수 봉안된 상태로 발견되었다(국립문화재연구소 1998).

8세기 중반이 되면 보장형 사리기 형식은 사라지고, 대신 무구정경에 의한 법사리장엄 및 방추형 사리기 형식이 계속 이어진다. 742년 창건된 불국사 석가탑은 1966년 2층 탑신에서 사리공이 발견되었는데, 금동제 방형함과 은제 합, 유리병 등으로 구성된 사리장엄구를 비롯하여(도19), 여러 세트의 사리장엄구와 목판인쇄된 무구정경이 발견되었다(불교중앙박물관 2010, 국립중앙박물관 2009a · 2009b · 2009c · 2009d). 여기에서 출토된 사리장엄구는 함께 발견된 고려시대 묵서지편墨書紙片의 판독에 의해 창건기인 통일신라시대와 11세기 전반인 1024년과 1038년에 중수된 고려시대의 유물이 혼재된 상태임이 밝혀졌다(주경미 2009). 이중에서 은제잔과 은제호는 고려시대 묵서지편에 "은종銀鐘"으로 기록된 유물로 추정되므로 통일신라시대의 양식을 따라서 고려시대에 새로 만들어 넣은 것임이 밝혀졌다.

한편 창건기의 유물로 추정되는 금동제 방형함은 감은사 사리기의 외함과 유사한 방추형 상자모양의 사리함 형식이다. 그렇지만 감은사 사리기의 외함과는 달리 네 측면이 당초문으로 투각되어 있어서 내부가 보이도록 고안되어 있다. 이렇게 사리함의 외면을 투각하여 내부를 볼 수 있도록 만든 것은 내부에 봉안된 사리를 친견하기 위한 것이기도 하다. 즉 감은사 사리기의 내함과 외함 형식이 상징적으로 결합되어 나타난 독특한 형식이다. 석가탑 출토 사리기 외함과 유사한 투각의 방형함 형식은 의성 빙산사지 오층석탑이나 전 남원출토 금동제 방형사리함 등에서도 나타난다(국립중앙박물관 1991:45~46). 이중에서 전 남원 출토 금동제 방형사리함의 경우에는 사리기의 사방에 사천왕상을 입체로 표현하여 장엄한 점이 특징이다.

9세기가 되면 대부분의

도19_ 경주 석가탑 출토 사리장엄구 일괄품

도20_ 황룡사 찰주본기(경주 황룡사 9층목탑지 출토)

신라 석탑에서는 석제 항아리와 유리병 등으로 단순하게 구성된 사리장엄구와 함께 99개의 소탑이 발견되는 경우가 많다. 이때 99개의 소탑은 석제 혹은 토제로 만들어지는데, 석제 항아리 주위를 에워싸듯이 배치되는 경우가 많다. 고신라시대부터 통일신라시대까지 신라 왕실의 후원을 지속적으로 받았던 황룡사 목탑에서도 역시 9세기 이후에는 무구정경에 의한 사리장엄방식이 행해졌다. 황룡사 목탑지 사리공에서 출토된 〈찰주본기(도20)〉에 의하면 당시 탑의 찰주에는 무구정경에 의한 소석탑 99기를 봉안했다고 기록되어 있다. 무구정경에 의한 법사리장엄 방식이 9세기 이후의 통일신라에서 크게 유행하면서, 7~8세기에 유행했던 정교하고 화려한 방형 및 방추형, 보장형 등의 금속제 사리장엄구의 제작 및 다양한 공양구의 봉안은 급격하게 줄어든다. 또한 사리기의 재질과 형식은 간소화되고 단조롭게 정형화되는데, 이러한 양식적 특징은 9세기 이후 왕실 발원 사리장엄구에서도 동일하게 나타나는 현상이다. 즉 이것은 당시 공예 기술의 쇠퇴에서 나타난 현상이라기보다는 『무구정경』과 같은 법사리신앙에 의한 다라니작법 의례의 발전 및 진신사리 대신 부처님의 법을 따르고자 하는 법사리신앙의 본질적 측면에 대한 근본적 성찰과 이해에서 나타난 필연적인 불교문화적 현상으로 해석된다.

현재까지 무구정경의 법사리장엄 의례와 관련된 9세기 이후의 출토예는 대구 동화사 비로암 삼층석탑 출토품(863년), 축서사 삼층석탑 출토품(867년), 해인사 길상탑 출토품(895년), 봉화 서동리 동삼층석탑 출토품 등 10여곳에 달한다. 이러한 통일신라시대의 법사리신앙과 장엄의 발달은 『무구정경』의 전래와 깊은 관계가 있으며, 경전의 다라니작법 의례에 의거하여 독특하게 발전시킨 99개의 소탑 봉안 및 다라니의 탑내 안치 등은 이후 고려 및 중국 요나라의 사리장엄에도 큰 영향을 미치게 된다.

통일신라에는 무구정경이외에도 여러 경전들을 탑내에 법사리로서 봉안하는 경우가 종종 보이는데, 특히 전라도 지역의 석탑에서는 탑내에 두 개의 사리공을 같은 층에 별도로 마련하여 각각의 사리공에 법사리장엄구와 신사리장엄구를 별도로 봉안하는 의례가 발전하였다. 이렇게 2개 이상의 사리공이 한 탑안에서 발견된 중요한 예로는 화엄사 서오층석탑과 익산 왕궁리 오층석탑 등이 있다. 이중 익산 왕궁리 오층석탑의 경우에는 매우 얇은 은제도금판에 타출기법의 일종으로 글자를 도드라지게 새거서 만든 금속제 경판을 법사리로 봉안하여 주목된다(국립중앙박물관 1991: 40~44).

한편 9세기경부터 중국의 육각 혹은 팔각탑 형식이 전래되면서 문경 내화리 삼층석탑 및 선산 도리사 세존부도, 황룡사 목탑지 등에서는 이러한 새로운 탑의 형식을 따라 만들어진 단층다각탑 형식의 사리장엄구가 새로운 형식으로서 등장한다.

범종

범종은 사찰내에서 계속 사용해왔기 때문에 통일신라시대의 사찰지에서 출토된 예는 많지 않으며 대부분 전세품이다. 현재 통일신라시대의 범종은 9점이 알려져 있는데, 그중 4점은 일본에 있다(최응천 1997).

현존하는 가장 오래된 범종은 통일신라시대 725년에 제작된 강원도 상원사종이다(도21). 상원사종은 전형적이며 독특한 신라종 형식을 보여주는 것으로 동시대의 중국이나 일본의 범종과는 형식적인 차이가 크다. 상원사종의 형식을 보면 우선 천판^{天板} 위에는 한 마리의 용이 꿇어 앉아 있는 용뉴^{龍鈕}와 짧은 원통형의 음통^{音筒}이 특징적이다. 포탄형에 가까운 종신^{鐘身}의 위쪽과 아래쪽에는 화려한 문양대가 돌려져 있는데, 각각 상대^{上帶}, 하대^{下帶}라고 한다. 상대 아래에는 방형의 구획이 사방에 배치되어 있으며, 각 구획 안에는 9개씩의 연꽃 봉오리 모양의 장식들이 배치되어 있다. 이 장식은 연꽃 봉오리 형태라고 하여 연뢰^{蓮蕾}라고 하며, 연뢰를 둘러싼 구획은 연곽^{蓮廓}이라고 한다. 종 1개에는 보통 4개의 연곽과 총 36개의 연뢰가 배치된다. 연곽 아래에는 비천상이 배치되는 것이 일반적이며, 비천상 사이에는 연화형의 당좌^{撞座}가 있어서 종을 칠 수 있도록 되어 있다. 이러한 종 형식은 이후 통일신라시

도21_ 상원사종

174

대 및 고려초기까지의 여러 범종에서 공통적으로 보인다(최응천 1997, 직지성보박물관 2003).

통일신라시대의 범종 중에서 가장 크고 발달된 양식을 보여주는 것은 국립경주박물관 소장의 성덕대왕신종聖德大王神鍾이다. 771년 신라 왕실에서 성덕왕의 위업을 기리기 위해서 경덕왕과 혜공왕이 발원해서 만든 이 종은 원래 왕실의 원찰인 봉덕사에 봉안되어 있던 것이다. 구리와 주석을 주성분으로 하는 청동제 범종으로, 표면에 새겨진 정교한 명문과 문양은 당시 발달된 뛰어난 밀랍주조 기법의 수준을 잘 보여준다(국립경주박물관 1999a · 1999b). 이 범종은 당시 제일 뛰어난 명장들이 제작한 명작으로서, 통일신라시대 범종 형식을 공유하면서도 좀 더 독특하고 화려한 양식을 보여준다. 특히 구연부가 팔릉형을 이루고 있으며, 구름 속에서 내려오는 단아하고 우아한 비천상 및 여러 문양대에 표현된 화려하고 섬세한 보상당초문의 표현은 통일신라시대의 섬세하고 발달된 주조기법과 뛰어난 미술 양식을 잘 보여준다.

현존하는 9세기 이후의 범종들은 대부분 성덕대왕신종보다는 상원사종의 양식을 따르고 있으며, 종의 크기도 소형화된다. 통일신라시대의 범종 중에서 사찰지에서 출토된 예로는 실상사 범종과 강원도 선림원지 출토품 등이 있는데, 화재로 인하여 파손되어 원형을 알아보기는 힘들다.

금고金鼓

청동으로 만든 금고는 반자半子, 금구金口, 쇠북이라도고 부르는데, 사찰 내에서 소리를 알리기 위해서 사용하는 범음구의 일종이다. 현재 통일신라시대의 금고는 국립중앙박물관 소장의 함통咸統 6년명 금고가 865년에 제작된 것으로서 가장 오래된 것이다(최응천 1988).

최근 군위 인각사지에서 출토된 금고는 명문은 없지만 전반적인 형식과 공반 유물들로 볼 때 역시 통일신라시대 후기의 예로 추정되고 있다(최응천 2010). 두 금고 모두 뒷면이 뚫힌 상태이며, 측면에는 매달기 위한 2~3개의 꼭지가 달려 있다. 앞면과 옆면에는 모두 양각의 융기문이 있을 뿐이며 별다른 문양은 없다.

기타 불구佛具

기타 불구로는 행향行香 의례에 사용하는 긴 손잡이가 달린 병향로柄香爐, 불전 앞에 놓는 다양한 형식의 불단용 향로, 초를 꽂는 촛대와 광명대 등이 있다. 특히 다양한 형식의 향로가 남아 있어서 당시 불교 의례에서 향을 피우는 공양 의례가 매우 발달해 있었음을 알 수 있다. 또한 유물은 현존하지 않지만, 석장, 정병, 발우, 염주 등도 사용되었다는 기록이 남아 있다. 이러한 다양한 불구의 사용은 통일신라의 불교 의례가 다양하고 복잡한 방식으로 발전해 있었음을 알려준다.

향로와 향합, 광명대, 정병과 같은 불구들은 대체로 불단에 올려놓는 공양구들로서 사찰지에서 종종 출토된다. 간혹 통일신라시대의 유물이 고려시대 유적지에서 출토되는 경우도 종종 있기 때문에 유적지의 연대와 출토유물의 연대가 반드시 일치하지는 않는다. 이는 한번 제작된 불구들이 오랜 기간동안 계속 사용되었기 때문에 나타나는 현상이다. 그러므로 개별 유물의 편년은 유적과의 상관관계 및 유물 자체의 형식 및 양식을 고려하여 이루어져야 한다.

최근 통일신라시대 사찰지에서 발굴된 비교적 중요한 단일 금속제 불구로는 경주 인용사지에서 출토된 광명대光明臺가 있다(국립경주문화재연구소 2013). 광명대는 초와 기름 등잔을 놓아서 불을 밝힐 수 있는 등촉구燈燭具의 일종으로 청동을 주조해서 제작하였다. 받침대와 간주, 그리고 등을 놓을 수 있는 부분 등으로 구성되어 있는데, 인용사지 출토품에는 녹로성형시에 생기는 여러 줄의 동심원 이외에는 별다른 문양이 없다.

삼성미술관에는 이러한 광명대와 유사하면서도 위에 초를 꽂는 부분이 만들어져 있는 통일신라시대의 금동제 촛대 1쌍이 전하고 있다(문화재청 2008:186~191). 이 촛대에는 각 부분마다 화려한 꽃 문양을 음각하고 어자문기법으로 장식했으며, 여러 곳에는 수정을 감입하여 장식했던 흔적들이 남아 있다. 이렇게 화려한 촛대는 아마도 사찰보다는 왕실이나 귀족 계층에서 사용했던 것으로 추정된다.

향을 피워 공양할 때에 사용하는 향로와 향합은 이미 삼국시대부터 사용된 것으로 추정되지만 현존하는 유물들은 대부분 통일신라시대 이후의 것이다. 향로는 불단에 올려 놓는 향로와 긴 손잡이가 달려서 행향行香 의례 등에 사용하는 병향로柄香爐 등이 있으며, 대부분 청동을 주조해서 만든 후 도금을 한다.

통일신라시대의 불단용 향로 중에는 짐승 모양의 다리가 달린 수각형獸脚形 향로가 독특한 형식으로 창녕 말흘리에서 출토된 금동제 수각형獸脚形 향로 2점과 익산 미륵사지

도22_ 금동제 수각형향로(익산 미륵사지 출토)

176

도23_ 동제 병향로(창녕 말흘리유적 출토)

에서 출토된 금동제 수각형향로 1점 등이 있다(국립문화재연구소 2007, 최응천 2008, 국립김해박물관 2011). 말흘리 출토 향로에는 뚜껑이 남아 있지 않지만, 익산 미륵사지에서 출토된 금동제 수각형 향로에는 연꽃 모양의 손잡이가 달린 커다란 뚜껑이 함께 발견되어 당시 불단용 향로의 완전한 모습을 알려준다(도 22). 또한 통일신라시대의 불상이나 승탑의 기단부, 와당 등에는 다양한 형태의 불단용 향로가 새겨져 있어서 당시 사찰에서 사용했던 다양한 향로의 형태를 알 수 있다.

손잡이가 달린 병향로는 창녕 말흘리와 군위 인각사지에서 출토되었다. 성덕대왕신종에 새겨진 비천상은 연꽃 모양의 병향로를 들고 있으며, 경주 석굴암의 나한상들 중에는 연미형 꼬리를 가진 병향로를 든 인물이 조각되어 있어서 통일신라시대 불교 의례에서 병향로가 널리 사용되었음을 알 수 있다. 병향로의 형식은 대부분 노신부분과 받침, 그리고 손잡이, 손잡이 끝장식 등으로 구성되는데, 손잡이 끝장식의 형태가 향로마다 조금씩 차이가 있다(이용진 2011). 연미형 꼬리가 가장 올라가는 형식으로 생각되는데, 아직 국내에서의 출토예는 없다. 창녕 말흘리 출토품은 손잡이 끝부분의 장식이 단순한 꽃봉오리 모양을 하고 있으며(도23), 인각사 출토품의 손잡이 끝부분 장식은 사자 모양을 하고 있다. 대체로 8세기 이후의 중국과 일본에서는 사자형 끝장식을 가진 병향로가 유행했는데, 한중일 삼국의 사자형 병향로는 형태 및 크기가 서로 비슷하여 정확한 제작지를 파악하기는 어렵다. 다만 말흘리 출토품과 같은 연봉형 끝장식의 예는 다른 나라에서는 찾기 어려운 형식이므로 통일신라에서 제작되었던 것으로 생각된다.

문헌기록에서는 통일신라시대부터 정병이 사용된 것으로 추정되지만, 고려시대의 정병과 같은 형태의 금속제 정병은 통일신라시대의 예가 드문 편이다. 오히려 긴 목을 가진 장경병長頸甁이 정수를 담는 기능상의 정병에 해당하는 것으로 추정되고 있다. 한편 군위 인각사지에서 출토된 정병을 통일신라시대의 작품으로 보는 견해도 있으므로 이에 대해서는 중국 및 다른 나라의 정병 출토예를 고려하여 앞으로 좀 더 검토가 필요하다.

창녕 말흘리에서는 다른 지역과는 달리 무수히 많은 금동제 풍탁과 금동제 번의 일부들이 한꺼번에 출토되어 주목된다(국립김해박물관 2011). 풍탁은 다른 사찰 지역에서 출토되는 예들과 비슷한데 주조기법으로 만들었다. 한편 금동제 번은 여러 가지 형태로 자른 금속판을 투각기법과 조금기법으로 장식한 후 천에 매달아 장식하여 완성했던 것으로(도24), 금당 내부의 실내 장엄을 위한 금

속공예품이다. 말흘리 출토 금동제 번 장식에 표현된 불보살상의 양식은 그다지 세련되지는 못하여 지방에서 제작했을 가능성을 보여준다. 말흘리에서 출토된 일괄 불교 금속공예품들은 대형의 불감(佛龕)을 장식했던 유물이었을 가능성이 큰데, 이러한 불감의 예는 지금까지 국내에서 알려진 바가 없으므로 앞으로의 연구가 필요한 과제이다.

통일신라시대의 불교 공예품은 유사한 형식의 예가 같은 시기의 중국이나 일본에서도 상당수 현전하므로 형식적 특징만으로는 국산과 수입산을 정확하게 구별하기는 매우 어렵다. 기록에 의하면 통일신라에서는 7세기 후반경부터 중국에서 직접 정병과 같은 불구를 수입해왔다고 하므로 새로운 불구의 형식이 전래된 직후부터는 국내에서도 유사한 형식의 불구를 제작했던 것으로 생각된다. 불교 공예품들은 대체로 형식적 보수성이 강한 편이기 때문에 통일신라시대 이후 고려시대까지 지속적으로 유사한 형식이 반복되어 제작되기도 했다. 그러므로 개별 유물의 편년은 형식보다는 유물 자체에 새겨진 명문 혹은 사찰의 유래, 함께 출토된 일괄 유물의 성격과 매납 과정에 대한 고찰 등을 통해서 종합적으로 판단해야하는 경우가 많다. 그 외에 통일신라시대의 사찰지에서는 일상 생활용으로 사용하던 대접, 합, 접시 등의 식기로 추정되는 금속공예품들이 출토되는 경우도 많다.

__ 맺음말

이상에서 신라의 금속공예에 대해서 제작기법과 주요 출토유적, 일상용 및 불교용 금속공예 등을 중심으로 개괄적으로 살펴보았다. 신라의 금속공예는 고신라시대부터 통일신라시대까지 오랜 기간 동안 다양하게 발전된 제작기법을 바탕으로 꾸준히 발달했으며, 많은 현존 유물들이 남아 있다.

신라의 금속공예품은 일찍부터 사회적 위계를 나타내는 위세품으로서의 성격이 강했으며, 그중에서도 금이나 은과 같은 귀금속제 공예품들은 일부 특정 계층에 한정되어 소유 및 사용이 이루어졌다. 이러한 귀금속제 공예품들은 일상적 목적보다는 제사 및 의례용 목적으로 제작된 경우가 많다. 물론 철기와 청동기의 경우에는 실용적 목적의 공예품, 즉 공구 및 도구의 제작례가 많기는 하지만 역시 의례 및 종교적 성격의 유물도 함께 만들어졌다. 한편 대형 고분의 축조시기와 불교 공인 이후의 시기에는 각각 상당히 다른 성격의 금속공예품들이 만들어졌는데, 이것은 당시 신라인들의 세계관 및 내세관의 변화에 따라서 나타난 직접적인 영향의 결과이다. 즉 신라 금속공예의 양식적 변천 과정을 이해하는 데에 가장 중요한 것은 공예품을 제작할 당시의 사회 문화적 배경 및 기물 제작 목적을 파악하는 것이다.

아직까지 신라 금속공예품에 대한 연구는 개별 유물의 형식적 특징 및 재질에 따라 나누어 고찰하는 형식분류학적 연구가 중심을 이루고 있는데, 이러한 형식분류학적 연구는 이미 여러 선학들에 의해서 비교적 자세히 이루어진 상태이다. 한편 제작기법 및 재질에 대한 연구는 일부에서 이루어지긴 했지만, 아직까지 현존 유물들에 대한 과학적 조사가 충분하지 않기 때문에 부정확한 부분이 많아서 연구상의 한계가 있다. 앞으로 전국 각지에서 출토되는 새로운 금속제 유물들에 대해서 좀 더 과학적인 성분 분석 및 조사가 이루어지고, 개별 유물들의 공반 관계 및 매납 상황에 대해서 밝혀진다면, 신라의 금속공예 문화에 대한 다양하고 새로운 사실들이 좀 더 명확하게 밝혀질 수 있을 것이다.

한편 지금까지 신라 금속공예의 제작기법 및 문양, 기형 등을 중심으로 신라와 실크로드와의 관계 및 금속공예 제작기법의 기원에 대해서 여러 학자들이 관심을 가지고 연구해왔다. 그렇지만 아직까지 국내 고고학계에서는 끊임없이 발굴되고 있는 중국 및 중앙아시아, 동남아시아 등 여러 지역의 고고학적 출토품들에 대한 연구가 미진한 편이다. 앞으로 이러한 외국 출토품들과 국내 출토품들과의 심도깊은 비교 연구가 거시적이며 국제적인 관점에서 활발하게 이루어진다면, 신라 금속공예품의 독특한 문화적 특징과 국제적 감각을 좀 더 폭 넓게 이해할 수 있을 것이라고 기대한다.

보고서·도록

江原考古文化研究院, 2012,『東海 池柯洞遺蹟 – 고속국도 제65호선 삼척–동해간 건설공사 제3, 4공
        구 유적 발굴조사보고서』, 강원고고문화연구원 학술총서 18책.

경남고고학연구소, 2005,『창녕 말흘리 유적』.

慶南文化財研究院, 2009,『昌寧 火旺山城內 蓮池』.

국립경주문화재연구소, 2002,『新羅王京:皇龍寺址 東便 S1E1地區 發掘調査報告書 I』.

________________, 2006,『芬皇寺 출토유물』, 국립경주문화재연구소.

________________, 2008,『慶州 九黃洞 皇龍寺址展示館 建立敷地內 遺蹟 發掘調査報告書』.

________________, 2013,『전인용사지 발굴조사보고서』.

국립경주박물관, 1996a,『경주이야기』, 통천문화사.

________________, 1996b,『신라인의 무덤–新羅陵墓의 形成과 展開』, 통천문화사.

________________, 1999a,『성덕대왕신종 종합논고집』.

________________, 1999b,『성덕대왕신종 종합조사보고서』.

________________, 2001,『新羅黃金–신비한 황금의 나라』.

________________, 2002,『국립경주박물관 안압지관』, 통천문화사.

________________, 2008,『新羅, 서아시아를 만나다』.

국립공주박물관, 2002,『錦江』, 씨티파트너.

국립김해박물관, 2011,『땅 속에 묻힌 염원–창녕 말흘리 유적 출토유물 대공개』.

국립문화재연구소, 1998,『경주 나원리 오층석탑 사리장엄』.

________________, 2000,『감은사지 동삼층석탑 사리장엄』.

________________, 2001,『將島淸海鎭 遺蹟發掘調査報告書 I』.

국립문화재연구소·미륵사지유물전시관, 2007,『미륵사지 출토 금동향로』.

國立博物館, 1954,『感恩寺址發掘調査報告書』, 乙酉文化社.

국립중앙박물관, 1991,『佛舍利莊嚴』.

________________, 1997,『우리나라 金屬工藝의 精華 – 入絲工藝』.

________________, 2003,『統一新羅』.

________________, 2010,『황금의 나라 신라의 왕릉 황남대총』, 국립중앙박물관.

국립중앙박물관 불교중앙박물관, 2009a,『불국사 석가탑 유물 1–경전』.

________________________, 2009b,『불국사 석가탑 유물 2–중수문서』.

______________________________, 2009c,『불국사 석가탑 유물 3-사리기·공양품』.

______________________________, 2009d,『불국사 석가탑 유물 4 - 보존처리·분석』.

金載元, 1948,『壺杅塚과 銀鈴塚』, 國立博物館.

김길웅 외, 2004,『王京遺蹟 (II)-황오동 소방도로 개설구간』, 동국대학교 경주캠퍼스박물관.

________, 2005,『王京遺蹟 (III)-慶州市 東川洞 7B/L內 遺蹟』, 동국대학교 경주캠퍼스박물관.

奈良國立博物館 編, 1983,『佛舍利の莊嚴』, 同朋舍出版.

동국대학교 경주캠퍼스박물관, 1998,『발굴유물특별전』.

文化財管理局, 1983,『皇龍寺 遺蹟發掘調査報告書 I』.

____________, 1984,『彌勒寺』.

____________, 1987,『雁鴨池發掘調査報告書』.

文化財研究所, 1985,『皇南大塚北墳 發掘調査報告書』.

____________, 1993,『皇南大塚 南墳 發掘調査報告書(도판·도면)』.

____________, 1994,『皇南大塚 南墳 發掘調査報告書(본문)』.

문화재청, 2008,『문화재대관-국보 금속공예』.

복천박물관, 2009,『神의 거울-銅鏡』.

불교중앙박물관, 2010,『불국사 석가탑 사리장엄구』.

______________, 2013,『인각사와 삼국유사』.

三江文化財研究院, 2012,『星州 基山里 遺蹟-용암~선남간 도로4차로 확·포장구간 내 유적(III-2)
          시·발굴조사』.

삼성미술관, 2013,『금은보화: 한국 전통공예의 미』.

陝西歷史博物館 外 編, 2003,『花舞大唐春 - 何家村遺寶精粹』, 文物出版社.

世界美術大全集編纂委員會, 1997~2000,『世界美術大全集 東洋編』全18卷, 小學館.

楊伯達 主編 2002-2004,『中國金銀玻璃珐琅器全集』, 河北美術出版社.

영남문화재연구원, 2001,『慶州 舍羅里 遺蹟 II-木棺墓, 住居址』.

______________, 2004.『경주 동천동 793번지유적』.

任孝宰·崔鍾澤, 1990,『한우물-虎岩山城 및 蓮池發掘調査報告書』, 서울大學校博物館.

正倉院事務所, 1989,『正倉院 寶物』全3卷, 朝日新聞社.

朝鮮總督府, 1924,『古蹟調査特別報告第三册 慶州金冠塚과 其遺寶』.

中國美術全集編輯委員會 編, 1986~1989,『中國美術全集 工藝美術編』全12卷, 文物出版社.

直指聖寶博物館, 2003,『하늘꽃으로 내리는 깨달음의 소리-韓國의 梵鐘 拓本展』.

차용걸 외, 2007,『문경 고모산성 1-남문·남동곡성 발굴조사』, 중원문화재연구원.

崔仁善·李順葉, 2005, 『光陽 馬老山城 I-건물지 I』, 順天大學校博物館.

한국문화재보호재단, 2012, 『하남 하사창동 64-2, 344번지 근생시설 신축부지 내 유적 국비지원 발굴조사 약보고서』.

호암미술관, 2001, 『황금의 美-한국미술 속의 금빛』.

황상주 외, 2002, 『경주 황남동 376 통일신라시대 유적』, 동국대학교 경주캠퍼스박물관.

논저

姜大一, 1992, 「韓半島出土金屬資料分析研究」, 東京藝術大學校 博士學位論文.

姜友邦, 1993, 『한국 불교의 사리장엄』, 열화당.

권혁남 외, 2000, 「경주 동천동 유적 출토 동슬래그에 대한 연구」, 『신라문화권 매장문화재 지표·시굴조사 종합보고서(1999~2000)』, 경주대학교 박물관.

김권일, 2010, 「제철로의 유형분석 시론-신라 제철문화의 특징과 관련하여」, 『경주사학』31, 경주사학회.

김세기, 2006, 「신라왕경의 생산유적과 생산체계의 변화」, 『신라문화제학술발표회논문집』27.

김연수·최응천, 2004, 『금속공예』, 솔.

김재원, 2000, 『韓國과 中國의 考古美術』, 문예출판사.

金智惠, 2006, 「韓國 古代 金屬製 三足器에 관한 研究-鼎과 鐎斗를 중심으로」, 서울대학교 대학원 석사학위논문.

김희경, 1989, 『사리구』, 대원사.

中野政樹, 1994, 「正倉院 寶物과 新羅遺物」, 『미술사연구』8.

毛利光俊彦, 2004, 『古代東アジアの金屬製容器 I (中國編)』, 奈良文化財研究所.

__________, 2005, 『古代東アジアの金屬製容器 II (朝鮮·日本編)』, 奈良文化財研究所.

박보현, 1990, 「鐎壺, 鐎斗 副葬古蹟의 性格」, 『白山學報』37.

杉山洋, 1995, 『梵鐘』日本の美術 355, 至文堂.

송오성·이정임, 2009, 『주얼리디자이너를 위한 금속재료』, 주얼테크.

신대현, 2003, 『한국의 사리장엄』, 혜안.

안귀숙, 2002, 『유기장』, 화산문화.

엄준상, 1984, 『금속공예-재료·열처리·가공과 형상』, 미진사.

廉永夏, 1991, 『韓國의 鐘』, 서울大學校出版部.

尹用賢, 2013, 「靑銅 遺物의 鑄造와 復元技術 研究」, 고려대학교 대학원 박사학위논문.

李蘭暎 1991,「魚子文技法」,『震檀學報』71·72.

______, 1992,『韓國古代金屬工藝硏究』, 一志社.

______, 1996,「高句麗 金屬工藝의 對外交涉」,『高句麗 美術의 對外交涉』, 한국미술사학회 편, 예경.

______, 2001,「통일신라 공예의 대외교섭」,『통일신라 미술의 대외교섭』, 한국미술사학회 편, 예경.

______, 2003,『高麗鏡硏究』, 도서출판 신유.

______, 2012,『한국 고대의 금속공예』개정판, 서울대학교 출판문화원.

이상준, 2004,「통일신라시대의 생산유적-토기, 기와, 철, 철기, 유리」,『통일신라시대 고고학』, 제
　　　28회 한국고고학전국대회 발표요지.

이용진, 2011,「韓國 佛敎香爐 硏究」, 동국대학교 대학원 박사학위논문.

이한상, 2004,『황금의 나라 신라』, 김영사.

______, 2011,『東아시아 古代 金屬製 裝身具文化』, 도서출판 考古.

李浩官, 1996,『韓國의 金屬工藝』, 文藝出版社.

李弘稙, 1954,「慶州狼山東麓三層石塔 發見品」,『韓國古文化論攷』, 乙酉文化社.

林善基 외, 1991,「古代 金銅 鍍金技法에 관한 硏究」,『保存科學硏究』12.

______, 1992,「古代 金銅遺物의 金鍍金 被膜에 關한 硏究」, 漢陽大學校 大學院 碩士學位論文.

藏田藏·中野政樹, 1974,『金工』, 小學館.

장충식, 2004,『한국 불교미술 연구』, 시공사.

전용일, 2006,『금속공예기법』, 미술문화.

鄭義道, 2008,「靑銅숟가락의 登場과 擴散-三國時代~統一新羅時代」,『石堂論叢』42.

齊東方, 1999,『唐代金銀器硏究』, 中國社會科學出版社.

주경미, 1997,「三國時代 耳飾의 製作技法」,『古代硏究』5.

______, 1998,「三國時代의 打出技法 硏究」,『科技考古硏究』3.

______, 2002,「한국 고대 불사리장엄에 미친 중국의 영향」,『미술사학연구』235.

______, 2003a,『중국 고대 불사리장엄 연구』, 일지사.

______, 2003b,「통일신라시대의 金工技法 硏究-佛舍利莊嚴具를 중심으로」,『신라문화제학술논문
　　　집』24.

______, 2004,「韓國 佛舍利莊嚴에 있어서『無垢淨光大陁羅尼經』의 意義」,『불교미술사학』2.

______, 2005,「통일신라시대 전성기 공예양식의 변화와 발전」,『신라문화』25.

______, 2007,「분황사 석탑 출토 불사리장엄구의 재검토」,『시각문화와 전통의 해석』, 정재 김리나
　　　교수 정년퇴임기념 미술사논문집 간행위원회, 예경.

______, 2008,「皇龍寺 九層木塔의 舍利莊嚴 再考」,『歷史敎育論集』40.

______, 2009, 「〈墨書紙片〉의 석탑 부재 및 사리장엄 관련 용어」, 『불국사 삼층석탑 묵서지편』, 불교
　　　문화재연구소.

______, 2011a, 『대장장』, 민속원.

______, 2011b, 「8-11세기 동아시아 탑내 다라니 봉안의 변천」, 『미술사와 시각문화』10.

______, 2013, 「낙랑출토 금제교구와 중앙아시아」, 『中央아시아 研究』18-2.

______, 2014, 「新羅 舍利莊嚴方式의 형성과 변천」, 『신라문화』43.

秦弘燮, 1980, 『韓國金屬工藝』, 일지사.

차순철, 2000, 「慶州地域 新羅工房考」, 『新羅學研究』3.

______, 2002, 「慶州 皇南洞 376番地 新羅工房에 대한 再考」, 『慶州文化』8, 경주문화원.

______, 2005, 「경주지역의 청동생산(青銅生産) 공방운영(工房運營)에 대한 일고찰」, 『문화재』38.

채해정, 2001, 「통일신라 금속 및 칠공예품의 기법과 문양 연구」, 『미술사연구』15.

최병현, 1992, 『신라고분연구』, 일지사.

崔應天, 1988, 「高麗時代 青銅金鼓의 研究」, 『佛教美術』9.

______, 1997, 「統一新羅 梵鐘의 特性과 變遷」, 『慶州史學』16.

______, 2008, 「미륵사지출토 금동수각향로의 조형과 편년」, 『동악미술사학』9.

______, 2010, 「군위 인각사 출토 불교 금속공예품의 성격과 의의」, 『선사와 고대』32.

최재석, 1996, 『正倉院 소장품과 통일신라』, 일지사.

한도식, 2001, 「慶州 東川洞 青銅生産 遺構 一考」, 『科技考古研究』7.

後藤四郎, 1999, 『天平の美術 2: 正倉院』, 日本美術全集 5, 學習研究社.

04

이 한 상

신라의 장신구

__머리말

신라는 삼국시대 여러 나라 가운데 가장 화려한 금속제 장신구문화를 꽃피웠다. 특히 많은 물건을 무덤에 넣어두는 풍습과 적석목곽분積石木槨墳이라는 특이한 무덤의 구조(최병현 1991, 이종선 2000) 때문에 많은 금속유물이 오늘날까지 고스란히 전한다. '신라'하면 금관의 황금빛 이미지가 떠오르는 것은 바로 이 때문이다(한병삼 1995, 김병모 1998, 국립경주박물관 2001, 남궁영임 2003, 이한상 2004).

신라에 금이 처음 등장하는 것은 4세기 후반부터이며 경주 월성로 가-13호분에서 출토된 금제 그릇과 경식頸飾, 이식耳飾(국립경주박물관 1990)이 대표적이다. 경주 시내에 대형의 무덤이 축조되고 그속에 수많은 황금제 장신구가 부장되는 시기의 신라는 왕위를 김씨가 세습하게 되고 마립간麻立干이라는 왕호를 사용하는 등 비약적인 발전의 모습을 보인다. 이 시기의 북방문화권과 교섭한 결과 선비족 등 유목민족의 황금문화가 신라에 이입된 것으로 여겨진다.

　5세기와 6세기 전반까지 약 150년간이 황금문화의 전성기였다. 이 기간 동안 신라의 지배층은 매우 정형화된 장신구를 소유했다. 머리에는 금속제 관을 썼으며 금제 이식과 유리제 경식, 은제 대금구帶金具, 금동식리金銅飾履로 몸을 장식하였다. 경주시내의 황남동, 황오동, 노동동, 노서동 일대에는 수백기의 대형大形 봉토분이 밀집 분포되어 있다. 현재까지 발굴조사되어 많은 유물이 출토된 중요 무덤으로는 황남대총皇南大塚, 금관총金冠塚, 서봉총瑞鳳塚, 천마총天馬塚, 금령총金鈴塚 등이 있다. 본 장에서는 신라 금속제 장신구 문화의 큰 흐름을 개관하고자 한다.

__사로국의 장신구

옥석 및 유리제 장신구

　한국 고고학계에서는 서기 1~3세기를 원삼국시대로 시대구분하고 있다. 영남지역의 경우 진한辰韓과 변한弁韓에 포함되며 경주와 그 주변지역은 진한에 속한다. 이 시기의 장신구 가운데 옥석玉石과 유리琉璃의 비중이 높다. 옥석과 유리로 만든 장식품의 대부분은 경식頸飾이다(도1). 사로국斯盧國 단계에는 수정, 마노, 호박 등의 옥석에 더하여 다양한 종류의 유리가 경식의 소재가 되었다. 특히 옥석과 유리로 만든 곡옥曲玉이 경식의 최하단 장식품으로 선호되며 그와 같은 전통은 삼국시대로 이어진다.

　옥석은 당시 사회에서 매우 진귀한 물품으로 취급되었으며, 소유에 제한이 있었던 것 같다. 사로국 단계까지만 하더라도 신라에는 황금문화가 존재하지 않았다. 그 대신 옥석제 장신구가 크게 유행하였다. 그러한 정황은 진수陳壽가 찬술한 , 『삼국지』위서 동이전에 실려 있는 다음과 같은 기록을 통해 짐작할 수 있다. "옥구슬을 귀중한 재물로 삼는데, 옷에 꿰매어 장식

도1_ 울산 하대73호분 경식(마노, 유리)

187

하기도 하고 목에 걸거나 귀에 매달기도 한다. 금은과 비단을 진귀한 것으로 여기지 않는다.[*] 실제 사로국 단계의 무덤 속에서는 금은제 장식품이 발굴되지 않는 대신 유리와 옥석으로 만든 장신구의 출토 사례가 많아 위 기록의 신빙성을 높여 주고 있다.

사로국 단계의 유리에 대한 자연과학적 분석 결과 이 시기에도 초기철기시대와 마찬가지로 납-바리움계 유리가 여전히 사용되었지만, 칼륨유리(potash glass)와 소다유리(soda glass)가 차례로 등장한다(이인숙 1999, 김규호 2002). 유리 원료는 중국이나 동남아시아로부터 수입한 것으로 여겨지며 금박金箔유리옥처럼 완제품을 수입한 사례도 있다. 기원후 1세기 무덤인 경주 사라리舍羅里 130호묘에서 수정과 남색 유리옥을 엮어 만든 경식이 출토되었고(영남문화재연구원 2001), 경주 덕천리德泉里고분군(영남문화재연구원 2008)이나 포항 옥성리玉城里고분군(영남매장문화재연구원 1998, 국립경주박물관 2000)에서도 여러 가지 색조의 유리옥으로 만든 경식이 출토되었다.

사로국 단계의 장신구 가운데 금박유리옥으로 불리는 중층유리옥重層琉璃玉[**]의 존재가 주목된다. 진한에서는 경주 덕천리15호묘와 24호묘 등 2기에서 출토되었고(영남문화재연구원 2008) 변한에서는 김해 양동리462호묘에서 출토되었다(동의대학교박물관 2000). 그에 비해 마한의 경우 19기의 무덤에서 123점이 출토되었다. 지역적으로 보면 한강유역에 2곳, 아산만으로 흘러드는 황구지천, 오산천, 곡교천에 인접하여 4곳, 태안반도에 1곳, 고창의 주진천변에 2곳이 위치한다(이한상 2013).

금속제 장신구

사로국 단계의 장신구 가운데 금속품은 그 예가 매우 드물다. 경주 사라리130호묘에서 청동제 천釧이 출토되었으며 변한지역 출토품과 동형이다. 경주 조양동60호묘(국립경주박물관 2003)나 덕천리 목곽묘에서는 청동제 동물형대구動物形帶鉤가 출토되었다.

천은 이식과 함께 오랜 역사를 지녔다. 신석기시대의 조가비 천에서 시작하여 삼국시대의 금천까지 재질이나 형태가 다양하다. 낙랑 무덤에서 동제천이 출토되곤 하며 그와 유사한 자료가 영남의 삼한 무덤에서 출토된 바 있다. 경주 사라리 130호묘, 동 탑동 목관묘, 경산 신대리 목관묘 출토품이 대표적인 사례이다. 천의 표면에 아무런 장식이 없는 예가 많지만 탑동 목관묘 출토 1점처럼 표면에 8개의 돌기를 장식한 사례도 있다(도2). 낙랑으로부터 완제품이 이입된 것인지의 여부는 향후 연구

---

[*] 『三國志』魏書 東夷傳 韓「以瓔珠爲財寶 或以綴衣爲飾 或以縣頸垂耳 不以金銀錦繡爲珍」
[**] 유리가 중층을 이루고 그 틈새에 금박이나 은박이 끼워진 구슬을 말한다. 국내에서는 이를 총칭하여 박유리구슬이라 부르기도 한다. 영어로는 Gold-foil glass bead, Gold-sandwich glass라 부른다. 일본 학계에서는 金層(금층)ガラス, 銀層(은층)ガラス, 重層(중층)ガラス, 層(층)ガラス 등 다양한 명칭으로 불리고 있다(이인숙 1999, 谷一尙 1999).

도2_ 경주 탑동 목관묘 일괄유물(동물형대구, 동천 등)

도3_ 어은동(상·중)과 사라리(하)의 대구

가 필요한 부분이다.

금속제 장신구 가운데 수량이 상대적으로 많은 것은 마형 및 호형대구虎形帶鉤이다(도3, 이한상 2011, 김성욱 2011, 박장호 2011, 현남주·권윤영 2011). 대구帶鉤란 의복을 결속하기 위하여 사용하는 허리띠에 부착된 갈고리 모양 부품을 말한다. 중국에서는 춘추시대 이래 크게 유행하며 다양한 동물이 장식되어 있다. 그와 같은 전통은 전국戰國을 거쳐 한漢에 이르기까지 여전히 이어졌으며 중원문화의 확산과정에서 한반도와 만주 일원으로도 전해졌다.

진한을 비롯한 삼한의 고분 속에서 출토되는 동물형대구는 이전의 청동기시대 문화에서는 보이지 않던 새로운 요소이다. 동물형대구는 마한과 진·변한에서 한 동안 유행한 장식품이었고 평양 등 서북한지역과 중국의 산서성, 하북성에도 유례가 있음이 지적되면서 동물문이라는 모티브만을 강조하여 막연히 북방적 요소라 평가하기에는 어려움이 있음

189

을 알게 되었다. 오히려 옥황묘문화권과 그에 후속하는 진한秦漢의 동북지구문화에서 유래, 발전한 것이 한반도로 이입된 것으로 볼 수도 있다.

이러한 대구문화는 진·변한지역에서는 약 3세기 가량 지속되었다. 호형대구와 마형대구가 함께 출토되기도 하고 별개로 출토되기도 하는데 3세기에는 마형대구가 주로 제작된 것 같으며 시간의 흐름에 따라 표면의 문양이 생략되는 등 형태의 변화도 보인다. 이처럼 동물형대구가 여러 세기 동안 일정한 형식변화를 보이며 존속했다는 것은 이 대구의 분포루트 상에 위치한 어느 지역에서 대구가 제작되었을 가능성이 있음을 말해준다. 그 루트는 초기철기시대 이래 마한과 진·변한 사이의 교역로 가운데 하나였고 이후 시기에도 중요한 기능을 유지하였던 것으로 보인다.

경주 일원에서 출토된 사례 가운데 경주 조양동60호묘나 탑동 목곽묘, 덕천리 목곽묘 출토품이 있다. 이와 같은 형식의 대구는 삼한사회의 지배층이 모두 선호한 장신구였다. 진한의 경우 기원을 전후한 시기부터 서기 3세기까지 부장됨에 비하여 마한의 경우 3세기 이후의 유구에서 집중적으로 출토된다. 3세기 무렵 마한 사회에서 한풍漢風의 인수印綬·의책衣幘이 유행하였는데, 그것의 소유는 그 사회에서 지배층의 일원임을 시각적으로 보여주는 효과가 있었을 것이다. 주 분포권은 아산만과 연결되는 황구지천·안성천·곡교천변, 남한강과 금강변, 금강에서 연결되는 미호천변이다.

아직 동물형대구 문화의 하한을 알 수 있는 자료는 없다. 영남지역의 자료에 한정할 경우 신라가 서진에 견사遣使하는 서기 280년대 이후에는 새로운 대금구가 유행하였을 것으로 추정할 수 있을 뿐이다. 즉 신라권인 경산과 영주 출토로 전하는 진식대금구晋式帶金具가 알려져 있고 당시 진식대금구는 삼연三燕, 고구려, 백제, 신라, 왜로까지 파급되어 동북아시아 전역에서 크게 유행한 물품이었기 때문이다.

__마립간기의 장신구

관

● 금관:대관(帶冠)

신라의 관은 재질에 따라 금관, 금동관, 은관, 동관으로 나뉘며 대륜臺輪의 유무 등 형태에 따라 대관과 모관帽冠으로 구분할 수 있다(함순섭 2001). 이 가운데 은관은 초기에, 동관은 말기에 일부 보이므로 전형적인 신라 관은 금관과 금동관이라 할 수 있다(이은창 1978, 박보현 1986, 馬目順一 1995, 毛利光俊彦 1995, 함순섭 1995, 藤井和夫 1996, 김병모 1998, 이한상 2000). 현재까지 발굴된 금관은 황남

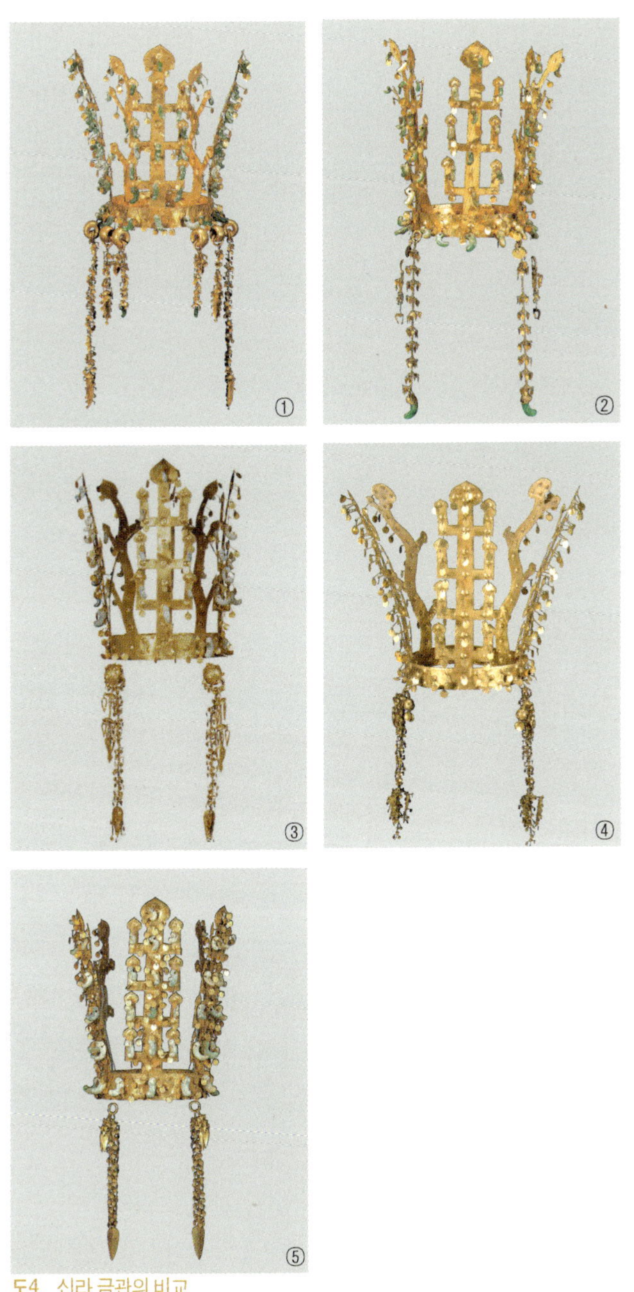

도4_ 신라 금관의 비교
(① 황남대총 북분, ② 금관총, ③ 서봉총, ④ 금령총, ⑤ 천마총)

대총 북분, 금관총, 서봉총, 금령총, 천마총 출토품(도4) 등 5점이다.[*] 관의 맨 아래쪽에 대륜이 둥글게 돌려져 있고 그 위에는 수지형樹枝形과 녹각형鹿角形의 입식立飾이 덧붙여진 전형적 형태이다. 금관에 표현되어 있는 장식들은 천상과 지상을 잇는 매개체로서의 나무와 사슴을 상징화한 것으로 보인다. 5점의 신라 금관이 지닌 특징을 소개하면 다음과 같다.

① 황남대총 북분 금관

황남대총은 두 무덤이 서로 잇대어져 있는데 길이는 120여m에 달한다. 그중 남분에서는 금동관과 은관이 출토되었고, 조금 늦은 시기에 만들어진 북분에서는 금관이 원형을 유지한 채 출토되었다(문화재연구소 1985). 현재까지 출토된 '산山'자형 입식을 갖춘 금관 가운데 가장 오래된 것이다.

3개의 수지형 장식과 2개의 녹각형 장식을 대륜의 안쪽에 덧대고 금 못 3개를 ∴모양으로 박아 고정하였다. 대륜에는 상하의 가장자리에 2줄의 점열문點列紋과 파

---

[*] 이외에도 경주 校洞 출토로 전하는 금관 1점이 알려져 있다. 경찰의 발표에 따르면 이 금관은 1969년에 경주 교동 76번지에서 도굴된 것이라고 하며 1972년 12월에 공개되었다. 그런데 공개시점이나 방법 등에서 의혹의 소지가 있고 금관 부품의 일부가 후대에 덧붙여진 것으로 보이는 등 문제가 있어 학술자료로 적극 활용하기 어렵다. 또한 신라금관에서 통상적으로 보이는 형식인 出字形 및 녹각형 입식이 없다는 점으로 보면 예외적인 사례로 보는 것이 좋을 것 같다.

상문波狀紋을 표현하고 그 가운데에 곡옥曲玉을 1점씩 매달았다. 입식의 곁가지는 3단이며 각 단마다 곡옥 5개씩을 매달아 화려함을 더하였다. 대륜의 앞면에는 모두 6개의 태환수식太環垂飾이 드리워진 채 출토되었다.

② 금관총 금관(도5-좌)

대륜 위에 3개의 수지형 입식과 2개의 녹각형 입식(도7-좌)을 덧붙인 전형적인 모습이며(朝鮮總督府 1924, 濱田靑陵 1932) 수지형 입식의 곁가지는 3단으로 황남대총 북분 및 서봉총 금관과 같다. 대륜에는 상하 가장자리에 송곳 같은 도구로 찍어내어 2줄의 점열문과 1줄의 파상문을 베풀었다(도6-좌). 중앙에는 둥근 볼록 장식을 줄 지어 표현하고 곡옥과 영락을 매달았다. 입식 중 수지형 장식은 줄기가 넓고 크며 곁가지가 작은 편이어서 천마총 금관보다 고식의 특징을 보여준다.

③ 서봉총 금관

서봉총은 정식으로 발굴 조사되었기 때문에 유물의 출토정보를 비교적 정확히 파악할 수 있었다. 먼저 머리 쪽에서는 곡옥과 영락을 가득 장식한 금관이, 허리춤에서는 각종 장식이 화려하게 달린 순금제 허리띠가 출토되었다(穴澤咊光·馬目順一 2007a).

그중 단연 주목되는 것이 금관이다. 대륜에 3개의 수지형 입식과 2개의 녹각형 입식을 부착한 점은 황남대총 북분이나 금관총 금관과 같지만 특이하게도 내면에 길쭉한 금판을 십자형으로 교차시켜 모자모양의 골격을 만들고 그 위에 3가닥의 나뭇가지모양과 나뭇가지의 끝에 3마리의 새 장식을 가미한 점이 특이하다(도7-우).

대륜의 상하 가장자리에는 송곳모양의 도구로 찍어낸 점열문과 파상문이 베풀어져 있는데, 이 문양은 금관총 출토품과 같다. 그러나 둥근 볼록 장식이 2줄인 점은 황남대총 북분이나 금관총의 1줄보다는 늦고 천마총 금관의 3줄보다는 빠른 요소이다. 좌우에는 태환에 길쭉한 코일(coil)모양의 중간식과 펜촉모양 수하식을 이어 붙인 수식이 매달려 있다.

④ 금령총 금관

금령총에서 출토된 장신구는 모두 크기가 작은데 특히 금관도 대륜 지름이 16.5cm에 불과하다(朝鮮總督府 1932). 관테에 3개의 수지형 입식과 2개의 녹각형 입식을 부착한 점은 여타 금관과 같으나 곡옥이 없고[*] 크기가 작은 점이 특징적이다.

---

[*] 신라 금관 가운데 금령총 금관만 曲玉이 장식되어 있지 않다. 이 점을 어떻게 이해하면 좋을까? 금령총 금관에 곡옥이 없는 이유에 대하여 무덤 주인공이 후사가 없었기 때문이라고 보면서 소지왕으로 특정하는 견해가 있다. 그러나 금령총은 봉황대의 배총이며 관의 소유자가 왕자일 가능성이 있어 炤知王陵(소지왕릉)으로 보기는 어려울 것 같다.

도5_ 금관총(좌)과 천마총 금관(우) 측면 비교

도6_ 금관총(좌)과 금령총 금관(우)의 문양 비교

대륜에는 상하 가장자리를 따라가면서 2줄의 점열문과 둥근 볼록 장식이 베풀어져 있다. 대륜의 내면에는 앞쪽에 3개의 수지형 입식, 뒷면에 2개의 녹각형 입식이 덧대어져 있다(도6-우).

수지형 입식의 곁가지는 4단인데, 이 점은 천마총 금관을 비롯한 6~7세기 금동관의 특징과 같다.

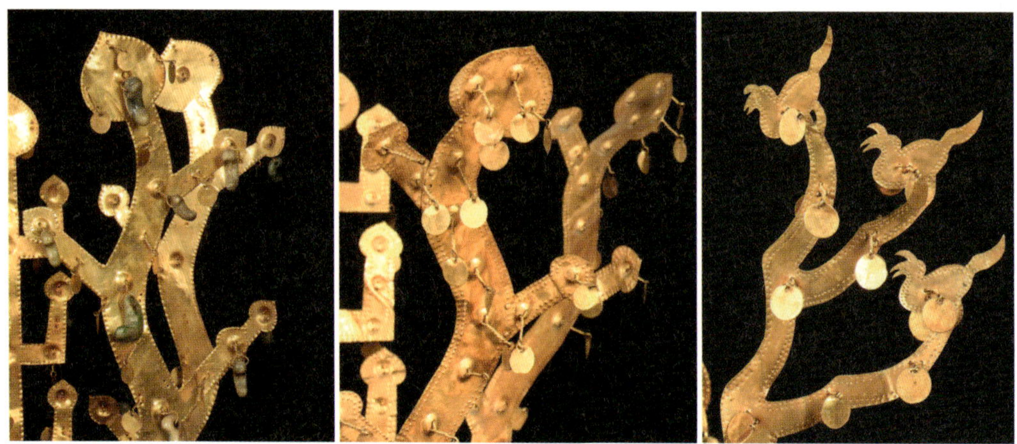

입식의 가장자리에도 2줄의 점열문이 베풀어져 있고 둥근 볼록 장식과 영락이 장식되어 있다. 녹각형 입식 중 일부분을 별도로 만들어 못으로 접합한 것인데 이 금관만의 특징이다(도7-중).

이 금관도 출토될 당시에는 입식의 윗부분이 가운데로 모여 있어 고깔과 같은 모습이었으며 피장자의 턱 부근까지 대륜이 내려와 있었다.* 이 금관은 천마총 금관과 더불어 신라 금관 가운데 마지막 단계의 것으로 볼 수 있다.

⑤ 천마총 금관(도5-우)

신라의 금관 중 금관총 출토품이 가장 정제된 것이라면 천마총 금관은 가장 화려한 것이다. 전면에 걸쳐 곡옥과 영락이 가득 달려 있다. 넓은 대륜에 3개의 수지형 입식과 2개의 녹각형 입식을 접합한 것이다(문화재관리국 1974).

대륜에는 상하의 가장자리에 2줄씩의 점열문과 파상문이 장식되어 있는데 파상문 사이에는 둥근 무늬가 표현되어 있다. 영락은 금령총과 마찬가지로 3줄이고 수지형 입식의 작은 가지도 4단이며 각 단마다 곡옥과 영락이 매달려 있다. 작은 가지의 좌우가 90°에 가깝게 각지며 입식의 가장자리에도 2줄의 점열문이 베풀어져 있다. 앞쪽에는 세환에 코일모양의 중간식과 펜촉모양의 수하식이 매달려 있다.

5점의 금관은 다음과 같은 공통점과 차이점을 보여준다(이한상 2004). 공통점으로는 대륜 위에 수

---

* 신라 금관의 이 같은 부장양상에 주목한 연구자는 현 삼강문화재연구원 최종규 원장이었다. 그는 1990년 초반 고대연구회 월례발표회에서 금관 출토 상태의 도면을 제시하면서 금관을 무덤 주인공의 머리에 씌워준 장송의례용품이라 지적하였다. 다만 이 글은 논문의 형식으로 공간되지 않아 학계의 관심을 끌지는 못하였다. 비슷한 견해가 1995년 일본에서도 발표되었다. 마노메 쥰이치(馬目順一 1995)씨는 신라 금관 5점의 특징을 상세히 비교하여 편년 서열을 획정하는 작업에서 이와 같은 견해를 제시한 바 있다.

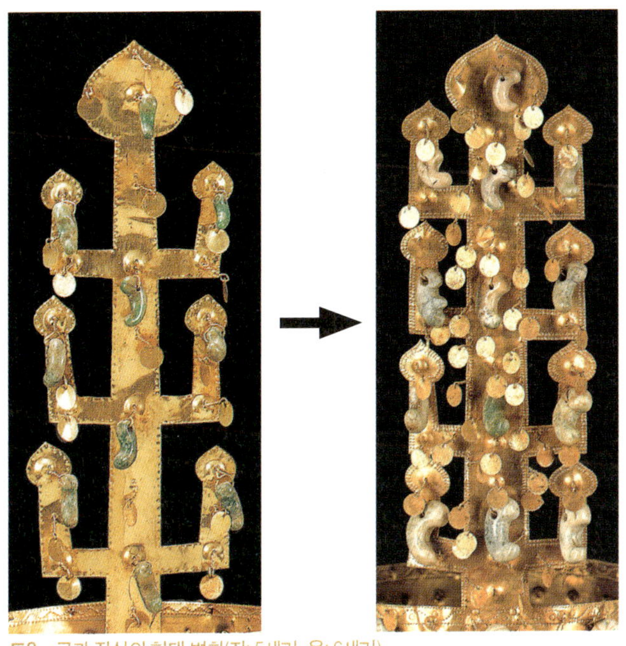

도8 _ 금관 장식의 형태 변화(좌: 5세기, 우: 6세기)

지형 입식 3개, 녹각형 장식 2개 등 모두 5개의 입식이 덧붙여진 점을 들 수 있다. 또한 둥글게 말은 대륜 끝(후면에 위치)에 각각 둥근 구멍이 뚫려 있으며 못이나 금속선으로 고정되어 있지 않다. 금동관 가운데는 금속선이나 못으로 고정한 예가 많아 금관과는 양상이 다소 다르다. 금관의 경우는 아마도 가죽이나 끈으로 연결하였으나 썩어 없어진 것 같다.

차이점으로는 첫째, 수지형 입식의 형태가 조금씩 다르다는 점이다. 황남대총 북분, 금관총, 서봉총 금관은 산자형 장식이 3단이지만 금령총이나 천마총 금관은 4단이다. 이러한 도안의 차이는 아마도 금관 제작의 시기 차를 반영해주는 것으로 여겨진다(도8). 뿐만 아니라 영락이나 곡옥의 수량과 금판에 베풀어진 무늬도 다른데 이 또한 금관이 유행하던 시기마다 세부적인 양식차가 존재함을 보여주는 것이며 그 변화는 간단한 것에서 복잡, 화려해지는 방향이었던 것으로 상정해볼 수 있다. 둘째, 5점의 금관 가운데 유독 금령총 금관에만 곡옥이 달려있지 않으며 녹각형 장식 역시 1매의 금속판으로 만들지 않고 세부 장식을 별도로 만들어 붙였다는 점이 특이하다.

이처럼 5점의 신라 금관은 세부적인 측면에서 차이는 있지만 주변국의 관까지 시야에 넣어서 살펴보면 신라의 금관은 매우 정형화된 특징을 공유하는 것으로 이해할 수 있다.

● 금동관

금동관은 경주의 왕족, 귀족묘 뿐만 아니라 지방 소재 수장급 인물의 무덤에서도 많이 출토된다. 신라 금동관의 외형은 금관과 대동소이하지만 〈도9〉에서 볼 수 있듯이 출자형 입식 3개만을 갖춘 것(도9-좌)과 출자형 입식 3개와 녹각형 입식 2개를 함께 갖춘 것(도9-우)으로 구분된다.

금동관의 여러 특징 가운데 시간의 변화를 반영하는 것은 수지형 입식 곁가지의 각도와 녹각형 입식의 유무 등이다. 금동관 가운데 초현기의 자료로 의성 탑리고분I곽(도11, 김재원·윤무병 1962)과 부산 복천동 10·11호분 출토품(도10, 부산대학교박물관 1983)을 들 수 있다. 복천동 금동관은 입식

도9_ 비산동 37호분 금동관

도10_ 입식 꼭대기에 삼엽문을 투조한 사례(상: 전 집안, 하: 복천동 10·11호분)

196

의 곁가지모양이 다른 금동관보다 고식이다. 즉 가장 늦은 금동관의 곁가지는 직각에 가까운데, 이 관은 나뭇가지에 더욱 가깝기 때문이다. 특히 입식 꼭대기에는 삼엽문^{三葉紋}이 투조^{透彫}로 표현되어 있다. 이러한 장식은 요녕성박물관 소장 전 집안^{集安} 출토 고구려 금동관식(도10-상, 조선유적유물 도감편찬위원회 1990, 신대곤 1991, 遼寧省博物館·遼寧省文物考古研究所 2006)과 비교해볼 수 있다. 의성 탑리고분I곽 출토품은 수지형의 입식을 갖추고 있지는 않으나 입식의 가장자리에 우모형^{羽毛形} 장식(박보현 1995, 신대곤 1997, 권오영 2006)이 베풀어져 있어(도11-우) 역시 고구려 관의 영향을 받아 제작된 것으로 추정할 수 있는 자료이다.

금동관 가운데 녹각형 장식이 표현된 것은 드문 편이다. 대구 비산동 37호분 1실(朝鮮總督府 1931)과 양산 부부총(馬場是一郞·小川敬吉 1927), 양산 금조총^{金鳥塚}(심봉근 1991) 출토품 등 일부에 한정되며 금동관 가운데 상대적으로 늦은 시기의 자료이다. 이로 보면 경주 또한 마찬가지인데 초기 금동관에는 녹각형 장식이 없는 경우가 많다가 차츰 녹각형 장식이 많아지는 쪽으로 변화한 것으로 추정할 수 있다. 다만 같은 시기의 금동관 가운데도 녹각형 장식이 있는 것과 없는 것이 있다고 생각되는데 이것은 동 시기 금동관의 격, 아마도 소유자의 사회적 지위와도 관련될 것 같다.

금동관 가운데 곡옥이 부착된 것은 황남대총 남분 피장자 유해부에 출토된 것이 유일하며 여타 금동관에는 곡옥이 부착되어 있지 않고 대신 영락만이 장식된다.

금동관의 출토위치를 살펴보면 경주와 지방이 다름을 확인할 수 있다. 경주의 금동관은 주로 성인 남성의 머리 쪽에서 출토됨에 비하여 지방은 다양한 출토양상을 보여준다. 즉 의성 탑리고분I곽이나 양산 금조총처럼 머리 쪽에서 출토되는 경우도 있으나 이와는 다른 모습을 보이는 경우도 많

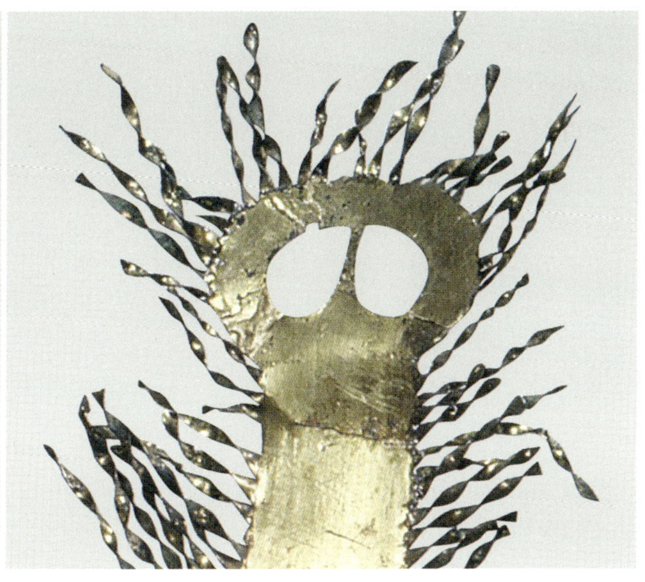

도11_ 의성 탑리고분 I곽 금동관(우: 입식 세부)

도12_ 강릉 초당동 금동관의 대륜

다. 임당EⅢ-8호분처럼 목관 위에 순장된 여인의 골반에 덮인 채 출토된 예도 있다. 이 경우 원래는 목곽 상부에 부장했던 것으로 추정하고 있다(정영화 외 1994). 이외에 부산 복천동 금동관은 바닥에 정치된 채로, 대구 비산동 37호 1실이나 양산 부부총처럼 관 위에 부장했을 가능성이 있는 것도 있다. 대구 가천동佳川洞 168호묘는 금동관이 부장공간에 밀집 부장된 토기 위에서 출토되기도 한다(영남문화재연구원 2012:127).

다음은 신라관의 제작지 문제이다. 금관을 경주에서 제작했다는 점에 관해서는 이론이 없지만, 지방에서 출토되는 금동관을 어디에서 제작했는지는 논란이 있다. 제작지를 경주로 보고 경주에서 지방으로 분여分與한 것으로 파악하는 견해가 있다(최종규 1983). 이에 대해 각 지역에서 경주의 관을 모방 제작했다고 반론을 제기하기도 한다(박보현 1987). 중앙에서 지방의 공인집단을 장악해 제작한 것으로 보는 의견도 있다(전덕재 1990).

'분여설分與說'에서 문제가 될 수 있는 사례로는 강릉 초당동草堂洞 B16호분 관(유재은 2000, 국립춘천박물관 2008)이 있다. 이 관은 대륜 상변上邊이 거치상鋸齒狀으로 돌출되어 있어 경주 출토품과는 차이를 보인다(도12). 그러나 현재까지 경주에서 출토된 금동관의 실례가 많지 않기 때문에 단정하기 어려우나 창녕 교동·송현동이나 경산 북사리에서 출토된 대금구는 경주 출토품과 꽤 다른 모습을 보이고 있다. 예를 들어 교동89호분 출토품처럼 수하부垂下部에 많은 수의 엽문葉紋이 투조된 예는 창녕에서만 출토되기 때문이다(이한상 2004:216). 이 경우 경주의 대금구를 모방하여 제작했을 가능성을 고려해 볼 수 있다.

이처럼 신라의 장신구 가운데 대부분은 경주에서 제작되었을 가능성이 높으며 일부 제작이 용이한 물품은 지방에서도 제작할 수 있었던 것으로 보인다. 지방 제작 장신구의 존재로 보면, 신라에서는 장신구를 비롯한 금공품의 제작 자체를 금지하기 보다는 소재의 유통을 통제했거나 착용자의 범위를 제한하였던 것으로 이해할 수 있다.

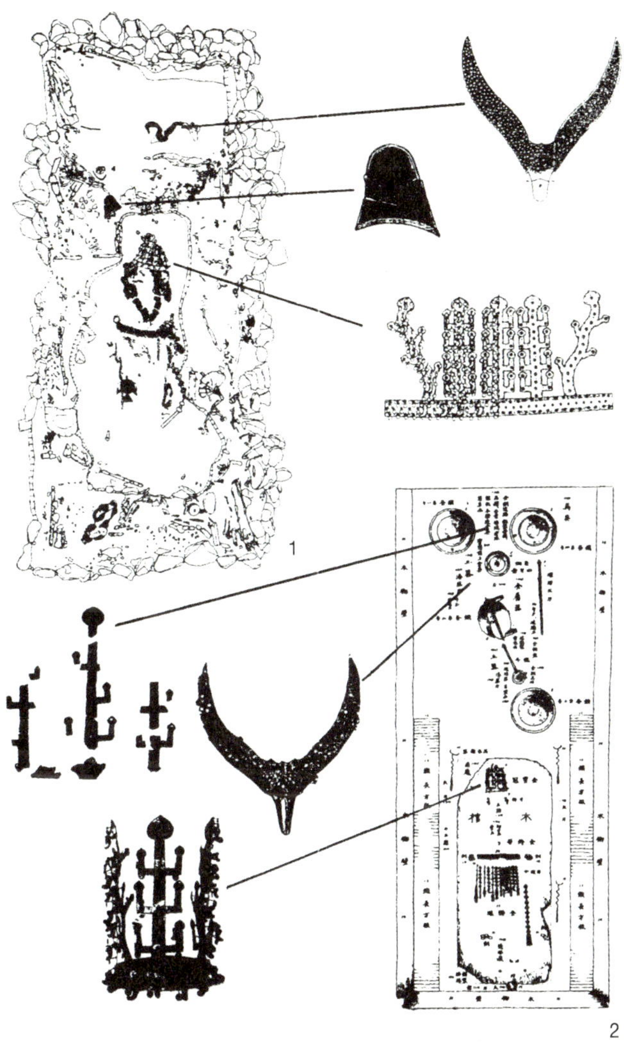

도13_ 천마총(1)과 금관총 관(2) 출토 위치

● 관모와 관식:모관

신라고분에서는 전술한 금관과는 다른 관, 즉 모관朝冠도 여러 점 출토된다. 모관의 경우 금·은·금동·백화수피제白樺樹皮製가 있다. 모관을 구성하는 관모와 관식 가운데 모의 경우 백화수피제가 가장 많고 금·금동과 은제품도 일부 있다. 관모에 가삽加揷되는 관식의 경우 경주에서는 금·금동·은제가 있으나 지방의 경우 은이 대부분이고 일부 금동제품이 있다.

황남대총 남분과 양산부부총 남성의 금동관모에는 금동제 관식이 끼워진 채 출토되었고, 대구 비산동 34호분(朝鮮總督府 1931), 동 37호분 2실(함순섭 1995), 양산부부총 여성의 관은 각각 백화수피제 관모에 은제 조익형 관식이 결합되어 있다. 즉 천마총 금제 관모처럼 금제 조익형 관식을 가삽하기 어려운 것도 있지만, 원래는 관모에 관식을 착장하는 것이 기본이었던 것 같다.

무덤에서 출토되는 백화수피제 관은 형태에 따라 2가지로 나뉜다(이은창 1978:184~190). 황남대총 남분과 북분에서는 위가 둥근 원정형圓頂形만 출토되었으나 금관총과 금령총, 천마총에서는 원정형과 함께 윗면이 수평면을 이루는 방정형方頂形이 조합을 이루고 있다. 방정형의 경우 모자의 형태가 보다 곡선적이며 아래쪽 가장자리에 대륜 모양의 테두리가 덧대어져 있다. 그리고 황남대총 남분이나 금령총의 관모 표면에는 무늬가 그려져 있고, 황남대총 남분 출토품의 경우 표면에 붉은 색 직물 흔적이 남아 있으며 전립식前立飾으로 장방형의 투조관이 사용된 예가 있다.

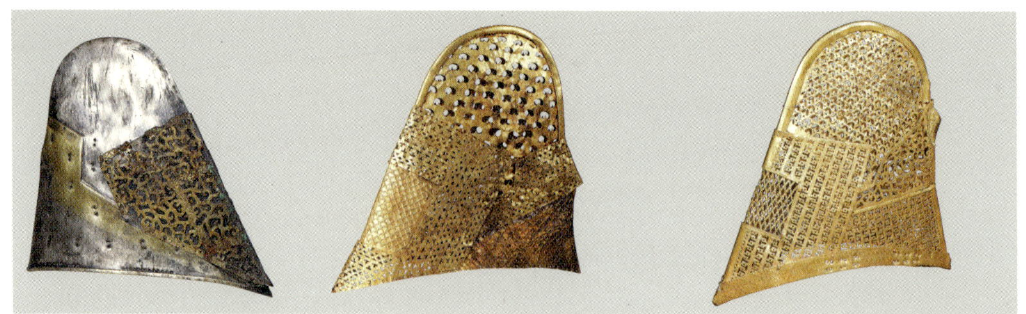

도14_ 왕릉급 무덤 출토 금속제 관모(좌: 황남대총 남분, 중: 금관총, 우: 천마총)

도15_ 신라 금제 관식의 형태 변화(좌: 황남대총 남분, 중: 금관총, 우: 천마총)

관모와 관식이 조합을 이루는 경우도 있고 단독으로 출토되는 경우도 있으나 원래는 조합되는 것이 기본이었던 것 같다. 금제품은 금관총과 천마총에 한정되며 은제와 금동제품은 경주 이외의 지방에도 넓게 분포한다. 형태적으로 보면 조익형烏翼形을 띠는 것이 많다. 조익형 관식의 변화상은 금제관식에서 살펴볼 수 있다. 황남대총 남분(도15-좌)과 금관총(朝鮮總督府 1924)금제관식(도15-중)은 중앙 상부의 돌출부가 5개이고 천마총 금제관식(도15-우)은 3개이다. 대체로 돌출부가 5개인 것이 3개인 것에 비하여 고식古式으로 보인다. 그리고 투조한 것과 투조하지 않은 것은 공존하지만 투조한 것이 보다 늦은 시기에 등장하는 것 같다.

경주의 관 출토양상을 살펴보면 금제 대관은 왕릉과 그에 준하는 왕족묘에 한정된다. 현재까지 황남대총 북분, 금관총, 서봉총(小泉顯夫 1927, 朝鮮總督府博物館 1933, 穴澤咊光·馬目順一 2007a), 금령총(朝鮮總督府 1932), 천마총(문화재관리국 1974)에서 출자형 입식을 갖춘 관이 출토되었고 금동관은 왕릉을 비롯하여 왕족묘나 상층 귀족묘에 부장된다. 대관과 모관은 출토위치가 다르다. 금제 대관의 경우 수량이 1점이면서 목관 내 피장자의 두부頭部에서, 모관은 여러 점인데 모두 유물수장부에서 출토된다(도13). 황남대총 남분과 호우총(김재원 1948), 미추왕릉7지구 5호묘(김정학 외 1980)에서도 모관 없이 금동제 대관만 피장자의 두부에서 발견되었다. 즉 왕경인 경주에서는 모관을 착장하고 매장하는 경우가 없으며, 관을 소유할 수 있는 층 이상은 장례 시 금이나 금동제 대관을 착장시

200

도16_ 관모 하변의 띠 부착용 구멍(좌: 천마총, 우: 황남대총 남분)

켜 매장하는 경우가 많다. 지방에서는 대관보다 모관의 출토 예가 많다. 의성 탑리고분 II곽(김재원·윤무병 1962), 대구 내당동 51호분 2곽(朝鮮總督府 1931), 성주 성산동 1호분(朝鮮總督府 1932), 양산 부부총 여성(馬場是一郎·小川敬吉 1927)의 경우 피장자의 두부에서 조익형 관식이나 고깔모양 관모가 출토되고 있다. 지방묘의 유물부장양상이 이처럼 무질서한 것은 각 지방에 있어 금동이나 은제관을 부장하는 예가 적었고 그러한 장례의식이 본래 각 지방마다 고유한 것이 아님을 말해준다.

이식

• 태환이식과 세환이식

초현기의 신라 이식은 고구려 이식을 모델로 제작되었다. 주환主環의 굵기에 따라 태환이식太環耳飾과 세환이식細環耳飾으로 구분되며(도17·18) 이 가운데 태환이식은 종류가 단순한 편임에 비하여 세환이식은 여러 종류가 공존하는 모습이 살펴진다(주경미 1997, 이한상 1998, 권향아 2002).

태환은 도넛모양인데 속이 비어 있다. 태환의 표면에서는 접합선이 관찰된다. 즉 단면 반원형의 금판 2매를 땜으로 접합하여 만든 것임을 알 수 있다. 황남대총 북분 단계에 이르면 태환이 커지면서 태환의 제작에 사용하는 금속판의 숫자도 늘어난다. 유물을 살펴보면[*] 태환의 맨 바깥 쪽 측면 중앙에 세로로 접합선이 하나, 다시 환의 안쪽에 두 개의 선이 살펴지는 경우가 있다. 주로 왕족묘로 추정되는 대형 무덤 출토품이 해당된다. 이 경우는 단면이 반원형으로 휜 금판 2매와 단면이 직선적인 금판 1매를 땜으로 접합하여 속 빈 고리를 만든 것이다. 대체로 이러한 태환이식은 태환의 양 끝에 동그란 금판을 붙여 막았다. 그리고 열을 가할 때 태환 접합부가 터지는 경우를 대비하여 자그마한 구멍을 뚫어 가스가 분출되도록 하였다. 이러한 구조의 태환은 신라에 유일하므로 신라적인 특

---

[*] 태환의 외형이 둥근 고리모양이 되도록 뉘어 놓은 상태에서 설명하고자 한다.

도17_ 신라 태환이식의 대표 사례
(1. 보문리부부총 석실묘, 2. 황오리 52호분, 3. 계성 II -1호분)

도18_ 신라 세환이식의 대표 사례
(1. 탑리고분 II곽, 2. 황남대총 남분, 3. 보문리고분, 4. 황오리 151호분)

색 가운데 하나로 지적해 두고자 한다(伊藤秋男 1974, 권향아 2002, 주진옥 2004).

태환이식과 세환이식을 막론하고 주환 아래에 유환遊環을 거는 것이 보통이다. 이식이 길어보이는 효과와 함께 중간·수하식의 유동성을 좋게 하는 기능도 갖춘 부품이다.

유환은 구리에 금판을 덧씌운 것이 많고 일부 순금제품도 확인된다. 그런데 신라 이식의 절정기로 평가되는 6세기 전반의 태환이식을 보면, 유환은 속이 비어 있는 것도 있고 아래로 늘어뜨려지는 중간부분이 배부른 모양으로 만들어진 것도 있다. 이는 그리스, 로마 등 황금문화가 만개한 문화권의 이식에서 간간이 출토되는 태환과 유사하다. 이식의 모든 요소를 최대한 화려하게 꾸미려는 의도에서 고안된 장식일 것이다.

신라 태환이식의 중간식은 매우 정형화되어 있다. 맨 위쪽에는 소환구체小環球體 1개를, 그 아래에는 구체球體의 윗부분만 제작한 반구체를 연접한 것이다(도19-⑤). 고구려의 이식은 구체 1개를 끼

202

도19 고구려(상)와 신라이식(하)의 중간식 비교
(① 상봉리, ② 회죽리, ③ 보림리 대동 19호묘, ④ 전 황해도, ⑤ 황남대총 남분,
⑥ 황오리 14호분2곽, ⑦ 전 경주)

워 중간식으로 삼는다는 점에서 차이가 있다.[*] 소환구체를 만드는 기법 또한 다르다. 신라의 경우 대부분 12개의 소환을 접합하여 만들었는데 장식 효과를 내기 위하여 구체의 상하에 동일한 크기의 소환을 1~2개 더 덧붙이는 경우가 많다. 그리고 상하의 소환이 대칭을 이루는 경우가 많고 상하 소환열의 중간에 각목대刻目帶가 끼워진다. 중간식의 기본구조는 시간이 흐름에 따라 혹은 이식의 격에 따라 약간의 다양성을 지닌다. 즉 구체와 반구체 사이에 소환을 겹쳐 쌓거나 스프링처럼 감아서 만든 장식을 끼워 넣기도 한다(도19-⑦). 고식의 이식은 구체와 반구체가 바로 연결되거나 2개 내외의 소환을 끼워 넣었지만 후기로 가면서 이식이 길어지는 경향과 더불어 구체 사이의 장식도 길어진다. 가장 긴 경우 금사가 7~8회 이상 감긴 것도 있다(도23-④).

이러한 변화와 궤를 같이 하는 것이 영락瓔珞이다. 고대사회 이식 가운데 유독 영락이 많이 달린 것은 신라의 태환이식이다(도23-③). 황남대총 북분 단계 이후 본격적으로 장식되며 차츰 그 숫자가 늘어난다. 고구려 이식의 경우 영락이 부착된 예가 알려져 있지 않고 백제의 경우는 무령왕비 이식 정도가 손꼽힌다. 가야 역시 6세기 초의 이식에 몇 예가 있지만 영락이 장식된 예는 소수이다.

신라의 세환이식은 태환이식에 비하여 그 종류가 다양하다. 그렇지만 초기에 유행한 형식은 중간식이 소환구체나 입방체立方體(도20-③)로 구성되어 있어 태환이식의 중간식과 유사함을 알 수 있다. 그런데 세환이식이 보다 다양해지는 것은 5세기 후반 이후이다. 이 무렵이 되면 매우 작은 소환과 각목대 등을 조합하여 만든 원통형 장식(도20-④·⑤)이 중간식으로 이용되며 이후 6세기까지 지속적인 변화를 겪으며 제작된다. 이러한 유형의 이식이 신라 세환이식 가운데 가장 유행하였다. 그 외에 중간식 없이 사슬로 수하식을 매다는 간소한 형식도 등장한다. 신라 세환이식의 전성기는 6세기 전반으로 볼 수 있는데, 계란모양의 공구체空球體 표면에 좁은 금판과 금 알갱이를 붙여 무늬를 표현한 예도 있고(도20-⑧·⑨) 펼친그림이 십자十字모양을 이루는 장식을 상하로 대칭되게 끼워 만

---

[*] 황남대총 북분 출토품처럼 구체 여러 개를 연결한 것도 있지만 예외적인 사례이다.

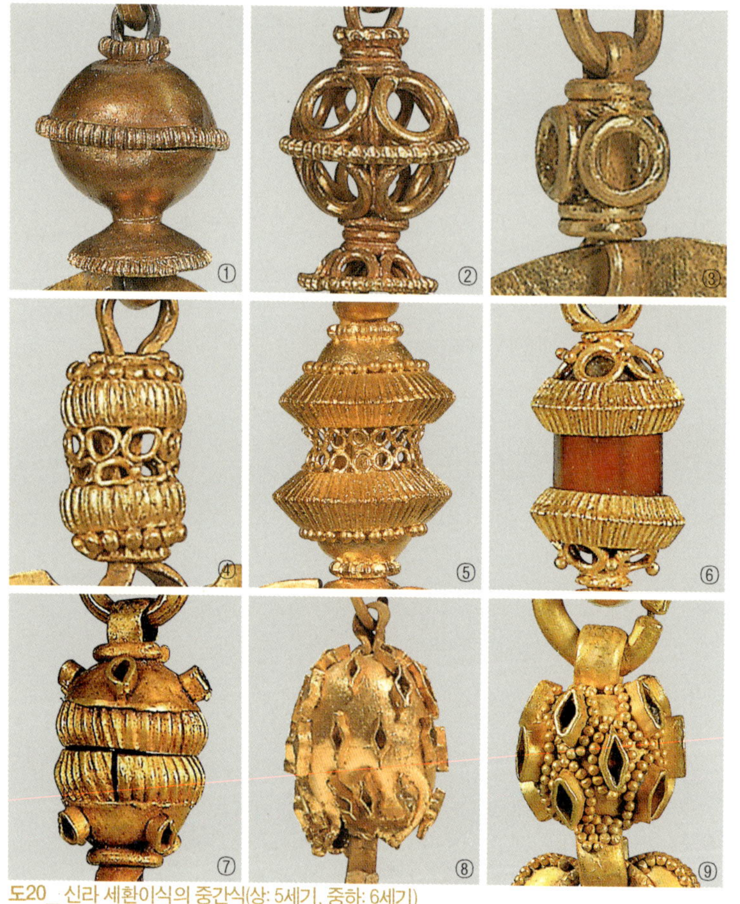

도20 _ 신라 세환이식의 중간식(상: 5세기, 중하: 6세기)
(①, ② 황남대총 남분, ③ 황남리파괴고분 4곽, ④황오리 16호분 4곽, ⑤보문리고분,
⑥ 노서리 138호분, ⑦ 전 경주, ⑧ 황남리 151호분, ⑨ 황오리100번지 2호분)

든 이식도 유행한다. 원통체의 경우 상하로 여러 줄의 작은 고리를 연접시킨 예도 있는데 대체로 지방의 무덤에서 출토된다. 경우에 따라서는 금판을 둥글게 말아 끼우기도 하고 경주 노서리 138호분 이식(도20-⑥)처럼 호박옥을 끼워 넣기도 하며 나무 등 유기물로 장식한 예(도20-⑦)도 있다. 이처럼 원통형 중간식의 경우 고구려와 백제에도 유례가 있다.* 일본 열도에서는 원통형 중간식을 갖춘 이식이 코오리가와니시구루마츠카고분﹖川西車塚古墳에서 출토되었는데 은제품인 점에 주목하면 일본열도에서 제작한 것으로 추정할 수 있다(이한상 2008:69).

• 각 부품의 형태적 특징

고대사회의 이식은 주환과 중간식, 수하식을 각기 만들어 이를 조합한 점이 특징이다. 그 때문에 반드시 연결금구連結金具가 필요한데 금사나 가늘고 좁은 금판을 활용하였다. 고구려 이식의 경우 금판이 이용되거나 혹은 연결금구 없이 유환과 중간식, 수하식을 땜으로 접합하여 연결하였음에 비하여 신라의 이식에는 대부분 연결금구가 사용되었다. 초기에는 금사가, 5세기 후반 이후 금판이 주로 활용된다. 금판의 너비는 중간식을 구성하는 소환구체의 소환 직경보다 좁다. 이것은 고구려 이식과 다른 점이다.

---

* 백제의 경우 부여 동남리 출토품으로 전하는 세환이식 1쌍이 있고 고구려의 경우 집안시 출토 세환이식이 알려져 있다(백제문화개발연구원 1992:145, 李學來 2002:321).

204

신라의 소환구체는 정원형正圓形을 띠는 예가 많음에 비하여 고구려의 경우 횡타원형을 띠는 예도 있다. 금판으로 만든 연결금구는 두 종류가 있다. 하나는 금판 전체의 너비가 균일한 것이고 다른 하나는 아래쪽의 너비가 보다 넓은 것이다. 전자가 시기적으로 선행한다. 후자와 같은 연결금구가 개발된 것 또한 이식의 화려함을 강조하기 위한 고려로 보인다. 연결금구는 기본적으로 각 부분을 연결하는 용도를 가지고 있고 각 부품의 속으로 끼워지는 것이 보통이다. 다만 외부로 드러나는 것은 유환에 거는 부분과 수하식을 매다는 곳에 한정된다. 이처럼 드러나는 부분을 넓게 만들었던 것이다. 그런데 위와 아래 두 부분 모두를 넓게 만들면 중간식 속으로 끼워 넣을 수 없다. 그 때문에 수하식을 매다는 아래쪽만 넓게 만들었던 것이다. 다만 천마총(문화

도21_ 신라 이식에 장식된 유리
(상좌: 금령총, 상우: 금관총, 하좌: 서봉총, 하우: 계성 II지구 1호묘)

재관리국 1974:96~97)이나 데이비드총*, 보문리고분(原田淑人 1922)의 세환이식은 연결금구의 위쪽이 좁게 드러나는 것을 보완하기 위하여 별도로 만든 금판으로 표면을 감싸 장식하였다. 이러한 기법은 백제 무령왕武寧王의 이식(이한상 2001:160)에서도 확인된다. 태환이식의 경우 영락이 아래쪽으로 드리워져 수하식을 매다는 부분의 연결금구가 밖으로 드러나지 않는다. 이런 경우에는 아래쪽을 좁게 만들고 유환에 거는 부분을 넓게 만들기도 한다.

고대사회의 이식에 가장 흔하게 사용되는 수하식은 심엽형 장식이다. 그 가운데 신라적이라고 지적할 수 있는 것은 중간에 세로로 장식을 부가한 것이다. 가장 고식은 황남대총 남분 이식(문화재연구소 1994:83~87)에서 찾아볼 수 있는데 절반을 접었다가 펴서 중간부분을 돌출시킨 것이다. 대구 내당동51호분2곽 이식의 경우 끌을 이용하여 세로로 볼록한 장식을 두드려 표현하였다(국립경주박물관 2001:100). 이후 이에 대신하여 각목대를 부착한 예가 많아지며 6세기 중엽에 가까워지면서는

---

* 국립중앙박물관 유물카드에는 이 이식이 서봉총에서 출토된 것이라 기록되어 있다. 2000년 신라황금 특별전을 준비하면서 이를 근거로 이 이식을 서봉총 출토품으로 도록에 소개하였으며 몇몇 논문에서도 서봉총의 일괄유물로 파악하고 논지를 전개한 적이 있었다. 그러나 이 이식은 서봉총의 주변에서 1929년에 발굴된 데이비드총 출토품으로 확인된 바 있어 기왕의 오류를 수정할 필요가 있다(穴澤咊光·馬目順一 2007b).

금 알갱이를 붙이거나 여러 줄의 각목대를 붙여 화려하게 꾸민 이식도 만들어진다.

6세기대 자료 가운데는 황오리 52호분[*]이나 창녕 계성 II지구 1호묘(신용민 2000:71), 그리고 양산 금조총 태환이식(심봉근 1991:38)처럼 외형이 펜촉모양을 띠는 것도 있다. 이러한 수하식은 신라에서만 확인되는 것이며 가장 이른 시기의 자료는 황남대총 북분에서 보인다. 다만 북분 출토품 등 5세기 자료는 금판을 펜촉모양으로 오린 다음 중간부분을 세로로 조금 접어 완성한 것임에 비하여 6세기 자료는 2매의 펜촉모양 금판을 접합하여 중공中空의 장식을 만든 점에서 차이가 있다.

신라 이식 가운데는 황금에 청색의 유리가 덧붙여져 화려함을 배가시킨 예가 있다(도21). 금령총(조선총독부 1932:제31도-6, 국립경주박물관 2001:97)이나 금관총(조선총독부 1924, 국립경주박물관 2001:107), 서봉총(穴澤咊光·馬目順一 2007a:649, 국립경주박물관 2001:80-사진58), 그리고 창녕 계성 II지구 1호묘 출토품이 대표적이다. 중간식과 수하식에 유리옥을 끼워 넣거나 영락 표면에 칠보七寶기법으로 유리를 녹여 붙여 장식한 것이 있다. 그리스, 로마, 흉노, 선비, 한족의 황금장식에는 터키석이 주로 감입되어 황금색과 대조를 꾀하였음에 비하여 신라의 이식에는 유리가 장식된 점이 특색이다.

● 제작공방

지금까지 출토된 신라의 이식은 대부분 경주의 공방工房에서 제작된 것으로 보인다. 다만 창녕이나 대구 출토품 가운데 일부는 지방의 공방에서 제작된 것으로 추정된다. 지방에서 제작된 이식 가운데는 창녕 교동 12호분 출토품이 대표적이다.

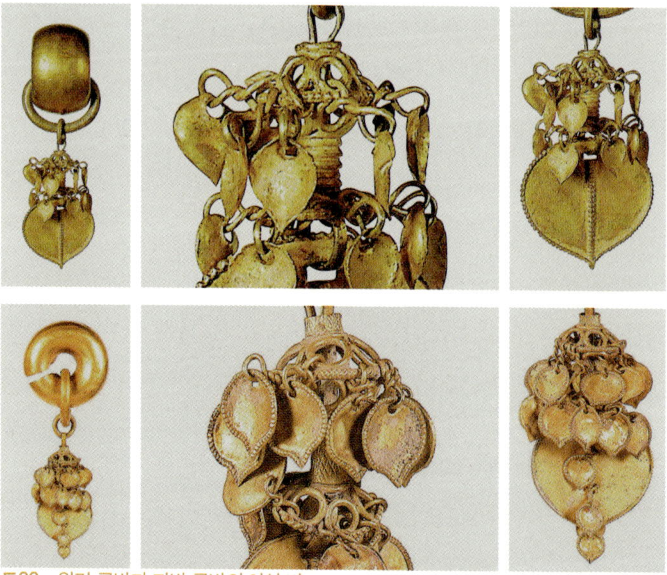

전 경주 출토 태환이식(도22-상)은 각 부품의 형태나 제작기법, 색조로 보아 왕경 공방에서 제작한 이식으로 볼 수 있다. 그에 비하여 창녕 교동 12호분 태환이식(도22-하)은 기본적인 부품의 구성이 전 경주 이식과 유사하지만 각 부품의 세부적인 형태와 제작기법, 그리고 색조는 꽤나 다

도22__ 왕경 공방과 지방 공방의 이식 비교
(상: 전 경주, 하: 창녕 교동 12호분)

---

[*] 이 이식은 한동안 각종 도록 및 논문에 노서리 215번지 출토품으로 알려져 왔다. 필자 역시 오류를 범하였으나 이에 대해서는 후지이 가즈오(藤井和夫)씨의 정확한 지적이 있어 바로잡을 수 있었다(有光敎—·藤井和夫 2000:132).

206

르다. 그런데 수백 점의 신라 태환이식 가운데 이러한 예는 이 이식과 경주 인왕동 20호분 출토품 밖에 없다. 이 2점의 이식은 우선 중간식의 형태가 특이하다. 소환을 연접하여 만든 구체가 편구형이며 구체 상부와 구체·반구체 사이의 장식은 금판을 둥글게 말아 만든 원통형이다. 표면에는 사격자문이 새겨져 있다. 이와 유사한 중간식은 합천 옥전 M6호분 이식에서도 볼 수 있는데 옥전 이식의 영락 제작기법 또한 서로 혹사하다. 창녕의 경우 교동과 송현동에서 출토되는 대금구나 장식마구가 경주를 비롯한 여타지역 출토품과 달라 이를 '창녕적인 금공문화'의 증거로 이해할 수 있다. 교동 12호분의 이식을 창녕산으로 볼 경우 그와 유사한 인왕동 20호분 출토품으로 알려진 이식 역시 창녕에서 제작된 것으로 추정하고 싶다. 다만 옥전 M6호분 이식은 창녕산일 가능성과 창녕의 영향을 받아 합천에서 제작되었을 가능성을 함께 고려에 넣어두고자 한다. 그런데 왜 창녕에서 제작된 이식이 경주 인왕동 20호분에 묻힌 것일까? 이 이식이 확실히 인왕동에서 출토된 것이라면 창녕지역 공방에서 만든 금공품도 중앙에 공급되었을 가능성이 존재함을 알려주는 자료가 될 것이다.[*]

신라의 이식도 고구려의 이식과 마찬가지로 시간이 지나면서 차츰 화려해진다. 전체 길이가 길어지기도 하고 표면에 금 알갱이를 붙이는 등 꾸미는 장식이 현저히 많아진다. 그에 따라 무게 역시 무거워진다. 이러한 변화의 경향성은 이식뿐만 아니라 금관 등의 장신구에서도 확인된다. 따라서 변화의 세부적인 양상을 단계화시키면 이식 출토 고분의 상대서열을 획정해볼 수 있다.

● 변화의 방향과 연대

태환이식은 기본형이 정해져 있기 때문에 변화양상은 비교적 명확하다. 변화의 모습을 정리하면 다음과 같다. 첫째, 주환主環이 커진다. 황남대총 남분 이식과 보문리부부총 석실묘 이식(국립경주박물관 2001:86·2011) 사이에는 크기에서 현격한 차이가 보이는데 소형에서 대형으로 변화한다. 둘째, 연결금구가 변한다. 초기에는 금사를 사용하다가 차츰 금판을 사용하기 시작한다. 금판은 좁은 것에서 넓은 것으로 변화한다. 셋째, 중간식의 구조와 길이가 변한다. 중간식을 구성하는 구체와 반구체 사이의 장식이 길어진다. 처음에는 구체와 반구체가 바로 붙어 있지만 차츰 그 사이에 금사를 여러 바퀴 감아 넣어 장식하게 되는데 그에 따라 길이가 길어진다(도23). 넷째, 영락이 장식되는 부위가 넓어진다. 영락이 없는 것에서 중간식에만 있는 것으로 다시 수하식까지 장식되는 것으로 범위가 넓어진다. 아울러 영락의 숫자도 늘어난다. 다섯째, 심엽형 수하식의 제작기법이 변화한다. 처음에는 장식 없는 판이 사용되는데, 중간에 타출打出로 돌대突帶를 표현하는 단계를 거쳐 판 앞뒤에

---

[*] 필자는 과거에 이 이식이 경주 고분 출토품 가운데 이질적인 존재이므로 발굴 후 유물 정리과정에서 창녕 출토품과 착종되었을 가능성을 고려한 바 있었다. 그러나 인왕동고분군 출토유물을 재정리하고 있는 경희대학교박물관을 찾아 관련 자료를 열람하고 또한 정리 작업을 진행하던 이현태씨와의 면담과정에서 인왕동 출토품이 아니라는 근거를 찾을 수 없었다. 따라서 이 글에서는 보고서의 내용에 따라 논지를 전개하고자 한다.

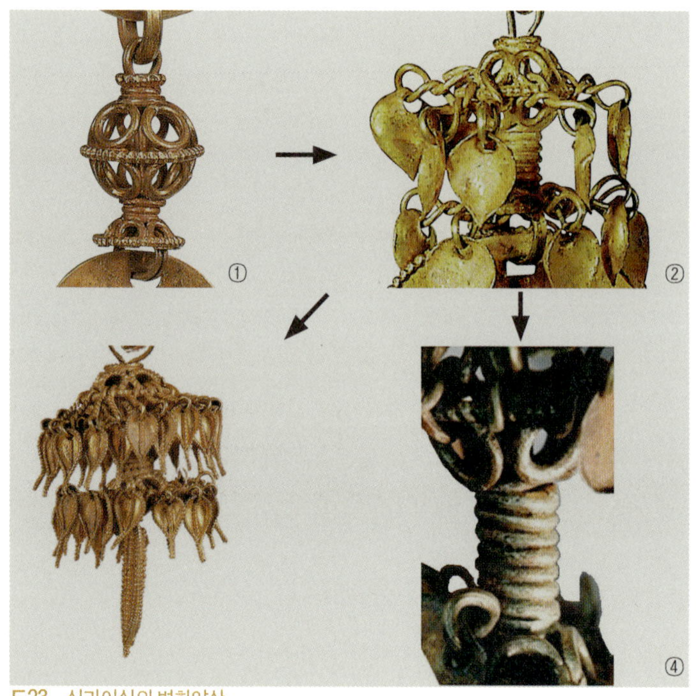

세로로 돌대를 접착하는 방식으로 변화한다. 후기에는 테두리에 각목대와 금 알갱이 붙임장식이 추가된다. 태환이식에서 관찰되는 이러한 변화는 세환이식에서도 살펴진다. 초현기의 세환이식은 간소하다. 상하 길이도 짧고 영락장식이 없다. 이에 비하여 6세기 이식은 종류가 다양해지며 금 알갱이를 붙이거나 옥을 끼워 장식하는 예도 생겨난다.

신라의 무덤 가운데 주인공을 알 수 있는 자료는

도23_ 신라이식의 변화양상
(① 황남대총 남분, ② 전 경주, ③ 보문리부부총 석실분, ④ 황남리 82호분 서총)

없다. 그것은 백제의 무령왕릉처럼 묘지墓誌가 출토된 예가 없기 때문이다. 호우총이나 서봉총에서 기년명을 가진 유물이 출토되기는 하였지만 유물의 제작시점만을 추정할 수 있을 뿐 무덤에 묻힌 연대를 직접적으로 알려주지는 못하는 자료이다. 더욱이 전세기간傳世期間의 설정이란 것이 학자마다 유물마다 다양할 수 있기 때문에 더욱 그러하다. 그 때문에 백제 등 주변국 자료와의 교차연대交叉年代 설정이 필요하다.

고대사회의 무덤 가운데는 서기 523년에 사망하여 525년에 매장된 무령왕의 무덤이 주목된다(문화재관리국 1973). 신라 이식 가운데 무령왕의 이식과 유사한 장식을 갖춘 예로는 황오리 34호분 출토품이 있다. 이 무덤의 연대를 6세기 전반으로 고정한다면 그보다 고식의 이식을 5세기 후반으로, 신식의 이식을 6세기 중엽에 가까운 시기로 편년할 수 있다. 이외에 금관총 출토 금제허리띠는 백제 송산리宋山里 구舊1호분 출토품과 동형이어서 양자를 비교하여 5세기 후반으로 편년할 수 있다(최병현 1991:377, 최종규 1992:68). 그보다 이른 시기의 이식은 각각 변화의 템포를 계산하여 연대를 추정해볼 수 있을 정도이다. 필자는 월성로 가-13호분의 연대는 4세기 후반으로, 황남대총 남분의 연대는 5세기 중엽으로, 황남대총 북분은 5세기 후반에서 이른 단계로 추정하고 있다(이한상 2004:102). 천마총보다 늦은 시기의 이식이 출토된 무덤 가운데 대략적인 연대추정이 가능한 자료로 보문리부부총 석실묘가 있다. 이 무덤은 널길이 짧은 횡혈식석실묘橫穴式石室墓인데 신라에서 가장 화려한 태

208

환이식이 출토된 바 있다. 함께 출토된 청동제 팔찌는 서기 567년에 매납된 부여 능사^{陵寺} 목탑지 하부 출토품과 매우 유사하다(이한상 2007:54). 이를 고려한다면 보문리부부총 석실묘의 연대를 6세기 중엽으로 편년할 수 있다. 보문리부부총 석실묘의 연대를 이렇게 볼 경우 그보다 상대적으로 오래된 무덤의 연대는 6세기 전반의 늦은 단계로 파악할 수 있을 것이다.

경식과 경흉식

신라고분 출토 장신구 가운데 경식(남궁영임 1999)과 경흉식^{頸胸飾}도 이식 못지않게 화려하다. 경주의 큰 무덤에서는 보통 남색 유리구슬을 엮어 만든 경식이 많이 출토되며, 금사슬과 금구슬을 엮어 만든 것도 간혹 섞여있다. 황남대총 남분 출토품(도24-좌)과 노서리 215번지 고분 출토품(도24-우)이 대표적이다.

황남대총 남분에서 출토된 금제 경식은 전체적으로 보면 간결한 느낌을 주나 세부적으로 살펴보면 정교하기 그지없는 명품이다. 아래쪽 중앙에 속이 비어 있는 금제 곡옥이 배치되어 있고 그 좌우로 올라오면서 각각 공구체^{空球體} 3개씩이 금사슬로 연결되어 있다. 신라의 이식에는 사슬이 종종 활용된다. 그러나 대부분 작은 고리를 절반으로 접은 다음 서로 꿰어 연결하는 홑 사슬이지만, 금제 경식의 사슬은 보다 복잡한 공정을 거쳐 두툼하게 만든 겹 사슬이다. 공구체의 양끝은 움직이지 않게 둥근 세환으로 고정하였다. 신라의 경식에는 일반적으로 경옥제 곡옥을 많이 사용하지만 금제 경식은 곡옥까지 순금으로 제작한 점이 이채롭다. 신라 고분에서 출토된 금제 곡옥은 금관총 출토 대금구의 장식에서 확인되며, 가야에서는 합천 옥전 M4호분에서, 일본에서는 와카야마^{和歌山} 샤카노코시고분^{車駕之古址古墳}에서 출토된 사례가 있다. 모두 경식의 부품일 가능성이 높다. 황남대총 남분 경식은 고신라 경식 가운데는 매우 이례적인 존재이고 월성로 가-13호 출토 금제 경식과 연결되는 의장^{意匠}이다. 이 경식은 중간에 좌우대칭으로 장식된 금제 공구체와 가슴 쪽의 곡옥이 볼륨감을 더해 주어 단조로움을 없애고 정제미와 세련미를 보여준다.

황남대총 남분의 금제 경식이 정제미를 보인다면, 노서동 215

도24_ 황남대총 남분(좌)과 노서리 215번지고분 경식(우)

번지에서 출토된 경식(有光敎一·藤井和夫 2000, 국립경주박물관 2011)은 돋보이는 화려함을 갖추고 있다. 6세기 전반이 되면 경식뿐만 아니라 금관이나 이식도 모두 장식적으로 변화된다. 이 경식은 태환이식의 중간식과 마찬가지로 작은 고리를 여러 개 연접시켜 만든 구체가 중간식으로 이용된 것이다. 작은 고리에는 각목刻目장식이 베풀어졌고 여러 개의 심엽형 달개가 매달려 있다. 맨 아래쪽에는 녹색의 곡옥 1점을 부가하여 노란 금색과 잘 어울리게 배려하였다.

경흉식이란 경식의 일종이다. 보통의 경식보다 훨씬 많은 부품을 엮어 목뿐만 아니라 가슴부위 전체를 장식하였다는 의미에서 경흉식이라 부른다. 황남대총 남분, 황남대총 북분, 금관총, 서봉총, 금령총, 천마총 등 왕족묘 출토품에서 전형을 볼 수 있다(문화재관리국 1974, 문화재연구소 1985·1993, 국립경주박물관 2011).

천마총 출토품은 목관 속 피장자의 가슴부위에서 출토되었다. 황남대총 남분과 북분 출토품 등 여타 경흉식과 외형이 비슷하다. 가슴 쪽에 중심 장식을 드리우고, 등 뒤쪽에는 목도리를 늘어뜨리듯 두 가닥의 길쭉한 장식을 드리웠다. 가슴 쪽에는 남색의 유리옥과 금·은제 속빈 구슬이 일정한 간격으로 6줄씩 엮여 있고, 그 사이에는 구슬을 고정하기 위한 금제 네모기둥모양의 장식이 끼워져 있다. 맨 아래쪽에는 녹색의 곡옥이 있다. 등 뒤쪽의 장식도 구슬의 구성방법은 같지만 유리옥, 금은제 구슬, 곡옥의 크기가 조금 작은 편이다. 상하 길이는 63cm이다.

황남대총 남분 출토품은 보고서에서 '곡옥부유리제흉식曲玉附琉璃製胸飾'으로 명명된 것이다. 목관 내에서 피장자에게 착장시켰던 모습 그대로 출토되었다. 유물을 수습하는 과정에서 원래의 모습에 맞추어 미리 점토판을 준비한 다음 하나 하나 옮겨 담았다. 경흉식의 중심을 이루는 주식主飾은 7열로 이어지는 남색유리구슬 사이에 작은 영락이 장식된 장방형금구가 끼워져 있다. 좌우에 각 3개씩 모두 6개이다. 그 이유는 7줄의 유리구슬 열이 서로 섞이지 않고 매끄럽게 유지될 수 있도록 고려한 것 같다. 맨 아래쪽에는 큼지막한 경옥제 곡옥이 매달려 있다. 뒤쪽으로 늘어뜨렸을 것으로 보이는 부식副飾 또한 주식과 유사하게 만든 것이나 유리옥의 크기가 절반 이하로 작다. 그리고 장방형 금판은 좌우측에 각각 2개씩 배치되었는데 2개씩 1조를 이룬 점이 특이하다. 맨 아래쪽에는 주식의 경우보다 조금 작은 곡옥 1개와 세환이식 1개씩이 매달려 있다. 추정 길이는 43cm이고 너비는 40cm이다.

황남대총 북분에서도 피장자의 가슴과 목 부위에서 경흉식이 출토되었다. 남색의 둥근 유리구슬을 6~7줄로 엮고 가슴 양쪽에서 허리쪽으로 드리웠고, 맨 아래쪽에는 1개의 큰 곡옥을 매달았다. 여러 가닥의 유리구슬이 서로 엉키지 않고 가지런하도록 한쪽에 네모난 기둥모양 금구를 끼워 고정시켰다. 양쪽 어깨에는 한쪽에 2줄씩 남색 옥과 속이 빈 금구슬 및 경옥제 곡옥으로 구성된 장식이 드리워져 있다. 피장자의 오른쪽 어깨에 남색 유리옥, 정령옥蜻蛉玉, 곡옥, 대추모양 옥, 마노제 관옥 등 여러 종류의 구슬이 달려 있다. 상하 길이는 90cm이다.

천과 지환

신라의 천은 시기별로 변화를 보인다(박희명 2001, 함순섭 2008, 이한상 2011). 5세기대 신라의 천에는 각목문 장식이 유행하였다. 6세기대가 되면 노서동215번지 고분 출토품처럼 둥근 돌기를 가장자리에 장식하게 된다. 그간 발굴된 천 중 황남대총 북분 출토품이 고식에 속한다. 이 천은 표면에 아무런 장식 없이 속이 찬 금봉을 구부려 만든 것인데 부분적으로는 파이프처럼 속이 빈 것도 있다(도26). 금관총과 서봉총 출토품은 그 다음 시기에 속하는 것으로 생각되는데, 역시 속이 찬 금봉을 구부려 만든 것이며 표면에는 치밀한 각목문이 베풀어져 있다. 서봉총 출토 은천은 6세기 신라 천의 조형으로 꼽힌

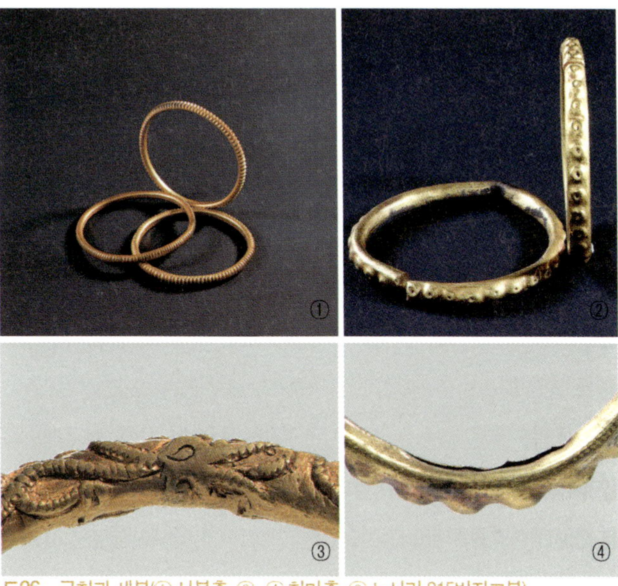

도26_ 금천과 세부(① 서봉총, ②·④ 천마총, ③ 노서리 215번지고분)

다. 단면이 사각형에 가깝고 가장자리에는 촘촘히 돌기가 장식되어 있어, 함께 출토된 금천과는 사뭇 다른 제작기법을 보인다.

6세기대 천은 금령총 출토품처럼 표면의 돌기에 유리를 끼워 장식하거나 천마총 출토품처럼 돌기만 표현하기도 한다. 천마총 출토 금천 4점은 금판을 둥글게 말아 속이 비도록 만든 것이다. 외견상 화려해 보이면서도 무겁지 않도록 배려한 것 같다. 노서동 215번지 고분에서 출토된 금천은 그 가운데 가장 화려하다. 기본형은 천마총 출토품처럼 돌기가 장식되어 있다. 전후면에는 각 네 마리씩의 용이 표현되어 있다. 기본형을 주출鑄出한 다음 가공한 것 같다. 신라의 천 가운데 용문이 표현된 사례는 본 예가 유일하다. 유사한 사례로 백제 무령왕비武寧王妃가 착용하였던 다리작명多利作銘 은천을 들 수 있다. 다리작명 은천은 서기 520년에 제작된 것이고 무덤 속에는 529년에 묻힌 것이어서 노서리 215번지 고분 금천의 대략적인 연대 추정에 도움이 된다. 지름은 8cm이다.

신라 고분 출토 천 가운데 이국적인 사례가 2점 있다. 하나는 황남대총 북분 출토 감옥팔찌嵌玉釧(도27)이고, 다른 하나는 서봉총 출토 유리팔찌琉璃釧이다. 황남대총 북분 주인공 유해부에서는 모두 13점의 천이 출토되었다. 금제와 은제, 그리고 작은 구슬과 곡옥으로 구성된 천이 그것이다. 이중 금천은 단면이 둥근 것 10점과 판상을 띠는 것 1점(도28)으로 구분된다. 후자가 바로 감옥팔찌이다. 감옥팔찌는 각종 장식이 베풀어진 표면장식판과 그 판의 뒷면에 덧대어진 이면판, 그리고 팔찌의 양끝을 고정하는 부위로 구성된다. 팔찌의 제작에 소요된 재료는 금과 준보석이다. 팔찌의 지름은 7cm, 측면 너비는 2.1cm이다. 이 팔찌는 횡으로 장방형을 이루는 9개의 문양단위로 구분된다. 감옥팔찌의 표면장식판에 감장된 준보석은 제작 당시에 46개였던 것으로 보이지만 현재는 파손품을 포함하여 25개만 남아 있다. 형태로 보면 물방울형, 삼각형, 능형, 원형 등 다양하다. 이 팔찌에 감장된 준보석의 재질이 무엇인지 제대로 밝혀져 있지 않다. 육안으로 관찰해보면 각 문양 구획의 중앙에 감장된 것은 흑색을 띠는

도27_ 황남대총 북분 감옥팔찌

도28_ 황남대총 북분 감옥팔찌 단면 모식도

212

광물이고, 그 상하 혹은 사향斜向에 배치된 것은 조금 탁한 담녹색과 담청색sky blue을 띠는 광물이다. 후자는 터키석으로 보인다. 감옥팔찌의 제작에는 누금鏤金과 감옥기법嵌玉技法이 구사되었다. 신라의 금속공예품 가운데는 유일하게 터키석이 감장되어 있고 여타 신라 천과는 달리 단면이 판상板狀을 이루고 있어 주목을 끌어왔다. 표판의 장식에는 금 세판을 길게 오린 후 막대에 감아 만든 권사捲絲가 활용되었다.

이 팔찌의 제작지를 서역으로 보는 견해가 많지만 신라에서 자체적으로 제작한 것일 가능성을 상정하는 연구도 적지 않다. 근래에는 동아시아권에 속하는 북위北魏를 유력한 후보지 가운데 하나로 볼 수 있다는 연구(이한상 2001)가 제출되었다. 문헌기록이나 고고자료를 통해 볼 때 북위의 수도에는 상당수의 서역인이 거주하였고 그들을 통해 서역문물이 다량 이입되었음이 알려져 있다는 점을 1차로 고려하고, 더하여 내몽고內蒙古 서하자향西河子鄕 출토 보요관步搖冠의 장식기법이 황남대총 북분 감옥팔찌와 유사한 점을 아울러 주목하였다.

서봉총의 유리팔찌는 착장된 모습으로 출토되었다. 우메하라시료梅原資料에 남아 있는 사진에 의하면 대금구 보다는 위쪽이자 경흉식의 하단 가까운 곳 좌우에서 금천과 은천, 그리고 유리천이 출토되었음을 볼 수 있다. 3쌍의 천을 각각 하나씩 나누어 피장자의 왼쪽과 오른쪽 팔목에 착장시켰던 것이다. 유리천은 옅은 녹색을 띤다. 출토 당시 파손되었던 것을 접합하여 전시하고 있다. 국내에서 이와 유사한 유리천이 발굴된 사례는 없으나 국립경주박물관에 소장중인 국은 수집품(국은328)에 1쌍이 있을 뿐이다. 제작기법에 대하여 분명히 알기 어려우나 주조품일 가능성이 있다. 표면에 아무런 문양이 없다. 유리공예문화가 발달한 곳으로부터의 반입품일 가능성을 고려할만 하다. 직경은 7.6cm이다.

신라고분 속에서는 지환指環이 출토되는 사례도 간혹 있다(이은창 1978, 국립경주박물관 2001). 비록 출토된다고 하더라도 문양 없는 소환素環이 대부분이므로 그것을 소재로 문화적 특징을 추출해내기란 쉽지 않다.

황남대총 남분에서는 금제 지환 7점, 은제 지환 11점 등 모두 18점의 지환이 출토되었는데 무덤의 주인공은 지환을 끼지 않았고 모두 부장품 수장부나 목곽 상부에 놓여 있었다. 그중 주목되는 것이 금제 지환이다. 금제 지환 가운데 부장품 수장부에서 출토된 5점은 앞면이 마름모꼴로 조금 넓고, 표면에 꽃잎 모양으로 금알갱이가 붙어 있으며, 중앙과 각 꽃잎에 작은 청색 유리구슬이 하나씩 끼워져 있다. 은제 지환 가운데는 특이한 모양도 있다. 부장품 수장부에서 출토된 5점의 지환은 0.1cm 두께의 은판을 오리고 구부려 만들었다. 앞면에는 관冠을 축소시킨 것 같은 모양의 장식을 부가하였고 표면에는 달개를 달기 위한 구멍이 나있다.

황남대총 북분에서는 모두 19점의 지환이 출토되었다. 지환을 끼었을 때 윗면이 마름모꼴인 것이 13점, 표면에 격자형格子形의 무늬를 새긴 것이 6점이다. 마름모꼴모양인 것은 표면에 아무런 장식이 없고 조금 두터우며 지환의 뒤쪽은 절단되어 있다. 여러 곳에서 출토되었다. 피장자의 오른손 부위

도29_ 지환(상좌: 황남대총 남분, 상우: 냉수리고분, 하: 천마총)

에서 3점, 왼손 부위에서 2점이, 2점은 목관 속 허리띠 드리개의 아래쪽에서, 나머지 6점은 목곽 윗부분에서 출토되었다. 격자모양의 무늬가 새겨진 지환은 모두 얇고 넓은 편이다. 피장자의 오른손에 2점, 왼손에 4점을 끼워져 있었다.

금관총에서는 금제 지환 13점, 은제 지환 3점이 출토되었다. 그중 금제 지환은 형태가 3종류로 구분된다. 먼저 가장 화려한 지환은 윗면이 마름모꼴을 띠며 조금 넓게 만들어졌고, 표면에는 길이 방향으로 각목문대를 붙인 것인데 9점이 출토되었다. 2점은 위와 기본형이 같지만 각목문대가 없는 것이고, 나머지 2점은 지환의 윗면과 아랫면의 너비가 같으며 표면에 종횡의 격자무늬가 촘촘히 새겨져 있다.

천마총의 주인공은 10점의 금제 지환을 끼고 매장되었다. 10점의 반지가 착용상태로 출토된 것은 호우총 역시 같다. 두 무덤 출토 금제 지환은 별다른 장식이 없는 매우 간단한 구조이다. 윗면은 마름모꼴이며 상하로 미약한 돌기가 표현되어 있다.

경주 주변인 포항의 냉수리고분에서는 금제 지환과 은제 지환 몇 점이 출토되었다. 이중 은제 지환이 주목된다. 은제 지환은 윗부분이 크고 화려하게 강조되었는데, 네 이파리를 가진 꽃모양을 표현하고 가장자리에는 각목문대를 붙인 것이다. 꽃잎의 한 가운데에는 5개의 동그란 각목문대를 장식하였는데 원래는 유리옥을 끼워 넣었던 것 같다.

대금구

대금구帶金具란 허리띠에 장식한 금속부품을 말한다. 고대사회에서 허리띠는 매우 중요하게 생각됐던 듯하다. 이 때문인지 허리띠의 표면을 금은보화로 장식하였다. 당시 허리띠는 기능이 요즘처럼 바지나 치마를 고정하기 위한 것이라기보다는 관복을 장식하는 성격이 짙었다. 『삼국사지』 직관지를 보면 신라에서는 관위^{官位}에 따라 허리띠 재질과 색깔이 달랐음을 알 수 있다. 오랜 세월이 지나 유기물 허리띠는 썩어 없어졌고 대금구만이 출토되곤 한다.

신라의 대금구 가운데 적석목곽분 출토 과판^{銙板}에는 삼엽문^{三葉紋}이 표현된 예가 많다(도30, 윤선희 1987, 박보현 1991). 현재까지의 자료로 보면 경주 황오

도30__황남대총 북분 출토 삼엽투조대금구 세부

리 14호분 1곽 출토품(齋藤忠 1937)이 가장 오래된 것이다. 은제품이며 위에는 혁대에 부착하는 네모난 장식이 있고 그 아래에 심엽형 장식*이 매달려 있다. 네모난 판에는 좌우대칭의 무늬가 베풀어져 있고 가운데에 삼엽문이 표현되어 있으며 혁대용 고정못 9개가 박혀 있다.

이에 후속하는 자료는 황남대총 남분 출토품이다. 이 무덤에서는 모두 6점 이상의 대금구가 출토되었다. 과판에 베풀어진 무늬를 기준으로 보면 용문^{龍紋}과 삼엽문 계열로 대별할 수 있다. 용문을 표현한 경우 2점은 은제품이고 1점은 금동제품이다. 이중 은제품은 과판에 매우 형식화된 용문이 표현되어 있고 금동제품의 경우 내부에는 용문이, 가장자리에는 파상점열문^{波狀點列紋}이 베풀어져 있다. 이 무덤의 가장 전형적인 대금구는 주인공이 착장하고 있던 금제품이다(도31). 그간 신라에서 출토된 6점의 금제 대금구 가운데 가장 오래된 것으로 생각된다. 특이한 것은 교구^{鉸具}가 2개란 점이다.

5세기를 전후한 시기에 축조된 것으로 추정되는 황남리 109호분 3·4곽(齋藤忠 1937)이나 월성로 가-13호분(국립경주박물관 1990)에서는 대금구가 출토되지 않았다. 대신 그 보다 늦은 시기에 축조된 것으로 보이는 황오리 14호분 1곽이나 황남대총 남분에서는 출토되었다. 앞으로 이 시기의 자료가 더욱 보강되어야 하겠지만 지금 추정대로라면 신라에 금속제 대금구가 처음으로 출현하는 것은 5세기 전반의 어느 시점이 아닐까 한다.

금제품은 황남대총 남분과 북분, 금관총, 서봉총, 금령총, 천마총(도32) 등 경주 소재 적석목곽분 6기에서 출토되었다. 이중 황남대총 남분을 제외하면 모두 금관과 함께 출토되었다. 금관은 왕만 소유한 것이 아니라 왕과 그 일족이 제한적으로 소유한 물품이었는데 대금구 역시 마찬가지였을 것으

---

* 心葉(심엽)이란 새싹을 말한다. 나무나 풀의 새싹처럼 하트형에 가까운 모양을 일러 심엽형이라고 지칭하고 있다.

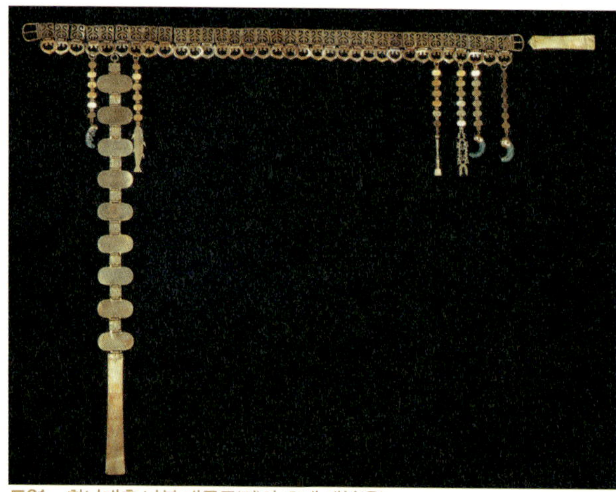

도31_ 황남대총 남분 대금구(좌)와 요패 세부(우)

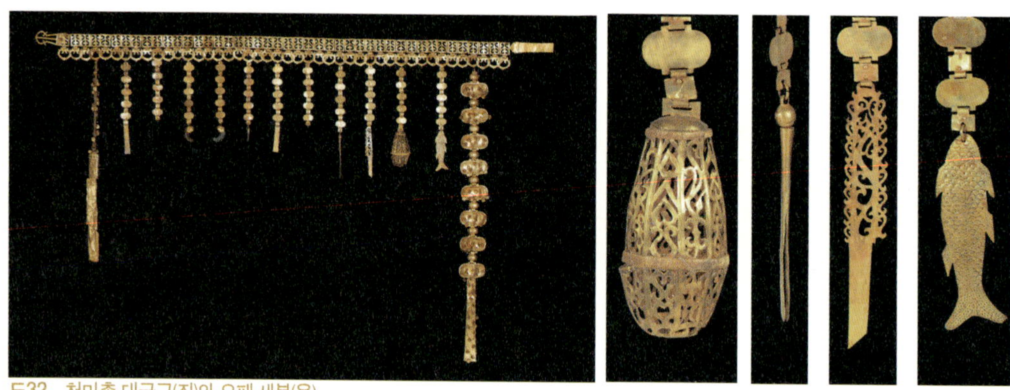

도32_ 천마총 대금구(좌)와 요패 세부(우)

로 추정된다. 황남대총 남분과 금관총, 천마총, 금령총에서는 남성 소유물로 추정되는 환두대도가
함께 나왔다. 그러나 황남대총 북분이나 서봉총 등 여성묘로 추정되는 무덤에서도 금제 대금구가
출토되고 있어 금관과 마찬가지로 소유에 있어서는 성별 구별이 없었음을 알 수 있다.

금동제품은 매우 적은 편이다. 그간 황남대총 남분, 금관총에서 출토되었을 뿐이다. 경주를 벗어
난 지방에서는 의성 탑리고분 I·III곽 출토품과 칠곡 구암동56호분(영남대학교박물관 1976), 경산
임당 5D1·7D호분 출토품이 알려져 있다. 이중 황남대총 남분 출토품은 교구가 D자형이고, 용문을
베푼 과판 2종류가 교대로 배열되어 있다. 특히 과판 가장자리에 점열문과 파상문이 베풀어져 있으
며 뒷면에 비단벌레의 날개를 붙여 특히 화려하다. 다른 대금구는 모두 삼엽문을 베풀었다.

은제품 역시 경주와 지방에서 함께 출토된다. 은제품은 1점만 출토될 경우 매장된 주인공의 허리춤
에서 발견되지만 금제품과 함께 있을 경우에는 유물만 별도로 넣은 공간에서 출토된다. 은제 삼엽문

216

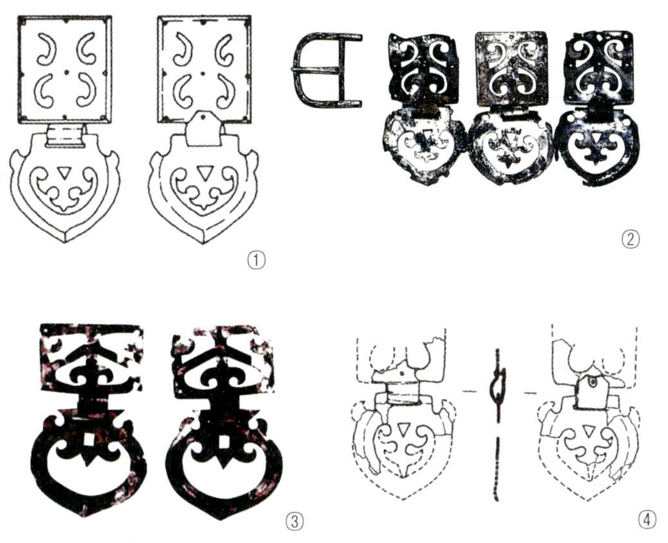

도33 _ 창녕의 대금구
(① 계남리 1호분, ② 교동 89호분, ③ 송현동 7호분, ④ 교동 1호분〈동〉)

투조대금구透彫帶金具는 금제품을 반출하는 무덤에 비해 규모도 작고 출토유물도 훨씬 적은 무덤에서 출토된다. 이중 식리총이나 호우총, 은령총, 노서리 138호분(김재원·김원룡 1955)은 왕족과 같은 묘역에 위치하고 있으며 팔찌나 반지 등의 장신구류가 다수 출토되고 있어 피장자의 사회적 지위가 꽤나 높았던 것 같다. 금동관이나 천, 지환, 환두대도環頭大刀가 시신쪽에서 출토되는 예는 적은 편이고 이식과 경식을 부장하는 경우가 일반적이다.

신라 대금구 가운데 금제품 전부와 은제품 일부에 요패腰佩가 부착되어 있다. 요패는 향낭香囊, 약통, 물고기, 숫돌, 집게, 곡옥, 도자刀子 등을 형상화한 장식물로 구성되어 있다(권준희 2001). 원래 허리띠에 물건을 주렁주렁 매달고 생활하는 것은 북방 유목민족의 풍습과 연관되지 않을까 한다. 북방 유목민족은 도자나 약통 등 평소에 즐겨 사용하는 물건을 매달고 다녔는데 이들이 중국 대륙을 장악한 남북조시대에 중국 본토나 한반도로 전래되었을 것으로 추측된다. 그 뒤에 원래 지녔던 실용성이 사라지면서 비실용품화한 것으로 생각된다. 이 중 숫돌과 집게는 철기를 만들 때 사용하는 도구이고, 약통은 질병 치료와 관련되는 것이며, 곡옥은 생명을, 물고기는 식량 또는 다산을 상징한다고 여겨진다. 이로써 본다면 허리띠의 요패에는 당시의 왕이나 제사장이 관장하였을 많은 일이 상징적으로 표현되어 있다고 할 수 있다.

신라의 대금구 가운데 대부분이 경주의 공방에서 제작되었음은 이론의 여지가 없으나 일부는 지방에서 제작된 것도 있는 것 같다. 대금구는 금제 이식이나 환두대도와 달리 제작기법이 비교적 단순하기 때문에 재료와 도안만 있으면 현지에서도 제작이 가능했을 것이다. 대표적인 예는 창녕 교동(도33-②·④, 穴澤咊光·馬目順一 1975, 이은창 외 1991)과 경산 북사리北四里 1호분 출토품이다(영남대학교박물관 1991). 창녕 교동고분군의 여러 무덤에서 출토된 대금구는 과판의 수하식이 매우 특이하다. 즉 심엽형 장식 내부에 5엽이 표현되어 있다. 이러한 장식은 신라의 다른 지역에서는 유례가 없으며 유독 창녕지역에만 집중되고 있다. 북사리 1호묘 출토품은 과판의 방형판에 엽이 2개만 표현되어 있어 조양朝陽 요이영자腰面營子 M9001호묘 출토품(遼寧省文物考古研

究所 2002)과 유사한 느낌을 준다.* 아마도 이 몇 예는 매우 예외적인 존재였을 것으로 추정된다.

　이처럼 적석목곽분에서 출토되는 전형적인 대금구는 과판에 삼엽문이 베풀어진 형태이다. 그 기원은 직접적으로 고구려에서 찾을 수 있으나 선비족 왕조인 삼연의 영향을 받았을 가능성도 있다. 왕이나 측근 왕족의 무덤에서는 황금으로 만든 대금구가 패용된 채 출토된다. 그런데 제작의장으로 보면 이 대금구는 금관과 마찬가지로 장송용품일 가능성이 높으며, 각종 상징적인 물품이 도안화되어 표현된 요패가 매달려 있다. 이 대금구 가운데는 은제품이 가장 많고 경주의 귀족묘, 각 지방 수장묘에서 출토되는데 금동관의 분포범위와 대체로 비슷하다. 다만 금동관만 소유하거나 은제 대금구만을 소유하는 경우도 있고 양자를 모두 소유하는 경우도 있다.

식리

　삼국시대 식리飾履 가운데 신라고분 출토품이 가장 많다. 그간 21기의 무덤에서 식리가 출토되었는데 절반 이상이 왕도 경주에 분포한 고분이다. 황남대총 남분과 북분, 금관총, 서봉총, 금령총, 천마총이 해당한다. 이외에 식리총, 호우총과 은령총(김재원 1948), 황오리 16호분 1곽(有光敎一·藤井和夫 2000), 황오리 4호분(국립중앙박물관 1964), 인왕동고분(영남대박물관 조사, 영남대학교박물관 1982)에서도 식리가 출토되었다. 대체로 한 무덤에서 한 켤레씩 출토되지만 금관총에서는 두 켤레가 출토되었다(朝鮮總督府 1931). 신라의 지방 가운데 5~6세기 고분군이 존재하는 경산, 의성, 대구, 양산, 창녕에서 식리가 출토되었다. 경산 임당동 6A호분(영남대학교박물관 2003)과 조영동 E Ⅱ-2호분 및 EⅡ-3호분(김재열 2010), 대구 비산동 37호분 2곽, 동 내당동 51호분 2곽, 동 55호분(朝鮮總督府 1931), 의성 탑리고분 Ⅱ곽과 대리리 2호분 B-1곽(경상북도문화재연구원 2012), 양산부부총, 창녕 교동 7호분(穴澤咊光·馬目順一 1975)에서 각 한 켤레씩 출토된 바 있다.

　신라 식리는 백제 식리에 비하여 문양이 간소한 편이다. 황남대총 남분, 황남대총 북분, 금관총, 천마총, 의성 탑리고분 Ⅱ곽 식리(도34-상)처럼 凸凹자 문양을 투조로 표현한 것이 있으며 금령총, 호우총, 은령총, 황오리 16호분 1곽, 황오리 4호분, 임당 6A호분(도34-하좌), 양산부부총 출토품(도34-하우)처럼 문양이 없는 것도 있다.

　신라 식리에 종종 활용된 철자문은 고구려나 백제에서도 유행한 것이며 특히 백제 한성기 식리에

---

* 북사리와 요이영자 출토품을 자세히 검토하면 제작기법이 판이하여 양자가 계승관계를 가진다고 하기 어렵다. 공반유물을 통해 보더라도 신라 삼엽문투조대금구 가운데서는 가장 늦은 시기로 편년할 수 있는 자료이므로 지방에서 제작한 물품이라고 생각된다. 경산 북사리 1호분 대금구에 대하여 세밀하게 관찰한 후 경산에서 제작된 것으로 파악한 연구가 있다(김재열·박세은 2010).

218

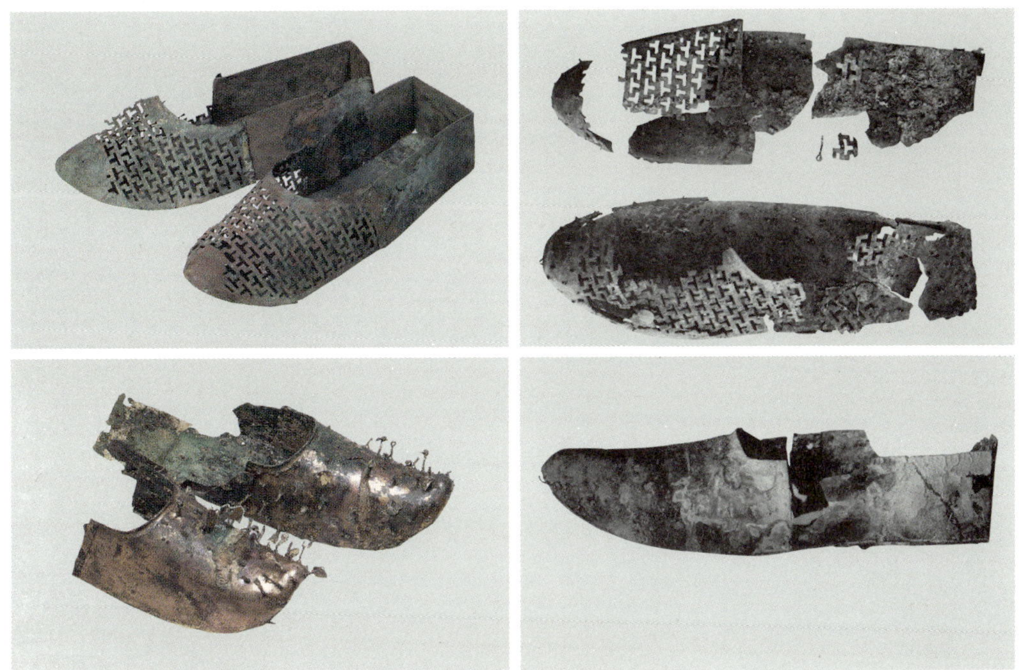

도34_ 신라 식리의 두 유형(상: 탑리 II곽, 금관총, 하: 임당 6A호분, 양산부부총)

유행한 도안이다. 그런데 신라와 백제의 철자문 도안의 패턴에 현저한 차이가 있어 주목된다. 도35
에 제시한 황남대총 남분 식리에서 볼 수 있듯이 신라의 식리는 철자문의 문양대가 각 1줄씩 상하반
전된 모습으로 배치되어 있다. 이에 비하여 수촌리 1호분 식리의 문양은 철자문이 동일한 방향으로
배치되어 있다. 현재까지의 자료에서는 아직 이러한 구분에서 벗어나는 자료는 없으므로 신라와 백
제 식리를 판별하는 주요 속성 가운데 하나로 볼 수 있다.

 신라 식리 가운데 특이한 문양을 갖춘 것이 있다. 대표적인 예가 식리총 식리이다(도36). 이 식리
는 무덤 주인공의 발치 아래쪽에서 파손된 채 출토되었다. 두껍게 도금된 얇은 동판 3매를 엮어 만
들었는데, 좌우 대칭으로 금동판 1장씩을 덧대어 측판을 이루고 바닥에는 1매의 금동판을 댔다. 바
닥의 문양을 보면, 테두리에는 2줄의 연주문連珠紋과 화염문이 배열되어 있고, 이 문양대와 귀갑문龜
甲紋의 경계부와 귀갑문의 안쪽에 일정 간격을 두고 모두 11개의 8엽 연화문이 표현되었다. 귀갑문
속에는 귀면과 쌍조문雙鳥紋이 번갈아 배치되고 얼굴은 사람이고 몸은 새인 인면조신人面鳥身, 새, 기
린, 날개 달린 물고기가 대칭적으로 배열되어 있다. 측판의 문양은 바닥판과 동일하며 귀갑문 속만
다르다. 동물머리에 새의 몸을 지닌 수두조신獸頭鳥身, 현무, 새, 기린 등이 있다. 발뒤꿈치 쪽의 좌우
에는 네 발로 어슬렁거리며 걷는 동물을 표현하였는데 입이 길쭉하게 튀어 나왔다. 용인지 호랑인
지 불분명하다.

 이 식리의 제작지를 둘러싸고 학계에서 논란이 있다(馬目順一 1980, 이송란 1994, 이한상 2010, 김

도35_ 백제와 신라 식리의 문양 및 측판 결합방법 비교(좌: 수촌리 1호분 복원품, 우: 황남대총 남분)

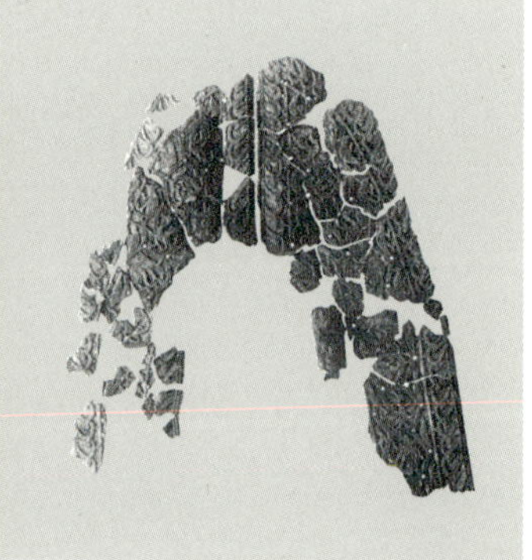

도36_ 식리총 식리(좌: 바닥, 중: 바닥세부, 우: 측판)

재열 2010). 중국 남조 남제南齊의 영향을 받아 제작한 것으로 보는 견해가 있고, 제작지를 백제 혹은 신라로 보는 견해도 있다. 이 식리를 제작기법에 기준하여 기왕의 출토품과 비교해보면, 백제적인 제작의장을 갖춘 것으로 파악할 수 있다. 첫째, 식리를 구성하는 3매의 금동판 표면에 귀갑문으로 구획되어 있고 그 속에는 각종 서수와 서조가 채워져 있는데 이 점은 백제 한성기 후반의 자료인 고창 봉덕리 1호분 4호석실 출토 식리(이문형·옥창민 2009, 한성백제박물관 2013)와 유사하다.

둘째, 측판은 신발의 전후에서 못으로 고정되어 있고 바닥에 스파이크상 금속 못이 박혀 있는 점도 기본적으로 백제 한성기~웅진기의 금동식리와 유사하다. 물론 식리총 식리의 각 부품은 주조鑄造를 통해 만들었음에 비하여 봉덕리 출토품을 비롯한 백제의 식리는 동판의 표면에 문양을 투조透彫로 표현한 것이라는 점에서 차이가 있지만, 동아시아 식리문화의 전체 흐름 속에서 보면 백제산으로 보아도 문제가 없을 것 같다. 측판은 출토 당시부터 파손되어 있었으므로 현재는 바닥판만을 보존 처리하여 전시하고 있다. 바닥판의 길이는 32.7cm이다.

금관총 출토품 가운데 1점(도37-좌)는 바닥판 저면에 연꽃장식이 베풀어져 있어 특이하나 기본

220

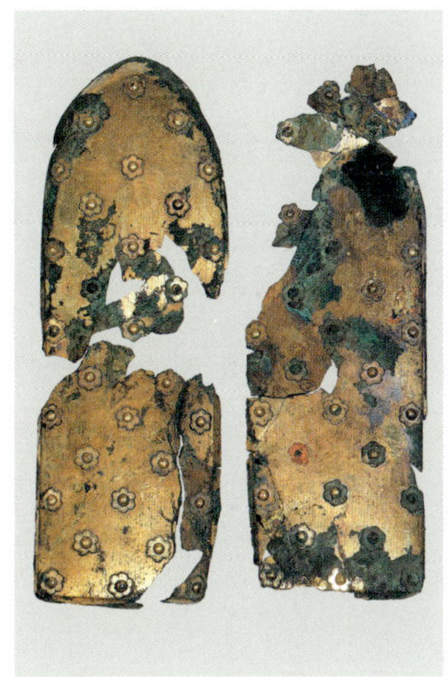

도37 _ 금관총(좌)과 황남대총 북분 식리(우)

형태는 황남대총 북분 식리(도37-우)나 집안 출토 고구려 식리와 유사하다. 이와 비교할 수 있는 자료로 장군총將軍塚 제대祭臺 출토 금동식리편이 있다. 바닥은 편평하고 못이 없는 대신 못 부위는 이면 타출로 원두정 모양의 돌출부를 만든 것이다. 무늬는 현재 9개만 남아 있으나 원래는 최소 20개 이상이었을 것 같다. 저판의 상부 주연周緣에 고정용 구멍이 1개 남아 있는데 원래는 일정한 간격으로 뚫려 있었을 것 같다(길림성문물고고연구소·집안시박물관 2004:351).

__중고기 이후의 장신구

관

6세기 중엽이 되면 신라의 금동관은 형태나 제작기법이 변한다. 대륜臺輪의 너비가 매우 넓어지고 곁가지의 단수는 6세기 전반의 금동관처럼 4단이지만 입식이 상하로 길쭉해진다. 녹각형 입식이 없어지고 입식의 숫자가 4개 혹은 5개로 늘어난다. 대표적인 예가 국립중앙박물관 소장 전 상주 출토 금동관이다(도38-1). 이 관은 대륜과 입식이 전형적인 형식에서 벗어나 있으며 지나칠 정도로 많은 영락이 매달려 있다. 발굴품인 안동 지동枝洞 2호묘 금동관(도38-2) 역시 퇴화기 금동관의 특징을 잘

221

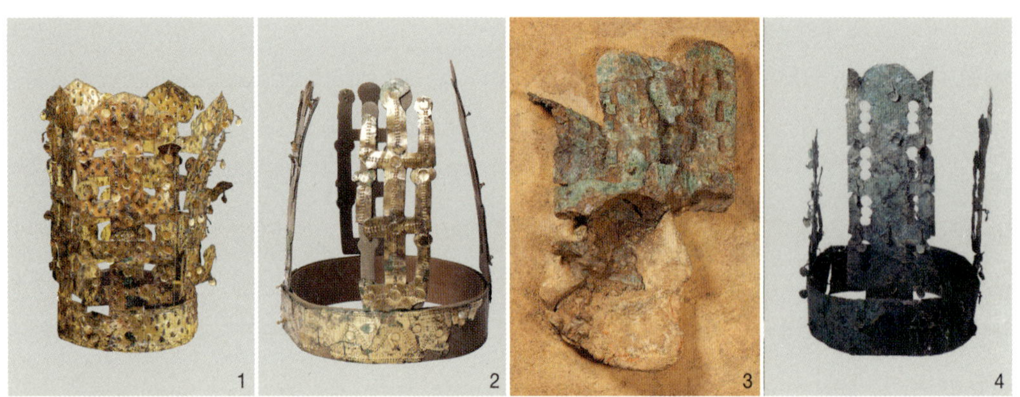

도38_ 퇴화기 신라의 관(1.전 상주, 2.지동2호묘, 3.추암동 가-21호묘, 4.하리)

보여준다(윤용진 외 1989, 함순섭 2012).

　지동 2호분은 소규모 수혈식석곽묘^{竪穴式石槨墓}이며 석곽의 길이가 258cm, 너비는 110cm이다. 동쪽 단벽 쪽에서 금동관, 금동제 요패, 용도미상의 철제대륜^{鐵製帶輪}, 철탁^{鐵鐸}이 함께 부장되어 있었다. 금동관의 서쪽에 인접하여 하악골편^{下顎骨片}이, 철제대륜 내부에서 치아가 각각 출토되었다. 금동관은 파손이 심하였으나 수지를 활용하여 현재의 모습으로 복원하였다. 대륜에 4개의 입식^{立飾}을 부착한 점이 특이하다. 즉 전후좌우에 입식을 배치한 것이다. 대륜과 입식의 표면에만 도금이 이루어졌고 대륜과 입식의 결합에는 동사^{銅絲}가 사용되었다. 입식의 도안은 신라의 전형적인 금동관처럼 연속 산^山자형의 범주에 드는 것이지만 산자상의 곁가지가 독립되어 있지 않고 상하로 연결되어 있다. 대륜의 상하 가장자리에는 2줄의 섬세한 점열문과 보다 단위가 큰 점열문이 시문되어 있고 그 사이에는 2줄의 섬세한 점열문으로 구성된 거치문이 시문되어 있다. 곳곳에 영락을 매단 것처럼 시문한 점이 주목된다(도39-우). 대륜에는 원문과 역삼각형이 결합된 문양, 입식에는 원문이 타출로 표현되어 있다. 이와 같은 '장식의 간략화' 양상은 황룡사지 태환이식 등 비슷한 시기의 다른 금속공예품에서도 살펴볼 수 있는 현상이다.

　지동 2호분 금동관과 비슷하거나 늦은 시기의 관으로 동해 추암동 가-21호묘 동관(도38-3)과 단양 하리유적 동관(도38-4, 도39-좌), 울진 덕천리I

도39_ 퇴화기 신라 관 세부(좌: 하리, 우: 지동 2호묘)

222

-34·43호묘 금동관을 들 수 있다(관동대학교박물관 1994, 국립경주박물관 2001, 국립춘천박물관 2008, 함순섭 2001, 성림문화재연구원 2014). 7세기를 전후한 시기의 신라고분은 크기가 더욱 작아지고 부장품의 수량이 현격히 줄어든다. 각 지방 무덤의 대부분은 군집을 이루는데 이전에 볼 수 없었던 특이한 모습의 동관이 중소형 무덤에서 간혹 출토된다. 5~6세기대의 금동관이 각 지방의 가장 큰 무덤 속에서 주로 출토되던 것과는 달라진 것이며 형태 또한 통일적이지 않고 제작수법도 조악하므로 각 지역에서 만들어 사용한 것으로 추정된다. 동해 추암동 가-21호묘의 동관은 대륜에 3개의 입식을 붙인 것인데 수지형 입식은 흔적화되어 마치 네모난 구멍이 여러 개 뚫려 있는 듯한 모습이다. 대륜의 아래쪽에는 두개골의 잔편이 남아 있어 피장자의 머리에 씌워 부장하였음을 알 수 있다. 단양 하리에서 출토된 동관(도38-4)은 대륜이 넓으며 4개의 입식이 동사로 고정되어 있다. 역시 수지형 입식이 서로 붙어 있고 끌을 이용하여 둥글게 뚫은 구멍이 남아있다.

추암동 B군 가-21호분에 출토 동관은 신전장^{伸展葬}된 피장자의 머리에 착장된 상태로 수습되었다. 감정결과 피장자가 성년 여성일 가능성이 높다고 한다. 이 동관은 대륜에 3개의 입식을 붙인 점이 앞 시기 금동관과 비슷하지만 신라적인 수지형 입식, 즉 연속 산자형 도안은 흔적화하여 마치 네모난 구멍이 여러 개 뚫려 있는 듯한 모습을 갖추고 있다. 이 동관을 쓰고 묻힌 인물은 동해 추암동 일대에 거주하던 여성이며 그녀는 샤먼과 같은 직능을 담당하고 있었을 것으로 추정하고 있다. 결국 추암동고분군의 사례와 같은 동관은 앞 시기의 금동관처럼 위세품적 성격을 지닌 것으로 보기는 어렵고 샤먼과 같은 종교적 직능자의 소유물로 전화한 것으로 볼 수 있겠다.

퇴화기 금동관은 6세기 중엽 이후 신라사회에서 전개되었던 새로운 변화양상을 잘 보여주는 자료이다. 이 무렵 신라는 급격한 사회변화를 겪었다. 그와 궤를 같이 하여 절정기에 올랐던 신라의 황금문화 역시 쇠락을 맞이하는 것 같다. 각 지방에 분포하던 황금 장신구 역시 대부분 사라지게 되는데 지동 금동관처럼 일부 잔존되었다 하더라도 매우 간략화되며 지역 수장층의 소유물에서 벗어나 샤먼과 같은 특수 직능 수행자의 신분 징표로 거듭나게 되는 것 같다.

이식

6세기 후반 이후의 유적에서 수식부이식^{垂飾附耳飾}이 출토되는 사례가 거의 없다. 적석목곽분에서 그토록 빈번하게 출토되던 금제 이식이 여타 금속제 장신구와 함께 자취를 감추었다. 다만 황룡사지에서 출토된 금동제 태환이식(도40), 경주 동천동 승삼마을 37호묘에서 출토된 금동제 세환이식(도41)을 비롯한 소량의 출토 사례가 있을 뿐이다.

황룡사지 목탑지 하부 다짐층에서 출토된 이식은 목탑을 축조하면서 매납된 소위 진단구^{鎭壇具}이

다. 황룡사 목탑은 서기 643년에 만들기 시작해 645년에 완성되었으므로 이 유물은 643년을 전후하여 매납되었음이 분명하다. 주환-유환-연결금구-수하식으로 구성되어 있다. 전체 길이는 10.4cm이다. 보문리 부부총을 비롯한 6세기대 이식의 길이가 7.9cm~9.0cm임에 비해 길쭉한 편이며 현재까지 알려진 신라 태환이식 가운데 가장 길다.

제작 방법은 다음과 같다. 주환은 금동판 2장을 붙여 고리를, 둥근 금동판으로 양끝을 막은 것이다. 유환에 중간식과 수하식을 매다는 기능의 연결금구는 길쭉한 금동판의 상하를 둥글게 말고 재차 휘어 만든 것이다.

중간식은 이 연결금구에 금동사를 감아 장식하였는데 3단에 걸쳐 영락을 매달았다. 감는 방법은 처음에는 왼쪽으로 감다가 영락을 장식한 다음부터 오른쪽으로, 그 아래쪽은 이러한 방법을 반복했다. 신라 태환이식의 중간식은 소환을 연접하여 만든 구체와 반구체, 구체와 반구체 사이에 끼워진 구체간식球體間飾, 영락을 모두 별도로 만들어 조립했음에 비해, 이 이식은 연결금구 표면에 장식된 금동사가 중간에 끊이지 않고 1줄로 연결되어 있는 점이 특징적이다. 특히 앞 시기의 소환구체가 없고 영락을 방사상放射狀으로 부착했다. 영락은 위에 14개, 중간쯤에 12개, 아래쪽에 8개를 달았는데 별도의 금동사로 매다는 것이 아니라 몸체를 감고 있던 금동사의 사이사이에 끼워 넣었다.

연결금구의 아래쪽 고리에는 두툼한 심엽형心葉形 수하식이 매달려 있다. 수하식 가장자리에는 단면 V자 모양의 각목대가 씌워져 있다. 그런데 수하식의 가운데에는 세로로 1줄, 가장자리에는 심엽형으로 2줄의 점열문點列紋이 얕게 베풀어져 있다. 이는 앞 시기 이식에 표현된 각목문대와 누금장식鏤金裝飾이 간략화된 모습인 것 같다.

이 이식은 7세기 전반 무렵에 제작된 것으로, 6세기대 크게 유행하던 태환이식이 '간략화, 형식화'되는 과정을 거치면서 7세기 전반까지 계속 제작되었음을 밝혀주는 중요한 자료이다.

동천동 37호묘 이식 또한 황룡사지 이식과 맥락을 같이 한다. 2011년 계림문화재연구원鷄林文化財研究院이 발굴조사를 실시한 경주시 동천동 산 13-2번지 일원 승삼마을 진입로 확·포장공사 구간 내 유적 37호묘에서 금동제 이식이 1점 출토되었다(계림문화재연구원 2013). 동지銅地에 수은아말감기법으로 도금한 것이다. 주환-중간식-수하식으로 구성되어 있다. 길이는 3.3cm이다. 주환은 세환이며 부식이 심해 정확한 크기와 형태를 알기 어렵다. 중간식은 세 부분으로 구분된다. 위와 아래에

224

도41_ 동천동 37호묘 출토 이식(2. 측면, 3·4. 세부)

는 둥근 고리가 있다. 위쪽 고리에는 단절된 부분이 없다. 통상 주환을 벌려 그 틈에 위쪽 고리를 끼워 넣기 때문에 조립에는 문제가 없다. 아래쪽 고리는 한쪽에 틈이 있어 수하식을 매달 수 있는 구조이다. 상하 고리의 부착방향은 서로 엇갈려 있는데 이는 고신라, 고구려, 백제의 이식과는 다른 점이다. 상하 고리의 사이에 다면체가 있다. 3자는 땜으로 접합되었다. 이 장식의 표면은 오각형에 가까운 면이 상하로 엇갈리게 배치되어 있는데 모두 6면이다. 표면의 균열 상태로 보아 중공中空에, 각 면은 땜으로 접합된 것 같다. 수하식은 단면이 오목한 심엽형 2매로 구성된다. 가장자리에 1열의 점열문이 시문되어 있으며 시문작업은 오목한 면, 즉 표면에서 이루어졌다.

이 이식은 신라의 수식 갖춘 이식 가운데 간략한 편에 속한다. 이 이식의 특징은 첫째, 중간식의 형태와 제작기법에서 찾아볼 수 있다. 상하로 길쭉한 다면체의 상하에 고리를 땜으로 접합한 점이 우선 주목된다. 서기 5~6세기 신라 이식의 경우 주환-(유환)-중간식-수하식 등의 부품으로 구성되며, 각 부품을 조립하기 위하여 길쭉한 금판이나 금사가 활용되는 점과 다른 특징을 갖추고 있다. 둘째, 수하식의 특징이다. 삼국시대 이식의 수하식 가운데 심엽형을 띠는 것이 많다. 본 이식처럼 오목한 것은 6세기경에 유행한다. 수하식의 수량은 1매인 것이 다수를 점하지만, 6세기 이후 3매를 매단 것이 많아진다. 큰 것을 중앙에 배치하고 작은 것 2개를 하나씩 나누어 큰 것의 전후에 매달게 된다. 본 예는 동일한 크기의 오목한 심엽형 금동판 2매를 함께 매단 것이어서 특이하다. 또한 가장자리를 따라가면서 시문된 1줄의 점열문도 드문 사례이다. 삼국시대 이식 가운데 점열문이 시문된 사례를 찾아보기 어렵다. 신라의 경우 각목대를 붙이거나 금립을 붙여 화려하게 꾸미기도 한다. 이식의 수하식에 점열문을 새긴 사례로 황룡사지 심초석 하부와 금당지에서 출토된 태환이식을 들 수 있다. 이 이식과 공반된 토기 가운데 선각線刻의 삼각집선문三角集線紋과 압인押印의 이중원문二重圓紋이 시문된 것이 있음을 고려한다면 황룡사지 이식보다는 조금 빠른 6세기 후반경으로 편년할 수 있다.

대금구

  신라 고분에서 황금이 사라지는 시점, 대개 6세기 중엽을 전후한 시기가 되면 기존의 삼엽문투조 대금구가 없어지고 새로운 형태의 대금구가 유행한다. 이러한 유형의 대금구를 누암리형樓岩里型 대금구*라 부르고 있다. 앞 시기와는 달리 비교적 작은 규모의 무덤에서 출토되고 있는 이 대금구는 교구, 과판, 대단금구帶端金具 등 간단한 부품으로 구성되어 있다. 누암리형 대금구는 교구와 대단금구에 비슷한 형태의 띠 연결부가 부착되어 있다는 점이다. 이는 삼엽문투조대금구나 당식唐式 대금구와는 확연히 구별되는 것이다. 누암리형 대금구 각 부품에 보이는 변화 양상은 다음과 같다.

  첫째, 교구의 변화이다. 삼엽문투조대금구의 교구에는 자금刺金이 있으며 누암리형 대금구 가운데 상대적으로 이른 시기의 자료에는 자금이 남아 있다. 6세기 후반 대금구의 교구에서는 자금이 사라진다. 자금이 없는 대금구의 교구는 연금緣金의 단면이 조각달처럼 날카로운 모양을 하고 있어 특이하다.

  둘째, 과판의 변화이다. 누암리형 대금구의 과판은 역심엽형逆心葉形을 이루는 예가 많다. 이와 같은 형태의 과판은 삼엽문투조대금구와 공반되기도 하지만 6세기 이후 크게 유행하였다. 백제와 마찬가지로 신라의 역심엽형 과판도 혁대에 부착하는 부분의 형태가 시간의 변화를 잘 보여준다. 이른 시기의 자료는 역심엽부의 표면에 구멍을 뚫은 다음 못을 박아 혁대에 직접 고정하였으며 그 다

도42__ 창녕 계성A지구 1호분 2관 은제 대금구

---

[*] 전형적인 예가 출토된 중원 누암리유적을 표지로 삼아 '누암리형 대금구'라 부른다(이한상 1996).

226

음 시기에는 혁대 이면에 단추의 고리와도
같은 금구를 만든 다음 혁대에 바느질 기법
으로 고정하는 과판(도42)(정징원 1977)이
유행한다.

셋째, 대단금구의 형태 변화이다. 삼엽문
투조대금구처럼 띠 연결부와 끝판이 경첩고
리식으로 연결된 것이 상대적으로 오래된 것
이며 전형적인 누암리형 대금구의 대단금구
는 띠 연결부와 끝판이 일체로 주조되었다
(도43).

7세기 전반의 어느 시점이 되면 누암리형
대금구에 이어 새로운 유형의 대금구가 등
장한다. 645년에 완성된 경주 황룡사 목탑지
심초석心礎石 하부 출토품이 전형이므로 이를

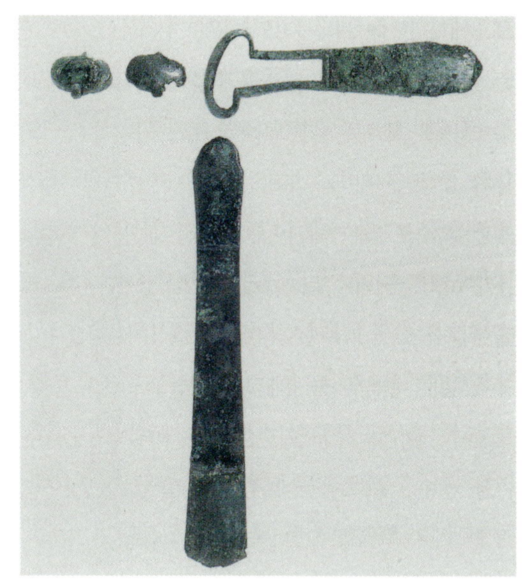

도43_ 상주 청리 A-나 19호묘 누암리형 대금구

'황룡사형皇龍寺型 대금구'라 부른다(이한상 1999). 황룡사지의 일괄 유물 가운데는 누암리형 대금구
도 있지만 새로이 모습을 보이는 것도 있다. 양자는 형식변화가 연속적이지 않고 이질적이다. 이 새
로운 대금구는 중국 당나라의 대금구와 상통되는 점이 많다. 대표적인 황룡사형 대금구 몇 점의 특
징을 설명해보면 다음과 같다.

첫째, 황룡사지 출토품(도44-상, 김정기외 1983)이다. 황룡사지 목탑지 심초석 아래에서는 2벌 이
상 허리띠장식이 출토되었다. 교구는 2점인데 연금의 형태가 동일하다. 좌연금은 단면이 조각달처
럼 날카롭다. 띠 연결부는 2종으로 구분되는데 1점은 방형에 무늬가 없다. 다른 1점은 반원형이며
앞뒤에 연꽃무늬를 표현했다. 과판은 20여 점 확인됐다. 그것들은 방형과 원형으로 대별되며 문양
종류에 따라 더욱 잘게 나눠지기도 한다. 방형 과판에는 화문花紋, 초문草紋이 표현되어 있다. 원형 과
판에는 모두 연속반원점문連續半圓點紋과 유사한 문양이 시문되어 있다. 이외에 다른 형태의 과판도
1점 출토되었는데, 전형적인 누암리형 허리띠장식의 그것이다. 뒷면에 돌출된 고리가 있어 혁대에
부착할 수 있게 했고 끝판과 띠 연결부가 함께 주조되었기에 유동성이 없다.

둘째, 김해 예안리 49호묘 출토품(도44-하, 부산대학교박물관 1985)이다. 예안리 49호묘는 평면
방형인 횡혈식석실묘이다. 여기서는 4~5벌 가량 되는 대금구가 집중적으로 출토되었다. 6세기의
대표적 과판인 역심엽형 과판 1점과 황룡사형 대금구 2벌, 전형적인 당식 대금구도 2벌이 있다. 역
심엽형 과판은 동으로 주조된 것이다. 띠 연결부에는 구멍이 하나 있고 그 구멍에 장방형 금속판을
끼운 다음 그 금속판과 혁대를 연결하는 방식이 구사되었다. 황룡사형 대금구는 2벌이다. 교구의 기

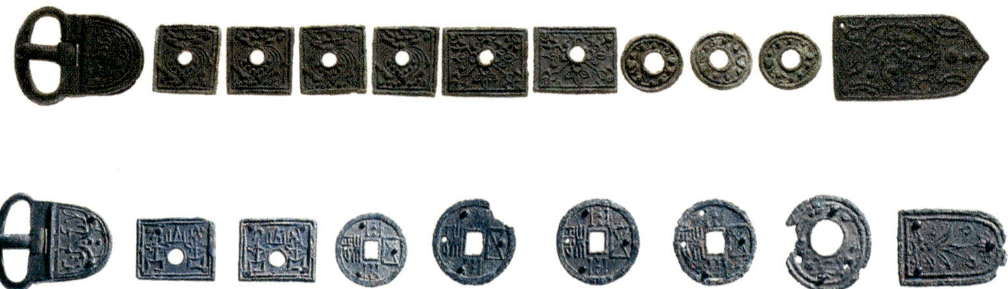

도44_ 황룡사형 대금구의 유례(상: 황룡사지, 하: 예안리 49호분)

본형은 황룡사지 출토품과 동일한 1점에는 쌍조문^{雙鳥紋}이, 다른 1점에는 수초문^{水草紋}이 표현되어 있다. 가운데에 직경 0.4cm의 둥근 구멍이 뚫려있다. 방형 과판에는 산과 나무가 표현됐고 중간에 둥근 구멍이 있다. 원형 과판은 자금에 끼우는 2점 외에 오수전을 모방해 제작한 2점도 있다. 대단금구 2점에는 국화와 비슷한 꽃무늬가 표현되어 있다.

이와 유사한 자료가 상주 청리^{靑里}고분군의 A-가-9호묘와 10호 석실, A-나-2호 석실, H-가-11호 석실(한국문화재보호재단외 1998), 남원 두락리^{斗洛里} 3호분(전북대학교박물관 1989), 사천 월성리^{月城里} 4호분(경상대학교박물관 1998), 왜관 낙산동^{洛山洞} 22호분(한국문화재보호재단 2009)에서도 출토되었다.

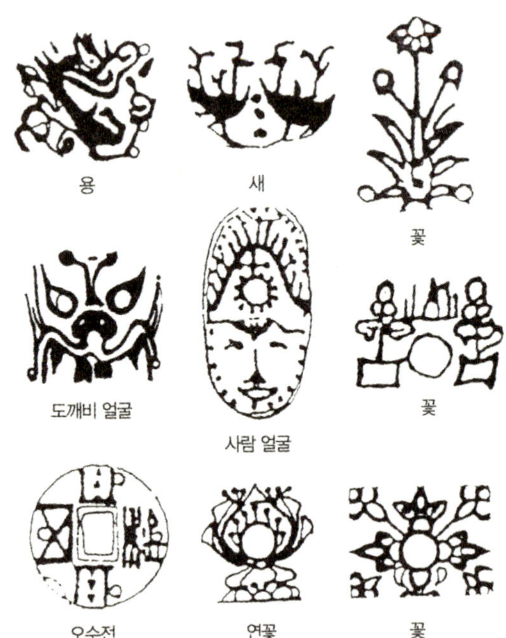

도45_ 황룡사형 대금구에 표현된 문양

황룡사형 대금구는 누암리형 대금구와 이질적이므로 계보를 외부에서 찾을 필요가 있다. 특히 중국에서 계보를 찾을 때 수^隋 혹은 당과의 교섭기록이 주목된다. 신라는 진평왕^{眞平王} 16년(594)에 수와 교섭하기 시작했다. 당시 수 황제는 신라왕에게 상개부낙랑군공신라왕^{上開府樂浪郡公新羅王}의 작호를 주기도 했고, 이후 진평왕 35년(613)까지 수차에 걸쳐 인적, 물적으로 교류했다. 따라서 수의 문물이 신라로 이입될 수 있는 계기는 많았다고 추정된다. 이러한 상황은 당대에 이르러서도 지속되었다. 이 과정에서 신라는 당 복식을 공식적으로 수용하기도 했다. 648년 김춘추가 당

228

황제에게서 의복과 혁대를 하사받아 귀국한 다음, 신라는 의관제^{衣服制}를 당식으로 바꾼다.[*] 이 기록이 신라가 당식 대금구를 수용하는 공식 시점을 이야기해 준다.

아직 누암리형 대금구와 황룡사형 대금구의 접점에 대한 연구가 이루어지지 못하였다. 향후 연구가 필요한 부분이다. 어떻든 6~7세기 무렵 중앙과 지방에서 이와 같은 대금구가 출토되고 있음은 곧 이 시기가 되면『삼국사기』색복지^{色服志}에 보이는 신분별 규제(山本孝文 2009)의 원형이 이미 일정 부분 형성되었을 가능성이 높음을 보여준다는 점에서 두 유형 대금구의 의미를 찾아볼 수 있다.

__맺음말

지금까지 신라의 장신구에 대하여 개관하여 보았다. 우리가 보통 '신라의 장신구'라고 인식하는 황금문화는 서기 4세기 후반이 되어야 시작된다. 그 이전에는 경주와 그 주변지역, 그리고 범위를 조금 더 넓혀 현재의 영남전역의 장신구문화에 차이가 없었다. 장신구에서 신라양식이 확인되는 것과 신라의 성장과정은 일정 부분 부합하는 모습을 보여준다.

월성로 가-13호분, 황오리 14호분 1곽, 황남대총 남분 등의 무덤에서 출토되는 황금장식이 신라 황금의 초현기 모습을 보여준다. 황금문화의 전달자는 직접적으로 고구려, 간접적으로는 그에 인접한 선비족 왕조였던 것 같다. 근래 활발히 조사되어 자료가 공간되고 있는 중국 삼연^{三燕} 문물은 앞으로도 주의 깊게 살펴볼 필요가 있을 것 같다. 그동안 스키타이족 이동설이 제기되기도 했고 심지어 동로마제국의 황금문화가 전해진 결과로 보는 연구도 있지만 시간적, 공간적인 격차가 너무나 크고 유물 사이의 유사도가 낮은 점을 문제점으로 지적할 수 있다.

신라 황금문화의 전형은 이미 황남대총 남분 단계에 갖추어진다. 나뭇가지와 사슴뿔모양의 기묘한 장식으로 꾸민 금동관, 다양한 형식의 이식, 유리구슬 수천 개와 금판을 엮어 만든 흉식, 세련된 감각을 보여주는 황금목걸이, 금 알갱이와 유리가 끼워진 반지, 상징성이 강한 각종 요패를 매단 금제 대금구, 평소 신을 수 없을 정도로 크고 약한 금동식리 등이 그것이다. 그렇지만 이 시기에 황금 장식을 소유할 수 있는 사람들은 매우 제한적이었던 것 같다.

---

[*]『三國史記』卷33 雜志 色服

「至眞德在位二年 金春秋入唐 請襲唐儀 太宗皇帝詔可之 兼賜衣帶 遂還來施行」

『三國史記』卷5 新羅本紀 眞德王2年

「春秋又請改其章服 以從中華制 於是 內出珍服 賜春秋及其從者」

보다 많은 사람이 황금장식을 소유하고 더욱 신라적인 디자인으로 탈바꿈하는 시기는 황남대총 북분이 축조되는 시점이라고 생각한다. 금동관을 대신해 새로이 금관을 만들어 죽은 왕이나 왕족의 머리를 장식하기도 하고, 금제 팔찌를 만들기도 한다. 뿐만 아니라 이식, 경식, 지환, 식리 등 각종 장식품의 종류가 많아지고 장식 또한 화려해진다. 신라에 황금문화가 도입된 지 약 1세기가 지나는 시점에 이르면, 절정에 오른 안목과 공예기술이 합쳐지면서 최고조의 장식품이 만들어지게 된다. 바로 황오리52호분과 보문리 부부총 이식이 이 시기 공예수준을 잘 보여준다.

그러나 절정기에 오른 신라의 황금문화는 더 이상 꽃피지 못하였다. 6세기 무렵 신라사회는 마치 큰 소용돌이와도 같은 급격한 사회변화를 겪는다. 그러면서 신라인들의 죽음에 대한 생각이 바뀌게 되는 것 같다. 국가에서도 사회분위기를 일신하고자 했으며 그 과정에서 적석목곽분과 같은 큰 무덤과 각종 황금장식이 차츰 사라지게 된다. 그 대신 황금문화는 사찰의 불상이나 사리공양품 등 불교공예품으로 거듭나게 된다.

참고문헌

보고서 · 도록

慶尙大學校博物館, 1998, 『泗川 月城里古墳群』.

慶尙北道文化財硏究院, 2012, 『義城 大里里 2號墳』.

國立慶州博物館, 1995, 『冷水里古墳』.

國立慶州博物館 外, 1990, 『慶州 月城路古墳群』.

國立中央博物館, 1964, 『皇吾里 4·5號 古墳 皇南里 破壞古墳 發掘調査 報告書』.

國立春川博物館, 2008, 『權力의 象徵, 冠 −慶州에서 江原까지−』.

金載元, 1948, 『慶州 路西里 壺杅塚과 銀鈴塚』, 國立博物館.

金載元 · 金元龍, 1955, 『慶州 路西里138號墳 · 雙床塚 · 馬塚』, 國立博物館.

金載元 · 尹武炳, 1962, 『義城塔里古墳』, 國立博物館.

金正基 外, 1983, 『皇龍寺』, 文化財管理局.

金廷鶴 外, 1980, 「味鄒王陵 第7地區 古墳群 發掘調査報告」, 『慶州地區古墳發掘調査報告書』第二輯,
　　　　　　文化財管理局 慶州史蹟管理事務所.

文化財管理局, 1973, 『武寧王陵 發掘調査報告書』.

＿＿＿＿＿＿＿, 1974, 『天馬塚』.

文化財硏究所, 1985, 『皇南大塚北墳 發掘調査報告書』.

＿＿＿＿＿＿＿, 1993, 『皇南大塚 南墳 發掘調査報告書(도판·도면)』.

＿＿＿＿＿＿＿, 1994, 『皇南大塚 南墳 發掘調査報告書(본문)』.

百濟文化開發硏究院, 1992, 『百濟彫刻工藝圖錄』.

釜山大學校博物館, 1983, 『東萊 福泉洞古墳群』I.

＿＿＿＿＿＿＿, 1985, 『金海禮安里古墳群』I.

濱田靑陵, 1932, 『慶州の金冠塚』, 似玉堂.

聖林文化財硏究院, 2014, 『蔚珍 德川里 新羅墓群』.

辛勇旻, 2000, 『昌寧桂城古墳群(上)』, 湖巖美術館.

申虎雄 · 李相洙, 1994, 『東海 北坪工團 造成地域 文化遺蹟 發掘調査報告書』.

嶺南大學校博物館, 1976, 『鳩岩洞第56號古墳 發掘調査報告書』.

＿＿＿＿＿＿＿, 1982, 『嶺南大學校博物館 圖錄』.

＿＿＿＿＿＿＿, 1991, 『慶山 北四里古墳群』.

＿＿＿＿＿＿＿, 2003, 『慶山 林堂地域 古墳群』VII

遼寧省文物考古硏究所, 2002,『三燕文物精粹』.

遼寧省博物館·遼寧省文物考古硏究所, 2006,『遼河文明展 文物集萃』.

有光敎一·藤井和夫, 2000,『朝鮮古蹟硏究會遺稿Ⅰ-慶州皇吾里第16號墳 慶州路西里215番地古墳發
　　　　掘調査報告書 1932-1933』, 유네스코 동아시아문화연구센터 財團法人 東洋文庫.

尹德香, 1992,「파주군 성동리고분군 발굴조사보고서」,『통일동산 및 자유로 개발지구발굴조사보고
　　　　서』.

尹容鎭 外, 1988,『臨河댐水沒地域 文化遺蹟發掘調査報告書(Ⅱ)』, 慶北大學校博物館.

尹容鎭·朴淳發, 1991,『慶州 新院里古墳群 發掘調査報告書』.

李殷昌 外, 1991,『昌寧 桂城里古墳群 -桂南1·4號墳-』, 嶺南大學校博物館.

全北大學校博物館, 1989,『斗洛里』.

鄭永和 外, 1994,『慶山林堂地域古墳群Ⅱ-造永EⅢ-8號墳외-』, 嶺南大學校博物館.

鄭澄元, 1977,「A地區古墳發掘調査報告」,『昌寧 桂城古墳群 發掘調査報告』, 慶尙南道.

齋藤忠, 1937,「慶州 皇南里第百九號墳 皇吾里第十四號墳 調査報告」,『昭和九年度古蹟調査報告』一,
　　　　朝鮮總督府.

조선유적유물도감편찬위원회, 1990,『조선유적유물도감』4.

朝鮮總督府, 1924,『古蹟調査特別報告第三冊 慶州金冠塚と其遺寶』.

　　　　＿＿＿＿＿, 1931,「慶尙北道達城郡達西面古墳發掘調査報告」,『昭和六年度古蹟調査報告』.

　　　　＿＿＿＿＿, 1932,「慶州金鈴塚飾履塚發掘調査報告」,『大正十三年度古蹟調査報告』.

朝鮮總督府博物館, 1933,『博物館陳列品圖鑑』五.

趙榮濟 外, 1993,『陜川玉田古墳群』Ⅳ, 慶尙大學校博物館.

韓國文化財保護財團, 1998,『尙州靑里遺蹟』Ⅰ.

　　　　＿＿＿＿＿＿＿＿, 1998,『尙州靑里遺蹟』Ⅱ.

　　　　＿＿＿＿＿＿＿＿, 1998,『尙州靑里遺蹟』Ⅸ.

　　　　＿＿＿＿＿＿＿＿, 2009,『倭館 洛山里遺蹟Ⅲ -倭館 一般地方産業2團地 進入道路區間內 發掘調
　　　　査-』.

논저

權五榮, 2006,「遺物과 壁畵를 통해 본 高句麗의 冠-折風과 蘇骨을 중심으로-」,『考古資料에서 찾은
　　　　高句麗人의 삶과 文化』, 高句麗硏究財團.

권준희, 2001,「신라복식의 변천연구」, 서울대학교 대학원 박사학위논문.

權香阿, 2002,「三國時代 新羅 耳飾의 製作技法 研究」, 東亞大學校 大學院 博士學位論文.

金載烈·朴世銀, 2010,「慶山 北四里 1號墓 허리띠 裝飾의 年代와 製作地」,『繼往開來』9, 嶺南大學校 博物館.

金弘柱, 1992,「丹陽 下里 出土 一括遺物에 대한 考察」,『考古學誌』4, 韓國考古美術研究所.

남궁영임, 1999,「古新羅時代 頸飾에 관한 研究」, 성신여대 대학원 석사학위논문.

藤井和夫, 1996,「新羅·加耶古墳出土冠研究序說」,『東北アジアの考古學 第二 槿域』.

馬目順一, 1995,「慶州古新羅王族墓の立華飾付黃金製寶冠編年試論」,『古代探叢』IV.

馬場是一郎·小川敬吉, 1927,『梁山夫婦塚と其遺物』, 朝鮮總督府.

毛利光俊彦, 1995,「朝鮮古代の冠-新羅-」,『西谷眞治先生古稀記念論文集』.

朴普鉉, 1986,「樹枝形立華式冠 型式分類 試論」,『歷史敎育論集』9, 慶北大學校 歷史敎育科.

______, 1987,「樹枝形立華飾冠의 系統」,『嶺南考古學』4, 嶺南考古學會.

______, 1991,「積石木槨墳文化地域의 帶金具」,『古文化』38, 韓國大學博物館協會.

______, 1995,「製作技法에서 본 이른바 깃털형 立飾 冠의 몇가지 문제」,『碩吾尹容鎭敎授停年退任記念論叢』.

山本孝文, 2009,「考古學으로 본 三國時代의 官人」,『韓國古代史研究』54, 韓國古代史學會.

小泉顯夫, 1927,「慶州瑞鳳塚の發掘」,『史學雜誌』38-1.

申大坤, 1997,「羽毛附冠飾의 始末」,『考古學誌』8, 韓國考古美術研究所.

原田淑人, 1922,「慶尙北道慶州郡內南面普門里古墳及び慶山郡, 清道郡, 金泉郡, 尙州郡並 慶尙南道 梁山郡, 東萊郡諸遺蹟調查報告書」,『大正七年度古蹟調查報告 第一册』, 朝鮮總督府.

兪在恩, 2000,「江陵市 草堂洞古墳 출토 金屬遺物 保存處理」,『保存科學研究』21, 文化財研究所.

尹善姬, 1987,「三國時代 銙帶의 起源과 變遷에 관한 研究」,『三佛金元龍敎授 停年紀念論叢』II.

尹世英, 1980,「韓國古代冠帽考-三國時代冠帽를 中心으로-」,『韓國考古學報』9, 韓國考古學會.

伊藤秋男, 1974,「武寧王陵發見の金製耳飾について」,『百濟研究』5, 忠南大學校 百濟研究所.

이은창, 1978,『한국 복식의 역사-고대편-』(교양국사총서), 세종대왕기념사업회.

李學來, 2002,「積石封土葬王魂」,『二十世紀中國百項考古大發現』, 中國社會科學出版社.

李漢祥, 1996,「6世紀 新羅의 帶金具」,『韓國考古學報』35, 韓國考古學會.

______, 1998,「5~6世紀 新羅 太環耳飾의 分類와 編年」,『古代研究』6, 古代研究會.

______, 1999,「7世紀 前半의 新羅 帶金具에 대한 認識」,『古代研究』7, 古代研究會.

______, 2000,「新羅冠 研究를 위한 一試論」,『考古學誌』11, 韓國考古美術研究所.

______, 2007,「5~6世紀 金屬裝身具의 年代論」,『考古學探究』창간호, 考古學探究會.

全德在, 1990,「新羅 州郡制의 成立背景研究」,『韓國史論』22, 서울大學校 國史學科.

周庚美, 1997, 「三國時代 耳飾의 研究-慶州地域 出土 垂下附耳飾을 중심으로-」, 『美術史學研究』
211, 韓國美術史學會.

朱珍玉, 2004, 「皇南大塚 南墳 出土 太環耳飾의 製作技法과 그 特徵」, 慶州大學校 大學院 碩士學位
論文.

崔秉鉉, 1991, 『新羅古墳研究』, 一志社.

崔鍾圭, 1983, 「中期古墳의 性格에 대한 약간의 考察」, 『釜大史學』7, 釜山大史學會.

＿＿＿, 1992, 「濟羅耶의 文物交流」, 『百濟研究』23, 忠南大學校 百濟研究所.

咸舜燮, 1995, 「大邱 飛山洞37號墳 2石室 出土 冠」, 『古代研究』4, 古代研究會.

＿＿＿, 2001, 「古代冠의 分類體系에 대한 考察」, 『古代研究』8, 古代研究會.

穴澤咊光・馬目順一, 1975, 「昌寧校洞古墳群-梅原考古資料を中心とした谷井濟一氏發掘資料の研
究」, 『考古學雜誌』60-4, 日本考古學會.

＿＿＿＿＿＿＿＿, 2007a「慶州瑞鳳塚の調査-梅原考古資料と小泉顯夫の回想にもとづく發掘狀
況の再現と考察」, 『石心鄭永和教授停年退任記念 天馬考古學論叢』.

＿＿＿＿＿＿＿＿, 2007b, 「慶州路西洞'ディヴィッド塚'の發掘-梅原考古資料による研究-」, 『伊
藤秋男先生古稀記念考古學論文集』.

05

이　현　정

신라의 말과 마구

__개관

__연구 현황과 쟁점

__신라 기마 문화의 출현

__신라 장식 마구의 등장과 성행

__통일신라시대의 말과 마구

__연구 전망과 과제

__개관

말은 인간에 의해 가축화가 진행된 이래 고기를 얻거나 이동 수단, 전쟁, 신분 상징, 교역품, 장례 및 의식용 등 다양한 방면으로 활용되었다. 한반도에서 말이 정확히 언제부터 등장했는지는 알 수 없으나 『사기』권115 조선열전을 보면, 한漢과 위만조선衛滿朝鮮 간의 전쟁에서 조선왕 우거가 무제에게 항복하면서 말 5천 필과 군량미를 받쳤다는 기사를 통해 적어도 이 시기부터는 말이 사육, 활용되었음을 짐작할 수 있다. 또한 한반도의 3세기대 상황을 전하는 『삼국지』 위서 동이전 변진조에는 "소와 말을 탈 줄 안다(乘駕牛馬)"라고 기록된 반면, 마한조에는 "소나 말을 탈 줄 모르기 때문에 모두 장례용으로 써버린다(不知乘牛馬 牛馬盡於送死)"란 기록을 통해 당시 한반도 남부지방에 말 사육이 대부분 이루어졌으나, 그 쓰임이 기승용 또는 수레용, 장례용 등 지역에 따라 달랐음을 알 수 있다.

고고자료인 말 유존체는 한반도에 말이 존재하였고 활용되었음을 보여주는 직접적인 증거이다. 무산 범의구석 유적의 청동기시대 문화층에서 사육종인 개, 돼지, 소, 말이 출토되었다는 보고(김신규 1970)가 있었지만 후대 교란되었을 가능성이 크고, 현재로서는 기원전 3~2세기대 유적인 사천 방지리 패총의 원형점토대토기층에서 출토된 말뼈(이준정·고은별 2007)와 기원전 2~1세기대 가평 대성리 49호 수혈 내에서 화분형토기와 함께 말 두개골 1개체분이 좌우로 분할된 상태로 출토된 것(黑澤一男 2009)이 가장 이른 시기의 자료이다(이준정 2013). 삼국시대에는 주로 고분 주변에 말 한 마리분이나 말의 일부분만을 매장한 마갱馬坑 등이 확인된다. 경주 황오동 100 유적 1호 마갱에는 3필의 말이 매장되었는데, 2필의 말머리 주변에서 굴레 부속구로 추정되는 환형 십금구가 출토되어 재갈 없이 굴레만 착용한 말이 매장되었음을 알 수 있다(사진1). 대부분 고분 주변이나 주구 등에서 확

사진1_ 장송 의례 시 사용된 말(경주 황오동100유적 1호 마갱, 동국대학교 경주캠퍼스 박물관 2008)

사진2 말을 다루는 데 필요한 마구의 다양한 활용
(1. 수레용 마구(중국 진시황릉), 2. 기승용 마구(경주 금령총), 3. 전투용 마구(전 김해))

인되는 것으로 보아 장송 의례 과정에서 제의용품으로 말이 사용되었음을 짐작할 수 있다(유병일 2002).

말의 존재와 활용 양상은 말을 다루는 데 필요한 도구인 '마구馬具'를 통해서도 살펴볼 수 있다. 말의 활용에는 기본적으로 말을 통제하고 조절할 수 있는 인간의 능력과 기술이 전제되어야 하지만, 그 수단이 되는 마구를 활용함으로써 말을 좀 더 빠르고 쉽게 조절할 수 있다. 마구는 말을 직접 제어하는 재갈銜, 사람이 말 위에 탈 때 필요한 안장鞍裝과 등자鐙子, 말을 장식하는 운주雲珠, 행엽杏葉 등의 장식구, 수레를 끌 때 필요한 차마구車馬具, 전쟁 시 말을 보호하는 전마구戰馬具 등 다양한 기능으로 분류된다(사진2).

한반도에서는 원삼국시대부터 마구가 등장하였고, 삼국시대에는 고구려, 백제, 신라, 가야에서 저마다 특색 있는 마사 문화馬事文化가 전개된다. 특히 신라는 경주지역을 중심으로 하는 사로국 단계부터 적극적으로 마구를 사용하였고, 고대 국가인 신라로 성장하면서 독자적인 장식 마구 문화를 창안하여 신라 지배층 사이에서 크게 성행하게 된다. 장식 마구 문화는 경주지역 중심의 상위 계층뿐만 아니라 신라권 내 지역 수장층, 더 나아가 국내는 백제, 가야 권역, 국외는 일본열도까지 확산되어 당시 신라 장식 마구 문화의 성행기를 보여준다. 6세기대부터는 장법의 변화와 부장품의 간소화

238

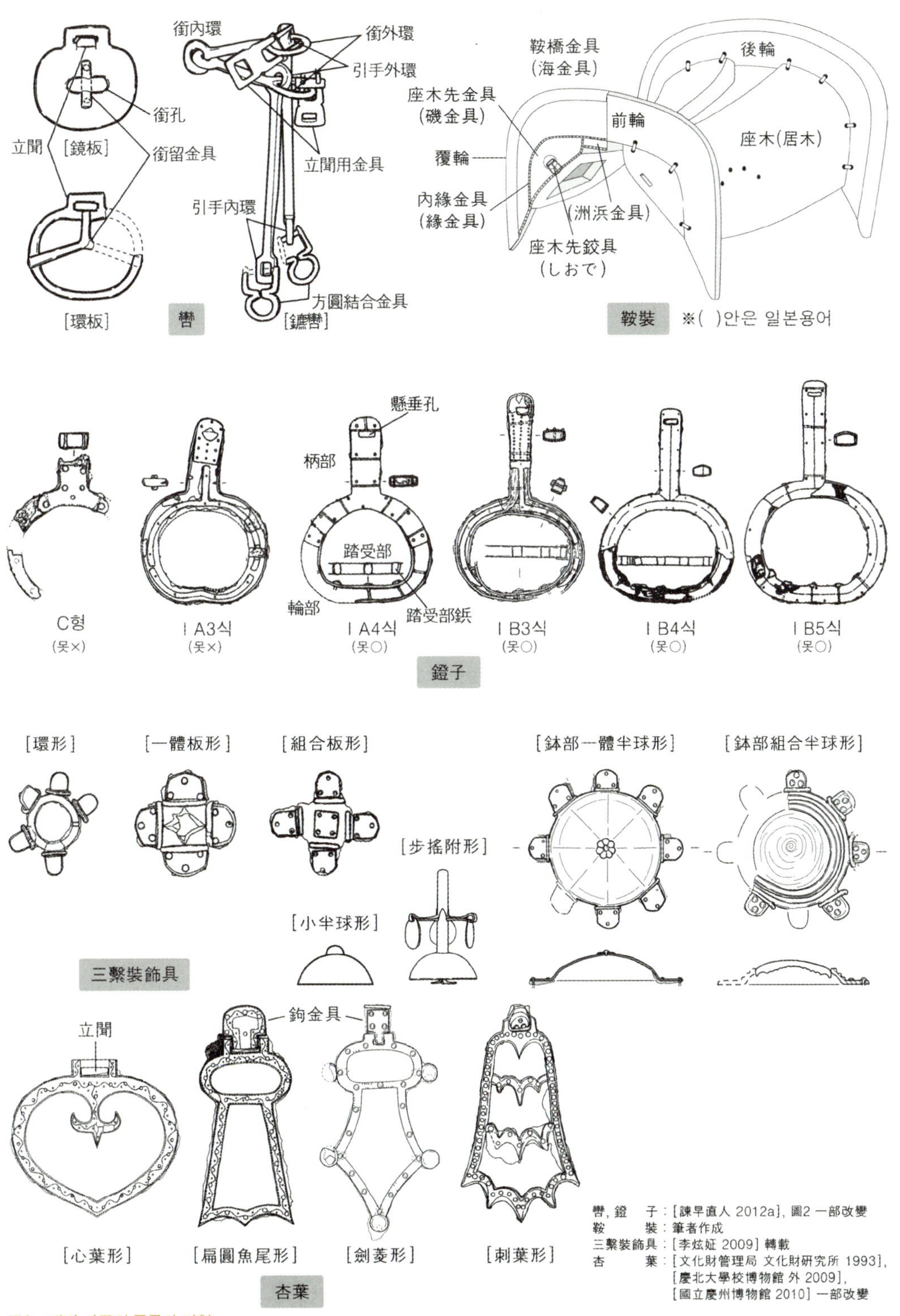

도1_ 개별 마구의 종류와 명칭

가 진행되기 시작하는데, 마구 역시 6세기 중반까지만 출토되고 이후 자료는 확인되지 않는다. 일본열도에는 국내에서 확인되지 않는 6~7세기대 마구가 많이 출토되어 신라 마구의 그 이후 양상을 참고할 수 있다. 통일신라시대에는 기병 운영 방식이나 신분에 따라 사용할 수 있는 마구를 구분하는 등의 문헌 기록이 잘 남아있는 반면, 실물 자료인 마구는 극히 일부만 확인된다.

본 글에서 언급되는 마구 출토 고분의 상대 편년은 최근 중국 동북지방과 한반도, 일본열도 출토 마구를 정리한 諫早直人(2012a)의 안을 참고하고 최근 경주지역 출토 4세기대 마구 자료를 보충하여 완성한 〈표1〉에 따른다. 개별 마구의 세부 명칭은 〈도1〉과 같다.

표1_ 신라 마구 출토 고분 편년안

단계	대표 유적		연대
	경주	경산	
신라I(前)	隍城 20 구어리 16	―	4C 전엽
신라I(後)	月城 가13·8 사라리 5	임당 G-6	4C 중·후엽
신라II	皇南 109-3·4 쪽샘 C-10 사라리 13·65	조영 CII-2	4C 말 5C 초
신라III(前)	皇南 110 皇吾 14-1	임당 7A·7B 조영 EIII-2 조영 CII-1	5C 전엽
신라III(後)	남분 북분	조영 CI-1 조영 EI-1	5C 중엽
신라IV	금관총 식리총 노동4	임당 5A 조영 EI-2 조영 CI-2	5C 후엽·말
신라V	천마총 금령총	임당 2北 임당 6A	6C 초·전엽
신라VI	호우총 은령총 皇南 106-6	―	6C 중엽

__연구 현황과 쟁점

연구 현황

국내에서 '신라'만을 주목해 신라 마구의 특징과 변천을 다룬 연구는 거의 이루어지지 않았다. 주로 한반도 전역에서 출토되는 마구를 대상으로 계통, 시·공간적 변천, 계층성 등을 논한 연구가 대부분이다. 따라서 전반적인 국내 마구 연구의 현황 검토를 통해서 기존에 논의되었던 신라 마구의 연구 성과를 추출하고 현재 쟁점이 되는 부분이 무엇인지 살펴보고자 한다.

• 1980년대 이전 - 마구 연구의 시작

1948년 발표된 江上波夫의 '기마민족 일본열도 정복왕조설(이하, 기마민족설)'은 북방계 기마민족이 한반도를 거쳐 일본열도로 건너가 고대 국가를 수립하였다고 보는 설(江上波夫 1948)이다. 발표 이후 지금까지 기마민족설에 대한 많은 비판이 각 학계에서 꾸준히 제기되었지만, 대륙에서 일본으로 건너간 기마민족의 흔적을 증명하는 수단으로 마구 연구가 활발하게 된 계기를 마련하기도 하였다. 그 과정 속에서 한반도 출토 마구 역시 일본인 연구자들의 연구 대상이 되었고, 한반도 출토 재갈에 주목한 鈴木治(1958)의 연구가 최초의 연구 성과이다. 재갈멈치衝留의 형태에 따라 크게 표비鑣轡, 원환비圓環轡, 경판비鏡板轡로 분류하였는데, 이후 김두철에 의해 환판비環板轡가 새롭게 추가되지만 지금까지도 유효한 분류안으로 평가받고 있다. 또한 일본열도 자료를 중심으로 일부 국내 마구 자료를 인용한 後藤守一(1941)의 행엽, 후걸이 구조 복원 등에 대한 연구도 이루어졌다. 아직 국내에서 고고학이란 학문이 시작되지 않은 시기라 국내 연구자에 의한 마구 연구는 시작되지 못하였다.

1960년대에는 국내 연구자인 박진욱(1966), 김기웅(1968)의 논문이 발표되었다. 삼국시대 고분 출토 마구를 기능과 용도를 기준으로 제어구, 안정구, 장식구로 분류하고, 삼국시대 기마 풍습과 기마전의 양상을 살피는 데 주목하였다. 특히 박진욱은 고대 분묘에서 출토된 마구를 정복 전쟁의 산물이나 기병과 관련한 전투용 마구로 해석하였는데, 이는 지금까지도 마구가 출토된 분묘나 소유한 집단의 성격을 전쟁이나 기병과 관련해서 해석하는 데 유효하게 작용한다. 당시 자료의 한계로 더욱 진전된 논의는 어려웠으나, 국내 연구자에 의한 마구 연구가 첫 발을 내딛었다는 데 의의를 둘 수 있다.

1970년대에는 마구의 형식 분류를 통해 고구려, 백제, 신라에서 사용하였던 재갈의 차이를 검토하거나(김기웅 1972), 신라, 가야지역의 등자 차이를 검토한 연구(배기동 1974)가 발표되는데, 마구 중 하나의 부품인 재갈과 등자에 주목한 점과 체계적인 형식학적 연구가 시작되었다는 점에서 의의가 있다. 하지만 아직까지는 자료의 부족과 연구의 진전이 크게 발전하지 못한 단계였다. 국내 상황과 달리 마구 연구가 활발히 이루어진 일본열도에서는 마구가 말에 어떻게 장착되었는지에 대한 구조적인 연구(千賀久 1979)까지 진행되었다.

• 1980년대 – 편년의 핵심 도구로 사용

마구는 특정 시기나 지역에서만 사용된 것이 아니라 시·공간적 범위가 다른 유물과 비교해 큰 편이다. 따라서 형태나 제작 기법의 유사점 등을 통해 마구의 계보나 시간적 위치 등을 국외 출토 자료에서 유추해 볼 수 있다는 장점이 있다. 특히 중국에서는 절대 연대를 알 수 있는 기년명紀年名 자료가 마구와 공반되어 출토된 예가 많아 국내 마구와의 계보 관계나 교차 편년에 유용하게 활용되고 있다.

대표적인 사례가 1973년에 보고된 북연北燕 풍소불묘馮素弗墓 출토 등자이다. 병부가 짧은 1쌍의 윤등輪鐙으로 당시 가장 이른 실물 등자로 평가하고, 풍소불의 몰년(415년)을 참고하여 신라와 일본열도에서 출토되는 단병 등자의 상한 연대를 5세기 전반 이후로 봐야한다고 보았다(穴澤咊光·馬目順一 1973). 이후 풍소불묘 출토 등자에서 비롯된 역연대관은 한반도와 일본열도 고분 편년에 큰 영향을 주게 된다. 특히 국내에서는 이러한 연대관이 신라 적석목곽분積石木槨墳 출토 등자에도 적용되어

신라 적석목곽분의 상한 연대를 결정짓는 중요한 요소로 작용하였다(최병현 1983). 또한 부산 복천
동고분군 출토 고식 등자를 A형, B형 등자로 분류하여 단병에 삼각형 윤부를 가진 B형 등자(화남계)
를 호남성湖南省 장사시長沙市 금분령金盆嶺 21호묘(西晋, 302년) 출토 도용陶俑에서, 장병에 타원형 윤
부를 가진 A형 등자(화북계)를 하남성河南省 안양安陽 효민둔孝民屯 154호묘(前燕, 352년 또는 357~370
년) 출토 등자에서 계보를 찾아 복천동고분군의 편년적 위치를 분명히 하는데 근거로 삼았다(신경
철 1985). 또한 이러한 기마 문화는 400년 고구려 남정의 영향으로 낙동강 하류역에 등장하였다고
보았는데,* 이러한 견해는 김두철(1998a)에게도 영향을 주어 신라 경주지역은 자체적으로 발전하지
못하고 고구려, 가야의 영향을 받아 성장해왔다는 '낙동강 하류역 기마 문화 확산설'이 등장하게 되
는 단초를 마련하였다. 지금까지도 마구를 편년의 근거로 삼는 연구 방법은 활발히 적용되고 있으
나, 토기만큼 빠르게 시간성을 반영하지 않고 지속적으로 전세될 수 있는 가능성도 있는 등 문제점
도 분명히 존재하기 때문에 마구를 편년의 도구로 이용하는 데 신중함이 필요하다.

개별 마구를 기준으로 편년에 집중한 국내와 달리, 일본에서는 동아시아 마구 연구에서 고구려 마
구의 중요성을 인지한 千賀久(1985)의 연구가 주목된다. 중국 동북지방의 선비鮮卑와 중원의 문화를
수용해 남쪽의 백제, 신라, 가야에 전달한 고구려의 역할에 주목하였다. 특히 신라지역의 기병 문화
전래와 정치색이 짙은 장식 마구 문화는 고구려와 신라의 긴밀한 관계 속에서 이해해야 한다고 지
적하였으며, 이러한 견해는 지금까지도 유효하게 작용한다.

● 1990년대 - 개별 마구 연구의 활성화

1990년대 이전까지는 마구 자체에 주목하기보다 마구를 편년의 도구로 활용한 감이 컸는데,
1980년대 후반부터 1990년대 들어서는 개별 마구의 형식 분류, 계통, 시·공간적 변천 등을 본격
적으로 논의한 연구 성과들이 대거 발표되면서 마구 연구가 활성화되기 시작하였다. 재갈(김두철
1991·1995·1998a·2000a), 안장(김두철 1992, 정훈진 1995), 등자(류창환 1994), 운주(강유신 1987,
김두철 1992), 행엽(이상율 1993) 등의 개별 마구 연구는 지금까지 부차적 도구에 불과하였던 마구
자체에 주목하여 기존 연구에서 한 단계 발전한 성과들을 제시함으로써 마구 연구의 기초를 마련하
였다. 또한 마구 조합 관계의 정형성을 통해 사회 계층성까지 언급하기도 하였다(강유신 1999). 하
지만 주로 마구가 집중적으로 출토된 영남지방, 특히 가야지역 출토 마구에 주목한 연구가 대부분이
다. 일부 신라 마구의 특징을 언급하고 있으나 신라 마구 자체에 주목하였다기보다는 신라와 가야

---

* 신경철은 이후 가야지역에서 4세기대 초기 마구의 출토 예가 증가함에 따라 가야 마구의 계보를 중국 동북지방, 특
히 부여계 마구에서 찾을 수 있다고 논을 변경하였고(신경철 1994), 더 나아가 부여계 주민의 직접적인 이동으로
금관가야가 성립되었다고 보는 '부여계 기마민족 금관가야 정복왕조설'을 제창하기에 이른다(신경철 2000). 자세
한 것은 연구 쟁점에서 살펴보고자 한다.

242

의 지역성을 구분하면서 일부 논의된 것에 불과하다. 신라지역 내 4세기대 이른 시기 마구가 가야지역과 비교하여 출토 예가 많지 않은 것도 하나의 이유겠지만, 1980년대부터 이어져 온 낙동강 하류역 중심의 기마 문화 전개라는 큰 틀이 가장 크게 작용한 것으로 보인다.

1990년대 들어서 원삼국시대 출토 마구에도 주목하기 시작하였다. 이전에도 낙랑군樂浪郡이 설치되었던 평양지역과 그 주변 지역에서 출토된 차마구에 주목하고 계보와 용도 등을 언급한 연구가 일본인 연구자에 의해 시작되었다(秋山進午 1964, 岡內三眞 1979). 차마구의 출토 상황과 공반 양상을 통해 낙랑군 설치 이전의 비한식非漢式 차마구와 낙랑군 설치 이후의 한식漢式 차마구로 분류하고 독자적인 차마구에서 점차 한의 영향이 강해졌다고 보았다. 이 후 비한식 차마구의 대표적 유물인 乙자형동기, 관형동기를 위만조선 토착 세력의 유물이라 판단하였다(리순진 2001, 王培新 2007). 하지만 최근 乙자형동기와 관형동기가 비한식 차마구가 아니라 쌍원차雙轅車의 멍에와 관련된 것이고 낙랑군을 통해 들어온 한식 차마구라는 견해(孫璐 2012)도 있어 좀 더 논의가 필요한 부분이다. '낙랑문화=중원문화'라는 고정관념을 탈피하고자 낙랑 마구의 변천이 중원과 일치하지 않다는 지적도 있었다(오영찬 2001). 원삼국시대 마구 연구가 시작부터 차마구에 주목하면서 차마구와 공반되지 않은 마구도 마차를 끌었던 말에 사용되었다는 '원삼국시대=마차 문화'란 인식이 일반적으로 자리 잡게 된다.

한반도 남부지방에서는 원삼국시대 마구 중 표비가 집중 출토하면서 이를 집성하여 표비의 계보와 변천 양상을 정리하였다(이상율 1996·2006·2008). 표의 형태가 프로펠러형 표비에서 궐수문蕨手文이 장식된 S자형 표비로 변화하고 이후 크기가 거대해지면서 의기화儀器化가 진행되는 방향으로 변화한다. 원삼국시대 표비의 변화 방향성에 대해서는 여러 연구자가 동의하는 바이지만, 한반도 남부지방 마구가 어디에서 영향을 받았는지에 대한 논의는 크게 두 부류로 나눠진다. 기원전 108년 설치된 낙랑군을 통해 한漢의 마사 문화가 유입된 것인지(김두철 2000a), 아니면 전국 연燕의 영향을 받았거나(이창희 2007), 연燕에서 원형을 찾기는 하나 낙랑을 비롯한 서북부지방을 거쳐 남부지방으로 유입(이상율 2008)되었다고 보기도 한다. 최근 흉노계 표비에 주목하여 한반도 남부지방에서 초원계 유목 문화인 흉노계 표비와 중원 문화인 한계 표비가 시기차를 두고 선별적 수용 및 지역적 변용이 있었음을 제시한 견해도 주목된다(장은정 2012).

● 2000년대 이후 - 마구 연구의 다변화

2000년대 이후에는 새로운 마구 자료의 증가로 개별 마구 연구가 더욱 심도 깊게 진행되고, 백제지역 출토 마구의 증가로 마구 연구의 공간적 범위가 확대된다. 김두철에 의해 시작된 재갈의 종합적인 연구를 기반으로 표비(장윤정 2003), 판비(이상율 2009), 환판비(류창환 2000), 원환비(이상율 2005a) 등 특정 재갈에 주목한 연구, 목심철판장윤등木心鐵板張輪鐙 외에 철제 윤등(류창환 2007)과 호 등鐙(이상율 2007)에 주목한 연구, 행엽 중 신라지역의 특징적인 편원어미형扁圓魚尾形 행엽에 주목한 연구(이상율 2010), 신라, 가야의 운주에 주목한 연구(이현정 2009), 전마구 중 하나인 마주馬冑에 주목한 연구(이상율 1999·2005b, 김재우 2004) 등 다양하다. 1990년대 후반 백제지역 마구들이 대량 출토되면서 백제 마구에 대한 연구 성과가 연이어 발표되었다. 가야 마구의 연구 성과를 백제지역에도 적용한 연구(이상율 1998, 김두철 2000b, 류창환 2004)에서부터 백제 마구의 자체적인 변천과 확산 배경에 대해 논한 연구(성정용 2000, 성정용 외 2006·2009, 권도희 2006·2013)까지 다양하다.

또한 한반도 마사 문화와 관련하여 중요한 곳인 중국 동북지방은 이전까지 공개된 마구 자료가 극히 적고 일부 기년명 자료와 공반된 마구만이 다루어지는 정도였다. 하지만 2000년대 들어서 중국 북표北標 라마동喇嘛洞고분군 등 삼연三燕의 마사 문화를 엿볼 수 있는 마구가 대량 보고(遼寧省文物考古硏究所 2002)되면서 동아시아적 시각에서 한반도 기마 문화의 계보와 수용 양상 등이 새롭게 논의되는 계기가 마련되었다.

이 외에도 기존에 인식하지 못하였던 재갈의 함銜 제작 기법에 주목하고 동아시아 마구의 광역적 편년망과 제작 기법 등을 검토하거나(諫早直人 2005·2007·2008·2012a), 자료의 중요성에도 불구하고 대부분 유기물로 구성된 안장에 주목하여 구조 복원을 시도한 연구(이현우 2012)가 있다. 또한 개별 마구의 형식학적 연구에서 벗어나 출토 상황과 조합 관계를 통해 전체 마구의 장착 위치 및 구조를 복원한 마장馬裝 연구(이현정 2006, 강승희 2011)가 시도되기도 하였다.

지금까지 연구 현황에서 신라 마구 자체에 대한 성과는 그다지 많지 않다. 그 원인으로는 신라 마구의 출현부터 소멸까지 변천관이 확립되지 않은 점, 낙동강 하류역과 비교하여 경주지역의 4세기대 마구 출토 예가 거의 전무한 점, 신라의 중심인 경주지역의 대형분이 대부분 일제강점기에 조사되어 자료에 대한 보고와 접근성이 원활하지 않아 심도 깊은 연구의 걸림돌로 작용한 점도 있지만, 신라 마구의 자체적인 성장을 배재하고 중국 동북지방에서 영향을 받은 후 재지화된 가야 기마 문화의 영향을 받아 신라 마구가 발전해나갔다는 해석 틀이 가장 큰 요인일 것이다. 이러한 관점 하에 진행한 김두철(1998b)의 연구는 신라 마구 자체의 특성을 찾기보다 5세기 전반 고구려의 장식 마구와 가야의 실용 마구 영향을 받아 5세기 후반이 되어서야 화려한 식마飾馬 문화 가 성행하였다고 보았고, 영남지방 편년의 기준인 경주 황남대총 남분의 연대 추정에 북연 풍소불묘와 부산 복천동 10·11호분 등자와 비교하여 시간적 위치를 분명히 하는 데 더 주목하였다. 千賀久(2003·2004)는 일본열도에서 확인되는 외래계 마구 대부분을 한반도계로 판단하고 한반도에서 제작지에 따라 마구의 특징에 차이가 있다는 김두철(2000a)의 지적을 받아들여 일본열도 출토 마구를 신라계, 비신라계로 구분하였다. 이 중 경판과 행엽의 입문立聞이 장방형이고 구금구鉤金具가 대상帶狀인 것, 안장의 좌목선금구座木先金具가 일체안一體鞍인 것, 투조 문양으로 장식한 마구, 자엽형刺葉形 행엽, 박육조薄肉彫 기법 등을 '신라계' 마구로 판단하였고 이는 일본열도 출토 외래계 마구의 계통과 제작지를 판단하는 데 중요한 기준으로 작용하고 있다. 신라 마구의 속성을 분명히 하였다는 것은 의미가 있지만, 신라 마구 자체를 검토하여 도출된 결론이 아니라 일본열도 출토 외래계 마구에서 보이는 속성들을 신라지역 출토 마구와 비교하여 낸 결론이라 아쉬움이 있다.

최근 이러한 신라 마구 연구의 취약점을 파악하고 신라의 중심인 경주지역과 신라와 지속적인 관련성을 가진 경산지역 출토 마구를 분석하여 신라 마구의 변천을 제시한 연구가 주목된다(諫早直人 2012a:157~185). 4세기대부터 마구 부장이 종료되는 6세기대까지 총 6단계로 구분하여 신라 마구의 변천과 그 양상을 살펴본 연구로, 신라 마구의 전체적인 흐름을 파악할 수 있을 뿐만 아니라 기존의 낙동강 하류역 기마 문화 확산설을 반박하면서 신라의 자체 발전성에 주목한 상당히 중요한 연구 성과이다. 또한 동일한 문제 의식을 갖고 과연 신라 마구란 무엇인지를 살펴본 연구(이현정 2012)에서는 지금까지 신라 마구라 특징지어졌던 개별 마구의 속성들에 주목하여 신라 마구의 특징을 정리하고, 千賀久의 신라계 마구 속성이 가진 문제점을 검토하였다. 더불어 새롭게 인식해야 할 신라 마구를 소개하고 '신라계', '신라산' 마구의 개념을 정의하고자 하였다.

연구 쟁점

● 원삼국시대 마사 문화의 계보와 도입 배경

원삼국시대 마구는 자체 발생이 아닌 외부에서 마사 문화가 유입된 결과 등장하였다고 보는 것이 일반적이다. 그 계통은 크게 중국 한漢 무제 때 낙랑군의 설치에 따라 한의 철기 문화가 한반도 남부지방에 파급되면서 마구도 수용되었을 것이라 보는 견해와 낙랑군 설치 이전 중국 동북지방에서 유이민의 끊임없는 남하에 따라 전국 연의 철기 문화가 유입된 것으로 보는 견해로 크게 구분된다.

처음으로 원삼국시대 마구를 집성, 검토한 이상율(1996)은 한반도 남부지방의 마구가 전국 연燕에서 계통을 구할 수 있으며 기원전 195년 위만조선의 성립을 계기로 한반도 남부지방에 유입되었다고 보았다. 이후 김두철(2000a)은 이상율의 견해를 반박하고 낙랑군의 설치에 따라 한의 철기 문화가 한반도 남부지방에 파급되면서 마구도 수용되었다고 보았다. 이창희(2007)는 한반도 남부지방 철제 표비의 조형을 청동제 표비로 보고 이의 조형은 전국 연에서 찾을 수 있다고 판단하여 영남지방의 철기 문화는 낙랑군의 영향으로 성립된 것이 아니라 낙랑군 설치 이전부터 단조철기 제작이 가능하다고 보았다. 이상율(2008)은 이창희가 프로펠러형 표비를 전국 연과 연결해 영남지역 철기 문화 유입 시기를 올려보는 것에 대해 회의적 반응을 보이면서 전국 연에서 원형을 찾기는 하나 낙랑을 비롯한 서북부지방을 거쳐 남부지방으로 유입되었다고 견해를 일부 수정하였다. 반면 전국

연, 한이란 중국의 일원적 영향이 아니라 초원계 유목민족인 흉노계 표비에 주목하여 한반도 남부지방에 중원 문화인 한계 표비와 시기차를 두고 선별적 수용 및 지역적 변용이 있었음을 제시한 견해까지 제시되었다(장은정 2012).

이 문제는 한반도 남부지방 철기 문화의 시작과도 관련되기에 쉽게 결론내릴 수는 없다. 원삼국시대 마사 문화의 계보와 도입 배경에 대해서는 은대殷代부터 한대까지 성행한 중국의 마차 문화뿐만 아니라 낙랑군 설치 이전의 초원계 유목 문화(흉노)의 영향, 위만조선 유이민의 이동, 중국 동북지방 유이민의 이동과 교류 등을 고려하여 신중히 접근해야 할 것이다.

● 삼국시대 기마 문화의 수용과 확산

본격적인 기마 문화의 도입은 고대인들의 이동 범위 확대와 더불어 숙련된 기병을 활용한 새로운 전법과 전술의 채용이 가능하게 하여 무기 체계 변화와 생산 기술의 발전 등을 수반하기 때문에 고대 국가로 성장하는 데 중요한 동력으로 작용했다. 따라서 한반도 기마 문화의 수용과 확산에 대한 논의는 국내 마구 연구뿐만 아니라 고대 국가 형성 연구에서도 중요한 부분이다.

한반도 기마 문화의 수용 시점을 삼국시대의 시작인 4세기대로 보는 것은 일반적인 견해*이나, 기마 문화가 어디에서 영향을 받았는지에 대한 견해는 일치되지 않은 상황이다. 1980년에는 江上波夫(1948)의 '기마민족설'을 근거로 중앙아시아의 기마 민족이 신라를 정복해 적석목곽분이 발생하고 기승용 마구가 등장했다고 보거나(최병현 1992), 400년 고구려 남정의 영향으로 고구려의 기마 문화가 신라, 가야에 등장(최종규 1983, 신경철 1985)했다고 보았다. 이 후 재갈, 행엽의 계보 연구(김두철 1991, 이상율 1993)에서도 고구려의 영향을 상정하는 논문이 연달아 발표되면서 고구려 기마 문화의 영향을 받았다는 것이 일반적인 견해로 인식되었다. 하지만 낙동강 하류역에서 4세기대 기승용 마구의 출토 예가 증가하면서 신경철은 견해를 수정하게 된다(신경철 1994). 부산 복천동 69호분 출토 표비의 2조선 인수에 주목하여 부여계 유적으로 보는 길림성吉林省 유수楡樹 노하심老河深 중층 56호묘 표비와 유사성이 높다는 것을 근거로 가야의 초기 마구는 부여의 마구 문화에서 영향을 받았다고 주장하였다. 이는 더 나아가 부여계 기마 민족이 동해안의 해상 루트를 통하여 낙동강 하류역에 도달한 후 원주민 집단을 정복하고 금관가야를 수립했다는 '부여계 기마민족 정복왕조설'의 제창에까지 이르게 된다(신경철 2000).

주민 집단의 이주라는 해석 틀의 과격성 때문인지는 몰라도 최근에는 중국 동북지방의 선비계 마

---

* 원삼국시대 분묘에서 실용 무기와 마구가 공반되는 양상을 통해 원삼국시대부터 소규모의 초보적 기마전이 행해졌을 가능성이 제기(이창희 2007:149)되었다. 기마 문화의 도입을 원삼국시대까지 올려보는 관점에는 동의하나 기병을 활용한 기마전의 존재에 대해서는 재고의 여지가 있다. 당시 전쟁에서 말을 적극적으로 활용한 기병의 역할보다는 이동, 운송수단으로써 활용되었을 가능성이 높다.

구인 삼연 마구의 출토 예가 증가하면서 한반도 기마 문화의 계보를 고구려, 부여 등 특정 지역으로 한정하지 않고 중국 동북지방으로 넓게 보거나(김두철 2000a), 삼연·고구려 마구의 영향(諫早直人 2012a) 으로 보는 등 다양한 견해가 제시되고 있다.

한반도 기마 문화의 확산에 대해서도 논란이 있다. 기존에는 4세기대 기승용 마구가 다른 지역과 비교하여 낙동강 하류역에 집중 출토되고 빠르게 재지화되어 가는 양상을 통해 고구려 또는 중국 동북지방으로부터 기마 문화를 수용한 후 타 지역으로 선진 기마 문화를 전파했다는 '낙동강 하류역 기마 문화 확산설'이 일반적인 견해였다(김두철 1998a·1998b). 하지만 백제지역 4세기대 초기 마구를 통해 백제 지배층이 중국 동북지역 모용씨慕容氏와 행한 원거리 교섭의 산물로 보거나(성정용 2000), 낙동강 중류역에서 확인되는 마구와 중국 동북지방의 마구를 비교 검토하면서 낙동강 하류역에서의 일방적인 기마 문화 확산에 반발(강유신 2002)하기도 하였다. 최근 중국 동북지방(삼연), 한반도(고구려, 신라, 백제, 가야), 일본열도(왜) 출토 마구의 종합적인 검토를 수행한 諫早直人 (2012a)는 개별 마구의 속성 검토와 각 지역의 편년 및 지역성 검토를 통해 낙동강 하류역 기마 문화 확산설의 문제점을 지적하고 새로운 가능성을 제시하고 있다.

● 마구의 생산과 유통

마구는 목재, 금속, 가죽 등 여러 소재를 다양한 제작 기술을 이용하여 완성한다. 소재는 동일하더라도 각 지역 그리고 공인 집단마다 제작 기술의 차이가 있고 동일한 제작 기술이라도 수준의 차이가 있을 수 있다. 또한 소재의 확보와 함께 공인 집단의 운용, 생산품의 유통이 어떠한 집단에서 어느 정도의 수준으로 통제, 관리되었는지에 대해서도 논의가 활발하다.

국내의 마구 생산과 유통에 대해서는 백제, 가야지역 중 f자형f字形 판비板轡 와 검릉형劍菱形 행엽의 출자가 어디인가에 대한 논쟁(김두철 2000b, 이상율 1998)이 가장 대표적이다. 또한 신라 금공 장식 마구의 생산과 유통을 신라가 일원적으로 생산, 유통했는지(諫早直人 2012a:180) 아니면 지방에서도 장식 마구의 생산이 가능했는지에 대한 논의(박보현 1990, 이현정 외 2011)가 제기되고 있다.

일본열도 출토 한반도계 마구의 제작지는 다양한 논의가 진행되어 왔다(中山淸隆 1990, 千賀久 2003·2007, 桃崎祐輔 2003·2004, 內山敏行 2005, 박천수 2007, 諫早直人 2012a). 특히 오사카부大阪府 쿠라츠카鞍塚 고분, 시치칸七観 고분, 전傳 콘다고뵤야마譽田御廟山 고분의 배총인 마루야마丸山 고분, 시가현滋賀縣 신카이新開 1호분 출토 마구로 대표되는 고분시대 중기의 초기 마구와 고분시대 후기의 나라현奈良縣 후지노키藤ノ木 고분 출토 마구의 제작지 논의는 논란의 중심에 있다.

신라 기마 문화의 출현 시기와 계보

동북아시아에서 본격적인 기마 문화의 등장은 4세기에 들어서면서부터 시작된다. 굳이 호남성 장사시 금분령 21호묘(302년) 출토 기마인물형 토우나 강소성^{江蘇省} 남경시^{南京市} 상산^{象山} 7호묘(322년) 출토 마용을 참고하지 않더라도, 4세기 이른 시기의 실물 마구 자료가 동북아시아 곳곳에서 확인되면서 기마 문화의 성립과 확산이 빠르게 이루어졌음을 알 수 있다.

한반도에서도 4세기대가 되면 기승용 마구인 안장, 등자와 같이 기승의 적극적인 증거가 확인되면서 기마 문화의 본격적인 도입 및 활용이 시작된다. 기승용 마구란 사람이 말 등 위에 직접 올라탈 때 필요한 도구로 말 등과 기승자 엉덩이 사이의 마찰을 줄이는 안장, 기승시 안정감을 주는 등자가 대표적이다. 이 외에도 기본적인 재갈과 함께 삼계^{三繫*}의 끈을 연결하고 장식하는 운주·십금구, 그 끈에 드리운 행엽 등의 장식용 마구와 전쟁 시 말을 보호하는 마주, 마갑 등의 전마구도 4세기대부터 출현한다.

4세기대 기승용 마구는 한반도 남부지방인 백제, 신라, 가야지역에서 모두 확인되며 아직까지 지역색이 드러나기 보다는 공통점이 더 많다. 지금까지 가야지역에서 4세기대 이른 시기의 마구가 다량 출토되는 것을 근거로 낙동강 하류역에서 기마 문화를 수용, 재지화한 다음 한반도 각 지역으로 기마 문화를 확산하였다는 견해가 일반적이었다. 하지만 최근 백제, 신라지역인 청주 봉명동, 경주 황성동 등에서 4세기대 전반의 마구가 속속 출토되고, 특히 신라의 중심인 경주지역에서는 원삼국시대부터 말을 다뤄왔음을 출토 마구를 통해 알 수 있듯이 새로운 기마 문화의 수용도 빠르게 진행되었을 가능성이 높다. 따라서 한반도 각 지역마다 기마 문화 수용 과정에 차이가 있음을 인지하고 지금까지 논의되어 온 낙동강 하류역 기마 문화 확산설은 재고의 필요성이 강하게 제기된다.

신라에서 확인되는 기마 문화는 어디에서 영향을 받은 것일까? 앞서 살펴보았듯이 최근 한반도 기마 문화의 계보는 고구려, 부여 등 특정 지역으로 한정하지 않고 중국 동북지방으로 넓게 보거나(김두철 2000a), 삼연·고구려 마구의 영향(諫早直人 2012a)으로 보는 등 다양한 견해가 제시되고 있다. 그 중 신라 마구와 삼연·고구려 마구가 형태, 재질, 제작 기법, 구성 등에서 유사성이 높고 당시 삼연과 고구려와의 관계, 고구려와 신라와의 관계 등을 통해 삼연·고구려의 기마 문화를 신라에서

---

* 재갈, 안장 등을 말에 장착하기 위하여 사용되었던 유기물제 끈으로, 재갈을 말머리에 고정하기 위한 굴레(面繫), 안장을 고정하기 위하여 안장의 앞, 뒤에 연결된 끈 중 말의 가슴 앞으로 돌아가는 가슴걸이(胸繫), 말 엉덩이를 감싸고 말꼬리 밑으로 돌아가는 후걸이(尻繫)를 통칭하여 삼계(三繫)라 한다. 후걸이를 구성하는 운주, 행엽을 고정, 연결할 때도 사용되며, 안장을 말 등 위에 얹어 고정하는 데 가장 중요한 복대(腹帶)도 삼계에 포함된다.

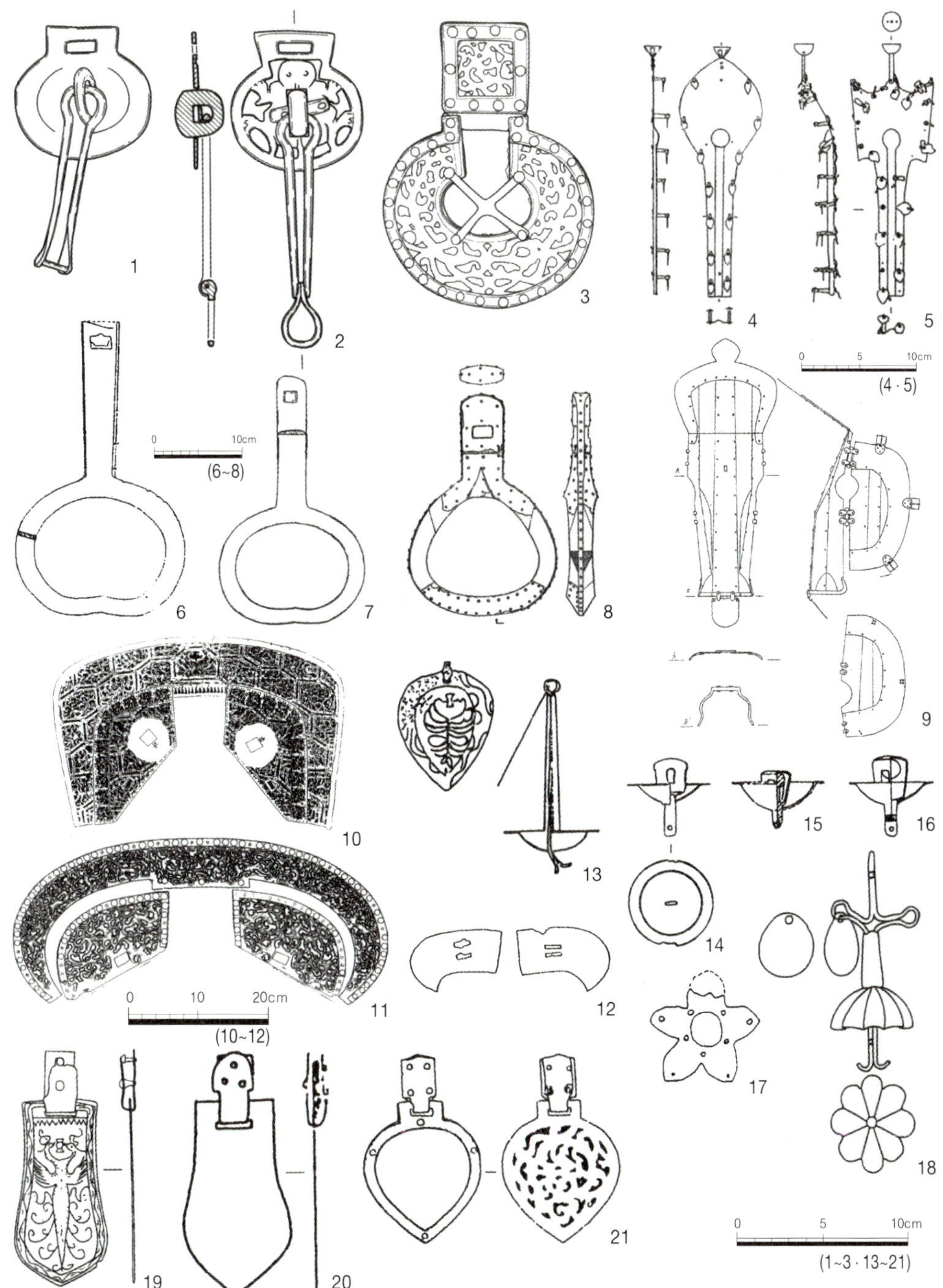

도2_ 삼연 지역 출토 마구 (9는 축척부동)

1·16. 원대자 벽화묘(遼寧省博物館文物隊 외 1984), 2·4·7·16·19. 효민둔 154호(中國社會科學院考古研究所安陽工作隊 1983), 3. 라마동ⅡM16호(遼寧省文物考古研究所 2002), 5·6·9·10·12·13·15·17·20·21. 조양 십이대향전창88M1호(遼寧省文物考古研究所 외 1997), 11. 라마동ⅡM101호(遼寧省文物考古研究所 외 2004), 18. 라마동1998년채집품(田立坤 외 1994)

수용하였을 가능성이 가장 높다는 견해가 설득력을 얻고 있다.

삼연·고구려의 기마 문화는 화려한 금동제의 장식 마구로 대표된다. 삼연의 기마 문화는 안양 효민둔 154호묘, 조양朝陽 원대자袁台子 벽화묘壁畵墓, 북표 라마동고분군 등의 전연대前燕代 분묘들에서 판비를 중심으로 화려한 금동제 투조透彫판으로 장식된 경식硬式 안장鞍裝, 등자, 보요步搖가 달린 장식금구, 행엽 등이 한 벌로 부장되며 마갑, 마주 등의 전마구도 함께 공반되는 것이 특징이다. 판비는 원형의 재갈멈치에 가로 방향의 함유금구銜留金具가 부착되고 삽자루형 2조선 인수가 채용된다. 등자는 나무로 등자 형태를 만들고 표면에 가죽이나 금동판 등을 씌워 마무리하였다. 이 외에도 금동제 규형圭形·심엽형 행엽, 방울이 부착된 장식금구, 마면馬面, 상판이 분할 제작된 철제 마주 등이 확인된다(도2).

삼연의 장식 마구는 효민둔 154호묘(352년 또는 357~370년)와 원대자 벽화묘(354년)의 기년명 자료를 통해 늦어도 전연前燕이 성립하는 4세기 중반부터 삼연지역에 출현해 동북아시아 각지로 확산된다. 삼연에서 성립한 장식 기마 문화의 출현 배경은 전연 왕권이 왕을 정점으로 하는 안정된 신분 질서를 구축하기 위해 중국 왕조의 여러 제도를 수용하는 중 관위 제도나 노부鹵簿* 제도를 가시화하는 신분 표상의 일환으로 극히 정치성이 높은 복식, 장식 마구를 만들어 내었다고 보았다(諫早直人 2012a:295).

삼연의 화려한 금동제 장식 마구는 고구려와의 빈번한 교류, 전쟁 등을 통해 고구려에도 수용된다(도3). 고구려의 기마 문화는 3세기대부터 확인**되며, 4세기대 낙랑군을 멸망시키는 등 자체적인 성장에 따라 입문식立聞式 표비, 보요가 달린 화형 장식금구 등 독자적 장식 마구 문화가 형성되고 그 기반 위에 삼연의 장식 마구가 수용된다. 평북平北 자성군慈城郡 서해리西海里 2-1호묘, 집안集安 서대총西大塚, 평양 영화9년명 전축분(佟利墓 추정) 출토 마구는 삼연의 장식 마구가 수용되기 이전의 고구려 독자의 장식 마구를 잘 보여준다. 집안集安 태왕릉太王陵 출토품처럼 용문이 투조된 금동제 등자, 보요가 달린 화형花形 장식금구에 삼연 장식금구의 영향을 받아 통금구筒金具가 세워지고, 고구려 역시 삼연의 장식 마구에 영향을 주는 등 쌍방의 교류 관계가 확인된다(諫早直人 2012a:298).

삼연에서 성립된 화려한 장식 마구는 관, 이식, 대금구 등의 착장형着裝形 위세품威勢品과 함께 소유자의 신분을 가시화하는 도구로써 왕권 내 신분 질서를 구축하는 정치·사회성이 반영된 물품으로 기능하였다. 장식 마구가 가진 정치적·사회적 기능은 이를 수용한 고구려에서도 동일했을 것으로 보고 있다.

---

* 왕의 행차 시 의장(儀仗) 또는 의장을 갖춘 행렬을 말한다.
** 3세기 중엽 이전으로 편년되는 평북 자성군 하구비 적석총에서는 2공식 표에 삽자루형 2조선 인수를 채용한 재갈이 출토되었고, 3세기 중엽에는 집안 임강총, 만보정 242-1호묘에서 입문식 표비와 방울이 달린 장식금구 등이 출토하면서 3세기대부터 고구려지역에서 마구가 사용되었음을 알 수 있다.

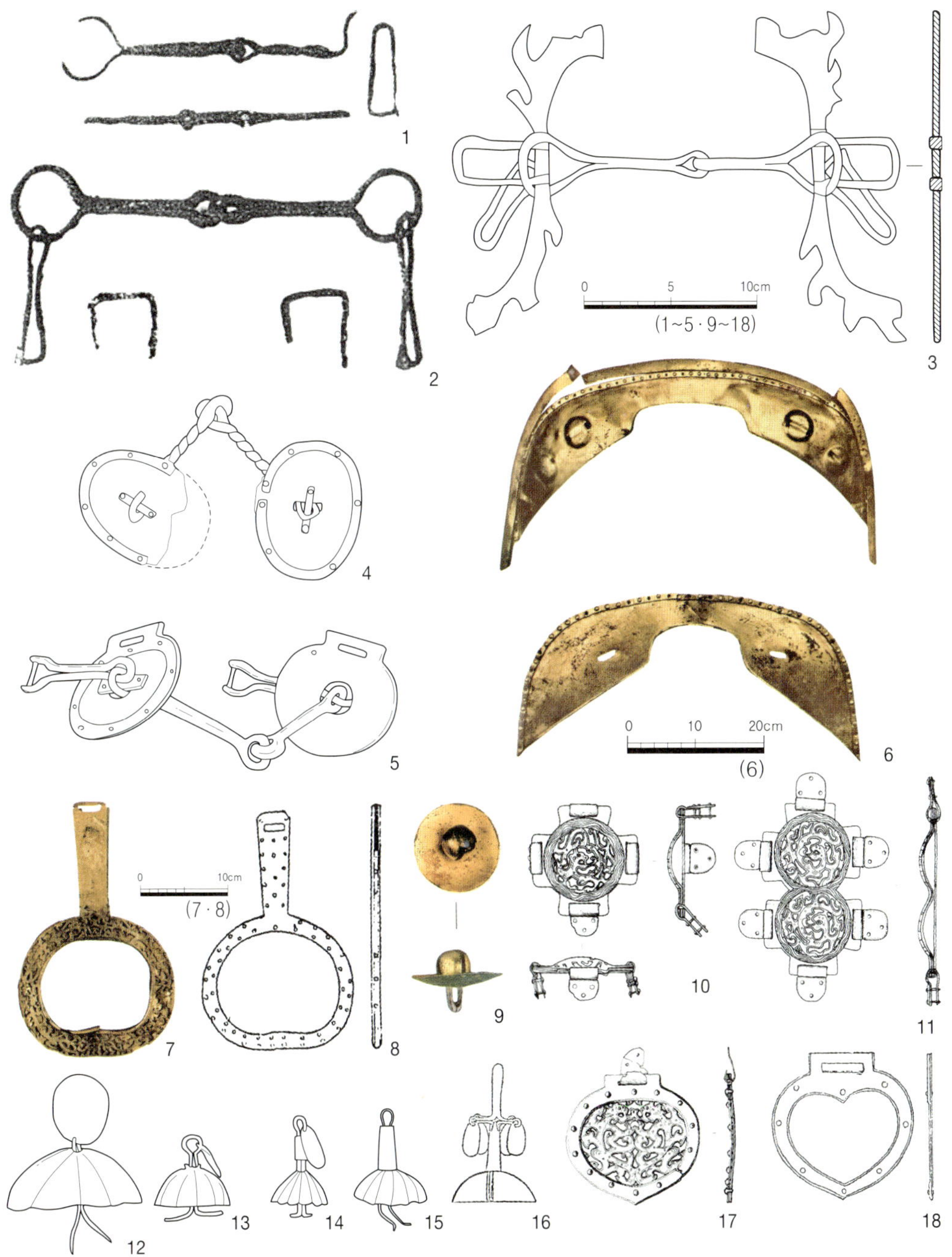

도3_ 고구려지역 출토 마구 (3은 축척부동)
1. 하구비 적석총(정찬영 1963), 2·12. 서해리 2-1호(정찬영 1963), 3·9. 만보정 242-1호(吉林省集安縣文物保管所 1982),
4. 본계소시 진묘(遼寧省博物館 1984), 5·8·18. 칠성산 96호(集安縣文物保管所 1979), 6. 장천 4호(吉林省文物考古研究所 외 2010),
7·10·11·15·17. 태왕릉(吉林省文物考古研究所 외 2004), 13. 우산하992호(吉林省文物考古研究所 외 2004),
14. 천추총(吉林省文物考古研究所 외 2004), 16. 만보정 78호(吉林省博物館文物工作隊, 1977)

삼연·고구려의 장식 마구 문화는 한반도 남부지방, 특히 신라의 기마 문화 성립에 큰 영향을 주게 된다. 4세기대부터 6세기대까지 신라에서 확인되는 정형성이 높은 장식 마구는 삼연·고구려의 장식 마구와 형태, 제작 기법, 조합 관계 등에서 높은 공통점을 보이고 특히 고구려와의 높은 유사성이 확인된다. 이는 장식 마구뿐만 아니라 용기, 무기 등과 같은 물품에서부터 세부적인 문양 요소까지 고구려의 영향이 강하게 확인되어 당시 고구려와 신라와의 밀접한 관계가 그 배경이 된 것으로 보인다. 즉 삼연에서 성립한 장식 마구가 고구려에 수용되고 이는 또 신라로 유입되어 삼연-고구려-신라는 동일한 장식 마구 문화를 공유하였다. 더 나아가 신라에서는 이를 바탕으로 독자적인 장식 마구 문화를 만들어 나가게 된다.

신라 기마 문화의 수용 양상

4세기대 신라지역[*]에는 삼연·고구려의 영향으로 기마 문화가 수용된다. 4세기대 신라 마구[**]의 양상을 알 수 있는 자료는 그리 많지 않지만, 원삼국시대부터 사용되어온 철제 표비와 함께 기승을 가장 직접적으로 증명하는 안장, 등자 등의 안정용 마구, 그리고 운주, 행엽 등의 장식용 마구가 등장하여 완전한 한 벌의 기승용 마구가 부장되는 것이 특징이다(도4).

재갈은 철제 표비가 여전히 사용되지만, 원삼국시대 표비와 달리 재갈멈치의 재질이 철제가 아닌 나무나 녹각鹿角 등의 유기물有機物을 사용한 예가 많다. 굴레와의 연결은 표鑣의 중앙에 2개의 구멍을 뚫어 굴레 끈을 직접 연결한 원삼국시대 표비와 달리 철제 입문용立聞用 금구金具를 별도로 제작하여 굴레 끈을 연결한 것이 특징이다. 고삐를 연결하는 인수가 일반적으로 채용되는 것도 원삼국시대와는 대조되는 양상이다.[***] 최근 경주 황성동 575번지 20호 목곽묘와 경주 구어리 16호 목곽묘에서

---

[*] 4세기대 신라의 영역에 대해서는 중심인 경주지역을 포함하여 낙동강 이동양식 토기가 출토되는 지역을 신라로 본다. 현재 상황에서는 불분명한 낙동강 상류지역과 창녕지역처럼 문헌에 4세기 후엽 가야로 나오는 일부 지역을 제외한 낙동강 중·하류역의 이동지방 대부분이 신라로 설정 가능하다(이희준 2007:93).

[**] 영남지방 중 신라로 보는 낙동강 이동지방에서는 가야인 낙동강 이서지방 출토 마구와 비교하여 분명한 지역색을 보이는 마구가 확인되고 이를 '신라 마구'라 칭하기도 한다. 여기서 말한 '신라 마구'는 신라권인 낙동강 이동지방에서 제작, 생산된 '신라산(産) 마구'와 신라권에서 생산된 마구의 일부 요소를 채용하는 등 신라권 마구와 공통된 유사성을 가진 '신라계(系) 마구'를 포괄하는 개념이다.

[***] 기존 연구에 따르면 원삼국시대에 인수가 채용되는 예는 극히 드물고 삼국시대가 되어야 선비계 재갈의 영향을 받아 일반적으로 긴 인수가 채용되는 것으로 보았다(김두철 2000a:32). 최근 원삼국시대 마구 자료가 증가하면서 1세기대~2세기 전반으로 편년되는 경주 탑동 21-3, 4번지 목관묘, 경산 신대리 111호 목관묘, 경산 옥곡동 II-3호 목관묘, 울산 중산동 542번지 3호 목관묘 출토 표비에 2조 또는 3조 꼬기 기법으로 제작된 짧은 인수가 채용되어 주목되지만(이현정 2013:543), 원삼국시대 마구에서 인수의 채용이 일반적인 것은 아니다. 하지만 2세기 중반으로 편년되는 울산 하삼정 2호 목곽묘에서 삼국시대에 확인되는 긴 인수가 채용되는 점은 삼국시대 마구와의 연결점을 찾는 데 주목되는 자료이다.

4세기 전반대의 표비가 출토되었는데, 삽자루형의 2조선 인수와 U자형의 철제 입문용 금구를 채용한 것이 특징이다. 4세기 중·후반에는 2공식 입문용 금구에 삽자루형 2조선 인수를 채용한 울산 약사동 북동 44호 목곽묘 출토 표비와 표 자체를 철제로 제작하고 꼬아 만든 1조선 인수를 채용한 울산 중산동 IB-1호 적석목곽묘 출토 표비도 확인된다.

4세기 중·후반에는 재갈멈치가 판 형태인 판비가, 4세기 말·5세기 초에는 둥근 환에 'X'자 또는 'ㅗ'자의 함유금구가 부착된 환판비가 등장하면서 다양한 형태의 재갈이 채용되기 시작한다. 판비는 삼연의 영향으로 한반도에 등장하는데 다른 재갈에 비해 장식성이 뛰어나다. 둥근 판에 가로 방향의 함유금구가 부착되고 여기에 함과 인수가 연결*되는데, 인수는 삽자루형 2조선 인수나 꼬아 만든 1조선 인수가 채용된다. 경주 사라리 5호 목곽묘 출토 판비를 비롯해 경산 임당 G-6호, 울산 중산동 IA-26호, 중산동 IB-17호, 하삼정 가-24호, 신현동 목곽묘, 포항 옥성리 29호, 옥성리 35호 출토 판비는 모두 1~2매의 철판으로 원형, 타원형의 재갈멈치를 제작하고 가로 방향의 함유금구를 채용한 것이 공통된다. 이 외에도 특수하게 경주 월성로 가-13호 출토 동지금동장銅地金銅張 판비板轡처럼 재질이 화려한 예도 확인된다.

환판비는 함유금구의 형태에 따라 함외환이 세로 방향으로 연결되는 'X자형 환판비'와 함외환이 가로 방향으로 연결되는 'ㅗ자형 환판비'로 크게 분류된다. 기존에는 중국 동북지방에 기원이 있는 X자형 환판비를 조형으로 낙동강 하류역에서 독자적으로 ㅗ자형 환판비를 창안, 각 지역으로 확산되어 판비의 세로 방향 함유금구 출현에 영향을 주었다는 것이 일반적인 견해(김두철 2000a:135, 류창환 2000:174, 이상율 2009:121~123)였다. 하지만 최근 자료 증가로 인해 ㅗ자형 환판비가 낙동강 하류역이 아닌 낙동강 이동지방을 중심으로 분포함이 확인되어 낙동강 이동지방에서 창안된 것으로 보는 견해(諫早直人 2012a:148~149)도 주목된다. 경주 황남동 109호 4곽에서는 X자형과 ㅗ자형 환판비가 공반되고 경주 쪽샘 C-10호, 상주 신흥리 나 39호에서는 X자형 환판비, 경주 사라리 13호, 경산 조영 CII-2호에서는 ㅗ자형 환판비가 출토되었다. 인수는 계속해서 삽자루형 2조선 인수와 꼬아 만든 1조선 인수가 채용되고 꼬지 않은 1조선 인수가 새롭게 등장한다.

안장은 재질에 따라 가죽, 모, 펠트 등 유기물제 쿠션 등을 사용한 연식軟式 안장鞍裝과 단단한 나무로 만든 경식硬式 안장으로 구분되는데, 신라에서는 4세기 말·5세기 초에 경식 안장이 출현한다. 경식 안장은 기승자의 엉덩이가 직접 닿는 좌목座木과 그 앞뒤로 나무판을 세운 전前·후륜後輪으로 구성된다. 대부분 본체인 나무는 부식되어 없어지고 복륜覆輪, 안교금구鞍橋金具, 내연금구內緣金具, 좌목

---

* 함유금구의 방향을 지역성으로 판단한 예도 있지만(김두철 2000a:133), 이는 시간성을 반영하는 요소이다. 중국 동북지방에서 확인되는 출현기 판비에서는 가로 방향의 함유금구가 채용되었고, 한반도에서도 그 영향을 받아 가로 방향의 함유금구가 부착된 판비가 등장하였다. 이후 5세기 중반 세로 방향의 함유금구로 변화하게 되어 시간성을 반영하는 요소라 할 수 있다.

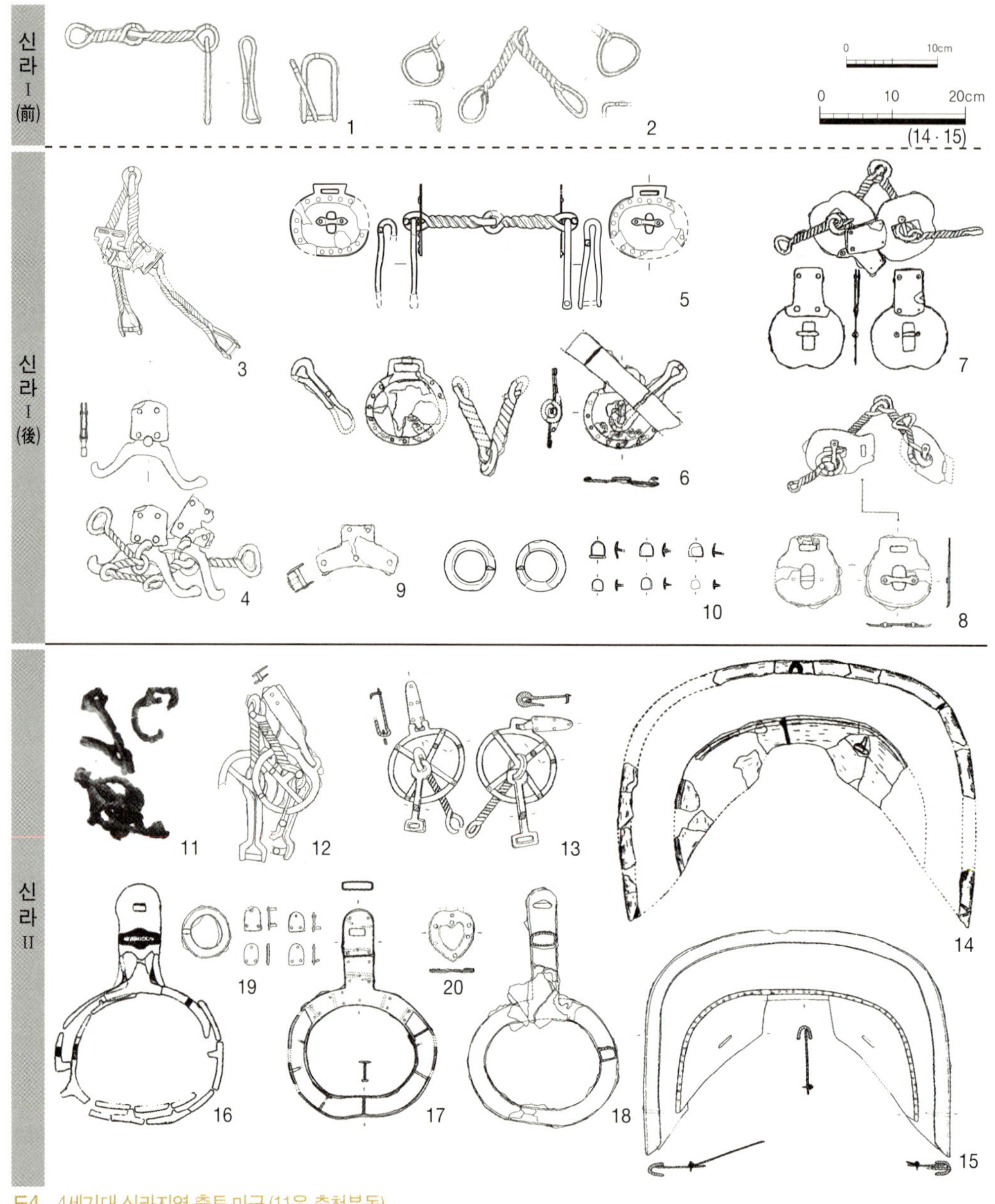

도4__ 4세기대 신라지역 출토 마구 (11은 축척부동)
1. 경주 황성동 575번지 20호(영남문화재연구원 2010), 2. 경주 구어리 16호(영남문화재연구원 2011),
3. 울산 약사동 북동(木) 44호(울산문화재연구원 2013), 4 · 9. 울산 중산리 IB-1호(창원대학교박물관 2006),
5. 경주 월성로 가-13호(국립경주박물관 외 1990), 6. 경산 임당 G-6호(영남문화재연구원 2001), 7. 울산 중산리 IB-17호(류창환 2013),
8. 포항 옥성리 29호(국립경주박물관 2000), 10. 경주 월성로 가-8호(국립경주박물관 외 1990),
11 · 14 · 16. 경주 황남동 109호 4곽(조선총독부 1937), 12 · 19. 경주 사라리 13호(영남문화재연구원 2007),
13 · 15 · 17. 상주 신흥리 나 39호(한국문화재보호재단 1998), 18 · 20. 경산 조영CII-2호(영남대학교박물관 1999)

선금구座木先金具, 가슴걸이, 후걸이의 연결을 위한 좌목선교구座木先鉸具 등 금속제의 부속품만 남아

발견된다. 경주 황남동 109호 4곽, 쪽샘 C-10호, 사라리 65호, 경산 조영 CII-2호, 상주 신흥리 나

39호에서는 철제 복륜, 좌목선금구, 내연금구, 좌목선교구 등을 부착한 경식 안장이 출토되었다.

등자는 형태에 따라 윤등輪鐙과 호등壺鐙, 재질에 따라 나무로 만든 것, 나무에 철판을 덮은 것, 철로 만든 것으로 구분되는데, 신라에서는 4세기 중·후엽에 나무에 철판을 덮은 목심철판장윤등木心鐵板張輪鐙이 출현한다. 목심철판장윤등은 끈을 매다는 구멍이 있는 병부柄部와 발을 넣는 윤부輪部로 구성되는데, 병부의 길이와 철판을 어디까지 덮는지에 따라 다양한 형식으로 분류된다. 가장 파손이 쉬운 병부와 윤부의 접합 부분에 ㄱ자형의 철판을 보강한 C형 등자는 가장 먼저 등장하는 등자 형식으로 울산 중산동 IB-1호에서 출토되었다. 4세기 말·5세기 초에는 경주 황남동 109호 4곽, 사라리 13호, 사라리 65호, 포항 옥성리 35호, 상주 신흥리 나 39호에서는 병부가 짧고 일부만 철판을 덮은 IA식 등자가, 경산 조영 CII-2호에서는 병부가 길고 전면에 철판을 덮은 IB5식 등자가 출토되며 답수부에는 아직 못이 채용되지 않았다.

운주, 행엽은 말을 제어하는 데 영향을 주지 않지만 말을 장식하고 말을 소유한 사람의 신분을 가장 가시적이고 직접적으로 보여주는 장식용 마구이다. 운주·십금구는 형태에 따라 환형環形, 판형板形, 반구형半球形, 보요부형步搖附形 등으로 구분되는데, 4세기대 신라에서는 환형 운주만 확인된다. 4세기 중·후반으로 편년되는 경주 월성로 가-8호 출토 청동제 환에 금동제 각이 공반된 환형 운주는 고구려의 영향을 받아 출현한 것이며(이현정 2009:78), 이후 4세기 말·5세기 초에 경주 황남동 109호 4곽, 사라리 13호, 사라리 65호, 상주 신흥리 나 39호에서 철제 환에 상원하방형의 각이 공반된 환형 운주가 출토된다. 행엽은 형태에 따라 심엽형心葉形, 편원어미형扁圓魚尾形, 검릉형劍菱形, 자엽형刺葉形 등으로 구분되는데, 4세기대 신라지역에서는 심엽형 행엽만 확인된다. 지금까지는 경주 쪽샘 C-10호와 경산 조영 CII-2호에서만 확인되었는데 모두 철제이고 상판의 문양이 없는 소문素文 행엽이다.

삼연·고구려의 기마 문화가 신라에 도입된 4세기대에는 기본적으로 표비, 판비 등 재갈만이 확인되고 다른 마구류는 공반되지 않는다. 하지만 4세기말·5세기 초가 되면 재갈과 함께 경식 안장, 등자, 운주, 행엽이란 한 벌의 마구가 동시에 부장되면서 마구 조합 구성이 변화한다. 아직까지 화려한 금, 은의 재질을 사용해 마구를 제작한 예는 그리 많지 않지만, 한 벌의 마구가 부장된다는 것은 신라에서 본격적인 기마 문화의 활용이 시작되었음을 의미한다. 기승용 마구 세트와 함께 전쟁 시 말을 적으로부터 보호하는 전마구인 마주, 마갑의 공반은 4세기대 신라에 도입된 기마 문화의 성격을 단적으로 보여준다.

중장기병의 등장

전마구戰馬具는 전쟁 시 말을 적으로부터 보호하기 위해 말머리에는 마주馬胄를, 몸에는 마갑馬甲을

씌운 것으로, 4세기대 신라에서 말의 활용이 전쟁에까지 확대되었음을 보여주는 직접적인 증거이
다. 최근 경주 쪽샘 C-10호에서는 주곽에서 무사의 찰갑札甲 한 벌과 함께 말의 목, 몸통, 엉덩이를
덮었던 마갑이, 부곽에서 기승용 마구와 함께 마주가 양호한 상태로 출토되어 주목된다(사진3). 마
갑은 주곽 바닥에 시상부로 깔았는데, 서쪽에서 동쪽으로 가면서 목頸甲, 가슴胸甲, 몸통腹甲, 엉덩이부
분尻甲 순으로 깔았고, 마갑의 몸통 부분 위에 피장자 찰갑의 하의에 해당하는 정강이부분脛甲과 허벅
지부분大腿甲 갑옷을 가지런하게 깔았다. 피장자의 발치에는 복발을 가진 종장판주縱長板冑, 경갑頸甲,
신갑身甲, 비갑臂甲이, 측면에서는 환두대도가 놓여있어 갑옷을 입고 칼을 찬, 그리고 마갑을 입은 말
을 타고 있는 '중장기병重裝騎兵'의 생생한 모습을 보여준다(국립경주문화재연구소 2010:66~74).

　이 외에도 경주 황남동 109호 4곽, 사라리 65호에서도 무사의 갑주甲冑와 함께 마주, 마갑이 출토되
어 당시 신라에도 중장기병이 존재했음을 짐작할 수 있다. 중장기병은 적의 대열로 돌파해 대형을
무너트리거나 적의 측면 또는 후면을 공격해 압박, 포위하며 도망가는 적군을 끝까지 추격해 전멸시
키는데 탁월하다.

　이 역시도 삼연·고구려 기마 문화의 영향 속에서 이해할 수 있다.* 삼연 중 최초의 호족 정권인 전
연前燕은 북방유목민 출신으로 강력한 기병 조직이 지배 체재의 핵심이었다. 전연과 국경을 접한 고
구려는 적극적인 요동 진출 결과 끊임없이 전연과 충돌하게 되었고, 그 과정 속에서 자연스럽게 기
병 문화를 수용하게 되었다. 고구려는 건국과 동시에 경기병輕騎兵과 중장기병을 전쟁에서 운용했음
을 문헌 기록을 통해 알 수 있고, 안악 3호분, 쌍영총, 삼실총 등의 고구려 고분벽화에서도 단단한 갑
옷을 입은 무사가 마주, 마갑까지 착용한 말을 타고 묘주를 호위하거나 적을 향해 돌진하는 모습이
생생하게 남아있다.

　신라에서도 『삼국사기』 초기 기록이기는 하나 기병 출전 사례가 확인된다. 대부분 추격전이 주를
이루고 대규모 병력이 더해진 합전合戰의 형태로 본다. 이는 추격전을 구사한 눌지왕대訥祗王代까지
제대로 완비된 중장기병단의 편제를 갖추지 못했다는 의미이거나 아직은 적극적으로 중장기병단을
활용할 전술을 구사하지 않았음을 보여준다. 즉 삼연·고구려의 기마 문화가 신라에 영향을 주기는
하였지만 기병 운용방식까지 그대로 신라에 유입되어 활용되었을 가능성은 낮다. 당시 신라의 전쟁
수행 방식은 기병 중심이 아닌 보병 중심이었을 가능성이 높고, 또한 대규모 중장기병단을 운용할
수 있는 말 사육 집단의 존재 여부와 말의 수급 문제 등 사회적, 경제적 요소도 고려해야만 한다.

---

* 그중 마주는 상판을 분할 제작한 것(경주 사라리 65호)과 한 판으로 제작한 것(경주 황남동 109호 4곽, 쪽샘 C-10호)
　이 같은 시기에 공존하는데, 전자는 중국 동북지방에서, 후자는 고구려에서 계보를 찾고 있다(이상율 2005b:20).

사진3_ 경주 쪽샘 C-10호 출토 전마구
1. 쪽샘 C-10호 전경, 2. 주곽(동-서), 3. 부곽(서-동), 4. 부곽 출토 마주, 5. 주곽 출토 마갑(S=1/30)

__신라 장식 마구의 등장과 성행

신라 장식 마구의 등장과 성행

5세기대 신라 마구는 4세기대 실용·무장적 성격에서 삼연·고구려 장식 마구의 영향을 받아 금동제, 은제 등의 화려한 장식 마구가 채용되는 의장적^{儀仗的} 장식 마구로 변화가 시작되는 시기이다. 신라 독자의 편원어미형 행엽 등을 제작하여 신라 상위 계층에서 채용하였으며 정치적으로 관계가 깊은 낙동강 이동지방에까지 장식 마구가 확산되어 성행하게 된다.

● 신라 장식 마구의 등장

5세기 전반이 되면 신라에는 삼연·고구려의 영향을 받아 화려한 장식 마구가 본격적으로 등장하기 시작한다(도5). 4세기 말·5세기 초 한 벌의 기승용 마구가 부장되지만 이 중 장식용 마구인 운주, 행엽은 모두 철제로 제작되고 수량도 한두 점에 불과에 간소한 마장 구조였음이 짐작된다. 하지만 5

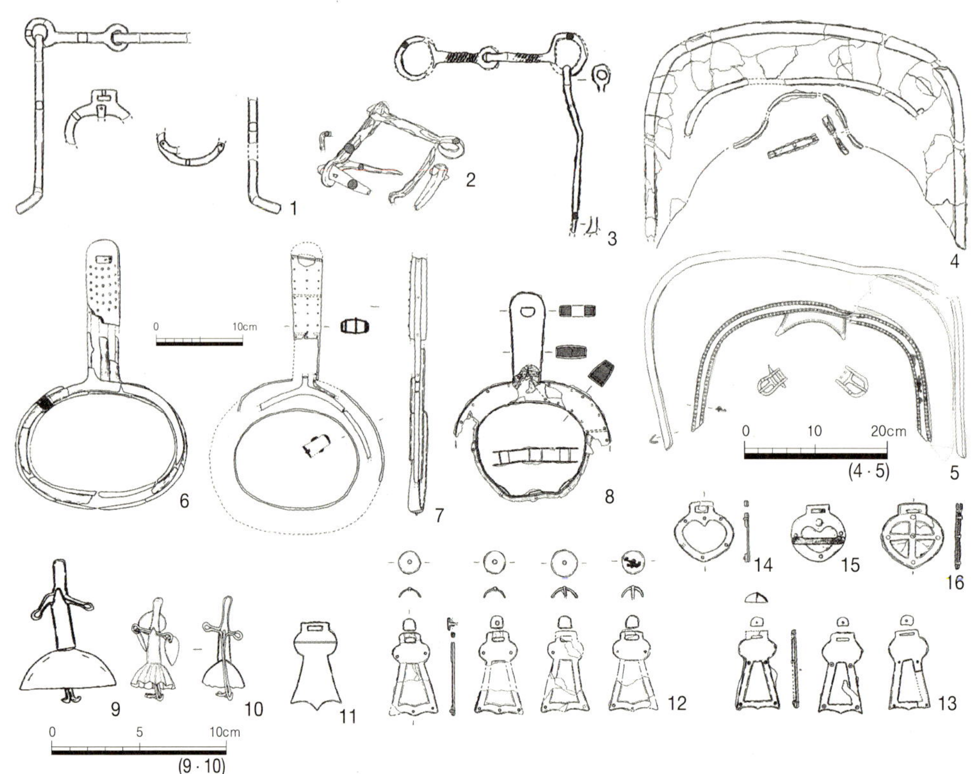

도5_ 5세기 전반대 신라지역 출토 마구
1·4·12·14. 경주 황남동 110호(김대환 외 2008), 2·16. 경산 조영CII-1호(영남대학교박물관 1999),
3. 경산 조영EIII-8호(영남대학교박물관 1994), 5. 경산 조영EIII-2호(영남대학교박물관 2012), 6·15. 경주 황오리 14-1호(조선총독부 1937),
7·13. 창녕 계남리 1호(영남대학교박물관 1991), 8·9·11. 경산 임당 7B호(영남대학교박물관 2005),
10. 경산 임당 7A호(영남대학교박물관 2005)

세기대가 되면서 다양한 형태와 재질을 갖춘 운주, 행엽이 제작되고 말을 부리는 데 기본적인 도구인 재갈이나 등자, 안장에도 금동金銅, 은銀을 사용하거나 용문龍文, 삼엽문三葉文 등의 문양 투조판을 사용하는 등 재질, 문양면에서 장식성이 크게 증가한다. 또한 장식용 마구의 수량도 상당히 증가하여 복잡한 마장 구조였음을 보여준다. 이러한 양상은 한반도 남부지방 중 신라지역에서 특히 더욱 두드러지는 양상이 확인된다. 삼연·고구려의 장식 마구를 그대로 수용해서 사용하였다기보다는 신라 사회에 맞게 새로운 장식 마구를 창안하는 등 신라만의 장식 마구를 제작, 생산한다. 이는 곧 '신라 장식 마구의 등장'이라 할 수 있다.

가장 대표적인 신라 장식 마구는 5세기 전반 등장하는 편원어미형 행엽과 소반구형小半球形·보요부형步搖附形 장식금구裝飾金具이다. 편원어미형 행엽은 행엽 끝부분을 물고기 꼬리 모양처럼 만든 것으로 철판 위에 금동이나 은을 씌워 장식한 것이 많다. 소반구형·보요부형 장식금구는 둥근 반구좌半球座에 못을 박거나 보요가 달린 입주立柱를 세운 것으로, 끈의 교차점에 부착되어 끈과 끈을 연결하기도 하지만 교차되지 않는 끈 위에도 부착되어 말 장식을 극대화하는 장식용 마구이다. 특히 보요부형 장식금구는 모두 금동으로만 제작되고 말의 움직임에 따라 흔들리는 '보요'가 달려 장식성이 가장 극대화된 것이다.

소반구형·보요부형 장식금구는 삼연·고구려에서도 확인되어 그 영향으로 신라에 등장한 반면, 편원어미형 행엽은 한반도 남부지방, 특히 경주지역을 중심으로 낙동강 이동지방에 집중 분포한다. 즉 편원어미형 행엽은 신라에서 독자적으로 창안하여 만든 것(강유신 1987:26, 김두철 1992, 이상율 1993:65)으로, 고구려의 영향으로 등장한 심엽형 행엽을 대체하여 신라 상위 계층에서 의도적으로 채용한 장식용 마구이다(諫早直人 2012a:177). 편원어미형 행엽의 고안지는 경주지역에서 가장 이른 시기의 자료가 없어 부산 복천동 15호 출토품을 가장 이른 편원어미형 행엽으로 본 예(정징원, 신경철 1983, 이상율 1993:58)도 있었지만, 역시나 편원어미형 행엽의 최초 고안지는 경주지역임을 분

사진4_ 경주 덕천리 1호 출토 토우에 묘사된 격자식 구조의 후걸이(중앙문화재연구원 2005)

명히 하였다(이상율 2010:676).

소반구형·보요부형 장식금구와 편원어미형 행엽은 같이 조합되어 후걸이를 장식하는데, 이는 경주 덕천리 1호분 출토 기마인물형토기騎馬人物形土器에 묘사된 격자식格子式의 마장 구조로 복원된다(사진4). 경주 황남동 110호, 경산 임당 7B호, 창녕 계남리 1·4호에서 소반구형·보요부형 장식금구와 편원어미형 행엽이 조합을 이루며 부장된 예가 확인된다. 하지만 경주 황오동 14-1호나 경산 임당 7A호, 조영 CII-1호, 조영 EIII-2호 등의 사례를 보면, 소반구형·보요부형 장식금구와 편원어미형 행엽의 조합 관계가 고정되었다기보다는 소반구형·보요부형 장식금구와 심엽형 행엽이 조합되거나 여전히 심엽형 행엽만 출토되는 사례도 있어 신라 독자의 장식 마구가 등장했지만 이전 단계의 양상이 지속되는 모습이 보인다.

다른 마구류에서도 변화가 확인된다. 경주 황남동 110호 출토 안장처럼 여전히 철제 안장이 채용되지만 장식성이 높은 금동판이 재료로 사용되기 시작한다. 경산 조영 EIII-2호에서는 총 2점의 안장이 출토되었는데, 1점은 황남동 110호와 동일한 철제 안장이고, 나머지 1점은 복륜, 주빈금구洲浜金具, 내연금구가 금동제인 안장이다. 신라에서 확인되는 최고最古의 금동제 안장일 뿐만 아니라 한반도에서 처음으로 확인되는 금동제 분리안分離鞍의 구조이다.* 또한 가장 이른 금동제 안장임에도 불구하고 신라 안장의 완성형이라 할 수 있는 2줄의 내연금구**가 돌아가는 점, 주빈금구 주위에 파상점열문波狀點列文이 시문된 점, 무각식 교구와 평면 원형의 좌금구座金具를 가진 좌목선교구는 경산 조영 EIII-2호 단계 이전부터 신라에서 금동제 안장이 제작되었을 기반을 충분히 가졌음을 짐작하게 한다.

등자는 발 딛는 부분에 못을 박아 미끄러움을 방지하는 등 기능성을 높이거나 등자의 앞뒷면에 철봉을 부착하고 병부에 많은 못을 촘촘히 박아 장식성을 높이기도 하였다. 철봉으로 보강한 IA3식, IB3식 등자는 경주 황오리 14-1호, 창녕 교동 2, 3호, 계남 1호, 동리 5호 등 낙동강 이동지방을 중심으로 분포하여 신라계 등자로 보고 있다(류창환 1995:121~122, 諫早直人 2012a:148~149·272~273).

---

* 千賀久(2003·2007)는 좌목선금구 구조가 제작지를 반영한다는 전제 하에 좌목선금구 일체안(洲浜-礒 一体鞍)은 '신라계', 좌목선금구 분리안(洲浜-礒 分離鞍)은 '비신라계' 두 계통으로 구분하고 일본열도 초기 안장에서는 일체안과 분리안이 동시에 확인된다고 보았다. 하지만 좌목선금구의 구조가 계통, 제작지를 반영하는 요소라 볼 수 있을지에 대해 검토한 결과 경주지역은 가장 이른 단계인 황남동 109호 4곽 출토 안장부터 가장 늦은 단계인 계림로 14호 출토 안장까지 대부분 일체안이 주류라 좌목선금구 일체안을 신라 마구의 특징으로 볼 수 있다. 하지만 '비신라계'로 분류된 분리안이 경산 조영 EIII-2호에서 낙동강 이동지방 최초 금동제 안장에서 확인되기에 더 이상 분리안을 '비신라계'의 속성으로만 볼 수 없다고 판단하였다(이현정 2012:185).

** 안장의 내연금구는 일반적으로 1줄만 장식되지만, 5세기대 신라권 내 금동제(투조) 안장에는 2줄의 내연금구가 부착되는 것이 유행한 듯하다. 낙동강 이동지방 최초의 금동제 안장인 경산 조영 EIII-2호를 시작으로 경주 황남대총 남분, 북분, 금관총, 경산 임당 2호(北), 창녕 송현동 7호, 교동 7호, 대구 내당 55호분 출토 금동제 안장에서 2줄의 내연금구가 확인된다. 특히 황남대총 남분에서 출토된 4세트의 안장에는 모두 2줄의 내연금구가 확인되어 주목된다.

● 신라 장식 마구의 성행

5세기 중반이 되면 이전보다 더욱 장식성이 증가한 마구들이 확인된다. 일부 장식용 마구인 운주, 행엽의 장식성 증가만이 아니라 재갈, 등자 등의 마구에도 금, 금동, 은 등의 재질을 사용하여 화려함을 극대화한다. 경주 황남대총 남분, 북분 출토 장식 마구는 5세기 중반 신라 장식 마구의 성행을 가장 대표적으로 보여준다(도6). 황남대총 남분에서는 재갈, 안장, 등자, 운주, 행엽으로 구성된 한 벌의 마구가 총 8벌이나 출토되었다. 그 중 금동으로 제작한 용문투조판 아래 오색영롱한 비단벌레 의 날개를 부착하여 화려함을 더욱 극대화한 마구 세트는 신라 장식 마구의 백미이다. 희귀 소재인 비단벌레의 날개를 마구 장식 재료로 사용한 예는 삼연·고구려에서는 확인되지 않아 삼연·고구려 와는 또 다른 신라 장식 마구의 화려함을 보여준다. 그 외에도 청자고둥(이모가이)이란 국내에서 자 생하지 않는 패각을 가공하여 소반구형·보요부형 장식금구의 반구좌로 사용하는 등 끊임없이 독자 적인 신라 장식 마구를 창안해 간다.

화려한 투조판을 얹은 판비는 장식 효과를 강조하고 재갈멈치의 손상을 최소화하기 위해 재갈멈 치 내측에 함유금구를 부착하였다. 이러한 양상은 경주 황남대총 남분 출토 판비를 시작으로 황남 대총 북분, 노동리 4호분, 금령총, 식리총, 은령총, 경산 임당 5B1호, 6A호, 대구 욱수동 가 8호, 달성 죽곡리 2호, 창녕 송현동 6호, 7호, 계성 Ⅲ지구 1호, 안동 조탑리 2-1호, 부산 두구 임석 5호 출토 판 비에서도 확인되어 신라 재갈의 특징으로도 볼 수 있다(이현정 2012:169). 이후에도 5세기 중반부터 가로 방향에서 세로 방향의 함유금구가 부착되는 점도 하나의 변화이다.

안장은 이전 단계에서 확인되지 않았던 새로운 부속구들이 등장한다. 바로 안교손잡이와 좌목식 금구座木飾金具이다. 안교손잡이는 손잡이와 지주, 못으로 구성되며 안교 중앙부에 대상帶狀으로 부착 된다. 경주 황남대총 북분에서 목심금동제木心金銅製로 제작된 안교손잡이가 양호한 상태로 출토되었 고, 일본 나라현 후지노끼고분에서는 금동제 안교손잡이가 안교 중앙에 부착된 채로 출토되어 안교 손잡이의 부착 위치와 구조를 분명히 알 수 있다(사진5). 재질에 따라 녹각제와 목심금동제로 구분 되며 5세기 전반 창녕 계남리 4호 녹각제 안교손잡이를 시작으로 경주 황남대총 북분, 황오동 37호, 경산 임당 5A호, 대구 내당동 50-2호에서 목심금동제 안교손잡이가, 성주 성산동 38호, 대구 불로동 91-2-1호, 경산 임당 5B-1호, 울산 중산동 547-1번지 1호, 조일리(울) 33호, 김해 대성동 85호, 영주 태장리 1호 등에서 녹각제 안교손잡이가 출토되어 6세기 전반까지 안장 부속구로 채용된다. 경주지 역뿐만 아니라 신라와 정치적으로 관계가 깊은 경산, 대구, 울산, 상주, 성주, 창녕, 부산, 영주, 강릉 지역의 대형분에서도 출토되었고 금관가야의 고지인 김해지역에까지 확인된 점 등을 통해 신라 마 구의 특징으로 볼 수 있다(이현정 2007·2012:187~189, 이현정 외 2013:239~240).

좌목식금구는 좌목선금구와 형태가 유사하나 안교와 분리되어 출토되며 끝부분이 말린 것이 특 징이다. 중앙부에 방형의 구멍이 뚫려 있고 이 구멍을 통해 교구가 연결된다. 현재 경주 황남대총 남

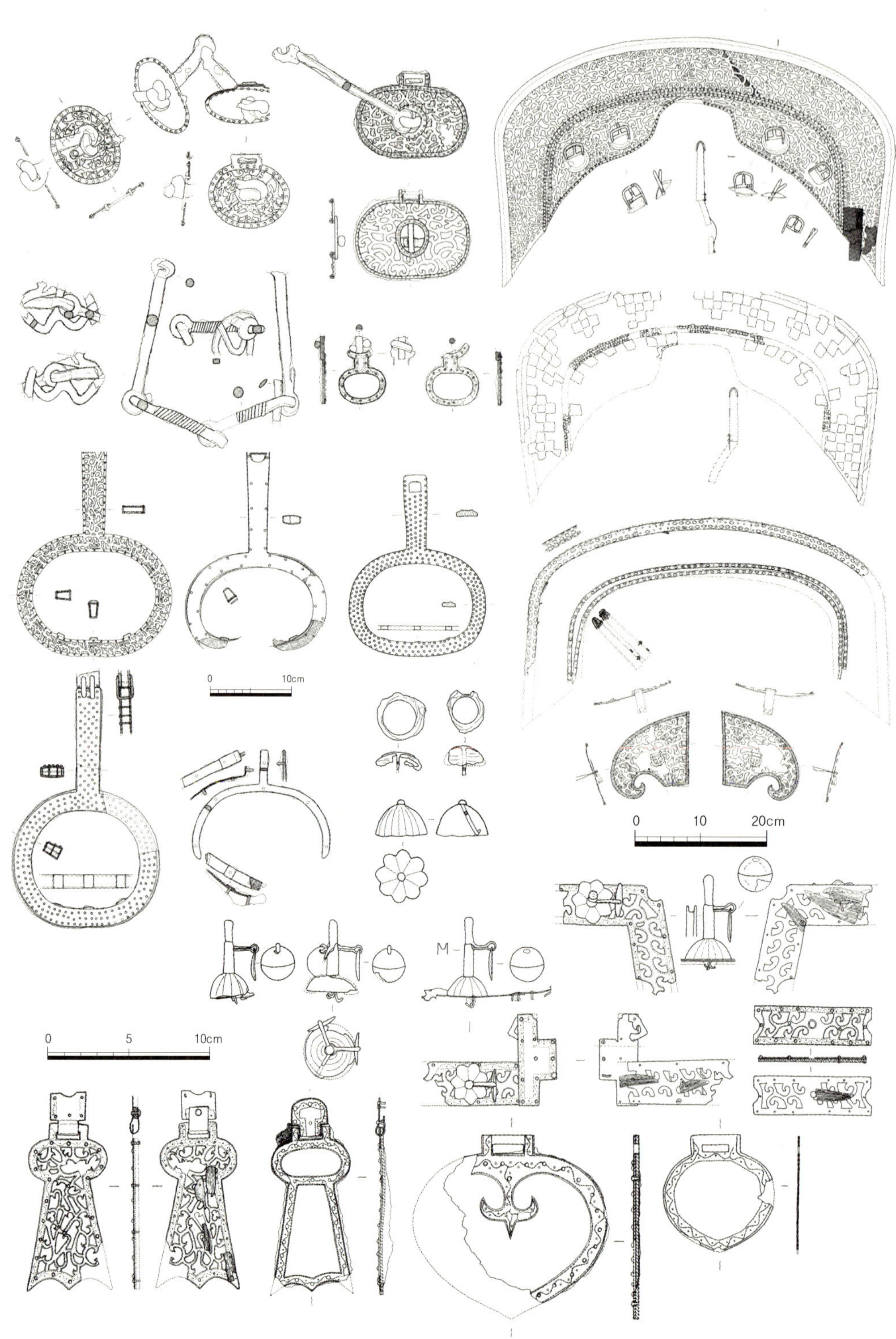

도6_ 5세기 중반 경주 황남대총 남분의 장식 마구
(문화재관리국 문화재연구소 1993, S=1/8, 안장 1/10, 운주·행엽 1/4)

사진5_ 한반도 및 일본열도 출토 안교손잡이
(한반도:필자 촬영, 일본열도:橿原考古學研究所附屬博物館 2003)

분, 창녕 송현동 7호, 경산 조영 EI－1호, 대구 내당동 55호에서 금동제, 철지은장제 좌목식금구가 확인된다. 안양 효민둔 154호, 조양朝陽 십이대十二臺 88M1호, 삼합성묘三合成墓, 안양 효민둔 채집품, 집안 우산하 41호, 마선구 1호 등 삼연·고구려지역에서도 확인되는 것으로 보아 삼연·고구려 장식 마구의 영향 속에서 한반도 남부지방에 등장한 부속품으로 보인다.

등자는 나무 전면에 철판을 덮고 표면에 작은 못을 조밀하게 박아 장식 효과를 노린 등자와 철판 대신 금동판을 덮은 금동제 등자도 등장한다. 또한 등자 형태를 청동으로 주조한 청동제 등자도 확인되는 등 한 고분에서 다양한 재료와 방법으로 제작된 등자가 동시에 확인된다. 경주 황남대총 남분과 같은 시기인 영천 화남리 3호 목곽묘와 울산 하삼정 나－3호 목곽묘에서는 전체를 철로 제작한 철제 등자가 확인되고 있어 5세기 중반부터 신라에서 철제 등자가 제작되기 시작하였음을 보여준다. 이 후 철제 등자는 목심 등자를 대신해서 빠른 속도로 광범위하게 보급되며 이는 신라의 철 소재 수급이나 제작 기술의 고도성을 보여주는 증거라 할 수 있다.

운주와 행엽은 소반구형·보요부형 장식금구와 편원어미형 행엽의 조합이 계속해서 사용되는데 상당한 수량이 출토되는 것으로 보아 더욱 화려하고 복잡한 격자식 마장이 5세기 중반~말에 집중적으로 성행하였음을 알 수 있다(표2). 경주지역뿐만 아니라 신라지역 내 대형분에서도 많은 수의 소반구형·보요부형 장식금구와 편원어미형 행엽이 출토된다. 특히 보요부형 장식금구는 6세기 전반 소멸될 때까지 경주지역을 중심으로 낙동강 이동지방 내에서만 확인되고, 소반구형 장식금구는 낙동강 이동지방을 중심으로 분포하나 고령, 합천지역 등 낙동강 이서지방에서도 확인된다(도7). 이는 소반구형 장식금구와는 달리 재질이나 형태적인 면에서 뛰어난 우수성을 가진 보요부형 장식금구의 사용에 신라의 일정한 제한이 있었음을 보여주는 증거이다(이현정 2009:120~122). 즉 보요부형 장식금구와 편원어미형 행엽의 조합은 낙동강 이동지방에서만 확인되어 소반구형 장식금구와 편원어미형 행엽의 조합보다 한 단계 더 높은 급의 마장이라 볼 수 있으며, 경주지역 내에서도 상위 계층이 사용한 마장임을 알 수 있다. 이러한 마장구가 신라지역 내 대형분에서도 확인되는 것은 신라가 당시 상위 계층의 마장구를 각 지역 내 유력 집단과 공유함으로써 신라-지방 간의 관계를 유지해갔음을 보여주는 증거이다.

표2_ 보요부형 장식금구와 편원어미형 행엽의 조합

단계	연대	지역	유적	운주	행엽
신라III(前)	5C 전반	경산	임당 7A	보요부형	심엽
			임당 7B	보요부형	편원
신라III(後)	5C 중반	경주	황남대총 남분(主)	보요부형	편원
			황남대총 남분(副)	보요부형	편원
			황남대총 남분(封土)	보요부형	편원
			황남대총 북분	보요부형	편원
			황남대총 북분(封土)	보요부형	편원
		대구	내당 51-2	보요부형	편원
신라IV	5C 후반·말	경주	금관총	보요부형	편원
			식리총	보요부형	편원
			노동리 4	보요부형	편원
		경산	임당 5B1	보요부형	심엽
		대구	내당 50-2	보요부형	심엽(透彫)
			내당 55	보요부형	편원
			비산 37-1	보요부형	편원
		양산	부부총	보요부형	편원
신라 V	6C 초·전반	경주	금령총	보요부형	심엽(三)
			천마총	보요부형	편원
		경산	임당 2(北)	보요부형	편원
			임당 6A	보요부형	편원
		창녕	송현동 7	보요부형	심엽(透彫)
			송현동 15	보요부형	편원
		영주	태장리 3-1	보요부형	편원
신라VI	6C 중반	경주	은령총	보요부형	자엽(忍冬)
			미추 7구 5	보요부형	심엽(三)

[凡例] (三):三葉文, (忍冬):忍冬橢圓文, (透彫):上板透彫

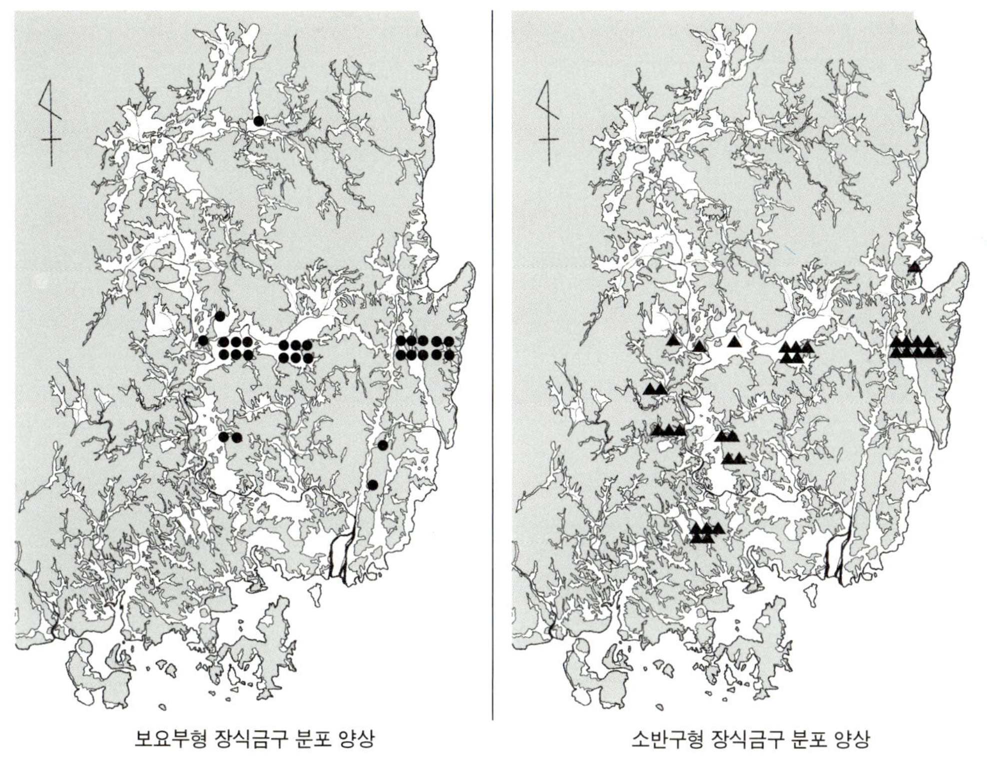

도7 _ 소반구형·보요부형 장식금구의 분포 양상

대형분을 중심으로 부장된 소반구형·보요부형 장식금구와 편원어미형 행엽의 조합 이외에도 중·소형분에서는 반구형 운주를 중심으로 하는 장식 마구가 등장한다. 중앙이 솟아 오른 반구형 운주는 발부의 구조에 따라 발부일체형과 중앙에 패각 등을 끼워 넣은 발부조합형으로 구분되는데, 5세기 중반 삼연·고구려의 영향으로 신라지역에 5·6·7각계 발부일체 반구형 운주가 먼저 등장한다. 격자식 후걸이 구조와는 다르게 운주 1점에 여러 점의 십금구가 조합되어 금령총 출토 기마인물형토기처럼 방사상의 후걸이 구조를 이룬다.

심엽형 행엽도 꾸준히 채용되는데 5세기 중반부터 신라의 독자적인 특징인 삼엽문三葉文이 등장하고 점차 지방 대형분에서도 삼엽문, 자엽문刺葉文 등이 채용된다(諫早直人 2012a:163). 또한 삼엽문에 파상점열문을 시문한 것도 신라 심엽형 행엽의 특징으로 볼 수 있다. 삼엽문은 6세기가 되면 인동타원문忍冬楕圓文으로 변형되어 나타나고 계속해서 심엽형 행엽, 자엽형 행엽, 판비에도 채용된다.

5세기 전반 등장한 신라 장식 마구는 5세기 중반 경주지역뿐만 아니라 각지로 확산되어 크게 유행하고 5세기 후반이 되어도 계속해서 화려한 장식 마구가 성행하게 된다. 경주 금관총에서는 또 다른 희귀 소재인 유리를 반구좌로 제작한 소반구형 장식금구가 확인되고 식리총에서는 중국 남조에서 유입되었을 가능성이 있는 용봉문 투조 금동제 안장과 용봉문 타원형 판비, 검릉형 행엽 등이 확인되어 다양한 신라 장식 마구가 유행하였음을 알 수 있다.

신라 장식 마구의 절정과 종말

• 신라 장식 마구의 절정

　신라에서는 6세기대에도 장식 마구의 유행이 지속되며 끊임없이 신라 독자의 새로운 마장구를 창
안하여 상위 계층의 마장으로 채용해 나갔다. 그 중 단연 돋보이는 것은 새로운 형태의 운주와 행엽
의 등장이다. 운주는 국내에서 자생하지 않는 청자고둥(이모가이)이나 청색 유리로 장식된 반구형
운주가 새롭게 채용되고, 행엽은 인동당초문忍冬唐草文이 채용된 심엽형 행엽과 새로운 형태인 자엽
형刺葉形 행엽이 출현하여 화려한 신라 장식 마구의 절정을 이루게 된다(도8).

　5세기대 소반구형·보요부형 장식금구와 편원어미형 행엽의 조합이 상위 계층의 마장구로 사용
되고 있을 때, 5세기 중반 발부일체 반구형 운주도 출현하지만 상위 계층의 마장구로 채용되기 보다
는 상대적으로 하위 계층의 마장구로 사용된다. 하지만 6세기가 되면 신라가 독자적으로 고안한 중
앙에 패각, 유리 등을 넣은 발부조합 반구형 운주가 처음 출현하고 이전 시기 성행하였던 소반구형·
보요부형 장식금구와 편원어미형 행엽의 조합을 점차 대체해가면서 상위 계층의 마장구로 채용된
다. 삼연·고구려, 백제지역에서도 유례를 찾을 수 없어 독자적으로 신라에서 고안, 제작한 운주라 할
수 있다. 반구형 운주로 사용되기 이전에는 경주 황남대총 남분이나 금관총 출토품 등으로 보아 소반
구형·보요부형 장식금구의 반구좌 재료로 사용하다가 6세기 초 부터 반구형의 발부에 패각을 가공
해 넣기 시작한다. 이 패각은 한반도에서 자생하지 않고 일본 유구열도에서만 생산되는 청자고둥(이
모가이)으로(木下尚子 1994:33) 입수가 쉽지 않아 7세기대 분황사 사리 장엄구에도 들어갈 만큼 오랫
동안 신라 중앙에서도 귀하게 여긴 재료였다. 이렇듯 패각, 유리로 장식된 반구형 운주는 경주 천마
총, 금령총, 은령총, 계림로 14호 등 6세기 초 등장해 마구 부장이 종료되는 6세기 중반까지 지속적으
로 신라 상위 계층의 마장으로 채용하였다. 발부일체 반구형 운주도 이전 시기와는 달리 대형분 내 여
러 벌의 마구 세트 중 한 세트를 구성하게 되는데 주로 6각 발부일체 반구형 운주가 다수를 차지한다.

　출현기부터 꾸준히 채용된 심엽형 행엽은 소문, 십자문十字文, 삼엽문三葉文이 주를 이루었으나 6세
기가 되면서 인동당초문이 새롭게 나타난다. 또한 신라 상위 계층에 의해 편원어미형 행엽을 대신
하는 새로운 형태의 자엽형 행엽이 제작된다. 자엽형 행엽은 편원어미형 행엽의 어미부가 따로 독
립하여 거대화한 결과 출현하였다고 보며, 그 계보는 북조北朝 마용馬俑에 표현된 행엽과 유사함을 들
어 북조의 영향을 받았다는 견해(小野山節 1990, 이상율 1993:65, 김두철 2000a:340)와 마용에서 관
찰되는 마구의 실물 예가 확인되지 않는 점을 들어 편원어미형 행엽의 편원부 퇴화와 어미부 발달

266

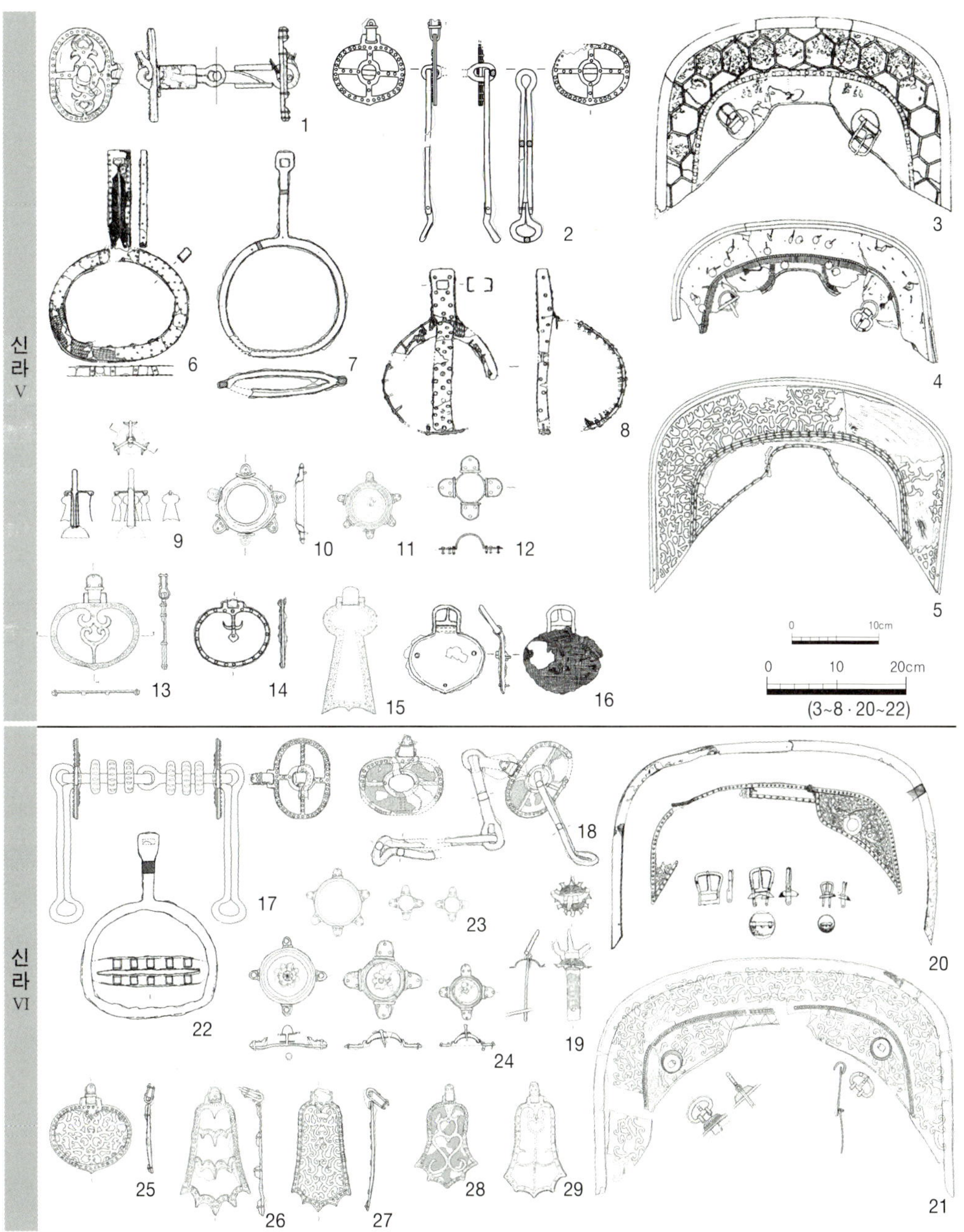

도8_ 6세기대 신라지역 출토 마구
1·3·9·10·12·13·15. 경주 천마총(문화재관리국 1975), 2. 창녕 송현동 6호(국립가야문화재연구소 2011),
4. 경주 금령총(조선총독부 1931), 5·11. 창녕 송현동 7호(국립가야문화재연구소 2011),
6·7·14·16. 경산 임당 2호北(영남대학교박물관 2002a), 8. 경산 임당 6A호(영남대학교박물관 2003),
17·19·21·23~27. 경주 계림로 14호(국립경주박물관 2010), 18·28. 창녕 명리Ⅲ-1호(경남고고학연구소 2001),
20. 경주 호우총(국립박물관 1947), 22. 경주 황남동 106-3번지 6호(국립경주문화재연구소 1995)

과정을 거쳐 신라에서 독자적으로 창안하였다는 견해(桃崎祐輔 2001:31·2003:151)가 있다. 최근 자엽형 행엽 출현 이전부터 심엽형 행엽에 채용되기 시작한 인동타원문 장식이 출현기의 자엽형 행엽에서 부터 채용되는 것으로 보아 기본적으로 신라의 공인에 의해 제작되었다고 보는 견해(諫早直人 2012b:99)도 주목된다.

  신라 장식 마구의 변화는 주로 운주와 행엽을 중심으로 이루어졌고 조합 양상에서도 뚜렷한 정형성을 찾을 수 있다. 반면 같이 조합되는 재갈은 5세기 중반까지 특정 형식으로 고정되었다기보다 표비, 판비, 환판비 등 다양한 형태의 재갈이 조합된다. 이후 5세기 후반 십자문 심엽형 판비의 출현으로 재갈, 운주, 행엽의 조합 관계가 이전보다 더욱 정형성을 띠는 방향으로 변화하여 '정형화된 신라 마장의 성립'을 보여준다(표3).

표3_ 십자문 심엽형 판비의 단계별 조합 양상

단계	지역	유적	판비		운주	행엽
			함유	인수		
신라IV	경주	노동 4	십자문심엽(三)	2條(動)	보요부형	편원
	경산	임당 5B1	십자문심엽	1條	보요부형	심엽
신라 V	경주	금령총①	십자문심엽	1條	보요부형	심엽(三)
		금령총②	십자문심엽(唐草)	2條	발부조합(8脚/貝)	이형편원(唐草)
		천마총①	십자문심엽(忍冬)	2條	발부조합(6脚/貝)	심엽(忍冬)
		천마총②	십자문타원	1條	발부일체(4脚)	심엽(忍冬)
		노서리 138	십자문심엽	2條	발부일체(4脚)	—
	대구	비산 34-1	십자문심엽	1條	발부일체(6脚)	심엽
		죽곡 2	십자문심엽	2條(動)	발부일체(6脚)	심엽(三)
		욱수 가8	십자문심엽	2條	발부일체(4脚)	—
	창녕	교동 7①	십자문심엽	—	—	편원
		교동 7②	십자문심엽(忍冬)	—	—	심엽(忍冬)
		송현 6	십자문심엽	2條(動)	발부조합(4脚/貝)	심엽
		송현 7	십자문심엽(忍冬)	1條	발부조합(6脚/貝)	심엽
		송현 15	십자문심엽	1條	발부조합(4脚/貝)	심엽
신라VI	경주	은령총	십자문심엽	1條	발부조합(4脚/貝)	자엽(忍冬)
		황오 33(西)	십자문심엽	2條	발부조합(6脚/貝)	심엽(忍冬)
		황남 106-3·6	십자문심엽	2條	발부일체(6脚)	심엽
		황남 151(석실)	십자문심엽	2條	—	자엽(忍冬)
		계림 14	십자문심엽	2條	발부일체(6脚)	자엽
		보문동 합장묘	십자문심엽	—	—	심엽
	부산	두구 임석 5	십자문심엽	1條	발부조합(6脚/貝)	자엽(忍冬)
	창녕	계성 명리III-1	십자문심엽	2條	발부일체(4脚)	자엽(忍冬)
통일신라	창녕	말흘리 퇴장유구	십자문심엽	—	—	—

[凡例] (動):可動式引受外環, 心葉:心葉形, 扁圓:扁圓魚尾形, 刺葉:刺葉形 (三):三葉文, (唐草):唐草文, (忍冬):忍冬橢圓文

판비에 십자문이 채용된 예는 고구려 마구에서 먼저 찾을 수 있다. 집안 만보정 78호, 아차산 제4보루, 오녀산성 JC구역 출토 판비에서 확인되며 5세기 전엽 이후 및 후엽 이후 단계에 속하는 마구이다. 고구려 마구의 영향을 강하게 받은 신라는 '십자문'을 우선 심엽형 행엽에 채용하게 되고 5세기 후반 심엽형 판비에 '십자문'을 채용하여 새로운 장식 마구를 창안한다. 십자문 심엽형 판비가 금령총 단계부터 등장하고 일본열도에서는 6세기 중엽 출현한다고 보는 견해(桃崎祐輔 2003:91)도 있지만, 국내에서의 출현 시기는 좀 더 이르다.

십자문 심엽형 판비는 5세기 후반에 신라에서 출현한다. 다만 '십자문 심엽형 판비+보요부형 장식 금구+심엽형, 편원어미형 행엽'이 조합되어 아직은 정형화된 십자문 심엽형 판비의 조합 구성이 이루어지지 않는다. 6세기대가 되면 '십자문 심엽형 판비+발부일체,발부조합 반구형 운주(6·8각)+심엽형 행엽'이란 정형성이 확립된다. 출현지인 경주지역뿐만 아니라 대구, 창녕지역 등 낙동강 이동 지방에서도 동일한 형태와 조합 구성이 확인되어 십자문 심엽형 판비를 중심으로 하는 새로운 장식 마구가 성립, 확산됨을 보여준다. 6세기 중반에는 '십자문 심엽형 판비+발부일체·발부조합반구형 운주(6·8각)+자엽형 행엽'으로 조합되어 이전과 동일한 정형성이 관찰되나 행엽이 심엽형에서 자엽형으로 교체된 것이 가장 큰 변화이다.

여기서 주목할 것은 6세기대 들어와 출현하는 발부조합 반구형 운주와 자엽형 행엽의 출현 배경이다. 신라는 지속적으로 상위 계층을 위한 새로운 장식 마구를 창안해왔고 마구의 재질과 형태를 통해 마장의 서열화를 진행해왔다. 그러한 과정 속에서 신라 독자의 장식 마구인 발부조합 반구형 운주(패각, 유리 삽입)와 자엽형 행엽의 출현은 고구려와 전혀 다른 신라 독자의 장식 마장 완성이라는 것에서 큰 의의를 가진다(諫早直人 2012a:180~181). 이렇듯 상위 계층의 새로운 장식 마구로 채용된 발부조합 반구형과 자엽형 행엽이 다른 재갈보다 십자문 심엽형 판비와 지속적으로 조합 관계를 이루며 정형성을 보인다는 것은 십자문 심엽형 판비도 신라 상위 계층에게 선택된 마구라는 것을 보여준다(이현정 2012:189~193).

십자문 심엽형 판비의 조합 관계는 창안지인 경주지역뿐만 아니라 창녕지역에서도 지속적으로 채용된다. 이러한 배경은 신라와 창녕지역 간의 협업 관계 속에서 이해할 수 있다. 신라는 창녕지역의 지리적 위치*를 이용해 가야, 왜와의 교류 창구를 얻고, 창녕지역은 신라 내 위세품 체제의 편입과 더불어 신라로부터 재료, 기술의 제공을 바탕으로 금공품을 자체 생산하는 협업 관계를 이루고 있었다고 볼 수 있다. 신라에서 6세기 초 일본열도산 청자고둥(이모가이)을 사용한 발부조합 반구형 운주가 등장하는 점과 창녕지역에서 5세기 말, 6세기 초 신라 마구란 큰 틀 내에서도 창녕지역만

---

* 창녕지역은 신라권 내에서도 가장 먼 서남부 변경 지역에 위치해 낙동강 이서지방의 고령 대가야에서부터 합천의 다라국, 그리고 의령 일대의 가야국과 남강 우안의 함안 아라가야에 이르기까지 여러 가야 세력과 마주하고 있어 신라에게 더없이 중요한 전진 기지였을 것으로 보인다(이희준 2007:297~298).

의 지역색을 보이는 마구의 출현은 이러한 관계의 실물자료이다(이현정 외 2011:989~991). 일본열도에서 6세기 중반부터 확인되는 십자문 심엽형 판비의 조합 관계는 이러한 관계 속에서 창녕지역을 통해 일본으로 유입되었을 가능성이 크다.

사진6＿ 경주 천마총 출토 백화수피제 장니(영남대학교박물관 2002b)

십자문 심엽형 판비는 이후에도 지속적으로 신라에서 채용된 것으로 판단된다. 일부 자료이기는 하나 고려시대로 추정되는 창녕 말흘리 1호 건물지의 남서쪽 모서리에서 불구佛具 관련 화려한 금공품들이 다량 매납된 퇴장退藏 유구가 확인되었다(경남고고학연구소 2005). 고려시대 건물지이기는 하나 금공품의 제작 시기는 통일신라시대로 판단되며, 그 금공품 속에는 6세기대 신라권에서 유행한 십자문 심엽형 판비의 재갈멈치가 포함되어 주목된다. 재갈멈치의 십자문 주연 부분만 남아있지만 통일신라시대까지 십자문 심엽형 판비가 사용되었음을 보여주는 중요한 자료이다.

이외에도 안장의 좌우에 매달아 보행 시 진흙이 튀는 것을 막기 위한 장니障泥가 6세기가 되면 경주지역에서 집중적으로 확인되어 신라 장식 마구의 조합 구성이 더욱 다양해진다(이현정 외 2013:243~244). 장니는 장방형의 납작한 판 형태로, 현재 원형을 알 수 있는 실물은 천마총 출토 백화수피제白樺樹皮製 천마도天馬圖 장니障泥가 유일하다(사진6). 이외에도 천마총에서는 파손이 심하기는 하나 칠을 한 장니漆皮障泥 2매와 금령총, 금관총에서는 장니 테두리를 장식한 금동 투조품 일부분이 확인된다.

• 신라 장식 마구의 부장 종료

6세기 중엽 이후에는 신라에 횡혈식석실분橫穴式石室墳이라는 새로운 매장 시설이 등장하고 고총 축조가 더 이상 이루어지지 않게 된다. 장법 변화의 결과 때문인지 마구 부장 행위 또한 종료되어 통일신라시대 이전까지의 신라 마구 양상을 확인할 수 없다. 6세기 후반 일본열도에서 확인되는 많은 양의 신라계 마구를 통해 이후의 양상을 짐작할 수 있으나, 이 또한 일본 내에서의 자체적 발전 양상으

270

로 볼 수 있기 때문에 직접적인 적용은 어려움이 있다. 역시나 6세기대에도 신라의 말 활용이 전쟁에서 어떻게 활용되었는지를 보여주는 실물 자료는 확인되지 않는 상황이라 그 전모를 알 수 없다. 하지만 삼연, 고구려처럼 중장기병단의 운용이 전쟁에서 활발히 이루어 졌다기보다는 식마飾馬를 소유한 소유자의 위세를 가시화해주는 수단으로서 신라의 식마 문화가 한층 더 발전한 것으로 보인다.

신라 장식 마구의 확산

• 신라권 내외로의 확산

경주지역을 중심으로 채용된 신라 장식 마구는 신라와 정치적으로 관계가 깊은 영남지방 곳곳에서도 확인된다. 신라권 내로는 경주 인근 지역인 경산, 대구지역 뿐만 아니라 영천, 포항, 울산, 성주, 창녕, 양산, 의성, 안동, 상주지역 등의 낙동강 이동지방의 대형분, 더 나아가 북쪽으로는 영주, 강릉지역, 남쪽으로는 부산지역까지 신라 장식 마구가 확산된다. 5세기대에는 소반구형·보요부형 장식금구와 편원어미형 행엽의 조합이 가장 일반적으로 확인되고 6세기대가 되면 하나의 부품만이 아니라 더욱 정형화된 신라 마장(십자문 심엽형 판비+반구형 운주+자엽형 행엽)이 확산되는 방향으로 변화한다.

이러한 신라 장식 마구의 부장 배경을 살펴보기 전에 '신라 장식 마구'가 가진 사회적 의미부터 살펴볼 필요가 있다. 4~5세기 낙동강 이동지방에서는 토기 양식과 위세품, 고총의 출현이란 정형성이 확인되는데 그 중 관, 대금구, 이식 등의 복식품은 개인의 위신을 높여주는 '착장형 위세품'으로 판단하고, 이러한 착장형 금공품은 신라에서 각지의 수장층에게 하사한 위세품으로 인식되는 것이 일반적이다. 이러한 위세품은 고도의 정치성을 내포한 것으로 신라는 각지 수장층에게 위세품 하사를 통해 경주와 지역 간의 지배 신속臣屬관계를 공고히 하고, 지역 수장층은 신라 왕권으로부터 지역 내 지배 권력을 인정받아 경제, 정치적 성장을 도모할 수 있게 하는 시스템이 형성된다(이희준 2007:76~81 · 97~99).

그럼 관, 대금구, 이식 등의 복식품을 개인의 위신을 높여주는 착장형 위세품으로 판단한다면, 동일하게 금, 은, 금동, 그리고 비단벌레의 날개와 일본 유구열도산 청자고둥, 유리 등의 희귀 소재를 사용해 제작하는 신라의 장식 마구도 위세품과 동일한 사회적 의미를 지니는 물품이라 할 수 있다(김두철 2000a:339~340, 諫早直人 2012a:177~179). 말은 당시 교통 수단의 역할만 한 것이 아니라 개인의 위신을 높여줄 수 있는 도구이었을 것이고, 이러한 말을 장식하는 장식 마구 또한 기승자의 위신을 시각적으로 보여줄 수 있는 역할을 하였을 것이라 충분히 예상할 수 있기에 신라의 장식 마구도 또 다른 의미의 '위세품'이다. 낙동강 이동지방 내 정형화된 신라 장식 마구의 출현과 확산은 복식품과 함께 신라 왕권에 의해 의도적으로 각 지방 수장층에게 하사되고, 이러한 위세품의 습득은 지방 수장층의 지위를 공고히 해주는 역할을 하였을 것이다. 『삼국사기』권33 잡지 제2 차기조車騎條의 기록에 의하면 홍덕왕 9년(835년) 신분, 성별에 따라 마차, 마구의 재질과 색조 사용에 엄격한 구분을 두었음이 확인된다. 이는 시기차가 나지만 장식 마구가 신라 왕권 내 위계 서열을 결정짓는 중요한 역할을 하였음을 보여주는 증거라 할 수 있다.

신라권 외에도 고령, 합천, 함안, 고성, 김해, 나주 지역 등 가야, 백제지역으로 신라 장식 마구가 확산된다(표4). 신라에서 직접 제작한 '신라산新羅産' 장식 마구가 유입되었을 가능성도 있지만 직·간접적인 교류를 통해 신라 마구와 공통된 유사성을 가진 '신라계新羅系' 장식 마구가 유입된 경우도 있다. 신라권 외로 확산된 신라 장식 마구는 지속적으로 부장되지 않고 일정 시기만 단발적으로 부장되는 점, 한 벌의 마구 전체가 신라 마구가 아니라 일부만 부장되거나 신라계 마구의 일부 속성만 영향을 받은 점 등이다. 이러한 신라 장식 마구의 확산은 당시 신라가 가야, 백제와 정치, 경제적 교류 관계를 통해 나타난 산물이며 직접 해당 지역에 유입되었거나 신라 장식 마구의 영향을 받아 해당 지역에서 변용하여 제작한 예도 있다.

지역	유적	신라 마구(재질/종류)
고령	지산 73호	철지은장제/편원어미형 행엽
	지산 75호	금동제/원형 판비, 금동제/화형 반구좌 장식금구
합천	옥전 23호	철지금동제/심엽형 행엽(파상점열문)
	옥전 12호	철지은장제/소반구형 장식금구+편원어미형 행엽
	옥전 35호	철지은장제/소반구형 장식금구+편원어미형 행엽
	옥전 M1호	철지금동제/소반구형 장식금구+편원어미형 행엽
	옥전 91호	철제/IB3식 등자
	옥전 95호	철제/IB3식 등자
	옥전 M4호	철지은장,금동제/인동타원문 심엽형 행엽, 발부조합 반구형 운주
함안	도항 13호	철제/인수가동식 환판비, IB3식 등자
	도항 22호	철지은장제/소반구형 장식금구+편원어미형 행엽
	도항 8호	철지은장제/소반구형 장식금구+편원어미형 행엽
	도항(현) 15호	철지금동제/소반구형 장식금구+편원어미형 행엽
	암각화	철지금동제/자엽형 행엽, 철지은장제/발부조합 반구형 운주
고성	송학동 1C호	철지금동제/자엽형 행엽, 1각식 좌목선교구
김해	대성동 85호	녹각제 안교손잡이
나주	복암리 3호	철지금동제/십자문 심엽형 판비, 인동타원문 심엽형 행엽

● 일본열도로의 확산

일본열도는 원래 기마 풍습이 없었던 곳으로 대륙의 기마 문화가 유입되어 정착, 보급되었기 때문에 중국, 한반도의 기마 문화와 관련성이 크다. 이를 증명하듯 일본열도 각지에서는 다양한 지역에서 계보를 찾을 수 있는 마구가 다수 출토된다. 특히 백제, 가야의 영향을 크게 받은 것으로 보는 반면, 신라는 문헌 기록에 왜와 적대적인 관계로 묘사된 것을 근거로 신라의 문물 또는 영향을 크게 인식하지 못한 문제점이 있었다. 하지만 5세기 전반과 6세기 후반에 신라 마구가 집중적으로 일본열도에서 확인됨에 따라 왜의 교섭 주체가 백제, 가야만이 아니라 신라도 중요 집단이었음을 보여준다(박천수 2007:309~311).

5세기 전반 일본열도에서 확인되는 신라 마구는 大阪府 鞍塚古墳, 七觀古墳, 岐阜縣 中八幡 古墳 출토 철제 마구와 傳 譽田 丸山古墳, 滋賀縣 新開 1호분 출토 금동제 마구를 들 수 있다. 일본열도 고분시대 중기의 초기 마구로 계통과 제작지에 대한 끊임없는 논의가 계속되고 있다(표5). 가장 논란의 중심에 있는 것은 마루야마[丸山]고분 출토 금동제 마구이다(도9). 용문투조 금동제 안장 2쌍과 철지금동제[鐵地金銅製] 쌍엽문[雙葉文] 투조[透彫] 판비[板轡], 보요부형 장식금구 등이 출토되었는데, 이 중 용문투조 금동제 안장은 제작지가 중국 남조, 중국 동북지방(삼연), 고구려, 신라, 가야, 백제, 왜로 비정될 만큼 다양한 견해가 제시되었다. 특히 2호 안장은 중국 북표 라마동 IIM101호 안장과 유사하여 삼연에서 계보를 찾는 것이 일반적이고, 삼연에서 직접 일본으로 유입되었다기보다는 한반도를 경유하였을 가능성을 제시하고 있다. 하지만 마루야마고분 출토 마구는 신라의 대표적인 장식 마구인 보요부형 장식금구가 공반된 점, 화려한 금동제 안장을 제작할 수 있는 국력과 제작 기반이 마련된 점, 신라에 동일한 용문투조 금동제 안장이 존재하는 점, 비신라계의 특징인 분리안이란 속성이 더 이상 가야지역만의 속성이 아닌 점(이현정 2012:187) 등을 근거로 신라 마구일 가능성이 높다.

표5 _ 일본열도 출토 외래계 마구의 제작지 추정

	中山淸隆 (1990)	鈴木勉 외 (1996)	千賀久 (2003) (2007)	桃崎祐輔 (2004)	金斗喆 (2004)	内山敏行 (2005)	박천수 (2007)	田立坤 (2010)	諫早直人 (2012a)
鞍塚							新羅		新羅
七觀(西)							新羅		新羅
中八幡 鞍						韓,南東	新羅		
丸山 鞍(2)	新羅	倭	金加	三燕	新羅	韓,南東	新羅	高句麗	倭
丸山 鞍(1)	新羅	倭	金加	大加	新羅	韓,南東	新羅	高句麗	倭
丸山 轡	新羅			三燕					倭
新開1 轡	新羅	倭	金加	新羅	金加	韓,南東	新羅		倭
藤ノ木 鞍		倭	新羅	倭			新羅	高句麗	

[凡例] 金加:金官伽倻, 大加:大加耶, 韓,南東:한반도 남동부

　5세기 전반 신라 마구가 일본열도에 유입된 배경은 신라와 왜 왕권 간의 직접적인 교섭 관계 속에서 유입된 것으로 본다. 반면 전기가야 왕권과 왜 왕권과의 교섭 관계 산물로 보는 견해(千賀久 2003:124~125)나 초기 마구의 계보를 특정 지역으로 한정할 수는 없다는 견해(諫早直人 2012a:276)도 있다. 하지만 5세기 전반 일본열도 초기 마구에서는 신라와 관련되는 요소가 많이 확인되는 점 또한 사실이다. 시치칸七觀고분 출토 환판비와 IA1식 목심등자, 쿠라츠카鞍塚고분 출토 판비, 마루야마丸山고분 출토 용문투조 금동제 안장과 보요부형 장식금구, 신카이新開 1호 출토 판비의 1조선 인수와 IA4식 목심 등자가 신라에서 계보를 구할 수 있다. 좌목선금구가 분리안인 점을 통해 '비신라계'로 보기도 하지만, 상주 신흥리 나 39호 출토 철제 안장과 경산 조영EⅢ-2호 출토 금동제 안장을 통해 낙동강 이동지방에서도 좌목선금구 분리안이 확인되는 점은 주목된다. 또한 남분 이전에 마루야

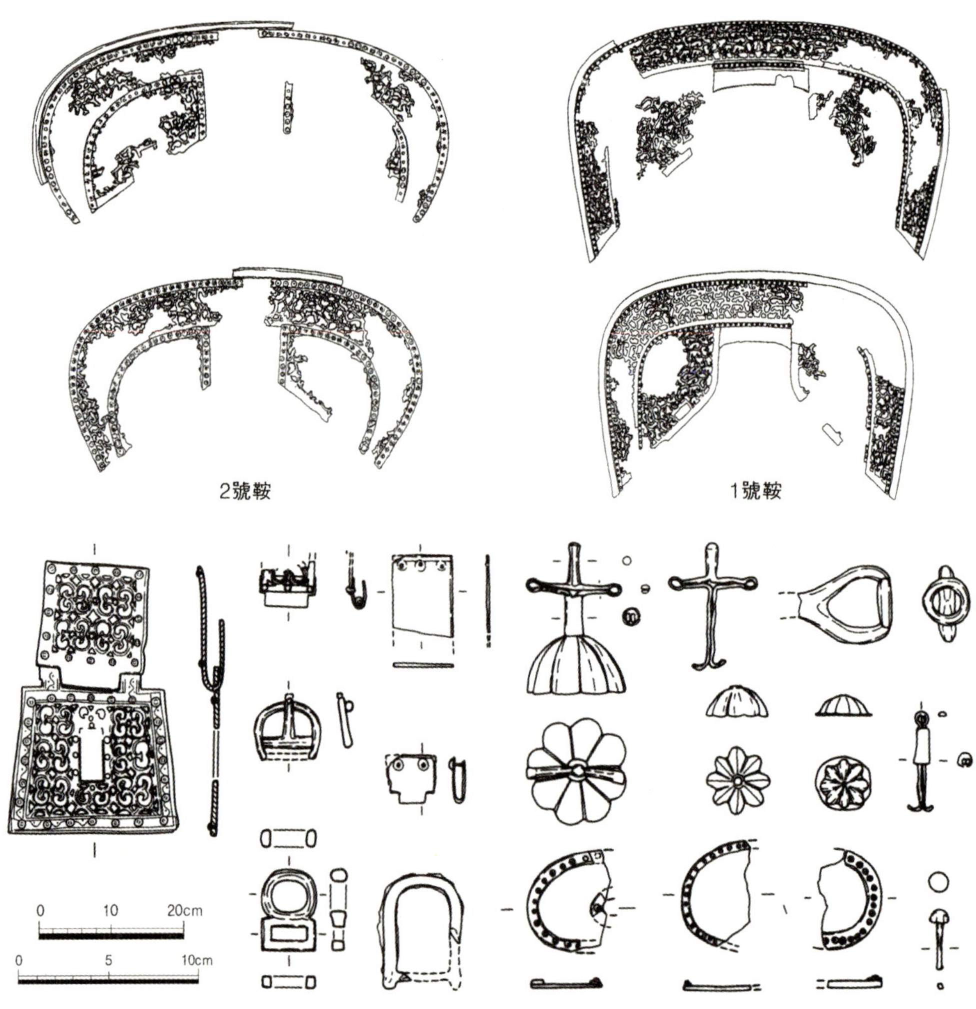

도9_ 일본 마루야마(丸山)고분 출토 마구류 (吉田珠己 1994, 鞍 S=1/10, 그 외 S=1/4)

마 고분 안장과 같이 용문투조 금동제 안장이 확인되지 않은 것을 근거로 신라에서 계보를 구할 수 없음을 주장하기도 하지만, 경산 조영 EⅢ-2호와 금동제 안장의 존재를 통해 충분히 황남대총 남분 이전에도 금동제 안장이 제작될 수 있었던 기반이 마련되어 있음을 증명해준다. 이러한 신라 마구가 5세기 전반 일본열도에 유입된 배경은 신라가 5세기 전반 고구려 남정으로 인해 쇠퇴한 금관가야의 교역권을 장악하기 위한 정치적 의도를 갖고 왜 왕권에 접근하고, 왜 왕권도 철, 금공품 등의 위신재 확보를 위해 새로운 교섭 상대가 절대적으로 필요하다는 서로 간의 이익 관계가 상충된 결과로 보았다. 또한 일본열도에서 부산 복천동 21·22호분, 복천동 10·11호분에 부장된 신라산 문물과 동일한 물품들이 기내畿內지역에서 확인됨을 근거로 신라는 부산 세력을 매개체로 하여 왜 왕권과 교섭하였을 가능성을 제시하였다(박천수 2007:316~320).

6세기 후반 일본열도에서 확인되는 대표적인 신라 마구는 후지노키藤ノ木고분 출토 마구이다. 역시나 형태나 문양, 제작 기술 수준이 상당히 높은 금동제 안장의 계보와 제작지에 대해 많은 견해가 제시되었지만, 지금까지도 명확한 결론은 나지 않았다. 후지노키 마구를 신라계로 판단하고 그 유입 배경을 대가야 멸망(562년)과 관련시켜 해석한 사례를 보면, 대가야 멸망으로 인해 대가야권의 기술자 집단이 신라 공방으로 흡수되어 신라의 전통적인 스타일을 유지한 금공품에 다른 계통의 제작 기법이 더해져 신라의 지배자층이 정치적인 의도를 가지고 왜의 유력자에게 선물하였을 가능성(千賀久 2003:124~125)을 제시하거나, 대가야 멸망 전후의 정치적 동향에 따라 신라와 왜가 국교(560년)를 맺고 신라가 왜에 사절을 파견하는 등의 교류관계 속에서 후지노키 마구가 출현하였다고 보았다(박천수 2007:319~320).

후지노키고분 출토 금동제 안장은 일체안인 좌목선금구의 구조나 좌목선교구, 안교손잡이 등 신라계 요소를 다수 반영하고 공반 마구에서도 십자문 심엽형 판비나 보요부형 장식금구, 자엽형 행엽 등 신라계 마구의 특징을 가지는 것으로 보아 신라의 영향이 강하게 작용하였음은 주지의 사실이다. 하지만 신라에서 제작되었다고 하기에는 같은 시기 신라에서 마구 자료가 확인되지 않기 때문에 그 양상을 비교하는 것은 곤란하나 후지노키 마구 제작에 신라지역의 공인이 참여하였을 가능성이 크다.

_통일신라시대의 말과 마구

통일신라시대 말의 활용

통일신라시대는 원삼국~삼국시대와 비교하여 마구의 실물 자료가 극히 적고 연구의 진척도 거의 없는 상황이라 그 실상을 알기에 어려움이 있다. 다행히 문헌 기록에서 말의 활용 양상 등을 파악할 수 있는 몇 가지 기사와 일부 확인되는 실물 자료를 통해 통일신라시대 말과 마구의 모습을 짐작할 수 있다.

먼저 말의 군사적 활용이다. 『삼국사기』잡지 제9 무관조武官條를 보면 7세기대 신라가 삼국 통일 과정에서 체계적으로 기병을 조직하고 대대적으로 그 수를 늘렸음이 확인된다. 기병 부대로 구성된 태종 무열왕 원년(654년)에 창설된 계금당罽衿幢과 문무왕 12년(672년)에 창설된 오주서五州誓가 바로 그 증거이다. 신라의 기병 증강은 당唐의 대규모 기병 내습에 대응하기 위한 조치 중 하나로 본다(서영교 2002:128). 신라 통일기 이루어진 대대적인 기병 증설의 배경은 『삼국사기』신라본기 문무왕 9년(669년)의 목장 재분배 기사를 통해 중앙과 진골귀족이 주체가 된 체계적인 말의 사육과 관리가 전제되었음을 짐작해 볼 수 있다(서영교 2002:156).

다음으로 말의 사회적 활용이다. 통일신라시대가 되면, 마구를 통해 표출된 사회 조직 내 서열의 가시화는 이전보다 더욱 심화된다. 『삼국사기』잡지 제2를 보면 흥덕왕 9년(834년)에 복식, 마차와 마구, 용기, 가옥을 대상으로 신분과 성별에 따라 사용할 수 있는 색, 재질, 재료에 제한을 두었음을 법적으로 명시해 두었다. 마차와 마구에 쓰이는 재료와 색을 신분에 따라 제한을 두었는데, 특히 마차는 5두품 이상만 탈 수 있도록 명시해 두었다. 또한 가옥 내 마구간의 규모도 제한함으로써 6두품은 5필, 5두품은 3필, 4두품은 2필 등 말 소유에도 엄격한 제한이 적용되었다.

삼국시대에도 금, 은 등의 고급 재료나 유리, 패각 등의 희귀 소재를 사용하여 계층 간의 서열화를 가시화하려는 의도가 있었지만, 통일신라시대에는 이를 법적으로 명시하고 이를 어길 시 형벌을 가하는 모습이 확인되어 계층 간 서열이 더욱 엄격해지고 심화된 모습을 볼 수 있다.

통일신라시대 마구의 특징

현재 확인되는 통일신라시대 마구는 재갈, 등자, 장식구 정도이고 차관 등의 마차 부속구가 일부 확인된다(성정용 외 2007). 대부분 분묘에서 출토되었던 원삼국~삼국시대와 달리 산성, 절터, 건물지 등 생활 유적에서 주로 출토되어 차이를 보인다(표6, 도10).

재갈은 주로 표비가 확인되는데, 함의 측면에 직교해서 고리가 하나 더 붙은 이중외환二重外環이 특징이다. 표는 S자형을 띠고 입문용 금구와 일체로 제작된 것이 많으며, 철제뿐만 아니라 금동제, 청동제로 제작되기도 한다. 인수는 삼국시대부터 확인되는 2조선 인수가 채용된 예와 당대唐代의 표비에서 확인되는 원환圓環이 채용된 예 두 계열이 확인된다. 통일신라시대 표비의 대표적 사례는 전傳 경주 내남면 탑리, 창녕 화왕산성, 광양 마로산성, 부여 부소산성, 익산 미륵사, 용인 언남리 출토 표비를 들 수 있다.

등자는 발의 앞부분을 감싸는 호등이 주로 확인된다. 호등은 삼국시대부터 확인되지만 기본 형태를 나무로 만든 후 주요 부분만 철판으로 보강한 것으로 통일신라시대 전체를 철제로 제작한 호등과는 차이가 있다. 통일신라시대 철제 호등은 안장과 등자의 연결이 좀 더 쉽도록 가죽이 통과하는 구멍 방향을 바꾸거나 발을 딛는 부분을 호구 밖으로 더 돌출시켜 넓히는 등 삼국시대의 호등에서 기능적으로 더욱 발전한 모습이 확인된다. 대표적으로 경주 천관사지, 경산 임당 저습지 I지구, 창녕 화왕산성, 광양 마로산성, 익산 미륵사, 전 황해도 평산 출토품 등이 있다.

표6_ 통일신라시대 마구 출토 현황

지역	유적	출토마구
경주	傳 탑리	청동제 표비1
	안압지	철제 복환식환판비1
	천관사지 건물지7	철제 호등1
	황룡사지	장식구5
	동천동 668-29	청동제 호등
	계명대박 소장품	금동제 표비1
	傳 한반도 남부	금동제 표비1
경산	임당 저습지 I지구	철제 호등
창녕	화왕산성 연지	철제 표비1, 철제 호등2
	말흘리 퇴장유구	십자문 심엽형 판비
용인	언남리 II-1호 수혈	철제 차관(마차구)1
	언남리 II-10호 수혈	철제 표비1(은상감), 철제 차관(마차구)2
	언남리 IV-할석유구	철제 차관(마차구)1
	언남리 IV-건물지	철제 차관(마차구)1
이천	설봉산성	철제 표비1
광양	마로산성 2호 수혈	철제 표비1, 은제 장식구39
	마로산성 II-1호 건물지 10호 수혈	철제 호등3
	마로산성 I-1호 건물지	철제 호등1
	마로산성 나지구	철제 호등4
	마로산성 I-3호 건물지	철제 차관(마차구)
	마로산성 I-7호 건물지	철제 차관(마차구)
부여	傳 부소산성 채집품	청동제 표비1
	부소산성 사비루 나지점	철제 표비1, 청동제함+인수1
	초석건물지 남편 수혈	철제 차관(마차구)1
익산	미륵사	청동제 표비1, 철제 표비1, 철제 호등1, 금동(청동)제 장식구4, 철제 차관(마차구)1
논산	신흥리	철제 호등2
황해	평산 출토품	철제 호등2(은입사)

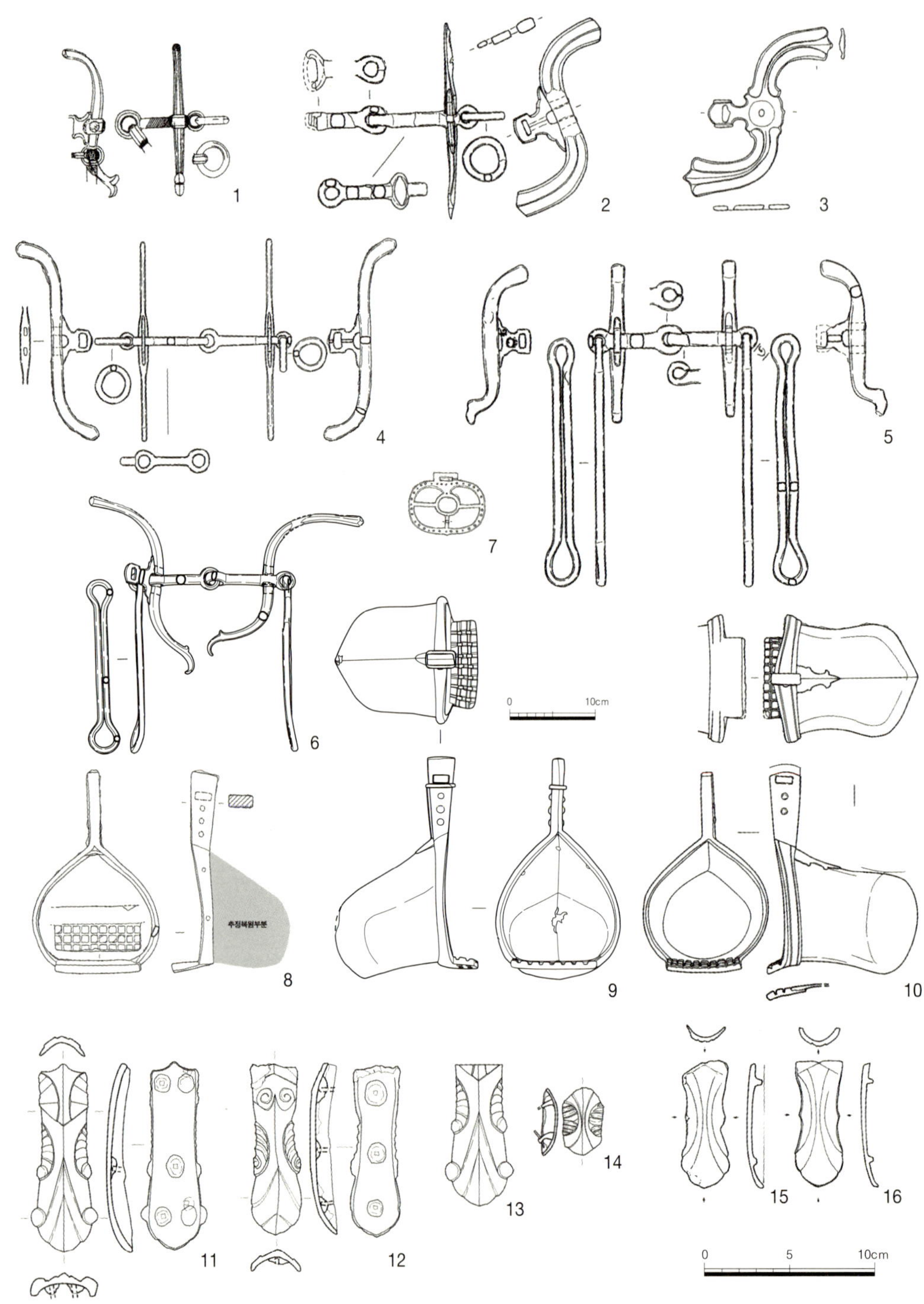

도10_ 통일신라시대 출토 마구

1. 전 경주 탑리(梅原末治 1925), 2. 계명대박 소장품(계명대학교박물관 2004), 3·15·16. 익산 미륵사(국립부여문화재연구소 1996),
4·10~14. 광양 마로산성(순천대학교박물관 2006, 성정용 외 2007), 5. 용인 언남리(한신대학교박물관 2007),
6·9. 창녕 화왕산성 연지(경남문화재연구원 2009), 7. 창녕 말흘리 퇴장유구(경남고고학연구소 2005),
8. 경주 천관사지(국립경주문화재연구소 2004)

장식구는 청동제나 청동에 은판을 씌운 예가 확인된다. 세로로 길고 측면은 약간 곡률이 져 있으며 뒷면에는 못 등을 납땜하여 끈과 연결할 수 있게 만들었다. 삼국시대 운주, 행엽과는 형태가 다르지만 삼계의 끈 위에 부착되어 끈을 연결하고 장식하는 등의 용도는 동일한 것으로 보인다. 대표적으로 경주 황룡사지, 광양 마로산성, 익산 미륵사 출토품 등이 확인된다.

아직까지는 문헌기록에서 보이는 기병 증대나 사회 조직 내 서열의 가시화를 확인할 수 있을 만큼 통일신라시대 마구의 출토 예가 많지 않다. 하지만 점차 자료가 증가하는 상황에서 실물 자료와 문헌사 연구 성과의 접목을 통해 통일신라시대 마사 문화의 복원을 기대하고자 한다.

__연구 전망과 과제

말은 고대 사회부터 다양한 방면으로 활용되었고, 그 흔적은 말 유존체나 말을 부릴 때 사용하는 마구를 통해 짐작할 수 있다. 하지만 지금까지는 재갈, 등자 등 개별 마구의 형태, 편년, 분포 등 주로 마구에만 집중하여 당시 마사 문화의 한 단면을 살펴보고자 한 것도 사실이다. 물론 마구 연구가 인간이 말을 어떻게 다뤄왔고 마구에 어떤 정치적, 사회적 의미를 투영하였는지, 형태, 제작 기법 등을 통해 지역 간 교류 관계 등을 알 수 있다는 점에서 마사 문화 복원의 중요한 부분이지만, 실질적으로 '말' 자체로부터 분리된 '도구' 연구에 치중된 감도 없지 않다. 따라서 이러한 문제 의식을 바탕으로 앞으로 나아가야 할 방향과 연구 과제는 무엇인지 살펴보고자 한다.

원삼국시대와 삼국시대 마사 문화의 연속성

원삼국시대부터 확인되는 한반도의 마사 문화는 3세기 말 낙동강 하류역을 중심으로 일어난 대변혁*으로 인해 마차 문화로 대표되는 원삼국시대 마사 문화가 종료되고 기마 문화로 대표되는 삼국시대 마사 문화가 새롭게 형성되었다고 보고 있다(이상율 2006). 이는 두 시기에 속하는 마사 문화를 연속적인 흐름으로 보지 않고 원삼국시대는 수레용 마구, 삼국시대는 기승용 마구라는 마구의 성격과 계보차가 다르다는 인식 하에 개별적으로 연구가 진행되고 있다. 그렇다면 그 이전의 마사 문화

---

* 새로운 장제의 출현, 도질토기의 발생, 철제 갑주 및 기승용 마구의 출현 등을 들고 있다.

는 완전히 폐기되는 것인가?

　원삼국시대 마사 문화를 수레용 마구로 보는 근거는 중국에서 성행한 마차문화의 영향을 받아 한漢의 낙랑군이 설치되었던 평양지역 주변을 중심으로 재갈과 함께 멍에부속구, 입형동기, 개궁모 등 마차 부속구가 공반됨을 근거로 삼고 있다. 한반도 남부지방에서도 개궁모 등 일부 마차 부속구가 출토되어 원삼국시대 한반도는 마차 문화가 성행하였다고 인식하고 있다. 여기서 마차 문화의 근거는 마구 자체의 차이가 아닌 마차 부속구의 공반 유무만을 통해 결정되고 있는 것은 문제가 있다. 낙랑군이 설치된 평양지역 주변에서는 마차 부속구와 마구의 공반 예가 많고 한의 마차 문화 영향이 있었을 가능성이 높지만, 한반도 남부지방에서 마차가 실제로 운용되었는지는 신중한 검토가 필요하다.

　따라서 '원삼국시대＝거여용 마구, 삼국시대＝기승용 마구'라는 2분법적 견해는 재고의 여지가 있다. 마차 부속구가 공반되는 예는 낙랑군이 설치된 평양지역 주변에서 집중적으로 확인될 뿐이고, 한반도 남부지방에서는 그 예가 극히 적다. 예를 들어 진·변한지역의 경우 기원전 1세기대부터 3세기대까지 총 55예의 마구가 출토(표7)되었는데, 그 중 마차 부속구가 출토된 예는 5예(9%)에 불과하다(이현정 2013:542). 이 중 전傳 대구 평리동, 비산동, 전傳 경주 안계리 출토품의 경우에는 모두 수습품이라 마구와의 공반 관계나 출토 정황 등이 불분명하다. 정식 발굴조사를 통해 얻은 자료는 성주 예산리 Ⅲ-31호와 울산 교동리 1호 출토품밖에 없지만 이 역시 마구와 공반되지 않고 마차 부속구만 출토되었다.

연번	지역	유적명	유구	재갈				공반마구
				표형태	연결공	함	인수	
1	성주	예산리 Ⅲ-1호	목관묘	프로펠러형(?)1	측면	2연식	—	—
2		예산리 Ⅲ-31호	목관묘	—	—	—	—	금동제 개궁모2
3	대구	가천동 Ⅴ-3호	목관묘	판상 I자형1	측면	—	—	청동제환 大2 小 2,교구1
4		신서동(B1,3북) 1호	목곽묘	판상 I자형1	측면	2연식	—	철제환1
5		신서동(B2구역) 1호	목관묘	판상 I자형1	측면	2연식	—	
6		傳 평리동	수습	프로펠러형2(청동) 프로펠러형1(철제)	측면	2연식	—	청동제마면1,마탁4, 입형동기1
7		傳 비산동	수습	—	—	—	—	금동제 개궁모2
8	경산	임당A-Ⅰ-96호	목관묘	프로펠러형1	측면	2연식	—	—
9		임당A-Ⅰ-139호	목관묘	프로펠러형1	측면	2연식	—	—
10		임당A-Ⅰ-140호	목관묘	—	—	2연식	—	청동제십자문원형동기1
11		임당A-Ⅰ-145호	목관묘	프로펠러형1	측면	2연식	—	—
12		임당E-118호	목관묘	판상 I자형1	측면	○	—	—
13		신대리 1호	목관묘	판상 I자형1	측면	2연식	—	
14		신대리 63호	목관묘	판상 I자형2	측면	2연식	—	—
15		신대리 111호	목관묘	판상 I자형1	측면	2연식	○	철제환1
16		옥곡동 Ⅱ-3호	목관묘	궐수문+S자형1	측면	2연식	○	—
17		내리리 9호	목관묘	—	—	2연식	—	—

연번	지역	유적명	유구	재갈				공반마구
				표형태	연결공	함	인수	
18	영천	용전리	목관묘	프로펠러형(?)7	측면	2연식	?	—
19	경주	화천리251-1, 5호	목관묘	판상 I자형1 프로펠러형2	측면	2연식	—	철제환1
20		사라리 130호	목관묘	판상 I자형2 궐수문+S자형1	측면	2연식	○	청동제환1,교구1,8자형동기2
21		탑동21-3,4번지	목관묘	궐수문+S자형1	측면	2연식	○	
22		傳 안계리	수습	—	—	—	—	입형동기5
23		황성동 2호	목곽묘	궐수문+S자형1	측면	2연식	—	청동제방형환1
24		황성동 46호	목곽묘	궐수문+S자형1	정면	3연식	—	청동제환大2,小2 8자형동기大2,小2
25		황성동강변로 1호	목곽묘	궐수문+S자형1	정면	3연식	—	
26		조양동 1호	목곽묘	궐수문+S자형1	정면	3연식	—	
27		조양동 60호	목곽묘	판상 I자형1 프로펠러형1	측면	2연식?	—	청동제환2,청동제교구1
28		조양동 63호	목곽묘	궐수문+S자형1	정면	—	—	—
29	포항	옥성리 나113호	목곽묘	궐수문+S자형1	정면	2연식	—	—
30		옥성리 나115호	목곽묘	궐수문+S자형1	정면	?	—	—
31	울산	교동리 1호	목관묘	—	—	—	—	개궁모1
32		창평동810, 2호	목관묘	판상 I자형1 궐수문+S자형1	측면	2연식	—	철제환2,교구1
33		중산동542, 3호	목관묘	판상 I자형1	측면	2연식	○	
34		중산동542, 5호	목관묘	궐수문+S자형1	정면	2연식	—	청동제환2
35		중산리IC-3호	목곽묘(主)	궐수문+S자형1	정면	—	—	—
36		중산리VII-4호	목곽묘	궐수문+S자형1	정면	3연식	—	—
37		중산리VII-1호	목곽묘	궐수문+S자형1	정면	2연식?	—	
38		하대 1호	목곽묘	궐수문+S자형1	정면	—	—	
39		하대 43호	목곽묘	궐수문+S자형1	정면	2연식	—	청동제환1(봉토)
40		하삼정 2호	목곽묘	刺+S자형1	측면	2연식	○	—
41		장현동 50호	목관묘		—	2연식	—	—
42		다운동 26호	목관묘	?	?	?	?	?
43	밀양	교동 10호	목관묘	판상 I자형1	측면	2연식	—	—
44	창원	다호리 19호	목관묘	궐수문+S자형2	측면	2연식	—	—
45		다호리 20호	목관묘	궐수문+I자형1	측면	2연식	—	
46		다호리 23호	목관묘	프로펠러형1	측면	2연식	—	
47		다호리 48호	목관묘	—	—	2연식	—	
48		다호리 69호	목관묘	프로펠러형1	측면	2연식	—	철제환3
49		다호리 70호	목관묘	프로펠러형1	측면	2연식	—	
50		다호리 79호	목관묘	—	—	2연식	—	
51		다호리 104호	목관묘	궐수문+I자형1	측면	2연식	—	
52		다호리 119호	목관묘	프로펠러형1	측면	2연식	—	청동제환1,청동제교구1
53	김해	양동리 162호	목관묘	궐수문+S자형1	측면	2연식	—	청동제환2,교구1
54		양동리 382호	목곽묘	궐수문+I자형1	?	?	—	—
55		傳 양동리	목곽묘	—	—	3연식(청동)	—	—

즉 원삼국시대 남부지방에 한해서는 마차 문화가 주였다고 볼 수 없는 상황이다. 한반도 북부지방도 마차 부속구와 마구의 공반 사례가 남부지방보다는 풍부하나 중국 중원지역의 마차 문화가 그대로 유입되었다고 볼 수 없고(오영찬 2001:23), 그 보다 더 빈약한 양상을 보이는 남부지방의 경우에는 더욱 그 영향을 상정하기는 어렵다. 중국의 마차 문화를 체계적으로 수용하기 위해서는 말의 사육, 조교調教, 각종 차마구의 생산, 도로의 정비 유지, 궤간軌間의 통일 등 막대한 자본 정비를 필요로 하기 때문이다(諫早直人 2012a:92). 당연히 차마구란 것 자체가 중국에서 등장, 발전을 주도해 간 것은 맞지만, 이러한 마차 문화가 중국 동북지방, 한반도로 확산되면서 당시 세력들이 이를 어떻게 수용, 변용했는지에 대한 검토도 필요하다.

말의 사육과 사육 집단

　말은 국가적으로 중요한 자원이었고, 말의 개체 수를 늘리는 것은 국가의 중대한 사업이었기 때문에 엄청난 공을 들여 말을 사육하였을 것이다. 마정馬政이란 말이 있듯이 말을 키우고 활용하는 것은 당시 사회 내에서 상당히 중요한 부분을 차지하였다고 볼 수 있다.

　하지만 현재 국내에서는 마사 문화의 일부인 말을 제어하고 장식하였던 도구에 집중하였을 뿐 '말' 자체에 주목하여 한반도 내 말의 종류, 말의 유입 시기, 사육 방법, 목장 경영, 말의 공급 문제, 그리고 말 사육 집단에 대한 논의는 거의 이루어지지 않았다. 일부 문헌 기록을 통해 말의 종류는 북쪽에서 들어온 몽고마일 가능성이 있는 호마胡馬와 과하마果下馬일 가능성이 있는 향마鄕馬 2종류가 있었다고 보고 있지만, 실제 말뼈 자료 등을 통해 고고학적으로 검증된 사항은 아니며 이를 증명하기 위한 자료 축적 또한 활발히 이루어지지 않는 편이다.

　일본에서는 1970년대부터 말의 생산, 목장 등에 주목하였으며 최근까지도 연구 범위가 확장되면서 활발하게 논의가 이어져 오고 있다(桃崎祐輔 2013). 예를 들어 출토된 말뼈 등을 통해 말의 체고와 연령을 판단하고 이를 통해 어떠한 용도로 사용되었는지, 말의 사료인 소금을 만들었던 제염토기나 말 조련 시 사용한 목제 안장과 등자 등을 통해 말 사육 증거를 확인한다던지 목장 관련 시설인 관아시설, 마구간, 마구 생산 공방지 등의 유구를 통해 당시 목장의 양상과 경영이 어떻게 이루어졌는지 등이 연구되고 있다. 더 나아가 말을 생산하고 공급한 마사 집단이 어디에서 왔고, 당시 사회 내에서 어떤 계층에 속하였는지에 대해서도 꾸준히 의문을 제기하면서 연구 저변을 확대하고 있다.

　최근 국내에서도 말 사육과 활용에 대한 관심이 제기되어 주목된다(권오영 2012). 화성 송산동 농경유적에서 확인된 백제 논에서는 인간과 소, 말 발자국이 확인되었는데, 이를 통해 체고 125~140㎝ 정도의 중형마를 휴경 상태의 농경지에 방목하였을 가능성이 매우 높다고 판단하였다.

한반도에 언제, 어떠한 말이 들어와서 사육되었는지부터 시작하여 말의 종류, 말의 사육 방법(조교, 사육·조련 도구, 먹이 등), 마구 제작, 말가죽, 뼈 가공 공방지 등의 생산 유구, 마구간 등의 말 목장 관련 시설과 함께 전문적으로 말을 사육한 집단이 존재하였는지, 그 전문성은 어느 정도의 수준이었는지, 목장을 경영한 집단이 당시 사회 내에서 어떠한 계층이었는지도 풀어야 할 과제이다. 한반도 마문화의 복원을 위해 문헌기록과 민속학적 연구 성과를 토대로 이제는 고고학적 연구 성과의 축적이 필요할 때이다.

고대 사회에서 말의 역할과 활용

한반도 마문화 연구의 종합적인 연구를 위해서는 인간이 어떻게 말을 활용하였는지도 중요한 연구 과제이다. 인간이 말을 활용하는 주된 방법은 크게 승마(기승용), 태마(싣는 용도), 만마輓馬(차와 썰매를 끄는 용도, 밭가는 것도 포함)로 구별할 수 있다(中村潤子 2005). 목적에 따라 이동하는 교통 수단이나 무거운 짐을 운송하는 운송 수단으로 사용되기도 하고 전쟁에서 적의 대열을 흩트리거나 후퇴하는 적을 끝까지 추격해 소탕하는 기병으로 활용되기도 한다.

문헌 기록을 참고하면, 신라 사회 내에서의 말 활용은 주로 전쟁에 초점이 맞추어져 있다. 기마전의 보급으로 말의 수요가 늘어나고 중장기병의 등장이 고대 사회의 획기적인 변혁으로까지 인지될 만큼 상당한 파급력이 부여된 상태이다. 하지만 기병이 당시 사회에서 구체적으로 어떻게 운용되었는지에 대한 기초적인 연구는 생각보다 적다. 실질적으로 중방기병의 효용성이 떨어짐을 지적한 연구(서영교 2004:352~357)도 있다.

지금까지 말의 활용은 군사적인 목적인 '기병'에 초점이 맞추어져 있었고 이는 아무런 근거 없이 마구의 출현이 곧 기병의 출현으로 해석하는 상황에까지 이르렀다. 당연히 말의 기동성과 민첩성은 전쟁에서 유용하게 활용되었을 것이지만, 전쟁뿐만 아니라 빠른 기동성으로 장거리를 단시간에 이동 가능하게 하였고, 이는 각 국 간의 교류나 물자의 이동을 훨씬 더 쉽고 빠르게 하는 원동력이 되었을 것이다. 즉 '말=전쟁'이란 인식의 전환이 필요한 때이며 다양한 말의 활용 양상을 염두에 두어야 한다.

보고서·도록

慶南考古學研究所, 2001, 『昌寧 桂城 新羅高塚群』.

_______________, 2005, 『昌寧 末屹里 遺蹟』.

경남문화재연구원, 2009, 『창녕 화왕산성 연지』.

慶北大學校博物館·慶北大學校考古人類學科·高靈郡大加耶博物館, 2009, 『高靈 池山洞 44號墳−大加耶王陵−』, 慶北大學校博物館 學術叢書37·慶北大學校考古人類學科 考古學叢書1.

啓明大學校博物館, 2004, 『계명대학교박물관』, 개교50주년 기념 신축박물관 개관전시도록.

국립가야문화재연구소, 2011, 『창녕 송현동 고분군Ⅰ−6·7호분 발굴조사보고』.

國立慶州文化財研究所, 1995, 『慶州 皇南洞106−3番地 古墳群發掘調査報告書』.

_______________, 2004, 『경주 천관사지』.

_______________, 2010, 『국립경주문화재연구소 발굴조사 성과 경주 쪽샘 유적』.

國立慶州博物館, 2000, 『玉城里 古墳群−가地區 發掘調査報告−』.

_______________, 2010, 『慶州 鷄林路 14號墓』, 國立慶州博物館 學術調査報告 第22册.

國立慶州博物館·慶北大學校博物館, 1990, 『慶州市 月城路古墳群』.

國立博物館, 1947, 『壺衧塚과 銀鈴塚』.

國立扶餘文化財研究所, 1996, 『미륵사 유적발굴조사보고서Ⅱ』.

國立中央博物館, 2010, 『황금의 나라 신라의 왕릉 황남대총』.

吉林省文物考古研究研所·集安市博物館, 2004, 『集安高句麗王陵−1990~2003年集安高句麗王陵調査報告−』, 文物出版社.

吉林省文物考古研究所·集安市博物館·吉林省博物館, 2010, 『集安出土高句麗文物集粹』, 科學出版社.

吉林省博物館文物工作隊, 1977, 「吉林集安的両座高句麗墓」, 『考古』1977−2, 中國社會科學院考古研究所.

吉林省集安縣文物保管所, 1982, 「集安万宝汀墓區242號古墓清理簡報」, 『考古與文物』1982−6, 陝西人民出.

東國大學校 慶州캠퍼스 博物館, 2008, 『慶州 皇吾洞 100 遺蹟Ⅰ』, 博物館研究叢書 第29册.

文化公報部 文化財管理局, 1975, 『天馬塚』.

文化財管理局 文化財研究所, 1985, 『皇南大塚 北墳 發掘調査報告書』.

_______________, 1993, 『皇南大塚(南墳)』.

釜山市立博物館, 1990,『釜山 杜邱洞 林石遺蹟』.

順天大學校博物館, 2005,『광양 마로산성 I-건물지-』.

嶺南大學校博物館, 1991,『昌寧 桂城里 古墳群—桂南1·4號墳—』.

______________, 1994,『慶山 林堂地域 古墳群II-조영EIII-8號墳 外-』.

______________, 1999,『慶山 林堂地域 古墳群IV—造永CI·II號墳』.

______________, 2002a,『慶山 林堂地域 古墳群VI—林堂2號墳』.

______________, 2002b,『고대의 말-神性과 實用-』, 개교 55주년 기념특별전.

______________, 2003,『慶山 林堂地域 古墳群VII-林堂5·6號墳』.

______________, 2005,『慶山 林堂地域 古墳群VIII—林堂7號墳』.

______________, 2012,『慶山 林堂地域 古墳群IX-造永EIII-2號墳』.

嶺南文化財研究院, 2001,『慶山 林堂洞 遺蹟II-G地區 5·6號墳』.

______________, 2007,『慶州 舍羅里 遺蹟III』.

______________, 2010,『慶州 隍城洞 575番地 古墳群』.

______________, 2011,『慶州 九於里 古墳群II』.

遼寧省文物考古研究所, 2002,『三燕文物精粹』(日本語版), 奈良文化財研究所.

遼寧省文物考古研究所·朝陽市博物館, 1997,「朝陽十二臺鄉磚廠88M1發掘簡報」,『文物』1997-11, 文物出版社.

遼寧省文物考古研究所·朝陽市博物館·北票市文物管理所, 2004,「遼寧北票喇嘛洞墓地1998年發掘報告」,『考古學報』2004-2, 考古雜誌社.

遼寧省博物館, 1984,「遼寧本渓晋墓」,『考古』1984-8, 中國社會科學院考古研究所.

遼寧省博物館文物隊·朝陽地區博物館文物隊·朝陽縣文化館, 1984,「朝陽袁台子東晋壁画墓」,『文物』1984-6, 文物出版社.

吉田珠己, 1994,「丸山古墳」,『羽曳野市史』第3卷, 羽曳野市.

蔚山文化財研究院, 2013,『蔚山 藥泗洞 北洞 遺蹟I-木槨墓』.

田立坤·李智, 1994,「朝陽發現的三燕文化遺物及相關問題」,『文物』1994-1, 文物出版社.

鄭澄元·申敬澈, 1983,『東萊 福泉洞古墳群』I, 釜山大學校博物館.

鄭燦永, 1963,「慈城郡 照牙里, 西海里, 法洞里, 松岩里 高句麗古墳 發掘報告」,『各地遺蹟整理報告』, 考古學 資料集3, 朝鮮民主主義人民共和國 科學院 考古學 및 民俗學研究所.

朝鮮總督府, 1931,『慶州金鈴塚飾履塚發掘調査報告』, 大正13年度古蹟調査報告.

______________, 1937,『慶州皇南里第白九號墳皇吾里第十四號墳調査報告』, 昭和9年度古蹟調査報告.

中國社會科學院考古研究所安陽工作隊, 1983,「安陽孝民屯晋墓發掘報告」,『考古』1983-6, 中國社會科學院考古研究所.

中央文化財研究院, 2005, 『慶州 德泉里古墳群』.

秦始皇兵馬俑博物館·陝西省考古研究所, 1998, 『秦始皇陵銅車馬發掘報告』, 文物出版社.

集安縣文物保管所, 1979, 「集安縣両座高句麗積石墓的淸理」, 『考古』1979-1, 中國社會科學院考古研究所.

昌原大學校博物館, 2006, 『울산 중산리유적Ⅰ-현대자동차 근로자주택 부지내 유적-』.

橿原考古學研究所附屬博物館, 2003, 『古墳時代の馬との出會い-馬と馬具の考古學-』, 春季特別展.

韓國文化財保護財團, 1998, 『尙州 新興里 古墳群(Ⅱ)-나지구-』.

한신대학교박물관, 2007, 『용인 언남리-통일신라 생활유적-』.

논저

諫早直人, 2005, 「朝鮮半島南部三國時代における轡製作技術の展開」, 『古文化談叢』54, 九州古文化研究會.

_______, 2007, 「製作技術로 본 夫餘의 轡와 韓半島 南部의 初期 轡」, 『嶺南考古學』43, 嶺南考古學會.

_______, 2008, 「古代東北アジアにおける馬具の製作年代-三燕·高句麗·新羅-」, 『史林』91-4, 史學研究會.

_______, 2012a, 『東北アジアにおける騎馬文化の考古學的研究』, 雄山閣.

_______, 2012b, 「3. 九州出土の馬具と朝鮮半島」, 『沖の島祭祀と九州諸勢力の對外交涉』, 第15回 九州前方後圓墳研究會 北九州大會發表要旨.

岡内三眞, 1979, 「朝鮮古代の馬車」, 『震壇學報』46·47, 震壇學會.

江上波夫, 1948, 「馬弩關と匈奴の鐵器文化」, 『ユウラシア古代北方文化』, 全國書房.

姜昇姬, 2011, 「加耶·新羅의 후걸이(尻繫) 研究」, 釜山大學校 大學院 碩士學位論文.

姜裕信, 1987, 「新羅·伽倻古墳 出土 馬具에 대한 研究」, 嶺南大學校 大學院 碩士學位論文.

_____, 1999, 『韓國 古代의 馬具와 社會-新羅·加耶를 中心으로-』, 學研文化社.

_____, 2002, 「韓半島 南部 古代 馬具의 系統」, 『淸溪史學』16·17, 한국정신문화연구원청계사학회.

權度希, 2006, 「百濟馬具의 研究-轡를 中心으로-」, 『崇實史學』19, 崇實大學校史學會.

_____, 2013, 「百濟地域 馬具의 編年」, 『한일교섭의 고고학-고분시대』, '한일교섭의 고고학-고분시대-' 제1회 공동연구회.

권오영, 2012, 「백제의 말 사육에 대한 새로운 자료」, 『21세기의 한국고고학 Ⅴ』, 주류성.

金基雄, 1968, 「三國時代의 馬具小考」, 『白山學報』5, 白山學會.

______, 1972, 「馬具」, 『韓國の考古學』, 河出書房新社.

______, 1985, 「武器와 馬具」, 『韓國史論』15, 國史編纂委員會.

金大煥·諫早直人·金恩鏡, 2008, 「慶州 皇南洞 110號墳 出土 馬具 再報告」, 『繼往開來』7, 嶺南大學校博物館.

金斗喆, 1991, 「三國時代 轡의 研究-轡의 系統研究를 中心으로」, 慶北大學校 大學院 碩士學位論文.

______, 1992, 「新羅와 加耶의 馬具-馬裝을 中心으로」, 『韓國加耶史論叢』3, 한국고대사회연구소편, 가락국사적개발연구원.

______, 1995, 「영남지방의 騎乘文化 受容과 發展」, 『伽耶古墳의 編年研究Ⅲ-甲冑와 馬具-』, 제4회 영남고고학회 학술발표회, 嶺南考古學會.

______, 1998a, 「前期加耶의 馬具」, 『加耶史論叢』1, 加耶와 古代 日本, 金海市.

______, 1998b, 「新羅馬具 研究의 몇 課題」, 『新羅文化』15, 東國大學校新羅文化研究所.

______, 2000a, 『韓國 古代 馬具의 研究』, 東義大學校 大學院 博士學位論文.

______, 2000b, 「마구를 통해 본 가야와 백제」, 『가야와 백제』, 제6회 가야사 학술대회, 김해시.

______, 2004, 「加耶と倭の馬具」, 『古代東アジアにおける倭と加耶の交流』, 國立歷史民俗博物館 研究報告 第110集, 國立歷史民俗博物館.

金宰佑, 2004, 「嶺南地方의 馬胄에 대하여-金海 大成洞古墳出土 馬胄를 소재로-」, 『嶺南考古學』35, 嶺南考古學會.

김신규, 1970, 「우리 나라 원시유적에서 나온 포유동물상」, 『고고민속론문집』2, 조선민주주의인민공화국 사회과학원 고고학연구소, 사회과학출판사.

內山敏行, 2005, 「第4章 考察-第1節 中八幡古墳出土馬具をめぐる問題」, 『中八幡古墳資料調査報告書』, 池田町敎育委員會.

桃崎祐輔, 2001, 「棘葉形杏葉·鏡板の變遷とその意義」, 『筑波大學先史學, 考古學研究』12, 筑波大學歷史·人類學系.

______, 2003, 「斑鳩藤ノ木古墳出土馬具の再檢討-3セットの馬裝が語る6世紀末の政爭と國際關係」, 『古代の風』特別號 No.2(考古學講座 講演集), 市民古代研究會.

______, 2004, 「倭國への騎馬文化の道-慕容鮮卑三燕, 朝鮮半島三國, 倭國馬具との比較研究」, 『古代の風』特別號 No.2(考古學講座 講演集), 市民古代研究會.

______, 2013, 「牧의 考古學-古墳時代 목장(牧)과 牛馬飼育集團의 聚落, 墓-」, 『韓日聚落研究』, 韓日聚落研究會, 서경문화사.

鈴木勉·松林正德, 1996, 「譽田丸山古墳出土鞍金具5世紀金工技術」, 『橿原考古學研究所紀要 考古學論考』第20冊. 奈良縣立橿原考古學研究所附屬博物館.

鈴木治, 1958,「朝鮮半島出土の轡について」,『朝鮮學報』13, 朝鮮學會.

柳昌煥, 1994,「伽倻古墳 出土 鐙子에 대한 硏究」, 東義大學校 大學院 碩士學位論文.

______, 1995,「伽耶 古墳 出土 鐙子에 대한 硏究」,『韓國考古學報』33, 韓國考古學會.

______, 2000,「環板轡의 編年과 分布」,『伽倻文化』13, 伽倻文化硏究院.

______, 2004,「百濟馬具에 대한 基礎的 硏究」,『百濟研究』40, 忠南大學校 百濟文化研究所.

______, 2007,「三國時代 鐵製鐙子에 대한 一考察」,『考古廣場』創刊號, 釜山考古學研究會.

______, 2013,「三燕·高句麗 馬具와 三國時代 馬具」,『한일교섭의 고고학-고분시대』, '한일교섭의 고고학-고분시대-' 제1회 공동연구회.

리순진, 2001,『평양 일대 락랑무덤에 대한 연구』, 사회과학원도서출판중심.

梅原末治, 1925,「附載二 慶州內南面塔里發見轡」,『南朝鮮に於ける漢代の遺蹟』, 大正11年度古蹟調査報告 第2冊.

木下尙子, 1994,「イモガイをつけた馬具-騎馬文化の中の南海産貝-」,『倭國の形成と東アジアの騎馬文化』, 第11回 古代史シンポジウム.

朴普鉉, 1990,「心葉形杏葉의 型式 分布와 多樣性」,『歷史教育論集』13·14, 歷史教育學會.

박진욱, 1966,「삼국시기의 마구」,『고고민속』1966-3, 조선민주주의인민공화국 사회과학원 고고학 및 민속학연구소.

朴天秀, 2007,『새로 쓰는 고대 한일교섭사』, 사회평론.

裵基同, 1974,「新羅伽耶出土鐙子考」,『文理大學報』29, 서울大學校文理科大學學報編纂委員會.

서영교, 2002,「신라 통일기 기병증설의 기반」,『역사와 현실』45, 한국역사연구회.

______, 2004,「高句麗 壁畵에 보이는 高句麗의 戰術과 武器-기병무장과 그 기능을 중심으로-」,『高句麗渤海研究』17, 高句麗渤海學會.

成正鏞, 2000,「中西部 馬韓地域의 百濟領域化過程 研究」, 서울大學校 大學院 博士學位論文.

成正鏞·權度希·諫早直人, 2007,「鼓楽山城과 馬老山城 出土 馬具에 대하여」,『湖南考古學報』27, 湖南考古學會.

_______________, 2009,「清州 鳳鳴洞遺蹟 出土 馬具의 製作技術 檢討」,『湖西考古學』20, 湖西考古學會.

成正鏞·中條英樹·權度希, 諫早直人, 2006,「百濟 馬具 再報(1)-清州 新鳳洞古墳群 出土 馬具-」,『先史와 古代』24, 韓國古代學會.

小野山節, 1966,「日本發見の初期の馬具」,『考古學雜誌』52-1, 日本考古學會.

_______, 1990,「古墳時代の馬具」,『日本馬具大鑑』1(古代 上), 吉川弘文館.

288

孫璐, 2012,「한반도 북부지역 차마구의 등장과 성격」,『韓國上古史學報』76, 韓國上古史學會.

申敬澈, 1985,「古式鐙子考」,『釜大史學』9, 釜山大學校史學會.

______, 1994,「加耶 初期馬具에 대하여」,『釜大史學』18, 釜山大學校史學會.

______, 2000,「金官加耶의 成立과 聯盟의 形成」,『加耶各國史의 再構成』, 민족문화학술총서20, 혜안.

吳永贊, 2001,「樂浪 馬具考」,『古代研究』8, 古代研究會.

王培新, 2007,『樂浪文化-以墓葬爲中心的考古學研究』, 科學出版社.

俞炳一, 2002,「新羅・伽耶의 무덤에서 출토한 馬骨의 意味」,『科技考古研究』8, 아주대학교박물관.

李尙律, 1993,『嶺南地方 三國時代 杏葉의 研究』, 慶北大學校 大學院 碩士學位論文.

______, 1996,「三韓時代의 鑣轡에 대하여-嶺南地方 出土品의 系統을 中心으로-」,『碩晤尹容鎭教授停年退任紀念論叢』, 同刊行委員會.

______, 1998,「신라・가야 문화권에서 본 백제의 마구」,『百濟文化』27, 忠南大學校 百濟文化研究所.

______, 1999,「加耶의 馬胄」,『加耶의 對外交涉』, 제5회 가야사학술대회, 김해시.

______, 2005a,「三國時代 圓環轡考」,『古文化』65, 韓國大學博物館協會.

______, 2005b,「新馬胄考」,『嶺南考古學』37, 嶺南考古學會.

______, 2006,「三韓時代 鑣轡의 展開」,『石軒 鄭澄元教授 停年退任記念論叢』, 釜山考古學研究會論叢刊行委員會.

______, 2007,「三國時代 壺鐙의 出現과 展開」,『韓國考古學報』65, 韓國考古學會.

______, 2008,「삼한시대 표비의 수용과 획기-영남지역을 중심으로-」,『韓國上古史學報』62, 韓國上古史學會.

______, 2009,「新羅, 大加耶 新式板轡의 成立」,『古文化』74, 韓國大學博物館協會.

______, 2010,「扁圓魚尾形杏葉의 發生」,『釜山大學校 考古學科 創設20周年 記念論文集』.

이준정, 2013,「한반도 선사, 고대 동물사육의 역사와 그 의미」,『농업의 고고학』, 한국고고학회 학술총서5.

이준정・고은별, 2007,「사천 방지리 패총 출토 동물자료」,『사천 방지리 유적Ⅲ』, 경남발전연구원 역사문화센터.

李昌熙, 2007,「嶺南地方으로의 鐵器文化 流入에 대한 再考-鑣轡를 중심으로-」,『考古廣場』創刊號, 釜山考古學研究會.

李鉉宇, 2012,『三國時代 鞍裝의 構造 研究』, 釜山大學校 大學院 碩士學位論文.

李炫娅, 2006,「義成 大里里 3號墳 2槨 出土 馬裝의 復原」,『義成 大里里 3號墳』, 慶北大學校博物館.

______, 2007,「신라고분 출토 안교손잡이 시론」,『嶺南考古學』41, 嶺南考古學會.

______, 2009, 『嶺南地方 三國時代 三繫裝飾具 硏究』, 慶北大學校 大學院 碩士學位論文.

______, 2012, 「馬具를 통해 본 新羅와 倭의 交流-'新羅 馬具'란 무엇인가?-」, 『新羅와 倭의 交流』, 경북대학교박물관·일본국립역사민속박물관 공동주최 국제학술대회.

______, 2013, 「울산지역 원삼국~삼국시대 마구의 등장과 변천」, 『울산 철 문화』, 울산박물관 학술총서 V.

이현정·강진아, 2013, 「Ⅴ.고찰-태장리고분군3 1호분 출토 馬具의 檢討」, 『榮州 順興 台庄里古墳群3』, 세종문화재연구원 학술조사보고 제14책.

李炫姃·柳眞娥, 2011, 「마구와 이식을 통해 본 창녕지역의 금공품 제작 가능성」, 『慶北大學校 考古人類學科 30周年記念 考古學論叢』, 慶北大學校 考古人類學科 考古學叢書Ⅱ.

李熙濬, 2007, 『신라고고학연구』, 사회평론.

張允禎, 2003, 「韓半島三國時代の轡の地域色-とくに立聞用金具をとして-」, 『考古學研究』50-2, 考古學研究會.

장은정, 2012, 「흉노계 표비의 확산과 고대 동아시아의 기마 문화 수용」, 『중앙아시아연구』17-1, 중앙아시아학회.

田立坤, 2010, 「동북아시아의 고대 마구 문양-三燕의 마구를 중심으로-」, 『중국고고학Ⅲ』, 울산문화재연구원 제16회 초청강연회.

鄭薰鎭, 1995, 『嶺南地方에서 出土된 鞍裝에 대한 一考察』, 成均館大學校 大學院 碩士學位論文.

中山清隆, 1990, 「初期の輸入馬具の系譜」, 『東北アジアの考古學[天池]』, 東北アジア考古學研究會 二十周年記念論文集, 六興出版.

中村潤子, 2005, 「馬の使役とその道具についての一考察-考古資料と民具の間Ⅱ-」, 『朝鮮古代研究』6, 朝鮮古代研究會.

千賀久, 1979, 「古墳時代の初期馬裝」, 『橿原考古學研究所論集』4, 橿原考古學研究所.

______, 1985, 「高句麗の馬具と馬裝」, 『考古學と移住·移動』, 同志社大學考古學シリーズⅡ, 同志社大學考古學シリーズ刊行會.

______, 2003, 「日本出土の'新羅系'馬裝具の系譜」, 『東アジアと日本の考古學Ⅲ-交流と交易』, 同成社.

______, 2004, 「日本出土の'非新羅系'馬裝具の系譜-大加耶圈の馬具との比較を中心に」, 『國立歷史民俗博物館 研究報告』110, 國立歷史民俗博物館.

______, 2007, 「中國遼寧地域の帶金具と馬具」, 『日中交流の考古學』, 同成社.

崔秉鉉, 1983, 「古新羅鐙子考」, 『崇實史學』1, 崇實大學校史學會.

______, 1992, 『新羅古墳研究』, 一志社.

崔鍾圭, 1983,「中期古墳의 性格에 대한 약간의 考察」,『釜大史學』7, 釜山大學校史學會.

秋山進午, 1964,「樂浪前期の車馬具」,『日本考古學の諸問題-考古學研究會10周年記念論文集-』, 考古學研究會10周年記念論文集刊行會.

穴澤咊光・馬目順一, 1973,「北燕・馮素弗墓の提起する問題-日本・朝鮮考古學との關聯性-」,『考古學ジャーナル』85, ニュー・サイエンス社.

後藤守一, 1941,「上古時代の杏葉について」,『考古學評論』4, 東京考古學會.

黑澤一男, 2009,「가평 대성리유적 원49호 수혈 출토 동물유존체 분석」,『加平 大成里遺蹟』, 京畿文化財研究院.

06

신 동 조

신라의 농공구

__ 머리말

　　도구의 사용은 인류의 중요한 특징 중 하나로, 인류는 뼈·돌·나무·청동·철 등 다양한 재료를 이용하여 각종 도구들을 제작·사용하였다. 그 중 각종 도구를 제작하고 수리하는 데 사용되는 공구工具와 농경과 밀접한 관련을 가지는 농구農具는 가장 보편적이면서 필수적인 생산 도구라 할 수 있다. 초기철기시대 한반도 내에 철기가 유입되면서 각종 농공구들이 가장 먼저 철기화되고 널리 보급된다. 철제 농공구의 출현과 보급은 쉽게 부서지고 마모되는 골제나 석제·목제 농공구에 비해 괄목할 만한 생산력의 증대를 가져왔으며, 이를 바탕으로 사회 통합력이 커짐으로써 국가로 성장하게 된 배경 중의 하나로 언급된다(李賢惠 1990·1991).

"

이렇듯 당시의 사회상을 파악하는데 유효한 농공구에 대한 연구는 크게 농공구의 분류와 용도 및 기능 파악에 초점을 맞춘 연구와 농공구의 출토 양상을 검토하여 농공구의 조합상과 변화상, 소유 형태 등을 통해 당시의 사회상을 복원하고자 하는 연구로 나눌 수 있다. 전자는 다시 농공구를 종합적으로 검토한 연구(李賢惠 1990, 郭鐘喆 1992, 千末仙 1994, 李南珪 1997, 金在弘 2000·2005, 金度憲 2001, 宋閏貞 2007)와 철겸(安在晧 1997)과 살포·철서(金在弘 1997), 따비형 철기(李東冠 2011, 金度憲 2013a), 쟁기(李賢惠 1992, 宋閏貞 2009) 등과 같이 개별 철제 농공구를 분석한 연구로 세분된다.

삼국시대 신라사회의 농공구에 대한 연구는 발굴 조사의 성과가 적극 반영되었다. 각 유적에서 출토된 농공구를 정리하여 소개한 연구(金光彦 1987)를 시작으로 철제 농공구의 변화를 통해 농업 생산력을 추정하고 농업 생산력의 발달이 지배체제의 변화와 계층 분화와 같은 사회 발전에 어떠한 영향을 끼쳤는가를 검토한 연구(전덕재 1990)도 이루어졌다. 1990년대 이후 발굴 조사의 성과가 크게 늘어나면서 신라권이라 할 수 있는 영남지방 전체 혹은 영남지방 일부 지역 출토 농공구에 대한 형식 분류 및 용도 설정, 변천, 소유 형태 등을 살펴본 연구들이 활발하게 진행되었다(朴普賢 1992, 千末仙 1994, 金在弘 1997·2009, 金度憲 2001). 이러한 연구 외에 철제 농구를 사회·경제사적 관점으로 접근하여 5세기 후반 경주세력이 크게 성장할 수 있었던 배경 중 하나로 철제 생산도구의 제작과 유통 장악으로 파악한 연구도 진행되었다(李賢惠 1991). 최근에는 4~6세기 신라지역에서의 철제 농구의 변천과 분포 양상의 검토를 통해 신라지역에서 철제 농구의 확산 과정과 그 의미에 대해 살펴보기도 하였다(李하나 2011).

통일신라시대 농공구에 대한 연구는 삼국시대나 고려시대의 농업 생산력을 이해하는 연구에서 잠깐 언급되었을 뿐 구체적으로 다루어지지 않았다. 최근에 들어서서 각 유적에서 출토되는 농공구의 기종별 특징 및 발전 양상에 대해 살펴본 연구(宋閏貞 2007) 및 이 시기에 널리 보급되는 철제 우경구의 특징과 전개 양상에 대한 검토(宋閏貞 2009)가 이루어졌다. 이 글에서는 이러한 연구 성과들을 종합하여 신라와 통일신라시대 농공구의 변천과 전개 양상에 대해 살펴보고자 한다.

_농공구의 종류와 용도

농공구는 제작 소재의 재질을 기준으로 골제와 석제, 목제, 철제로 구분할 수 있다. 구석기시대~신석기시대에는 주변에서 쉽게 구할 수 있는 나무와 뼈, 돌을 사용하였으며, 청동기시대 후기에 비로

소 청동을 이용하여 농공구를 제작하게 된다. 초기철기시대에 이르러서야 철을 이용한 농공구-주
조철부를 비롯하여 주조제의 철착, 철사, 철겸 등-들이 등장하며 이후 다양한 종류의 철제 농공구가
제작되어 보급된다. 철제 농공구가 등장한 이후에도 비교적 다루기 쉬운 나무·뼈 등을 이용하여 각
종 도구들을 제작하여 사용하였으나, 쉽게 부식되는 재질의 특성 때문에 출토 사례가 매우 드물다.

목제 농공구

앞서 언급하였듯이 목제 농공구는 쉽게 부식되는 재질의 특성 때문에 출토 사례가 매우 적으며, 저
습지 유적 등을 중심으로 소량 확인된다. 신라지역에서 확인된 목제 농공구로는 나무방망이(도1-1
~2)와 첨기형 목기(도1-3~5)와 같은 공구류 및 철겸, 자귀, 도끼, 도자 등에 사용된 각종 자루(도1-6
~10), 그리고 괭이와 가래, 따비(부속구), 고써래, 곰방메, 고무래 등의 목제 농구가 출토되었다.
목제 괭이는 땅을 파거나 고르는데 사용되는 갈이 도구로 오늘날의 것과 형태가 크게 다르지 않
다. 날의 형태에 따라 평괭이와 쇠스랑형 괭이로 구분된다. 부산 고촌유적(東亞細亞文化財硏究院
2010)에서 쇠스랑형 괭이(도2-1)가, 창원 신방리유적(東亞細亞文化財硏究院 2009)에서는 장방형을

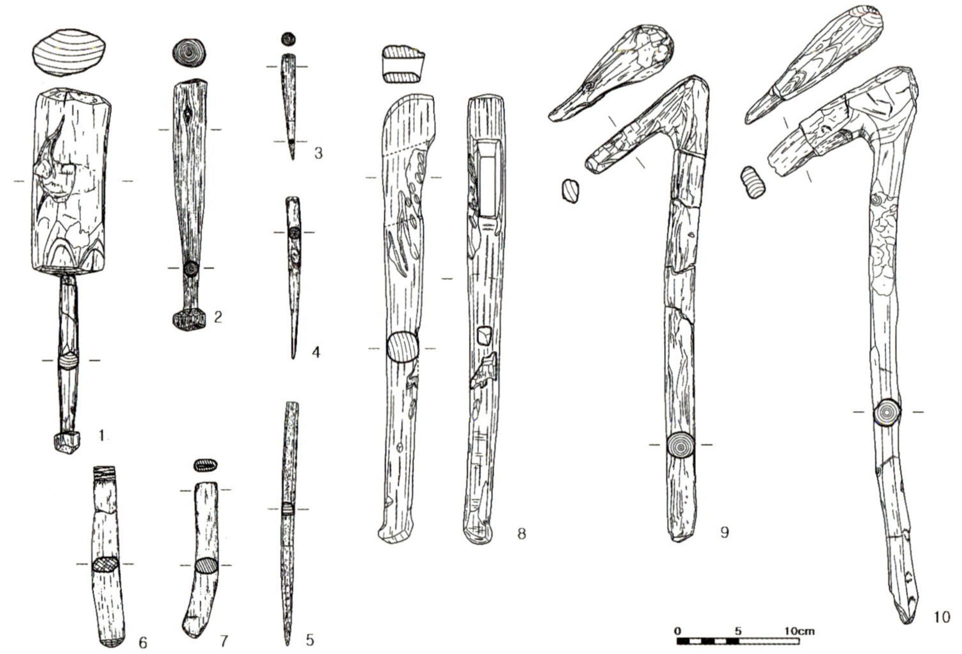

도1_ 목제 공구와 각종 자루
1~7·9~10 : 함안 성산산성, 8 : 부산 기장 고촌유적

294

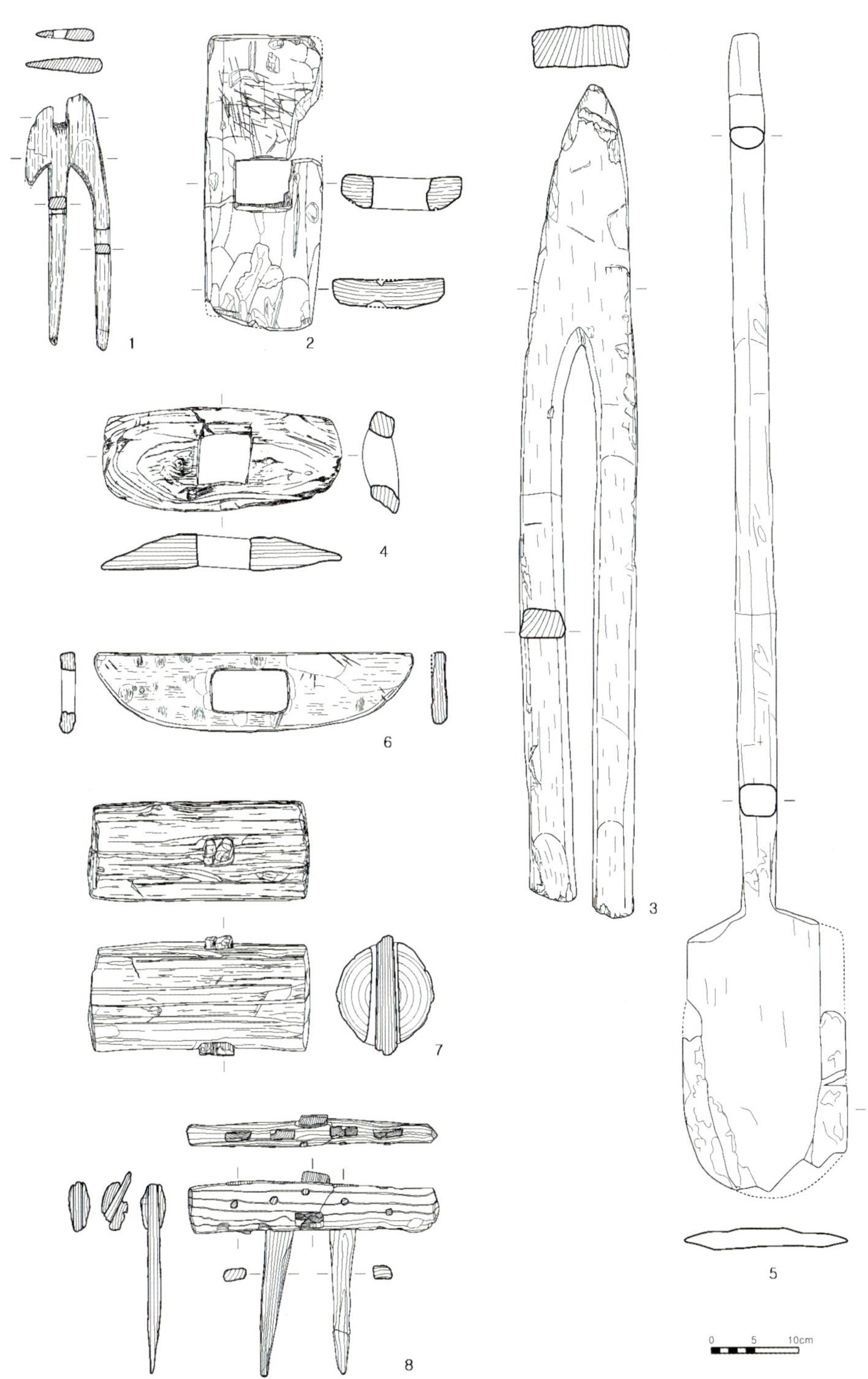

도2 _ 목제 농구
1·3·6 : 부산 고촌유적, 2 : 창원 신방리유적, 4·7·8 : 함안 성산산성, 5 : 하남 이성산성

띠는 평괭이(도2-2)가 출토되었다.

흙 속에 날을 박고 자루를 뒤로 당겨 흙을 일군 다음 일군 흙덩이를 뒤집는 따비는 부산 고촌유적 (도2-3)에서 2점 출토되었다. 청동기시대의 농경문 청동기에 보이는 쌍날따비와 근대 제주도 등지 에서 사용되는 것과도 유사한 형태를 띠어 형태적으로 큰 변화 없이 사용된 것으로 보인다. 함안 성 산산성(국립가야문화재연구소 2012)에서는 따비의 자루와 날이 결합되는 부분의 발판으로 추정되 는 말각장방형의 목기도 출토되었다(도2-4).

가래는 날의 형태에 따라 반원형과 장방형으로 구분할 수 있는데, 갈이 작업에는 반원형이, 흙을 운반하는 데에는 장방형이 좀 더 적합하다. 하남 이성산성(漢陽大學校博物館 1992)에서 온전한 형 태의 것이 1점 출토되었다(도2-5). 백제의 부여 궁남지유적과 나성유적, 순천 검단리산성에서도 출 토된 바 있다. 논이나 밭의 흙을 고르고 씨를 뿌린 뒤 흙을 덮는데 사용하는 도구인 고무래는 부산 고촌유적에서 주형舟形 1점이 출토되었다(도2-6).

이 밖에 함안 성산산성에서 갈이한 논이나 밭의 흙덩이를 두들겨 부수는 데 사용하거나 이랑을 다 듬고 씨를 뿌린 다음 흙을 덮는 데 사용하는 도구인 곰방메(도2-7)와 옥수수나 콩 따위를 파종할 때 씨를 넣을 골을 타는 데 사용하는 도구인 고써레(도2-8)도 출토되어 다양한 종류의 목제 농구가 사 용되었음을 알 수 있다.

철제 농공구

철제 농공구는 철기가 보급되기 시작하는 초기철기시대에 이르러 등장한다. 영남지방에서는 초 기철기시대에 주조철부·철착·철사와 같은 철제 공구가 먼저 유입된 후 원삼국시대에 이르러 판상 철부·유공철부·주조괭이·따비형 철기·철겸 등 다양한 농구들이 제작·보급되고, 목곽묘 단계가 되면 쇠삽날·쇠스랑과 같은 새로운 농구들이 출현한다. 삼국시대와 통일신라시대를 거치면서 주조 괭이·쇠삽날·쇠스랑·살포·철서·철겸·쟁기·호미 등의 다양한 철제 농공구가 확인되어 오늘날 사용되는 농공구의 기본적인 체계가 완성된다.

철제 농공구는 내구성이 높아 동일한 작업을 완료하는데 소요되는 시간을 절약할 뿐만 아니라 노 동력도 절감시킬 수 있다. 특히 농경 작업 중 파종·수확과 같이 정해진 기간 내에 완료해야만 하거 나 많은 노동력을 필요로 하는 개간·기경 작업 시 철제 농구의 사용은 좀 더 효율적인 생산 활동으 로 연결된다. 또한 절감된 노동력을 바탕으로 충적지는 물론 평지와 구릉지 등에서의 경작지 개간

296

이 좀 더 용이하게 이루어져 가경지의 면적이 확대된다.[*] 이 뿐만 아니라 주조괭이·쇠삽날·쇠스랑과 같은 갈이 도구의 발달에 따른 심경深耕의 강화 및 철서·호미 등의 제초구 사용은 농업 생산량도 더욱 증대시켰다. 증대된 농업 생산력은 사로국에서 신라로의 성장 그리고 신라가 삼국을 통일하는데 중요한 경제적 기반이 되었다.

● 주조괭이

주조괭이는 거푸집을 이용하여 제작되기 때문에 대량 생산에 용이한 철제 농구로 갈이 도구 중 가장 많은 양이 출토되었다. 경주 황성동유적(啓明大學校博物館 2000)과 대구 봉무동유적(嶺南文化財研究院 2011) 등지에서 제작에 사용된 거푸집이 다수 확인되었다.

용도에 대해서는 공구인 자귀(金光彦 1987)나 철소재(宋桂鉉 2002:43, 孫明助 1997:81~82, 류위남 2009:80~82)로 추정되기도 하지만 신라와 통일신라시대에 주로 출토되는 공부 단면 제형의 경우 인부의 전면이 아닌 양쪽이 마모되고 종단면의 형태로 보아 주된 기능은 땅을 파는 갈이 도구의 용도로 사용되었다 보는 것이 타당하다(李賢惠 1990:55~58, 千末仙 1994:12~13, 이남규 1997:11~15, 金度憲 2001:45~46, 李하나 2011:38).

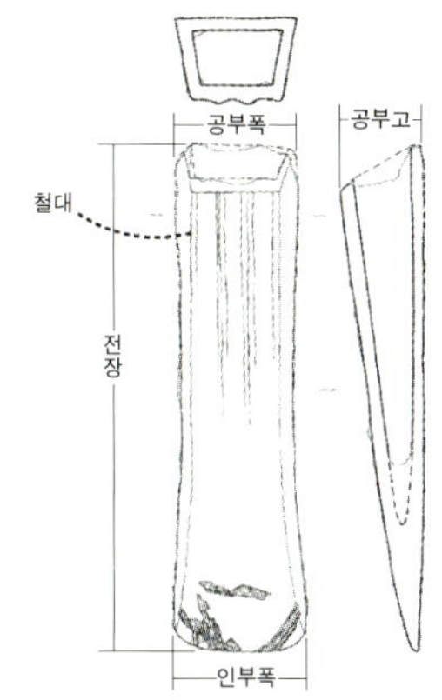

도3_ 주조괭이 세부 명칭

삼국시대 신라지역에서 사용된 주조괭이는 평면 형태가 장방형에서 八자형으로 점차 변화하고, 전장이 길어지는 경향성이 있다. 상면의 철대를 가지는 것과 가지지 않는 것이 모두 확인되나, 철대를 가지는 경우 2조에서 3조, 그리고 4조로 변화하는 양상이 간취된다. 철대 수의 증가는 장식적 효과만이 아니라 땅을 팠을 때 흙이 잘 떨어지는 효과를 가지는 것으로 추정된다(李하나 2011:38).

통일신라시대의 주조괭이는 전장이 20㎝ 이상으로 매우 길어지고 공부에서 인부쪽으로 가면서 폭이 좁아져 세장방형을 띤다. 상면에 1조의 철대를 가지는 것도 있으나 철대를 가지지 않는 것이 주를 이룬다. 나무 자루를 끼우는 공부는 더욱 깊어져 자루를 더욱 깊게 끼워 넣을 수 있어 삼국시대에 비해 더 큰 힘을 견딜 수 있는 형태로 발전한다. 이러한 형태적 변화 때문에 통일신라시대의 주조괭이를 코끼리이빨형 따비의 날로 사용되었다고 보기도 한다(金度憲 2005:34).

---

[*] 청동기시대의 논은 주로 배후습지나 곡간평지로 자연지형을 그대로 이용한 소구획 논이나 폭이 좁은 계단식 논으로 조성하여 원 지형을 최대한 유지한다. 이에 반해 삼국시대의 논은 충적지의 배후습지나 곡저평지를 중심으로 다양한 입지에서 확인되며 그 범위도 확대된다. 또한 인위적인 형질변경을 통해 최대한 넓은 면적의 논을 조성하여 구획한다. 밭도 청동기시대에 비해 경작지의 범위가 강변 쪽으로 확대된다(윤호필 2013:170~173).

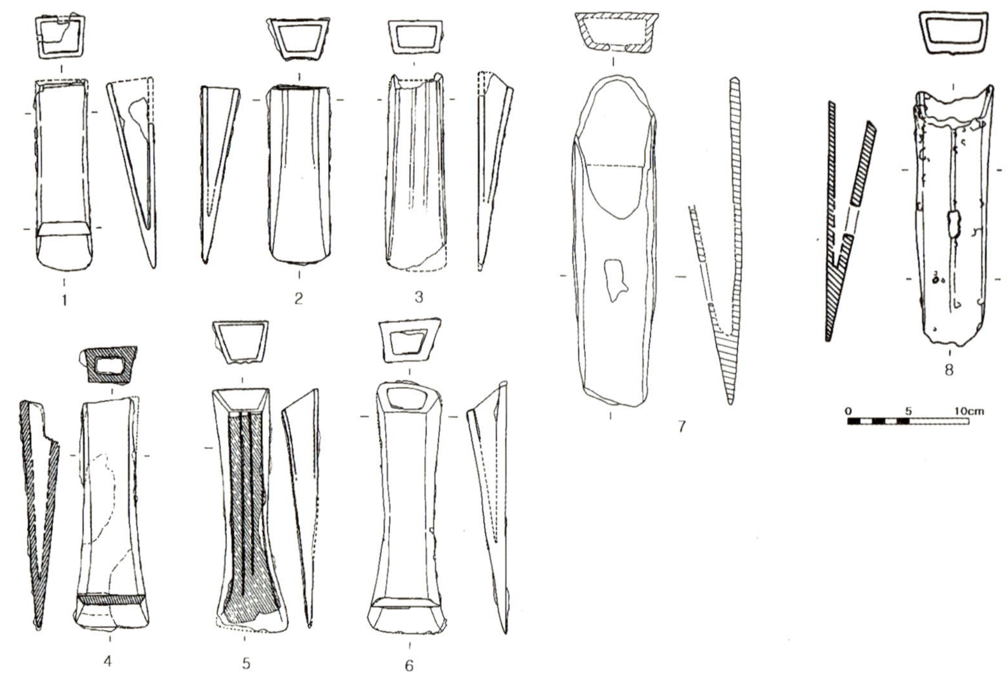

도4 _ 주조괭이
1 : 울산 중산리 1A-26호, 2 : 포항 옥성리 나-78호, 3 : 울산 조일리 48호, 4 : 경주 월성로 나-13호, 5 : 경주 사라리 128호,
6 : 대구 문산리 3-2호, 7 : 광양 마로산성, 8 : 이천 설성산성

● 쇠삽날

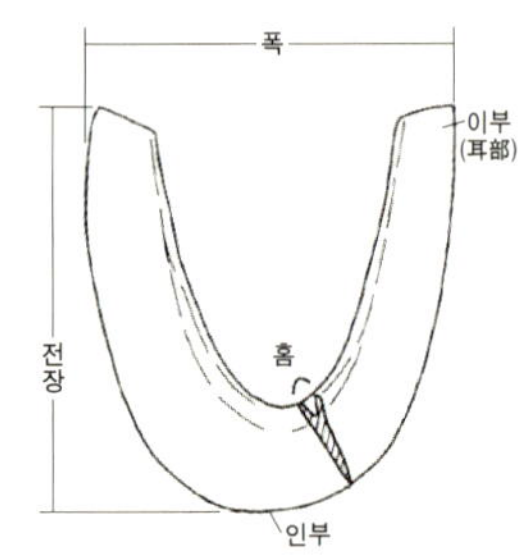

도5 _ 쇠삽날 세부 명칭

쇠삽날은 평면 형태가 V자형, U자형 또는 凹자형을 띠는 날로 내측에 나무 자루를 끼우는 홈이 있어 장착되는 나무 자루의 형태에 따라 말굽형 따비, 삽, 가래 등의 다양한 농구로 사용할 수 있다.[*] 쇠삽날을 자루에 장착하여 활용할 수 있는 농구가 모두 기경구起耕具의 일종이라는 공통점을 가진다.

평면 형태가 V자형을 띠는 것이 가장 먼저 출현하는데, 폭 18㎝ 내외로 전장보다 넓어 비교적 넓은 판을 가지는 가래로 사용되었을 가능성이 크다. 신라지역에서 가장 많이 출토되는 형태는 U자형으로 신부가 완만하게 벌어지다가 이부耳部에 이르러 거의 수직으로 올라간다.

凹자형은 주로 고구려와 관련된 유적에서 출토되어 고구려계 유물로 인식되고 있다(金在弘 2005). 하지만 경주 사라리 12호(도6-8, 嶺南文化財硏究院 1999)·안계리 32호(文化財管理所 1981) 와 성주 성산동 59호(도6-7, 啓明大學校 行素博物館 2006) 등 신라지역에서도 소량 출토되었다. 신

---

[*] 자루를 평행하게 장착하면 가래, 삽, 따비 등의 날로, 직각으로 장착하면 괭이, 화가래 등의 날로 사용할 수 있다(박호석·안승모 2001:45).

298

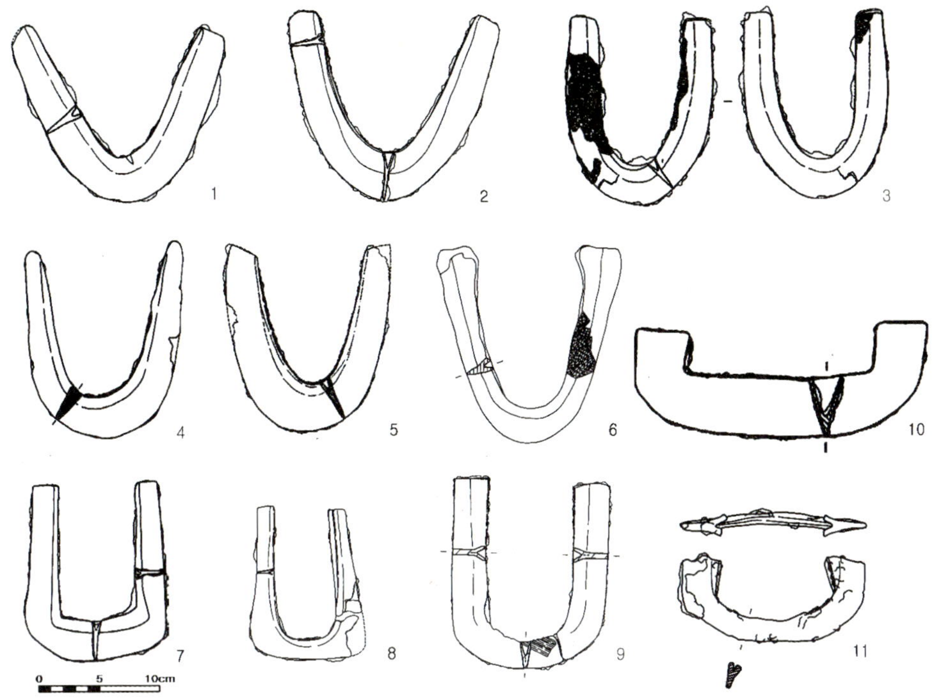

도6_ 쇠삽날
1 : 포항 옥성리 나-58호, 2 : 울산 하대 43호, 3 : 포항 옥성리 나-74호, 4 : 경주 황남대총 남분, 5 : 부산 복천동 22호,
6 : 광양 마로산성, 7 : 성주 성산동 59호, 8 : 경주 사라리 12호, 9 : 구리 아차산 시루봉, 10 : 신라 왕경, 11 : 이천 설성산성

라지역에서 확인된 凹자형 쇠삽날은 고구려유적에서 확인된 것과는 달리 10㎝ 내외의 소형의 것도
포함되어 있고, 고구려유적에서 확인되는 쇠삽날(도6-9)의 양쪽 이부의 단면이 ㄷ자형으로 두툼한
반면, 신라지역권에서 확인되는 것들은 모두 인부가 형성되어 있는 등 제작기법 상 차이가 있어 유
입된 것이 아니라 신라지역에서 제작된 것으로 추정된다(李하나 2011:86).

통일신라시대의 경주 분황사(國立慶州文化財研究所 2005)와 광양 마로산성(도6-6, 順天大學校
博物館 2005)에서는 삼국시대의 것과 거의 동일한 형태의 U자형 쇠삽날이, 신라왕경(도6-10, 國立
慶州文化財研究所 2002)과 이천 설성산성(도6-11, 단국대학교 매장문화재연구소 2004) 등에서는
전장이 매우 짧아진 형태의 쇠삽날도 확인되어 용도에
따라 다양한 형태로 제작·사용되었음을 알 수 있다.

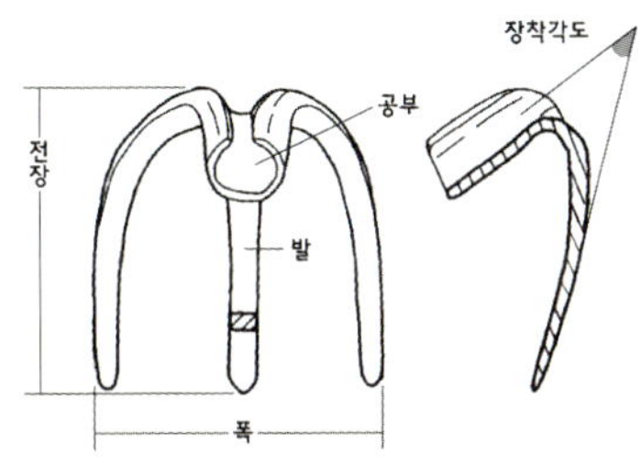

도7_ 쇠스랑 세부 명칭

● 쇠스랑

하나의 공부에 2~3대의 발이 연결되어 있는 형태로
단단한 땅을 일구거나 자갈이 많이 포함된 흙을 정리할
때 거름을 운반하여 뿌릴 때 등 다양한 용도로 사용할

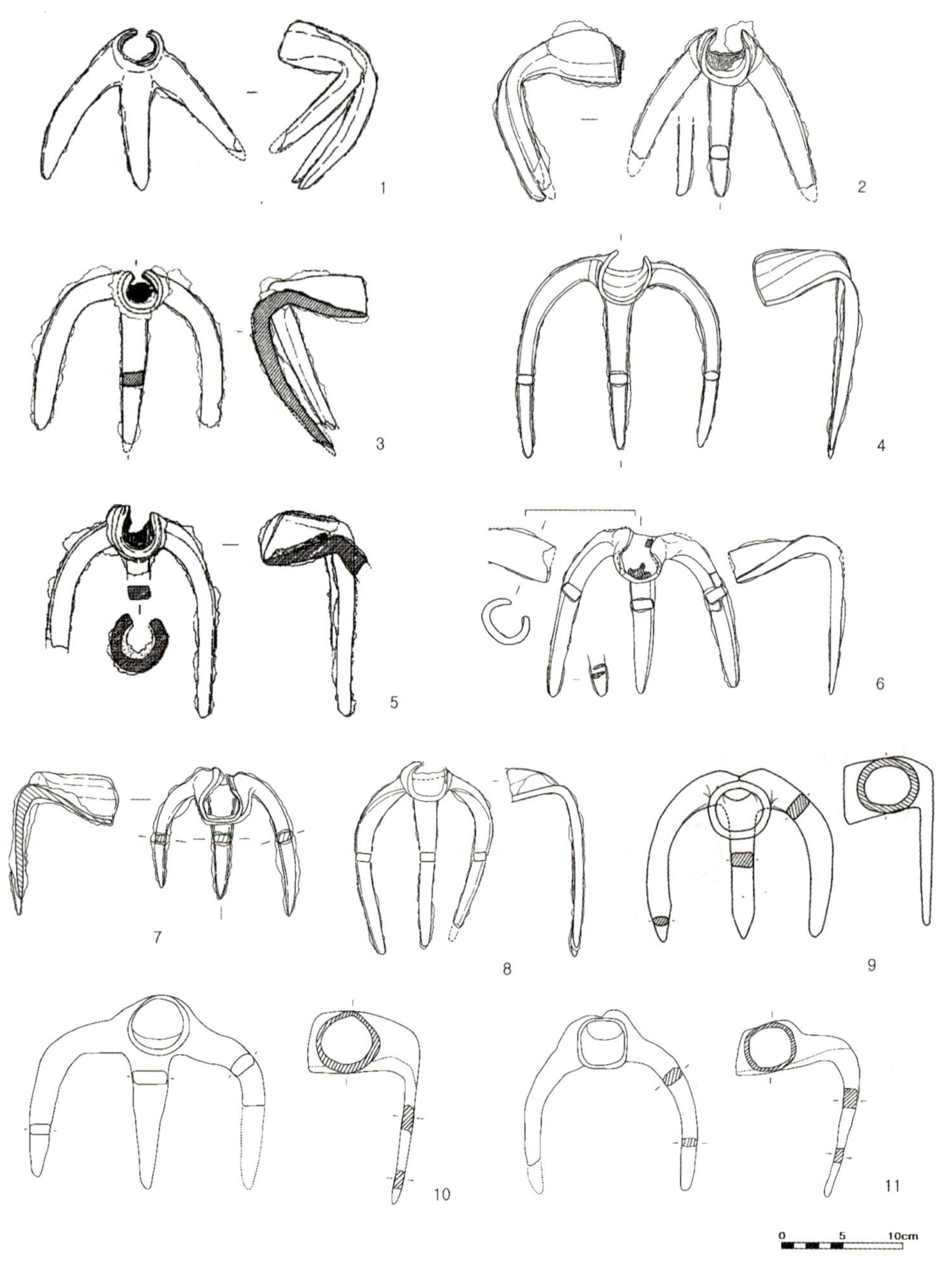

도8 _ 쇠스랑
1 : 울산 중산리 VII-1호, 2 : 경주 조양동 유구 외, 3 : 포항 옥성리 가 101호, 4 : 경주 황성동 575번지 64호, 5 : 경주 황남대총 남분,
6 : 대구 달성 문산리 3-2호, 7 : 경주 동산리 51호, 8 : 울산 효문동율동 50호, 9 : 이천 이성산성, 10·11 : 경주 안압지

수 있다. 원삼국시대 후기 목곽묘 단계에 쇠삽날과 함께 등장하며 묘광이 크고 부장 유물이 풍부한 대형묘를 중심으로 부장된다.

공부에서 발이 벌어지는 형태를 기준으로 발이 바깥으로 크게 벌어지는 역V자형과 발이 완만하게 아래로 벌어지는 역U자형으로 나눌 수 있다. 원삼국시대 후기에는 역V자형과 역U자형이 함께 사용되지만, 삼국시대에 들어서면 역U자형이 다수를 차지한다. 통일신라시대에는 전장보다 폭이 더 넓어지고 공부에서 약하게 단을 지면서 발이 뻗어져 발의 평면 형태가 완만한 ㄷ자형에 가까운 것도 확인된다(도8-10). 울산 하삼정 가-171호(韓國文化財保護財團 2011)와 경주 안압지(도8-11, 文化公報部 文化財管理局 1978)에서는 하나의 공부에 2개의 발이 달린 것이 출토되었다.

역V자형은 나무 자루와의 장착 각도가 약 70° 미만으로 갈이 도구로서 부적합하며, 흙을 부수거나 고르는 작업, 거름을 치는 작업 및 저습지의 정지整地 작업에 사용하기에 적합한 것으로 추정된다(金度憲 2001:32). 이후 역U자형을 띠면서 기경 작업에도 용이한 장착 각도인 70° 이상을 띠면서 발의 길이도 더 길어지는 등 땅을 일구기에 적합한 형태로 변화한다. 흙을 부수거나 고르는 작업, 거름을 치는 작업에도 여전히 사용되었던 것으로 보인다.

● 보습과 볏

보습과 볏은 우경牛耕에 사용되는 쟁기의 부속구로 '술·려犁'로 불리는 목제 장착구 끝부분에 보습을 달고 그 위에 볏을 달아 사용한다 (도 9).

보습은 쟁기의 날에 해당하는 부분으로 삼국시대에 등장하나 통일신라시대에 이르러 다수 확인된다. 삼국 시대 신라지역에서 출토된

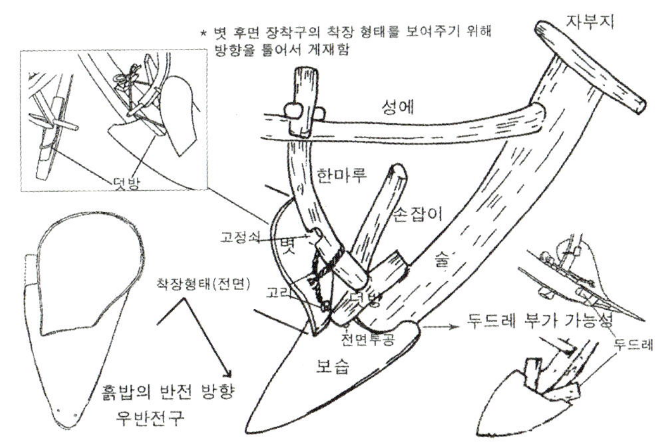

도9_통일신라시대 철제 우경구 장착형태(宋閏貞 2009 그림 7)

사례는 6세기대로 추정되는 함경도 안변 용성리고분(량익룡 1953) 1례에 불과하다. 평면 형태는 U자형을 띠어 U자형 쇠삽날과 유사하나 길이가 길어 세장한 느낌을 준다(도10-1). 이 외에는 주로 한강유역의 고구려유적에서 삼각형에 가까운 것들이 확인된다.

통일신라시대에 들어서면 평면 형태는 세장한 이등변 삼각형을 띠며, 이부耳部가 크게 돌출되고 후면의 두부가 전면에 비해 깊게 파이는 등 형태적으로 큰 변화를 보인

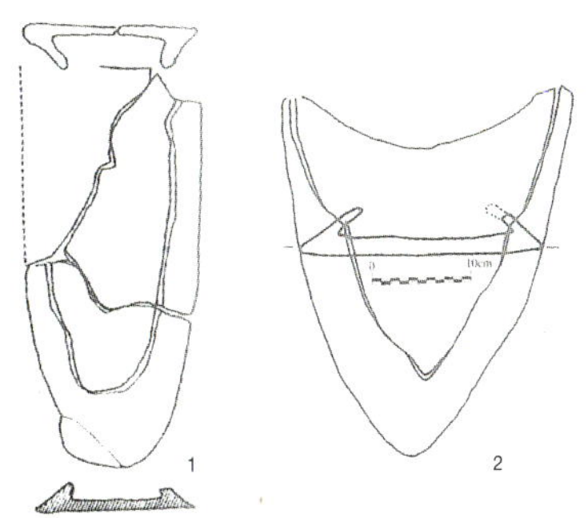

도10_삼국시대 보습
1 : 안변 용성리고분, 2 : 서울 구의동유적

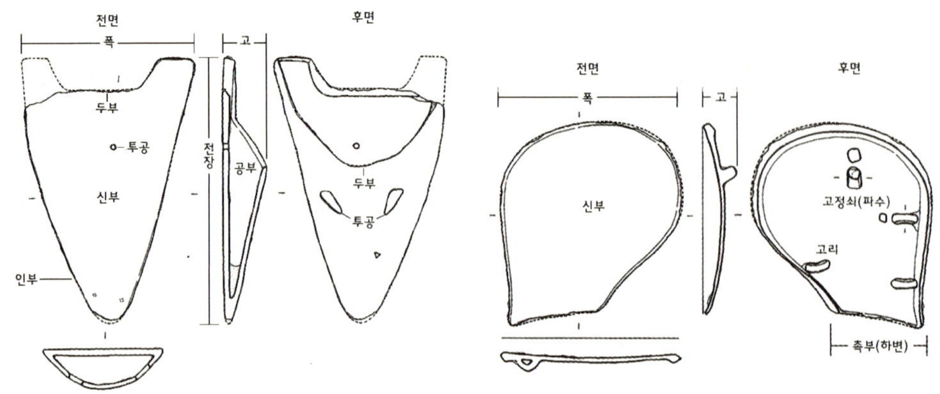

도11_보습과 볏 세부 명칭

다. 인부는 완전히 대칭을 이루지 않고 약간 비대칭을 띠며 전면과 후면에는 투공을 가진다. 이러한 형태는 삼국시대 신라지역에서 확인된 U자형 보습보다는 삼국시대 고구려유적인 구의동유적(崔鐘澤 1991)에서 출토된 보습(도10-2)과 매우 유사하다.

볏은 보습과 함께 쟁기에 장착되어 보습에 의해 일어나는 흙을 한 쪽 방향으로 엎어지도록 유도하는 역할을 한다. 1매의 판상으로 약간 오목하며, 평면 형태는 우측면이 크게 돌출된 타원형으로 아래쪽이 비스듬히 잘린 형태이다. 후면에는 쟁기에 고정하는 고정쇠와 반원형의 고리가 달려있다. 삼국시대의 철제 볏은 아직 확인되지 않아 통일신라시대에 이르러 등장하여 보습과 함께 사용된 것으로 보인다.

통일신라시대의 보습은 삼국시대의 보습에 비해 대형화된 것들이 등장하여 대형(50㎝ 이상), 중형(40~50㎝), 소형(40㎝ 미만)으로 크게 나눌 수 있다. 볏 역시도 다양한 크기가 확인되어 보습의 크기에 비례하여 장착되었던 것으로 보인다. 보습과 볏의 대형화는 토양의 상태 등 동일한 조건 하에서 작업한다면 중량감이 더해져 심경의 정도도 증가하여 농업 생산량의 증대에 기여한다(宋閨貞 2009:215~218).

● 따비형 철기

길이에 비해 폭이 매우 좁아 세장방형을 띠는 신부와 자루를 끼워 넣는 공부가 둔각으로 꺾이면서 연결된 것이다. 원삼국시대 전기 목관묘 단계부터 출현하며 영남지방을 중심으로 확인된다. 시간의 흐름에 따라 전장은 짧아지고 장착 각도는 점점 더 둔각화되면서 신부 단면은 중앙의 능도 완만해진다.

따비형 철기의 용도에 대해서는 다양하게 논의되고 있다. 괭이로 파악하거나(宋桂鉉 1984, 郭鐘喆 1992) 신부와 공부의 각도, 신부 단면의 능의 존재, 신부 선단부의 형태로 보아 땅을 뒤집어 일구는 따비로 추정되기도 하였다(李健茂 외 1989, 千末仙 1994). 이 외에도 신부에 형성된 능의 존재로 보아 따비와 쟁기의 중간적 형태, 인걸이人換犂와 같은 기능을 한 것으로 보거나(李東冠 2011:37) 고랑의 잡초 등을 제거하는 제초 작업에 사용한 것으로 추정되기도 한다(金度憲 2013a).

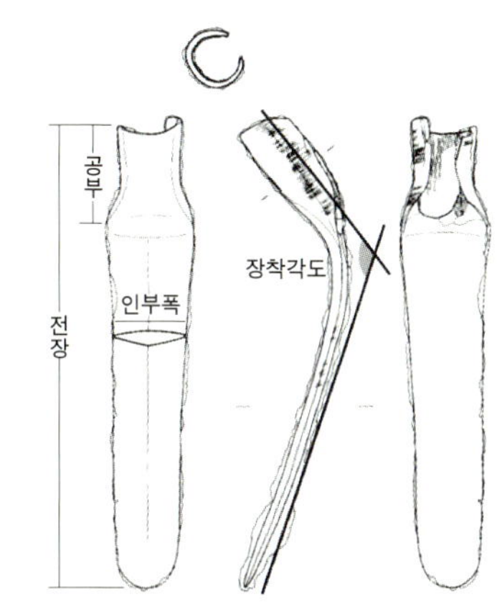
도12_따비형 철기 세부 명칭

　따비형 철기의 용도를 기경구로 파악하는 견해가 일반적이지만 따비형 철기의 형태를 살펴보면 목제 따비에 비해 신부의 길이가 짧고 폭이 좁으며 공부의 폭도 지름 4cm 내외에 불과하여 나무 자루에 큰 힘을 가하는 발판이 마련되기 어렵다. 그리고 장착 각도가 둔각을 이루면서 나무 자루를 끼웠을 때 나무 자루를 지지하는 공부의 양 단이 바닥면을 향하고 있어 자루에 힘을 주어 땅을 깊게 파 뒤집기에는 적합하지 않다. 따라서 민속자료에서 확인되는 재래의 따비처럼 발판을 밟으면서 힘을 가해 땅을 일구는데 사용된 것이라 보기에는 어렵고 긴 나무 자루를 끼워 양 손으로 잡고 앞으로 나아가면서 사용하기에 적합한 형태라 할 수 있다(金度憲 2013a:171~176). 그리고 신부 단면에 약하지만 능이 형성된 것으로 보아 밭에서 작은 이랑을 짓거나 밭고랑에 난 풀을 긁어 없애고 북을 주는데 사용한 것으로 파악하는 것이 좀 더 타당하다 여겨진다. 앞으로 따비형 철기에 대한 연구 성과가 축적된다면 용도에 대해서도 좀 더 분명하게 밝혀질 것으로 기대한다.

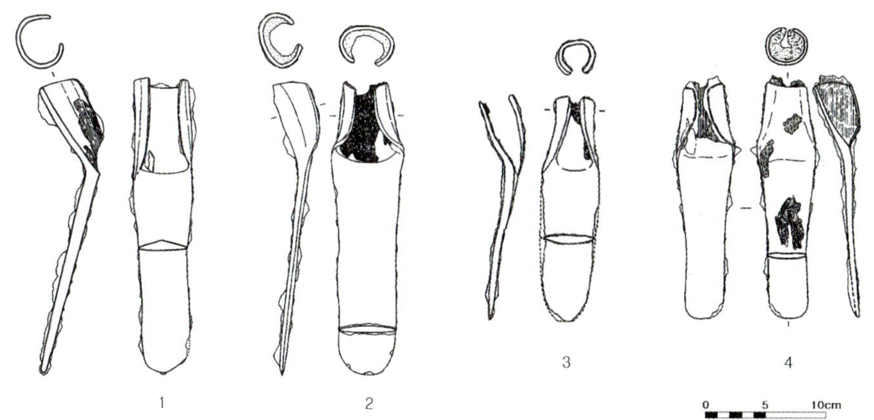
도13_따비형 철기
1 : 포항 옥성리 나-74호, 2 : 대구 서변동 21호, 3 : 경주 덕천리 75호, 4 : 부산 복천동 60호

● 살포

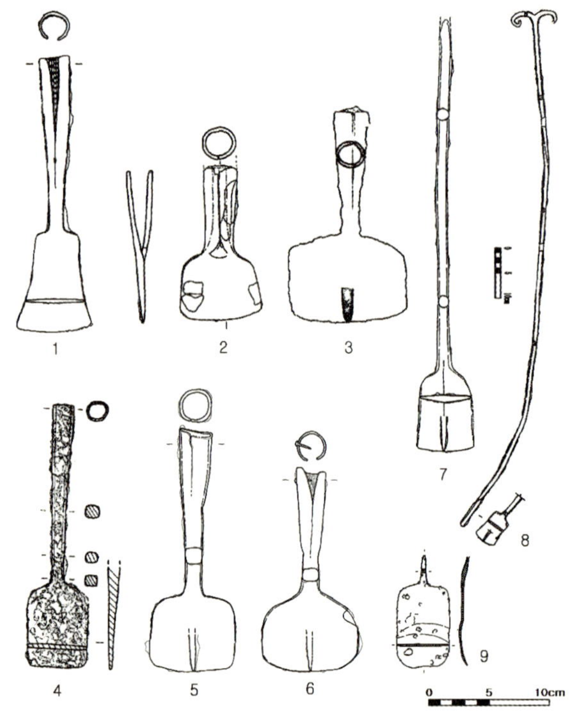

도14_ 살포
1 : 경산 임당 7B호, 2 : 창녕 계남리 1호, 3 : 의성 탑리 Ⅱ묘곽,
4 : 양산 북정리 14호, 5·6 : 울산 운화리 6-1호, 7 : 김해 구산동석실,
8 : 창원 가음정동 3호 석실, 9 : 이천 설성산성

살포는 장방형 혹은 방형의 신부에 가늘고 긴 자루가 일직선상으로 연결되어 있는 농구로 논의 물꼬를 트거나 막을 때 사용한다. 4세기대에 출현하며 5세기 이후가 되면 대형분을 중심으로 부장되다가 점차 중·소형 분묘에도 부장된다.

논이 상대적으로 많은 신라·백제·가야지역의 고분에서 다수 발견되고 있으며 밭이 많은 고구려지역에서는 거의 출토되지 않는다(金在弘 2011:56). 일본에서도 상당수 확인되고 있어 한반도와 일본열도 사이 철제 농구의 교류를 보여준다(李東冠 외 2008).

공부에 나무 자루를 끼우는 것(木柄形, 도14-1~6)과 공부 없이 자루까지 쇠로 만들어진 것(鐵柄形, 도 14-7~8)으로 크게 구분할 수 있다. 철병형의 살포는 농구류와 함께 출토되기보다는 피장자의 옆에서 출토되거나 고사리문양(蕨手文)과 같은 장식성이 강한 손잡이 장식이 확인되는 사례로 보아 실제 농경 작업에 이용되었다기보다는 의례용 농구로 사용되었을 것으로 추정된다(金在弘 1997:12~13, 金度憲 2001:42~43, 李하나 2011:37).

이천 설성산성과 설봉산성(단국대학교 매장문화재연구소 2002)에서는 자루 부분이 결실되어 명확하지는 않지만 철병형으로 추정되는 것이 출토되었고(도14-9), 고려시대 유적인 대전 가오동 1호 건물지(중앙문화재연구원 2003)와 민속자료에서도 목병형이 확인되어 통일신라시대에도 두 형식이 여전히 함께 사용되었던 것으로 보인다.

● 철서와 호미

철서는 얇은 판상의 철제 날에 짧은 공부가 평행하게 달린 도구이다. 인부가 직선적이어서 뿌리를 캐는 것이 아니라 작물 사이의 잡초를 긁어서 제거하거나 흙을 북돋아 주는데 사용하였다(金在

304

弘, 1997:13~15). 4세기 전반에 출현한 이후 경주 안압지(도 15-8)와 설성산성 등에서도 출토된 예가 있어 늦어도 통일신라시대까지 사용되었음을 알 수 있다.

삼국시대 영남지방에서 출토되는 것들은 신부의 형태가 방형 혹은 장방형을 띠는데 반해, 통일신라시대의 철서는 말각방형을 띠는 것들이 다수를 차지한다. 고구려유적에서 출토되

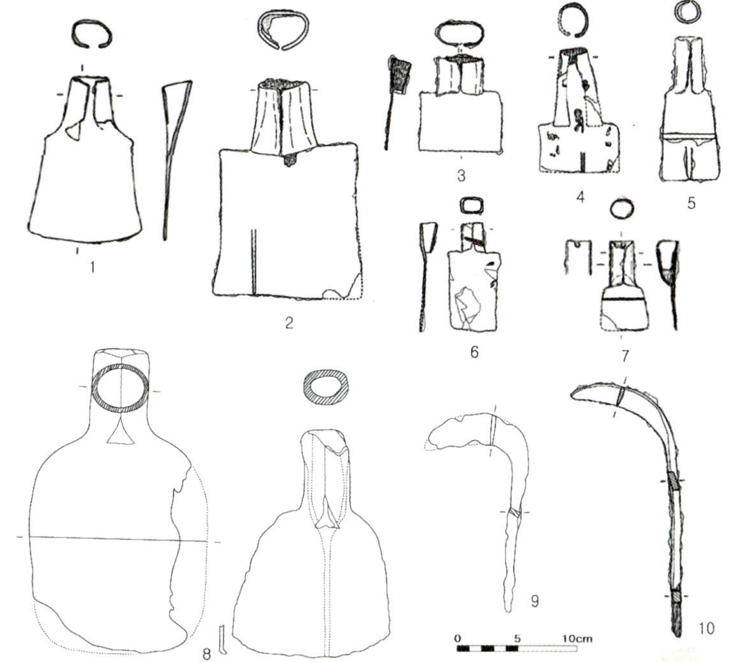

도15_ 철서(1~8)와 호미(9~10)
1 : 울산 중산동 1A-23호, 2 : 부산 복천동 67호, 3 : 울산 하대 15호, 4 : 경산 조영CⅡ-2호,
5 : 경주 미추왕릉9지구 5호, 6 : 울산 조일리(울) 2호, 7 : 경산 임당G-68호, 8·9 : 경주 안압지,
10 : 상주 병성동·헌신동 3-3호

는 철서와 유사한 형태를 가지고 있어 고구려의 영향을 받은 것으로 추정된다.

호미는 오늘날 일반적으로 사용하는 삼각형 호미와는 달리 긴 경부[莖部]를 가지며 낫처럼 생긴 신부가 붙어있는 모습이다. 짧은 공부를 가지는 철서와 달리 긴 경부를 나무 자루에 깊숙이 박아 사용하며, 뾰족한 인부를 이용하여 뿌리까지 캐내는 제초 작업이 가능하다.

상주 병성동·헌신동 3-3호 석실묘(도15-10, 韓國文化財保護財團 2001)에서 출토되어 늦어도 7세기 전반에는 사용되었음을 알 수 있으며, 앞으로 자료 추이에 따라 출현 시점은 좀 더 상향될 가능성이 있다. 이 외에 경주 안압지와 춘천 우두동유적(江原文化財研究所 2006)에서 각각 1점씩 출토되었다.

● 철겸

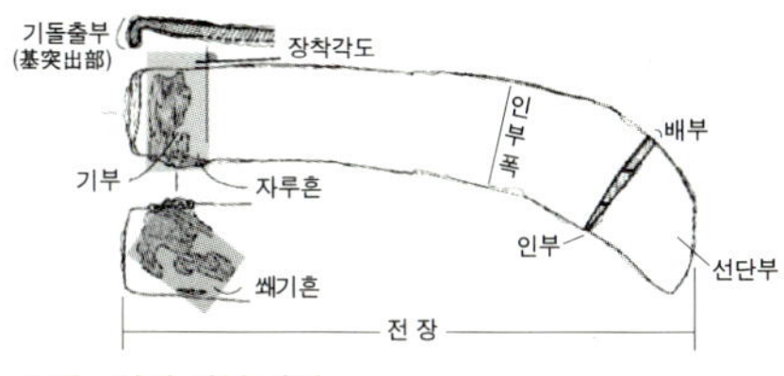

도16_ 철겸 세부 명칭

철겸은 대표적인 수확구로 오늘날의 낫으로 불리는 것과 흡사하다. 경부[莖部]의 유무에 따라 무경식[無莖式]과 유경식[有莖式]으로 나눌 수 있다. 무경식은 직선 또는 완만한 호상의 인부를 가지면서 기부의 끝을 'ㄴ'자상으로 돌출되게 접어서 나무 자루를 장착하여

사용한다. 철제 날과 나무 자루가 함께 출토된 예는 없지만, 함안 성산산성에서 확인된 철겸 자루는 길이 약 40㎝ 전후로 짧고 자루의 한 쪽에 장방형의 구멍을 뚫어 철제 날을 끼워 넣은 후 쐐기를 박아 고정하는 구조이다.

무경식 철겸은 비교적 제작이 용이하여 매우 다양한 형태와 크기의 것이 공존하여 사용된다. 그러나 대체적으로 곧은 날에서 굽은 날로, 날의 끝이 직선에서 아래로 굽게, 날 끝의 폭이 넓은 것에서 좁고 뾰족한 것으로 변화한다(千末仙 1994:5~12). 유경식 철겸은 호상의 인부를 가지며 날과 경부를 함께 만들어 나무 자루에 끼우는 형태로 오늘날 사용되는 낫과 거의 동일하다. 날과 자루는 둔각을 이루는 예가 많다. 유경식은 통일신라시대에 이르러 출현하나 무경식도 함께 출토되어 두 형식 모두 사용된 것으로 보인다.

철겸이 등장하기 이전의 수확구였던 반월형·삼각형석도 등이 곡식의 이삭을 훑어내는 방법이었다면 철겸은 곡물의 줄기까지 한 번에 벨 수 있어 수확 작업의 속도가 훨씬 빠르다. 더군다나 유경식은 나무 자루에 경부가 깊게 박히기 때문에 무경식보다 자루와의 결속력이 증가하여 작물의 포기 수확 작업의 효율성이 더욱 증대되었다.

철겸은 곡물의 수확 외에도 가는 잡목을 베거나 가지치기와 같은 목공구 등의 다양한 용도로 사용할 수 있다. 또 제작도 비교적 용이하고 대부분의 분묘에서 출토되어서 소유 계층의 폭이 가장 넓었던 농공구 중 하나로 추정된다.

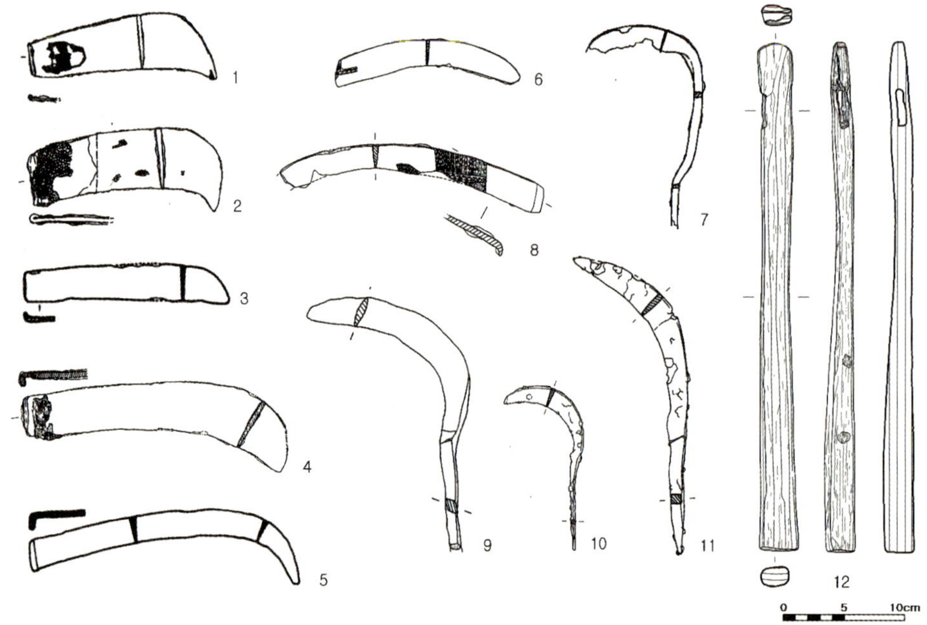

도17_ 철겸과 철겸 자루
1 : 경주 덕천리 20호, 2 : 경주 황성동(동) 5호, 3 : 창녕 계남리 1호, 4 : 부산 복천동 10·11호, 5 : 창녕 계성리 C지구 6호,
6·7 : 신라왕경, 8·9 : 광양 마로산성, 10·11 : 이천 설성산성, 12 : 함안 성산산성

306

● 단조철부

　단조의 기법으로 제작되었으며 자루를 끼우는 공부를 가지는 철부이다. 공부와 신부의 방향이 서로 일치하며 두부를 가지지 않는 유공부^{有銎斧} 및 공부와 신부의 방향이 직교하면서 명확한 두부를 가지는 횡공부^{橫孔斧}로 대별된다.

　유공부는 삼국시대 고분에서 가장 많이 출토되는 철제 도구 중 하나이다. 많은 양이 출토되었음에도 불구하고 시간의 흐름을 반영하는 형태적 변화가 뚜렷하지 않고, 여러 형식이 지속적으로 공존한다. 전장 약 15㎝를 기준으로 대형과 소형으로 구분할 수 있다. 대형은 주로 벌목 작업에, 소형은 목제품을 만드는 공구인 자귀 등으로 사용되었을 것으로 추정된다.[*] 이 외에도 대형의 경우 부장된

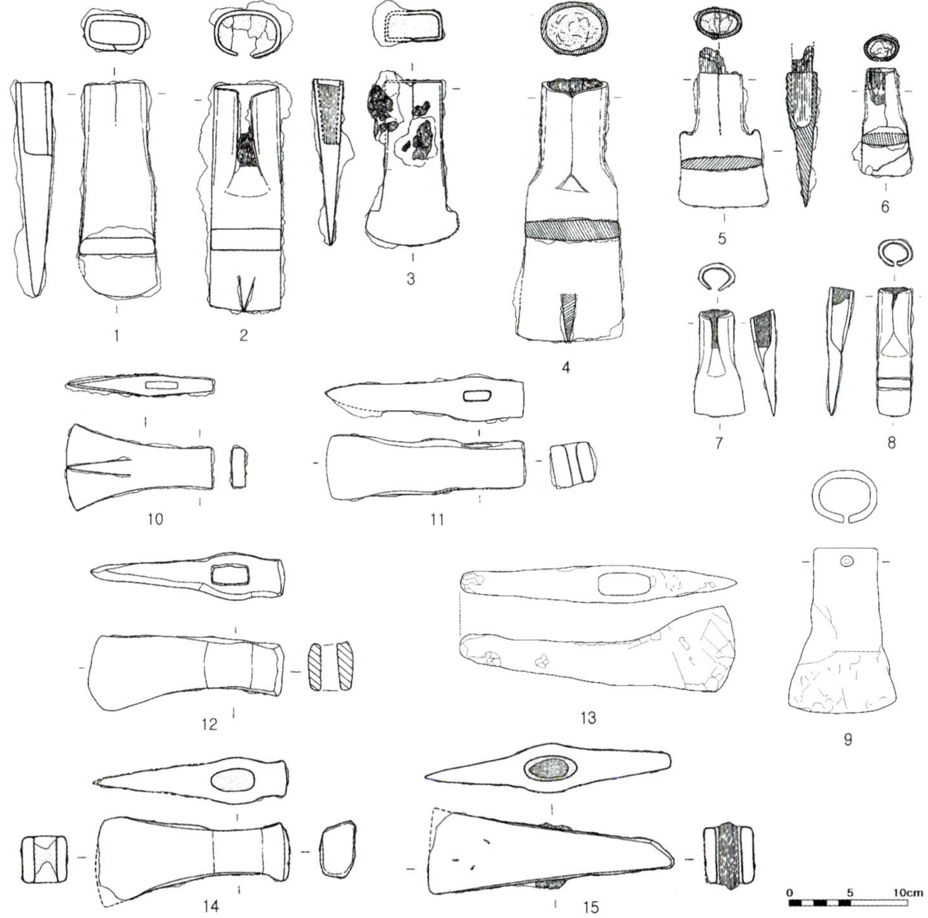

도18　단조철부(1～9 : 유공부/10～15 : 횡공부)
1·3·10 : 포항 옥성리 나 78호,　4～6 : 부산 복천동 10·11호,　7 : 경주 황성동 575번지 15호,　8 : 경주 황성동 575번지 64호,
9·13 : 경주 안압지,　11 : 대구 달성 문산리 3-2호,　12 : 광양 마로산성,　14·15 : 용인 언남리

---

[*] 창원 다호리 1호묘에서 자귀의 형태로 나무 자루가 끼워진 예가 확인되었으며, 평양 정백리 356호묘에서는 도끼의 형태로 출토된 사례가 있다.

분묘의 굴지구흔 등으로 보아 기경구로 사용되었을 가능성도 지적된 바 있다(홍보식 2001:72).

횡공부는 일반적으로 도끼로 불리는 공구이다. 영남지방에서는 원삼국시대 후기에 등장하며, 삼국시대 분묘에서도 소량만이 확인되어 유공부에 비해 널리 사용되지는 않은 듯하다. 통일신라시대에는 사지와 산성, 왕경 등지에서 다수 출토된다. 크기가 다양해질 뿐만 아니라 평면 형태도 제형만이 아니라 팔자형, 삼각형 등이 확인된다. 두부의 형태는 삼국시대에 주로 보이는 망치형 뿐만이 아니라 첨형도 보인다. 안악 3호분의 행렬도에서 횡공부를 든 부월수의 모습이 확인되어 무기류로 분류되기도 하나(최종택 1991:24), 형태로 보아 벌목구 및 목공구의 기능이 주를 이루었던 것으로 보인다.

● 도자

전장 15㎝ 전후이면서 신부의 한 면에만 날이 있는 작은 손칼이다. 일상 생활에 휴대하면서 천이나 가죽 등을 자르거나 나무를 다듬는 등 다양한 용도로 사용되었다. 석도가 소멸한 이후 철겸을 이용한 수확이 보편화되기 이전까지 수확구로 사용되었을 가능성도 제기된 바 있다(李賢惠 1990:50～52, 金度憲 2010:51). 다양한 용도로 사용될 수 있고 제작이 비교적 용이하여 대형분만이 아니라 중·소형 분묘에도 여러 점이 함께 부장되기도 한다. 주로 나무 자루가 사용되었으나 녹각제 자루가 사용된 예가 확인되기도 한다.

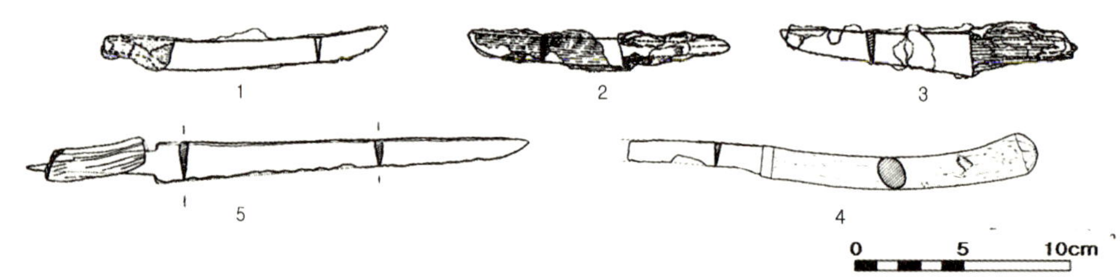

도19_도자
1 : 포항 옥성리 나-78호, 2·3 : 부산 복천동 10·11호, 4 : 창녕 송현동 7호, 5 : 경주 안압지

● 그 밖의 철제 공구

이외에도 주로 철기나 금속품 등을 제작할 때 소재를 집는 집게(도20-1)와 신부에 난 구멍에 자루를 끼워 금속 소재를 두드려 형태를 완성하는 망치(도20-2), 금속제품 제작 시 금속판을 접거나 단타할 때 받침대의 역할을 하는 모루(도20-3), 철기에 날을 세울 때 사용하는 줄(도20-4), 나무와 금속류 등의 겉면을 깎거나 망치로 두드리면서 절단하는 끌(도20-5·6) 등 철기를 비롯한 금속 제품의 제작 시 사용되는 단야구가 있다. 또 나무 등에 무늬를 새기는데 사용된 새기개(도20-7), 가죽이나 천 등을 자르는 가위(도20-8), 나무를 베거나 다듬는 도구로 사용된 凹자형 철기(도20-9) 등도 확인된다.

308

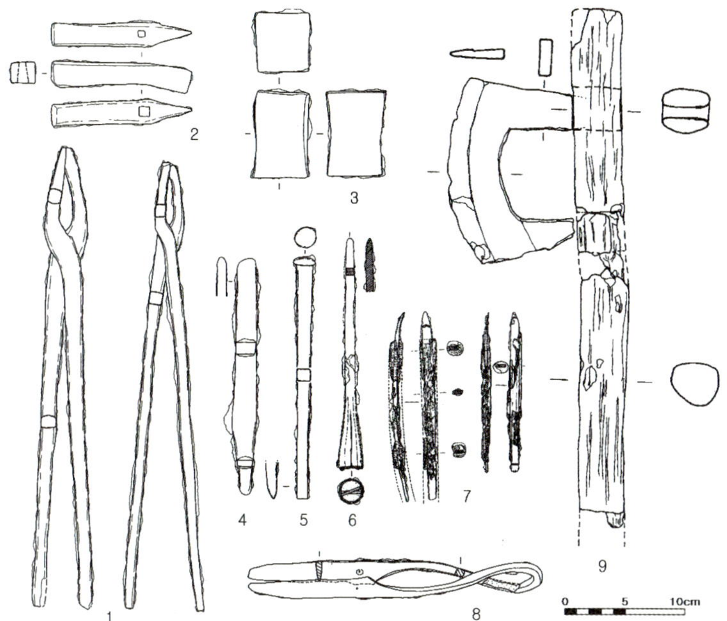

도20_ 그 밖의 철제 공구
1·2 : 울산 약사동북동 187호 석곽묘, 3 : 울산 명산리 38호, 4 : 대구 욱수동 나-9호, 5 : 울산 조일리(울) 10호 목곽,
6·7 : 부산 복천동 10·11호, 8 : 광양 마로산성, 9 : 서울 호암산성

__철제 농공구의 변천

철제 공구류는 나무나 돌, 금속 등을 이용하여 농구나 무기·무구·마구 등 다양한 도구들의 제작
에 사용되기 때문에 일찍이 철제화되었으며, 원삼국시대에 이미 철제 공구류의 대부분이 확인된다.
또한 주로 사용되는 용도는 구분되지만 한 가지 용도만을 가진 것이 아니라 상황에 맞게 여러 용도
로 활용될 수 있기 때문에 다양한 형태가 공존하며, 형태적으로도 큰 변화없이 사용된다.

이에 반해 철제 농구는 철제 농구가 출현한 이래 새로운 기종이 하나씩 등장하여 삼국시대에 이
르러서야 기경구(주조괭이·쇠삽날·쇠스랑·보습), 마전구(쇠스랑), 관개구(살포), 제초구(철서·호
미), 수확구(철겸)와 같은 농구의 기본적인 구성이 완성된다. 이후 각 기종들의 형태적 변화를 거쳐
통일신라시대에 들어서서 오늘날 사용하는 철제 농구의 기종 구성은 물론 형태도 거의 동일해진다.

즉 원삼국시대 전기 목관묘단계부터 존재하였던 주조괭이와 철겸·따비형 철기 외에 새로이 등
장하는 쇠스랑·쇠삽날·철서, 살포, 보습과 볏의 등장을 기점으로 크게 3단계로 구분할 수 있다. 넓
은 부장 공간을 가지는 목곽묘가 조영되고 토기를 비롯한 철기 유물의 부장량이 증가하면서 쇠스

랑과 쇠삽날 등의 선진 농구가 출현하는 원삼국시대 후기 목곽묘 단계부터 철서가 등장하고 낙동강 이동지역으로의 농공구 확산이 확인되기 시작하는 4세기 후반 이전까지를 I단계로 두어 사로에서 신라로 성장하는 단계의 철제 농공구를 살펴보고자 한다. II단계는 논농사 전용 철제 농구인 살포가 출현하면서 낙동강 이동지역에서도 쇠스랑과 쇠삽날, 살포가 확인되는 4세기 후반～6세기 후반으로, 호미가 출현하고 보습과 볏이 함께 사용되는 7세기 이후를 III단계로 나누어 삼국시대～통일 신라시대 철제 농공구의 변천 과정을 간략하게 살펴보고자 한다.

I단계 이전

늦어도 기원전 2세기대에 이르러 한반도 남부지방에 철기문화가 도입되면서 철제 농공구 역시 보급되기 시작한다. 영남지방에서는 갈이 도구인 주조괭이와 벌목구인 대형 판상철부의 부장이 매우 활발하다. 당시 주조괭이와 판상철부를 이용한 개간 활동이 매우 중시되었으며, 개간 활동을 통해 가경지도 증가되었던 것으로 추정된다. 밭에서 작은 이랑을 짓거나 제초구로 사용된 따비형 철기 및 수확구인 철겸의 사용으로 농경 작업의 효율성이 향상되어 농업 생산력도 이전 단계보다 증대되었을 것이다.

공구류로는 벌목을 하는데 사용된 대형 판상철부와 대형 유공철부, 나무를 다듬는 데 사용한 소형 단조철부와 장방형(소형) 판상철부, 새기개와 끌을 중심으로 분묘에 부장된다. 이 외에도 망치(창원 다호리 17호, 경산 임당E-132호), 집게(평양 부조예군묘) 등이 확인되어 다양한 종류의 공구류가 철제화되어 사용되었음을 짐작할 수 있다.

I단계 : 새로운 기경구와 제초구의 등장

I단계는 낙동강 이동지방의 경주, 울산, 포항 등지에서 평면 장방형의 대형 목곽묘가 조영되면서 경주지역 일대를 중심으로 세장한 이혈 주부곽식 목곽묘가 축조되는 시기이다. 목관묘보다 한층 넓어진 부장 공간에는 와질토기와 함께 철모·환두대도·철촉 등의 무기류, 종장판갑·종장판주 등의 무구류, 재갈과 같은 마구류 등 다양한 철기 유물이 부장된다. 철제 농구류는 이전 단계에 등장한 주조괭이와 따비형 철기, 철겸은 계속 부장되면서 갈이 도구인 쇠삽날·쇠스랑을 비롯하여 제초구인 철서와 같은 새로운 종류의 농구가 부장되기 시작한다.

가래나 삽, 말굽쇠형 따비 등의 기경구로 사용될 수 있는 쇠삽날은 V자형과 U자형 모두 확인된다. 쇠스랑도 역V자형과 흙의 파쇄나 갈이에 용이한 형태인 역U자형 모두 확인된다. 부장 양상을 살펴

보면 대형 목곽묘인 울산 하대 43호·76호(釜山大學校博物館 1997), 포항 옥성리 나-58호(嶺南埋藏
文化財研究院 1998) 등과 같이 각 고분군 내에서도 최상위층의 분묘에서 1점씩 출토되었다. 그러나
경주 황성동 575번지 64호묘(嶺南文化財研究院 2010)에서는 역U자형 쇠스랑이 겹쳐진 채로 2점 출
토되어 경주지역에서의 철제 농구 보급이 다른 지역에 비해 좀 더 우월하였을 가능성을 시사한다.

　주조괭이는 원삼국시대 전기 목관묘단계와 큰 차이 없이 평면 형태가 장방형을 띠며 상면에 2조
의 철대를 가지는 것과 그렇지 않은 것이 주로 부장되나, 상면에 3~4조의 철대를 가지는 것도 등장
하기 시작한다. 주로 1점 내지 2점씩 출토되지만 울산 중산리 IC-3호(昌原大學校博物館 2006)에서
는 6점, 경주 월성로 가-29호(國立慶州博物館 1990)에서는 9점 등 한 분묘 내에 2점 이상의 주조괭
이가 부장되기도 한다.

　무경식 철겸은 다양한 형태의 것이 공존하나 신부의 폭이 넓은 것이 많다. 묘광의 규모도 크고 유
물 부장양상도 풍부한 대형 분묘는 물론 중·소형 분묘에서도 1~2점씩 부장되는 예가 많아 가장 널
리 사용된 농공구 중 하나라 할 수 있다.

　따비형 철기는 원삼국시대 목관묘단계의 것과 유사한 형태도 여전히 부장되지만 전장이 짧아지
고 신부의 두께가 얇아진다. 이전 단계보다 출토량은 증가하지만 여전히 각 고분군의 일부 분묘를
중심으로 부장된다.

　제초구인 철서도 울산 중산동 IA-23호·ID-15호(昌原大學校博物館 2006), 경주 황성동 575번지 22호

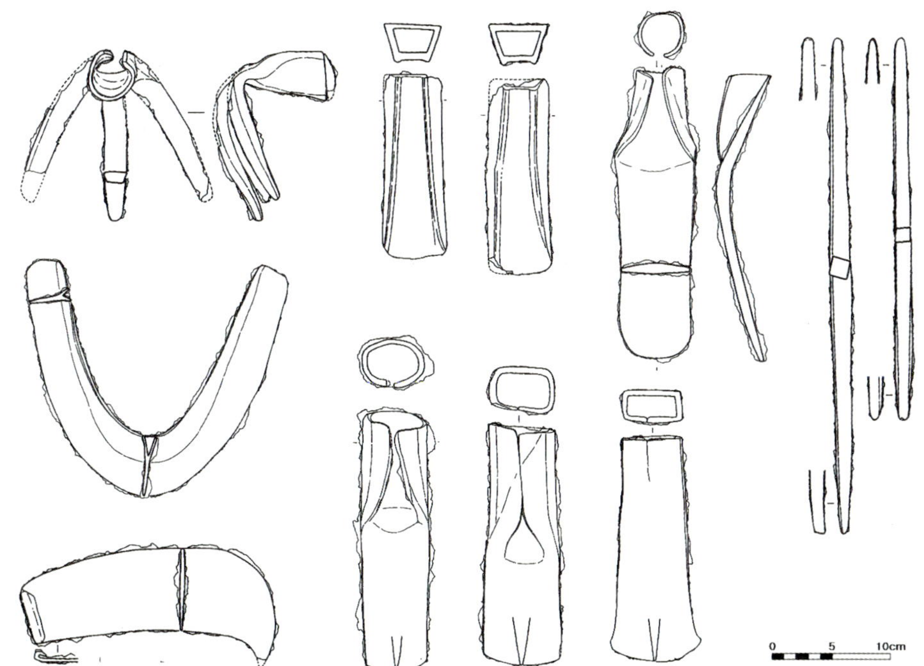

도21　울산 하대 43호 출토 농공구

(嶺南文化財硏究院 2010), 포항 학천리 33-1호(慶尙北道文化財硏究院 2002), 울산 하대 15호(釜山大學校博物館 1997), 부산 복천동 67호(安順天 1996:116~117) 등에서 I단계의 늦은 시기에 등장한다. 쇠삽날·쇠스랑처럼 최상위급 분묘는 아니나 세장한 목곽묘에서 비교적 풍부한 철기 유물과 함께 출토된다.

이처럼 새로이 등장하는 쇠삽날, 쇠스랑이 땅을 고르거나 일굴 수 있는 갈이 도구라는 점에서 기존의 주조괭이와 목제 따비로 이루어진 갈이 도구의 조합이 더욱 다양해졌을 뿐만 아니라 기경의 중요성이 더욱 강조된 당시 사회상을 짐작할 수 있다. 특히 쇠삽날과 쇠스랑은 가벼우면서도 흙에 대한 저항도가 낮고 강인한 철제 날을 가지기 때문에 논농사에서 작업 효율을 크게 높일 수 있다는 점을(金在弘 2011:123) 고려한다면 논농사가 강조되었거나 농경에서 차지하는 비중이 좀 더 증가하였을 것으로 추정된다. 이러한 선진 농구의 도입으로 구릉지대에서도 밭의 개발이 활발하게 진행되었을 뿐만 아니라 제초 전용구인 철서의 등장으로 보아 이전보다 적극적으로 이루어진 제초 작업을 통해 농업 생산력도 증대되었을 것이다.

또한 이 단계에는 유공부의 출토 수량이 크게 증가한다. 전 단계에 다수를 차지한 공부 단면 장방형을 띠는 것도 여전히 출토되지만 횡타원형을 띠는 것이 다수를 차지한다. 또한 울산 하대 43호, 포항 옥성리 나-78호 등의 대형 분묘를 중심으로 벌목에 사용된 대형 유공부가 복수 부장되며, 횡공부도 확인되어 벌목이 활발하게 이루어졌음을 짐작할 수 있다. 벌목된 나무들은 자귀로 사용된 소형 유공부와 도자, 끌 등 각종 철제 목공구를 사용하여 제작한 따비, 삽, 가래 등 다양한 목제 농공구의 보급이 이전 단계보다 좀 더 원활해졌을 것이다.* 또한 벌목 작업은 구릉지대를 개간할 때 일차적으로 이루어지는 작업이라는 점을 고려한다면 경작지 확대에도 일조하여 농업 생산력이 증대되는 효과를 가져왔다.

II단계 : 논농사 전용 농구-살포의 등장

도22_경산 임당고분군 출토 쇠스랑·쇠삽날·살포

논의 물꼬를 조절하는 논농사 전용 농구인 살포가 분묘에 새로이 부장되기 시작하는 단계이다. 출현기의 살포는 모두 목병형으로 경산 임당 7B호(1점, 嶺南大學校博物館 2005), 창녕 계남리 1호(2점, 嶺南大學校博物館 1991), 부산 복천동 53호(2점, 釜山直轄市立博物館 1992)처럼 각 지역 중심 고분군의

---

* 보통 목제 농기구의 제작에 필요한 목재는 겨울철에 벌채되며, 각 단계별로 적당량의 수분과 건조 상태를 유지하면서 제작되어야 하기 때문에 작업의 효율성이 높은 철제 공구를 사용하게 되면 미완성 상태에서 폐기되는 경우가 훨씬 줄어든다고 한다(根木修 1976:98~101).

대형 분묘에 한정되어 부장된다. 5세기 중반 이후에는 대구 내당동 51호 2곽·55호(朝鮮總督府 1931), 의성 탑리 II묘곽(國立博物館 1962) 등 각 지역의 대형분에도 여전히 부장되지만, 울산 운화리 6-1호(蔚山文化財研究院 2008)·울주 양동 32호(釜山大學校博物館 1985), 대구 시지지구 78호(嶺南文化財研究院 2001) 등의 중·소형 분묘에서도 확인된다. 특히 울산 운화리 6-1호에서는 2점이 함께 출토되어 살포를 소유할 수 있는 계층이 확대되었음을 짐작할 수 있다. 철병형 살포는 5세기대 의성 대리리 5호분 I묘곽(金基雄 1968)에서만 1점 확인되어 신라지역 내 철병형 살포의 구체적 양상을 알 수 없다.

쇠삽날은 이전 단계에서 V자형의 부장 비율도 높았지만, II단계에 들어서면 U자형의 쇠삽날이 주를 이루면서 경주 황남대총 남분(14점, 文化財管理局 文化財研究所1993·1994), 부산 복천동 22호(釜山大學校博物館 1990), 경산 조영 CII-1호(嶺南大學校博物館 1999), 대구 달성 문산리 3-2호(2점, 慶尙北道文化財研究院 2004), 창녕 교동 3호(東亞大學校博物館 1992)와 같은 대형분을 중심으로 부장된다. 5세기 후반 이후에는 경주 동산리 9호·51호(신라문화유산연구원 2010), 월산리 A-85호(國立慶州文化財研究所 2005), 울산 하삼정 171호(韓國文化財保護財團 2011)와 같은 중·소형 분묘에도 쇠삽날이 부장된다. 이 외에 주로 고구려유적에서 출토되는 것으로 알려진 凹자형 쇠삽날이 등장하는데, 경주 사라리 12호, 경주 안계리 32호, 성주 성산동 59호에서 확인되었다.

쇠스랑은 I단계에서 보이던 역V자형은 크게 줄어들고 갈이 작업에 유용한 70~90°의 장착 각도를 가지는 역U자형이 주를 이룬다. 이전 단계에는 대형분에만 쇠스랑이 부장되었지만, 이 단계가 되면 경주 동산리 51호·53호, 부산 복천동 108호(복천박물관 2008), 울산 효문동율동 50호(蔚山文化財研究院 2006)처럼 중·소형 분묘에서도 쇠스랑의 부장이 확인된다. 경주 황남대총 남분에서는 20점, 경주 황오리 37호, 황오리 16호 10곽(文化財管理局 慶州史蹟管理事務所 1980), 대구 달성 문산리 3-2호와 같은 대형분에서는 2점씩 복수 부장되기도 하였다.

주조괭이는 이전 단계보다 전장이 길어진다. 평면 형태가 장방형을 띠는 것들도 여전히 부장되지만 인부 폭이 공부보다 조금 더 넓거나 가운데가 축약되어 八자형을 띠면서 상면에 2조 이상의 철대를 가지는 형태의 것들이 주로 부장된다. 중·소형 분묘에도 2점 내외로 부장되어 복수 부장의 빈도가 여전히 높은 편이다. 경주 월성로 가-6호(9점), 대구 달성 문산리 3-2호(6점)와 경주 노동리 4호(10점, 國立中央博物館 2000) 등 일부 대형분에는 10여점 내외가, 특히 경주 황남대총 남분에서는 신부의 가운데가 크게 축약된 팔자형 296점이 부장되었다.

이 단계에 확인된 철겸은 모두 무경식이다. 다양한 형태의 것들이 부장되지만 인부 폭이 일정한 것들의 부장 비율이 높으며, 그 중에서도 선단부만 살짝 굽은 형식의 것들이 많다. 여전히 대부분의 분묘에서 1~2점 내외가 주로 부장되나, 부산 복천동 22호(4점) 등 일부 대형분에서는 다수 부장되기도 한다.

이 시기 철제 공구류 중 철제품의 제작에 사용된 각종 단야구들의 분묘 출토 사례가 크게 증가한다. 부산 복천동 53호, 경주 황남대총 북분, 경산 임당 EI-1·EII-1호와 같은 대형분에서는 대형의 집게만이, 중·소형 분묘에서는 집게와 망치를 비롯하여 모루, 끌과 같은 실제 사용된 것으로 추정되는 단야구들이 함께 부장된다(金銀珠 2006:69). 이 외 도자와 단조철부 등의 철제 공구류는 이전 단계와 큰 차이를 보이지 않는다.

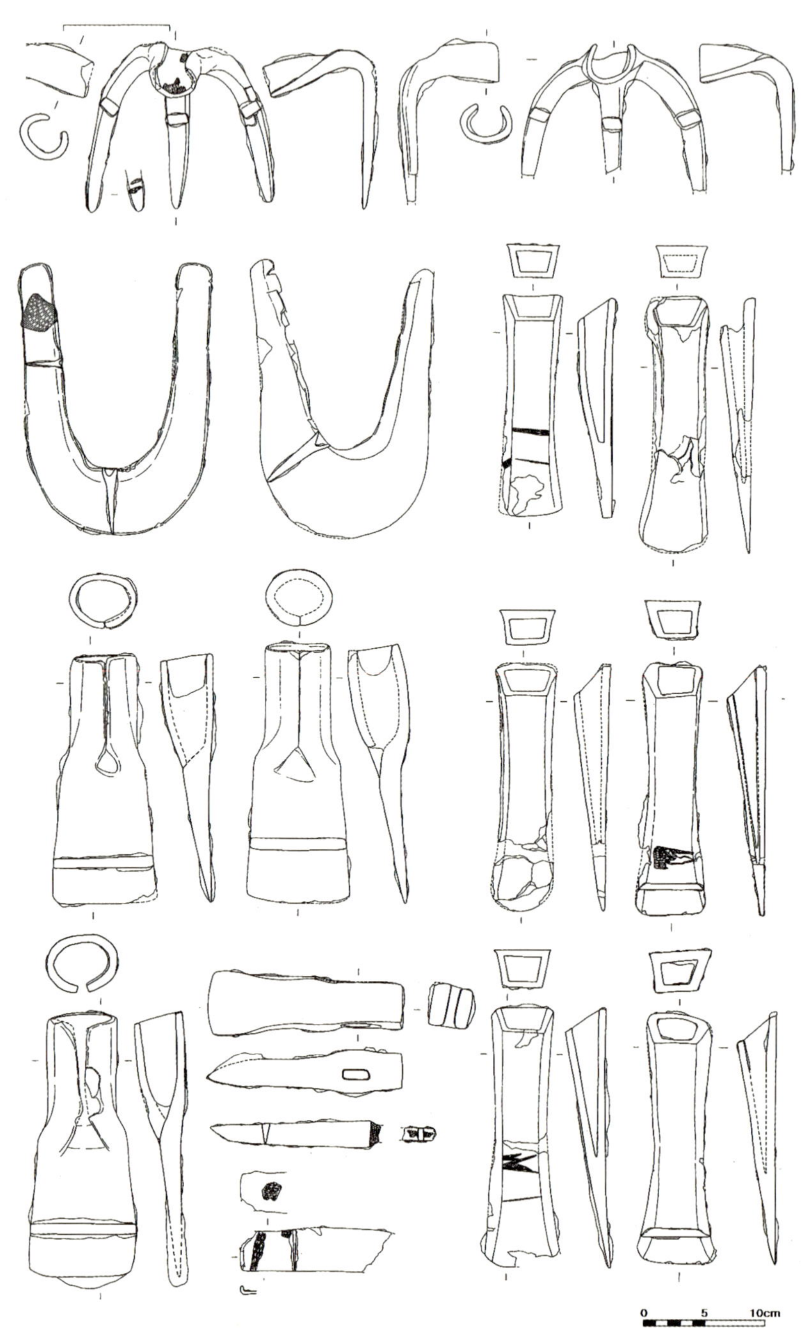

도23_대구 달성 문산리 3-2호 출토 농공구

314

Ⅲ단계 : 호미와 낫의 등장 그리고 철제 우경구의 완성

석실분 조영이 본격화되면서 부장 관념의 변화로 철제 농공구는 주로 주조괭이·철겸·단조철부·도자 등이 소량 부장될 뿐 기타 기종의 부장은 크게 줄어든다.

쇠삽날은 경주 분황사와 광양 마로산성 등에서 이전 단계의 것과 거의 동일한 형태를 가지는 U자형 쇠삽날이 출토되었다. 신라왕경과 이천 설성산성 등에서는 전장이 매우 짧아진 형태의 것도 확인되었다. 쇠스랑은 더 이상 분묘에 부장되지는 않지만 건물지와 산성에서 출토되어 쇠삽날과 더불어 여전히 주요한 농구 중 하나로 사용되었음을 짐작할 수 있다.

주조괭이는 분묘에 부장되는 빈도가 줄어들지만 평면 형태가 팔자형을 띠면서 상면에 철대를 가지지 않거나 다수의 철대를 가지는 형식의 것들이 부장된다. 통일신라시대를 전후해서는 전장이 20㎝ 이상으로 길어지고 공부에서 인부쪽으로 가면서 폭이 좁아져 세장방형을 띤다. 상면에 1조의 철대를 가지는 것과 철대를 가지지 않는 것 모두 확인된다.

무경식의 철겸은 여전히 다양한 형태의 것들이 부장되지만 신부의 폭이 좁아지고 선단부만 살짝 굽은 형태의 것이 다수를 차지한다. 또한 호상의 인부를 가지며 날과 슴베를 함께 만들어 나무 자루에 끼우는 유경식의 철겸이 등장하여 보급된다. 작물의 포기 수확 작업 시 좀 더 효율적인 유경식이 출현하였지만 무경식의 것도 여전히 함께 사용된다.

이 단계의 살포는 출토 수량이 적어 불분명하다. 분묘에 철병형의 것이 부장되고 이천 설성산성과 설봉산성에서도 철병형으로 추정되는 것이 출토되었다. 그러나 고려시대 유적인 대전 가오동 1호 건물지와 민속자료에서 목병형이 확인되므로 통일신라시대에도 두 형식이 함께 사용되었을 것으로 추정된다.

철서는 경주 안압지와 이천 설성산성에서 출토된 예가 있어 적어도 통일신라시대까지는 사용되었던 것으로 보인다. 긴 경부를 가지며 낫처럼 생긴 인부가 달린 호미도 이 단계에 출현하지만 아직 출토 수량이 매우 적어 자세한 양상을 알 수 없다. 그렇지만 고려시대 호미의 날 부분이 길이가 짧고 너비가 넓으며, 안쪽으로 약간 오목하게 날을 가지는 것들도 확인되어(金在弘, 2012:56) 각 지역의 자연 환경과 농경지 종류에 따라 다양한 형태의 호미가 사용되었을 것으로 추정된다.[*] 이전 단계의 제초구인 철서가 긴 자루를 가져 정밀하지는 않지만 작업이 쉽고 속도가 빠른 반면에 호미는 속도는 느리지만 정밀한 제초작업에 적합하여 토지 면적당 작물 생산량이 증대되었을 것이다(金度憲 2010:54).

---

[*] 호미는 기능과 모양에 따라 논호미와 밭호미로 나뉜다. 논호미는 날이 크고 넓적하지만 날 끝이 뾰족하다. 남쪽지방의 것이 날 폭이 좁고 중부지방의 것은 날 폭이 좀 더 넓다. 밭호미도 다양한 형태를 가지는데, 중부 이북의 산간 지방에서는 주로 양귀호미가, 중부 이남 지방에서는 외귀호미가 주로 사용되었다(박호석·안승모 2001:115~116).

도24_경주 안압지(상)와 용인 언남리(중·하) 출토 농공구

316

이 단계의 가장 큰 특징은 보습과 볏의 등장에 따른 철제 우경구 조합의 완성이라 할 수 있다. 『삼국사기 三國史記』 신라본기 新羅本紀 지증왕 3년(502) "始用牛耕"이라는 기사를 참고한다면 신라지역에서 우경의 출현은 늦어도 6세기대라 할 수 있으나[*] 이 시기 경주지역을 포함한 낙동강 이동지역에서는 우경의 모습을 짐작할 수 있는 보습과 볏이 아직 실물로 확인된 바 없다. 다만 6세기대로 추정되는 함경도 안변 용성리 31호 석실에서 세장한 U자형을 띠는 보습 1점이 주조괭이, 철겸과 함께 출토된 예가 있다. 통일신라시대에 들어서면 보습은 출토량이 증가할 뿐만 아니라 형태도 크게 변화한다. 이 시기의 보습은 평면 형태가 이전 시기 신라지역에서 확인된 세장한 U자형과는 달리 고구려지역에서 주로 확인되던 세장한 삼각형을 띤다. 또한 두부 頭部의 양 가장자리인 이부 耳部가 크게 돌출되고 전면에 비해 후면의 두부가 깊게 파이며, 좌측보다 우측이 좀 더 둥근 호선을 그리는 좌우 비대칭형의 인부를 가진다. 보습과 함께 쟁기에 장착되어 보습에 의해 일어나는 흙을 한 쪽 방향으로 엎어지도록 유도하는 볏도 통일신라시대에 등장하여 함께 사용된다(宋閏貞 2009:211). 통일신라시대 보습은 50㎝ 이상의 것도 확인되어 삼국시대의 보습에 비해 대형화된 것들이 등장하며, 볏 역시도 보습의 크기에 비례하여 다양한 크기로 제작된다. 보습과 볏, 호미와 낫의 기종이 추가되면서 통일신라시대에 이르러서야 오늘날 사용하는 철제 농구의 기종 구성은 물론 형태도 거의 동일해진다.

한편 철제 공구류 중에서는 삼국시대에 출토 빈도가 매우 낮았던 가위가 통일신라시대에 들어서면 출토량이 크게 증가하고 크기와 형태도 다양해진다. 벌목구로 사용된 대형 유공철부를 대신하여 횡공부의 출토량도 증가한다. 횡공부는 크기가 다양해지고 두부의 형태도 망치형뿐만이 아니라 첨형도 확인되어 양 단이 모두 사용되었을 가능성이 크다. 이 외에도 도자, 요형철기를 비롯하여 집게·망치·끌·모루와 같은 각종 단야구 등의 다양한 철제 공구류들도 철제 농구와 마찬가지로 주로 건물지, 사지, 산성 등지에서 출토되었다.

__철제 농공구의 분포 양상과 확산

철제 농공구의 사용은 나무나 돌로 만들어진 것보다 작업의 효율성을 높여 동일한 작업을 할 때 사용되는 노동력을 절감할 수 있다. 절감된 노동력과 효율성이 높은 철제 농공구를 사용한 개간 작업을 통해 가경지를 확대할 수 있을 뿐만 아니라 심경과 효율적인 제초 및 수확 작업을 통해 농경 생

---

[*] 이때부터 우경이 출현하는 것이 아니라 이전부터 실시해 오던 우경을 국가적 차원에서 적극 장려한 조치로 이해하는 것이 일반적이다(전덕재 1990:25).

산력을 크게 향상시켰다(李賢惠 1990, 金度憲 2010:148~149).

　비교적 주변에서 쉽게 구할 수 있는 돌이나 뼈, 나무로 만들어진 농공구들과는 달리 철로 만들어진 농공구는 철광석·철소재의 확보 및 고도의 제작 기술이 요구되는 일련의 공정을 거쳐야 하므로 전업집단에서 제작·보급될 수 밖에 없다. 따라서 모든 취락에서 철제 농공구를 생산할 수 없으므로 생산이 불가능한 취락에서는 철제 농공구를 생산할 수 있는 취락으로부터 필요한 수량을 공급받아 사용하여야만 했을 것이다. 이러한 제작 체계로 인해 철제 농공구의 소유 형태는 각 國 사이에, 또 國 내 취락 간에 경제적 격차는 물론 권력의 집중을 심화시키는 하나의 요인이 되었다(李賢惠 1990:63~69·1991:69~77, 金度憲 2010:130). 특히 신라의 철제 농구는 사로에서 신라로, 그리고 신라의 낙동강 이동지방 복속 과정을 반영하는 중요한 고고학적 자료로 평가받고 있다(李賢惠 1990·1991, 이희준 2007:245~247, 李하나 2011). 따라서 철제 농구의 분포 양상을 검토하여 신라 철제 농구의 확산 과정에 대해 간략하게 살펴보고자 한다.

경주지역 우위의 분포 양상

　앞서 살펴본 I단계에서는 철제 농공구의 출토 양으로 볼 때 경주지역이 인접한 포항과 울산지역보다 월등히 우세하다고 말할 수 없다. 그러나 사로국과 함께 철의 생산과 유통에 중요한 거점인 구야국의 김해지역에서 4점의 쇠스랑이 복수 부장된 대성동(경남) 1호 목곽묘(慶南文化財研究院 2013)가 확인되었다. 경주지역에서도 유물 출토 양상 및 분묘의 규모로 볼 때 울산 하대 43호나 포항 옥성리 나-108호처럼 지역 내 최고위계라 볼 수 없는 황성동 575번지 64호에서 2점의 쇠스랑이 출토되었다. 이러한 점을 고려한다면 경주지역 내에 황성동유적보다 위계가 높은 중심 고분군에서 쇠스랑·쇠삽날처럼 고도의 단야 기술이 필요한 농공구가 복수 부장된 대형묘의 존재를 상정할 수 있다.

　또한 이 시기의 경주 황성동 제철유적에서는 주조괭이 거푸집과 용해로가 확인되어 경주지역에서 주조괭이의 대량 생산이 이루어졌음이 밝혀졌으며, 이곳에서 생산된 주조괭이가 포항 옥성리 및 울산 하대고분에 부장된 것으로 추정된다(류위남 2009:87). 따라서 제작이 용이하지 않은 주조괭이 및 이 시기 새로이 등장하는 쇠스랑·쇠삽날과 같은 철제 농구의 생산과 유통이 경주지역을 중심으로 이루어졌을 가능이 크다.

　II단계에 들어서면 이러한 양상은 더욱 뚜렷해진다. 경주 황남대총 남분에서만 쇠스랑 20점, 쇠삽날 4점, 주조괭이 296점이 부장되었다. 황남대총 남분을 특수한 사례로 보아 제외하더라도 경주를 제외한 다른 지역에서는 각 지역의 중심 고분군을 중심으로 5기 내외의 분묘에서 기종별로 1~2점 이내만 부장되지만 경주지역에서는 20여기 이상의 분묘에서 확인되었다. 또한 경주지역에서는 쇠스랑, 쇠삽날, 살포가 2종 이상씩 공반되어 출토되는 사례도 다수 확인된다. 낙동강 이동의 부산·창녕·경산·대구·의성·상주·영덕·울진 등 거의 전 지역에서는 이 세 기종 중 한 기종만을 부장하는 예가 대부분이며, 2종 이상이 함께 부장되는 예는 각 지역에서도 한 두 사례에 불과하다(표1, 李하나 2011:72~75). 이러한 경주지역 우위의 철제 농구 분포 양상은 쇠스랑, 쇠삽날, 주조괭이, 살포 등 일부 기종들의 유통에 신라 중앙에서의 일정한 관여가 있었음을 상정할 수 있다.

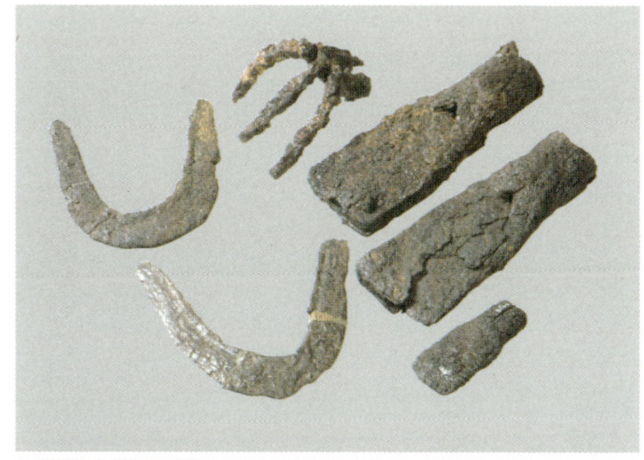

도25_ 경주 황남대총 남분 출토 철제 농공구

철제 농공구의 확산

앞서 살펴보았듯이 경주지역은 당시 주요 농구라 할 수 있는 쇠스랑과 쇠삽날 그리고 살포의 분포 양상에서 타 지역보다 우위에 있음을 알 수 있다. 그런데 이 세 기종의 분포 양상을 통시적으로 살펴보면 경주지역을 중심으로 한 분포 양상의 변화가 확인된다.

● 동남해안지역으로의 확산

영남 각지에서 이전 단계의 목관묘와 달리 넓은 부장공간을 가지는 목곽묘가 주요한 묘제로 사용되는 단계로, 2세기 후반~4세기 후반 이전*까지이다. 이 시기에는 철제 농구 중 원삼국시대 전기 목관묘단계부터 사용된 주조괭이·따비형 철기·철겸은 형태적으로 큰 변화없이 여전히 부장되며 새로이 쇠스랑과 쇠삽날 그리고 철서가 등장하여 부장된다.

주조괭이·따비형 철기·철겸은 경주 조양동고분군·황성동고분군·덕천리고분군은 물론 금호강 유역권의 경산 임당·조영동고분군, 대구 서변동·팔달동고분군, 칠곡 심천리고분군에서 확인되며

---

* 4세기대는 보고된 자료가 부족하여 분포 양상이 명확하지 않아 I단계에 포함하였다. 그러나 발굴조사의 성과에 따라 시기가 변동될 가능성이 있다.

경주지역				경주 외 낙동강 이동지역			
고분명	쇠스랑	쇠삽날	살포	고분명	쇠스랑	쇠삽날	살포
황남대총 남분	20	14		부산 복천동 22호		1	
식리총			1	부산 복천동 53호			2
금령총			1	부산 복천동 108호	1	1	
호우총			1	부산 학소대 2지구 1호			1
노동리 4호			1	양산 북정리 14호			1
황오리 16호 2곽	1	1	1	양산 북정리 4-나호			1
황오리 16호 3곽	1	1		울산 양동리 32호			1
황오리 16호 4곽	1			울산 효문동율동 50호	1		
황오리 16호 7곽	1			울산 약사동북동 40호			1
황오리 16호 10곽	2	1		울산 운화리 6-1호			2
황오리 16호 11곽	1	1		울산 조일리(창)61-2호			1
황오리 37호	2	1		울산 하삼정 가-171호	1	1	
황오동 100번지 1호		1		창녕 교동 1호		1	
사라리 12호		1	1	창녕 교동 3호		1	
사라리 36호			1	창녕 교동 89호		1	
동산리 9호		1		창녕 송현동 6호	1	1	
동산리 38호		1		창녕 계남리 1호			1
동산리 51호	1	1		대구 내당동 51호-2곽			1
동산리 53호	1			대구 내당동 55호			1
황남리 파괴분 제1곽		1		대구 달성 문산리 3-2호	2	2	
황남리 파괴분 제3곽	1			대구 욱수동 가-37호		1	
미추왕릉지구 7-5호			1	경산 임당C-Ⅰ-116호		1	
미추왕릉지구 34-3곽	1			경산 임당CⅡ-1호		1	
안계리 32호		1		경산 임당 7B호			1
인왕동 20호		1		경산 조영 EⅡ-2호		1	1
월산리 A-85호		1		경산 조영 EⅢ-2호	1	2	
				경산 조영 EⅢ-6호		1	
				성주 성산동 38호		1	
				성주 성산동 59호		1	
				왜관 낙산리 13호			1
				왜관 낙산리 81호		1	
				의성 탑리 1곽			1
				의성 탑리 2곽			1
				의성 대리리 3-2호		1	
				의성 대리리 5-1호			1
				상주 신흥리 라-28호			1
				상주 신흥리 라-86호		1	
				상주 성동리 24호			1
				울진 덕신리 61호		1	
				영덕 괴시리 순장2곽		1	

포항 옥성리고분군, 울산 중산리·하대고분군·하삼정고분군, 부산 노포동고분군 등 동남해안 일대의 고분군에서도 모두 출토되어 원삼국시대 전기 목관묘단계와 비슷한 분포양상을 보인다. 이 중 주조괭이와 따비형 철기는 이전 단계보다 한 분묘군 내에 부장되는 비중은 증가한다.

이에 반해 이 단계에 새로이 등장하는 쇠스랑과 쇠삽날은 경주 황성동고분군·조양동고분군, 포항 옥성리고분군, 울산 중산리고분군·하대고분군, 김해 대성동고분군의 대형묘에서만 1~4점 내외로 부장될 뿐 다른 지역에서는 출토된 예가 없다. 구야국을 거쳐 금관가야로 성장하는 김해지역을 제외하고 살펴보면 포항과 울산지역 모두 경주지역과 인접한 지역이라는 점이 주목된다. 포항 옥성리고분군은 경주 분지를 기점으로 성립된 사로국이 동해안로를 이용하여 예나 고구려로 향하는 길목에 위치한다. 울산 중산리고분군은 인근에 원삼국시대부터 채광이 이루어진 달천광산이 위치할 뿐만 아니라 울산만을 이용할 수 있는 길목에 자리 잡고 있으며, 울산 하대고분군 역시 울산만에서 다시 부산 동래지역으로 나아갈 수 있는 곳이다. 세 곳 모두 사로국의 중요한 대외교역로상에 위치한다는 공통점을 가진다.

앞서 살펴보았듯이 이 시기 쇠스랑과 쇠삽날의 출토 수량에서는 경주지역이 포항과 울산지역보다 우위를 점한다고 볼 수는 없다. 그러나 경주지역의 중심 고분군 내 최고위계의 대형묘가 아님에도 불구하고 황성동 575번지 64호에서 2점의 쇠스랑이 출토된 점, 그리고 경주 황성동 제철유적에서 생산된 주조괭이가 포항 옥성리고분군과 울산 하대고분군으로 유통되었다는 점을 고려한다면 고도의 제작기술을 요하는 주요 철제 농구들은 경주지역 중심의 유통권이 형성되었던 것으로 추정할 수

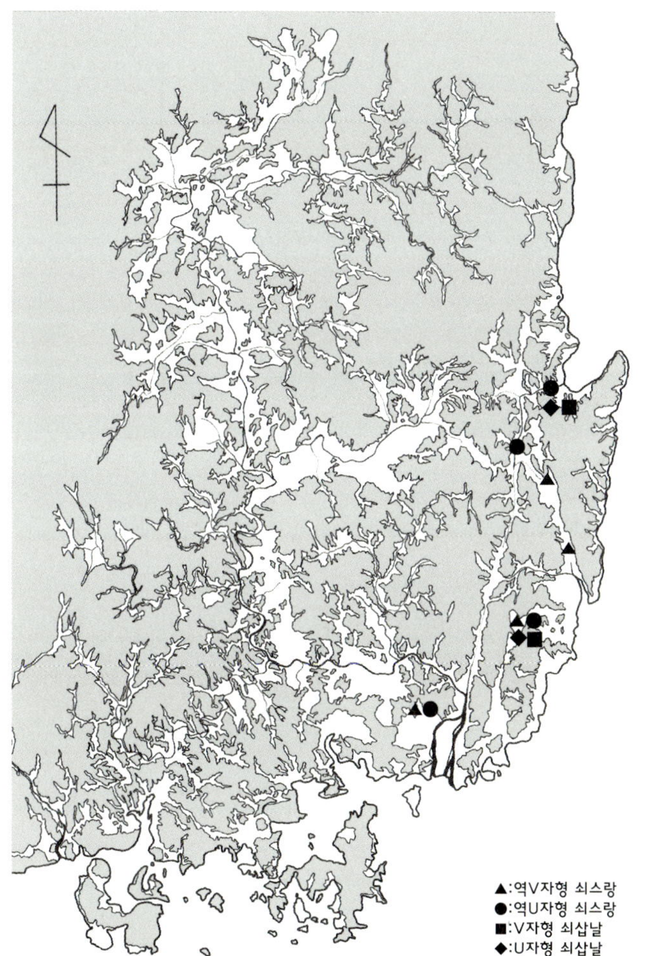

도26_ 4세기 후반 이전 영남지방 쇠스랑과 쇠삽날 분포도

있다.

특히 이전 목관묘 단계에 긴밀한 교류관계를 유지하였던 금호강유역권[*]에서는 이러한 주요 철제 농구들이 한 점도 출토되지 않고, 사로국의 주요 대외교역로인 포항과 울산지역에서만 분포되는 양상은 이 지역에 위치한 각 국과 경주 분지를 중심으로 위치한 사로국 사이에 금호강유역권의 國보다 좀 더 밀접한 교류 관계를 유지하였던 것으로 볼 수 있다. 더욱이 기존의 경주를 중심으로 포항·울산지역에 형성된 동해남부지역양식의 토기 문화(尹溫植 2001:85~90), 경주식 목곽묘의 분포 양상(李在興 2006), 소위 의기성 철모의 분포 양상(申東昭 2007:113~120) 등의 연구 성과와 함께 고려한다면 철제 농구의 분포 양상에도 포항과 울산지역에 자리 잡은 정치체가 경주 중심의 사로국으로 통합되면서 신라화 되어가는 모습이 반영된다 할 수 있겠다(李하나 2011:68~71).

• 낙동강 이동지방으로의 확산과 소유 계층의 확대

4세기 후반부터 5세기, 그리고 6세기 전반대는 경주를 비롯하여 경산·대구·의성·창녕·양산·부산 등 낙동강 이동지방에서 대형 고총고분이 본격적으로 조영되고 출자형[出字形] 금동관 등의 착장형 위세품과 신라양식 토기들이 분묘에 부장되는 등 낙동강 이동지방의 신라화가 가속화되는 단계이다.

철제 농구의 분포 양상 중에서 이 단계에 가장 주목되는 점은 이전 단계에 경주·포항·울산지역을 중심으로 확인되던 쇠스랑과 쇠삽날의 분포 범위가 경산·대구·의성·성주·창녕 등 낙동강 이동지방 및 영덕·울진의 북부 동해안지방으로까지 크게 확대된다는 점이다(표1, 도 27). 더군다나 경주지역을 중심으로 점진적으로 확대되는 것이 아니라 경산 임당·조영동고분군, 대구 비산·내당동고분군, 대구 달성 문산리고분군, 성주 성산동고분군, 의성 탑리·대리고분군, 창녕 교동·송현동고분군, 양산 북정리고분군, 부산 복천동고분군, 영덕 괴시리고분군 등 주로 각 지역의 대형 고총고분을 중심으로 동시다발적으로 부장되기 시작한다.

또한 중·소형 분묘인 왜관 낙산리 81호(韓國文化財保護財團 2009)와 경주 동신리 9호·51호, 울산 하삼정 가117호, 울진 덕신리 61호(안동대학교박물관 2004)에서도 쇠삽날이 출토되어 쇠삽날의 부장 계층이 이전 단계보다 좀 더 확대되었던 정황을 반영한다. 쇠스랑도 중·소형 분묘인 경주 동신리 9호와 울산 효문동율동 50호, 울산 하삼정 가117호에서 출토되어 부장 계층이 확대되었던 것으로 볼 수 있다. 현재 쇠스랑을 부장한 중·소형 분묘가 확인되는 유적은 모두 경주권역 내에 위치하

---

[*] 원삼국시대 전기 목관묘 단계에는 금호강유역권의 영천·경산·대구지역에서 확인되는 주조괭이와 판상철부 등의 부장량이 동시기 울산·포항지역보다 탁월하다. 이는 영남지방의 동남쪽에 위치한 경주에서 생산된 주조괭이 및 철소재 등을 각 國으로 이동하기 위해서는 건천지역을 지나 금호강을 이용하여 영천·경산·대구지역을 거친 후 낙동강로를 통해 영남 전역으로 유통시키는 것이 가장 효율적인 유통 방법이기 때문으로 추정된다(申東昭 2007:106~107).

322

여* 경주권역이 타 지역들보다 쇠스랑의 보급율이 좀 더 높았을 가능성을 시사한다. 더군다나 경주 동신리 9호와 울산 하삼정 가117호에서는 중·소형 분묘임에도 불구하고 두 기종이 함께 부장되었다. 쇠스랑과 쇠삽날이 함께 부장된 사례는 경주지역을 제외한 낙동강 이동지방에서는 각 지역 고총고분에서도 각 1례 정도에 불과하다는 점도 타 지역보다 경주지역에서 쇠스랑과 쇠삽날을 소유할 수 있었던 계층이 좀 더 넓었음을 뒷받침한다.

한편 이 시기에 새로이 등장하여 사용되는 살포도 먼저 살펴본 두 기종과 비슷한 분포 양상을 보인다. 부장 초기에는 낙동강 이동의 각 지역 중심 고분군의 대형분에서만 확인되다가 5

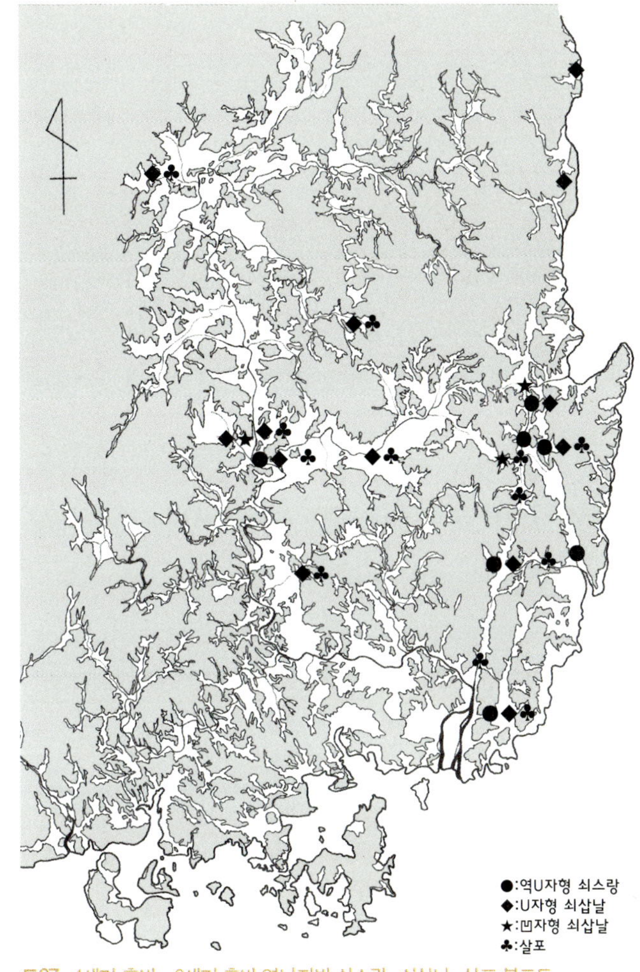

도27_4세기 후반~6세기 후반 영남지방 쇠스랑·쇠삽날·살포 분포도

세기 후반 이후에는 대형분은 물론 중·소형 분묘에도 부장된다. 특히 울산 운화리 6-1호에서는 2점의 살포가 함께 부장되기까지 한다. 대형분에만 1점씩 부장되던 초기와 달리 중·소형 분묘에도 살포가 부장된다는 점은 철제 농공구의 소유 계층이 여전히 제한적이기는 하지만 좀 더 확대되었음을 의미한다. 다른 기종들과 달리 단기간 내에 소유 계층이 널리 확대되었다는 점은 살포가 논의 물꼬를 틀 때 사용하는 전용 농구라는 점을 고려한다면 논농사의 비중이 크게 증대되었던 정황을 반영한다고 볼 수도 있겠다.

---

* 울산 하삼정고분군은 현재 행정지명 상 울산지역에 속하나 경주 분지에서 양산으로 나아가는 길목에 위치하며, 울산 효문동율동유적도 경주 외동에서 울산에 이르는 불국사단층선 끝자락에 위치하여 자연환경적으로도 큰 장애 없이 도달할 수 있다. 두 고분군 주변에 5세기대 고총고분군이 존재하지 않는 것으로 보아 일찍이 복속되어 신라화되었던 것으로 추정된다.

신라지역에서 철병형 살포는 5세기대 의성 대리리 5호분 I묘곽에서 길이 125㎝에 달하는 것이 1점 확인되었다. 동시기 백제지역의 공주 수촌리 5호와 금산 수당리 12호 등에서 확인된 길이 125㎝의 철병형 살포를 실용적 의미라기보다는 백제왕이 복속한 수장에게 그 지역의 농업 통제권을 인정한다는 의미로 하사한 것으로 파악한 연구 성과가 있다(金在弘 2013:374~385). 이를 참고한다면 의성 대리리 5호 출토 철병형 살포 역시 그러할 가능성이 농후하다.

이처럼 주요 철제 농구라 할 수 있는 쇠스랑·쇠삽날·살포의 분포 범위가 경주지역을 중심으로 낙동강 이동지역은 물론 영덕·울진의 북부 동해안지역의 고총고분을 중심으로 이루어진다는 점은 철제 농구 역시 각종 착장형 위세품, 신라양식 토기 등과 같이 낙동강 이동지방 및 북부 동해안지역이 경주지역을 구심점으로 신라화 되어가는 한 단면을 보여준다 할 수 있다.

주조괭이의 출토 수량이 크게 증가하고 효율적으로 사용할 수 있는 기경구인 쇠스랑·쇠삽날의 부장이 경주·포항·울산만이 아니라 경산·대구·의성·창녕·부산 등지에서도 이루어져 이 지역들에서도 농경지의 개간 작업이 활발하게 이루어졌을 것으로 추정된다. 논의 물꼬를 틀 때 사용되는 살포의 등장과 보급이 동시다발적이며 논농사에서 매우 중요한 관개시설도 확충되어 운영되었다는 점*을 고려하면 논농사의 비중이 강조되었던 것으로 보인다. 또한 수확구인 철겸이 대부분의 분묘에 부장된다는 점과 제초구인 철서의 경우 부장 빈도는 낮지만 비교적 제작이 용이한 점을 고려하면 당시 이 두 기종을 소유할 수 있었던 계층은 매우 폭 넓었던 것으로 여겨진다. 따라서 이 시기 널리 확산된 다양한 철제 농구를 활용하여 증대된 농업 생산량은 당시 격변하는 사회의 원동력이 되었을 것이다.

● 철제 우경구의 확산

6세기 후반대에 들어서면 철제 농공구의 분묘 내 부장은 급격하게 줄어들어 분묘 부장품을 통해 철제 농공구의 분포 양상을 추적하기에는 어려움이 크다. 대신 주거지나 수혈 등의 생활 유적 및 산성과 같은 관방 유적에서 출토된 철제 농공구들을 통해 통일신라시대 철제 농공구의 양상을 살펴볼 수 있다.

통일신라시대 철제 농공구의 분포 양상 중 가장 눈에 띄는 점은 철제 우경구인 보습과 볏의 확산이다. 삼국시대 고구려에서는 삼각형, 백제에서는 짧은 U자형, 신라에서는 긴 U자형의 보습 등 각

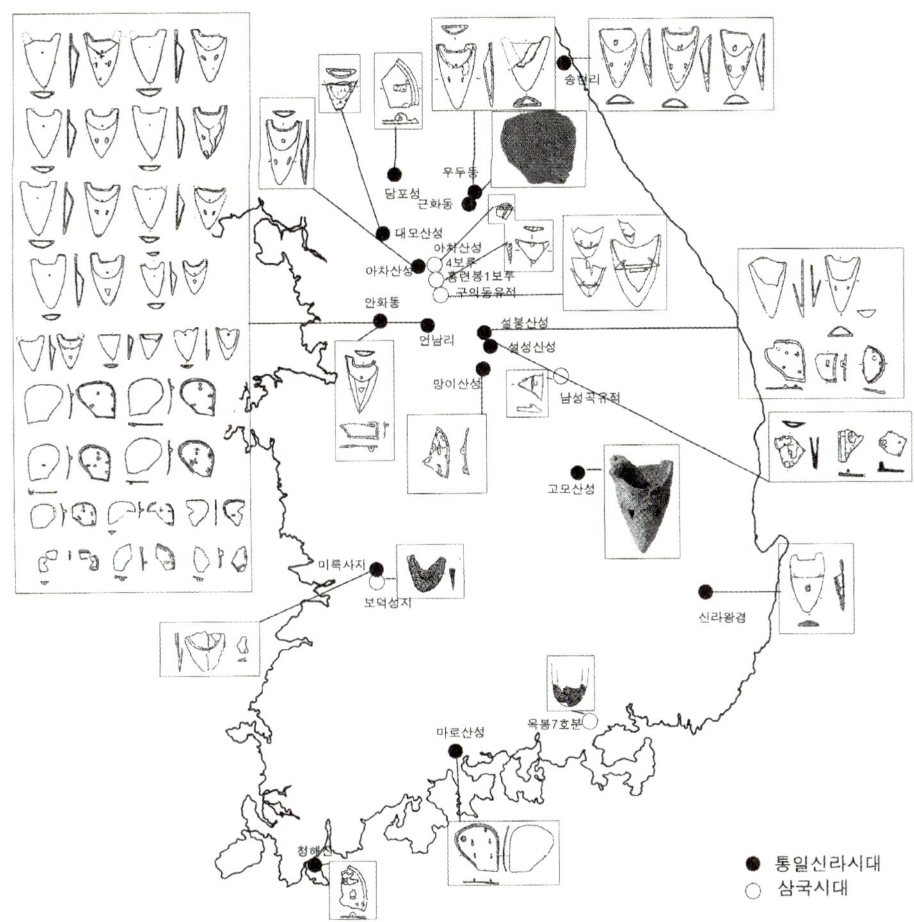

도28_ 삼국~통일신라시대 철제 우경구 출토 유적 분포(宋閨貞 2009 그림 1)

지역마다 다른 형태의 보습이 사용되어[*] 각 지역의 경작 환경 내지는 재배 작물에 따라 각각 적합한 형태의 보습이 사용되었던 것으로 보인다(李賢惠 1992:8). 그러나 통일신라시대에 이르면 이전 시기에 보이던 U자형의 보습은 확인되지 않고 고구려지역에서 사용하던 평면 형태가 세장한 삼각형을 띠는 보습과 상당히 유사한 형태로 일원화된다.

각 지역에서 사용되던 다양한 형태의 보습이 일순간에 전혀 다른 형태인 고구려식의 것으로 일원화되는 점, 통일신라시대에 등장한 볏이 우측편향의 완성된 형태라는 점은 중앙 정부에서 의도적으로 제작하여 보급한 것이라 볼 수 있다. 철제 우경구가 출토된 유적들의 성격 역시 이러한 사실을 뒷받침한다. 철제 우경구가 출토된 유적들을 살펴보면(표2, 도28) 왕경이거나 산성(고모산성·설봉산

---

[*] 백제와 신라는 아직 1례에 불과하여 단정할 수 없지만 형태가 상이하여 각 지역마다 다양한 형태의 보습이 사용되었던 것으로 추정된다.

유적명	현 소재지	통일신라시대 관할 지방행정		소재지 성격	유적 성격
왕경유적	경북 경주시	金城		수도	왕경
고모산성	경북 문경시	尙州	虎溪縣	治所 소재지	山城(城址)
설봉산성	경기도 이천시	漢州	黃武縣	治所 소재지	山城(城址)
설성산성	경기도 이천시		陰竹縣	治所 소재지	山城(城址)
아차산성	서울시 광진구		漢陽郡	治所 소재지	山城(城址)
망이산성	경기도 안성시		竹山縣	治所 소재지	山城(城址)
대모산성	경기도 양주군		來蘇郡	治所 소재지	山城(城址)
용인 언남리	경기도 용인시		巨黍縣	治所 소재지	거점유적
춘천 우두동	강원도 춘천시	朔州	牛頭州→朔州	治所 소재지	거점유적
춘천 근화동	강원도 춘천시			治所 소재지	—
고성 소현리	강원도 고성군	溟州	達忽州→高城郡	—	—
여량리	강원도 정선군		旌善縣	—	—
미륵사지	전북 익산시	全州	金馬郡	治所 소재지	巨刹
마로산성	전남 광양시	武州	馬老縣	治所 소재지	山城(城址)
청해진	진남 완도군		군현 배치 ×	軍鎭 소재지	海上軍陣

성·마로산성 등), 거찰(미륵사지)·해상군진(청해진)·통일신라시대 지방행정 관할지인 치소의 소재지에 위치한 거점 유적(용인 언남리·춘천 우두동)으로 국가와의 관련성이 매우 큰 곳들이다. 따라서 통일신라시대에 고구려식의 삼각형보습으로 일원화되는 과정에는 우경을 확산시킴으로써 농업 생산력의 증대를 꾀하고자 한 국가가 관여하였을 가능성이 매우 농후하다(宋閏貞 2009:224~228). 그러나 통일신라시대의 철제 우경구를 전적으로 국가에서 소유하고 보급하였다고 볼 수만은 없으며 소유 범위도 점차 확대되어 나갔을 것으로 예상된다.

　철제 우경구를 활용한 우경의 확산은 경작 면적의 급격한 확대[*]와 아울러 비교할 수 없을 정도의 경작력의 제고를 가져오므로 우경의 이용은 농업 기술상의 일대 획기적인 변화라 할 수 있다. 그렇지만 우경에 필요한 소와 생산 도구를 모두 갖추어 토지 소유를 확대시킬 수 있는 대토지 부호농민

---

[*] 비록 중국 漢나라 시기의 자료이기는 하나 사람 혼자서 밭을 갈 때에는 1년 동안 대략 10무 정도를 경작할 수 있으나, 2마리의 소와 세 사람이 한 조가 되어 우경을 행하면 1년에 약 500무를 경작할 수 있을 정도로 경작 면적이 확대된다고 한다(전덕재 1990:26).

층과 그렇지 못한 소농민층 사이의 계층 분화 및 계층 간의 갈등 심화를 야기하는 하나의 원인이 되어 통일신라 말 사회구조적 모순으로 발전하게 된다.

__맺음말

이상으로 신라~통일신라시대 각 유적에서 출토된 농공구의 종류와 용도에 대해 살펴보고, 원삼국시대 후기부터 새로운 기종-쇠스랑·쇠삽날·철서, 살포, 호미·보습·볏-의 출현을 획기로 삼아 단계별 변화상에 대해서도 간략하게 살펴보았다.

또한 각 단계별 철제 농공구의 분포 양상을 검토하여 경주지역이 한 고분 내에 부장되는 다양한 철제 농구 중 주요 철제 농구라 할 수 있는 쇠스랑·쇠삽날·살포의 출토 수량 및 조합 관계가 다른 지역보다 우위를 점하고 있어 경주지역을 주요 철제 농구의 생산과 유통의 중심지로 추정하였다. 이를 바탕으로 경주지역에서 주변 지역으로 철제 농구의 확산 과정을 살펴보았다.

원삼국시대 후기 목곽묘 단계에는 경주를 중심으로 포항과 울산지역에서만 새로이 등장하는 주요 농구인 쇠스랑과 쇠삽날이 확인된다. 4세기 후반 이후에야 낙동강 이동지역과 북부 동해안지역으로도 쇠스랑, 쇠삽날을 비롯하여 이 단계에 처음으로 등장하는 살포와 같은 주요 농구의 부장이 확인된다. 낙동강 이동지역 및 북부 동해안지역으로 확산되면서 이전 단계에 대형 분묘를 중심으로 부장되던 쇠스랑·쇠삽날이 비록 소량이기는 하지만 각 지역의 중·소형 분묘에도 부장되어 철제 농공구의 소유 계층도 확대되었음을 알 수 있었다. 통일신라시대에 이르러서는 호미와 낫이 본격적으로 도입되었으며, 국가 주도하에 보습과 볏으로 이루어진 철제 우경구의 보급이 전국적으로 실시되었음을 알 수 있었다. 즉 신라의 철제 농구는 사로에서 신라로, 그리고 신라의 낙동강 이동지방 복속 과정을 반영할 뿐만 아니라 통일신라시대 지방 통치 수단의 일단면을 반영하는 중요한 고고학적 자료라 할 수 있다.

목제 농공구는 아직까지 출토 사례가 많지 않아 자료의 소개에 머물렀다. 최근 생활 유적 및 저습지 유적의 발굴이 증가하고 있으므로 자료의 축적이 이루어져 목제 농구의 변화 양상, 지역적 차이, 생산 공정의 복원 등과 같은 더욱 다양한 논의가 이루어지기를 기대한다. 철제 공구에 대해서는 아직까지 연구 성과가 미흡한 편으로 구체적인 변천 양상과 지역별 전개 양상 등에 대한 연구가 진행되기를 바란다. 목제 농공구나 철제 공구에 비해 철제 농구는 종류와 용도 및 변천, 분포 정형 등 비교적 다양한 연구 성과가 축적되었지만 아직까지 용도가 구체적으로 밝혀지지 않은 농구들도 존재하므로 이에 대한 논의도 충분히 이루어져야 하겠다. 이러한 논의의 진행과 함께 경작유구, 관개시설 등 농경 관련 연구 성과들도 함께 검토된다면 고대 농경 기술(방식) 및 생산력의 변화 등과 같은 당시 사회상 복원에 한 발짝 다가설 수 있을 것이다.

__ 참고문헌

보고서·도록

江原文化財研究所, 2006,『春川 牛頭洞 707-1,35番地 遺蹟 發掘調査 報告書』, 江原文化財研究所 學術叢書 49冊.

慶南文化財研究院, 2013,『김해 가야사 2단계 조성사업 주차장 부지 내 김해 대성동유적』, 學術調査研究叢書 第104輯.

慶尙北道文化財研究院, 2002,『浦項 鶴川里遺蹟發掘調査報告書』, 學術調査報告 第24冊.

___________________, 2004,『大邱 汶山淨水場建設敷地內 達城 汶山里 古墳群 I地區-大形封土墳 3號-』, 學術調査報告 第38冊.

啓明大學校博物館, 2000,『慶州 隍城洞 遺蹟 V』, 啓明大學校博物館 遺蹟調査報告 第10輯.

啓明大學校 行素博物館, 2006,『星州星山洞古墳郡 : 第38·39·57·58·59號墳 』, 啓明大學校 行素博物館 遺蹟調査報告 第13輯.

국립가야문화재연구소, 2012,『한국 목기자료집 I-농기구 및 공구편』.

국립가야문화재연구소·국립김해박물관, 2012,『나무, 사람 그리고 문화-함안 성산산성 출토 목기』.

國立慶州文化財研究所, 2002,『新羅王京 發掘調査報告書 I(本文)』, 學術研究叢書 32.

___________________, 2003,『慶州月山里遺蹟』, 學術研究叢書 35.

___________________, 2005,『芬皇寺 發掘調査報告書 I(本文)』, 學術研究叢書 39.

國立慶州博物館, 1990,『慶州 月城路古墳群』.

國立博物館, 1962,『義城塔里古墳』, 國立博物館古蹟調査報告 第3冊.

國立中央博物館, 2000,『겨레와 함께 한 쌀-도작문화 3000년』, 새천년 특별전 도작문화 3000년.

___________________, 2000,『慶州路東里四號墳』, 日帝强占期資料調査報告 1.

___________________, 2010,『황금의 나라 신라의 왕릉 황남대총』, 국립중앙박물관용산 개관 5주년 기념 특별전.

단국대학교 매장문화재연구소, 2002,『이천 설봉산성 3차 발굴조사 보고서』, 매장문화재연구소 학술조사총서 제13책.

___________________, 2004,『이천 설성산성 2·3차 발굴조사 보고서』, 매장문화재연구소 학술조사총서 제26책.

東亞大學校博物館, 1992,『昌寧校洞古墳群』, 古蹟調査報告 第21冊.

東亞細亞文化財研究院, 2009,『昌原 新方里低濕遺蹟』, 發掘調査 報告書 第33輯.

___________________, 2010,『釜山 古村 生産遺蹟』, 發掘調査 報告書 第45輯.

文化公報部 文化財管理局, 1978,『雁鴨池 發掘調査報告書』.

文化財管理局 慶州史蹟管理事務所, 1980,『慶州地區古墳發掘調査報告書』, 第二輯.

文化財管理局 文化財研究所, 1985,『皇南大塚 北墳 發掘調査報告書』.

＿＿＿＿＿＿＿＿＿＿＿＿＿, 1993,『皇南大塚 南墳 發掘調査報告書(圖版·圖面)』.

＿＿＿＿＿＿＿＿＿＿＿＿＿, 1994,『皇南大塚 南墳 發掘調査報告書(本文)』.

文化財管理所, 1981,『安溪里古墳群 發堀調査報告書』.

복천박물관, 2008,『복천박물관』, 상설전시도록.

釜慶大學校博物館, 2000,『金海龜山洞古墳』, 釜慶大學校博物館 研究叢書 第5輯.

釜山大學校博物館, 1983,『東萊福泉洞古墳群I』, 釜山大學校博物館遺蹟調査報告 第5輯.

＿＿＿＿＿＿＿＿＿, 1985,『蔚州良東遺蹟調査概報』, 釜山大學校博物館遺蹟調査報告 第9輯.

＿＿＿＿＿＿＿＿＿, 1990,『東萊福泉洞古墳群II』, 釜山大學校博物館遺蹟調査報告 第14輯.

＿＿＿＿＿＿＿＿＿, 1997,『蔚山下垈遺蹟』, 釜山大學校博物館 研究叢書 第20輯.

釜山直轄市立博物館, 1992,『東萊福泉洞53號墳』, 遺蹟調査報告書 第6册.

서울대학교박물관, 2000,『아차산 제4보루-발굴조사 종합보고서-』.

順天大學校博物館, 2005,『光陽 馬老山城 I-建物址 I-』, 順天大學校博物館 學術資料叢書 第56册.

신라문화유산연구원, 2010,『慶州 東山里 遺蹟』, 新羅文化遺産研究院 調査研究叢書 第41册.

안동대학교박물관, 2004,『울진 덕신리 유적』, 안동대학교박물관총서 31.

嶺南大學校博物館, 1991,『昌寧 桂城里 古墳群-桂南 1·4號墳-』, 學術調査報告 第9册.

＿＿＿＿＿＿＿＿＿, 1999,『慶山 林堂地域 古墳群 IV-造永 C I·II 號墳-』, 學術調査報告 第25册.

＿＿＿＿＿＿＿＿＿, 2002,『近隣生活施設敷地內 大邱 旭水洞 古墳群』, 學術調査報告 第40册.

＿＿＿＿＿＿＿＿＿, 2005,『慶山 林堂地域 古墳群 VIII-林堂 7號墳-』, 學術調査報告 第48册.

嶺南埋藏文化財研究院, 1998,『浦項玉城里古墳群-나地區-』, 嶺南埋藏文化財研究院 學術調査報告 第14册.

嶺南文化財研究院, 1999,『慶州舍羅里遺蹟 I：積石木槨墓·石槨墓 』, 嶺南文化財研究院 學術調査報告 第19册.

＿＿＿＿＿＿＿＿＿, 2001,『大邱 시지지구 고분군I』, 嶺南文化財研究院 學術調査報告 第33册.

＿＿＿＿＿＿＿＿＿, 2010,『경주 황성동 공동주택건설부지 내 慶州 隍城洞 575番地 古墳群 』, 嶺南文化財研究院 學術調査報告 第174册.

蔚山文化財研究院, 2006,『蔚山孝門洞栗洞遺蹟II:木槨墓』, 蔚山文化財研究院 學術調査報告 第28册.

＿＿＿＿＿＿＿＿＿, 2008,『蔚山雲化里古墳群』, 蔚山文化財研究院 學術調査報告 第60册.

＿＿＿＿＿＿＿＿＿, 2013,『蔚山藥泗洞北洞遺蹟IV』, 蔚山文化財研究院 學術調査報告 第102册.

330

中央文化財研究院, 2003, 『加午宅地開發事業地區內 大田 加午洞遺蹟』, 發掘調査報告 32.

昌原大學校博物館, 2006, 『蔚山 中山里遺蹟Ⅰ: 현대자동차 근로자주택 부지내 유적』, 昌原大學校博物館 學術調査報告 第40册.

昌原文化財研究所, 1994, 『昌原加音丁洞遺蹟』, 學術調査報告 第2輯.

韓國文化財保護財團, 1998, 『尙州 新興里古墳群Ⅳ·Ⅴ』, 學術調査報告 第7册.

_________________, 2001, 『尙州 屛城洞·軒新洞古墳群』, 學術調査報告 第107册.

_________________, 2009, 『倭館 落山里屛遺蹟Ⅲ-왜관 일반지방산업2단지 진입도로구간내 발굴조사-』, 學術調査報告 第211册.

_________________, 2011, 『蔚山 下三亭 古墳群Ⅳ-蔚山圈 廣域上水道(大谷댐)事業 編入 敷地內 4次 發掘調査-』, 學術調査報告 第241册.

한신대학교박물관, 2007, 『龍仁 彦南里 -統一新羅 生活遺蹟-』, 한신대학교박물관 총서 제29책.

漢陽大學校博物館, 1991, 『二聖山城 (3次 發掘調査 報告書)』, 漢陽大學校博物館叢書 第6輯.

_________________, 1992, 『二聖山城 (4次 發掘調査 報告書)』, 漢陽大學校博物館叢書 第12輯.

朝鮮總督府, 1931, 「慶尙北道達城郡達西面古墳發掘調査報告」, 『昭和6年度古蹟調査報告』.

논저

郭鐘喆, 1992, 「한국과 일본의 고대 농업기술-김해지역과 북부 구주지역과의 비교검토를 위한 기초작업」, 『韓國古代史論叢』4, 韓國古代社會硏究所.

金光彦, 1987, 「신라시대의 농기구」, 『新羅社會의 新硏究』, 新羅文化祭學術發表會論文輯 第八輯, 東國大學校 新羅文化硏究所.

金基雄, 1968, 「義城大里古墳發掘調査報告」, 『歷史硏究』20, 韓國史學會.

金度憲, 2001, 「古代의 鐵製農具에 대한 硏究-金海·釜山地域을 중심으로」, 釜山大學校大學院 碩士學位論文.

_____, 2005, 「고고자료로 본 고대의 농경-영남지역을 중심으로」, 『선사·고대의 생업경제』, 제9회 복천박물관 학술발표회 자료집.

_____, 2008, 「선사·고대의 농구 조합과 생산력의 변화-영남지역을 중심으로」, 『嶺南考古學』47, 嶺南考古學會.

_____, 2010, 「嶺南地域의 原始·古代 農耕 硏究」, 釜山大學校 大學院 博士學位論文.

_____, 2013a, 「고대 따비형 철기의 용도 재검토」, 『韓國上古史學報』79, 韓國上古史學會.

_____, 2013b, 「농기구와 농경」, 『농업의 고고학』, 한국고고학회편, 사회평론.

金銀珠, 2006, 「三國時代 鍛冶具 研究 -嶺南地方을 中心으로」, 嶺南大學校 大學院 碩士學位論文.

金在弘, 1991, 「新羅 中古期의 村制와 지방사회 구조」, 『韓國史研究』72, 韓國史研究會.

______, 1997, 「살포와 鐵鋤를 통해서 본 4~6세기 농업기술의 변화」, 『科技考古研究』2, 아주대학교 박물관.

______, 2000, 「農業生産力의 발전단계와 戰爭의 양상-철제 농기구의 발달과 소유를 중심으로」, 『百濟史上의 戰爭』, 忠南大學校 百濟研究所.

______, 2005, 「高句麗의 鐵製 農器具와 農業技術의 발전」, 『북방사논총』8, 고구려연구재단.

______, 2009, 「영남 동해안지역의 농경 및 어로문화」, 『4~6세기 영남 동해안 지역의 문화와 사회』, 동북아역사재단.

______, 2011, 『韓國 古代 農業技術史 研究 - 鐵製 農具의 考古學』, 도서출판 考古.

______, 2012, 「中·近世 農具의 종합적 분석」, 『中央考古研究』10, 中央文化財研究院.

______, 2013, 「한국 중·근세의 농구(農具)」, 『농업의 고고학』, 한국고고학회편, 사회평론.

량익룡, 1953, 「안변룡성리고분발굴보고」, 『문화유산』1953-4.

류위남, 2009, 「삼한시대 영남지역 출토 주조철부와 판상철부 연구」, 『嶺南考古學』51, 嶺南考古學會.

朴普賢, 1992, 「積石木槨墳의 農具類 副葬樣相」, 『博物館年報』2, 大邱敎育大學校博物館.

박호석·안승모, 2001, 『한국의 농기구』10, 語文閣.

裵永東, 1993, 「호미의 變遷과 農耕文化」, 『민족문화』6, 한성대학교 민족문화연구소.

宋桂鉉, 1984, 「慶南鎭北大坪里遺蹟採集鐵器類」, 『伽倻通信』第10輯, 伽倻 通信編輯部.

______, 2002, 「嶺南地域 初期鐵器文化의 收容과 展開」, 『영남지방의 초기철기문화』, 第11回 嶺南考古學會 學術發表會, 嶺南考古學會.

孫明助, 1997, 「慶州 隍城洞 製鐵遺蹟의 性格에 대하여」, 『新羅文化』14, 東國大學校 新羅文化研究所.

宋閏貞, 2007, 「統一新羅 鐵製 農·工具의 特徵과 發展樣相-生活遺蹟을 中心으로」, 한신大學校 大學院 碩士學位論文.

______, 2009, 「統一新羅時代 鐵製 牛耕具의 特徵과 發展樣相」, 『韓國考古學報』72, 韓國考古學會.

安順天, 1996, 「小形鐵製農工具 副葬의 意義-大伽耶古墳의 副葬儀禮와 관련하여」, 『嶺南考古學』18, 嶺南考古學會.

安在晧, 1997, 「鐵鎌의 變化와 劃期」, 『伽耶考古學論叢』2, 伽耶文化研究所.

梁勝弼, 1995, 「鐵製農器具 所有變化에 대한 檢討」, 『新羅文化』15, 東國大學校 新羅文化研究所.

尹溫植, 2001, 「3세기대 동해 남부 지역 토기 양식의 형성과 변천」, 慶北大學校 大學院 碩士學位論文.

윤호필, 2013, 「경작유구를 통해 본 경지이용방식의 변천 연구」, 『농업의 고고학』, 한국고고학회편, 사회평론.

李健茂·尹光鎭·申大坤·金斗喆, 1991, 「義昌 茶戶里遺蹟 發掘調査報告(II)-第3·4次 發掘調査報告」, 『考古學誌』第3輯, 韓國考古美術研究所.

李健茂·李榮勳·尹光鎭·申大坤, 1989, 「義昌 茶戶里遺蹟 發掘調査報告(I)」, 『考古學誌』第1輯, 韓國考古美術研究所.

李南珪, 1997, 「前期加耶의 鐵製 農工具-洛東江 下流域을 中心으로」, 『國史館論叢』74, 國史編纂委員會.

李東冠, 2011, 「古代 따비에 대한 考察」, 『韓國考古學報』78, 韓國考古學會.

李東冠·保元良美·小嶋篤·武末純一, 2008, 「彌生·古墳時代의 韓·日 鐵製農具 研究-따비와 살포를 中心으로」, 『한·일교류의 고고학』, 第8回 嶺南九州考古學會 學術發表會, 嶺南考古學會·九州考古學會.

이상율, 1990, 「農·工具」, 『古文化』37, 韓國大學博物館協會.

李在興, 2006, 「慶州地域 木槨墓 硏究」, 慶北大學校 大學院 碩士學位 論文.

李하나, 2009, 「경북대학교 박물관 소장 경주지역 고분 출토 농공구」, 『경북대학교 박물관 연보』7, 慶北大學校博物館.

______, 2011, 「4~6세기신라 철제 농구의 변천과 확산」, 慶北大學校 大學院 碩士學位論文.

李賢惠, 1990, 「三韓社會의 농업 생산과 철제 농기구」, 『歷史學報』126, 歷史學會.

______, 1991, 「三國時代 농업기술과 사회발전-4~5세기 新羅社會를 중심으로」, 『韓國上古史學報』8, 韓國上古史學會.

______, 1992, 「韓國 古代의 犁耕에 대하여」, 『國史館論叢』8, 國史編纂委員會.

______, 1998, 『韓國 古代 생산과 교역』, 一潮閣.

______, 2002, 「한국 古代의 농업」, 『강좌 한국고대사』6, 가락국사적개발연구원.

이희준, 2007, 『신라고고학연구』, 사회평론.

전덕재, 1990, 「4~6세기 농업생산력의 발달과 사회 변동」, 『역사와 현실』4, 역사비평사.

千末仙, 1994, 「鐵製農具에 대한 考察-原三國·三國時代 墳墓出土品을 중심으로」, 『嶺南考古學』15, 嶺南考古學會.

崔鐘澤, 1991, 「九宜洞遺蹟 出土 鐵器에 대하여」, 『서울대학교 博物館 年報』3, 서울大學校博物館.

洪普植, 2001, 「농기구와 부장유형-영남지역 2세기 후반~4세기대 분묘부장품을 대상으로」, 『韓國考古學報』44, 韓國考古學會.

根木修, 1976, 「木製農器具の意義」, 『考古學研究』22-4, 考古學研究會.

東潮, 1979, 「朝鮮三國時代の農耕」, 『橿原考古學研究所論集』4, 吉川弘文館.

有光敎一, 1999, 「朝鮮半島における鐵製農具の變遷について」, 『有光敎一著作集』第三卷, 同明舍.

우 병 철

신라의 무기

__머리말

　　고대 한반도 남부지역에서 확인되는 철기류는 주조철부(괭이, 도끼), 철겸(낫), 철착(끌), 단조철부(도끼), 철사(조각칼) 등 농공구류도 많지만, 전반적인 비율로 보면 철검, 철도, 철모(창), 철촉(화살촉) 등 철제 무기류가 우세하다. 이는 농업 생산 등 경제활동도 중요하지만 고대국가로 이행되는 과정에서 각 정치체의 군사력이 중요했음을 의미한다.

　　한반도 남부지역에서 철기가 사용되는 것은 초기철기시대인 기원전 3세기 후엽으로 거슬러 올라가지만 한반도 영남지방에서는 기원전 2세기 중·후반경에 출현하고 있다. 이후 원삼국시대의 영남지방 철기 무기류는 철검, 철모, 철촉(화살촉)을 기본으로 전개되며, 특히 철모의 경우 이단관형철모, 관부돌출형철모 등의 영남지방 특유의 형식을 갖춘 보병 군사체계를 형성하였다. 그리고 이러한 원삼국시대 영남지방의 철기 무기류 신라와 가야의 정치체가 성립되기까지 원삼국시대의 철기 양상은 거의 유사한 양식으로 전개된다.

신라는 이러한 초기철기~원삼국시대 무기를 기반으로 신라 국가의 형성(3세기 후반~4세기 전반)과 함께 도검, 창, 화살의 기본적인 무기체계를 갖추고 한반도 북부지역에 위치한 고구려 무기체계를 적극적으로 수용하여 신라 나름의 무기체계를 형성하였다. 이후 신라는 점차 고구려의 영향으로부터 독립하여 쇠뇌, 포차(투석기) 등 당시 첨단기술 무기체계를 갖추어 한반도지역 내에서 영토전쟁과 삼국 통일전쟁을 이행하게 된다.

_한반도 남부지역 영남지방 무기의 출현과 전개

영남지방 철기의 출현

한반도 남부지역에서 철기가 사용되는 것은 초기철기시대인 기원전 3세기 후엽으로 거슬러 올라가지만 이 당시 철 생산의 흔적은 확인되지 않고 있어 철 생산기술이 본격적으로 도입되었다고 확언할 수는 없다. 한반도 남부지역의 철기문화는 주조기술로 제작한 중국의 전국계 철기의 영향으로 도입된다. 도입 시기는 지역마다 차이가 있는데 기존의 연구에서는 당진 소소리, 부여 합송리, 장수 남양리 등의 유적에서 출토된 중국의 전국戰國계 일괄유물로 볼 때 한반도의 철기문화는 기원전 3세기 전반의 초기철기시대에 유입된 것으로 보고 있다. 그리고 이들 한반도 중서부지방보다 한 단계 늦은 기원전 2세기 중·후반경에 한반도 영남지방에 출현하고 있다. 이후 주조기술과 단조기술의 철기가 중복하여 한반도 남부지역의 특성을 지닌 철기가 지속적으로 확인되고 있다.

철기문화 도입기(초기철기시대)에 확인되는 철기류는 주조철부 등 대개 농공구류가 주류를 이루다가 이후 철검, 철모, 철촉, 재갈 등 철제 무기류와 마구류가 중심이 된다. 이후 원삼국시대에 들어서면 철 생산체계를 갖추는 것은 곧 그 지방의 중심 정치체를 의미할 정도로 철은 첨단 소재로서 중요한 가치를 지니게 된다. 이 시기 문헌 자료인『三國志』魏書 東夷傳의 '國出鐵 韓濊倭皆從取之 諸市買皆用鐵 如中國用錢 又以供給二郡'기록에서 '國出鐵 韓濊倭皆從取之'란 기록에서 보이듯이 진·변한에서 생산된 철 생산품이 일본의 倭 등에 수출할 정도로 한반도 남부지역 영남지방은 철 생산의 중심지였음을 알 수 있다.

철기문화 도입기(초기철기시대)에 확인되는 철기류는 주조철부, 판상철부, 단조철부, 철사, 철착 등 대개 농공구류가 주류를 이루며, 무기로서는 철검과 철모(창)가 있다. 무기가 확인되는 대표 유적으로 대구 월성동777-2번지유적과 대구 팔달동유적, 경산 임당동유적, 경주 하구리유적 등을 들수 있다. 초현기에는 철제 단검이 대부분이며 삼각형점토대토기와 두형토기만 부장되는 유구에서주로 출토된다. 출현 단계의 철검은 형태적으로 세형동검의 신부와 유사하고 칼집과 자루, 병부에부착되는 검파두식 등 검부속구 또한 세형동검의 그것과 유사한 청동제품을 사용하고 있다. 초기철기시대의 철모는 신부길이에 따른 장신형철모와 단신형철모가 대구 팔달동유적 등에서 일부 확인되며 장신형철모의 경우 전국계 철모와 거의 유사한 형태를 띠고 있다.

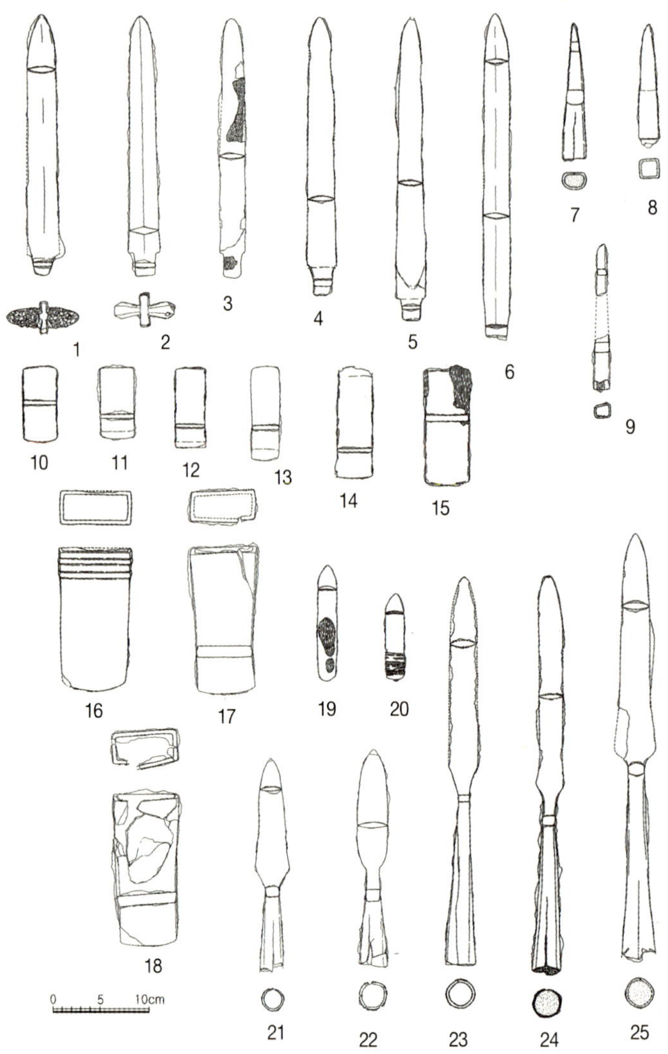

도1_ 영남지방 출토 초기철기시대 철기류 각종
(1. 대구 월성동777-2 I-12호, 2·8·11·18·22. 대구 팔달동57호, 3·17. 팔달동77호, 4. 월성동 I-13호, 5·14·19. 월성동 I-6호,
6. 월성동 I-2호, 7. 월성동 I-2, 9·16. 경산 임당동F II-34호, 10. 월성동 I-1, 12. 월성동 I-3호, 13·21. 팔달동67호,
15·20. 월성동 II-2호, 23. 팔달동90호, 24. 경주 덕천리138호, 25. 성주 예산리6호)

도2 _ 대구 월성동 777-2번지유적 출토 유물 일괄

진한의 무기류 전개 양상

● 철검鐵劍과 철도鐵刀

철검은 영남지방에서 철제 무기류가 등장하는 초기철기시대(기원전 2세기 중·후엽)부터 철제 단검이 사용되다가 원삼국시대 후기(2세기 중엽)에 중국 한漢의 영향으로 철제 장검이 일시적으로 유행하지만, 3세기대에 대도大刀가 출현하면서 유행하지 못하였다.

원삼국시대 전기(기원전 1세기 전엽~기원후 2세기 전엽)에는 앞 시기 초기철기시대에 제한적으로 확인되던 철제 단검이 크게 유행한다. 형태적으로 앞 시기의 초기철기시대 철제 단검과 큰 차이성을 보이지 않으며, 경주 조양동 38호 등 기원전 1세기부터 경주 사라리 130호 단계까지 지속적으로 사용되고 있다.

원삼국시대 후기(2세기 중엽~3세기 중·후엽)에 들어오면 앞 시기의 철제 단검이 유행하는 가운데 중국 한나라의 영향으로 장검이 유행한다. 울산 하대 43호·44호 출토 장검 등 다수의 유적에서 확인되는데 신부가 길어지고, 병부柄部도 철제 단검에 비해 훨씬 길어지는 특성을 지니고 있다.

철도는 목병대도木柄大刀와 환두부環頭部가 형성된 환두대도環頭大刀가 있는데, 목제 손잡이의 철대도에서 환두대도로 변화·발전하였다. 이 경우 환두소도環頭小刀가 중심으로 확인되며 출현 시기는 원삼국시대(기원전 1세기)이다. 환두도의 사용 용도에 대해서는 신부의 길이가 전투용으로 보기에는 다소 짧은 형태이기 때문에 무기용보다는 삭도削刀 등 공구용으로 보는 견해가 일반적이다.

철도는 원삼국시대 전기 말(1세기 후엽~2세기 전엽)에 경주 사라리 130호, 경주 인왕동 1호 등에서 일부 확인되지만 유행하는 것은 원삼국시대 후기(2세기 중엽~3세기 중·후엽)이다. 원삼국시대 후기(2세기 중엽~3세기 중·후엽) 초기에 나타나는 철도는 손잡이에 아무런 장식을 하지 않고 나무를 끼워 병부를 제작하는 목병도가 주류를 이루다가 곧 환두부를 제작한 환두대도가 유행한다. 목병도는 장식 환두대도가 출현하기 전까지 유행하며, 신부의 길이가 주된 변화의 속성으로 전반적으로 길이가 짧은 것에서 긴 것으로 변화한다.

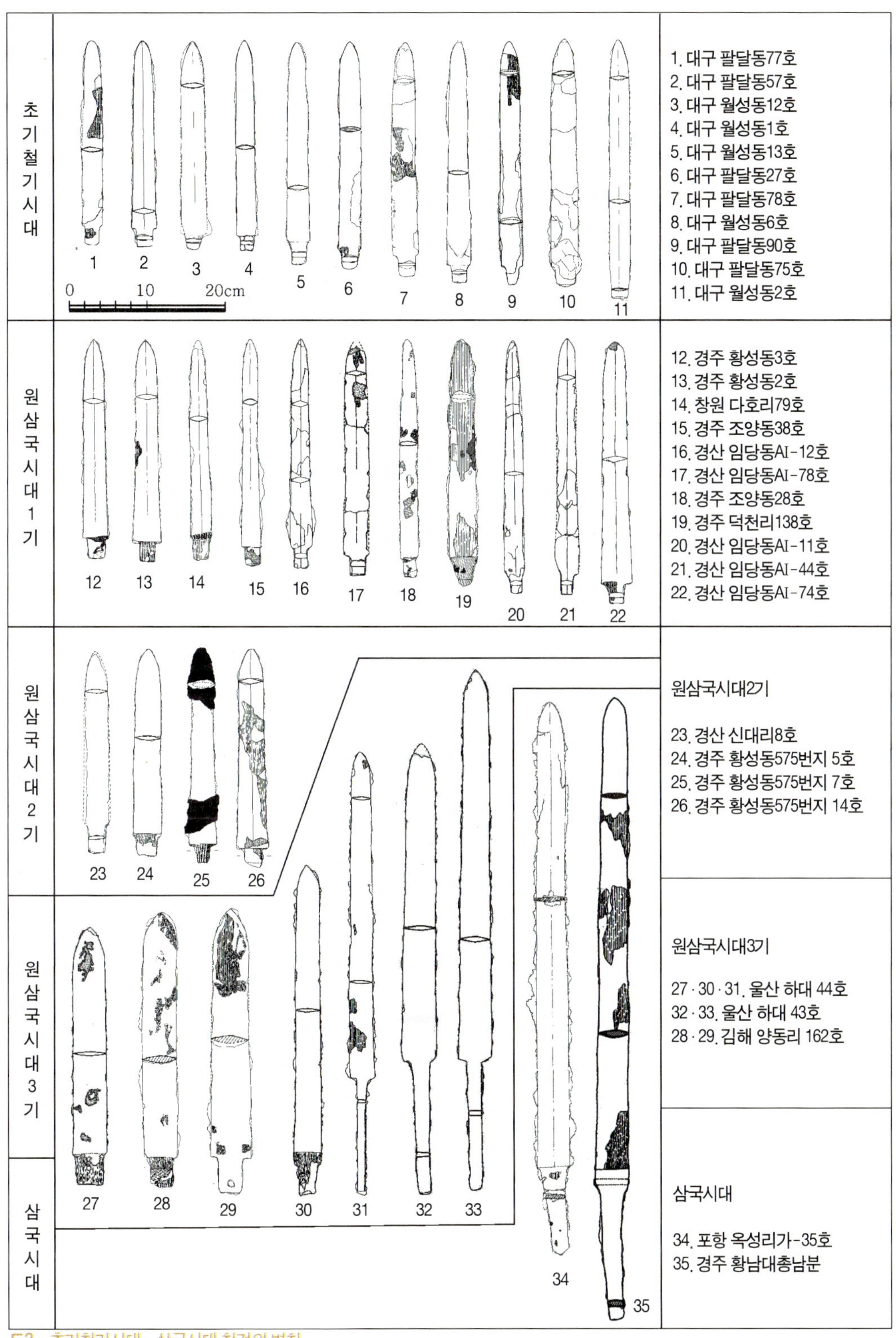

도3_ 초기철기시대~삼국시대 철검의 변천

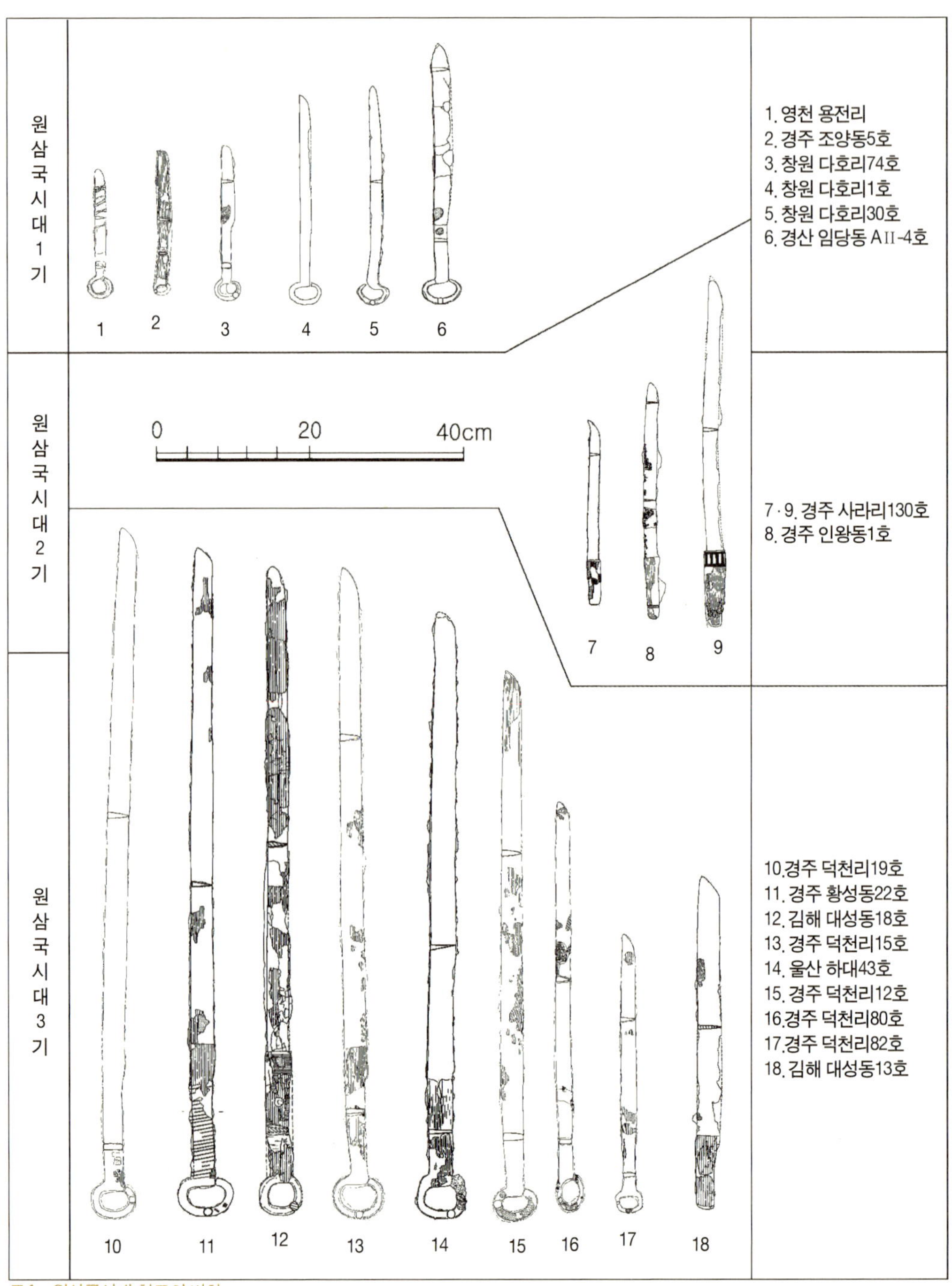

도4_ 원삼국시대 철도의 변천

● 철모鐵鉾(창)의 전개양상

철모가 출현하기 시작하는 것은 초기철기시대이며, 본격적으로 활성화되는 것은 원삼국시대 이후라 할 수 있다. 영남지방에서는 형태가 다양할 뿐만 아니라 각 시기를 대표할 만한 표지적인 철모가 존재하여 그 변화 양상을 엿볼 수 있다. 전국계 혹은 위만조선의 영향으로 초기철기시대부터 나타나는 전국계 철모 혹은 낙랑의 영향으로 보는 단신형철모 및 장신형철모(기원전 2세기 중·후엽), 원삼국시대 1기와 2기에 유행하는 이단관형철모와 원삼국시대 3기의 관부돌출형철모(2세기 중엽~3세기 중·후엽), 삼국시대 1기에 궐수형철모 등 의기성이 강한 철모(3세기 중·후엽~4세기 전·중엽), 삼국시대의 주요 실전용 철모로 사용되는 직기형 및 연미형철모의 출현과 유행(3세기 후엽~6세기), 위세적 성격이 강한 고구려계 반부철모와 가지형철모의 출현(4세기 중·후엽~6세기) 등과 같은 철모의 전반적인 변천 양상을 설정할 수 있겠다.

원삼국시대 전기(기원전 1세기~기원후 2세기 전엽)의 철모는 신부의 단면이 얇은 것이 특징적이다. 창의 주기능인 찌르기뿐만 아니라 형태적으로 철검의 신부와 유사하기 때문에 양쪽 인부로 베는 기능도 겸비하고 있다. 신부가 긴 형태의 장신형철모는 전국계 계통으로 인식되고 있다. 장신형철모와 함께 단신형철모도 함께 유행하는데 이는 앞서 유행하였던 동모의 형태와 유사하다. 동모 형태를 모티브로 자체 제작되었을 가능성이 크다.

이후 원삼국시대 전기에 영남지방에서 유행하는 특유의 이단관형철모가 유행한다. 공부에 관부 1단이 추가된 형태이다. 이단관형철모의 모티브로서 중국 서안시西安市 진시황릉원秦始皇陵園 출토 동모와 같이 진나라의 이중관식 동모 등의 외적인 요소와 청동기시대의 이단병식 석검 등을 들 수 있지만, 중국 이중관식 동모는 유행한 것이 아니라 제한적으로 확인되는 것이기 때문에 청동기시대 이단병식 석검에 무게를 둘 수 있다.

원삼국시대 후기에 접어들면 앞 시기에 유행하던 이단관형철모는 관부가 돌출된 관부돌출형철모로 대체된다. 그런데 이러한 원삼국시대의 이단관형철모도 후기에 이르면 과도기를 거치면서 새로운 철모가 유행한다. 그것은 목곽묘 출현 이후 경주지역 중심으로 확인되는 관부돌출형철모의 다수 부장 현상에 있다. 경주지역에서는 판상철부의 다수부장이 관부돌출형철모로 대체되는 현상이 뚜렷이 확인되는데, 특히 경주 황성동 (68호(동)까지 이단관형철모가 일색을 이루다가 2호 목곽묘의 철모 구성을 보면 이단관형철모가 주류를 이루는 가운데 이후 유행하는 관부돌출형철모가 2점 부장되는 과도기를 거친다.

이후 대부분의 목곽묘에서는 관부돌출형철모가 주류로서 유행하게 된다. 특히 포항 옥성리 나78호, 경주 덕천리 19호, 울산 중산리 Ⅶ-1호, 하대 43·44호, 김해 양동리 162호 등 동남해안지역 각지의 주요 대형 방형계 목곽묘에서 다수의 관부돌출형 철모가 부장되는 현상으로 볼 때 정치·경제적 성격을 어느 정도 반영하고 있다고 할 수 있다. 또한 영남지방 특유의 관부돌출형 철모가 한반도 중서부지방의 김포 운양동, 아산 용두리, 보령 관창리, 논산 예천동유적 등에서도 보이고 있어 철제 무기의 전파와 유통이 어느 정도 인정된다고 할 수 있겠다.

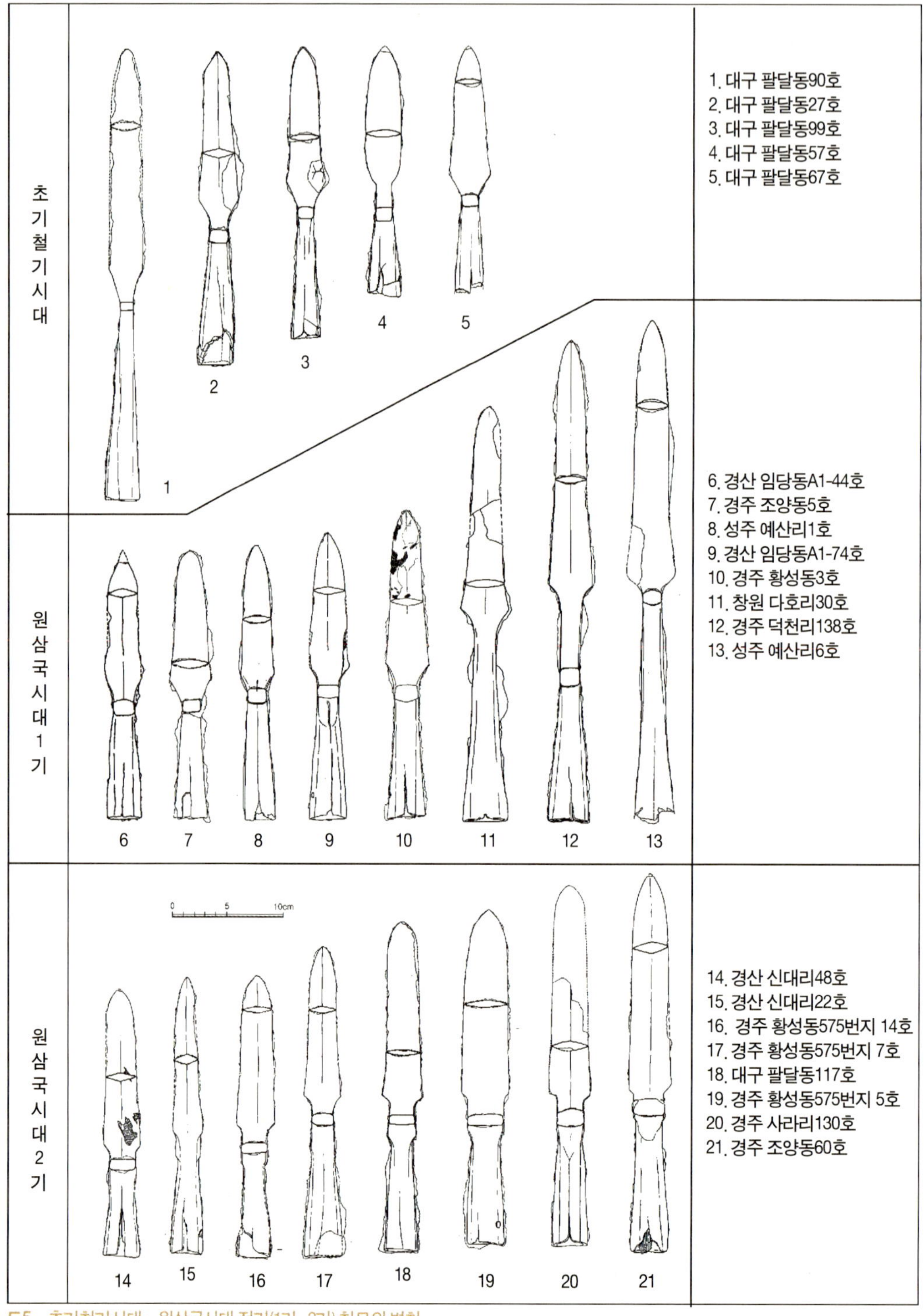

도5_ 초기철기시대~원삼국시대 전기(1기·2기) 철모의 변천

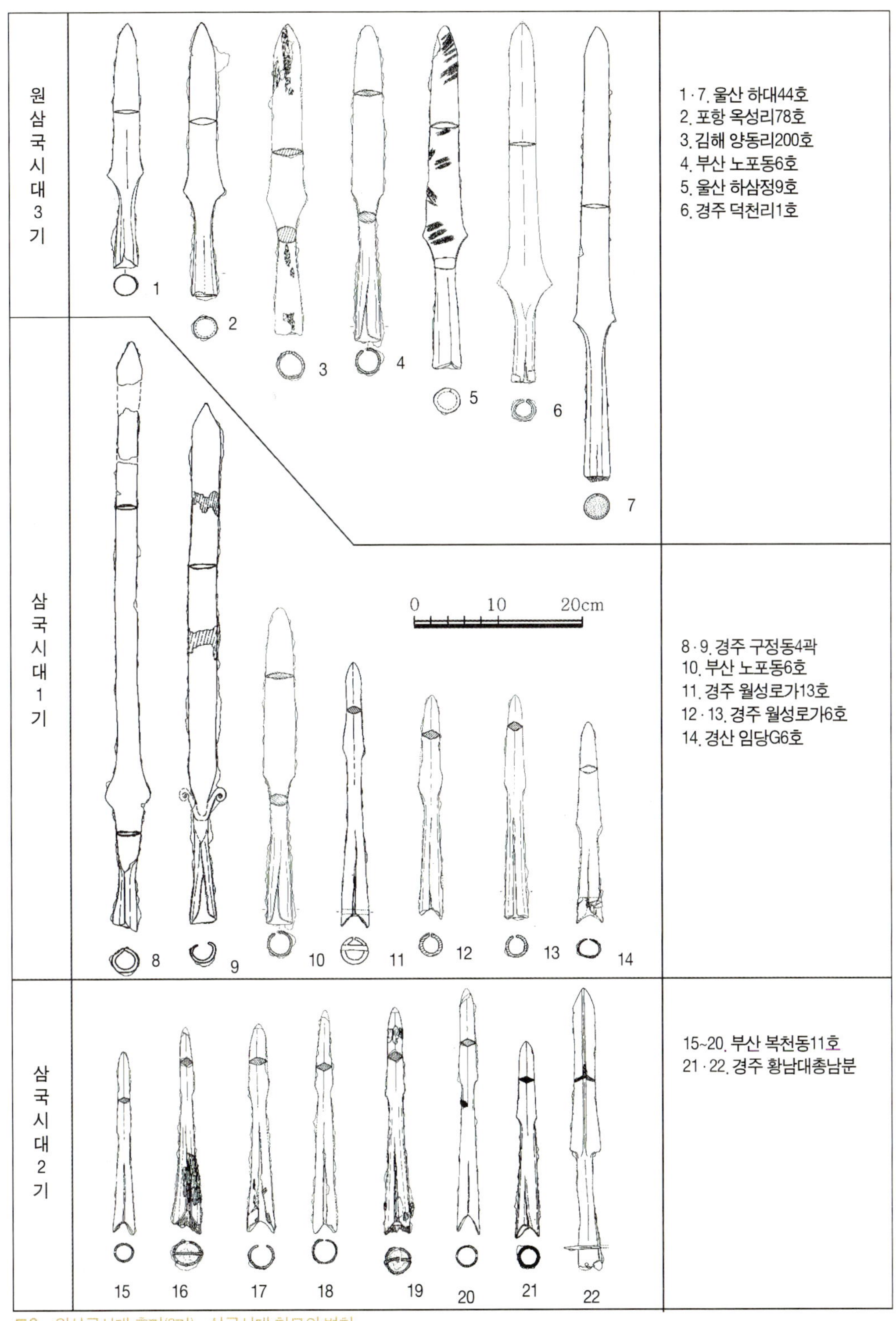

도6_ 원삼국시대 후기(3기)~삼국시대 철모의 변천

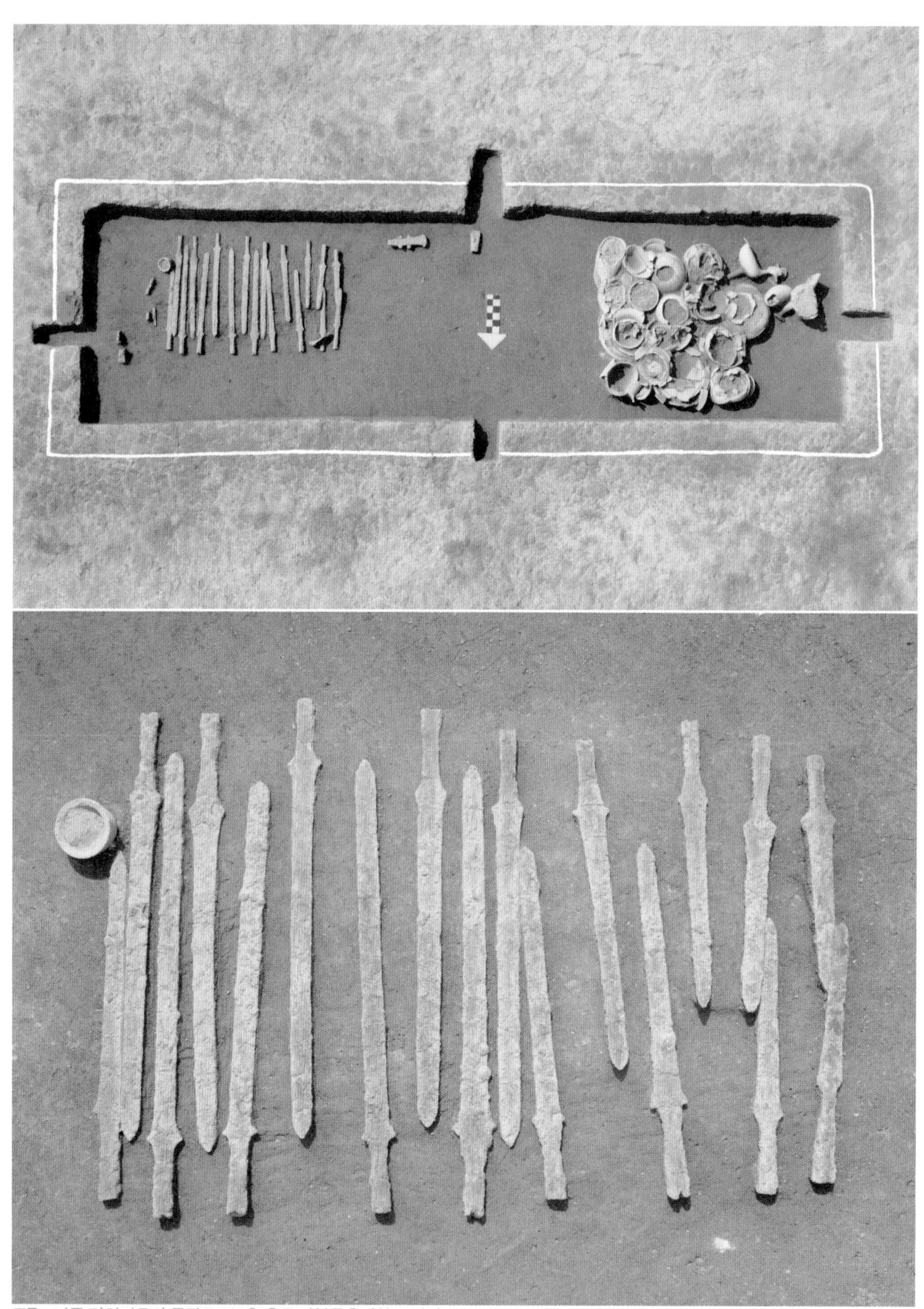

도7 _ 경주 덕천리유적 목곽묘 120호 출토 관부돌출형철모 일괄

344

● 철촉鐵鏃(화살촉)의 전개 양상

철촉은 철검과 철모가 초기철기시대에 등장하는 것에 비해 다소 늦은 원삼국시대 1기에 출현하며, 성주 예산리 31호 출토 추형철촉 등 제한적인 예를 제외하면 대부분 슴베가 형성되지 않은 무경식철촉無莖式鐵鏃이 주류를 이루고 있다. 아이러니한 점은 이미 청동기시대부터 무경식촉에서 유경식촉으로 발전하여 사용되고 있었음에도 불구하고 철제 기술이 도입된 후 다시 무경식을 채택하여 유경식철촉이 출현하는 2세기대까지 지속한다는 것이다. 동북아지역 전체로 보았을 때도 이미 연나라의 경우 철경동촉, 낙랑과 고구려의 경우에도 유경식철촉이 이미 제작되고 주요 실전용 무기로 사용되고 있었다. 제작기법의 어려움, 수렵용으로의 사용 등 여러 가지 원인이 있겠으나 전술적인 문제가 가장 큰 이유라 생각된다. 철촉은 다른 무기에 비해 원거리 전투에 사용되는 특징을 지니는데, 당시의 전투는 근거리 전술이 주류를 이루어졌던 것으로 판단된다.

원삼국시대 전기의 무경식철촉은 전체 길이가 짧고 폭이 넓은 특징을 지니며 경부가 짧게 형성된 것도 창원 다호리 30호 등에서 제한적으로 확인된다. 원삼국시대 2기에는 전체 길이가 길어지고 촉신부의 폭도 적어진다. 전반적으로 촉신부의 세장화와 폭 축소 등이 시간의 흐름을 반영하지만 기원전 1세기부터 기원후 3세기 후반에서 4세기 전반까지도 그 전통이 이어지기 때문에 시간적인 단계 설정은 어려운 상황이다. 무경식철촉의 부장 양상은 경주 사라리 130호와 김해 양동리 162호와 같이 개인 유력묘에서 다수 부장되고 있다. 이 시기에 무경식철촉과 함께 관부돌출형철모의 다수 부장은 영남지방에 무력 기반이 본격적으로 형성된 것을 시사한다.

또한 원삼국시대 후기가 되면 앞 시기의 무경식철촉 뿐만 아니라 다양한 유경식철촉이 나타나기 시작하는데, 그 주류는 세형계 능형철촉이다. 영남지방에서 진·변한의 각 국이 존재하였던 기원전·후부터 3세기 후엽까지는 이와 같이 무경식철촉과 유경식철촉(골촉형계 철촉)이 함께 출현하여 유행하는데, 형태적으로 그 차이를 확연히 구분할 수 없을 정도로 공통성이 강하다고 할 수 있다.

● 철과

한반도에서 철과의 출토는 경주, 영천, 성주, 밀양, 창원지역 등 대개 영남지방 주요 목관묘유적에서 확인되었다. 대부분 원삼국시대 1기에서 확인되며, 원삼국시대 2기에는 거의 확인되지 않는다. 최근의 연구 검토로 볼 때 철과의 주요 속성으로 관부의 형태, 경부의 형태, 신부 구멍의 형태를 두고 검토하였으며, 관부의 단이 형성된 것에서는 없는 것으로, 경부가 큰 형태에서 작은 형태로 변화한다고 밝히고 있다.

그런데 이러한 유물 분석 자체는 의미가 있지만 영남지방 전체에서 출토된 10점이 안되는 철과를 분석하여 시간적 흐름에 의미를 부여한 것은 주의할 필요가 있다. 철과 자체가 제한적인 수량이기 때문에 이것이 시간적 흐름을 반영하는지 지역성을 의미하는지 알 수 없기 때문이다. 현재까지의

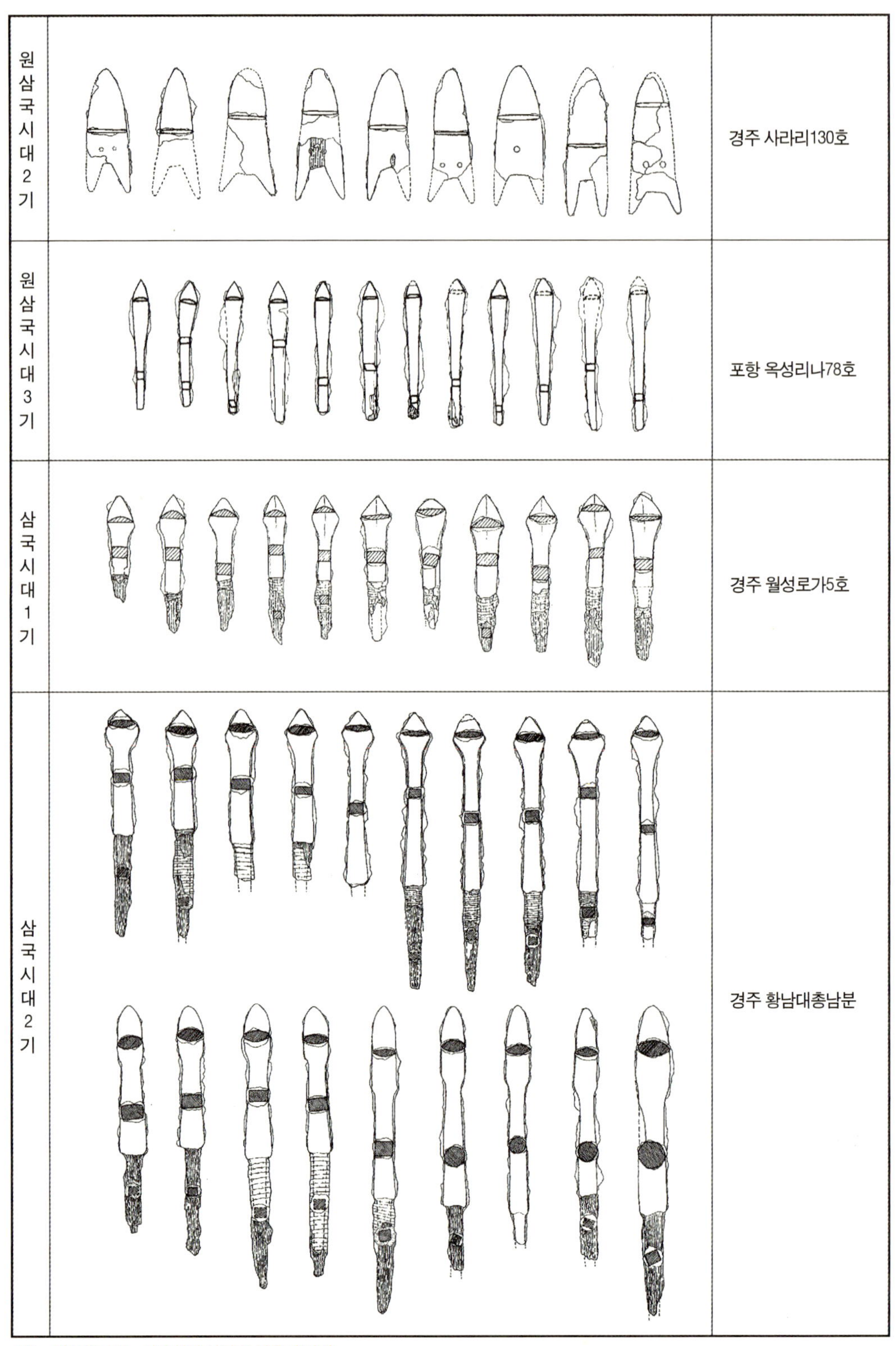

도8_ 원삼국시대 ~ 삼국시대 실전용 철촉의 변천

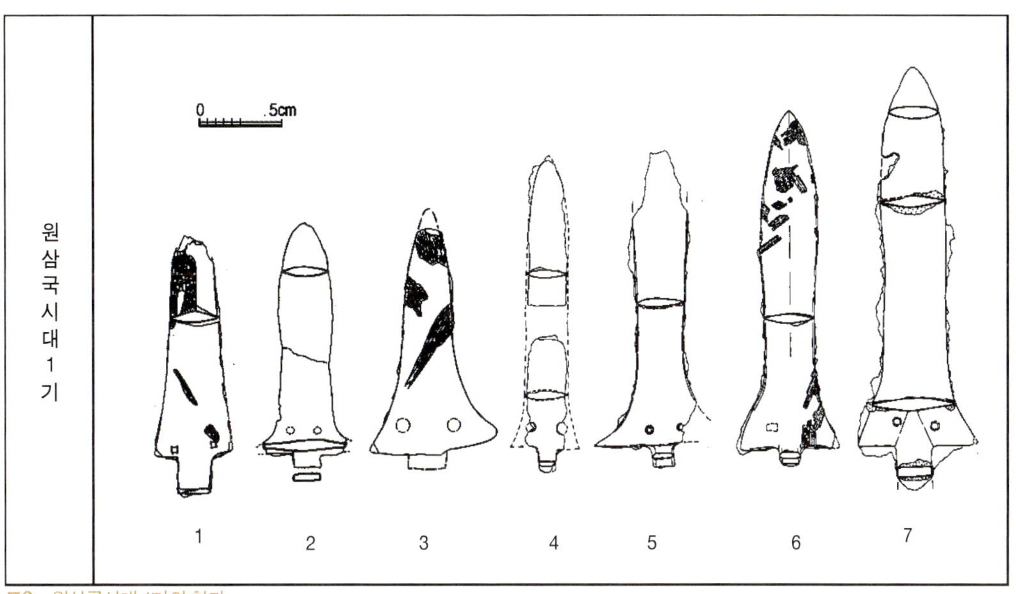

도9_ 원삼국시대 1기의 철과
1. 성주예산리31호, 2. 창원다호리1호, 3. 창원다호리74호, 4. 밀양교동10호, 5·6. 영천용전리, 7. 경주조양동5호

자료로 볼 때 철기 제작 기술의 도입되면서 앞선 시기의 동모를 모방하여 철과로 제작한 것 정도로
의미를 두어야 할 것으로 판단된다.

무기로 본 진한의 군사체계

원삼국시대 진한의 군사는 사용하는 무기의 종류에 따라 검병(단검, 장검), 창병(철모), 궁병(화
살)으로 크게 구분되며 그 중에서도 철모를 사용하는 창병이 주류를 이루는 보병 군사체계가 지속
된다. 시기별 무기의 변화 과정에 따른 군사체계를 자세히 살펴보면 원삼국시대 전기(기원전 1세기
~기원후 2세기 전엽)에는 철제 단검을 사용하는 단검병이 장기적으로 유지되다가, 원삼국시대 후
기(2세기 중엽~3세기 중엽)에는 철제 장검을 사용하는 장검병으로 대체된다. 다음으로 철모를 사
용하는 창병의 경우 초기에는 장신형 및 단신형철모를 사용하다가 이후 영남지방 특유의 이단관형
철모를 장기간에 걸쳐 사용하고 있다. 그리고 원삼국시대 후기에는 찌르는 기능과 베는 기능을 겸
비한 관부돌출형철모가 유행한다. 궁병은 원삼국시대 전기부터 후기까지 장기간으로 슴베가 형성
되지 않은 무경식철촉을 장기간 사용하다가 원삼국시대 후기 3세기대에 슴베가 형성된 유경식철촉
이 등장하여 유행하며 그 수량도 크게 증가한다.
원삼국시대 진한의 군사체계는 전기부터 보병 중심의 검병(단검, 장검), 창병(장신형 및 단신형철모, 이단관형철모, 관부돌출형철모), 궁병(무경식철촉, 유경식철촉)으로 구성되어 유지된다. 그런데 원삼국시대 전기에 목관묘에서 철검이 출토되는 양상을 보면 대체로 제한적 특정 목관묘에서 철제 단검 한 점이 출토되고 있다. 이러한 부장 양상으로 보건데 원삼국시대 전기에는 일반적인 검병부대가 있었다고 추정하기 어렵고 초보적 검병 조직이 존재하였거나 그 부장 양상 자체가 피장자의 정치군사적 수장의 성격을 띨 가능성이 크다. 또한 원삼국시대 전기부터 후기까지 지속적으로 유행하는 무경식철촉을 사용하는 궁병 또한 조직화된 궁병부대가 존재하였다고 판단하기 힘들다. 전반적인 양상으로 보아 원삼국시대 전기에는 창병(이단관형철모) 중심의 소규모 군사체계가 유지 및 발달하였다고 할 수 있겠다.

원삼국시대 후기에 이르면 영남지방 소국小國들이 정치, 경제, 군사 등 여러 방면에서 발전하면서 군사체계 역시 앞 시기에 비해 전문화되고 있다. 철제 장검은 일시적으로 출현하여 유행하다가 철도(목병도, 환두대도)가 유행하면서 제한적으로 사용된다. 철모는 관부돌출형철모의 다수 부장현상이 뚜렷이 확인되는데 포항 옥성리 78호의 경우 108점의 관부돌출형철모가 부장되기도 한다. 이 외에도 영남지방 각 지역마다 수장묘를 중심으로 관부돌출형철모의 다수 부장현상이 확인된다. 철촉은 장기간에 걸쳐 유행하던 무경식철촉이 소멸하고 유경식철촉이 크게 유행한다. 원삼국시대 후기 무기의 특성으로 보아 후기의 군사체계는 앞 시기에 비해 크게 발전한 조직화된 군사체계가 형성되었음을 알 수 있다. 그 중심은 역시 관부돌출형철모를 사용하는 창병부대이며, 궁병 역시 궁병부대의 출현이라 할 수 있을 정도로 발전한 양상을 볼 수 있다.

원삼국시대 무기의 특성으로 보아 해당 시기에는 보병(검도병, 창병, 궁병) 중심의 군사조직이 주류를 이루었다. 원삼국시대 전기에는 초보적인 보병 군사조직을 유지하다가 후기에 이르면 어느 정도 조직화된 군사체계가 확립되었다고 할 수 있겠다.

__신라 무기류의 특성과 군사체계

신라 무기류의 지역성 출현

● 궐수형철모蕨手形鐵鉾

앞 시기인 원삼국시대의 영남지방에는 진한과 변한이 위치하고 있고 고고학적 검토로 볼 때 공통 양식으로 논의될 만큼 유사성이 강하다. 무기체계 역시 동일한 양상을 보이는데 앞서 설명한 철제 무기류(철검, 철모, 철촉)도 진·변한의 차이를 구별할 수 없을 정도로 유사성이 강하다. 하지만 삼국시대 초기 진한에서 신라로의 전환기에 그 공통성이 점차 해체되기 시작하면서 궐수형철모 등의 일부 철제 무기류에서 지역성이 나타난다.

궐수형철모는 3세기 중·후엽에서 4세기 중엽에 일시적으로 유행하는 의례적 성격이 강한 철모로 주로 중상위의 수장급묘에서 출토되고 있다. 앞 시기까지 대부분의 철제 무기류와 마찬가지로 궐수형을 부가한 궐수형 철기류(철검, 표비, 유자이기, 철겸, 판상철부 등)는 기원전 1세기부터 기원후 3세기 중엽까지 유사한 형태로 영남지방의 주요지역에서 확인된다. 시공간적으로 원삼국시대 전기의 주요 목관묘, 그리고 후기의 대형 목곽묘에서는 경주와 김해를 포함한 포항·울산 등지에서 확인된다. 이 유물이 출토되고 있는 각 지역의 유적들을 살펴보면 유적 간에 있어서 유구와 유물의 질과 양에서 뚜렷한 위계 차이를 보이지는 않는다. 그런데 궐수형철모는 4세기 전·중엽 즈음 경주지역에 집중되고 인근 지역인 울산 중산리, 밀양 월산리, 부산 복천동, 포항 옥성리, 마산리, 영덕 덕곡리, 경산 임당동 등의 지역에서 소수가 확인된다. 이는 앞 시기 영남지방 전역에서 확인되는 관부돌출형철모라는 공통 문화현상을 깨뜨리고 경주지역을 중심으로 하는 낙동강 이동지역 내에서 궐수형철모로 차별되는 지역성이 확인되기 때문에 의미하는 바가 크다.

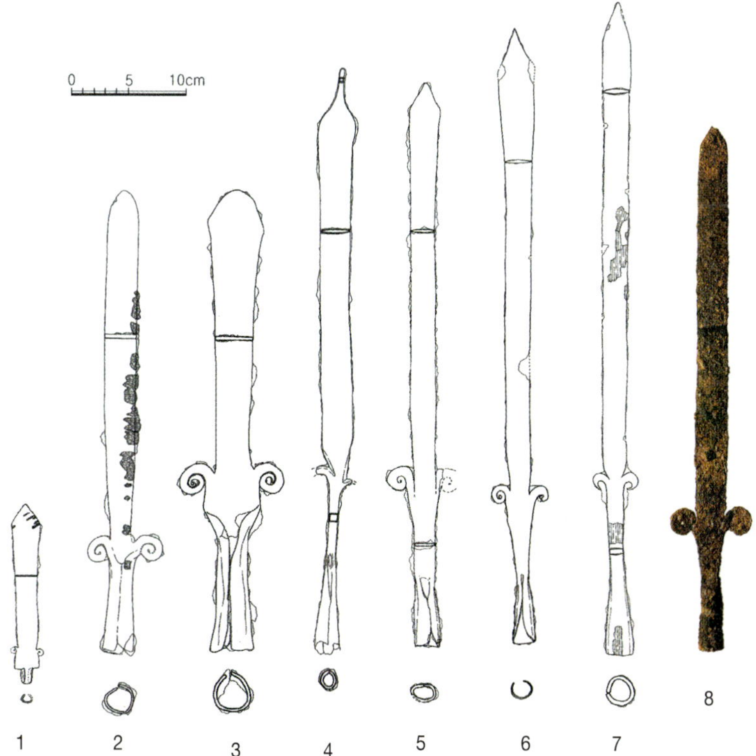

도10 진한 및 신라권역 출토 궐수형 철모
1. 밀양 월산리1호, 2. 포항 학천리53호, 3. 울산 다운동 바지구8호, 4. 영덕 덕곡리5호, 5. 울산 중산리ⅠD-15호,
6. 포항 옥성리나122호, 7. 경주 구정동2호, 8. 경산 임당동CⅠ-57호

도11_ 경주 구어리 1호(上) 및 구정동 2호(下) 출토 궐수형철모 다수 부장
上 - 경주 구어리유적(영남문화재연구원 2002), 下 - 경주 구정동유적(국립경주박물관 2006)인용

고구려계 무기류

　삼국시대 한반도 남부지역의 백제, 신라, 가야 등에서 확인되는 실전 전투용 무기류(철도, 철모, 철촉)는 형태적으로 그 차이가 크지 않다. 이는 당시 남부지역의 지리 및 환경적 유사성이 각 국가의 무기체계 형성에 영향을 준 것으로 볼 수 있다. 그러나 군사·정치적 성격을 반영하는 위세적 성격의 일부 무기류는 각 국가의 정체성을 반영한다. 특히 신라의 경우에는 4세기 중·후엽부터 고구려 무기체계를 적극적으로 수용하고 이를 신라화하여 나름의 무기체계를 형성하게 된다.

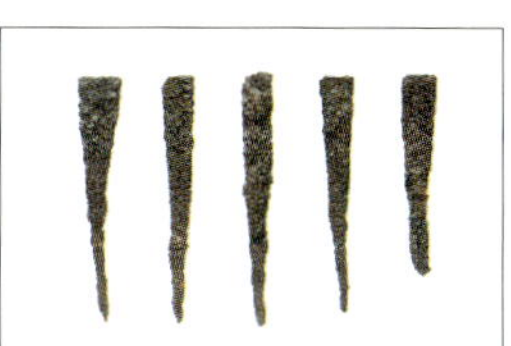

착두형철촉

삼루 및 삼엽환두대도

반부철모

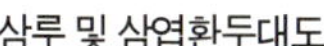

도12_ 경주 황남대총 남분 출토 위세적 성격의 무기류

	도(장식대도)			철촉			철모	
	용봉문	삼루문	삼엽문	착두형	삼익형	투공능형	반부	가지형
경주지역	천마총 식리총 호우총	황남대총남분 황오리14호1곽 금령총 금관총 천마총 식리총	황남대총남분 황남대총북분 금관총 황남리파괴고분 황남동145-1호 황남동3호2곽 황오리4호 황오동33호 인왕동149호 인왕동A-1호 인왕동C-1호 황성동40호 보문리부부총	황남동109호4곽 황남대총남분 황남대총북분 금령총 천마총 노동리4호 황오리16호1곽 황오리4호 황오리14호 계림로14호 인왕동149호	황남동110호 천마총 계림로14호	황오동14호 계림로14호 천마총	월성로가10-1호 월성로가13호 황남동109호1곽 황남대총남분 천마총	황남대총북분 노동리4호
경주지역 (주변)		덕천리1호 안계리43호	덕천리4호 안계리2호 화곡리33호	사방리11호	봉길리54호		율동27호	
부산지역		복천동8호 복천동11호	복천동11호	복천동10·11호 복천동21·22호 연산동93호				
울산지역		하삼정4호	조일리35호 조일리49-2호	하삼정3호 하삼정1호			조일리67-1호	조일리49-2호
양산지역		부부총		부부총	부부총			
밀양지역				신안9호 신안16호			신안49호	
영천지역				화남리9호				
경산지역			임당6A호 조영CI-1호 조영EI-2호 북사리1호	조영CI-1호 조영EI-1호 임당5C호			조영CI-1호	임당6A호
대구지역		비산동37-1호 문산리M1-1호 죽곡리고분	비산동37-1호 비산동55호	문산리5호 죽곡리고분			죽곡리고분	비산동37-2호
구미지역							황상동1호	황상동1호
왜관지역			덕천리99호				낙산리28호	
성주지역			성산동1호				성산동59호	
창녕지역	교동11호		교동7호 송현동7호 교동고분(횡구식석실분)	교동1호 계성리1호 송현동2호 송현동7호	교동89호	교동고분(횡구식석실분)	교동1호 교동3호 교동89호	송현동7호 교동고분(횡구식석실분)
의성지역			학미리1호 탑리2곽 대리리3호2곽	탑리2곽			탑리2곽	
안동지역			조탑동C호					조탑동C호
상주지역				신흥리가 신흥리나39호			병성동18-2호	
포항지역		냉수리고분	용흥동고분	옥성리가35호 옥성리50호				
울진지역			덕천리99호					
강릉지역				초당동A-1호 초당동300번지2호,7호			초당동A-1호	
청원지역			미천리가8호	미천리가5호			미천리가5호	

● 신라의 환두대도

삼국시대 초기에는 앞 시기에 유행하던 장검이 제한적으로 사용되고 환두대도가 주류를 이루게 된다. 환두대도는 일반적으로 소환두도에서 환두대도로 변화한다. 환두부와 신부의 제작기법 변천을 통해서도 단계를 설정할 수 있는데, 신부와 병부를 한 번에 일체로 제작한 일체형과 신부와 병부를 따로 제작하여 부착하는 방식의 결합형으로 구분된다. 또한 이는 시간적 속성을 잘 반영하며 일체형에서 결합형으로 변화한다. 한편 장식적 측면에서 살펴볼 때 경주 월성로 가13호에 출토된 환두대도의 경우 환두부環頭部가 금으로 제작되면서 장식성이 더욱 화려해진다.

금제의 환두부 제작으로 장식성이 화려해진 신라의 환두대도는 4세기대 후엽 이후 환두부에 삼엽문, 삼루문 등이 장식되는 등 위세품의 성격을 강하게 띠면서 신라 중앙과 지방의 주요 수장급묘에서 출토되고 있다. 대표적인 기종으로 환두가 C자형 고리 3개로 이루어진 삼루환두대도三累環頭大刀, 환두 안에 삼엽문三葉文 장식이 있는 삼엽환두대도三葉環頭大刀, 환두 안에 아무런 장식없이 환두부를

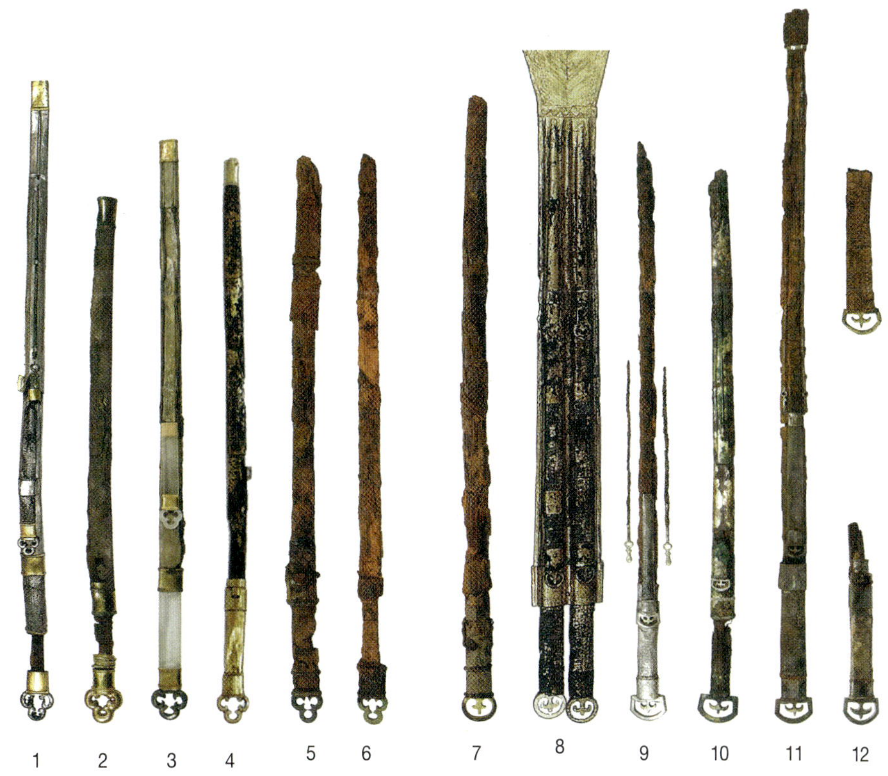

도13_ 신라의 장식대도(환두대도)
1·4. 경주 황남대총남분, 2. 경주 금관총, 3. 경주 천마총, 5·7. 부산 복천동10·11호, 6. 대구 문산리55호, 8. 대구 달성55호, 9. 의성 학미리1호, 10. 경주 황남대총북분, 11. 경산 임당동Ⅱ-1호, 12. 울산 조일리35호, 13. 의성 탑리고분

금, 은, 금동제, 또는 철 자체로만 제작한 소환두대도素環頭大刀가 있으며, 삼루·삼엽환두대도는 대부분 환두부를 금, 은, 금동제로 제작하는 경우가 많다. 삼루환두대도는 경주 황남대총남분皇南大塚南墳, 금령총金鈴塚, 금관총金冠塚, 천마총天馬塚, 식리총飾履塚 등 신라의 최상급 무덤에서 출토되고 있으며, 삼엽환두대도는 삼루환두대도에 비해 위계는 낮지만 역시 상급 무덤에서 확인되고 있다. 삼루 및 삼엽환두대도는 신라 중앙인 경주지역에 집중되어 있으며, 경산 임당동고분군, 대구 내당동고분군, 부산 복천동고분군, 양산 북정리고분군, 구미 황상동고분군, 왜관 낙산리고분군, 성주 성산동고분군, 창녕 교동 및 송현동고분군, 의성 금성고분군, 강릉 초당동고분군 등 지방의 최수장급 무덤에서도 출토되고 있다. 반면에 용봉환두대도龍鳳環頭大刀는 경주 천마총, 식리총, 호우총, 창녕 교동 11호분 등 신라권역에서는 제한적으로 출토되고 있어 가야 또는 백제 환두대도의 영향으로 보고 있다.

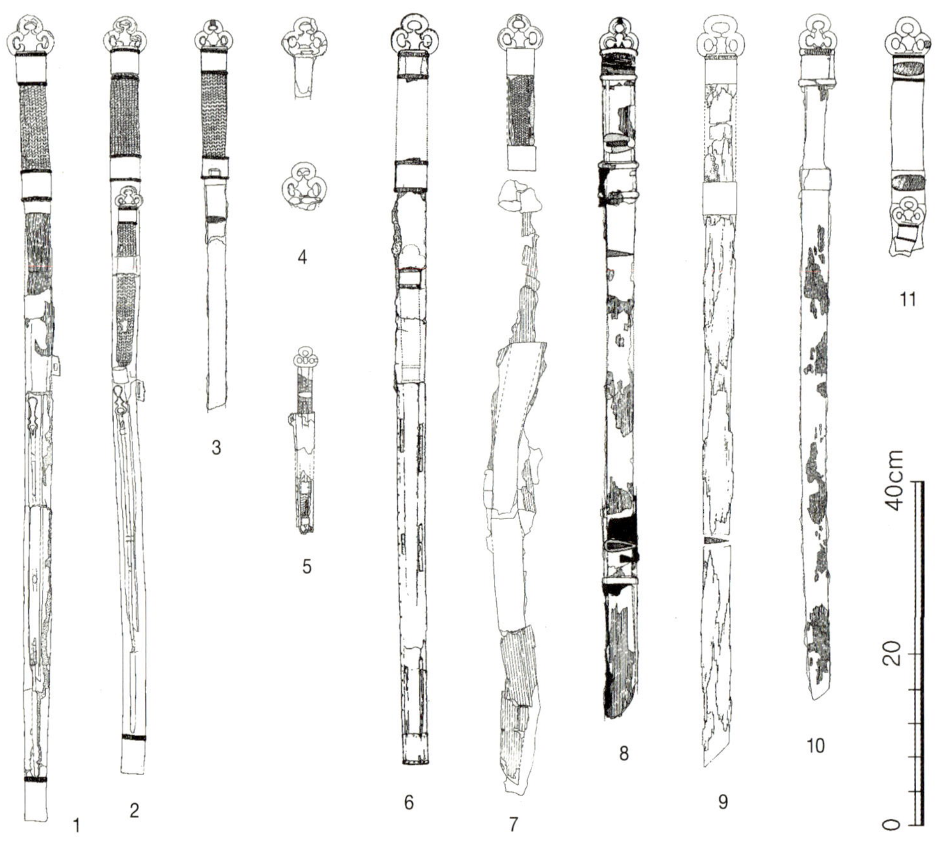

도14_ 신라권역 출토 삼루환두대도
1~4. 경주 황남대총남분, 5. 경주 보문리부부총, 6. 경주 천마총, 7. 경주 덕천리1호, 8. 부산 복천동11호, 9. 양산 부부총, 10. 대구 문산리M1호, 11. 경주 안계리43호

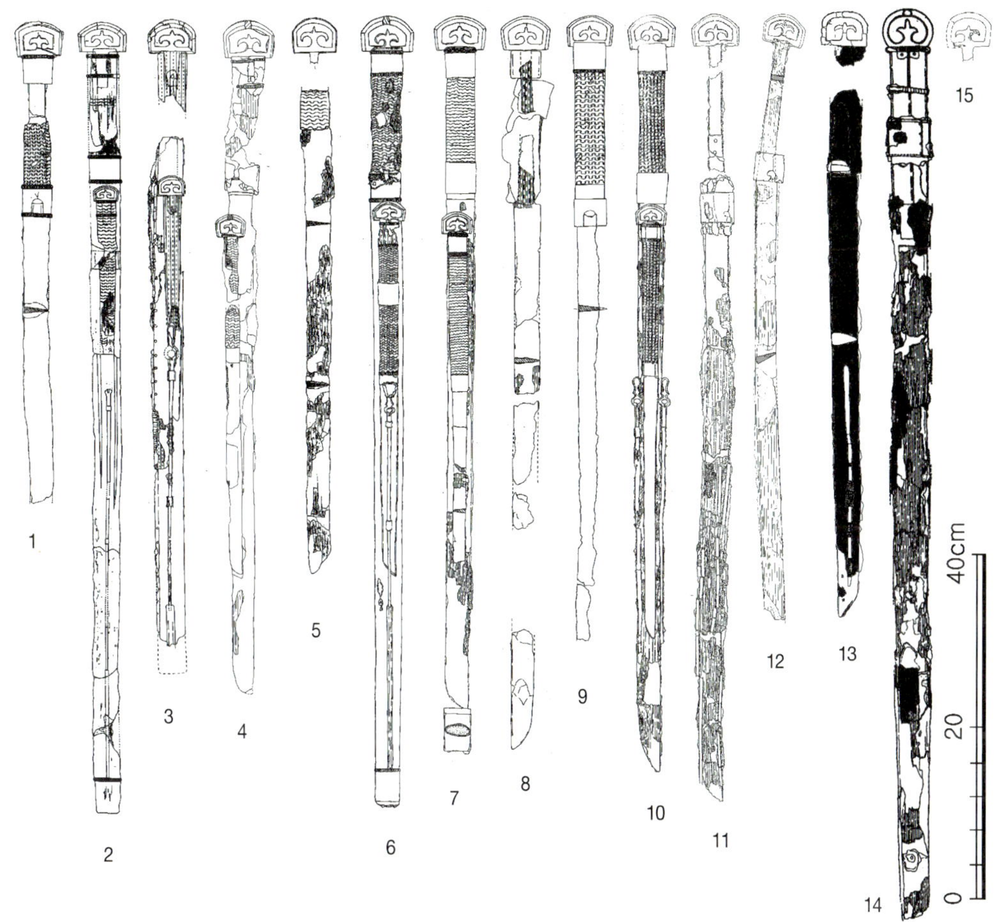

도15 _ 신라권역 출토 삼엽환두대도
1. 경주 황남대총남분, 2. 경주 황남대총북분, 3. 경주 보문리부부총, 4. 경주 덕천리4호, 5. 울산 조일리49-2호, 6. 경산 임당동6A호,
7. 경산 조영동C1-1호, 8. 경산 조영동E1-2호, 9. 창녕 송현동7호, 10. 의성 학미리1호, 11. 안동 조탑동C호,
12. 창녕 교동고분(횡구식석실묘), 13. 포항 용흥동신라묘, 14. 부산 복천동11호, 15. 청원 미천리가8호

● 신라 철모의 특성

원삼국시대 후기에 유행하였던 관부돌출형철모가 지속적으로 확인되는 가운데 3세기 중엽~4세
기 전엽에 이르면, 이 시기부터 삼국시대 일반적인 철모인 직기형 및 연미형철모가 출현하는데 특
히 고구려 계통의 연미형철모가 신라의 실전용 무기로 주류를 이루게 된다. 4세기 후엽 이후에는 고
구려 무기체계의 영향을 더욱 강하게 받는다. 4세기 후엽에 출현하는 반부철모는 고구려계 철모로
알려져 있다. 경주 월성로 가13호 출토품은 반부의 위치가 공부의 중상위에 위치하여 고식으로 판
단되는데, 경주 월성로 가13호가 조성되는 어느 시점에 고구려계 무기체계가 신라로 이입되었다고
생각된다. 이렇게 고구려 계통의 성격을 가진 반부철모는 이후 신라가 간접지배의 형태를 취하면서
중앙과 지방의 주요 수장급묘에 위세적 성격을 가진 무기의 하나로 분묘에 부장되고 있다. 한편 고

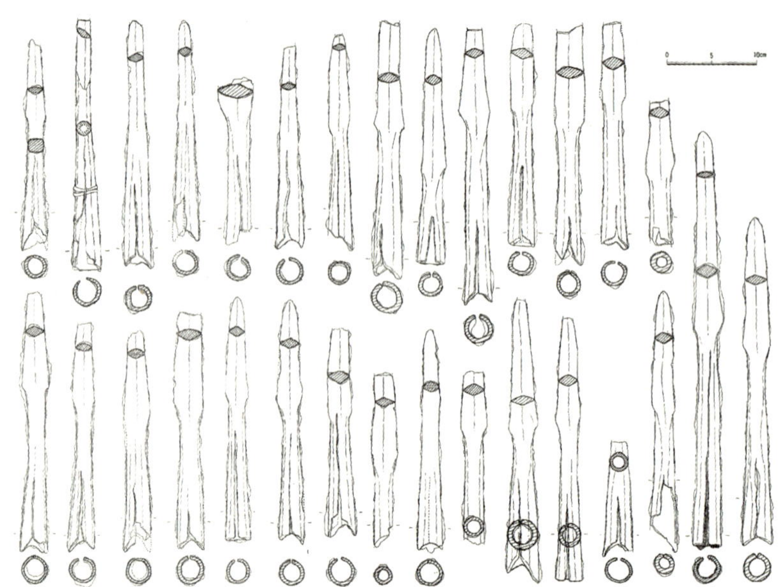

도16_ 삼국시대 신라의 실전용 철모(경주 월성로가6호 출토 연미형 및 직기형철모 일괄)

구려계 철모의 하나로 가지형철모(삼
지형, 이지형)가 있는데, 이 역시 반부
철모와 같이 중앙과 지방의 주요 수장
급묘에서 확인되고 있다. 그리고 반
부철모와 가지형철모는 경주지역에
집중되어 있으며 지방에서는 소수 확
인된다.

● 신라 철촉의 특성

삼국시대에 들어서면 이전에 유행
하던 유경식철촉의 부장량이 줄어들
고 경부頸部가 추가된 촉신부+경부+
슴베로 구성된 유경식철촉인 사두식
蛇頭式능형철촉이 등장한다. 그 대표
적인 사례로 경주 월성로 가5호에서
출토된 다량의 사두능형철촉을 들
수 있다. 또한 이 시기에 김해 대성동

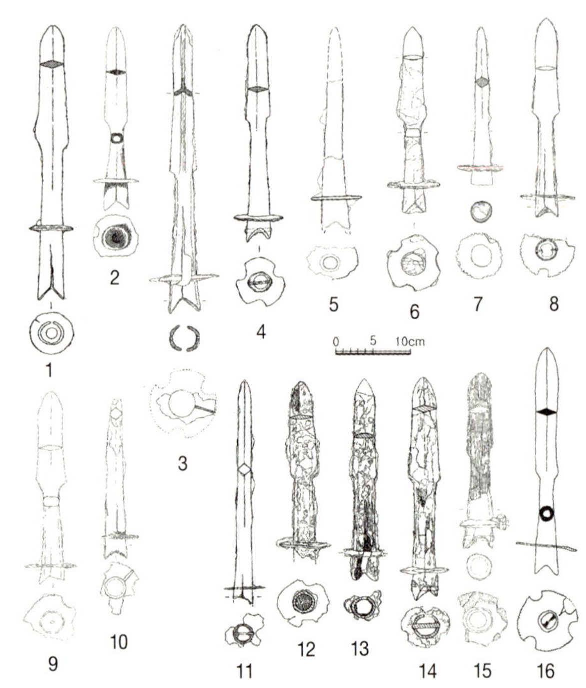

도17_ 신라권역 출토 반부철모
1. 경주 월성로13호, 2. 경주 황남동109호1곽, 3. 경주 황남대총남분,
4. 경주 월성로10-1호, 5. 경주 천마총, 6. 경주 율동27호,
7. 경산 조영동C1-1호, 8. 밀양 신안49호, 9. 왜관 낙산리28호,
10. 상주 병성동18-1호, 11. 성주 성산동59호, 12. 창녕 교동1호,
13·14. 창녕 교동3호, 15. 강릉 초당동A1-1호, 16. 구미 황상동1호

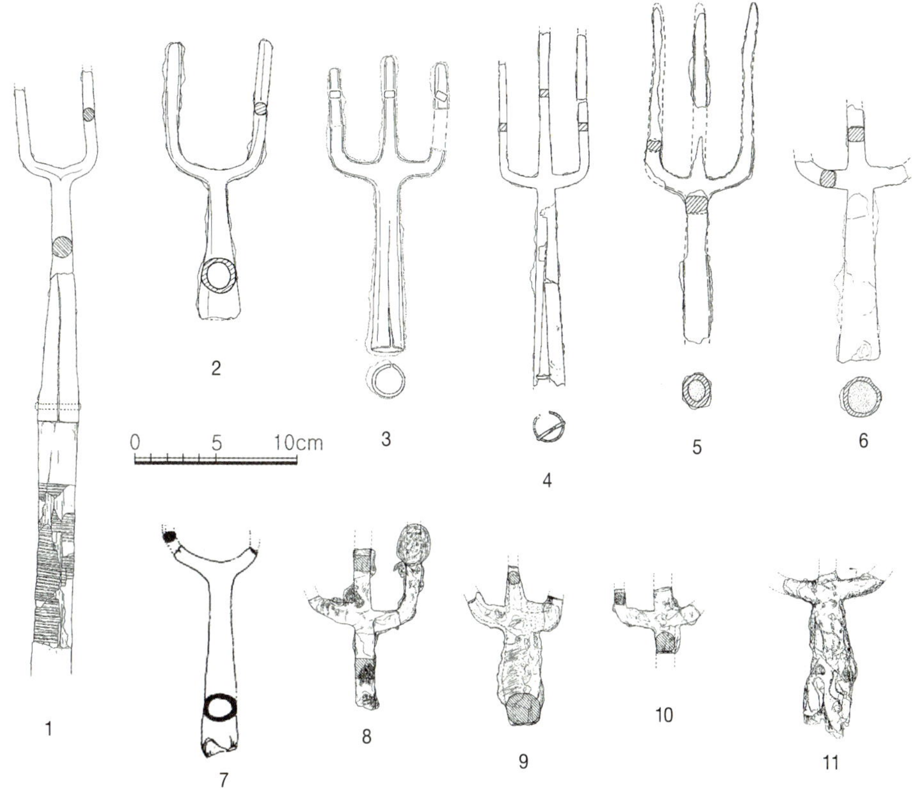

도18_ 신라권역 출토 가지형철모(삼지형철모 및 이지형철모)
1. 창녕 송현동7호, 2. 울산 조일리49-2호, 3. 안동 조탑동C호, 4. 창녕 교동고분(횡구식석실묘), 5. 경산 임당동6A호,
6. 대구 죽곡리고분, 7. 구미 황상동1호, 8~10. 경주 황남대총북분, 11. 경주 천마총

13호, 경주 구어리 1호 등에서는 김해·경주지역에서 그 출토 예가 다수 확인되는 광형계 능형철촉
이 등장한다.

4세기 중·후엽 이후 고구려계 무기체계가 신라로 도입되면서 고구려에서 상위 신분만 소유했던
착두형철촉, 삼익형철촉이 신라에서도 그와 유사한 양상을 보이게 된다. 앞서 고구려계 철모와 마
찬가지로 착두형과 삼익형철촉 역시 경주지역의 중상층 혹은 최고 수장급의 무덤에 집중 출토하고
지방에서도 주요 수장급묘에서만 확인되는 위세적 성격인 강한 무기류이다. 더불어 실전용 철촉으
로는 신부의 단면이 능형인 추형철촉도 고구려에서 유행하던 것이 신라에 도입되면서 사용되고 있
다. 한편 실전용 철촉은 원삼국시대 후기부터 삼국시대에 이르기까지 주력 철촉의 변화가 명확히
확인된다. 즉 실전용으로서 주력 철촉은 무능식사두형철촉 → 골촉형철촉 → 사두식능형철촉 → 유
엽형철촉 등으로의 변화를 확인할 수 있다. 이 가운데 신라의 실전용 철촉으로 사두식능형철촉과
유엽형철촉이 있으며 도자형철촉도 다수 확인되고 있다.

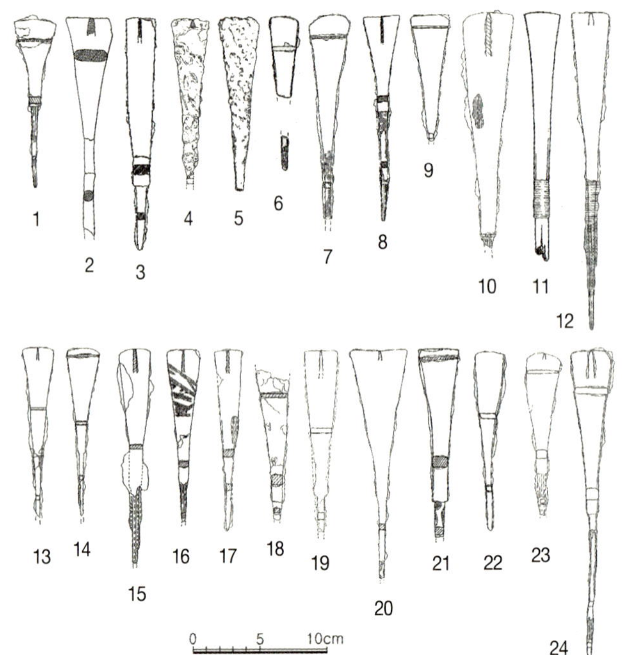

도19_ 신라권역 출토 착두형철촉
1. 포항 옥성리가35호, 2. 경주 황남동109호4곽, 3. 경주 황남대총남분, 4. 경주 황남대총북분, 5. 경주 천마총, 6. 경주 노동리4호,
7. 경주 사방리11호, 8. 부산 복천동21호, 9. 부산 연산동93호, 10. 울산 하삼정1호, 11. 양산 부부총, 12. 경주 계림로14호,
13. 밀양 신안16호, 14. 영천 화남리9호, 15. 경산 조영동C1-1호, 16. 경산 조영동E1-1호, 17. 경산 임당동5C호, 18. 대구 죽곡리고분,
19. 창녕 송현동2호, 20. 상주 신흥리39호, 21. 청원 미천리가5호, 22. 강릉 초당동2호, 23. 포항 옥성리50호, 24. 강릉 초당동A1호

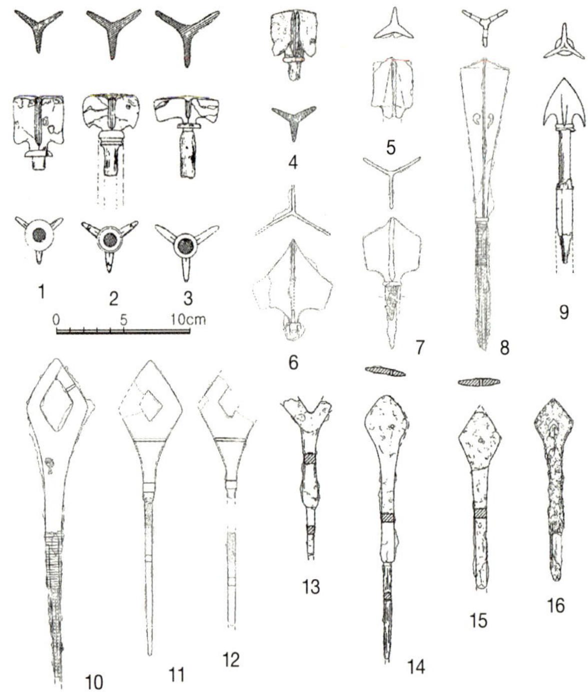

도20_ 신라권역 출토 삼익형철촉 및 투공능형철촉
1~3. 경주 황남동110호, 4. 경주 천마총, 5. 경주 봉길리54호, 6~8, 10. 경주 계림로14호, 9. 양산 부부총, 11·12. 경주 황오동14호,
13~15. 창녕 교동고분(횡구식석실묘), 16. 경주 천마총

신라 군사체계

앞서 언급한 것처럼 원삼국시대 진한의 군사체계는 철검과 철도, 철모, 철촉을 주로 사용하는 보병 군사체계가 중심이었다. 진한 이후 성립한 신라에서는 보병 군사체계가 유지되는 가운데 4세기 중·후엽 이후 고구려 무기체계가 도입되면서 기병 군사체계의 비중이 지속적으로 확대되는 양상이다. 이때부터 각종 마구류의 출토가 증가될 뿐만 아니라 보병부대의 주력 무기인 창병의 철모 또한 변화 양상이 뚜렷하다. 구체적으로 언급하면 원삼국시대 철모의 경우 신부의 단면이 얇으면서 찌르기 기능과 베는 기능을 겸비한 관부돌출형철모가 주류를 이루지만 3세기대 삼연(전연), 고구려 등 북방의 기마전술을 주력으로 하는 국가들이 성장하면서 이들이 사용하는 단면이 두껍고 찌르기 기

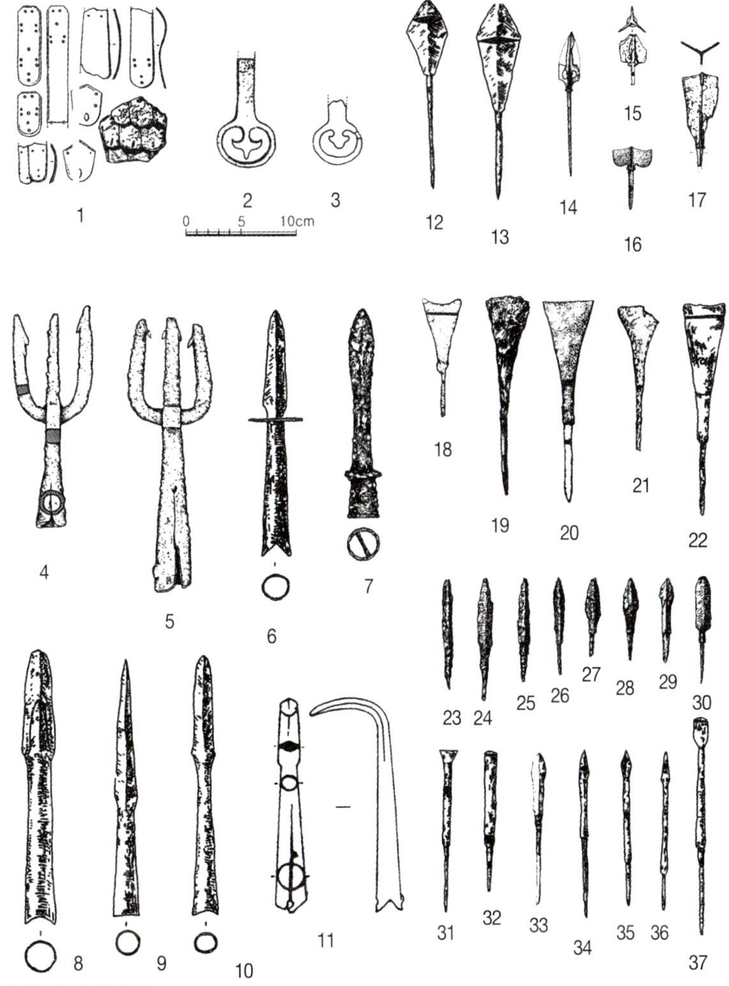

도21 _ 고구려권역 출토 각종 무기류

1·11·15. 禹山下1041호, 2. 集安 麻線溝1호, 3·8·9·12·22. 禹山下3560호, 4·5·18. 桓人 五女山城4期文化層, 6·31. 禹山下3296호, 7·19·23~30. 集安 國內城, 10. 禹山下3598호, 13. 禹山下3305호, 14. 禹山下2110호, 16. 集安 太王陵, 17·21·33. 集安山城下145호, 20. 麻線溝2100호, 32. 禹山下3103호, 34·35. 禹山下3162호, 36·37. 禹山下3105호

능이 뛰어난 연미형 및 직기형철모가 적극적으로 수용되어 관부돌출형철모는 소멸하게 된다. 연미형 및 직기형철모의 경우 신라 초기에 유입되어 사용되지만 얼마 지나지 않아 직기형철모는 사라지고 연미형철모가 신라에서 주력 실전 전투용 무기로 자리 잡는다. 또한 방어에 유리한 판갑의 활용이 점차 줄어들고 기동성에 유리한 찰갑의 증가도 기마부대를 방증하는 자료이다. 고구려의 군사체계가 기마부대를 주력으로 하였다면 신라의 경우 창병(철모) 중심의 보병부대를 기본으로 하면서 점차 기마부대가 증가하는 추세로 군사체계가 지속된다고 할 수 있겠다.

한편 앞서 설명한 위세적 성격의 무기류인 삼루 및 삼엽환두대도, 반부 및 가지형철모, 착두형 및 삼익형, 투공능형철촉 등은 고구려로부터 적극적으로 수용하여 신라화된 무기로서 한반도 남부지역의 백제, 신라, 가야 철촉 가운데 신라 고유의 특성이 뚜렷하다고 할 수 있겠다.

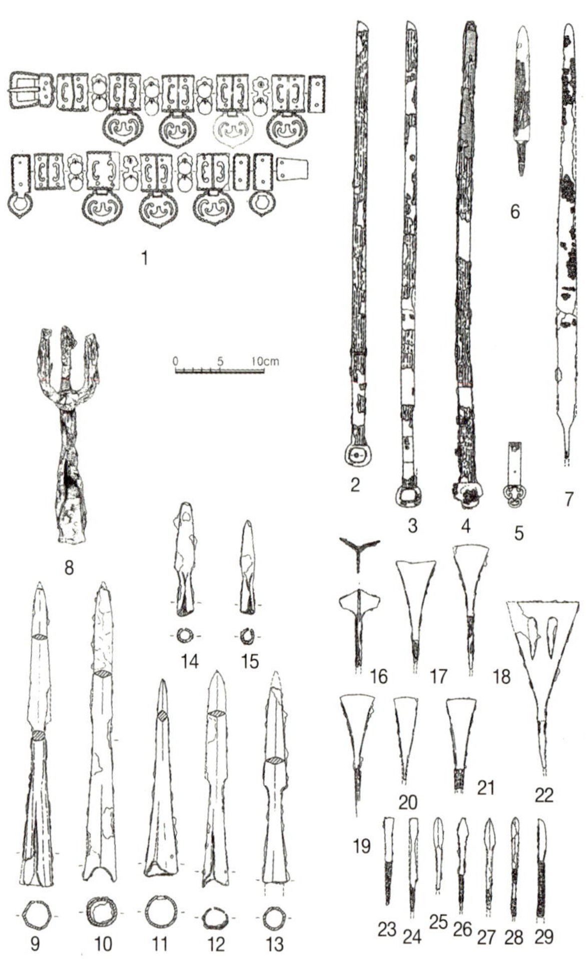

도22 _ 중국 三燕(前燕)권역 출토 각종 무기류

1·8. 北票喇麻洞M196墓, 2·12. 喇麻洞ⅡM3墓, 3. 喇麻洞ⅠM10墓, 4. 十二台88M1墓 5·11. 喇麻洞ⅠM5墓, 6·23·24. 喇麻洞ⅠM202墓, 7. 喇麻洞ⅡM266墓, 9·10. 喇麻洞ⅠM13墓, 13. 喇麻洞ⅠM14墓, 14·21. 喇麻洞ⅠM108墓, 15. 喇麻洞ⅠM328墓, 16. 喇麻洞ⅠM209墓, 17·18. 喇麻洞ⅠM202墓, 19·20·27. 喇麻洞ⅠM379墓, 22. 喇麻洞ⅠM60墓, 25. 喇麻洞ⅠM229墓, 26. 喇麻洞ⅠM324墓, 28·29. 喇麻洞ⅠM3墓

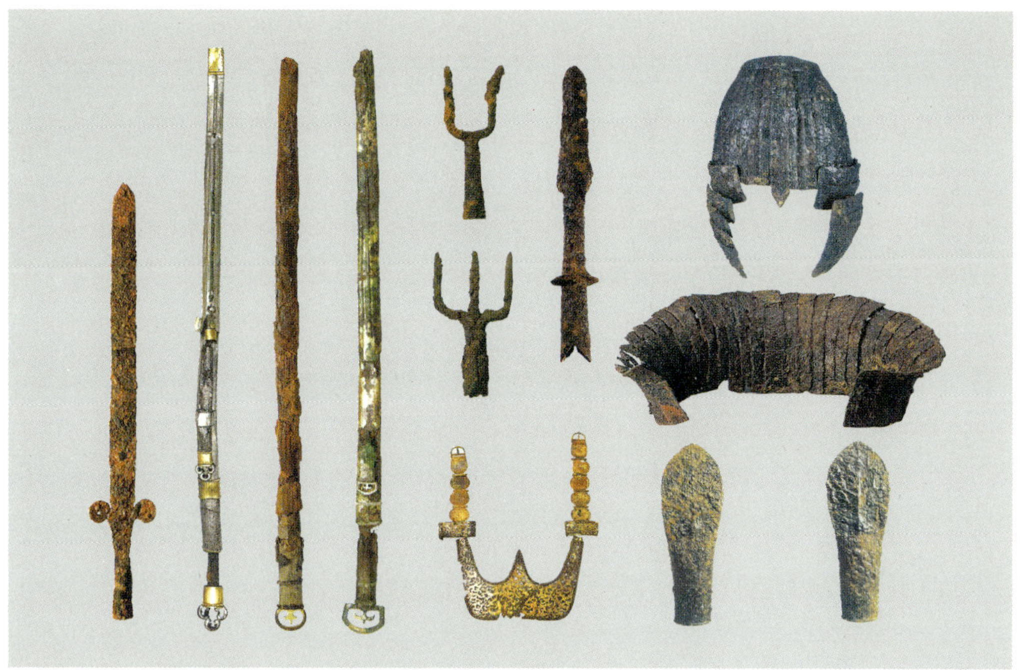

도23_ 신라의 주요 철제 무기류

중고기 무기의 발달과 군사조직의 변화

중고기 이후 불교가 본격적으로 확산되고 기왕의 샤머니즘 의례가 축소됨에 따라 신라권역의 무덤에서는 유물 부장이 급격히 줄어든다. 특히 금속류는 부장품으로서 기능을 잃게 되어 무덤 부장에 필요한 관 제작의 꺾쇠, 관정棺釘이 주류를 이루게 되며 앞 시기 풍부하게 부장되었던 무기류의 부장은 거의 소멸된다. 따라서 중고기 이후에는 무덤에 부장되는 철제 무기류의 특성을 파악하기 어렵다. 하지만 이 시기 문헌 기록에 당시 군사체계를 엿볼 수 있는 자료가 다수 확인되고 있어 문헌 기록을 중심으로 고고학적 검토도 병행할 필요성이 있다.

중고기 이후 문헌기록을 보면 고구려, 백제, 신라, 가야 등의 삼국 통일 전쟁이 본격화되는 시기이기 때문에 여러 기사에서 진일보한 무기체계를 확인할 수 있다. 이러한 상황을 잘 반영하는 기록이 『삼국사기三國史記』 권40 잡지의 '四設幢 一日弩幢 二日雲梯幢 三日衝幢 四日石投幢 無衿'이다. 사설당은 특수한 무기를 다루는 4개의 특수부대인 노당弩幢·운제당雲梯幢·충당衝幢·석투당石投幢을 의미한다. 노당은 쇠뇌를 주로 이용하는 부대로 문헌에 차노車弩, 포노砲弩, 노포弩砲 등을 사용하였다는 기록이 확인된다. 운제당은 긴 사다리를 차에 탑재한 후 성을 공격할 때 성벽을 올라 넘어가는데 사용되는 공성무기 부대이다. 충당은 충차衝車라는 대형의 망치와 같은 것을 달고 성에 접근하여 성문을 파괴하는 공성무기를 운용하는 부대이다.

신라에서 사설당과 관련된 첨단무기의 사용 기록은 여러 예에서 확인할 수 있다. 먼저 쇠뇌와 관련된 기록을 살펴보면,『삼국사기』신라본기 진흥왕眞興王 19년(558)조에 '春二月 徙貴戚子弟及六部豪民 以實國原 奈麻身得作砲弩上之 置之城上'(봄 2월에 귀족 자제와 6부의 부유한 백성을 국원소경으로 옮겨 그곳을 채웠다. 나마 신득身得이 포노砲弩를 만들어 바치니 그것을 성 위에 설치하였다.)라는 기록이 전하는 것으로 보아 성에 쇠뇌 설치가 이루어지고 있음을 알 수 있다.

쇠뇌(노포)는 당시 중국의 당나라도 인정하는 당시 신라의 첨단기술 무기였다.『삼국사기』신라본기 문무왕文武王 9년(669)조 '冬 唐使到傳詔 與弩師仇珍川沙廻 命造木弩 放箭三十步 帝問曰 "聞在爾國造弩射一千步 今三十步 何也" 對曰 "材不良也 若取材本國 則可以作之" 天子降使求之 卽遣福漢大奈麻獻木 乃命改造 射至六十步 問其故 答曰 "臣亦不能知其所以然 殆木過海 爲濕氣所侵者歟" 天子疑其故不爲 劫之以重罪 而終不盡呈其能'의 기록에 보면 669년 당나라 사신이 당 태종의 조칙을 전달하고 쇠뇌 장인 구진천仇珍川을 데리고 가는 사건이다. 그것은 신라가 개발한 최신 무기인 쇠뇌를 만들어 당나라 군인들에게 보급할 목적이었으나 구진천이 끝내 신라의 쇠뇌를 만들지 않아 당의 신라 쇠뇌 제작이 실패한 사건이다.

이외에도 쇠뇌에 대한 기록은 자주 확인되는데,『삼국사기』신라본기 진흥왕 19년(558)조에 나마奈麻 신득이 포노를 만들어 성 위에 설치한 것, 같은 책 권5 신라본기 태종 무열왕 8년(661)조에 북한산성에 포노를 설치한 것,『삼국사기』新羅本紀 聖德王 30년(731)조에 백관들에게 차노 쏘는 것을 관람시킨 것,『삼국사기』新羅本紀 孝成王 5년(741)조에 노병弩兵을 검열하였다는 것,『신당서新唐書』열전 신라전에 弩士 數千名이 關門을 지켰다는 기록 등을 들 수 있다.

다음으로 기술의 발달로 전문화된 공성 및 수성무기인 투석기의 등장과 활용이다. 이에 대한 기록으로『삼국사기』신라본기 무열왕 8년(661)조에 '고구려 장군 뇌음신惱音信이 말갈 장군 생해生偕와 함께 군사를 합하여 술천성述川城을 공격해 왔다. 이기지 못하자 북한산성으로 옮겨가 공격하는데, 포차抛車를 벌여놓고 돌을 날리니 그것에 맞는 성가퀴나 건물은 그대로 부서졌다'고 전한다. 이 기록으로 볼 때 공성전 및 수성전에 필요한 포차가 일반적으로 사용되고 있음을 알 수 있다.

포차를 이용하였던 실질적인 자료도 고고학적 유적 조사에서 확인되고 있다. 대표적인 예로 문경 고모산성, 충주 장미산성 등의 발굴조사에서 석환무지가 확인되었는데, 이것은 포차에 쓰이는 투석을 모아 두는 장소이다.

포차, 쇠뇌 외에도 기마부대 방어용으로 사용되는 마름쇠의 기록도 확인된다.『삼국사기』신라본기 무열왕 8년(661)조 '城主大舍冬川 使人擲鐵蔾於城外 人馬不能行' 기록은 마름쇠를 성 밖으로 던져 깔아서 사람이나 말을 다닐 수 없게 한 것을 표현한 것으로 마름쇠는 고고학적 조사에서도 다수 확인되는 무기류이다.

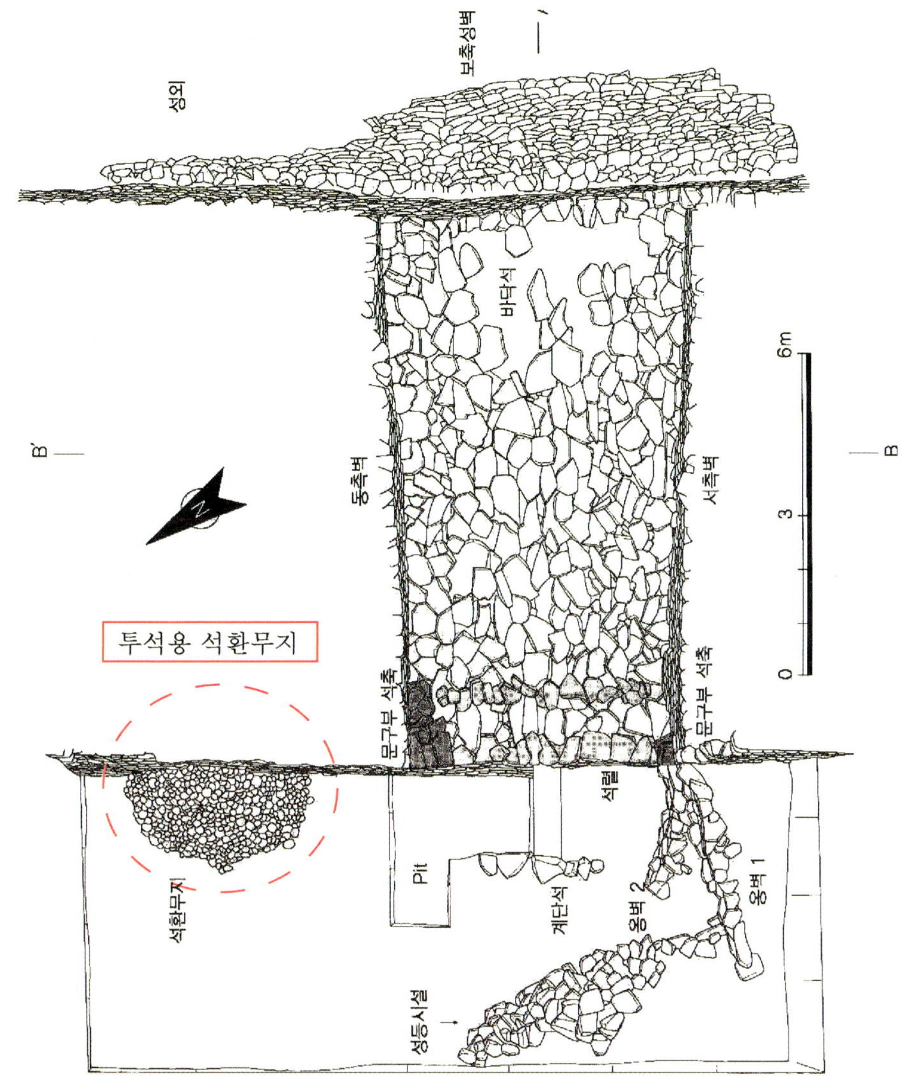

도24_ 문경 고모산성 출토 투석용 석환

맺음말

이 글은 기왕의 철제 무기·무구류와 마구류의 연구에 있어 기종별로 검토하거나 시대별로 한정하여 연구되어 온 경향에서 벗어나 전반적인 고대 무기체계의 흐름을 파악하는 통시적인 연구관점에서 검토하였다. 기종별 혹은 시대별로 구체적인 연구 검토도 필요한 부분이지만 이를 종합하는 전반적인 연구가 미진하여 전체적인 무기체계에서 시기별로 어떠한 무기·무구류가 유행하고 소멸하였는가, 그리고 철제 무기·무구류의 변화상과 조합을 통해 어떠한 무기체계가 중심을 이루고 있었는가 등의 통시적이고 종합적인 무기체계의 변화를 파악하는데 어려움이 있었다. 이러한 인식하에 한반도 남부지역에서 통시적으로나 수량적으로나 고고자료가 안정적으로 확보된 영남지방의 자료를 중심으로 검토하였다. 이 글의 간략적인 내용은 다음과 같다.

한반도 남부지역의 철기유입은 현재까지의 자료로 보건데, 초기철기시대인 기원전 2세기 전엽까지 거슬러 올라가며 철제 무기류도 비슷한 시기에 출현할 것으로 예상되지만 현재까지는 기원전 2세기 중·후엽에 주로 확인된다. 한반도 남부지역 영남지방의 경우 기원전 2세기 중·후엽에 철검과 철모가 소수이지만 확인되고 있어 영남지방의 철제 무기 도입은 초기철기시대로 거슬러 올라간다.

원삼국시대인 기원전 1세기 이후에는 철검, 철모, 철과, 철촉 등 다양한 무기류가 출토하며 출토량도 앞 시기에 비교가 되지 않을 만큼 많이 출현하여 본격적으로 철제 무기류를 사용하기 시작한다. 그리고 영남지방에서 주로 유행하는 이단관형철모의 사용, 무경식無莖式 철촉의 다량 부장으로 볼 때, 영남지방에 자리잡고 있던 소국小國 정치체들의 무력기반이 본격적으로 형성되고 있음을 알 수 있다. 원삼국시대 후기에는 앞 시기까지 철제 단검이 유행하였으나 중국 후한後漢의 영향으로 철제 장검이 일시적으로 유행하며, 철모는 관부돌출형철모가 주류를 이루고 주요 수장급묘에 다수 부장되고 있다. 또한 철촉의 경우 무경식無莖式 철촉에서 유경식有莖式 철촉이 유행한다.

삼국시대 초기(3세기 중·후엽~4세기 중엽)에는 한반도 동북지역의 기마전술체계의 영향으로 영남지방의 무기체계가 크게 변화한다. 삼국시대 초기 궐수형 철모라는 의기적 철모가 경주, 경산, 부산, 울산, 포항 등의 낙동강 이동지역에서 일시적으로 유행하여 무기류에서 지역성이 나타나기 시작한다. 또한 실전용 무기류에서 주목할 만한 변화가 확인되는데, 철검의 유행에서 철도(소환두도)의 유행, 철모의 경우 관부돌출형 철모에서 철모의 기능이 확대된 직기형 및 연미형철모의 유행, 다양한 종류의 철촉이 발생하며 출토 수도 현저히 늘어난다. 또한 앞 시기까지 확인되지 않던 철제 갑옷(판갑, 찰갑)이 등장한다. 직기형 및 연미형철모는 앞 시기에 유행하던 찌르기 기능과 베는 기능이 겸비된 관부돌출형철모에 비해 찌르기 기능만을 전문적으로 한다. 군사체계에 있어 전문화된 장병長兵체제가 구축되었음을 의미하겠다.

삼국시대(4세기 후엽~5세기 후엽)에 신라의 경우 기마전술체계 중심의 고구려 무기체계의 영향을 강하게 받는다. 신라가 영남지방의 소국에서 고대국가의 틀을 형성했던 배경에는 체계화된 철기 생산체제를 구축하고 나아가 고구려로부터 무기체계를 도입하여 군사조직을 정비한 결과였다. 가장 눈에 띄는 것으로 철도(환두대도)는 상위 계층이 주로 사용하는 금, 은, 금동제로 환두부를 장식한 위세적 성격이 강한 삼루문, 삼엽문 환두대도가 유행하며, 철모와 철촉은 반부철모, 가지형철모,

착두형철촉, 삼익형철촉 등 고구려에서 상위 계층에서 주로 사용하는 무기류가 신라에서도 그대로 사용되고 있는 양상이다. 고구려 남정 이후에는 고구려와 유사한 무기류와 마구류가 획기적으로 다량 확인되고 있어 고구려 기마전술체계의 강한 영향을 알 수 있다. 또한 철제 무기류 뿐만 아니라 마구류 등에서도 금, 은, 금동제로 제작하는 다양한 위세적 물품들이 확인되고 있다.

보고서·도록

國立慶州博物館, 1990,『慶州 月城路古墳群』.

＿＿＿＿＿＿＿, 2006,『慶州 九政洞古墳』.

國立大邱博物館, 2007,『한국의 칼, 선사에서 조선까지』.

金載元, 1948,『慶州 路西里 壺杅塚과 銀鈴塚』, 國立博物館.

金載元·尹武炳, 1962,『義城塔里古墳』, 國立博物館.

文化財管理局, 1974,『天馬塚』.

文化財研究所, 1985,『皇南大塚北墳 發掘調査報告書』.

＿＿＿＿＿＿, 1993,『皇南大塚 南墳 發掘調査報告書(도판·도면)』.

＿＿＿＿＿＿, 1994,『皇南大塚 南墳 發掘調査報告書(본문)』.

釜山大學校博物館, 1983,『東萊 福泉洞古墳群I』.

＿＿＿＿＿＿＿, 1983,『東萊 福泉洞古墳群II』.

＿＿＿＿＿＿＿, 1985,『金海禮安里古墳群I』.

嶺南大學校博物館, 1991,『慶山林堂地域古墳群I-造永1A地域-』.

＿＿＿＿＿＿＿, 1994,『慶山林堂地域古墳群II-造永EIII-8號墳 外』.

＿＿＿＿＿＿＿, 1998,『慶山林堂地域古墳群III-造永1B地域-』.

＿＿＿＿＿＿＿, 1999,『慶山林堂地域古墳群IV-造永CI·II號墳-』.

＿＿＿＿＿＿＿, 2000,『慶山林堂地域古墳群V-造永EI號墳-』.

＿＿＿＿＿＿＿, 2002,『慶山林堂地域古墳群VI-林堂2號墳』.

＿＿＿＿＿＿＿, 2003,『慶山林堂地域古墳群VII-林堂5·6號墳』.

＿＿＿＿＿＿＿, 2005,『慶山林堂地域古墳群VIII-林堂7號墳』.

嶺南文化財研究院, 1999,『慶州 舍羅里遺蹟I』.

＿＿＿＿＿＿＿, 2002,『慶州 九於里古墳群I』.

＿＿＿＿＿＿＿, 2007,『慶州 舍羅里遺蹟III』.

遼寧省文物考古研究所, 2002,『三燕文物粹』.

遼寧省博物館·遼寧省文物考古研究所, 2006,『遼河文明展 文物集萃』.

齊藤忠, 1937,「慶州 皇南里第百九號墳 皇吾里第十四號墳 調査報告」,『昭和九年度古蹟調査報告』一,
　　　　朝鮮總督府.

朝鮮總督府, 1924,『古蹟調査特別報告第三册 慶州金冠塚と其遺寶』.

__________, 1931, 「慶尙北道達城郡達西面古墳發掘調査報告」, 『昭和6年度古蹟調査報告』.

__________, 1932, 「慶州金鈴塚飾履塚發掘調査報告」, 『大正十三年度古蹟調査報告』.

논저

高久健二, 1992, 「韓國出土 鐵鉾의 傳播過程에 대한 硏究」, 『考古歷史學誌』第8輯, 東亞大學校博物館.

김길식, 1998, 「5~6세기 신라의 무기 변화 양상과 그 의의」, 『동원학술논문집』第1輯, 한국고고미술연구소.

김두철, 2009, 「변진한의 철기문화」, 『考古學誌』特輯號, 국립중앙박물관.

김새봄, 2012, 「原三國後期 鐵矛와 鐵鏃의 生産과 流通」, 『생산과 유통』, 영남고고학회·구주고고학회 제10회 합동고고학대회 발표요지.

박진일, 2007, 「점토대토기, 그리고 청동기시대와 초기철기시대」, 『한국 청동기시대의 시기구분』, 한국청동기학회.

孫明助, 2009, 「韓半島 鐵器文化의 受容과 展開」, 『東北亞 古代鐵器文化의 形成과 展開』, 전북대학교 고고인류학과 20주년기념 BK21사업단 해외석학초청특강 및 국제학술대회, 전북대학교 BK21사업단.

申東昭, 2008, 「嶺南地方 原三國時代 鐵斧와 鐵矛의 分布定型 硏究」, 慶北大學校 大學院 碩士學位論文.

禹炳喆, 2006, 「新羅 및 加耶式 鐵鏃의 成立과 擴散」, 『韓國考古學報』58, 韓國考古學會.

_____, 2008, 「鐵鏃과 鐵鉾로 본 新羅, 加耶 그리고 倭」, 『嶺南考古學』47, 嶺南考古學會.

_____, 2009, 「신라 철제 무기로 본 동해안 고분 축조 집단의 군사적 성격 」, 『4~6세기 영남 동해안 지역의 문화와 사회』, 동북아역사재단.

_____, 2012, 「한반도 동남부지역 철기문화의 성격과 전개양상」, 『동아시아 고대 철기문화 연구』, 국립문화재연구소.

禹炳喆·金玟撤, 2009, 「궐수형철기를 통해 본 진·변한정치체의 상호작용」, 『韓國上古史學報』, 第65號, 韓國上古史學會.

禹在柄, 1998, 『國家形成期武器の武裝』, 大阪大學 博士學位論文.

尹相悳, 2007, 「Ⅴ. 考察」, 『浦項 龍興洞 新羅墓』, 學術調査報告 第20冊.

李健茂, 1990, 「夫餘 合松里遺蹟 出土 一括遺物」, 『考古學誌』第2輯.

李南珪, 1993, 「1~3세기 낙랑지역의 금속기문화-鐵器를 중심으로」, 『韓國古代史論叢』5, 韓國古代社會研究所.

李盛周·金昡希, 2000, 「蔚山 茶雲洞·中山里遺蹟의 木棺墓와 木槨墓」, 『三韓의 마을과 무덤』, 第9回

嶺南考古學會 學術發表會要旨, 嶺南考古學會.

李在賢, 2003,『弁·辰韓社會의 考古學的 研究』, 부산대학교 대학원 박사학위논문.

이주헌, 1994,「三國時代 嶺南地方 大刀副葬相에 대한 研究」, 경북대학교 대학원 석사학위논문.

李淸圭, 2007,「石劍, 銅劍, 그리고 鐵劍」,『石心鄭永和敎授 停年退任記念 天馬考古學論叢』, 석심정
　　　영화교수 정년퇴임논총 간행위원회.

李漢祥, 2004,「三國時代 環頭大刀의 所有方式」,『한국고대사연구』36. 한국고대사학회.

李熙濬, 1998,「4~5세기 新羅의 考古學的 研究」, 서울大學校 大學院 博士學位論文.

_____, 2011,「한반도 남부 청동기~원삼국시대 주장의 권력 기반과 그 변천」,『嶺南考古學』58, 영
　　　남고고학회.

임영희, 2011,「嶺南地域 原三國期 鐵劍·環頭刀의 地域別 展開過程」,『嶺南考古學』59, 嶺南考古學
　　　會.

趙榮濟, 1992,「신라와 가야의 武器·武具-龍鳳文大刀와 三累環頭大刀」,『韓國古代史論叢』제3집,
　　　韓國古代社會研究所.

朱甫暾, 2002,「辰·弁韓의 成立과 展開」,『진·변한사 연구』, 경상북도·계명대학교 한국학연구원.

08

김 혁 중

신라의 갑주

__머리말

전쟁을 서로 다른 집단 간의 조직적인 무력 충돌로 본다면 구체적인 양상은 시대에 따라 달랐을 것이나 전쟁의 기원은 역사시대 이전까지 올려 볼 수 있을 것이다. 고대에 있어 전쟁은 국가적 재앙이 되기도 하였지만, 한편으로는 무기 개발과 전술 개량에 수반된 기술의 발전, 선진 문물을 수용, 주변 세력의 통합을 통한 영역 확장 등 한층 국가가 성장하는 계기가 되기도 하였다. 삼국시대 신라의 경우도 삼국사기 등 문헌 기록을 살펴보면 빈번한 주변 국가와의 전쟁에서 일진일퇴하며 성장과 발전의 기틀을 마련하였음을 살펴볼 수 있다.

따라서 전쟁은 고대사 연구에서 빠질 수 없는 주제이다. 고고학을 통한 전쟁의 연구는 현존하는 유적과 유물을 통해 연구하는 학문의 성격을 갖고 있다. 이로 인해 특정한 '사건' 자체보다는 당시 '전쟁수행 능력에 필요한 각종 무기의 보유 현황, 그리고 그것의 변화와 발전 양상'에 대해 검토하여 간접적인 방법으로 접근해 갈 수 밖에 없다(김두철 2003).

주로 고분에서 출토되는 갑주도 전쟁의 간접적인 연구에 활용되는 물질 자료이다. 갑주는 당시의 전술이나 전쟁에 대한 부분 이외에도 당시의 기술 수준을 가늠할 수 있는 고도의 기술이 집약된 장구이다. 또한 고분에서 출토된 철제 혹은 금동제 갑주는 금관과 같은 장신구 정도의 위치는 아니지만 위계가 있는 사람에게 입혀진 것으로 정치적 위세품의 성격을 가진다고 할 수 있다.

신라 고고학에서 갑주 연구는 아직 많은 부분에서 초보적인 수준에 지나지 않는다. 그간 신라지역에서 적지 않은 갑주가 출토되었음에도 불구하고 관련 연구가 활성화되지 않은 것은 한국 고대 갑주 연구가 아직 충분히 체계적으로 이루어지지 못한데 따른 것이다. 영남지방의 경우 갑주의 변화 과정과 그 특징에 대한 활발한 연구가 진행되어 왔지만 신라는 상대적으로 가야에 비해 갑옷의 출토량이 적어 자연히 가야 갑옷 연구에 치중되었다. 또 신라와 가야 정치체 중 어느 쪽에 속하는지 판단하기 어려운 곳에서 갑옷이 출토되는 경우 해석의 어려움도 있다.

그러나 신라는 가야를 제외하고는 한반도의 여타 지역보다 갑주가 많이 출토된 곳이며 금동제 비갑과 같은 신라 내의 독특한 갑주 문화를 보유하고 있다. 또한 최근에 확인된 신라지역 내 왜계 갑주는 당시 신라와 왜의 교류를 보여줄 수 있는 좋은 자료임이 분명하다.

따라서 신라지역 내 갑주를 정리하여 다음과 같은 점에 초점을 둬 살펴볼 필요가 있다. 우선 갑주가 오늘날 고고학에서 흔히 말하는 '○○양식 토기'와 같이 양식적인 측면에서 국가별 차이를 가릴 수 있는지 여부이다. 그것은 신라 갑주가 다른 국가의 갑주와 달리 어떠한 특징이 있어야 한다는 의미이다. 또한 이러한 차이나 구분에 따라 물질 자료로 살펴볼 수 있는 사회문화적인 의미의 검토는 신라사 복원에 기여할 수 있다.

__연구 현황과 쟁점

한반도의 고대 갑주를 국내 연구자가 인식하고 연구한 기간은 그리 길지 않다. 갑주 연구가 시작된 것은 일제강점기인 1917년 함안 말이산 34호분을 이마니시 류今西龍가 조사하여 출토된 유물을 정리하면서 부터이다. 이후 경주 금관총을 조사하면서 신라 갑주에 대한 고고학적 조사가 시작되었다고 할 수 있다. 그러나 당시 갑주 연구는 고적조사의 한계와 자료의 부족, 구체적 연구 방법의 부재로 인해 본격적으로 진행되지 못했다. 이후 일본은 자국 각지의 고분에서 출토되는 갑주를 체계적으로 정리하였고 이러한 성과를 한국에서 출토되는 갑주에도 적용하고자 하였다. 대표적인 연구로 전 연산동 출토 갑주를 비롯한 한국 출토 갑주에 대한 연구(穴沢和光·馬目順一 1975)를 들 수 있다. 그러나 이 연구는 한반도에서 출토된 갑주가 일본열도 출토 갑주와 형태가 같음을 근거로 한반도 남부에 왜정권이 군사적으로 진출함에 따른 것으로 보았다. 그러나 1980년대 이후 급증하는 갑주 자료가 정리되고 한반도에 연산동 출토 갑주와 다른 다양한 갑주가 존재했다는 것을 알게 된 지금은 타당한 학설로 받아들이기 힘들다.

한국의 갑주 연구는 최근에 새로운 자료와 연구에 의해 비약적인 발전을 이루었다. 이에 대해서는 이현주(2010b)에 의해 연대별로 그간의 연구 성과가 잘 정리되었으며 한계와 과제도 제시되었다.

갑주 연구는 국가별로 나누어 연구되진 않았는데, 지금까지 축적된 한반도의 갑주 연구에는 가야 갑주를 소재로 한 경우가 많다. 신라 갑주는 가야 갑주의 특징 등을 명확히 하기 위해 비교 자료로 활용된 경우가 대부분이다. 신라 고고학에서는 갑주의 출토량이 적다는 점과 당시 기술의 정수와 신라의 지배 방식의 일면을 보여주는 금공품에 가려 연구가 미흡한 것이 사실이다. 그러나 최근 신라지역에서 새로운 갑주 자료가 증가하고 있으며 이전에 미보고로 자세한 내용을 알 수 없었던 자료도 알려지게 되면서 신라 갑주의 실체를 짐작해 볼만 한 상황이다. 신라 갑주에 대한 연구는 아직 충분하진 않지만 지금까지의 연구 현황을 토대로 신라사에서 갑주 연구의 현재를 검토하고 앞으로 밝혀야 할 과제를 살펴보겠다.

신라의 갑주를 인식한 계기는 1924년에 보고서가 발간된 금관총과 1934년 황남동 109호 3·4곽으로 이 둘은 모두 일제강점기에 조사된 것이다. 금관총은 금동제 복발을 비롯하여 금동제 찰갑 등이 확인되었고 황남동 109호 3·4곽에서는 많은 소찰이 출토되었으나 찰갑만 부장되었던 것으로 보고되었다. 이후 마갑과 마주도 있음이 밝혀졌다(伊藤秋男 1993). 해방 이후 1982년 경주 구정동고분과 1986년 월성로고분군 조사에서는 이전의 작은 소찰로 구성된 찰갑과는 다른 판갑이 출토되어 신라 갑주의 다양성을 인식할 수 있는 계기가 되었다. 특히 종장판갑의 목을 보호하는 부분은 고구려 벽화에 그려진 찰갑의 경갑과 유사하여 고구려의 영향으로 제작되었다고 보았다(최종규 1983). 또한 월성로 가-29호에서 출토된 소찰편은 경주지역에 기마문화의 유입을 처음으로 보여주는 것으로 주목을 받았다(신경철 1997).

이와 같은 갑주 관련 연구들은 영남지방을 하나의 공간 단위로 보는 관점에서 연구를 진행하였다. 그리고 철제 갑주의 유입 계기를 고구려 남정이나 북방 주민의 이주와 같은 특정 역사적 사건으로 이해하였다. 또한 영남지방의 갑주가 낙동강 하류역과 같은 특정지역을 중심으로 등장한 후 발전하며 낙동강 하류역은 다른 지역에 비해 질과 양적으로 우위에 있다고 보았다.

이후 증가된 자료를 통해 갑주의 종류를 나누고 계통 및 지역성, 그리고 변화 양상을 검토할 수 있게 되었다. 또한 영남지방이 철제 갑주를 수용하는데 있어 동일한 공간적 단위를 이루고 특정 중심지로부터 퍼져 나갔다는 기왕의 관점에서 벗어나서 현재 지역별 자료의 양과 집중도에 차이가 있지만 공간적 범위가 확대되어 다양한 견해가 필요하다는 의견(장경숙 1999)이 제기되었다.

우선 장경숙(1999)은 영남지방의 종장판주를 정리하여 변화와 의미를 살펴보면서 그간에 낙동강 하류역을 철제 갑주 제작의 중심으로 보는 견해를 비판적으로 검토하였다. 또한 영남지방의 대표적인 갑주인 종장판갑은 그 속성이 다양하고 조합에서도 유사성과 차이점이 있다는 사실이 지적되었다(송정식 2003, 오광섭 2003). 더 나아가 김혁중(2008)은 형식 분류를 통해 종장판갑을 분류하고 경주·부산·김해지역권을 설정하고 상호 기술 교류의 측면을 살펴보았다. 이후 송정식·이유진(2008)은 영남지방 출토 종장판갑의 형식 분류와 부장 양상을 통해 신라와 가야 갑옷을 분리하여 이해하였다. 이 연구들은 초창기 갑주 연구가 상대적으로 자료가 많이 출토된 낙동강 하류역을 중심으로 보는 관점에서 벗어나 신라 갑주를 구체적으로 인식하였다는데 의의가 있다.

그렇지만 갑주의 지역성 연구에 있어 생산과 기술의 중심을 낙동강 하류역으로만 한정하여 보는 견해가 여전히 존재하며 이에 대한 반론도 존재한다.

이현주(2010)는 영남지방에서 출토된 종장판주를 지판의 만곡에 따라 종장판주와 만곡종장판주로 구분하고 변화와 분포를 검토하였다. 종장판주는 김해·부산을 중심으로 하는 가야의 독특한 투구형식으로 보고 신라의 임당고분 출토 종장판주는 가야와의 교류의 흔적으로 이해하였다. 그러나 최근 김혁중(2011)은 구어리유적 출토 갑주를 검토하면서 만곡이 없는 종장판주가 구어리 2호에도 출토됨을 인식하고 신라지역 내 여러 종장판주를 확인하여 기존의 지역성 검토에서 확인되는 문제점을 지적하였다. 종장판주와 종장판갑에 대해서는 활발한 지역성 연구가 있었던 것과 달리 찰갑은 특정 유구 혹은 대표적인 자료를 분석하고 그 구조와 계통에 대해 검토한 연구가 대부분이었다. 그런데 최근 축적된 자료를 바탕으로 영남지방 출토 찰갑을 종합적으로 검토한 연구가 이루어졌다. 이 논고에서는 지역성이라고 하기까지 어렵지만 4세기대 경갑과 요찰로 구성된 찰갑을 가야의 특징적인 찰갑으로 인식하고 있다(황수진 2009). 그러나 전체적인 형태나 출토 양상에서 아직까지 지역권 설정이 어렵고, 특히 묘제를 통해 갑주의 성격을 판단하고 이를 경주와 부산지역 간 교류로 보기는 어렵다는 견해(김혁중 2011)가 있다.

이와 같은 종장판갑과 종장판주, 그리고 찰갑은 한반도 내 정세를 이해하려는 지역성 연구의 대상이다. 더 나아가 신라 갑주를 통해서 국제적인 정세를 이해하려는 시도도 있었다. 대표적으로 신라와 왜의 교류 관련 연구를 들 수 있다.

당시 왜정권의 대표적인 갑주는 대금계 갑주이다. 대금계 갑주는 대금계 판갑과 충각부주·미비부주(차양주)와 같은 관련 투구들로 구성되는데 이 중 대금계 판갑은 신라지역인 울산·창녕에서 출토되어 주목을 끈다.*

---

* 부산지역도 당시 신라의 영향권 아래에 있었다고 본다면 그 수는 더 증가한다고 볼 수 있다.

과거 대금계 판갑은 낙동강 이서지역에 집중하여 낙동강 이서지역의 특징적인 갑주로 보는 견해(송계현 1988)도 있었지만 현재는 한반도 전역에서 출토되고 있다. 이 중 신라지역 내 대금계 판갑의 성격을 신라와 왜의 정치적인 교섭과 연관지어 이해하려는 연구(박천수 2007, 김혁중 2012)가 있다. 다만 이 갑주는 신라의 중심이 아닌 변경에만 확인되고 있으나 이 점은 백제의 상황과 유사하다. 신라는 일찍부터 왜와 적대적인 관계가 지적되어 왔음을 근거로 신라권 출토 대금계 갑주를 통해서 출토 지역이 신라권역이 아님을 나타내는 증거로 본 견해(東朝 2006)와 반대되는 학설로 주목된다.

교류는 대개 서로 다른 집단 간에 호혜적인 목적에서 이루어진다. 신라지역에 왜계 갑주가 출현한 것과 반대로 일본열도에는 고대 갑주 제작 요소 중 신라와 관련된 것이 있다. 그것은 대금계 갑주 중 미비부주에 표현된 문양과 금동제 갑주이다.

미비부주에 표현된 문양은 용문 투조로 신라와 일본열도의 금공품 중에서도 가장 관련이 깊은 것으로 보는 대장식구에 표현된 문양과 같다. 또한 금동제 갑주는 비갑이 주목된다. 일본열도에서 출토된 비갑은 신가이新開 1호분과 츠키노오카月岡고분이며 그 형태가 신라의 비갑과 유사한 것이 지적된 바 있다(橋本達也 1994, 김혁중 2012).

이외에도 연구 방법상 진일보한 시도가 쪽샘 C-10호 출토 찰갑 복원 과정에서 있었다. 찰갑은 여러 갑주 중에서도 구조의 강인함으로 인해 조선시대까지 오랫동안 사용된 갑주이다. 그렇지만 개별 소찰을 이어주는 끈이 가죽이기 때문에 온전한 형태를 이루어 남아있지 않은 경우가 대부분이다. 때문에 정확한 구조를 알기 어려운 형편이었다. 그런데 최근 경주 쪽샘 C-10호에서 출토된 찰갑 1령은 제작과 매납 시기는 차치하더라도 구조를 알 수 있는 완전한 개체의 찰갑이 출토되었다는 점에서 상당히 중요하다. 이 유구를 발굴한 국립경주문화재연구소에서는 장기간에 걸쳐 찰갑을 정리하고 그 결과로 복원품을 제작하고 있다. 아직 완전한 결과가 나온 것은 아니지만 팔과 어깨 부분의 부속품을 제외한 부분은 복원품을 제작하여 공개한 바 있다. 좀 더 새로운 자료와 구조는 이후 발간될 보고서를 통해서 알 수 있을 것으로 보이며 신라 찰갑뿐만 아니라 고대 찰갑 연구에서 진전을 기대할 수 있는 좋은 자료이다. 연구 과정에서도 출토 과정을 꼼꼼히 기록하고 복원을 시도한 연구 과정은 앞으로의 갑옷 연구에 있어서 진일보한 방법을 제시하였다고 할 수 있다.

신라 갑주의 특성을 분명히 하기 위해서는 선행 연구를 바탕으로 아래와 같은 연구 과제가 해결되어야 한다.

우선 신라와 고구려 갑주의 관계에 대한 설명이 필요하다. 이제까지 신라의 갑주는 일찍부터 고구려 영향을 받았다는 견해가 많았다. 그러나 구체적으로 이를 비교 검토한 연구는 드물다. 이는 고구려 갑주에 대한 전반적인 이해가 아직 초보적인 수준이고 동시에 신라의 갑주에 대한 이해도 그리 높지 않기 때문이다.

다음으로 복천동고분군 출토 갑주에 대한 성격이 규명되어야 한다. 과거 일본인 연구자들은 한반도에서 출토된 갑주의 수량이 적고 지산동 32호분 출토 갑주가 일본열도에서 출토된 갑주와 같아서 제작의 원류를 일본열도의 왜정권으로 보았다. 그러나 복천동고분군에서 출토된 여러 갑주들은 그러한 견해가 잘못이라는 결정적 자료가 되었다. 또한 한반도의 독특한 갑주인 종장판갑을 확인할 수 있었다. 그렇지만 복천동고분군의 축조 집단 성격을 가야로만 이해하여 병유기법이나 찰갑 제작 기술 등의 전파에서 당시 갑주를 둘러싼 한일교섭의 주체를 가야로 한정하여 이해하게 된 계기가 되었다.

물론 복천동고분군은 가야인들이 오랜 동안 축조하면서 갑주를 동시기 다른 지역보다 많이 부장하는 전통이 있었다. 그렇지만 복천동 10·11호 출토 갑주는 가야 갑주로 이해하는 견해도 있으나 신라가 가야에 영향력을 행사하게 된 과정을 보여주는 분묘로 그 성격을 둘러싸고 여러 견해가 있다. 그러므로 복천동 10·11호 출토 갑주 모두를 가야의 갑주로 이해 할 수 있는지는 의문이며 더군다나 고분에서 출토된 철제 비갑^{臂甲}이나 찰갑은 이전에 볼 수 없던 형식으로 새로운 자료가 일거에 출현한다는 점을 주목해야 한다.

신라 갑주의 현황과 특성

신라 갑주의 출토 현황

신라지역에서 출토된 갑주는 모두 고분에서 출토되었으며 가야처럼 특정 고분군에 집중적으로 출토되기보다 고분군 내 일부에만 출토된다. 출토 갑주는 말을 보호하기 위한 마주·마갑을 포함하여 삼국시대 주요 투구인 종장판주를 비롯하여 이형주 등 다양한 용도와 형태의 갑주가 출토되었다 (표1). 이 중 창녕 교동과 동래 복천동 및 연산동고분군은 유적의 성격에 대한 이론이 있으나 출토된 갑주의 일부는 신라 갑주로 볼 수 있다.[*]

유적에서 출토된 갑주는 물질 자료로 재질이나 형태 그리고 특징을 파악하는데 유효한 자료이다. 그러나 주로 고분에 매납된 것으로 실용성 여부나 사용 방법을 명확히 판단하기 어렵다. 이와 같은 점을 보완하기 위하여 고구려 고분 벽화나 문헌 자료는 고대 갑주의 모습을 살펴볼 수 있는 좋은 자료이다(장경숙 2000).

고구려 벽화에 묘사된 갑주는 최근 유적에서 출토된 유물과 상당히 유사하여 연구 가치가 높은 것

---

[*] 신라의 갑주를 검토하는 시간적인 범위는 대략 4~5세기로 마립간시기이다. 안압지에서 출토된 투구등이 있으나 6세기 이후는 자료가 빈약하여 검토하기 어렵다.

표1 _ 신라의 갑주 출토 현황(울문연 - 울산문화재연구원, 울발연 - 울산발전연구원)

연번	유구	투구			갑옷			전마구	
		종장판주	소찰주	이형주	종장판갑	대금계 판갑	찰갑	마주	마갑
1	경산 임당 7B호	●					●		
2	경산 임당 G3호	●							
3	경산 임당 G5호	●					●		●
4	경산 임당 G126호						●		
5	경산 조영 1B-60호						●		
6	경산 조영 CII-2호	●					●		●
7	경산 조영 EI-1호		●				●		
8	경산 조영 EIII-2호	●					●		
9	경산 조영 EIII-6호	●							
10	경주 구어리 1호						●		
11	경주 구어리 2호	●							
12	경주 구정동 1호				●				
13	경주 구정동 3호				●				
14	경주 금관총	●					●		
15	경주 사라리 5호			●					
16	경주 사라리 13호	●					●		
17	경주 사라리 55호				●				
18	경주 사라리 65호	●		●			●	●	
19	경주 사라리 96호				●				
20	경주 사라리 128호	●							
21	경주 월성로 가-29호				●		●		
22	경주 월성로 가-12호						●		
23	경주 인왕동 C구 1호						●		
24	경주 인왕동 19호						●		
25	경주 쪽샘지구 C10호	●					●	●	●
26	경주 계림로 1호	●					●		●
27	경주 황남동 109호 3·4곽	●					●	●	●
28	경주 황남대총 남분						●		
30	경주 천마총						●		
31	경주 동산리 34호				●				
32	경주 동산리 35호						●		
33	경주 동산리 74호	●							
34	달성 문산리 II지구 M1-1호	●					●		
35	대구 달서 34호						●		
36	상주 신흥리 나-37호						●		
37	상주 신흥리 나-38호	●					●		
38	상주 신흥리 나-39호						●		

연번	유구	투구			갑옷			전마구	
		종장판주	소찰주	이형주	종장판갑	대금계 판갑	찰갑	마주	마갑
39	울산 중산리 IA-75호				●				
40	울산 중산리 IA-100호	●							
41	울산 중산리 IB-1호	●							
42	울산 중산리 27호(울문연)						●		
43	울산 중산리 50호(울문연)	●							
44	울산 중산리 50호(울문연)						●		
45	울산 중산리 67호(울문연)	●							
46	울산 중산동 615번지 5호(울발연)				●				
47	울산 약사동 북동 4호(울문연)	●							
48	울산 약사동 북동 44호(울문연)	●					●		
49	울주 두동면 구미리 709-6번지 15호				●				
50	울산 하삼정 나-26호						●		
51	울산 하삼정 115호					●			
52	영천 화남리 3호	●					●		
53	영천 화남리 8호	●					●		
54	영천 화남리 9호	●							
55	영천 화남리 10호	●							
56	영천 화남리 24호						●		
57	영천 화남리 30호	●					●		
58	영천 화남리 31호	●							
59	포항 옥성리 가-35호	●					●		
60	포항 옥성리 나-17호	●							
61	포항 옥성리 나-29호						●		
62	포항 학천리 15호	●							
63	포항 학천리 20호	●							
64	포항 학천리 126호	●							
65	포항 마산리 3호						●		
66	포항 마산리 적석목곽묘	●			●				
67	김천 문무리 7호	●							
68	창녕 교동 3호					●	●		
69	부산 복천동 112호					●			
70	부산 연산동 M6호	?				●			
71	부산 연산동 M8호	●				●	●		

으로 판단된다. 고분 벽화를 통해 찰갑, 투구, 판갑에 대한 내용을 간략하게 정리하면 다음과 같다.

우선 찰갑은 벽화에 묘사된 문지기, 행렬도, 전투도에서 확인된다. 그 중 안악 3호분 행렬도는 창수와 개마무사, 그리고 도부수가 입은 찰갑을 다양한 모습으로 표현하고 있다. 이를 구체적으로 살펴보면 창수는 방형 소찰로 구성된 소찰에 신갑부분이 확인되고 하단에는 원형으로 표현된 상갑을 입었다. 개마무사는 경갑, 신갑, 대퇴갑 등 여러 부분이 확인되는데 소찰의 형태는 모두 상방하원형上方下圓形으로 표현되어 있다. 환두도수는 신갑과 상갑을 입었으며 소찰의 형태는 역시 상방하원형이다.

집안 제12호 무덤에서 확인된 참수도의 무사는 신갑, 경갑, 상박갑, 대퇴갑이 방형의 소찰로 표현되어 있어 차이가 있다. 삼실총은 문지기가 찰갑을 입고 있는데 경갑, 신갑, 상갑, 대퇴갑을 갖추고 있으며 소찰의 형태는 상방하원형이다. 안악 2호분의 문지기는 상원하방형의 소찰로 차이가 있다.

벽화를 통해 볼 때 고구려 찰갑은 신라를 포함한 영남지방 찰갑의 대부분이 상원하방형 소찰로 구성된 것과 달리 소찰의 방향이 다르게 제작되었다. 고구려 찰갑의 실물은 상원하방형 혹은 상방하방형 이외에도 장방형 소찰이 있어 벽화에 표현된 것과는 다른 형태로 만든 찰갑도 있을 수 있다.

도1_ 안악 3호분 행렬도(1. 개마무사, 2. 창수, 3. 환두도수, 4. 부월수, 5. 궁수)

378

다음으로 벽화에서 확인된 투구는 종장판주와 소찰주가 있다. 종장판주는 안악 3호분 행렬도에서 창수와 개마무사가 착장하였으며 안악 2호분 묘도 입구에 수문장의 주도 확인된다. 소찰주는 삼실총에 표현된 수문장과 집안 제12무덤의 무사도에 표현되어 있다. 그러나 신라는 소찰주가 조영 EI-1호분에서만 확인되고 주로 종장판주가 출토되었다. 고구려는 실물의 소찰주가 홍련봉 보루 등에서 출토되었다.

마지막으로 판갑으로 추정되는 갑주가 덕흥리고분에 표현되어 있다. 송계현(1999)은 개마무사가 착장한 갑주는 갈색의 저고리 모양인데 소찰이 전혀 표현되어 있지 않으며 저고리 모양인 점에서 판갑일 가능성이 크다고 보았다. 영남지방에서 확인되는 종장판갑과 관련하여 살펴볼 필요가 있지만 아직까지 실물이 확인되지 않아서 진전된 논의를 하기는 힘들다.

표2_ 고구려 고분 벽화에 나타난 갑주(장경숙 2000)

유구명	벽화 내용	투구	판갑	찰갑					마주	마갑
				동갑 (胴甲)	상갑 (裳甲)	상박갑 (上膊甲)	대퇴갑 (大腿甲)	경갑 (頸甲)		
삼실총	문지기	●		●	●		●	●		
	전투도	●		●	●	●	●	●	●	●
감신총	환두도수	●	●							
안악 3호	개마무사	●		●	●	●	●	●	●	●
	창수	●		●	●	●				
	환두도수			●	●					
	궁수			●	●					
집안 제12호 무덤	참수도	●		●	●	●	●			
	개마무사			●	●	●	●	●	●	●
덕흥리	문지기	●	●							
약수리	개마무사	●	●						●	●
쌍영총	개마무사	●		●	●	●	●	●	●	●
안악 2호	문지기	●		●	●	●	●	●		

『삼국사기』 기사에 나타난 신라의 갑주는 소략하지만 다음의 내용이 확인된다. 신라본기 제2권 유례이사금조와 열전 김유신조에는 갑주에 대한 기록이 있다. 이 중 김유신조에는 김유신이 648년 백제와의 전투에서 갑주 1,800벌을 노획하는 것으로 나온다. 백제가 당나라 금갑을 제작하여 바쳤다는 기록이 있듯이 노획한 갑주에 금갑이 있었을 것으로 추정되며 금동제 갑주의 사용도 추정해 볼 수 있다.

투구는『삼국사기』 열전 김유신조와 관창조에서 '주'를 썼음이 확인되나 형태 등의 다양한 정보를 얻을 수는 없다. 또한 갑옷으로 무장한 말에 대한 기사가 신라본기 제5권 무열왕 7년조와 제6권 문무왕 10년조에 확인되어 중장기병의 존재를 알 수 있다.

〈표1〉의 신라 갑주 중에는 고구려 벽화나 문헌에 기록된 것과 같은 형태의 갑주도 확인된다. 그러나 문헌기사는 갑주의 정확한 형태나 벽화에서처럼 병사별 갑주의 차이나 자세한 구조를 보여주지 않아서 실제 유물을 통한 개별 연구의 중요성을 보여준다고 하겠다.

신라 갑주의 특성

● 투구

종장판주

종장판주는 중국 동북지방에도 확인되는 투구로 계보를 북방 유목민족에서 찾을 수 있다(김혁중 2013). 투구는 지금까지의 발굴 성과로 볼 때 유구에서 출토된 수량이 모두 143점이고 이 중 종장판주가 120점이나 된다.* 따라서 투구 중 80% 이상을 차지하여 삼국시대에 널리 이용된 주요 투구로

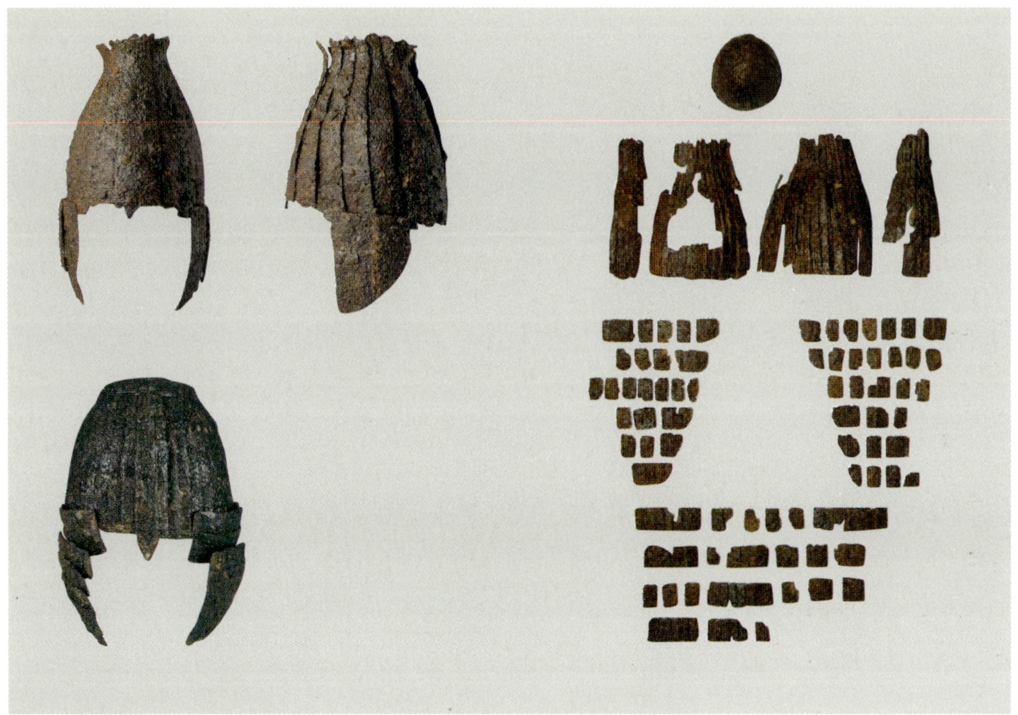

도2_ 신라의 종장판주(1. 포항 옥성리 나-17호, 2. 영천 화남리 3호, 3. 경산 임당 G-5호)

---

* 출토량에 대한 검토는 이현주(2010b)의 논문을 참고했다.

볼 수 있다. 종장판주는 철제로 된 투구가 발생한 이후 점차 갑주 부장이 적어지는 6세기까지 다양한 형태를 확인할 수 있다.

이와 같은 종장판주는 지금까지의 연구 성과로 보아 만곡 여부 , 지판 폭과 수, 복발 유무 및 형태, 볼가리개 형태, 수미부 가리개 형태의 속성 분석을 통해 계통 및 제작 기술 그리고 변화 양상이 언급되었다(이현주 2010b).

기존 연구에서 언급한 가장 중요한 속성은 주체의 만곡 여부이며 만곡종장판주와 종장판주는 계통을 달리한 것으로 보고 있다. 또한 볼가리개는 시간적인 특성 외에 지역성도 갖추고 있어 주요한 속성으로 볼 수 있다. 이것 외에도 여러 속성이 있으며 신라지역에서 출토된 종장판주를 〈표 3〉과 같이 분류할 수 있다.

기왕의 연구는 신라지역에서 종장판주의 변화를 크게 4세기대와 5세기대로 구분해서 살펴보았다. 변화의 획기는 볼가리개의 제작 방법으로 철판 한 매 혹은 여러 매를 이어 만든 것과 소찰을 이용하여 제작한 것으로 나눌 수 있다.

4세기대 신라의 대표적인 종장판주는 경주 구어리 2호, 울산 중산리 IA-100호, 포항 옥성리 나-17호, 학천리 126호, 영천 화남리 30호 출토품을 들 수 있다. 이 중에 앞서 분류한 형식을 고려하여 살펴보면, 만곡이 있는 만곡종장판주는 A형식으로 울산 중산리 IA-100호, 포항 옥성리 나-17호이며 만곡이 없는 종장판주 B형식은 경주 구어리 2호, 포항 학천리 126호, 영천 화남리 30호이다.

앞서 언급한 것처럼 종장판주는 만곡 여부로 계통을 구분하는데 처음으로 종장판주가 유입된 4세기에는 만곡종장판주가 유수노하심유적과 고구려 벽화 고분 등에서 확인되므로 북방 및 고구려에 계통이 있다고 보고 있으며 만곡되지 않은 종장판주는 북방에서 유사한 형식이 없고 볼가리개가 지판으로 제작된 점에서 재지 제작으로 보고 있다.

그런데 만곡종장판주를 북방계통으로 보는 데는 대부분 일치하지만 북방의 갑주 문화와 동일한 투구가 처음으로 유입된 지역에 대해서는 부산·김해지역으로 보는 견해(신경철 1997)와 경주지역으로 보는 견해(장경숙 1999)로 구분해 볼 수 있다. 이러한 연구 결과를 바탕으로 최근 이현주(2010a)는 계통적 차이가 지역적 차이로 연결되어 재지적인 만곡이 없는 종장판주가 경주지역에는 없고 김해·부산지역에서 확인된다고 지적하였다. 또한 신라지역에서 출토된 임당 G-5호분 출토품을 유일한 종장판주로 보고 공반된 광구소호와 유개대부파수부완을 근거로 금관가야와의 교류로 인해 이입된 것으로 보았다.

종장판주가 경주지역에는 없고 김해·부산지역에서 확인된다고 지적하였다.

그러나 〈표3〉에서 보듯이 구어리 2호, 임당 G-5호, 밀양 귀명리 148호, 학천리 126호, 영천 화남리 30호에서 만곡이 없는 종장판주가 확인되었다. 그러므로 만곡되지 않은 종장판주가 신라지역에 없다는 견해는 당시의 부족한 자료에 근거한 해석으로 보이며 신라지역에서도 4세기대에 만곡되지

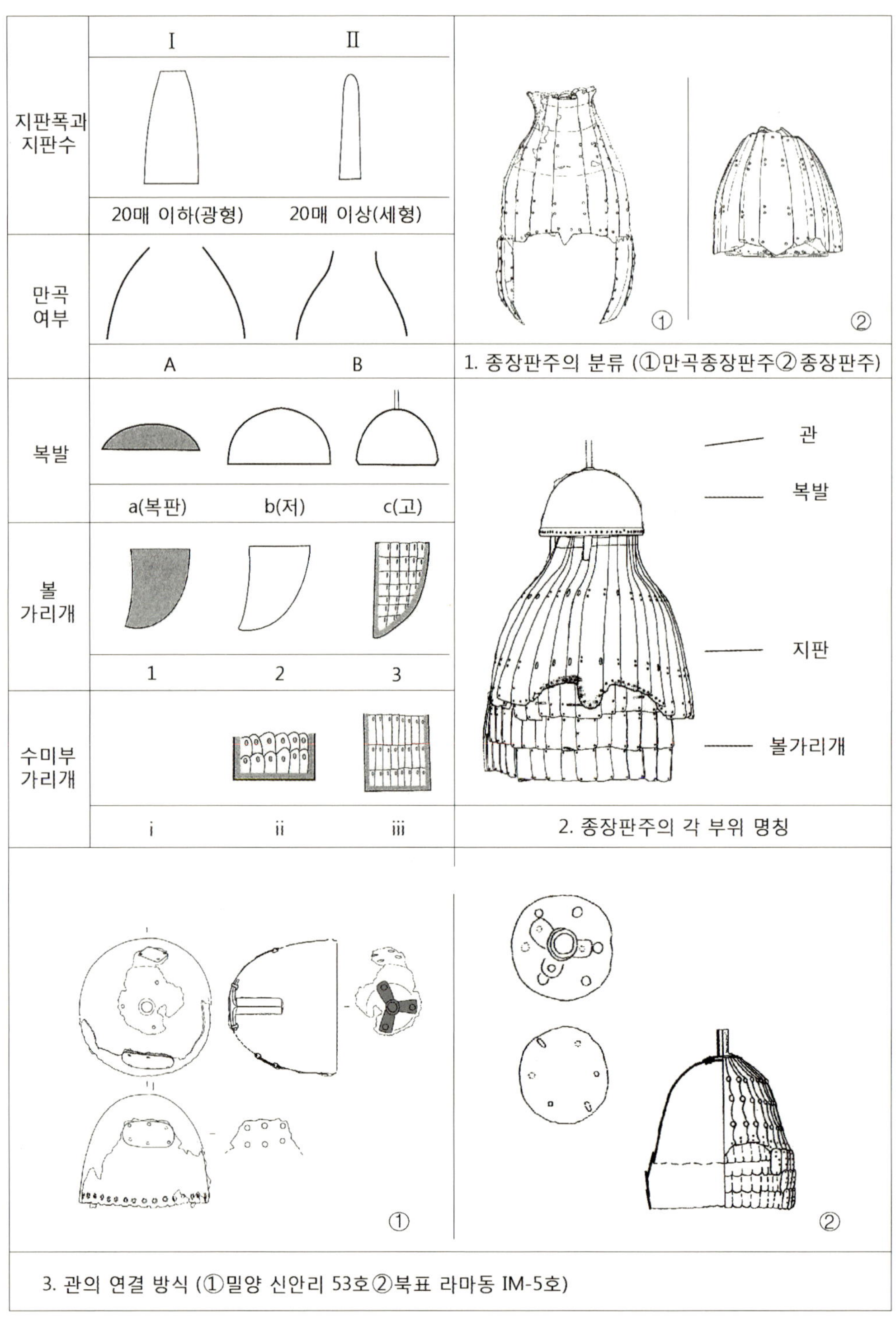

도3_ 종장판주의 세부 명칭과 특징(이현주 2010b 수정 후 인용)

표3_ 신라 종장판주의 특징

속성 \ 유구	만곡 여부	지판 수	복발 유무 및 형태	볼가리개 형태	수미부 가리개 형태	기타
경산 임당 7B호	A		없음	소찰	소찰	
경산 임당 G3호	A		없음	소찰	소찰	
경산 임당 G5호	B		편평형	소찰	소찰	
경산 조영 CII-2호	A		철제 반구형	소찰	소찰	
경산 조영 EIII-2호	A		철제 반구형	소찰	소찰	
경산 조영 EIII-6호	A		철제 반구형	소찰	소찰	
경주 구어리 2호	B		없음	지판	없음	
경주 금관총	A		금동제 반구형	소찰	소찰	금동제
경주 사라리 13호	A		철제 반구형	소찰	소찰	
경주 사라리 65호	A		없음	소찰	소찰	
경주 사라리 128호	A		?	소찰	소찰	
경주 쪽샘지구 C10호	A		철제 반구형	소찰	소찰	
경주 계림로 1호	A		철제 반구형	소찰	소찰	
경주 황남동 109호 3·4곽	A		철제 반구형	소찰	소찰	
경주 동산리 74호	A		철제 반구형	소찰	소찰	
달성 문산리 II지구 M1-1호	A		철제 반구형	소찰	소찰	
상주 신흥리 나-38호	A		철제 반구형	소찰	소찰	
울산 중산리 IA-100호	A		철제 반구형	지판	없음	
울산 중산리 IB1호	A		철제 반구형	소찰	소찰	
울산 중산리 50호(울문연)	A		?	?	?	
울산 중산리 67호(울문연)	A		?	지판	없음	
울산 약사동 북동 4호(울문연)	A		없음	소찰	소찰	
울산 약사동 북동 44호(울문연)	B		없음	지판	없음	
울산 중산동 613-3번지 1호	A	?	철제 반구형	소찰	소찰	
밀양 귀명리 148호	B		없음	지판	없음	
영천 화남리 3호	A	19	철제 반구형	소찰	소찰	
영천 화남리 8호	A	41	철제 반구형	소찰	소찰	
영천 화남리 9호	A	13	없음	지판	없음	
영천 화남리 10호	A	15	없음	소찰	소찰	
영천 화남리 30호	B	(10)	없음	지판	없음	
영천 화남리 31호	A	(8)	없음	지판	없음	
포항 옥성리 가-35호	A		없음	소찰	소찰	
포항 옥성리 나-17호	A		없음	지판	없음	
포항 학천리 15호	A		없음	지판	없음	병유기법
포항 학천리 20호	A		철제 반구형	소찰	소찰	
포항 학천리 126호	B		없음	지판	없음	
포항 마산리 2호	?		?	?	?	
김천 문무리 7호	A		없음	소찰	소찰	
부산 연산동 M8호	A		철제 반구형	소찰	소찰	

않은 종장판주가 제작되었을 것이라고 충분히 생각할 수 있다. 오히려 종장판주의 지역성은 김해지역에서 확인되는 종장판주 볼가리개의 장식을 주목할 필요가 있다(김혁중 2009). 김해지역은 종장판주뿐만 아니라 종장판갑에도 궐수문 형태로 장식을 하는 점에서 신라와 가야 갑주에 대한 인식의 차이를 보여준다고 할 수 있다. 또한 5세기에 들어서 신라는 만곡이 없는 종장판주가 사라지는 반면에 가야는 모든 형식이 제작되고 있어 차이가 있으며 신라지역의 종장판주는 점차 볼가리개를 큰 지판으로 제작하기보다 소찰을 가죽 끈으로 엮어 만든 소찰 볼가리개를 선호하고 있다. 이와 반대로 가야지역은 오랫동안 지판 볼가리개를 수용하고 있는데, 이것은 기술적인 우위를 보여준다기보다는 갑주 제작에 따른 전통의 차이를 보여준다고 할 수 있다.

그리고 가야에서 만곡종장판주와 종장판주의 경우 신분적인 차이를 나타내는데 사용되었을 가능성이 있으며 신라의 경우 지판 볼가리개는 없고 소찰 볼가리개만 제작하는 것은 제작 공인과의 관계도 생각해 볼 수 있다. 즉 가야는 판갑 제작 공인이 투구도 제작했을 가능성이 있다. 이것은 가야지역에 종장판갑과 종장판주의 공반 관계가 자주 확인된 것과 달리 신라지역은 종장판갑 부장 시 종장판주가 없고 찰갑만 종장판주가 공반되는 정황에서도 추론이 가능하여 보인다.

5세기 이후에 신라지역에서 제작된 갑주의 주요한 특징은 금동을 이용하는 것이다. 종장판주도 금관총의 경우처럼 복발을 금동으로 제작하여 갑주가 단순히 전쟁터의 방어구를 넘어 착장자의 신분을 나타내는 표현의 방식을 나타내었다고 할 수 있다. 또한 5세기 이후의 종장판주에서 주목할 만한 속성은 복발에 술이나 장식을 꽂기 위하여 부착된 관 제작 방식이다(도3). 이 관 제작 방법은 종장판주뿐만 아니라 5~6세기에 사용된 것으로 추정되고 왜계 갑주와 관련이 큰 차양주의 관 제작 방법과 유사하여 주목해 볼 필요가 있다.

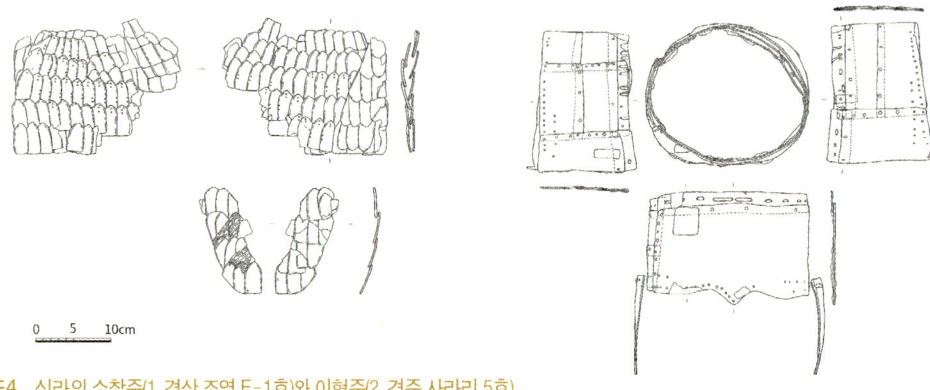

도4_ 신라의 소찰주(1. 경산 조영 E-1호)와 이형주(2. 경주 사라리 5호)

소찰주

소찰주는 종장판주와 달리 소찰을 엮어 만든 것으로 소찰과 복발의 형태에 따라 구분할 수 있다 (김혁중 2013). 이와 같은 소찰주는 신라지역인 경산 조영 EI-1호분에서 출토된 사례만이 확인된다. 대개 소찰주는 고구려에서 많이 확인되었다. 고구려의 소찰주는 소찰에 약간의 크기 차이는 있지만 대부분 상부는 호형을 이루고 하부는 오목하게 처리되었다. 복발도 같이 출토되었는데 윗부분이 막히고 약간 둥글게 마무리된 형태를 띠고 있다. 이와 달리 경산 조영 EI-1호분에서 출토된 소찰주는 상원하방형의 소찰에 복발이 없는 형태로 고구려 출토품과 차이가 있다. 또한 가야지역에서 출토된 소찰주도 방형 소찰에 하변이 직선적이며 반구형 복발을 가지고 있어 조영 EI-1호분 출토 소찰주와 차이가 있다. 이로 보아 현재로서는 출토 자료가 적어 단정하기 어렵지만 신라와 가야 소찰주에 차이가 있었을 가능성을 조심스럽게 점쳐볼 수 있다.

이형주

이형주는 신라지역에서 주로 출토된 종장판주와 소찰주 이외의 형태를 가진 투구를 말하는 것이다. 대표적인 사례로는 사라리 5호에서 출토된 투구가 있는데 장방형의 철판을 이용하여 주체부를 만든 점과 지판 볼가리개를 가지고 있다는 점에서 소찰을 이용한 소찰주보다 종장판주와 제작 기술 면에서 유사성을 가진다. 현재까지 사라리 5호 출토 예밖에 없지만 앞의 요소들을 생각해보면 종장판주를 수용한 후 모방하여 제작하는 과정에서 나온 초보적 형태의 투구로 판단된다.

● 갑옷

판갑

표4 _ 신라 종장판갑의 특징

속성 / 유구	후경판				후동부 형태		후동 장식판		진동판				뒷길판			측경판				철판 매수
	a	b1	b2	c	a	b	a	b	a	b	c	d	a	b1	b2	a	b	c	d	
경주 구정동 3호 A	●				●		●		●				●			●				9
경주 구정동 3호 B	●				●			●	●				●			●				12
경주 동산리 34호	●				●			●	●					●		●				11
울산 중산리 IA-75호		●			●		●		●						●	●				10
경주 사라리 55호			●		●		●			●				●			●			11
경주 사라리 96호	·	·	·	·	·	·	·	·	·	·	·	·	·	·	·	·	·	·	·	·
경주 월성로 가-29호	·	·	·	·	·	·	·	·	·	·	·	·	·	·	·	·	·	·	·	·
울산 중산동 615번지 5호 (울발연)	·	·	·	·	·	·	·	·	·	·	·	·	·	·	·	·	·	·	·	·
울주 두동면 구미리 709-6번지 15호 목곽묘	·	·	·	·	·	·	·	·	·	·	·	·	·	·	·	·	·	·	·	·
포항 마산리 적석목곽묘	●			●				●		●				●		●				·

판갑은 긴 철판을 재단하여 못이나 가죽 끈을 이어 만든 갑옷이다. 철제로 제작된 판갑 이전에 목갑이나 가죽을 이용하여 만든 것이 있었을 것이지만 확실한 실물 자료는 확인된 바 없다. 판갑에 사용된 철판의 형태에 따라서 종장판갑과 대금계 판갑으로 구분한다. 이 두 판갑은 형태도 다르지만 제작과 이용 시기도 차이가 있어서 4세기대는 종장판갑, 5세기대에는 대금계 판갑이 확인된다.

① 종장판갑

종장판갑의 공간적인 범위는 신라와 가야의 고지故地인 영남지방에서만 출토되며 거의 4세기대 유구에서만 출토된다. 확인된 수는 모두 42령(2013년 현재)이다.

〈표4〉는 신라지역 내에서 출토된 종장판갑의 개별 속성을 분류 해 놓은 것이다. 현재까지 모두 10령이 출토되었는데 완전한 구조를 알 수 있는 종장판갑은 5령에 지나지 않는다.

이와 같은 종장판갑은 다양한 형태로 제작되었으며 장식성도 풍부하다. 이 때문에 종장판갑의 분석은 형태를 중심으로 여러 속성을 구분하고 조합하는 형식학적 방법이 주류를 이루고 이를 통해 시간적인 변화와 분포에 따른 지역성을 구분한다.

종장판갑은 세로로 된 긴 지판을 연결하여 만든 점은 동일하지만 각각은 경부頸部와 동체부胴體部에 특징이 있어 구분할 수 있다. 종장판갑의 형식 분류는 이 점을 기본적으로 염두에 두고 하였다. 그러나 종장판갑을 연구한 연구자마다 중요시하는 부분에 차이가 있어서 형식 분류에 차이가 있다. 종장판갑의 형식 분류를 처음으로 시도한 것은 송계현(1995)으로 동체부의 진동판의 형태를 구분하고 이를 시간적인 변화로 이해하였다. 그러나 출토 사례가 많지 않아서 자세한 분석은 이루어지지 못하였다. 그러므로 다음의 두 연구가 본격적인 분류라고 할 수 있다.

먼저 송정식(2003)은 종장판갑의 각 부위를 크게 복부·흉부·경부로 구별하고 위계적 질서없이 동일선상에서 속성을 조합하여 모두 5개의 형식을 설정하였다. 이를 제작 공정과 연관지어 모두 3단계에 따른 발전 방향을 제시한 것이 특징적이다. 그러나 이 분류는 주요 속성으로 보는 협부라는 부분은 주요 속성인 '무판'이 필요에 따라 없는 것도 있으며 복부와 흉부로 나눈 부분이 구별하기 어려운 문제점이 있다.

다음으로 김혁중(2008)은 경부는 인정하되 복부와 흉부를 동체부로 인식하고 기술 계통이 구분된다고 보는 경부 구성을 중심으로 다른 속성으로 조합하여 형식을 설정하였다. 이를 통해 모두 10개의 형식을 구분하였다. 그러나 이 분류는 종장판갑이 분포하는 지역마다 특징을 찾아보는데 유리한 장점이 있지만 많지 않은 수량에 너무 많은 형식이 설정된 것이 문제점으로 지적될 수 있다.

이 중 지역성 검토를 목적으로 한 김혁중의 연구를 바탕으로 보면 IA1·IIA1·IIIA2형식을 신라지역에서 확인할 수 있다.* 이 형식들은 대개 중산리 IA-75호와 사라리 55호를 제외하고 나팔형의 후

---

[*] 종장판갑에 대한 용어는 김혁중(2009)의 논고를 따른다.

386

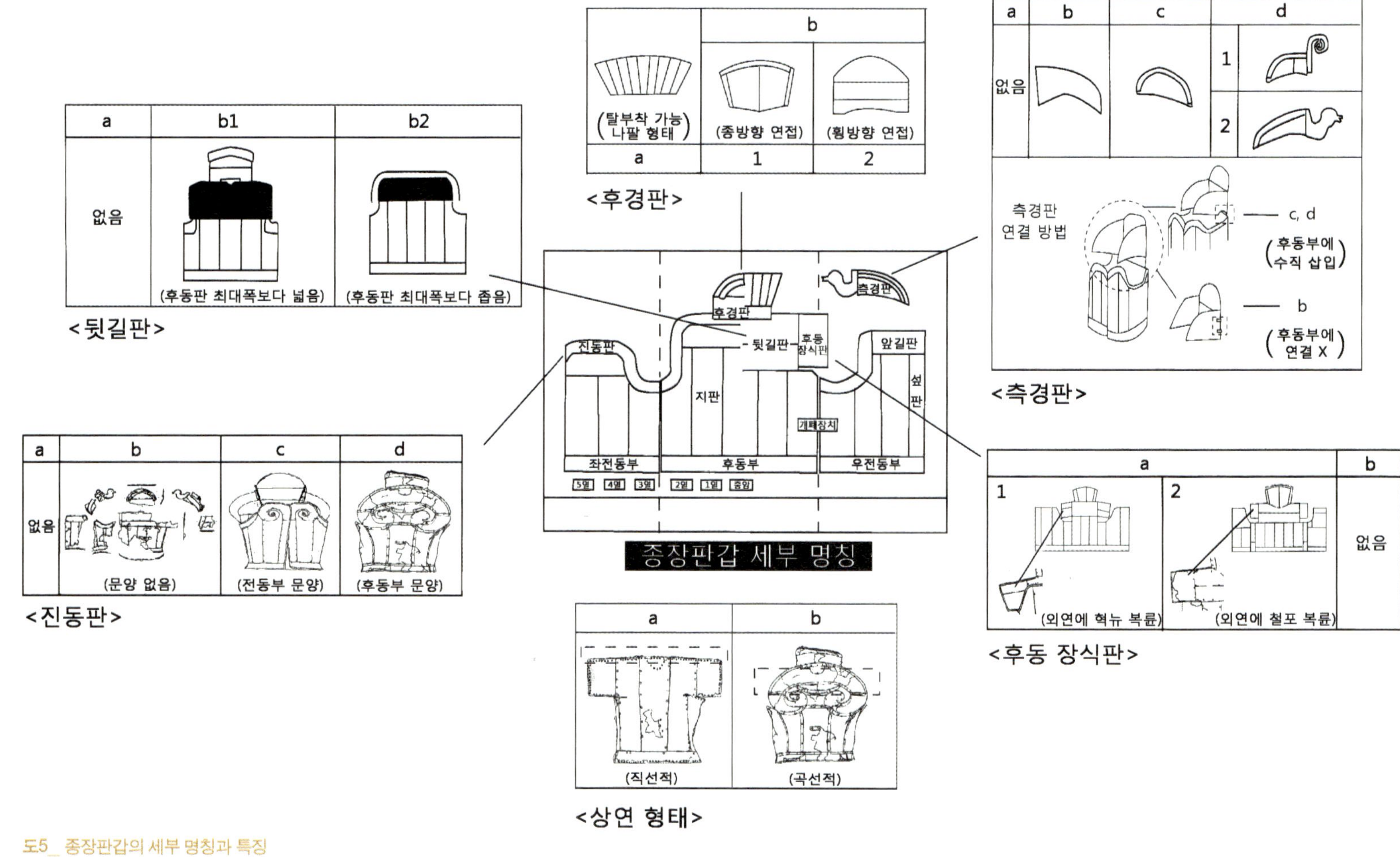

<뒷길판>
a 없음
b1 (후동판 최대폭보다 넓음)
b2 (후동판 최대폭보다 좁음)

<후경판>
a (탈부착 가능 나팔 형태)
b
1 (종방향 연접)
2 (횡방향 연접)

<측경판>
a 없음
b
c
d
1
2
측경판 연결 방법
c, d (후동부에 수직 삽입)
b (후동부에 연결 X)

<진동판>
a 없음
b (문양 없음)
c (전동부 문양)
d (후동부 문양)

종장판갑 세부 명칭
후경판
측경판
뒷길판
후동 장식판
앞길판
섭판
진동판
지판
개폐장치
좌전동부
후동부
우전동부
5열 4열 3열 2열 1열 중앙

<후동 장식판>
a
b 없음
1 (외연에 혁뉴 복륜)
2 (외연에 철포 복륜)

<상연 형태>
a (직선적)
b (곡선적)

도6_ 신라의 종장판갑
(1. 경주 구정동 3호 B, 2. 경주 동산리 34호, 3. 포항 마산리, 4. 경주 사라리 55호, 5. 울산 중산리 IA-75호, 6. 울산 구미리)

경판을 가진 종장판갑이며 부장 양상을 검토하면 종장판주뿐만 아니라 여타 갑옷와 공반되는 경향이 적다.[*]

이는 또 다른 종장판갑이 출토되는 부산과 김해지역의 양상과 차이라 할 수 있다. 최근 이러한 양상을 검토하여 구체적으로 종장판갑의 지역성을 언급하였는데 김혁중의 I·II식과 IIIA1·2식에 해당하는 것을 경주·울산식 판갑이라고 하고 나머지는 부산식 판갑으로 구분하였다(송정식·이유진 2008).

I식은 구정동 3호 출토 판갑을, II식은 중산리 IA-75호 출토 판갑을 표지로 들 수 있다. 그런데 III A1·2식은 II식의 후동장식판과 III식의 측경판과 같은 양 속성을 확인할 수 있다. 따라서 점이적인

---

[*] 현재까지 월성로 가-29호와 복천동 10·11호를 제외하고는 다른 갑옷과 부장된 사례가 없다.

388

속성을 갖춘 ⅢA1·2식은 기존의 연구처럼 지역성을 나타낸다기보다 신라와 가야의 종장판갑 제작에 있어서 기술 교류나 영향 등을 생각해 볼 수 있다. 최근에 보고된 복천동 164호와 165호에 출토된 종장판갑이 앞서 기술 교류나 영향을 이해할 수 있는 자료로 생각되는데 이를 소개한 논문은 이 갑옷들을 경주·울산식 판갑으로 구분하고 경주식 목곽묘에 외절구연고배와 같은 금관가야식 토기의 부장 양상을 주목하였다(이유진 2011). 따라서 전통적인 신라식 판갑은 Ⅰ·Ⅱ식으로 볼 수 있을 것이다.

신라의 판갑은 현재의 출토 상황으로 보았을 때 그 제작이나 사용 시기가 길지 않아 4세기 전반에 주로 확인된다. 이후에 신라는 찰갑을 주요 갑옷으로 제작하여 사용한 것으로 보인다. 그런데 종장판갑은 일찍부터 찰갑의 제작을 모방하려는 노력이 있었다고 생각된다. 구정동 출토 종장판갑은 초현기 종장판갑의 특징을 잘 보여주는 갑옷으로 찰갑과 관계도 잘 보여주는 자료로 생각된다. 이러한 특징으로 후경판은 나팔 모양의 형태를 띠고 있는데 이것은 찰갑의 부속구인 경갑과 유사한 형태로 판단된다.

이러한 초현기 종장판갑의 후경판에 대해서 북방의 찰갑에 의한 영향으로 보는 견해(송정식 2011)와 고구려의 경갑에 의한 영향으로 보는 견해(김혁중 2006)가 있었다. 양 견해는 모두 경갑을 중시하여 본 이해라 할 수 있다.

그런데 종장판갑이 찰갑의 제작 기술을 받아들인 것과 같이 찰갑에도 종장판갑의 제작 기술을 수용한 부분이 확인된다. 대표적인 유물로 최근 울산 하삼정 나-26호 목곽묘에서 출토된 초기 찰갑을 들 수 있다. 하삼정 나-26호 출토 찰갑은 상원하방형의 소찰을 부위에 따른 형태 변화 없이 제작한 초기형 찰갑으로 목을 보호하는 부분은 종장판갑의 후경판 및 측경판과 유사한 부속구를 부착하고 있다. 이를 통해 보면 신라의 갑옷에만 적용되는 사실은 아니지만 판갑과 찰갑은 상호 제작 기술에 대한 교류가 활발히 있었던 것으로 판단된다.

신라와 가야의 종장판갑에 가장 큰 차이는 표현된 장식을 들 수 있다. 물론 외형적인 차이에 따른 장식의 차이로 볼 수 있지만 현재 출토 자료로 보건대 신라의 종장판갑은 외연에 별다른 장식을 하지 않는 반면에, 가야의 종장판갑은 궐수문을 다양한 방법으로 표현하고 있다. 또한 가야의 종장판갑은 목을 보호하는 후경판과 측경판의 외연에 동물 털을 이용한 장식 표현을 함으로써 갑옷의 외연에 장식성을 극대화하고 있다. 이러한 차이는 용도의 차이도 생각할 수 있지만 신라와 가야의 종장판갑을 제작하는데 있어 인식의 차이가 있었음을 알 수 있다. 더 나아가 신라는 갑주를 장식 등 위세를 표현하는 대상이라기보다 실용적인 갑주로만 인식하여 일찍이 찰갑으로 전환하였을 가능성을 생각해 볼 수 있다. 이것은 부장 양상에서도 찾아볼 수 있다. 가야는 대표적인 유적인 대성동고분군의 경우 찰갑을 부장하면서도 장식성이 있는 판갑을 동시에 부장한다. 그러나 신라는 갑주를 부장하는 유구의 경우 찰갑이던 판갑이던 동시부장은 없으며 별다른 장식을 찾아볼 수 없다.

종장판갑은 기본적으로 갑주이기 때문에 전쟁 시 사용할 용도로 제작되었을 것이다. 이를 뒷받침할 수 있는 증거로 종장판갑에서 확인되는 수리흔을 들 수 있다. 이와 관련하여 종장판갑은 보병용이고 찰갑은 기승용으로 보는 견해가 있다(송계현 1995). 그러나 공반 유물 등을 보아도 두 갑주의 용도를 엄밀히 구분하기는 어렵다.

이외에도 종장판갑의 장식적 요소와 비규격성이나 철판에서 확인되는 수리흔을 통해 다양한 성격을 유추한 견해가 있다(송정식 2012). 그는 종장판갑에 여러 매의 지판이 연접되는 현상과 새 문양을 남성성, 모방주술, 태양숭배 등과 관련한 상징적 의미가 있다고 이해하고 이것이 제작된 시점이 성인이 되어 치르는 통과의례와 관련이 있을 가능성을 제기했다. 통과의례의 예로 신라의 화랑도와 같은 제도도 주목하였다.

② 대금계 판갑

대금계 판갑은 큰 철판을 이어붙인 갑옷으로 대분류에서 종장판갑과 같은 판갑이지만 길고 세장한 철판을 사이에 두고 삼각형이나 장방형 등의 철판을 이어 붙인 형태에서 차이가 있다. 이러한 대금계 판갑은 그것과 공반되는 투구와 부속구를 아울러 대금계 갑주로 명명하는데, 제작지를 둘러싸고 의견이 있다.

그러나 최근에는 왜계 갑주로 인식하는 사례가 늘고 있다. 백제사와 관련하여 주목받은 고흥 안동 길두리고분은 최근의 학술회의에서 고분 출토 판갑을 왜계 갑주로 보고 그 관계에 대해 설명되었다(김영민 2011). 또한 최근 국립청주박물관 특별전 '신봉동, 백제의 전사를 만나다'에서는 청주 신봉동고분군 90B-1호에서 출토된 판갑을 가야·왜의 국제관계로 생겨난 물품으로 소개하고 있다.

이러한 판갑의 형식을 왜계 갑주의 한 형식으로 볼 수 있는 큰 이유로 제작 기술적인 면을 들 수 있다(김혁중 2011). 일찍이 한반도산으로 본 대표적인 연구자인 송계현(2004)은 대금계 판갑을 한반도산으로 보았던 가장 큰 근거가 한반도와 일본열도 출토 갑주 간의 제작 기술 차이와 특성이었다. 그러나 가죽 끈으로 연결하는 판갑을 이후 수리과정에서 못을 이용하거나 계폐 장치인 긴 고리 경첩과 같은 계폐 장치를 사용하는 것이 일본에도 있음이 확인되었다. 또한 대금계 판갑이 제작되기 전 시기인 4세기대 종장판갑에 보이는 궐수문이나 조장鳥裝을 연상시킬 수 있는 장식적 요소가 일본열도뿐만 아니라 한반도 출토 대금계 판갑에는 보이지 않는다. 반면에 대금계 판갑은 종장판갑에는 보이지 않는 어깨 부위를 크게 과장하거나 마름모꼴 형태로 지판을 만드는 등의 장식적 요소가 있으며 이것은 5세기 중엽에 이르러 비중이 최대에 달한다(阪口英毅 2000). 이외에도 당시 한반도와 일본열도의 무기 체계를 비교해 보았을 때 대금계 판갑은 한반도의 무기 체계에서 적합한 갑옷이라 할 수 없다. 이것은 이미 체계적인 전술이 성립했던 고구려와 동북지방의 갑주를 보면 판갑은 거의 없고 찰갑 일색임을 보아서도 알 수 있다.

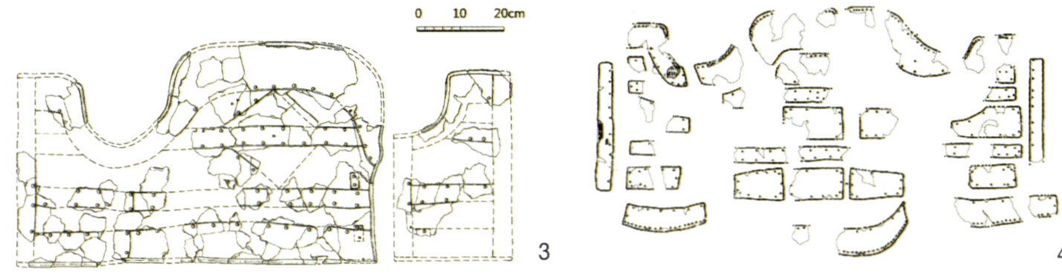

도7_ 신라의 대금계 판갑(1. 부산 복천동 112호, 2. 울산 하삼정 128호, 3. 창녕 교동 3호, 4. 부산 연산동 M8호)

이에 비하여 대금계 판갑이 많이 출토된 일본열도는 당시 가야와 비교해 갑주와 마구의 도입이 늦었으며 철모 대신 대부분 장도長刀를 사용하여 왜의 무장은 개인의 능력을 중시하는 단병기 일색이었으며 이로 보아 당시 무장 체제가 체계적이지 않았음을 알 수 있다(김두철 2005). 따라서 공격용 무기의 변화에 민감한 갑주의 성격을 고려해 보아도 대금계 판갑을 한반도산으로 보기 어렵다.

대금계 판갑은 크게 철판의 형태에 따라 장방판갑, 삼각판갑, 횡장판갑으로 구분된다. 이것은 다시 철판의 연결 기법에 따라 혁철기법과 병유기법으로 구분하는데 두 속성을 결합하여 장방판혁철판갑, 삼각판혁철판갑, 삼각판병유판갑, 횡장판병유판갑으로 세분할 수 있다.

그런데 이와 같은 대금계 판갑은 한반도의 여러 지역에서 분포하고 있으며 총 25령이 출토되었다(김혁중 2012). 신라지역에서도 대금계 판갑이 확인되는데 울산 하삼정 128호, 창녕 교동 3호, 부산 복천동 112호, 부산 연산동 M3·M8호 출토품을 들 수 있다.* 이것들은 장방판혁철판갑, 삼각판혁철판갑, 삼각판병유판갑이다.

대금계 판갑은 대부분이 정형화된 모습으로 제작되지만 일부는 특이한 형태를 갖고 있다. 예를

---

* 창녕 교동고분군이나 부산 복천동고분군을 축조한 정치체의 성격에 대해서는 이론이 있으나 대금계 판갑이 부장될 당시의 이 지역은 신라에 완전한 복속이 아니더라도 정치적으로 간접지배의 관계로 이해할 수 있다. 또한 이러한 고분 출토품 이외에도 삼성출판사 소장품의 대금계판갑이 울산에서 출토되었다는 것을 박천수 교수님으로부터 전해 들을 수 있었다. 하삼정고분군에서 출토된 사례를 볼 때 충분히 가능성이 있다고 생각된다.

들어 삼각판갑의 문양을 마름모꼴로 만들거나 어깨 부분을 과장하여 만든다. 한반도에서 출토된 대금계 판갑도 본래의 형식에서 변형이 있는 갑옷이 출토되었다. 신라지역의 창녕 교동 3호와 부산 연산동 M3호 출토품을 들 수 있다.

창녕 교동 3호에서 출토된 대금계 판갑도 전동은 횡장판이고 후동은 삼각판으로 제작되어 이형식 판갑에 속한다고 판단된다. 게다가 관모형 투구도 공반되고 있는데 이러한 관모형 투구와 관련하여 최근에 출토된 남원 월산리 M-5호 투구가 주목된다(전북문화재연구원 2012). 남원 월산리 M-5호 투구는 가야에서 제작한 것으로 판단되며 이후 일본열도에서 제작된 관모형 복발주(돌기부주)의 제작에 영향을 준 것으로 보인다. 교동 3호 출토 관모형 투구도 공반된 대금계 판갑과 더불어 왜계 갑주의 하나로 이해할 수 있다.

신라지역 출토 대금계 판갑 중 연산동고분군은 다른 지역과 비교하여 부장 양상에 차이가 확인된다. 이 고분군은 부산지역 유일의 고총으로 고분군 내에 서로 다른 고분에서 대금계 판갑이 출토되는데 이것은 한반도 내 유일한 양상으로 판단되며 연산동8호분의 경우 장방판혁철판갑과 삼각판병유판갑이 복수로 부장되어 있어 다른 지역과는 다른 양상을 보이고 있다.

연산동 M3호분에서는 대금계 판갑 중 독특한 형태인 금부계^{襟付系} 판갑^{板甲}이 출토되었다. 금부계 판갑은 기존의 대금계 판갑의 형태에 종장판갑의 후경판처럼 어깨 부분을 과장하여 만든 장식판이 추가되어 있다. 이와 같은 금부계판갑은 대금계 판갑만 600령이 출토된 일본열도 내에서도 총 11령에 지나지 않아서 주목된다(田中晉作 외 2010).

대금계 판갑은 한반도에서 고구려를 제외하고 모두 출토되는데 나라마다 출토 양상에 차이가 있다.

가야는 대금계 갑주가 대형분이나 중소형분에서 모두 확인된다. 다만 대형분에 부장될 경우 찰갑과 공반되어 출토된다. 대금계 갑주에 속하는 갑옷과 투구 등이 같이 부장되는 경우도 있지만 갑옷만 부장되거나 투구만 부장된 경우가 대부분이다. 또한 공반 유물에 다른 왜계 유물이 거의 부장되지 않는다. 대금계 갑주가 출토된 고분의 축조방식도 왜계 고분으로 볼 수 없다. 이로 보아 피장자는 왜인이 아

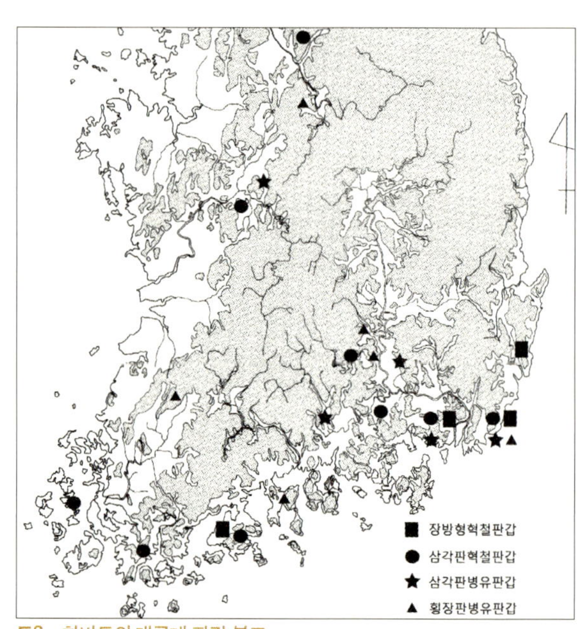

도8 _ 한반도의 대금계 판갑 분포

392

니고 한반도인이 소유하고 있다가 죽은 후 부장한 것으로 볼 수 있다.

백제는 영산강유역 혹은 충청도 내륙에 확인되며 출토된 고분이 해로를 이용하기 용이한 곳에 입지한다. 대개 갑옷과 투구가 공반하여 부장되며 공반 유물에서도 왜계 유물이 확인된다. 대금계 갑주가 출토된 고분 역시 왜계 고분으로 피장자의 대부분이 왜인으로 추정되며 그들이 입었던 갑주로 추정된다.

신라는 가야의 경우 중심 고분군에 대금계 갑주가 출토되는 것과 달리 중앙보다 주변부의 고분군에 부장된 것이 확인된다. 공반 유물에 왜계 유물이 없고 묘제도 지역의 묘제로 피장자가 왜인으로 추정되지 않는다.

이러한 양상을 보았을 때 신라의 왜계 갑주 출현은 여러 가지를 생각해 볼 수 있다. 현재 이 갑주을 둘러싸고 대표되는 견해는 교류에 의한 물품으로 보는 경우(이현주 2009, 박준현 2013)와 군사적 외교의 상징으로 보는 경우(박천수 2007, 김혁중 2012)가 있다. 두 견해 모두 타당성이 있지만 좀 더 고민해야 될 부분이 적지 않다.

우선 대금계 갑주가 교류 물품이라면 신라가 왜와 교류한 물품은 무엇이고 어떤 목적으로 교류하였는지 상호 관계에 대한 이해가 있어야 한다. 또한 왜가 아니고 가야를 통해 신라가 입수한 물품으로 보기도 어렵다. 서로가 영토 확장 등으로 경쟁하는 상황에서 갑주와 같은 전쟁 장구를 토기 등의 일상 물품처럼 교역을 통해 주고 받는 것은 이해하기 어렵다.

군사적 외교의 상징이라면 당시 신라가 왜와 군사적 외교를 맺기 위한 정황이나 제반 상황에 대한 충분한 설명이 있어야 한다. 당시 왜는 야마토大和정권을 중심으로 지방정권을 통제하기도 하였지만 지방정권의 자율성을 완전히 통제한다고 보기도 어렵다. 또한 5세기대에 양 국이 적대적인 관계만이 아니었음을 논증한 연구도 증가하고 있다. 이러한 사정에서 왜인의 주력 갑주인 대금계 갑주가 신라지역에 유입되었을 가능성은 상당히 크다.

갑주가 기본적으로 전쟁에 사용하는 무구류이면서 무덤에 부장하는 물품으로 생전에 피장자의 위세나 어떤 관계를 나타내는 것이라면 당시 신라와 왜의 관계를 나타내는 상징적인 물품으로 볼 수 있다.

그러나 영산강유역이나 서남해안은 왜계 갑주를 부장한 피장자가 왜인일 가능성이 커서 다른 양상을 보이므로 신라는 변경을 중심으로 어떤 이유로 피장자가 왜계 갑주를 소유했는지는 다각적인 연구가 필요하다. 특히 최근에 내부조사가 이루어진 연산동 고분군에서 많은 왜계 갑주가 출토되고 있어서 그 의미에 대한 깊이있는 논의가 필요하다.

찰갑

철제 찰갑은 작은 비늘 모양의 철판을 가죽 끈으로 이어 만드는 갑옷이다. 이것은 철로 만들기 이

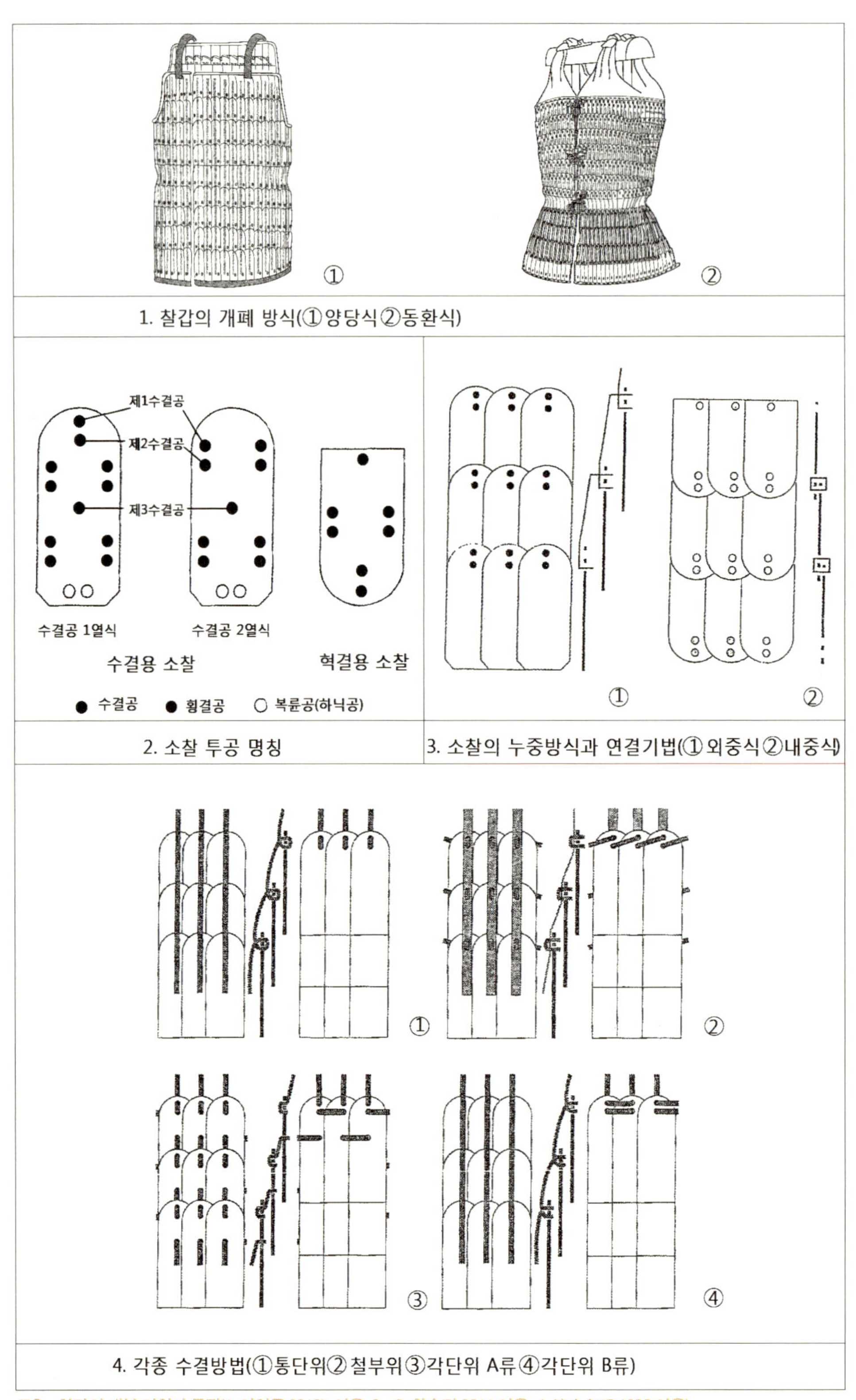

도9 _ 찰갑의 세부 명칭과 특징(1, 이현주 2010b 인용, 2·3, 황수진 2011 인용, 4. 淸水和明 1996 인용)

전에는 다호리 2호 출토품과 같이 가죽 등의 유기제를 이용하여 만들었다. 가죽 갑옷 제작 전통에서 출현한 것으로 판단되는데 삼국은 찰갑을 주요 무구로 사용하였다. 한반도 출토 찰갑의 대부분은 부장 풍습에 따라 영남지방에서 많이 확인되고 있다.

찰갑은 소찰을 가죽 끈으로 연결하며 다양한 연결방법으로 제작된다. 그 중에 소찰을 세로로 엮는 것은 상하단 소찰의 겹침을 달리할 수 있다. 하단의 소찰이 상단의 소찰 외면에 걸치는 것은 외중식外重式이라고 하고 그 반대를 내중식內重式이라고 한다. 이러한 방법은 찰갑 전체에 동일하지 않고 부분적으로 다르다. 하지만 한반도 출토 찰갑은 대부분 외중식 찰갑으로 판단된다.

찰갑을 분류하는 대표적인 방법은 개폐 방식이나 요찰의 만곡 여부에 의해 동환식胴丸式과 양당식 裲襠式으로 나뉜다. 양당식은 옆구리로 개폐를 하는 것으로 주로 만곡되지 않은 요찰을 가진다. 그러나 소찰의 누중 방식은 동환식과 반대를 띠지만 요찰을 가진 것도 존재하여 완벽한 구분이라 보기 어렵다. 이러한 점에서 몸의 부위별 보호 여부를 구분해서 찰갑을 나누는 견해(황수진 2011)도 있다. 이러한 분류는 부속구를 포함하여 많은 점을 고려하여 타당성이 높다(도10). 그렇지만 고분에서 출토될 때 찰갑을 이루는 소찰이 흩어져 개폐 등의 정확한 구조를 알 수 없는 것이 많다. 또한 유형 내에서도 다양한 특징이 있기 때문에 이를 고려하여 세부적인 변화를 살펴보아야 한다.

황수진의 분류를 참고하여 신라의 찰갑을 살펴보면 다양한 형태가 확인된다. 그 안에서 4세기와 5세기로 큰 변화를 나눌 수 있다.

4세기대는 본격적으로 철제 찰갑이 제작되는데 출현 순서는 유기제 찰갑 B형과 요찰의 단면이 미약한 A형이 먼저이다. 이 중 B형 찰갑은 허리 부분과 목 부분을 제외한 소찰의 소재가 가죽 등 유기제임을 추정할 수 있다.

이것을 초기 찰갑으로 명명할 수 있는데 신라의 4세기대 초기 찰갑과 관련하여 중요한 유적으로 임당유적(IB-60호, G-126호), 구어리유적(구어리1호), 울산 하삼정유적(하삼정나-26호), 영천 화남리유적(목곽묘30호), 포항 마산리유적을 들 수 있다. 이 중 포항 마산리유적 출토품은 아직 정확한

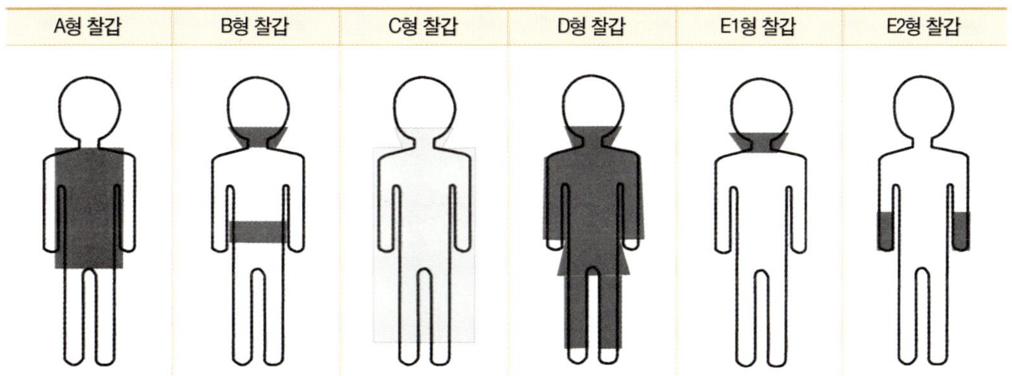

도10_ 찰갑의 유형 모식도(황수진 2011)

보고 자료는 없지만 찰갑의 경우 경갑과 부속갑을 갖춘 자료이며 이시기 찰갑을 복원하는데 중요한 자료로 평가할 수 있다(한국문화재보호재단 2011). 이외에도 경주 조양동유적 I-9호에서 소찰 3점이 출토되었는데 장방형의 소찰로 임당 IB-60호의 요찰 부분과 유사하다.

그런데 4세기대 초기 찰갑인 A형과 B형 찰갑은 요찰 형태에 따라 구조를 좀 더 나누어 볼 수 있다. 요찰이 없는 것은 월성동 가-29호, 임당 G-126호, 부산 복천동 64호, 울산 하삼정 나-26호, 영천 화남리 30호로 나누고 요찰이 있는 것은 임당IB-60호, 구어리 1호로 나눌 수 있다. 요찰이 있는 찰갑은 신갑의 유무와 경갑의 공반 유무로 더 세분할 수 있는데, 신갑이 있는 것은 임당 IB-60호, 신갑이 없고 경갑과 요찰만 있는 것은 구어리 1호이다.

A형 찰갑은 요찰의 유무로 A1형과 A2형으로 구분된다. A2형은 임당 IB-60호로 모두 장방형과 상원하방형의 소찰로 구성되어 있고 요찰의 형태는 장방형의 소찰이다. 그리고 요찰이 없는 A1형인 하삼정 나-26호 출토 찰갑은 이와 달리 경갑을 갖추고 있다.

그리고 A2형은 잔존 상태가 좋지 않아 개폐 방식을 알 수 없으나 투공 배치로 보아 소찰수결로 판단된다. A1형은 출토 상태를 토대로 전동개폐이며 연결 방식은 소찰수결의 형태를 띤 것으로 판단된다(송정식 2010). B형은 출토 상태로 보아 전동개폐로 판단되나 이후 시기에 확인되는 같은 계통의 찰갑은 요찰의 누중 방식 등에서 전동개폐만으로 단정하기에는 어려움이 있다. B형 찰갑인 요찰이 있는 구어리 1호는 목 부위를 보호하는 경갑이 있지만 지판의 형태가 달라서 임당 IB-60호와 같은 계통으로 볼 수 없다.

그러므로 4세기대 초기 찰갑은 형태와 구조에서 신갑과 요찰이 있는 것(A2형), 신갑이 있으나 요찰이 없는 것(A1형), 신갑이 없고 경갑과 요찰만 있는 것(B형)과 같이 세 개의 제작 계통을 상정할 수 있다.

신라는 일찍부터 찰갑이 도입되어 제작되고 사용되었다. 신라의 A형에 해당하는 초기 찰갑은 조영 IB-60호, 월성로 29호, 복천동 64호, 하삼정 나-26호이다. 이 중 조영 IB-60호와 복천동 38호는 요찰이 있어 앞서 분류한 A2형에 해당된다. 이것들은 월성로 29호, 복천동 64호, 하삼정 나-26호 출토품과는 달리 장방형의 요찰을 갖추어 다른 기술 계통일 가능성이 크다.

그러나 횡결공이나 동찰의 세부적인 형태에 차이가 있어 제작자가 동일하다고 판단하기는 어렵다. 다만 종장판갑에서도 확인 가능하듯 이러한 현상은 4세기 초의 활발한 기술 교류에 따른 결과이며, 그에 따라 다양한 찰갑 제작이 시도되었다. 따라서 이러한 찰갑을 '초기 찰갑'으로 구분해 부르는 것이 적당하다고 생각된다.

A1형 중에서도 하삼정 나-26호의 경우는 철제 갑옷이 제작되던 시기의 과도기적 양상을 보여주고 있어 특징적이라 할 수 있다. 하삼정 나-26호에는 어깨 부분에 목 부위를 보호하기 위한 경갑이 제작되어 있다. 경갑의 형태가 동시기 종장판갑의 후경판 및 측경판과 유사하다.

4세기대 찰갑은 전체적으로 삼국이 동일한 양상을 보인다. 이에 대하여 송정식(2010)은 동북아시

표5_ 신라지역 출토 찰갑(울문연 - 울산문화재연구원)

연번	유구	찰갑의 유형						전마구	
		A형	B형	C형	D형	E1형	E2형	마주	마갑
1	경산 임당 7B호				●				
2	경산 임당 G-5호				●				●
3	경산 임당 G-126호	●							
4	경산 조영 1B-60호	●							
5	경산 조영 CII-2호			●					●
6	경산 조영 EI-1호	●							
7	경산 조영 EIII-2호					●			
8	경주 구어리 1호		●						
9	경주 금관총				●				
10	경주 사라리 13호					●			
11	경주 사라리 65호					●		●	
12	경주 월성로 가-29호	●							
13	경주 월성로 가-12호	?							
14	경주 인왕동 C구 1호	?	?	?	?	?	?		
15	경주 쪽샘지구 C10호				●			●	●
16	경주 계림로 1호				●				●
17	경주 황남동 109호3·4곽				?			●	●
18	경주 황남대총 남분						●		
19	경주 천마총						●		
20	경주 동산리 35호					●			
21	달성 문산리 II지구 M1-1호						●		
22	대구 달서 34호						●		
23	상주 신흥리 나-37호						●		
24	상주 신흥리 나-38호					●			
25	상주 신흥리 나-39호					●			
26	울산 중산동 IA-138호				●				
27	울산 중산동 IB-17호				●				
28	울산 중산리 27호(울문연)	?	?	?	?	?	?		
29	울산 중산리 67호(울문연)	?	?	?	?	?	?		
30	울산 약사동 북동 44호 (울문연)					●			
31	울산 하삼정 나-26호	●							
32	영천 화남리 3호					●			
33	영천 화남리 8호					●			
34	영천 화남리 24호					●			
35	영천 화남리 30호	●							
36	포항 옥성리 가-35호						●		
37	포항 옥성리 나-29호					●			
38	포항 마산리 3호								
39	창녕 교동 3호				●				
40	부산 연산동 M8호							●	●

도11_ 신라 찰갑의 유형과 소찰 형태

아 찰갑에 동북지방의 소찰수결 계통과 중원지방의 소찰혁결 계통이 있음을 밝히고 한반도에서 두 기술 계통이 혼합된 후 영남지역에 유입되었을 가능성을 상정하였다. 즉 본고의 유형에 맞추어 보면 A형 찰갑과 관련이 있다. A1형 찰갑은 동북지방으로부터, A2형은 중원지역과 동북지방의 기술 계통이 혼합된 개체로 이해하였다. 여기에 요찰과 경갑만을 갖춘 B형 찰갑을 고려한다면 B형 찰갑은 수결을 위한 투공과 만곡된 단면을 가진 소찰로 소찰수결 계통인 동북지방 계통일 가능성이 크다고 생각한다. 또한 초기 찰갑의 A1형 찰갑과 달리 요찰의 평면 형태가 상원하방형에 단면 형태가 'S'에 가까운 단면을 이루고 있는 점에 주목한다면 이와 같은 A2형 찰갑과 B형 찰갑의 기술이 이후 5세기대 찰갑의 주류를 이루는 D형, 즉 동환식 찰갑의 제작에 영향을 주었을 가능성이 크다.

또 다른 영남지방의 특징적인 갑옷으로 B형 찰갑을 들 수 있다. 이러한 갑옷의 분포는 한반도에서 영남지방에만 확인되며 시기는 4~5세기에 한정된다. 아래의 〈표6〉은 그간 출토된 B형 찰갑의 개별 특징을 정리한 것이다.

요찰들은 모두 평면 형태가 상원하방형이나 크기, 투공 배치, 수량에서 조금씩 차이가 확인된다. 이 중에서 가장 다양한 것은 투공 배치이다. 투공은 각각의 소찰이 연결되는 방법에 따라 달리 뚫어졌을 것인데 세로 연결을 위한 수결공과 가로 연결을 위한 횡결공이 있다. 수결공은 총 4가지가 확인되고 횡결공은 총 3가지가 확인된다. 그러나 소찰 연결에 이용되었을 가죽 끈은 거의 남아 있지 않아 현 자료로 연결방법을 알 수 있는 것은 거의 없다. 그렇지만 〈표6〉에서 보듯이 대부분 수결공은 d형이 확인되고 횡결공은 a형이 확인된다. 이 중 구어리 1호의 요찰에 확인되는 수결공은 다른 요찰과 다른 것이 특징적이다.

표6_ 한반도 출토 B형 찰갑

연번	유구	평면 형태	크기(㎝)		투공 배치		수량	공반 갑주		
			길이	폭	수결공	횡결공		경갑	투구	종장판갑
1	경주 구어리 1호	상원하방	10.5~13.4	3.4~4.1	c	a	32	●		
2	김해 대성동 1호	상원하방	12.3~13	3.5~4	d	a	40	●	●	
3	김해 대성동 3호	상원하방	10.5, 14	3.5, 4.5	a,b,d	a,b	45, 30	●	●	
4	김해 대성동 7호	상원하방	10.3	3.4	d	a	·		●	●
5	김해 대성동 39호	상원하방	13, 13	3.5, 3.8	·	a	40	●	●	●
6	김해 대성동 57호	상원하방	12, 12.4	3.3, 4	d	a	(32) (25)	●	●	●
7	김해 대성동 68호	상원하방	9	3.8	d	a	35	●	●	
8	김해 양동리 107호	상원하방	·	·	d	a	·	●	●	
9	김해 양동리 IV-1호	상원하방	12 ~ 13	3	c	c	39	●	●	●
10	부산 복천동 21·22호	상원하방	12	4	d	c	49	●	●	
11	부산 복천동(동) 8호	상원하방	13	4	d	·	·	●		

신라지역인 구어리 1호와 복천동 21·22호에서 확인된 것을 보았을 때 정중앙의 소찰(요찰)을 중심으로 좌·우 요찰이 누중되었고 이것이 일렬로 펼쳐진 상태가 대부분이다. 따라서 B형 찰갑의 착장은 중앙에서 여미는 방식이 이용되었음을 추측해 볼 수 있다.

그런데 이와 같은 구어리 1호의 B형 찰갑, 옥성리 나-29호의 경갑은 신라에서 출토되었으나 유구의 형태가 부산지역 묘제와 동일하다고 보고 그 제작이 부산지역에서 되었다는 견해가 있다(황수진 2011). 이것은 4세기대 찰갑 제작이 특정 지역을 중심으로 기술 전파가 있었다는 견해로 이해된다.

그러나 앞서 살펴 본 4세기대 초기 찰갑은 특정 지역을 제작의 중심지로 보기보다 종장판갑의 제작이 그러하듯 제작 기술의 교류가 활발히 있었다고 보는 것이 타당할 것이다. 또한 복천동고분군은 위의 두 사례와 동시기에는 B형 찰갑이 없으며 오히려 신라문화가 확산이 분명해진 이후로 확인된다. 경주지역에서는 구어리 1호 이외에 B형 찰갑이 확인되지 않았지만 영천 화남리유적이나 포항 옥성리유적은 경갑만 확인되는 갑옷이 있어 이러한 B형 찰갑 제작 전통과 관련이 있을 가능성도 배제할 수 없다.

5세기대의 찰갑은 4세기대의 찰갑과는 다른 점이 많다. 우선 요찰의 형태가 미약한 것에서 꺾임이 다양화되고 팔이나 다리 부분에 부속갑이 갖추어진다. 찰갑의 구조는 이미 4세기 후반에 이르러 점차 변화를 겪는다.

보통 찰갑의 소찰 형태는 크게 평면 형태와 단면 형태를 통해 구분한다. 평면 형태는 소찰의 상단과 하단의 형태에 따라 상원하방형(원두)과 상방하방형(방두)으로 나눌 수 있으며 크기와 투공 배치가 더해져서 다양한 형태가 확인된다. 평면 형태가 하단의 모서리에 각을 이루는 경우 등의 변형도 있으나 큰 범주에서 상방하방형과 상원하방형으로 나눌 수 있다. 이와 같은 소찰의 평면 형태는 대부분 상원하방을 띠고 있으나 상방하방의 형태도 적지 않다. 고구려지역의 경우를 보면 일반적이라고 할 수 없지만 출토 찰갑의 시기가 늦을수록 상방하방형의 소찰로 제작된 경향이 있다(송계현 2005). 단면 형태는 소찰의 만곡 형태에 따라 구분할 수 있다. 찰갑은 여러 소찰이 연결되어 하나의 구조를 이룬다. 소찰의 대부분은 평찰이나 허리를 감싸는 부위에는 만곡의 형태가 다양하며 크게 'S'자형, 'Ω'자형, ')'자형으로 구분할 수 있다. 임당 G-5호, 울산 중산리 IA-138호, IB-17호, 쪽샘지구 C-10호는 D형 찰갑의 이른 사례이다.

착장 방식은 앞에서 언급하였듯이 크게 동환식과 양당식으로 분류된다. 대부분은 동환식 찰갑으로 앞에서 분류한 D형 찰갑이다. 이것은 다시 요찰의 단면 형태에 따라 크게 'S'자형과 'Ω'자형으로 나눌 수 있다.* D형 찰갑의 선후 관계는 현재 가장 이른 중산리 IB-17호, 임당 G-5호를 보았을 때 'S'자형의 요찰을 가진 찰갑이 먼저 제작된 것으로 판단된다.

이러한 D형 찰갑은 5세기 후반에 이르러 요찰의 단면 형태와 투공 배치에서 또 한번 변화한다. 요

---

* 삼국시대 출토 찰갑을 검토한 국내 연구자에 따르면 동환식찰갑은 요찰의 만곡도에 따라 3형으로 나누는 보는 견해(禹順姬 2001:114)와 유형 내 변화 양상으로 보는 견해(장경숙 2007:3)가 있다.

찰의 단면 형태는 'Ω'형으로 변하며 투공 배치도 수결공이 중앙에 배치되었던 것이 양측변에 각각 하나씩 뚫리게 된다. 따라서 D형 찰갑은 요찰과 거찰의 단면 형태를 통해 아래와 같이 모두 3종류로 분류할 수 있다.

1류 : 만곡이 없는 평찰과 'S'자형의 요찰
2류 : 만곡이 없는 평찰과 'Ω'자형의 요찰, 평찰 형태의 거찰
3류 : 만곡이 없는 평찰과 'Ω'자형의 요찰, 'Ω'자형의 거찰

또한 요찰이 없는 C형 찰갑은 5세기에 계속해서 제작된다. 따라서 찰갑의 제작 계통에 크게 두 개의 흐름이 있었음을 알 수 있다.

다음으로 주목되는 소찰의 투공 배치는 소찰의 상하연결을 위한 투공 배치(繊孔)가 중앙에만 있는 1열과 소찰 가장자리의 양변에 있는 2열로 구분된다. 이 점이 주목받는 것은 투공의 위치로 소찰을 연결하는 방식이 달라지기 때문이다. 그런데 'S'자형 요찰을 가진 동환식 찰갑은 대부분이 1열 배치이며 'Ω'자형 요찰을 가진 찰갑은 2열 배치가 많다. 게다가 최근에 보고된 계림로 1호 찰갑은 2열 배치에 'S'자형인 요찰로 과도기적 요소가 보인다. 따라서 투공 배치도 시간적인 선후의 구분이 가능할 것으로 보인다. 이후 창녕 교동 3호에서 2열 배치를 확인할 수 있다. 이와 같은 투공 배치의 변화는 찰갑과 관련이 깊은 마갑에서도 확인된다.[*] 게다가 단면 형태가 3류이며 요찰의 투공 배치가 2열에 속하는 동환식 찰갑은 제작 방법과 변화 양상을 통해 볼 때 일본열도와 관련이 있다(内山敏行 2008).

그런데 이와 같은 D형 찰갑은 당시 동북아의 주요 세력인 삼연과 고구려에서도 유행하였다. 삼연의 대표적인 유적인 라마동유적에서 확인되는 'S'자형 요찰과 상원하방형의 소찰, 그리고 소찰수결의 연결 기법은 영남지방 5세기대 찰갑의 특징과 큰 차이를 보이지 않는다. 고구려 역시 동일한 양상을 보이고 있다. 이러한 찰갑은 마주와 마갑 등이 공반되는 것으로 보아 중장기병을 이용한 전술과 관련이 있으며 신라는 이것들이 분묘에 출토되어 중장기병 전술을 수용하였을 가능성이 있다.

이외에도 신라는 E1형과 같이 투구와 경갑만이 출토되거나 비갑(굉갑)만이 있는 것이 있어 4세기대 초기 찰갑처럼 5세기대에도 나머지 부분을 가죽 등의 소재로 제작한 피갑이 존재한 것으로 추정된다[**].

---

[*] 최근 마갑에 대한 연구 결과(장경숙 2009:183)에 따르면 수결공이 중앙 1열 배치에서 중앙 1열과 좌우 2열 혼용배치를 거쳐 좌우 2열 배치로 변화해 간다고 하며 이러한 제작 기법은 찰갑에서도 유사하게 적용되는 것으로 보고 있다.

[**] 이와 관련하여 김영민(2000) 연구가 참고된다.

5세기가 되면 한반도의 고대 국가들은 이전에 제작한 판갑을 대신하여 모두 찰갑으로 갑옷을 전환한다. 이러한 현상은 일시에 일어난 것은 아니고 점진적으로 이루어진 것으로 판단된다. 신라는 가야와 비교하여 찰갑 자료가 많지 않으나 시기별 다양한 구조가 확인된다. 4세기대 찰갑과 달리 부속갑을 갖추고 완성된 형태의 찰갑도 확인되는 등 변화의 흐름을 잘 살펴 볼 수 있다.

우선 초기 찰갑에서 한층 진화된 형태를 임당 G-5호에서 볼 수 있다. 임당 G-5호 출토 찰갑을 보면 비슷한 시기의 대성동 1·2호 찰갑과 달리 다양한 형태 및 크기의 소찰로 구성되어 있다. 특히 요찰 부분은 'S'자형으로 만곡이 분명하여 대성동 1·2호 출토 찰갑과 다르다.

임당 G-5호는 출토 상태가 양호하지 못하여 정확한 부위를 알기 어렵지만 다양한 크기의 소찰로 인해 부속갑의 존재를 추정할 수 있다. 이와 같은 부속갑의 출현은 이미 4세기대 포항 마산리 출토 찰갑에서 확인된다. 이것은 아직 정식으로 보고되지 않아 정확한 구조를 알 수 없으나 일찍부터 인체의 다양한 부위를 보호하는 장구가 개발되고 있었음을 알 수 있다. 또한 5세기 전반으로 추정되는 쪽샘 C-10호 출토 찰갑으로 보건대 찰갑의 제작이 이미 보편화되었다고 추정된다.

표7 _ 한반도 찰갑의 시기에 따른 변화

시기	유구	피갑 (B형)	양당식 (A형)	동환식(D형)		
				1류	2류	3류
4세기 전반	경주 구어리 1호	●				
	부산 복천동 38호		●			
	경산 임당 IB-60호		●			
	경주 월성로 가-29호		●			
4세기 후반	김해 대성동 39호	●				
	김해 대성동 57호	●				
	김해 대성동 2호		●			
	경산 임당 G-5호			●		
5세기 전반	부산 복천동 21·22호	●				
	부산 학소대 1구 2호			●		
	부산 복천동 10·11호			●		
	김해 대성동 1호			●		
5세기 후반	고령 지산동 32호			●		
	경산 임당 7B호				●	
	창녕 교동 3호				●	
	부산 연산동 M8호				●	
6세기	고성 송학동 1A-1호					●
	거제 장목 고분					●
	함평 신덕 고분					●
	광주 쌍암동 고분					●

이후에 찰갑은 수결공이 1열에서 2열로 변화하는데 2열 배치로는 계림로 1호와 교동 3호 찰갑이 있다. 이와 동일한 형태로 가야에서는 옥전 28호 찰갑을 들 수 있다. 그런데 2열 수결공을 가진 형태의 찰갑은 이웃 일본열도에서는 5세기대 외래계 갑옷인 찰갑이 수용되고 점차 그들만의 찰갑을 제작해가는 과정에서 생기는 요소로 중요시하고 있다(淸水和明 1996, 森川祐輔 2008).

그렇지만 계림로 1호 출토 찰갑과 같이 2열 배치의 수결공으로 제작한 찰갑이 확인된 이상 일본 열도 독자적인 제작 기법이라고 보기 어렵다. 오히려 'S'자 상의 요찰이 1열 수결공으로 제작되다가 2열 수결공으로 변화하고 요찰의 단면 'Ω'자형에 2열 수결공을 갖춘 찰갑이 만들어진다고 볼 수 있다.

이외에도 완전한 개체가 출토된 것은 아니지만 소량의 소찰이 고분에 부장되거나 부속구의 일부만 부장한 사례는 특징적이라 할 수 있다. 백제지역의 주거지 내 소량의 소찰이 확인되는 것과 비교해 볼 수 있다. 소량의 소찰이 부장된 구체적 사례로 조양동 I-9호, 중산동 27호 목곽묘(울문연), 중산동 67호 목곽묘, 하삼정 가지구 19호 수혈식 석곽묘 , 조일리 고분군 34호 수혈식 석곽묘에서 1점씩 출토되었다. 완전한 개체가 확인되지 않는 것은 고분 파괴에 따른 결실로 볼 수도 있지만 임당 G-126호와 같이 소찰 일부를 부장하는 경우도 있어 일종의 의례적 행위와 관련지어 볼 수도 있다. 이와 관련하여 비갑이나 경갑과 같은 부속구의 일부만 부장하는 행위도 신라의 갑주 부장의 특징이다.

● 부속갑

부속갑은 투구와 판갑·찰갑이 신체의 전부를 보호할 수 없기 때문에 보강을 하기 위하여 만들어진 것이다. 부속갑은 앞에서 살펴본 판갑과 찰갑이 발전함에 따라 동시에 많은 변화가 있었다. 그 중에서도 신라의 부속갑 중 팔뚝을 보호하는 비갑은 장식성이 강한 특징이 있다. 신라의 부속갑에서 목을 보호하는 경갑과 팔뚝을 보호하는 비갑을 살펴보고자 한다.

경갑은 갑옷 부위 중 목을 가리는 용도이며 출토 상황을 보면 단독으로 제작되었다기보다 부속구로 제작된 경우가 많은 것으로 판단된다. 이러한 경갑은 부속구 중에서도 비갑이나 굉갑과 달리 일찍부터 제작된 것을 알 수 있다. 영남지방의 대표적인 판갑인 종장판갑의 경우 이러한 경갑을 모티브로 하여 목 부위를 보호하는 부분이 있다. 이것은 몸통을 보호하는 갑옷 위에 나팔상의 철판을 덧댄 것으로 후경판後頸板이라고 불리는데 점차 크기가 작아져 가는 변화를 보인다.

경갑은 출토 수량이 적지 않지만 갑옷의 부속구로만 평가되어 개별 연구는 상당히 부족한 편이다. 이러한 경갑을 분석한 장경숙(2001)은 지판의 연결 방법, 지판의 매수를 기준으로 형식 분류를 시도하였다. 크게 지판의 연결 방법에 따라 혁결기법(I류)과 원두정으로 연결된 정결기법(II류)으로 구분하였다. I류는 다시 혁결기법의 종류에 의해 IA와 IB로 구분되며 전자는 혁결기법 1, 후자는 혁결기법 2가 사용된다. 또한 지판 매수가 10매 이상에서 20매 이하는 IA1형식, 20매 이상 40매 이하는 IA2·IB2형식, 40매 이상은 IB3형식으로 구분하였다.

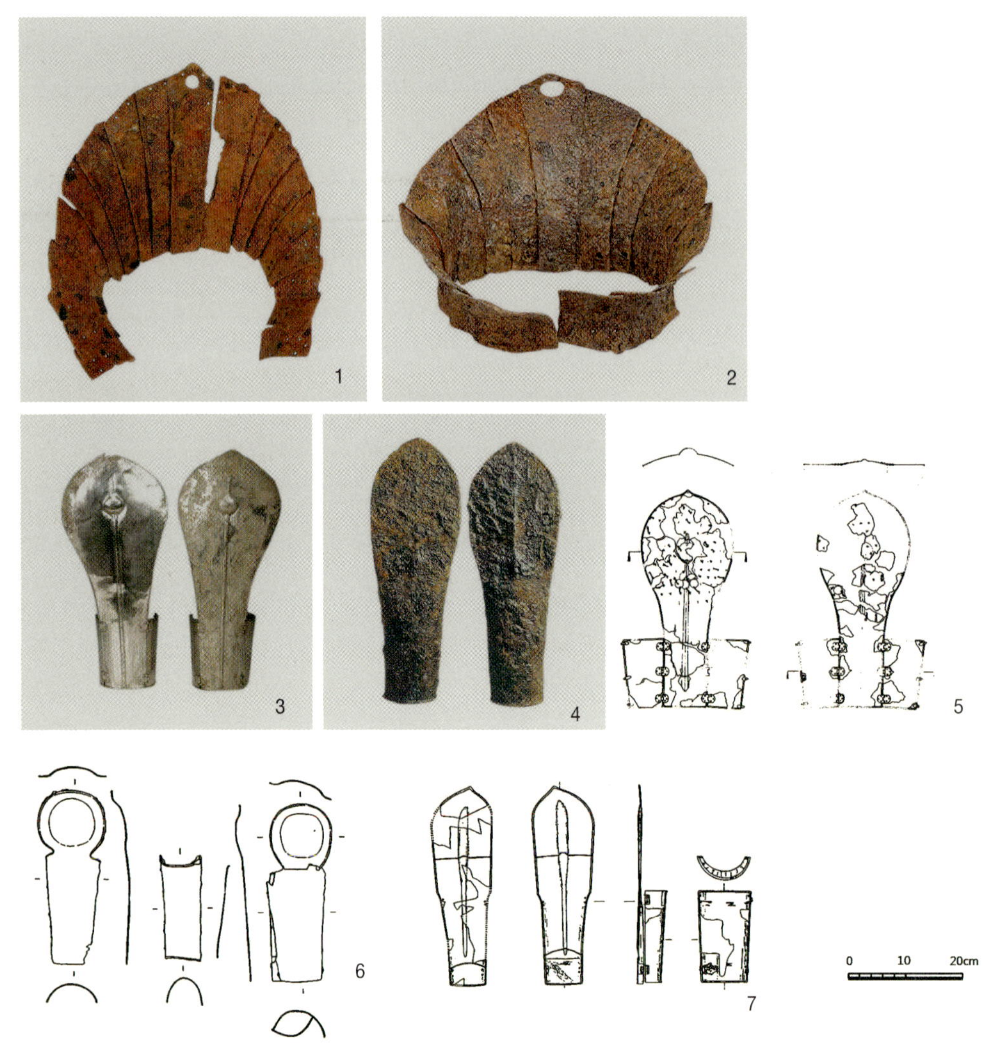

도12_ 신라의 경갑과 비갑(1. 경주 동산리 35호, 2. 상주 신흥리 나-39호, 3. 경주 황남대총 남분, 4. 부산 복천동 10·11호, 5. 경주 천마총, 6. 상주 신흥리 나-37호, 7. 일본 新開 1호)

    이와 같은 경갑이 유구 내에 투구와 함께 출토되거나 혹은 단일 개체로 출토되는 경우는 경갑과 요찰이 함께 출토되는 것처럼 나머지 부분이 가죽과 같은 유기제로 제작되었을 가능성이 크다. 이 외에 신라의 경갑 중 특징적인 형태로 정중앙에 있는 지판에 뚫린 투공을 들 수 있다. 경산 동산리 35호, 상주 신흥리 나-39호에서 확인되는데 용도는 알 수 없으나 장식을 표현하기 위한 구멍으로 판단된다. 대성동 1호 출토 경갑에서도 확인되는 요소로 고대 갑옷의 장식 일부로 보이며 정확한 용도는 현재로서는 알 수 없다.

    비갑은 팔꿈치에서 손목까지를 보호하는 갑옷의 부속구로 형태에 따라 크게 두 가지 형식으로 구

404

분할 수 있다.* 즉 통모양을 한 철판 2~3매를 연결하여 만든 것과 폭이 좁고 긴 철판 여러 매를 가죽 끈으로 연결한 것으로 구분된다.

이 중에 통형으로 된 비갑은 복천동 10·11호, 황남대총 남분, 노동리 4호, 금관총, 달서 34호, 상주 신홍리 나-37호, 전 창녕 출토품이 있으며 최근에는 쪽샘 E41호분에서 비갑이 출토되었다. 폭이 좁고 긴 철판 여러 매를 이용하여 제작한 비갑은 옥성리 가-35호, 달성 문산리 II지구M1-1호, 학소대 1구3호 등을 들 수 있다. 통형으로 제작한 비갑은 모양에도 약간의 차이가 있으나 문양과 재질로 크게 구분할 수 있다. 소재는 금동, 은, 철로 만들었으며 가지 문양을 타출기법으로 표현하거나 영락을 달아 장식하기도 하였다.

비갑은 신라 외에 가야에서도 찰갑의 부속갑으로 확인된다. 그렇지만 원통형 비갑은 드물며 대부분이 신라지역에 출토되고 있어 신라의 특징적인 갑옷으로 볼 수 있다.

표8_ 신라지역 출토 비갑의 종류와 특징

형식	유구	재질	계폐 장치	착장장치	복륜	장식
원통형	부산 복천동 10·11호	철	혁대경첩		없음	타출
	경주 황남대총 남분 a	은	요철경첩		절판복륜	타출
	경주 황남대총 남분 b	금동	요철경첩		절판복륜	타출+영락
	경주 노동리 4호	금동	요철경첩		없음	타출+영락
	경주 금관총 a	금동	요철경첩		절판복륜	타출+영락
	경주 금관총 b	금동	요철경첩		절판복륜	타출+영락
	전 창녕	금동	요철경첩		절판복륜	타출+영락
	대구 달서 34호	금동	요철경첩		없음	타출+영락
	경주 천마총	금동	요철경첩		절판복륜	타출+영락
	경주 쪽샘	은	요철경첩			
	상주 신홍리 나-37호	철	요철경첩			
	부산 연산동 M8호	철	요철경첩			
종장형	포항 옥성리 나-35호		혁대경첩			없음
	달성 문산리 II지구 M1-1호		혁대경첩			없음
	경주 사라리 13호		혁대경첩			없음
	경주 사라리 65호		혁대경첩			없음

일본에서 비갑은 신가이^{新開} 1호분과 츠키노오카^{月岡} 고분에서 출토되었다. 시가현에 있는 신가이 1호분은 5세기 전반에 해당하는 유적으로 초엽문대장식구, 마구 등 한반도와 관련된 유물이 다량 부장되었다. 갑주는 대금계 갑주를 포함하여 비갑 등이 다양하게 부장되었다. 후쿠오카현에 있는 츠

---

*비갑의 분류는 우순희(2006)의 연구를 바탕으로 구분하겠다.

키노오카고분은 5세기 전반에 해당하는 유적으로 용문과판에 심엽형 수식을 가진 대장식구가 있으며 대금계 판갑이 출토되었는데 그 중에서도 금동비갑이 주목된다. 이처럼 갑옷 이외에도 한반도산 문물이 부장된 점에 주목된다. 두 고분에 부장된 비갑은 모두 원통형으로 동일하다. 신가이 1호분은 가지 문양이 없고 윗부분이 둥근 형태인 반면 츠키노오카고분은 미약하지만 가지 문양이 있으며 윗부분도 세 갈래로 나누어 만든 형태이다.

일본 출토 비갑과 비교하여 복천동 10·11호의 경우 가지 문양으로 타출한 보주상근수지문^{寶珠狀根樹枝文}이고 황남대총 남분은 가지 문양이 없는 보주상근수문^{寶珠狀根樹文}이다. 신가이 1호분은 가지가 없어 황남대총 남분과 유사하다. 이에 반하여 월강고분은 가지 문양이 미약하게 있어 복천동 10·11호와 유사하다. 그러나 별다른 문양 없이 정중앙에 직선으로 표현하거나 원통형 비갑의 윗부분을 세 갈래로 표현한 것은 신라에도 없는 것으로 세부적인 면에서 차이가 있다. 그러므로 신가이 1호분 출토 비갑은 신라에서 제작한 비갑의 기술을 받아들여 현지인 혹은 이주인이 제작하였을 가능성이 크다. 그렇지만 당시 갑주 제작에 있어서도 신라와 왜의 교류가 있었음을 알 수 있는 중요한 자료로 판단된다.[*]

● 마주·마갑

한반도에서 출토된 마주와 마갑의 대부분은 현재까지 영남지방에서만 확인되었다. 백제지역에서는 현재까지 실물 자료가 확인되지 않았다. 문헌에 기록된 다양한 갑옷과 당나라에 갑옷을 줄 정도의 기술력과는 반대되는 상황이다. 백제의 철기 제작 수준을 보았을 때 이 점은 매장 습속과 관련이 있을 것이라 짐작된다.

유적 사례를 보았을 때 신라는 말에 갑옷을 입힌 것은 분명한 것 같다. 마주는 황남동 109호 3·4곽, 사라리 65호, 경주 황오동 쪽샘 C10호에서 출토되었고 마갑은 경주 황남동 109호 3·4곽, 경주 황오동 쪽샘 C10호, 경주 계림로 1호, 경산 조영동 CII -2호, 복천동 35호, 복천동 학소대 1구 2호분에서 출토되었다.

영남지방 출토 마주는 크게 얼굴덮개부, 챙부, 볼가리개부로 구분되며 부위별 형태나 일부 속성의 유무를 조합하여 A류와 B류로 형식이 분류되었다. 분류의 큰 기준은 얼굴덮개부의 분할 여부로 판단되며 상판이 분할된 것은 A류로 분할되지 않은 것은 B류로 구분된다(이상율 2005). 마주의 속성 중 측판의 범위에 대한 견해 차이가 있으나 마주를 구분하는 큰 틀에서는 차이가 없다.

마갑은 여러 형태의 소찰로 구성되어 있기 때문에 소찰의 형태에 따라 구분하는 것은 동일하며 세

---

[*] 최근 박준현(2012)은 복천동 10·11호에 출토된 비갑을 근거로 가야와 왜의 갑주 기술 관계를 언급하였다. 그러나 복천동 10·11호 고분의 성격을 차치하더라도 금동제 혹은 은제 비갑은 가야보다 신라에서 활발하게 제작되었음을 보면 신라와 왜의 관계를 보여주는 주요한 무구일 가능성이 크다.

0 10 20cm
0 20 40cm
1. A류 마갑 (함안 마갑총)
2. B류 마갑(경주 쪽샘 C10호)
3. 세종장방형찰(a)
4. 상원하방장형찰(b)
5. 장방형찰(c)
6. 세장방형찰(d)
7. 제형찰(e)
챙부
귀가리개판
하판
챙판
상판
관금구
측판
상판 볼가리개부
미간부
안공
하판
상판
비공부
측판
타출부
철대
얼굴덮개부
8. A류 마주
9. B류 마주
경주 사라리 65호(A류 마주)

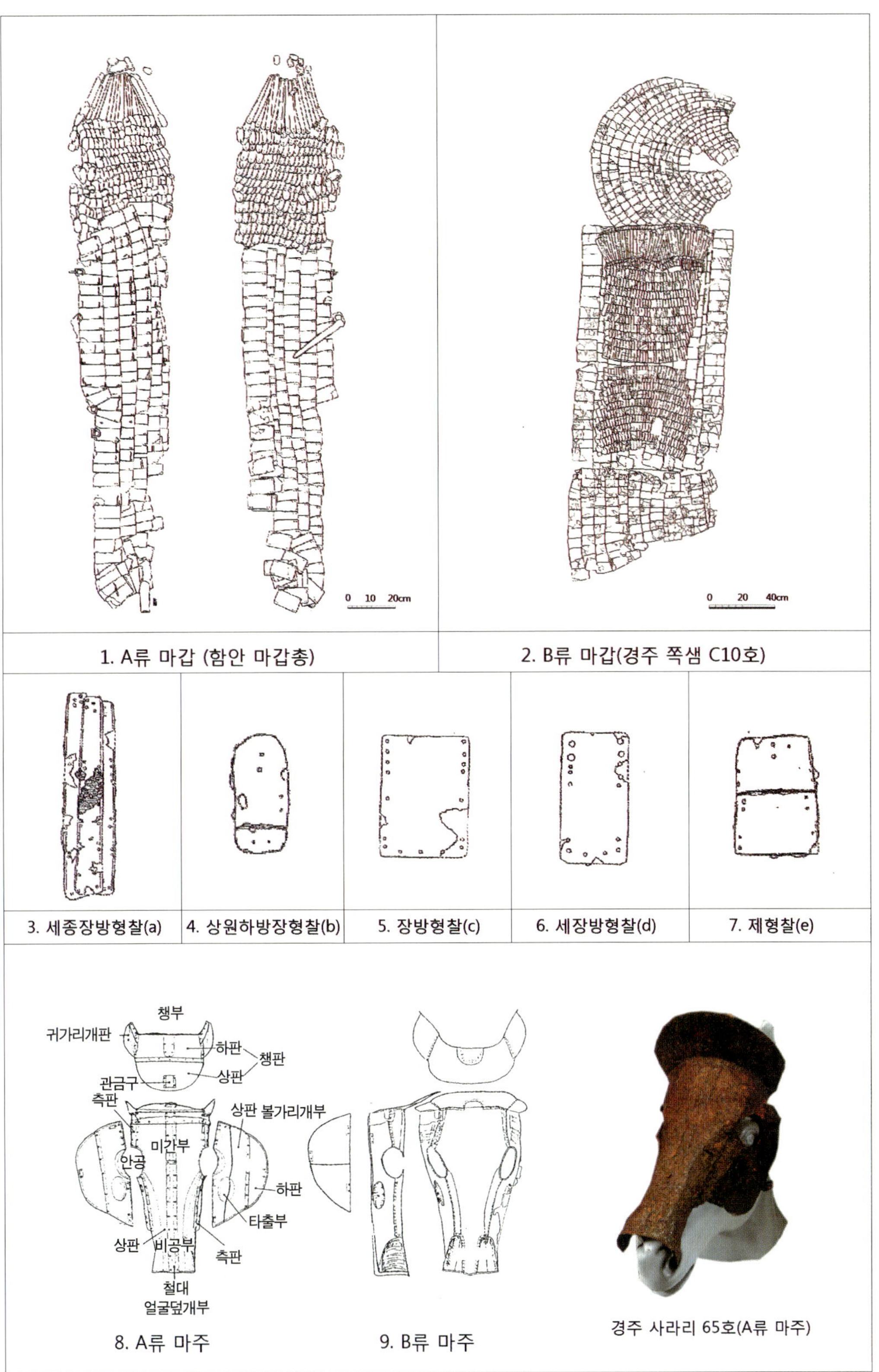

도13_ 마주와 마갑

분류		유구						
		사라리 65호	계림로 1호	학소대 1구 2호	황남동 109호 3·4곽	황오동 쪽샘 C10호	조영동 CII호	복천동 35호
마주		A류	없음	없음	B류	미보고	없음	없음
마갑	속성	A류	A류	A류	B류	B류	B류	B류
	I				●			
	II			●			●	●
	III	●	●			●	●	●
	a							
	b		●	●				
	c			●	●		●	●
	d		●		●		●	●
	e		●		●		●	●

종장방형찰(a), 상원하방장방찰(b), 장방형찰(c), 세장방형찰(d), 제형찰(e)로 나눌 수 있다. 여기에 장경숙(2010)은 제형찰에서 변형사다리 1·2형 추가하였는데, 변형사다리형인 사례는 도항리 6호에 서만 확인되고 있다. 또한 소찰의 투공 위치도 중요한 속성으로 보고 수결공의 위치가 중앙에 있는 것(I), 중앙과 가장자리에 혼재하는 것(II), 가장자리에 있는 것(III)으로 분류한 견해(우순희 2010) 도 있다. 이러한 마갑의 형식 분류에서 가장 중요한 기준은 세종장방형찰이 있는 것(A류)과 없는 것 (B류)이다(김혁중 2013).

〈표9〉에 의하면 신라지역에서 출토된 마주 A류는 마갑 A류와 공반되며 마주 B류는 마갑 B류와 공반된다. 마갑 대부분이 마주와 공반되지 않아 정확한 양상은 알 수 없다. 가야지역이지만 옥전 M1 호와 도항리 6호에는 A류 마주와 B류 마갑이 출토되어 두 갑옷이 공반되어 출토될 가능성이 있다.

고구려 고분 벽화를 참고하면 기병은 기사형騎射型·장창무장형長槍武裝型·갑주무장형甲冑武裝型·개 마무사형鎧馬武士型으로 나눌 수 있다(류창환 2010). 이 중 개마무사형이 마주와 마갑으로 완전 무장 한 기병이며 위의 자료로 보아 신라에도 5세기대 개마무사의 존재를 추정할 수 있다.

__신라 갑주의 변천과 의의

　　삼국시대 갑주의 계통은 제작 기술로 구분할 수 있다. 우선 갑주 분류의 주요 소재는 소찰과 지판이다. 소찰과 지판은 가죽 끈이나 못을 이용하여 연접하는데 그 기법을 조합하면 동아시아 갑주 문화는 소찰위, 소찰철, 지판철이라는 세 가지 기술 계통으로 구분된다. 더 나아가 기술 계통의 성격은 어린갑으로 대표되고 중국 중원지역의 한족과 관계되는 소찰혁철 계통은 중국계, 찰갑으로 대표되고 중국 동북지방과 한반도 북부의 비한족 유목민족과 관련되는 소찰수결 계통은 북방계라고 하였다. 그 중 판갑으로 대표되는 한반도 남부와 일본열도는 이러한 두 계통과 다른 독특한 갑주 문화인 지판혁철 계통으로 토착계통으로 파악되었다.(신경철 1984, 송정식 2003)

　　그러나 기본적으로는 신라의 갑주도 동아시아 갑주 문화의 큰 흐름에서 벗어나 있지 않다. 한반도 남부의 독특한 갑주 문화인 지판혁철 계통은 가야와 더불어 종장판갑을 제작하였으며 또 다른 주요 갑옷인 찰갑도 동북지방과 잦은 전쟁을 벌인 고구려 등의 영향을 받아 기술을 수용하여 발전하였다. 최근 중국 중원·동북지방 갑주와 영남지방 갑주를 비교 검토한 연구(김혁중 2013)를 보아도 갑주 제작 기술을 수용하고 발전하는데 큰 시차를 찾아보기 어렵다.

　　신라 갑주에 직접적인 영향을 주었다고 판단되는 나라는 고구려이다. 고구려와 같은 한반도 북부지역에는 중국의 중원지방의 소찰혁결계통과 동북지방의 소찰수결계통이 혼합되었다(송정식 2010). 이것은 남부지역의 종장판주와 소찰주, 그리고 찰갑의 계통에 영향을 주었다.

　　그렇지만 신라 갑주에서 커다란 변화는 소찰을 이용한 찰갑만으로는 알 수 없다. 크게 판갑과 찰갑으로 나눌 수 있고 판갑에서 찰갑으로의 전환은 소재뿐만 아니라 부속갑 등의 전술 변화와 관련이 있다. 이를 갑주 제작 기술의 수용과 변용으로 보면 모두 네 번의 단계로 구분할 수 있다.

3~4세기 초 : 초기 갑주의 성립

　　3~4세기 초는 사로국이 주변 지역을 복속하며 신라로 성장하는 시기이다. 이시기는 낙랑군의 멸망으로 기존의 대외교역망이 크게 변화하는 등 한반도 주변 정세가 혼란했던 시기이다. 사로국은 이러한 주변 정세를 잘 이용하여 교역망을 장악하고 경제적 성장을 이루었다고 볼 수 있다. 이러한 과정에서 주변국과 많은 전쟁을 치르게 되었고 군사력 성장을 이루었을 것인데 이를 보여주는 대표적인 유물이 철제 갑주이다.

　　그전까지 갑주는 가죽이나 나무와 같은 유기제를 소재로 만들었을 것이다. 신라지역에서 확인된 것은 아니지만 몽촌토성이나 다호리유적에서 출토된 골제나 피갑의 찰갑을 통해 신라지역에도 유기제 갑옷이 존재하였을 것이라 추정해 볼 수 있다. 이후 갑주는 소재가 철로 바뀌어 제작되었다. 이것은 무기가 관통력과 자상력을 높여가자 방어력을 높이기 위해 변화한 것이다.

철제 갑주는 제작의 고도의 기술이 필요하기 때문에 아무런 요인 없이 갑자기 제작되었다고 볼 수 없다. 이를 제작한 공인의 유입 등에 따른 출현을 상정할 수 있는데 한반도 주변 정세 혼란으로 인하여 낙랑이 축출되고 이에 따른 유이민이 이동하는 과정에서 기술이 전파되었을 가능성이 있다.

물론 경주지역 내에서도 갑주를 비롯한 철기를 제작할 생산기반이 다져지고 있었는데 이는 3세기대 대규모 철기 제작 관련 복합유적인 경주 황성동유적의 존재로 미루어 짐작할 수 있다.

찰갑과 판갑의 출현 시기 차이를 현재의 자료로 판단하기 어렵다. 종장판갑의 제작은 이전 유기제 갑옷의 전통이 강하게 남아 있기 때문에 소재만 달리하며 제작된 것으로 판단된다. 한반도에 실물 자료는 없지만 일본의 야요이시대 목갑이 좋은 사례가 된다. 중원지방의 기술을 바로 받아들였다면 찰갑만 제작하였을 것인데 동북아시아에서 영남지방만 유일하게 종장판갑이 출현한 것은 이러한 재지적 전통에 기반하였다고 할 수 있다.

또한 출현 당시부터 종장판갑은 완비된 형태로 제작되어 많은 기능을 제작 소멸 시기까지 가지고 있다. 이 중에서 신라의 종장판갑은 북방지역의 요소도 수용한다. 그 일례로 들 수 있는 것은 후경판의 형태가 찰갑의 경갑과 같은 나팔형태인 것이다. 동일한 시기에 찰갑도 판갑 못지않게 제작되었다고 보이는데 4세기대 초기 찰갑으로 하삼정 나-26호 출토품을 들 수 있다. 찰갑은 큰 나팔상의 경갑을 가지고 있으면서도 종장판갑의 측경판과 같은 부속구를 양 어깨에 갖고 있어 특징적이다. 보통의 찰갑이라면 경갑으로도 보호가 충분한데도 불구하고 어깨에 측경판을 달았다는 점에서 종장판갑을 제작하던 공인이 찰갑을 제작하거나 그 영향을 받아 제작하였을 가능성이 있다.

4세기 전반 : 종장판갑의 발생과 유행

신라는 종장판갑을 제작하여 사용하였다는 점에서 가야와 동일한 갑주 문화를 가졌다고 볼 수 있다. 그렇지만 가야처럼 동일 고분군 내에서 누세대에 종장판갑을 부장한 사례가 없다. 현재까지 확인되는 종장판갑은 여러 유적에서 확인되었지만 1~2령 이내로 출토되고 있으며 4세기 전반에 해당하는 것이다.

이러한 현상은 4세기대 중심 고분군이 아직 발굴되지 않은 이유도 있지만 부장 풍습의 차이도 고려해 볼 수 있다. 또한 갑주가 당시 집단의 위세품적 성격을 가진 상징성이 있는 물품이라고 가정한다면 경주에서 외곽으로 나아가는 길목에 위치하는 사라리, 중산리, 동산리 등의 고분군에 부장된

410

것은 그것을 조영한 집단의 성격을 반영한다고 할 수 있다.

이시기는 신라와 가야가 그간 진변한의 문화를 공유하며 발전함과 동시에 문화적 차이를 넓혀가던 시기이다. 종장판갑은 이러한 점을 잘 보여주는 유물로 볼 수 있다. 신라와 가야는 지판을 이용하여 갑주를 제작하는 문화를 공유하면서도 가야의 종장판갑은 좀 더 장식이 화려한 형태를 띠는 점에서 신라의 종장판갑과 다르다.

그렇다면 종장판갑의 소유한 계층은 당시 사회에서 어떠한 위치에 있었을까. 일반적으로 종장판갑을 소유한 계층은 기본적으로 상위 계층으로 이해하였지만 그와 달리 보는 견해도 있다. 먼저 종장판갑의 소유에 단계별 변화가 계층별로 있다는 견해는 찰갑을 소유한 계층을 상대적으로 상위 계층에 속하는 것으로 보았다. 이와 달리 종장판갑을 소유한 계층은 찰갑을 소유하더라도 여전히 최상층에 공반되고 있으며 계층 분화가 발달하면서 종장판갑의 상징성에 따른 성격 변화와 관련짓고 있다.

이와 관련하여 최근 복천동 164호에서 출토된 종장판갑은 이른 시기의 분묘임에도 규모가 크지 않고 갑주를 부장한 동시기 유구가 정상부에 차지하고 있는 것과 달리 능선의 사면에 자리하고 있어 소유 계층 문제가 재검토되었다(이유진 2011). 경주 동산리 34호, 울산 구미리 15호에서 출토된 종장판갑도 고분군 내 유구의 규모가 크지 않은 점에서 신라는 단지 갑주를 부장했다고 해서 상위 계층으로 단정 짓기보다 소유자의 성격과 관련하여 이해할 필요가 있다.

4세기 후반 이후 : 찰갑으로의 전환

신라의 갑주는 4세기 후반에 또 다른 변화를 보인다. 신라는 이시기 고구려로부터 많은 문화를 수용한다. 그 중 하나로 월성로 가-13호 고분에서 보이는 화려한 금공품 등을 들 수 있다. 갑주에도 변화가 확인되는데 찰갑을 적극적으로 수용하였다. 이전에 신라와 가야는 진변한 시기처럼 많은 문화적 교류를 공유하듯이 종장판갑을 제작하였다. 그러나 신라는 점차 종장판갑의 제작을 중단하고 찰갑을 주요 갑옷으로서 전환하였다. 이러한 배경은 고구려 문화를 수용하면서 찰갑이 판갑보다 실전에서 우수하다는 점을 인식하였기 때문일 것이다. 물론 찰갑은 일찍이 4세기부터 신라인들은 인식하고 있었고 제작하기도 하였다. 그러나 이시기의 찰갑은 발달된 철기 제작 기술로 임당 G-5호 찰갑처럼 부속구가 갖추어지고 요찰의 단면이 인체에 맞는 형태로 개량되어 좀 더 편한 형태의 갑옷이다. 무엇보다 신라의 갑옷이 종장판갑에서 찰갑을 주력하는 쪽으로 변화한 것은 이처럼 철 제작 기술이 발달하고 제작의 분업화가 이루어졌기에 가능하였을 것이다.

그렇지만 신라는 찰갑에 대한 기술은 북방으로부터 수용하였지만 중장기병은 상상하기 어렵다. 이것은 아직까지 마갑이나 마주와 같은 말을 보호하는 장구가 출토된 바 없기 때문이다. 찰갑을 입은 무사를 통해 구현되는 고구려 중장기병과 같은 무사를 이용한 기마 전술은 수용하였다고 볼 수 없다.

갑주문화와 고구려 남정

영남지방 갑주 문화를 언급하는데 있어서 빠지지 않고 나오는 배경이 고구려 남정의 영향이다. 그러나 고구려 문물의 유입 시기를 남정 이후로 한정해서 볼 수 없다는 연구 결과(강현숙 2004, 주보돈 2006)도 있어 남정이 영남지방 갑주 문화에 끼친 영향에 대한 올바른 평가가 필요하다.

신라의 갑주는 5세기 고구려 남정 이후에 또 다른 변화를 겪는다. 이전에도 그렇지만 갑주 제작에 있어 고구려와 북방의 영향을 강하게 받아 금동제 갑주와 마갑, 마주를 제작하게 된다. 그러나 신라는 갑주 제작에 있어 선택적인 수용과 변용이 있다. 갑주에 금동제 장신구와 더불어 금동제 갑주를 제작하는 것이 큰 변화이다.

먼저 찰갑을 살펴보면 고구려 남정이 있었던 시기에 고구려의 찰갑은 요찰의 단면이 'S'자형에 소찰수결공을 가진 D형 찰갑이다. 이러한 찰갑은 이미 4세기대 유적으로 판단되는 경산 임당 G-5호나 울산 중산리 IB-17호에서도 확인되고 대성동 유적도 미약하나 요찰의 단면에 변화가 있는 찰갑이 제작된다(김재우 2010).

남정 이후에 영남지방의 찰갑은 또 한번 변화를 보인다. 그것은 요찰의 수결공이 2공 1조에 2열로 배치되고 요찰의 단면이 'Ω'형이 되는 변화이다. 수결공이 2열 배치된 것은 계림리 1호 찰갑에서 확인되고 요찰의 단면이 'Ω'형인 것은 쪽샘 C-10호 찰갑에서 확인된다. 그런데 이러한 찰갑은 현재 소찰수결계통의 중국 동북지방 및 고구려에서는 확인할 수 없기 때문에 한반도 고유의 찰갑이 제작되었음을 알 수 있다. 이와 같은 찰갑은 한반도뿐만 아니라 일본열도에서도 확인된다. 이 중에서 수결공이 2공 1조로 양변에 2열로 배치되고 요찰과 신갑의 끝 부분인 거찰이 'Ω'형의 단면 형태를 가진 것은 당시 일본열도와 관계된 왜인의 찰갑으로 판단된다(김혁중 2009). 그러나 이러한 D형 찰갑의 변화된 형식인 2열 배치의 수결공은 요찰의 단면 형태가 'S'자형과 'Ω'형이 한반도에서 모두 확인되고 시기적으로 앞서므로 한반도의 제작 기술을 수용하여 변용한 결과로 판단된다.

그런데 고구려의 찰갑 제작에도 변화가 있다. 오녀산성, 구리 아차산 제3·4보루, 홍련봉 제1·2보루에서 출토된 찰갑의 소찰은 상부 직선형이거나 사다리꼴 형태가 있어 이전의 상원하방형의 소찰로 제작된 찰갑과는 다른 유형이다(송계현 2005).

그러므로 고구려 남정 이전에 신라는 찰갑 제작에 중국 동북지방 혹은 고구려의 영향이 있었으나 이후에 자체 발전을 이루었음을 알 수 있다.

　신라는 5세기대에 이러한 D형 찰갑 이외에 A형 찰갑도 제작하였다. A형 찰갑은 D형 찰갑이 다양한 모습으로 개량을 거듭하는 것과는 달리 상원하방형의 소찰에 가운데 1열로 뚫은 수결공과 상하 소찰이 바깥쪽으로 누중하는 5세기대 찰갑(조영 EI-1호)은 4세기대 찰갑(영천 화남리 30호, 울산 하삼정 나-26호)과 큰 차이가 없다.

　A형 찰갑의 대표적인 형태로 판단되는 조영 EI-1호는 소찰주가 공반되었다. 이러한 소찰주는 A형 찰갑의 제작에 중국 중원지방과 동북지방의 찰갑 제작 기술이 적용되었음을 방증해 주는 자료로 생각할 수 있다. 또한 지역 내 고분 중 시기 차가 크지 않은 임당 7B호의 경우는 D형 찰갑이 출토되어 동시기에 다른 찰갑을 제작한 점은 흥미로운 사실이다.

　A형 찰갑과 D형 찰갑의 차이를 용도에서 찾는다면 중장기병과 같은 전술적인 차이로 추정할 수 있을 것이다. 즉 다양한 부속갑을 갖추고 전신을 보호하는 중장기병은 D형 찰갑인 반면에 A형 찰갑은 단순 방어구가 아닐까 생각된다. 그러한 이유로 A형 찰갑은 소찰의 수량이 적고 마갑 혹은 마주와 공반되어 출토된 사례가 확인되지 않는 것을 들 수 있다. A형 찰갑이 많이 확인되는 가야는 중장기병은 그다지 확인되지 않고 주로 경기병이 활용되었다는 견해(류창환 2010:155)를 참고한다면 이러한 A형 찰갑은 제작 계통뿐만 아니라 그 용도에 차이가 있었을 것이라 짐작할 수 있다.

　다음으로 갑주의 장식성이 증가하는 특징이 확인된다. 신라 갑주는 이전까지 가야 갑주에서 보인 궐수문 장식이나 새모양 장식과 비교하여 별다른 장식이 없었다. 그러다 이시기가 되어 팔을 보호하는 굉갑(비갑)이나 투구에 금동을 사용하고 더욱이 굉갑에 가지 문양을 타출기법으로 표현하게 된 것은 큰 변화라고 할 수 있다. 사실 신라의 화려한 장신구에 비하여 갑옷에 표현된 장식성은 이전까지 부족했다고 할 수 있다. 그 이유는 알 수 없지만 장식성이 부가된 신라 갑주가 제작되는 것이 이시기의 특징이라고 할 수 있다.

　그래서 이전에 비하여 갑주 소유가 보편화됨에 따라 희소성은 해소되나 잦은 전쟁에 따라 무덤에 부장하는 것은 제한하여 화려한 갑주를 우리가 볼 수 없는 것일 수도 있다. 또한 이러한 상황에서도 금동제 갑주의 성격은 좀 더 세분화된 군대 내 지휘 체계에 따른 표지의 차이로 이해할 수 있을 것이다.

　신라 갑주 연구의 전망과 과제

　지금까지 그간 신라 갑주의 연구사를 정리하고 개별 갑주를 살펴보면서 신라 갑주 연구의 흐름을 살펴볼 수 있었다. 아직까지 신라 갑주 연구는 걸음마 단계에 지나지 않으며 새로운 자료의 소개와 복원 연구가 진행 중이라고 할 수 있다. 향후의 연구는 이를 발판으로 연구 영역을 넓혀나가야 할 것이다. 이와 관련해서 한국의 갑주 연구 전반에 대한 문제점을 살펴볼 필요가 있어 아래의 연구가 주목된다.

한국의 고대 갑주 자료를 집성한 성과를 바탕으로 이현주(2010)는 한국 갑주 연구가 그동안 지체되었던 이유를 세 가지로 지적하였다. 한국 갑주 연구를 위한 중요한 지적으로 이와 같은 문제점은 앞으로 갑주 연구의 과제로도 이해할 수 있다.

첫째는 한국 갑주의 골격은 찰갑이지만 복원이 어려워 연구가 미진하다고 보았다. 이 점은 찰갑 이외에 다른 갑옷도 마찬가지의 문제이다. 최근에는 찰갑을 포함한 중요한 자료가 점차 증가되고 있고, 과거와 다른 기법으로 현장에서 수습 과정부터 심혈을 기울이는 등 점차 해소될 것으로 기대되지만 역시 문제는 많은 시간이 걸린다는 점이다.

둘째는 지역 간 갑주 자료의 편중에 따른 연구 편차를 들 수 있다. 대부분의 갑주가 고분에서 출토되는 만큼, 백제지역은 갑주 부장에 대한 관념이 달라 출토수가 빈약하여 백제 갑주를 구명하기 어려운 문제가 있다. 이에 따라 잘못된 역사 고증으로 서남해안에 출토하는 왜계 갑주를 백제의 갑주로 인식하는 문제도 지적할 수 있다. 따라서 한반도 전체 갑주를 균형있게 연구하기에는 한계가 있다. 이와 관련하여 중국계와 북방계 갑주에 대한 구체적인 연구도 미흡하다. 지역적인 편중이 있지만 한반도 출토 갑주의 수는 증가하고 있으며 이를 통해 한반도와 일본열도의 고대 갑주에 대한 논의는 과거에 비해 활발히 진행되고 있다. 그러나 한반도 갑주 문화의 등장에 큰 영향을 주었다고 생각되는 중국의 중원이나 동북지방에 대한 갑주 연구는 상당히 부족한 편이다. 신라 갑주도 고구려와의 관련성이 언급되고 있으나 구체적인 부분은 그다지 밝혀지지 않았다. 무엇보다 동북지방과 밀접한 고구려의 갑주 문화가 충분히 검토될 필요가 있다.

다음으로 용어 문제를 지적하였다. 용어 사용의 통일성 문제를 지적하였는데 이로 인해 야기되는 혼란이 적지 않으므로 연구자 간 의견 조율을 통한 통일된 용어가 정립되어야 한다고 보았다.

이러한 문제점 외에도 많은 과제가 있다고 보았는데 생산 과정, 의례성, 전술적인 목적과 같은 기능성, 공격용 무기와의 관계 등을 언급하였다.

이외에도 다음과 같은 점을 갑주 연구의 과제로 볼 수 있다.

개별 갑주의 연구뿐만 아니라 종합적인 검토가 필요하다. 지금까지 대부분의 연구는 투구 혹은 판갑의 개별 유물을 주제로 하였다. 그러나 방어구인 갑주는 신체를 보호하기 위함이라는 공통적인 목적에서 만들어진 것이므로 개별 갑주의 기능에 한정하지 않는 종합적인 검토가 필요하다. 또한 공격용 무기에 대한 연구도 필요하다. 갑주와 무기 연구의 관계에서 빠짐없이 언급되는 것이 화살에 대한 부분이다. 화살이나 다른 무기의 관통력은 갑주 개발에 어느 정도 영향을 끼쳤을 것이지만 그 구체적인 양상에 대한 연구는 찾아보기 힘들다. 무기 체계와 전술에 있어서 갑주와 무기 간에 영향을 주고 받은 부분에 대한 실증적인 연구가 앞으로 필요한 과제로 보인다.

다음으로 연구 방법의 다양화가 필요하다. 갑주 연구는 대개 형식 분류를 이용한 방법으로 분석하고 있다. 방법적인 측면이 잘못을 지적하고자 하는 것은 아니며 다양한 연구 방법이 개발되어야 할 필요를 제기해 두고자 한다. 그런 의미에서 출토 유물을 제작 당시의 모습으로 복원하는 사례가 주목된다. 실제의 재료를 통해 갑주를 제작하면서 얻는 과정상의 지식은 실제로 '생산 과정'이나 당시 기술력 등에 대한 막연한 추정을 객관화할 수 있는 좋은 방법이다.

마지막으로 갑주 연구를 통해서 무덤에 묻힌 피장자나 당시 전사의 모습을 그려볼 필요가 있다. 갑주를 입은 신라 전사의 구체적인 모습은 문헌에 잘 나타나 있지 않다. 그러므로 우리는 갑주라는 유물 자체에만 관심을 기울일 것이 아니라 갑주를 보유한 피장자, 즉 소유자의 모습도 연구의 대상으로 삼을 필요가 있다. 신라 갑주를 보유한 피장자는 소형묘에서도 확인되기 때문에 최상층만이 소유했다고 보기 어렵다. 그렇다면 이러한 갑주를 소지한 피장자는 다양한 특징이 있을 것이다. 그리고 신라지역을 포함한 한반도의 남해안에 부장된 이웃 일본의 갑주는 그 피장자의 성격이 무엇인지 구체적으로 밝혀야 할 필요가 있다. 궁극적으로 갑주의 연구는 단지 물질 자료를 수집하고 분류하는 것을 떠나서 이를 통해 역사 복원에 기여하는 것을 목적으로 해야 한다.

참고문헌

보고서·도록

강재현 외, 2013, 『김천 문무리고분군 I』, 學術調査報告 36冊, 한빛문화재연구원.

慶尙北道文化財研究院, 2002, 『浦項鶴川里遺蹟緊急發掘調査報告書 I』, 學術調査報告 第24冊.

국립경주문화재연구소, 2010, 「경주 쪽샘유적-국립경주문화재연구소 발굴성과」.

__________________, 1993, 『慶州 皇南大冢 南墳』.

權彛九 외, 1998, 『慶州 林堂地域 古墳群III』, 學術調査報告 第22冊, 嶺南大學校博物館.

__________, 1999, 『慶州 林堂地域 古墳群IV』, 學術調査報告 第25冊, 嶺南大學校博物館.

김호상 외, 2010, 『慶州 東山里遺蹟 II-2』, 學術調査報告 第41冊, 新羅文化遺産研究院.

문화재관리국, 1974, 『天馬塚』.

박강민 외, 2010, 『蔚山 下三亭 古墳群 II』, 學術調査報告 第227冊, 韓國文化財保護財團.

박광열 외, 2013, 『永川 華南里 新羅墳墓群 I』, 學術調査報告 第78冊, 聖林文化財研究院.

박승규 외, 2001, 『慶州 林堂洞 遺蹟 II』, 學術調査報告 第34冊, 嶺南文化財研究院.

__________, 2001, 『慶州 林堂洞 遺蹟III』, 學術調査報告 第35冊, 嶺南文化財研究院.

__________, 2005, 『達成汶山里古墳群 I』, 學術調査報告 第96冊, 嶺南文化財研究院.

__________, 2007, 『慶州 舍羅里遺蹟III』, 學術調査報告 第130冊, 嶺南文化財研究院.

부산대학교박물관, 1983, 『동래복천동고분군 I』, 學術調査報告 第5輯.

__________________, 1990, 『동래복천동고분군 II』, 學術調査報告 第14輯.

釜山博物館, 2010, 『연산동 고분군 발굴조사(3)』 지도위원회 자료집 제8집.

小泉顯夫, 1931, 『34號墳發掘調査報告-慶尙北道達城郡達西面古蹟調査報告』, 朝鮮古蹟調査委員會.

송의정 외, 1990, 『慶州 月城路 古墳群』, 學術調査報告, 國立慶州博物館 외.

沈奉謹 외, 1992, 『昌寧校洞古墳群』, 동아대학교박물관.

嶺南文化財研究院, 1998, 『浦項玉城里古墳群 I』, 學術調査報告 第14冊.

蔚山文化財研究院, 2011, 『蔚山中山洞古墳群』, 學術調査報告 第87冊.

______________, 2013, 『蔚山藥泗洞北洞遺蹟 I』, 學術調査報告 第97冊.

蔚山發展研究院, 2012, 『울산광역시 북구 중산동 615번지 근린생활시설부지 발굴조사 약보고서』.

______________, 2012, 『울주 두동면 구미리 709-3번지 공장신축부지내 유적 발굴조사 약보고서』.

윤온식 외, 2012, 『慶州 鷄林路 新羅墓 I』, 學術調査報告 第25冊, 國立慶州博物館.

이청규 외, 2012, 『慶州 林堂地域 古墳群IX』, 學術調査報告 第56冊, 嶺南大學校博物館.

정영화 외, 1994, 『慶州 林堂地域 古墳群 II』, 學術調査報告 第19冊, 嶺南大學校博物館.

정영화 외, 2005, 『慶州 林堂地域 古墳群Ⅷ』, 學術調査報告 第35册, 嶺南大學校博物館.

昌原大學校博物館, 2006, 『蔚山 中山里遺蹟I』, 學術調査報告 第40册.

최성애 외, 2006, 『慶州 九政洞 古墳』, 學術調査報告 第18册, 國立慶州博物館.

하진호 외, 1999, 『慶州 舍羅里遺蹟I』, 學術調査報告 第19册, 嶺南文化財研究院.

________, 2012, 『慶州 九於里 古墳群Ⅱ』, 學術調査報告 第182册, 嶺南文化財研究院.

韓國文化財保護財團, 1998, 『尙州新興里古墳群(Ⅱ)』, 學術調査報告 第7册.

________________, 2011, 『포항시 북구 흥해읍 마산리 149-4번지 근린생활시설 신축부지내 문화유적 국비지원 발굴조사 약보고서』.

________________, 2012, 『울산 중산동 613-3번지 단독주택신축부지내 문화유적 국비지원 발굴조사 약보고서』.

논저

강현숙, 2004, 「考古學에서 본 4·5세기 高句麗와 伽耶의 成長」, 『加耶와 廣開土大王』, 第9回 加耶史 國際學術會議.

______, 2008, 「古墳 出土 甲冑와 馬具로 본 4,5세기의 新羅,伽倻와 高句麗」, 『新羅文化』第32輯, 신라사학회.

高橋工, 1995, 「東アジアにおける甲冑の系統と日本-特に5世紀までの甲冑技術と設計思想を中心に」, 『日本考古學』第2號, 日本考古學協會.

橋本達也, 1996, 「古墳時代前期甲冑の技術と系譜」, 『雪野山古墳の研究』.

________, 1994, 「古墳時代中期における金工技術の變革とその意義」, 『考古學雜誌』80-4.

국립경주박물관·한국문화재보호재단, 2013, 『흙에서 만난 영원한 삶 Ⅱ』.

김두철, 2003, 「무기·무구 및 마구를 통해 본 가야의 전쟁」, 『가야고고학의 새로운 조명』, 혜안.

______, 2005, 「4세기 후반 ~5세기초 고구려·가야·왜의 무기·무장체계 비교」, 『광개토대왕비와 한일관계』, 한일관계사연구논집 1.

김영민, 2000, 「영남지방 판갑에 대한 재고-피갑의 상정을 중심으로-」, 『울산사학』제9집, 울산대학교 사학회.

______, 2011, 「고흥 길두리 안동고분의 역사적 성격」, 『고흥 길두리 안동고분의 역사적 성격』, 전남대학교박물관.

金宰佑, 2004, 「嶺南地方의 馬冑에 대하여」, 『嶺南考古學』35, 영남고고학회.

______, 2010, 「金官加耶의 甲冑」, 『大成洞古墳群과 東亞細亞』, 第16回 加耶史國際學術會議.

김혁중, 2009, 「영남지방 출토 종장판갑의 분포와 의미」, 『영남고고학』49.

______, 2010, 「연산동 8호분 출토 찰갑의 구조와 특징」, 『한국의 고대 갑주』, 복천박물관.

______, 2011a, 「한반도 출토 왜계 갑주의 분포와 의미」, 『中央考古研究』제8호, 중앙문화재연구원.

______, 2011b, 「경주 구어리1·2호 출토 갑주에 관한 고찰」, 『慶州 九於里 古墳群II』, 嶺南文化財研究院.

______, 2013, 「중국 중원·동북지방 갑주로 본 영남지방 갑주 문화의 전개과정과 특징」, 『中國 東北地域과 韓半島 南部의 交流』, 第22回 嶺南考古學會 學術發表會.

東潮, 2006, 『倭と加耶の國際環境』, 吉川弘文館.

류창환, 2010, 「삼국시대 기병과 기병전술」, 『한국고고학보』제76집.

박준현, 2012, 「삼국시대 대금식판갑의 연구」, 부산대학교 대학원 석사학위논문.

박천수, 2007, 『새로쓰는 고대 한일교섭사』, 사회평론.

森川祐輔, 2008, 「東北アジアにおける小札甲の樣相」, 『朝鮮古代研究』第9号.

西川壽勝·田中晋作, 2010, 『倭王の軍團』, 新泉社.

성정용, 1999, 「우리나라 甲冑의 變化」, 『古代戰士』, 복천박물관특별전.

______, 2004, 「加耶古墳의 甲冑變化와 韓日關係」, 『國立歷史民俗博物館研究報告』第110集.

______, 2005, 「桓仁과 集安의 고구려 갑주」, 『북방사논총』3호.

______, 2006, 「고구려의 갑주 문화」, 『고고자료에서 찾은 고구려인의 삶과 문화』, 고구려연구재단.

宋桂鉉, 1988, 「三國時代 鐵製甲冑의 研究」, 경북대학교 대학원 석사학위논문.

송정식, 2003, 「가야·신라의 종장판갑 연구」, 부산대학교 대학원 석사학위논문.

______, 2009, 「삼국시대 판갑(板甲)의 특징과 성격」, 『학예지』제16집.

______, 2010, 「동북아시아 찰갑의 기술 계통 연구」, 『야외고고학』제9호.

송정식·이유진, 2008, 「복천동 86호분 종장판갑의 구조와 특징」, 『博物館研究論集』14輯, 부산박물관.

신경철, 1997, 「복천동고분군의 갑주와 마구」, 『가야사복원을 위한 복천동고분군의 재조명』, 제1회 부산광역시립복천박물관 학술발표대회.

______, 1998, 「百濟 甲冑에 대하여」, 『百濟史上의 戰爭』, 제9회 백제연구 국제학술대회.

______, 2000, 「영남의 고대 갑주」, 『한국고대사와 고고학』, 학산김정학박사송수기념논총.

神谷正弘, 2006, 「中國·韓國·日本出土の馬甲と馬冑」, 『東アジア 考古學論叢』-日中共同研究論文集-, 日本奈良文化財研究所·中國遼寧省文物研究所.

楊泓(網干善教 監譯·來村多加史 飜譯), 1985, 『中國古兵器論叢』, 關西大學出版部.

오광섭, 2003, 「김해 대성동 2호분 출토 판갑의 의의」, 경주대학교 대학원 석사학위논문.

遼寧省文物考古硏究所編, 2004, 『三燕文物精粹』.

禹順姬, 2001, 「3. 甲冑자료에 대한 檢討」, 『東萊 福泉洞 鶴巢臺古墳』.

______, 2006, 「고분출토 비갑 검토」, 『석헌 정징원 교수 정년퇴임 기념논총』.

______, 2010, 「東北아시아 出土 馬甲 檢討」, 『釜山大學校 考古學科 創設20周年 記念論文集』.

伊藤秋男, 1993, 「慶州皇南洞109號墳出土の馬冑」, 『日本考古學協會 第59回總會』, 日本考古學協會.

李尙律, 1999, 「加耶의 馬冑」, 『加耶의 對外交涉』, 金海市 第5回 加耶史學術會議.

______, 2005, 「新馬冑考」, 『嶺南考古學』37.

이유진, 2011, 「종장판갑 부장의 다양성과 의미」, 『文化財』제44권 제3호, 국립문화재연구소.

이현주, 2010a, 「4~5세기 부산·김해지역 무장 체제와 지역성」, 『영남고고학』54.

______, 2010b, 「한국고대 갑주 연구의 현황과 과제」, 『한국의 고대 갑주』, 복천박물관.

______, 2011, 「百濟甲冑의 形成과 그 背景」, 『軍史硏究』제131집.

장경숙, 1999, 「영남지역 출토 縱長板冑에 관한 연구」, 동아대학교 대학원 석사학위논문.

______, 2000, 「문헌과 고고학자료에 보이는 한국의 고대갑주」, 『영남고고학』27.

______, 2001, 「頸甲에 대한 小考」, 『科技考古硏究』第7號.

______, 2007, 「외래계 갑옷과 투구」, 『4~6세기 가야·신라 고분 출토의 외래계 문물』, 제16회 영남고
      고학회 학술발표회.

______, 2009, 「말갑옷(馬甲) 연구 시론」, 『學藝誌』第16輯.

주보돈, 2006, 「高句麗 南進의 性格과 그 影響 - 廣開土王 南征의 實相과 그 意義」, 『大丘史學』第82輯.

淸水和明, 1996, 「東アジアの小札甲の展開」, 『古代文化』.

최종규, 1983, 「慶州 九政洞一帶 發掘調査」, 『박물관신문』제139호, 국립중앙박물관.

崔鐘澤, 2004, 「蛾嵯山 高句麗堡壘 出土 鐵製甲冑와 馬具」, 『加耶 그리고 倭와 北方』, 제10회 가야사
      국제학술회의.

穴澤咊光, 1988, 「蒙古鉢形冑と四~五世紀の軍事技術」, 『考古學叢考』, 吉天弘文館.

黃秀鎭, 2011, 「三國時代 嶺南 出土 札甲의 硏究」, 『韓國考古學報』第78輯.

09

이인숙 · 전은희

신라 기와

__머리말

한반도에 기와가 출현한 시기는 낙랑군이 설치된 기원전 2세기말 이후로 보이며 고구려와 백제는 3~4세기 이전으로 판단된다(김성구 1992). 신라의 경우 2~3세기대 기와 사용 기록[*]이 나타나지만 실물로서 기와가 출현하는 시기는 신라에 불교가 공인되는 6세기 전후로 추정된다. 자비마립간기

---

[*] 지마니사금 11년(122)조 「十一年 夏四月 大風東來 折木飛瓦 至夕而止」(『三國史記』권 제1 신라본기 제1)과 조분니 사금 4년(233)조 「四年 夏四月 大風飛屋瓦」(『三國史記』권 제2 신라본기 제2)기사에서 기와 사용 기록이 나타난다.

부터 지증마립간기까지의 왕경 내 일련의 정비 관련 기사[*]를 통해 5세기대 신라에서의 기와 사용 가능성을 생각해 볼 수 있다. 또 불교 공인 이후에는 불사가 조영되고, 통일 이후에는 왕경이 재정비됨에 따라 기와 수요가 폭발적으로 증대되었을 것이다.

기와 제작에는 조직적인 인력과 체계적인 공정, 경제력이 필요하기 때문에 신라에서 기와가 처음 제작되었을 때는 궁궐이나 관청 등 국가와 관련된 건축물에 기와를 제한적으로 사용했을 것이다(최맹식 2006). 기와가 사용된 건축물이 등장하면서 왕경 내의 경관이 변화하고 지배층 간의 차이 또한 가시화[**]되었을 것이다.

신라는 삼국 중에서도 가장 늦게 기와가 사용되었지만 삼국 통일을 계기로 동아시아에서 가장 화려한 와전 문화를 이룩하였다. 지금부터는 이러한 신라 기와가 무엇이며 지금까지 어떻게 연구되어 왔는지, 또 어느 유적에서 출토되었는지 살펴볼 것이다. 더불어 신라 기와가 어떠한 변천 과정을 거쳤는지, 그리고 앞으로 신라 기와의 어떤 분야가 더 연구되어야 하는지에 대해 제언하도록 하겠다.

_ 연구사 및 연구 쟁점

연구사

신라 기와 연구는 일본인에 의해 연구가 시작된 일제강점기, 본격적으로 우리나라 연구자에 의해 연구가 진행된 1945년 이후로 나눌 수 있다. 일제강점기에는 조선 식민 통치에 대한 정당성을 확보하고자 일본인에 의해 기와 연구가 시작되었다. 이들은 주로 경주를 중심으로 신라의 중요 유적을 조사하고 거기에서 채집된 와전류를 보고서나 도록에 단편적으로 소개하였다(申昌秀 2005).[***] 비록 일본인에 의한 우리 문화재 파괴가 심각하였지만 당시 출토된 와전류는 소중한 자료로 활용되고 있다. 1945년 이후는 기와 연구가 활성화되는 1990년대를 기점으로 두 시기로 구분된다.

---

[*] 『삼국사기』 자비마립간 12년(469)조 「十二年 春正月 定京都坊里名」, 소지마립간 12년(490)조 「十二年 … 三月 初開京師市肆 以通四方之貨」, 지증마립간 10년(509)조 「十年 春正月 置京都東市」의 기록을 보았을 때 왕경 내에 방리명이 정해지고 시장이 설립되는 등 일련의 정비 과정이 이루어졌음을 알 수 있다.

[**] 『三國史記』屋舍條(권 제33 잡지 제2)의 기록에 따르면, 신분(진골~4두품)에 따라 장광, 옥와, 지붕구조, 지붕장식, 채색, 기단 및 계단, 석재, 담장, 문, 마구 등의 사용, 규격, 장식 등에 대해 제한을 두었다.

[***] 1945년 이전의 연구 성과는 김성구(2005)와 申昌秀(2005)의 논저에 자세하게 소개되어 있다.

일제로부터 독립된 1945년 이후에는 우리가 주도하여 유적 조사와 연구를 실시하였다. 1960년대까지는 유적 조사가 주로 경주지역 신라시대 고분들에 집중되었음에도 불구하고 감은사지(國立博物館 1959), 황룡사지(梨花女大博物館·文化財管理局 1969), 망덕사지(文化財管理局 1969), 불국사(文化財管理局 1969) 등 대형 건물지도 발굴조사되었다. 이 유적들에서 출토된 대표적인 막새류가 지면으로 소개되면서 자연스레 신라 기와 연구가 시작되었다. 김화영은 삼국시대부터 조선시대까지의 기와, 도자기, 석조물 등에 나타나는 연화문의 변천과정을 밝히고자 하였다. 연화문 꽃잎 1개체의 형태에 따라 단판·복판·중판으로 양식을 구분하여 연화문 막새 연구에 큰 틀을 세웠다(金和英 1967·1968·1977).

1970년대에는 경주관광종합개발계획에 의해 안압지(慶州古蹟發掘調査團 1975~1976), 고선사지(文化財管理局 1975), 황룡사지(慶州古蹟發掘調査團·文化財研究所 1976~1989), 감은사지(慶州古蹟發掘調査團 1979~1980) 등의 대형 건물지 유적이 전면적으로 발굴조사되었다.

1980년대에는 앞서 발굴된 유적의 발굴조사 보고서가 발간되고 굴불사지(國立慶州博物館 1981), 월성해자 1~3차(慶州古蹟發掘調査團 1984~1989) 발굴이 시작되면서 각종 기와가 출토·소개되었다. 특히 황룡사지 발굴에서 3만여점 이상의 와전류가 출토되어 기와 연구에 획기적인 자료가 되었다. 대표적으로 신창수(1987)는 황룡사지 발굴조사 과정에서 확인된 폐와무지 출토 막새·평기와를 문양 및 제작기법을 이용하여 편년하였다. 그 결과 황룡사 창건 이전에는 월성해자 등지에서 백제의 영향을 받은 기와가 출토되다가, 황룡사 창건기인 6세기 중반부터 후반까지는 고구려의 영향을 받은 수막새가 나타난다고 하였다. 이후 백제적인 요소도 존재하지만 황룡사 중건기인 7세기 초부터는 신라 양식의 기와가 제작되면서 통일신라 기와로 이어진다고 보았다.

이 시기에는 신라부터 통일신라시대에 해당되는 경주지역 기와가마터에 대한 발굴과 지표조사도 이루어졌다. 그 결과 기와가마터에서 출토된 와전류가 소개되면서 왕경 내에서의 기와 수급과 관련된 논고들이 등장하였다. 김성구(1983)는 경주 다경 기와가마터가 6세기 후반부터 7세기 후반 까지 운용된 관요적 성격의 가마터이며, 여기에서 채집된 와전류가 황룡사, 분황사, 사천왕사, 월성, 안압지 등 신라·통일신라시대의 주요한 사찰과 궁전지에 수급되었음을 밝혔다. 박홍국(1988) 또한 경주 망성리 기와가마터에서 채집한 막새, 평기와, 전돌 등이 안압지, 월성, 황룡사, 사천왕사 등지에 수급되었으며, 특히 「儀鳳四年皆土」(679)명의 무악식당초문 암막새가 중판연화문 수막새와 더불어 안압지의 창건 기와임을 밝혔다. 1980년대 후반 이후에는 막새뿐만 아니라 평기와에 대한 인식도 서서히 고조되어 삼국시대부터 조선시대까지의 평기와 변천 연구(徐五善 1985), 이성산성 출토 통일신라시대 평기와 연구(허미형 1989)도 등장하였다.

1990년대는 전국적인 개발 사업에 따른 구제 발굴이 증가하면서 건물지 유적을 중심으로 기와가 다량 출토되었다. 그래서 막새뿐만 아니라 평기와 연구의 필요성도 크게 대두되었다. 이러한 시대적 요구에 부흥하듯 시기에 따른 평기와 제작 방법의 변천을 밝히고자 하는 연구가 등장하였다. 최태선(1993)은 신라부터 통일신라시대까지 원통와통으로 제작된 평기와에 주로 기하학문이 새겨진 단판 혹은 중판 타날판이 사용되다가, 8세기 중엽에서 9세기 이전 사이에 원통와통과 장판 타날판의 사용이 정형화된다고 보았다. 최맹식(1995·2001·2002a)은 백제, 고구려와는 달리 신라에서는 원통와통만 사용된 것으로 보았으나 이후 황룡사지, 경주 물천리 경마장 예정부지 유적에서 통쪽 및 통쪽 연결끈 흔적이 확인되면서 신라에서도 통쪽와통이 존재하였음을 밝혔다.

2000년에는 국립경주박물관에서 『新羅瓦博』도록을 발간하여 신라부터 통일신라시대에 해당하는 다량의 와전류를 집대성하였다. 또한 국립경주문화재연구소에서 추진해오던 분황사, 사천왕사지, 월성해자 등의 대규모 발굴조사에 대한 책자가 발간되고, 경주 도심 지역 개발이 활발하게 진행되어 소규모 발굴조사가 곳곳에서 이루어졌다. 이처럼 국가 관련 시설뿐만 아니라 민가 관련 유적도 산발적으로 발굴됨에 따라 왕경의 구조를 입체적으로 복원할 수 있는 계기를 마련하였다.

이러한 시대적 분위기에 발맞추어 기와 연구 주제 또한 이전보다 한층 심화되었다. 가장 먼저 대두되었던 것은 신라 기와의 원류 및 변천 과정에 관한 연구이다. 김성구(1992·2000)는 불교 전래 이전에 이미 신라에 기와가 유입되어 사용되다가 불교가 공인되는 6세기 초·중반에 백제와 고구려의 기와 제작술을 각각 받아들인 것으로 보았다. 이후 백제, 고구려 두 계통의 복합 과정을 거쳐 6세기 후반부터 신라의 독자적인 막새가 개발되었다고 한다. 김유식(2001·2006·2010)은 월성해자(國立慶州文化財硏究所 2004) 최하층, 나정(中央文化財硏究院 2008) 담장 하부에서 출토된 삼각형 연꽃잎의 연화문수막새가 황룡사에서 출토되지 않은 점을 들어 6세기 중반 이전에 고구려계 수막새가 제작된 것으로 보았다. 또한 경마장 예정부지 C-Ⅰ지구(韓國文化財保護財團 1999), 화곡리유적(聖林文化財硏究院 2012) 등지에서 출토되는 백제계 수막새가 백제 웅진기 수막새보다 선행하는 양식이며, 이 기와들의 제작 기법이 백제 한성기와 비슷하다는 것을 근거로 신라 기와의 도입 시기가 5세기 후반까지 소급될 가능성을 언급하였다. 조원창(2006)은 6세기 전반과 중반에 각각 고구려 및 백제의 영향을 받아 신라에서 막새를 생산하게 되고, 6세기 4/4분기에 중국 남조로부터 연화돌대문식 막새 제작술을 전래받아 신라에서 독자적인 양식으로 발전시켰다고 보았다. 이선희(2009)는 월성해자 출토 수막새의 문양, 수막새와 수키와와의 접합 방법을 근거로 수막새의 변천을 세 단계로 구분하였다. 5세기 말부터 6세기 초에는 주연접합법의 고구려계 수막새와 배면접합법의 백제계 수막새가 도입되고, 6세기 중엽부터 7세기 초에는 고신라 수막새가 출현하여 7세기 중엽부터 통일신라시대 초기에 걸쳐 다양한 형태로 발전한다고 보았다. 최영희(2010)는 신라 수막새의 접합 기법을 기준으로 기술계통을 구분하고 각각에 해당되는 문양 형식을 살펴보았는데 고구려계 연화문수막새의 접합 기법이 주로 백제 지역에서 확인되는 수키와 피복식접합법에 해당됨을 밝혔다. 그는 기존에 설정된 수막새의 문양 계통이 반드시 제작 기법과 동일하지 않다는 점을 지적하여 문양만으로 주변 국가와의 관계를 논하던 기존의 연구에 새로운 방향을 제시하였다. 정지연(2011) 또한 이러한 견지에서 고구려 연화문수막새와 신라에서 출토되는 고구려계 연화문수막새의 문양과 제작기법을 비교하였다. 그 결과 고신라 고구려계 연화문수막새가 고구려의 연화문수막새의 문양적 요소를 채용하였지만 제작기술에서는 상호 영향 관계를 밝힐 수 없기 때문에 신라 재지인이 만든 것으로 추정하였다.

한편 신라 기와의 도입 시기와 변천 과정을 밝히는 데 막새보다 평기와에 중점을 둔 연구가 등장하였다. 조성윤(2000)은 황룡사지, 경마장 예정부지 C-I지구, 안압지 등에서 출토된 평기와를 분석하여 신라 기와의 변천 과정을 도입기(6세기 중엽~말엽), 정착기(7세기 초~중엽), 확산기(7세기 말 이후)로 나누어 설정하였다. 도입기에는 백제계 신라기와(모골와통)와 고구려계·백제계 수막새가 제작되고, 정착기에 이르러 원통와통으로 제작되는 신라 평기와가 등장하면서 앞 시기 백제계 신라 기와가 점차 소멸한다고 하였다. 또 확산기에는 원통와통만 사용되고 주연부에 주문이 장식되는 수막새와 당초문 암막새가 등장한다고 하였다. 김기민(2001) 또한 경마장 예정부지 C-I지구에서 출토된 평기와의 와통 유무 및 종류, 소지 형태, 기면 조정방법, 타날판 크기 및 종류, 측면 와도흔 등의 속성을 검토하여 6단계로 나누었다. 1단계(6세기 전엽 이전)는 무와통으로 제작되는 단계, 2단계(6세기 전엽~6세기 중엽 초)는 백제에서 수막새 제작법이 도입되고 무와통 제작법의 수키와와 수막새가 접합되는 단계, 3단계(6세기 중엽)에는 통쪽와통이 도입되는 단계, 4단계(7세기 전엽)는 원통형와통과 수키와 와통이 등장하고 단판 선문 타날판이 사용되는 단계, 5단계(삼국통합)에는 완전한 원통형와통과 통일신라만의 수키와, 중판·복판양식의 수막새가 정착되는 단계로 보았다. 최근 대규모 공방지와 와요지가 발견된 경주 화곡리유적에서 신라 초기 기와가 출토됨으로써 기와의 계통 문제는 여전히 학계의 주된 관심사가 되고 있다.

다음으로 기와의 편년과 관련된 연구이다. 수막새 문양에 의존한 기존 편년 체계의 문제점을 들어 문양과 함께 막새 제작기법을 중시하는 연구가 시도되었다. 박은진(2005)은 분황사 출토 수막새를 문양 중심으로 분류한 후 각 문양별로 제작방법을 분석하여 그 변천을 고찰하였다. 박정재(2010)와 노수민(2012) 또한 수막새의 문양과 접합 기법을 중심으로 각각 6단계, 3단계로 편년하였다. 노윤상(2006)은 막새의 제작 기법보다 문양이 변화의 속도가 빠르다는 점을 전제로 연화문수막새를 단판, 복판, 중판으로 구분한 다음 자방 형태, 꽃잎 형태에 따라 형식을 세분하였다. 김유식(2010)은 신라부터 통일신라시대까지의 수막새를 문양별로 분류한 다음 사찰의 창건 기록을 이용하여 6시기로 편년하였다.

폐기의 동시성이라는 기와 연구의 문제점을 들어 명문 기와나 존속기간이 짧은 유적에서 출토된 기와를 편년하려는 연구도 등장하였다. 이인숙(2004·2012)은 통일신라시대부터 조선시대까지의 연호명 평기와를 토대로 시기별 평기와의 편년적인 속성을 찾고자 하였다. 「儀鳳四年皆土」(679)명 암키와를 근거로 이 시기를 전후하여 타날판의 길이가 단판에서 중판으로 변화하고 늦어도 9세기 초에는 장판 타날판이 등장하여 타날판의 길이가 정형화된다고 보았다. 또한 9세기 말경에 이르러 하단 내면 조정 방법은 아무런 조정이 없거나 깎기에서 물손질로 변화되어 정형화되는 것으로 판단하였다. 그리고 통일신라시대 수막새를 편년하고자 평기와가 잔존하는 막새, 통일신라 후기 창건 사찰 출토 막새, 연호명이 있는 범종과 반자의 문양을 활용하기도 하였다. 최영희(2009)는 평기와 제작도구 및 제작 기법을 복원하였다. 기왕의 단판·중판·장판 타날판(타날문 Ⅰ·Ⅱ·Ⅲ형식)에 해당하는 제작 기술을 파악하고, 분묘와 기와가마터에서 공반 출토된 토기를 근거로 평기와를 편년하였다. 유환성(2007)은 통일신라시대 말기에서 고려 초기로 판단되는 사찰명 명문 기와의 명문 새김 방법 및 명문의 구조와 내용, 기와에 타날된 타날판의 길이와 문양, 수키와의 형태 및 단면 형태를 통해 편년을 시도하였다.

마지막으로 기와의 수급 관계에 대한 연구이다. 최근 경주 시가지 주변부에서 기와가마터 발굴 자료가 증가하면서 가마 구조 자체의 변천뿐만 아니라 기와 수급에 관한 연구도 활발하게 증가하였다. 박헌민(2012)은 화천리 기와가마터 유적 발굴을 토대로 경주지역 신라 기와가마의 구조 및 출토 기와의 유통에 관하여 연구하였다. 그는 화천리유적 출토 수막새의 동형와가 월성, 안압지 등지에서 확인되는 양상을 토대로 당시 기와의 유통 체계가 다수의 기와가마에서 다수의 소비지로 공급된다고 보았다. 김지영(2011) 또한 시기별 기와 생산지와 소비지 간에 기와 수급 관계를 검토하였는데 복수의 생산지에서 복수의 소비지로 수급된다고 보았다. 이처럼 신라 왕경 내의 기와 유통 체계 뿐만 아니라 왕경에서 지방으로의 기와 공급 사례를 밝혀낸 연구(양종현 2012)도 있다.

이외에도 경주지역 출토 기와를 통해 신라 왕경의 공간적 변화를 파악하려는 연구도 등장하였다. 이동주(2007)는 고식 기와가 확인되는 범위가 북천을 넘지 않으며, 문무왕 연간에 북천 이북 지역이 개발됨으로서 기와 건물이 확장되었다고 보았다.

연구 쟁점

• 고식 수막새의 도입 시기 및 계통 문제

신라 기와 연구가 개시된 이래 가장 큰 연구 쟁점은 신라 고식 수막새 문양을 통해 고구려, 백제, 신라 삼국 간의 영향 관계를 살펴보는 것이었다. 왜냐하면 신라 고식 수막새는 고구려, 백제의 것과 달리 실물로 나타나는 자료의 시기가 늦으면서 고구려와 백제 수막새의 요소가 보이기 때문이다. 또한 문양의 유사성은 단순한 제와 기술의 영향 관계를 떠나 삼국 간의 역사적인 일면를 반영하는 요소로 여겨지기 때문에 상호간의 관계성 파악이 중시되었다(도12).

신라 수막새는 주로 6세기 전·중반경에 백제계와 고구려계가 각각 출현하고, 6세기 후반부터 7세기 전반경이 되면 두 문화가 복합되어 신라 고유의 수막새가 제작되었다고 본다(김성구 2000). 그러나 수막새의 도입 시기에 관해 고구려계, 백제계의 등장 시기를 다르게 보기도 하고, 신라의 독자적인 수막새가 고구려계·백제계의 융합 혹은 남조의 영향을 받아 형성되었다고 다르게 파악하기도 한다.

월성해자 출토 원형돌기식 단판연화문 수막새는 백제 대통사식 수막새(527)와 비슷하여 웅진기 백제 제와술의 영향을 받은 6세기 전·중반경으로 편년된다. 그러나 대통사지 출토품이 월성해자의 것보다 연판 끝에 배치되는 주문이 약화되었다 하여 월성해자 출토품을 선행 양식이라고 파악(金有植 2006·2010)하기도 하고, 반대로 월성해자 출토품이 대통사지 출토품을 모방하였다하여 후행하는 양식으로 설정(崔英姬 2010)하기도 한다. 특히 경마장 예정부지 C-I지구, 화곡리유적, 인왕동 556·566번지 유적(國立慶州文化財研究所 2003)에서 출토된 원형돌기식 수막새에 백제 한성기에 유행한 원통접합후분할법으로 제작된 수키와가 접합되어, 수막새의 시기를 5세기 말·6세기 초로 올려보기도 한다(김성구 2000, 이선희 2009, 金有植 2010). 그러나 백제 와박사에 의한 제와술의 전파를 상정하여 백제계 수막새의 도입을 사비 천도 이후인 6세기 중엽 초반 이후로 보기도 하기 때문에(조원창 2005) 연구자마다 고식 수막새의 등장 시기는 다소 차이가 난다.

황룡사 창건기 수막새는 연판이 전체적으로 세장하면서 끝이 뾰족하고 연판 안에 능선이나 볼륨에 의한 능각 현상(김성구 2000)을 띠는 것으로 고구려계 수막새 도입의 상한으로 여겨지기도 한다. 그래서 고구려계 수막새는 황룡사가 창건되는 6세기 중반을 전후한 시기에 도입 혹은 제작된 것으로 추정한다(申昌秀 1987, 김성구 2000). 그러나 한편에서는 고구려계 수막새가 황룡사 창건 이전인 6세기 전반경에 제작되었다고 보기도 한다(이선희 2009, 金有植 2010). 이는 월성해자와 나정에서 출토된 고구려계 수막새가 황룡사지에서는 출토되지 않으며, 제작 기법 또한 미숙하다고 보았기 때문이다. 아직 고구려계 수막새가 출토되는 기와가마가 발굴되지 않았기 때문에 무어라 단정할 수는 없다. 하지만 황룡사지 출토 창건기 수막새가 문양적 측면에서는 고구려 수막새와 유사하나, 제작 기법상으로 고구려 수막새와 직접 관련이 없고(鄭智燕 2011) 오히려 백제의 기와 제작 기술과 유사한 점이 밝혀졌기 때문에 재고가 필요하다(崔英姬 2010).

고구려계·백제계로 명명되는 신라 고식수막새의 제작 시기는 신라에서 기와가 사용되는 개시기와도 상통하는 문제이다. 지금까지 신라 기와의 출현과 계통문제가 문양을 중심으로 거론되어 왔기 때문에 앞으로 문양과 함께 제작 기법도 연구하여 이제까지의 연구 결과를 재검토할 필요가 있다.

이러한 연구 결과에 당시 문헌 사료까지 접목시킨다면 기왕의 연구보다 새롭고 흥미 있는 내용을 확보할 수 있을 것이다.

• 경주지역 장판 타날판 평기와의 사용 시기

통일신라시대 후기에는 평기와 제작 시 장판 타날판을 사용하는 것이 일반화된다. 장판 타날판 평기와의 상한은 「會昌七年」명(847) 기와, 「大中」명(847~860) 기와를 비롯하여 완도 청해진유적 출토 평기와를 통해 볼 때 9세기경이다(李仁淑 2004). 그러나 이상의 평기와들은 모두 경주 이외의 지역에서 출토된 것으로 경주에서도 9세기에는 평기와 제작 기법이 장판 타날판으로 정형화되었을 것으로 짐작되나 단정할 수 없다. 통일신라시대 경주에서 장판 타날판이 사용되지 않고 중판 타날판만 사용되었다는 견해(趙成允 2003)가 있는 반면, 9세기 중엽 이후부터 중판과 장판 타날판이 사용된 평기와가 혼재되어 출토된다고 보는 견해(柳煥星 2007)도 있기 때문에 검토가 필요한 상황이다.

9세기부터 11세기 이전까지 조업된 것으로 추정되는 방내리 기와가마(嶺南文化財研究院 2007)에서는 장판 타날판 평기와가 출토되었는데, 이 기와의 하단 내면 조정 방법으로는 통일신라시대에 나타나는 「무조정 또는 깎기」와 고려시대에 나타나는 「물손질」이 동시에 확인된다. 이러한 하단 내면 조정 방법이 관찰되는 방내리 기와의 제작 시기는 9세기 중엽 이후로, 경주도 다른 지역과 마찬가지로 단판→중판→장판으로의 변화가 상정된다(李仁淑 2012). 또 경주의 장판 타날판 평기와에서 관찰되는 일련의 속성 상태, 즉 「깊게 남은 사절흔」, 「윤철흔」, 「하단부 내면의 물손질 조정흔」을 통해 경주에 새로운 공인 집단이 이주했을 가능성도 있으며, 그 시기는 10세기 이후의 고려시대로 비정할 수 있다(崔英姬 2009).

타날판의 길이, 하단 내면 조정 방법, 윤철흔의 유무 등은 통일신라시대와 고려시대 평기와를 구분하는 중요한 속성들이다. 그럼에도 불구하고 경주의 평기와에 대해서 이러한 속성을 면밀하게 검토한 연구가 거의 없었기 때문에 향후 이에 대한 검토가 요구된다. 그래야만 신라부터 통일신라시대의 왕경이었던 경주에서 장판 타날판이 사용되었는가, 만약 사용되었다면 왕경 내에서의 장판 타날판 평기와의 출토량이 왜 적으며, 제작 시기는 언제인가 등의 질문에 답을 찾을 수 있을 것이다.

• 창건 기와 설정 문제

지금까지 경주지역 막새 편년은 유적에서 가장 이르다고 판단되는 고식 막새를 선별하고, 그 막새의 제작 연대가 해당 유적의 창건 연대라는 전제에서 출발하였다. 이러한 창건기 막새들을 중심으로 신라부터 통일신라시대의 막새 편년이 수립되었다(李仁淑 2012). 또한 「절대다수의 논리」(上原直人 1997)로 한 유적에서 출토되는 막새 중 최대 다수를 점하는 형식을 창건 막새로 설정하여 많은 보고서에서 활용해 왔다. 하지만 존속 연대가 긴 건물지 유적에서 출토되는 수많은 막새 문양 중에서 과연 한 두가지 특정 문양의 막새를 창건 연대의 것으로 전제하는 것이 타당한가(李仁淑 2012), 고고학적 층서 관계에 대한 검토 없이 문양 및 출토량만으로 창건 시의 기와로 설정할 수 있는가에 대한 의문이 있다. 「재활용와」(차순철 2007a)가 평기와에 사용된 개념이지만 막새에도 충분히 적용될 수 있는 사례로서 창건 기와 설정에는 좀 더 타당한 근거가 필요하다.

__신라 기와의 변천 및 특징

신라 기와의 종류

기와는 지붕을 이루는 데 반드시 필요한 평기와, 지붕을 치장하여 건물의 위용을 돋보이게 하는 막새, 서까래기와, 마루기와를 비롯하여 지붕 부재가 아니라 다른 용도로 사용되는 특수기와로 크게 구분된다(도1, 김성구 1992). 삼국시대 신라에는 암·수키와와 수막새, 토기구연 형태의 암막새, 사래기와, 치미 등이 제작된다. 통일신라시대에는 전대에 거의 제작되지 않았던 전형적인 암막새, 타원형막새, 모서리기와, 연목기와, 부연기와, 귀면기와, 마루수막새, 마루암막새 등이 새롭게 출현한다.

평기와는 수키와와 암키와를 아울러 지칭하는 용어(李仁淑·崔兒先 2011)로서 지붕에서 가장 기본이 되는 기왓등과 기왓골을 형성한다. 상협하광·상광하협의 삼국시대 암키와는 통일신라시대가 되면 상단부와 하단부의 길이가 거의 같은 장방형으로 변한다. 수키와는 미구의 유무에 따라 토수기와와 미구기와[*]로 나뉘는데 통일신라시대에

도1__ 각 기와별 명칭 및 위치(국립경주문화재연구소 2013)

[*] 토수기와와 미구기와를 무단식과 유단식으로 구분하기도 하는데, 이는 일본에서 사용하는 용어이므로 우리나라 전통 건축에서 사용하는 토수기와와 미구기와를 사용하겠다.

428

도2_ 각종 기와(국립경주박물관 2000)
① 연목와, ② 타원와, ③ 곱새기와, ④ 사래기와

는 주로 토수기와가 제작된다.

막새는 평기와의 하단부와 접합되어 처마 끝에 놓이는데, 목재의 부식을 막을 뿐만 아니라 외면에 다양한 문양이 장식되어 건물의 가시적인 장식 효과를 높인다. 막새는 수막새, 암막새, 그리고 이형 막새로 구분된다.

서까래기와 또한 막새와 마찬가지로 서까래의 부식을 방지하면서 지붕을 장식하기 위해 사용되는데 연목기와, 부연기와, 사래기와로 구분된다. 연목기와는 수막새의 막새부와 형태가 유사하나 중심부에 못 구멍이 뚫려 있다. 사래기와는 추녀 끝에 잇대어댄 사래에 사용되는 원두방형의 기와로서 신라시대에는 연화문이 유행하였으나 통일신라시대에는 귀면문으로 대체되어 성행한다.

마루기와에는 적새, 착고, 부고가 있다. 용마루나 내림마루를 장식하는 기와로는 치미, 귀면기와 등이 사용된다(김성구 1992·2000).

신라 기와의 제작 방법 및 변천

• 평기와

제작방법 및 특징

신라 평기와의 제작 방법은 『天工開物』, 『제와장』(국립문화재연구소 1996) 등을 통해 추론할 수 있다. 평기와의 제작 과정은 크게 7단계로 구분되는데 그 중 '소지 작업-성형-건조'의 과정에서 특정 흔적들이 평기와에 남게 된다. 기와를 만들기 위해서는 먼저 적당한 흙을 채취하고 이물질을 걸러낸 다음 그 흙을 숙성시키는데 이 과정을 소지 작업이라 한다. 소지를 점토띠나 점토판의 형태로 〈도3-②〉와 같이 포목이 씌워진 와통에 붙여서 타날한 다음 건조·소성한다. 〈표1〉과 같은 과정을 거쳐서 제작된 평기와에서 관찰되는 속성은 소지 형태, 태토 및 소성도, 와통 형태, 측면의 와도질 방향, 하단 내면 조정 방법 등의 기술적 속성들과 암·수키와의 외면에서 관찰되는 타날 문양과 같은

표1__ 기와의 제작 공정(김희철·이동주 2009, 차인국 2013 전재 후 편집)

단계	1	2	3	4	5	6	7				
최맹식	채토	흙고름	흙벼늘	소지	성형	건조	구움				
조성모	원토채취	구와질	흙보시	다드락	성형	건조	재임	번조			
『제와장』	흙채취	흙괭이질	흙벼늘쌓기	다무락쌓기	기와만들기	건조	재임	굴제사	가마불	굴단속	굴문트기
관련 속성	태토, 색조	태토, 혼입물	사절흔, 점토 내구성	소지종류, 사절흔, 길이, 너비, 두께	와통종류, 포목흔, 점토합흔, 문양, 타날판의 길이, 타날면의 형태 등	와도질흔, 분할흔, 하단 조정흔	색조, 뒤틀림 등				

도3__ 평기와 제작 과정(국립문화재연구소 1996 전재 후 편집)
①~⑤ 암키와 성형, ⑩~⑭ 수키와 성형, ⑥~⑨ 건조

양식적 속성, 기와의 크기나 두께 등과 같은 계량적인 속성들이 관찰된다(최영희 2003). 이러한 속성들의 상태를 조합하면 신라 평기와만의 특징을 파악할 수 있다.

현재 우리나라 전통 기와를 제작하는 방법은 삼국시대부터 이어져 내려온 기술로써 지금은 기와의 대량 생산 및 효율성을 고려하여 그 중 일부가 선택 또는 변형된 것이라 추측된다. 신라부터 통일신라시대의 평기와 제작 방법 중에 현재까지 전해지지 않은 것은 현존하는 당시의 기와 및 민속지예(佐原眞 1972)를 통해 그 원형을 복원 할 수 있다.

아래에서는 먼저 평기와의 제작 도구 및 제작 방법과 관련된 용어와 그 의미를 살펴본 다음 신라 평기와의 변천 과정을 언급하고자 한다.

① **태토** : 삼국시대 신라 기와는 태토가 고운 진흙으로 제작되었지만 통일신라시대에 들어서면 사질 위주의 활석이 혼입된 점토가 사용되어 다소 거칠어진다. 이러한 양상은 기와가 고온에서 뒤틀리는 현상을 방지하기 위해 변화된 것으로 통일신라시대 기와의 대량 생산과 관련되었을 것이다.[*]

② **소지형태** : 소지는 기와 제작에 사용되는 숙성된 바탕흙으로써 형태에 따라 점토띠와 점토판으로 구분된다. 무와통으로 제작할 경우 점토띠 소지를 사용하고 원통 와통으로 제작할 경우에는 점토판을 사용하였다. 모골와통으로 제작된 것은 주로 점토판 소지가 많지만 점토띠 소지도 일부 확인된다.

③ **와통** : 평기와를 만들기 위한 틀은 일단 기와의 종류에 따라 수키와 와통, 암키와 와통으로 구분된다. 와통은 다시 와통을 사용하지 않고 제

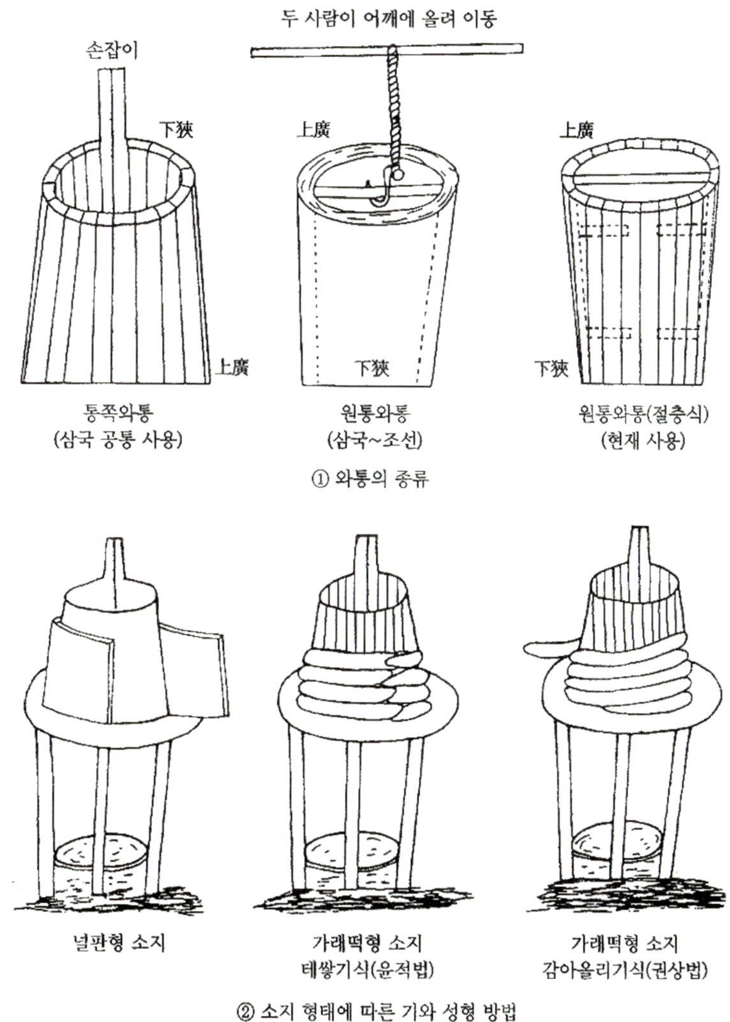

도4_ 와통의 종류 및 소지별 기와 성형 방법(최맹식 2006)

[*] 김유식(2010)이 막새 기와의 태토를 삼국시대 신라의 것과 통일신라시대의 것으로 구분한 내용이나 평기와도 그와 유사할 것으로 추정된다.

표2_ 연구자에 따른 와통의 명칭*

최태선 (1993)	조성윤 (2000)	김기민 (2001)	최맹식 (2006)	최영희 (2009)
*	무와통	무와통작법	무와통법	무와통제작법
모골와통	통쪽와통	통쪽와통	통쪽와통	화판연결식와통
원통와통	원통와통	원통형와통	원통와통	비연결식와통

작하는 방법과 모골와통, 원통와통 등 와통을 사용하는 방법으로 나뉜다. 중국에서는 서주 이래 한나라 후기까지 무와통으로 제작하는 방법이 사용되었다고 한다(최맹식 2006). 와통을 사용하지 않고 평기와를 제작하는 방법은 점토띠 소지를 권상법이나 윤적법으로 쌓아 원통 형태로 만드는 것으로 토기의 제작 방식과 흡사하다. 대개 수키와 와통은 지름이 짧아 통나무로 제작하는 반면, 암키와 와통은 긴 지름 때문에 주로 통쪽을 연결해서 만드는데 와통의 해체 가능 여부에 따라 모골와통와 원통와통으로 나뉜다(李仁淑·崔兒先 2011). 모골와통은 세장한 통쪽을 끈으로 연결한 개폐식으로 통쪽을 엮는 방식에 따라 두 가지로 나뉜다. 먼저 내외면을 관통하는 구멍을 뚫은 통쪽을 연결하는 방식이 있는데, 이 방식으로 제작된 기와의 내면에는 통쪽 흔적과 함께 통쪽을 엮은 흔적이 남게 된다. 또 다른 방식은 통쪽의 측면을 관통시켜 연결하는 방법으로, 기와의 내면에는 통쪽을 엮은 흔적은 보이지 않고 오로지 통쪽 흔적만 남는다. 전자는 백제 기와, 후자는 고구려 기와에서 많이 확인된다. 원통와통의 형태에 대해서는 나무 원통의 속을 파내서 만든 것으로 추정하기도 하고(최맹식 2006), 통쪽을 해체할 수 없도록 고정시킨 원통형의 와통으로 추정하기도 한다.

④ 통보 : 와통과 점토 원통을 분리하기 위해 와통 외면을 감거나 덧씌우는 직물의 일종이다. 기와 내면에서 관찰된다. 신라 기와에서는 주로 포목의 형태로 확인되지만 백제 기와 중에서는 새끼줄이나 갈대를 엮어 만든 형태의 것이 사용되기도 한다.

⑤ 분할돌대 : 평기와를 균등하게 이등분 혹은 사등분하기 위해 와통의 외면에 부착하는 막대기나 돌출된 못 등을 말한다. 기와의 내면에 길거나 짧은 홈으로 관찰된다. 백제 기와에서는 분할계선(끈 이음식, 젓가락식)과 분할계점(돌기형, 단절형) 등 다양한 분할돌대가 확인되고 있다. 신라 기와 중에도 분할계점이 일부 확인되기도 하나 대개는 분할계선이 확인된다.

⑥ 타날판 : 평기와 외면에 종방향으로 관찰되는 타날 단위의 수와 길이에 따라 세 가지 속성으로 구분된다. [도5]와 같이 타날 단위가 4~5회인 단판은 6~8cm, 2~3회인 중판은 15~20cm, 1회인 장판은 30~40cm이다. 타날판의 길이는 대개 '단판→중판→장판'으로 변화한다(崔兒先 1993). 그러나 타날 단위 문양과 두드린 횟수만으로 타날판의 길이를 구분할 경우 이상의 범주를 벗어난 사례도

---

* 와통을 만드는 재료에 따른 명칭(통쪽와통, 원통와통)과 와통의 해체 가능 여부에 따른 명칭(모골와통, 원통와통 또는 화판연결식와통, 비연결식와통)으로 구분된다.

도5_ 타날판 및 타날 종류
① 단판·중판·장판 타날판, ② 최영희 2009 전재 후 편집, ③·④ 나정(중앙문화재연구원 2008), ⑤ 방내리 생활유적(영남문화재연구원 2007)

있기 때문에 타날 도구를 복원하여 그에 따른 타날 방식을 파악할 필요도 있다. 타날판 길이의 변화는 타날 도구가 기와 제작 전용으로 고안되어 갔던 기술적인 발전 과정을 보여주기도 한다(崔英姬 2009).

⑦ **타날 문양** : 문양이 새겨진 타날판으로 기와 외면을 타날하는 과정에서 생겨난다. 평기와의 문양은 문양 자체가 가지는 의미도 물론 있겠지만 그보다는 평기와를 만드는 데 반드시 필요한 기술적 요소로 생각된다. 즉 문양이 새겨진 타날판으로 타날하는 행위는 와통과 점토와의 접착력을 높여서 기와의 모양이 잘 잡히도록 한다. 또 기와 외면의 울퉁불퉁한 문양은 즙와시 지붕과의 마찰력을 높이는 역할을 한다. 신라 평기와에는 선문이 대부분이고 격자문이 소량 있는데, 고구려나 백제 평기와에는 이외에도 승문의 출토량도 많은 편이다. 통일신라시대에는 선문과 함께 복합문이 나타나기도 하며 늦어도 9세기대에는 어골문이 등장한다.

⑧ **하단 내면 조정 방법** : 이 속성은 기와의 낙수 기능과 즙와 방법의 변화와 관련된 것으로 추정된다. 주로 기와 하단 내면에서 조정 흔적이 확인되는데 무조정, 깎기, 물손질로 구분된다. 신라부터 통일신라시대에는 무조정 혹은 깎기가 보편적으로 사용되는 것이 특징이다. 통일신라시대 말부터 고려시대 초를 전후하여 하단 내면 조정 방법은 물손질로 정형화된다.

⑨ **측면의 와도질 방향** : 건조 과정에서 점토 원통에 와도질을 하여 평기와로 분할하기 때문에 이 흔적은 평기와의 양쪽 측면에서 나타난다. 삼국시대부터 조선시대까지의 암키와에는 대개 양쪽 모두 내측에 와도질 흔적이 남기 때문에 암키와의 와도질 방향은 시간성을 반영하지 않는다. 반면 수키와의 와도질 방향은 시간성을 반영하는데 신라부터 통일신라시대 수키와에서는 와도질 방향이

양쪽 모두 외측, 양쪽 모두 내측, 한쪽은 내측·다른 한쪽은 외측인 것이 모두 확인된다. 그러나 고려
시대가 되면 수키와마저 와도질 방향이 양쪽 모두 내측으로 정형화된다.

변천

건물지에서 주로 출토되는 기와는 동일 층위 출토품이 제작의 동시성이 아닌 폐기의 동시성을 반
영하고 있고, 시간성을 반영하는 속성의 변화 속도가 더디기 때문에 토기처럼 세분된 편년 자료로
는 적합하지 않다. 다만 막새는 가시적으로 드러나는 문양이 다양하여 문양 자체가 편년의 중요한
속성으로 인식된다. 그러나 평기와 편년에는 문양뿐만 아니라 제작 흔적이 중요시되고 있어서 그에
대한 세밀한 관찰이 동반되지 않으면 제작 시기를 파악하기 어렵다. 한편 막새와 평기와는 서로 접
합된 채로 출토되는 경우가 적고 대개 따로 분리되어 출토된다. 이 때문에 지금까지 신라 기와의 편
년 연구는 대개 막새, 평기와 각각에 대해서 진행되었다.

지금부터는 각각의 타날문양에 해당하는 제작 기술을 파악하고 분묘와 와요지에서 공반 출토된
토기를 근거로 평기와를 편년한 최영희(2009)의 연구 성과, 연호명 평기와와 존속연대가 짧고 창건
연대가 있는 건물지 출토 평기와 등을 편년한 이인숙(2004)의 연구 성과를 중심으로 신라부터 통일
신라시대 평기와의 특징을 살펴보고자 한다. 그리하여 6세기 전엽부터 7세기 후엽, 7세기 말부터 9
세기 전엽, 9세기 중엽부터 10세기 전엽의 3단계로 구분해 보았다.

① 6세기 전엽~7세기 후엽

기와 제작 기술이 신라에 언제 도입되었는지는 명확하게 밝혀진 바가 없다. 다만 초기 신라 기와
중에는 한성기 기와 제작 방법의 일종인 무와통(최맹식 2006:298)으로 제작된 기와가 5세기 후엽으
로 편년되는 토기와 함께 출토된 바가 있다(韓國文化財保護財團 1999). 이 기와의 외형이 정형화되
지 않고 미숙한 점을 들어 늦어도 6세기 전엽에는 신라에서 기와가 제작되었을 것으로 보고 있다
(金基民 2001, 崔英姬 2009). 경주에서는 경마장 예정부지 C-Ⅰ지구, 손곡동·물천리 유적, 인왕동
556·566번지 유적 등지에서 무와통으로 제작된 기와가 출토되었다. 이 기와들은 와통 없이 점토띠
를 둥글게 말아 감은 후 외면을 꼼꼼하게 횡방향으로 물손질하여 모양이 없지만 일부 기와 중에는
단판으로 타날한 흔적이 있다. 무와통으로 제작한 수키와에는 백제 수막새와 유사한 원형돌기식 수
막새가 부착되기도 한다. 경마장 예정부지 C-Ⅰ지구에서는 무와통으로 제작된 암키와, 미구기와, 원
형돌기식 연화문 수막새, 토기 구연부 형태의 초기 암막새가 공반 출토되었다(崔英姬 2009).

모골와통으로 제작된 기와는 경주 지역에서 소량 확인된다. 6세기 전·중엽으로 비정되는 손곡
동·물천리 유적 28호·29호 토기 가마의 소성실 상면에서 모골와통 기와가 토기의 받침대로 사용
되었고, 황룡사 회랑 외곽(崔孟植 2002a)에서는 모골와통 기와가 다량 출토되었다. 이로 보아 늦어

434

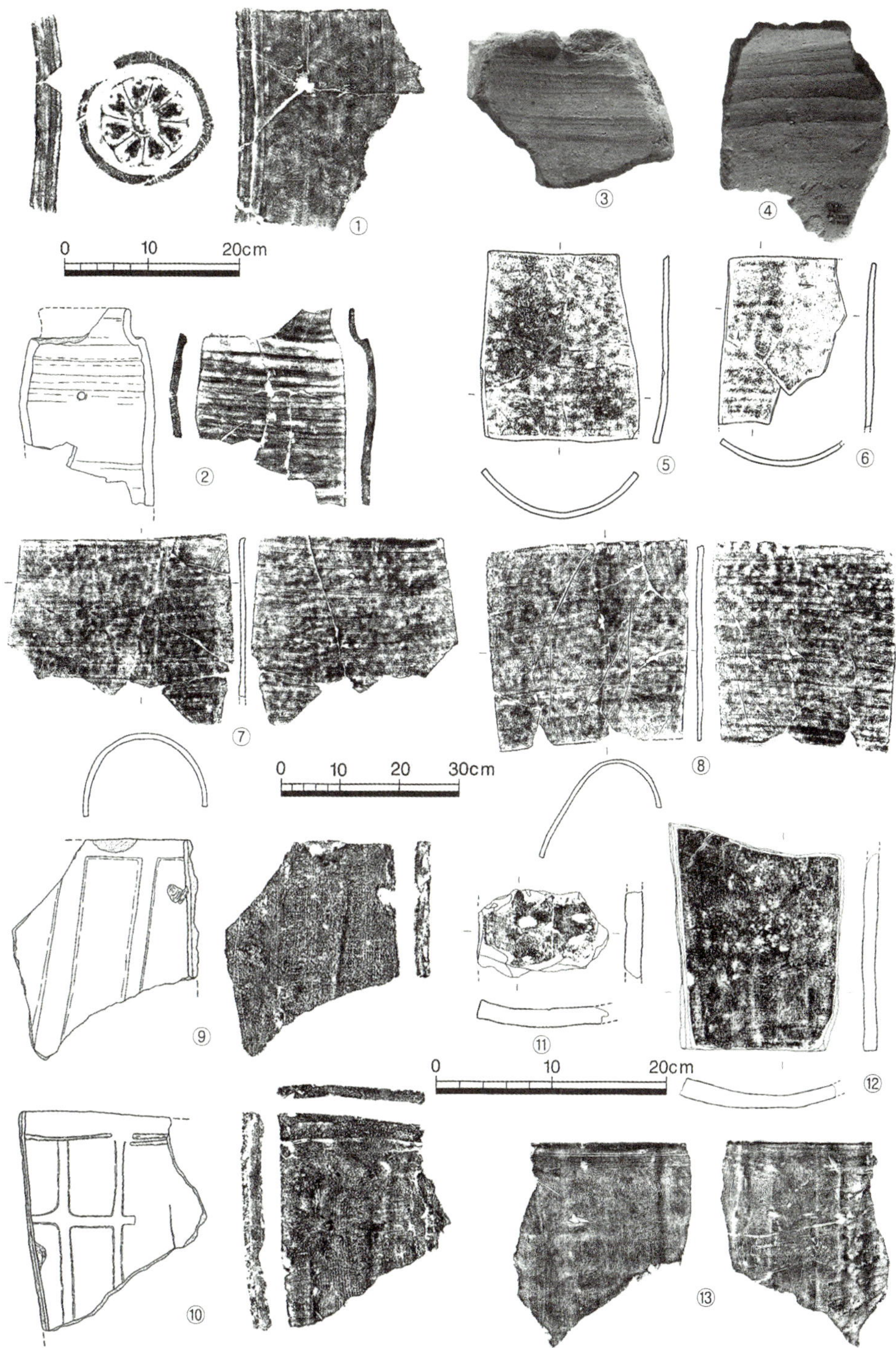

도6 _ 무와통(①~⑧) 및 모골와통(⑨~⑬) 제작 평기와

①·②·⑨·⑩ 인왕동 556·566번지 유적(국립경주문화재연구소 2003), ③·④ 손곡동·물천리유적Ⅲ(동국대학교 경주캠퍼스박물관 2003), ⑤·⑥ 경마장 예정부지 C-Ⅰ지구(한국문화재보호재단 1999), ⑦·⑧·⑪·⑫ 손곡동·물천리유적 A지구(국립경주문화재연구소 2004c), ⑬ 황룡사 회랑외곽(최맹식 2002a)

도 6세기 중엽경에는 모골와통으로 제작된 기와가 사용되었을 것으로 추정한다. 경주지역에서 확인된 모골와통 기와에는 대부분 점토판 소지가 사용되었고 선문, 격자문 등의 단판 타날판으로 타날되었다. 모골와통으로 제작된 암키와는 원통와통으로 제작된 미구기와와 공반되기도 하는데, 모골와통 기와의 출토예가 별로 없어서 아직까지 그 전반을 이해하기는 어려운 상황이다(崔英姬 2009).

원통와통으로 제작된 평기와는 점토판 소지가 사용되고, 격자문·선문이 새겨진 타날판으로 타날되었다. 신라 평기와는 대부분 원통와통으로 제작되는데 늦어도 7세기 전엽에는 원통와통 제작법이 주류를 이룬다(趙成允 2000, 金基民 2001, 崔英姬 2009). 특히 원통와통으로 제작된 평기와는 경주 지역 횡혈식 석실분의 시상이나 두침, 족좌 등으로 사용되기도 한다. 횡혈식 석실분의 특성상 추가장이란 요소 때문에 유물 매납 시기의 동시성을 확보할 수는 없지만 어느 정도 시기 추정이 가능하다. 경주 방내리 36호·40호 횡혈식 석실분(國立慶州文化財研究所 1996)에서는 6세기 말부터 7세기 전엽으로 편년되는 토기가 원통와통으로 제작된 평기와와 공반되었다.

이상의 세 가지 계통의 평기와 제작법이 6세기 전엽 이전부터 7세기 초까지 다소 시차를 두고 신라에서 사용된 것으로 추정된다. 최영희(2009)에 따르면 각각의 평기와 제작법은 단일 주체가 수용하여 하나의 제작 기법이 등장하면서 다른 제작 기법이 소멸되는 것이 아니라 7세기 전엽 이후까지 일정 기간 서로 공존했을 가능성이 높다고 한다. 이는 인왕동 556·566번지 유적 건물지 최하층에서 세 가지 기법으로 제작된 평기와가 함께 출토되는 점을 통해 방증된다. 이 세 가지 평기와 제작 기술이 단순한 기술의 차이인지, 공인 혹은 공방의 차이인지는 확인할 수 없다. 그러나 7세기 이후 평

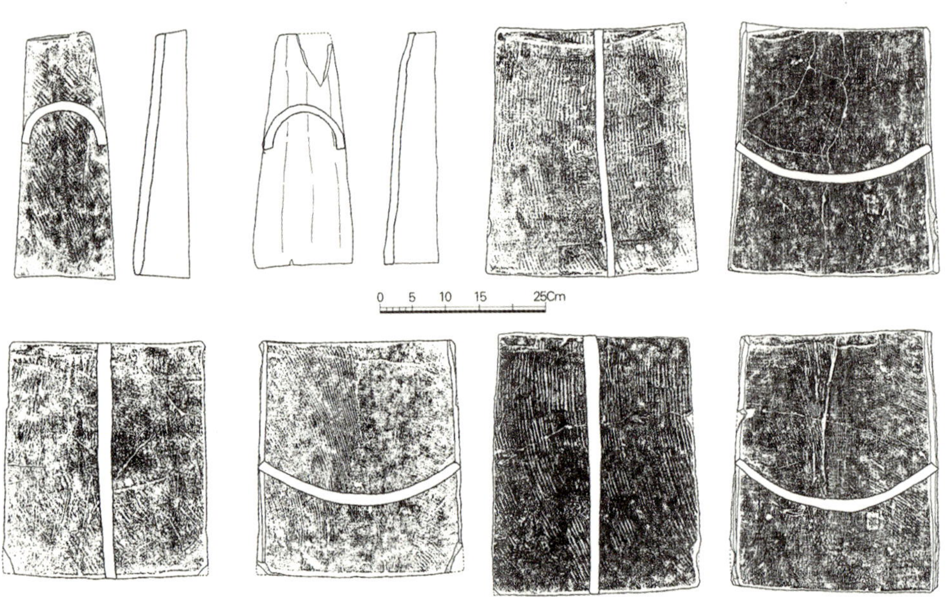

도7_ 원통와통 제작 평기와
방내리 40호분(국립경주문화재연구소 1996)

436

기와 제작 기법이 원통와통 제작법으로 정형화되는 사유는 신라에서 왕경 조영 사업에 따른 기와의 수요를 맞추기 위해 좀 더 효율적이고 대량 생산이 가능한 제작법이 필요했기 때문일 것이다. 그에 따라 나머지 기와 제작법들이 서서히 소멸되었을 것으로 생각된다.

② 7세기 말~9세기 전엽

전 시기의 다양했던 평기와 와통이 7세기 전엽부터 서서히 원통와통으로 바뀌게 되고, 늦어도 679년 경에는 중판 타날판이 등장하여 통일신라시대의 대표적인 타날 도구로 사용된다.

「儀鳳四年皆土」명이 찍힌 상광하협의 단판 타날판 암키와가 안압지, 월성, 망성리 기와가마터에서 출토되었다. 안압지에서는 이 연호명 기와와 함께 단판 타날판으로 타날된 평기와, 중판 타날판으로 타날된 평기와가 공반되었다(李仁淑 2004). 안압지의 사례를 토대로 단판 타날판과 중판 타날판은 일정 기간 공존하였으며, 중판 타날판이 늦어도 7세기 후반 이전에는 등장했음을 알 수 있다. 이후 통일신라시대 후기에는 경주지역에 장판 타날판이 등장했을 것으로 판단되나 통일신라시대를 대표하는 타날판은 중판 타날판이다. 토기와 기와 제작에 함께 사용되었을 것으로 추정되는 단판 타날판에서 중판 타날판으로의 변화는 기와 전용 타날판으로의 변화를 의미하는 것으로 생각된다. 통일신라시대에는 토기 공인과 기와 공인이 엄격하게 분리되고 기와 생산 또한 이전에 비해 증대된 것으로 추정된다. 수키와는 대개 사다리꼴의 토수기와 일색이며 사찰 등의 대규모 건물지에서 미구 기와가 소수로 출토된다. 하단 내면 조정 방법은 깎기 혹은 무조정이며 암키와의 내면에서 윤철흔은 아직 확인되지 않는다. 수키와의 크기가 이전에 비해 작아지면서 규격화되는 경향을 보인다. 같은 형식의 와통과 타날 도구를 사용하면서도 외면 타날 순서 및 조정 방식이 출토지마다 일정 정도 차이를 보이는데, 이것은 공방 내지 공인의 차이로 볼 수 있다(崔英姬 2009).

③ 9세기 중엽~10세기 전엽

원통와통과 중판 타날판의 사용, 하단 내면의 무조정 혹은 깎기 조정, 암키와 내면에 윤철흔이 없는 것은 통일신라시대 후기 평기와의 주요한 특징이다. 반면에 장판 타날판의 사용, 하단 내면 물손질 조정, 암키와 내면의 윤철흔은 고려시대 평기와의 특징이다. 그러나 통일신라시대의 지방에 해당하는 부여, 익산, 영동, 완도 등지에서 9세기 전엽부터 장판 타날판 평기와가 출토되어 이 시기 경주 지역에서의 장판 타날판 사용 여부는 논란이 있다.

현재까지 경주지역에서 통일신라시대의 장판 타날판 평기와가 출토되었다고 추정되는 유적은 방내리 생활유적 기와가마(嶺南文化財研究院 2008), 불국사 경내 성보박물관 부지(慶州大學校博物館 2006), 분황사(國立慶州文化財研究所 2005), 구황동유적(國立慶州文化財研究所 2008) 등에 불과하다. 방내리 기와가마 1~3호·5~8호에서는 장판 타날판 평기와가 출토되었는데 하단 내면 조정 방

도8 _ 통일신라시대 평기와
중판 타날판 평기와(① ~ ④ 왕경유적Ⅲ 동국대학교 경주캠퍼스박물관 2005), 장판 타날판 평기와(⑤ · ⑥ 방내리 생활유적(영남문화재연구원 2007), ⑦ ~ ⑩ 불국사 경내 성보박물관 부지(경주대학교박물관 2006)

법이 무조정 또는 깎기, 물손질이 모두 확인되며 수키와는 모두 토수기와, 암키와는 내면에 윤철흔이 없다. 분황사나 구황동유적에서는 중판 타날판 기와 가운데 소수의 장판 타날판 암키와가 섞여 출토되었는데 하단 내면 조정 방법이 대개 물손질이다. 불국사 경내 성보박물관 부지 출토품 또한 하단 내면 조정 방법이 물손질이며 암키와 내면에는 윤철흔이 있는 것과 없는 것이 섞여 있다. 방내리유적을 제외한 유적들에서 출토된 평기와의 하단 내면 조정 방법은 모두 물손질로서 상한이 9세기 후반까지 소급 가능하다(李仁淑 2012). 이러한 출토 상황을 보았을 때 왕경인 경주에서도 통일신라시대에 장판 타날판 평기와가 사용되었을 가능성이 높다. 그러나 통일신라시대 경주에서의 장판 타날판 평기와 사용 여부에 대해서는 향후 더욱 면밀한 검토가 필요하다.

● 막새

제작방법

막새는 막새틀瓦笵에 점토를 채워서 막새부를 제작한 후 1~2일 정도 건조시킨 수키와나 암키와를 접합시켜 완성한다. 막새 문양, 막새틀의 형태, 막새와 평기와 접합 방법 등이 시대와 지역에 따라 다르기 때문에 막새는 시공간을 구분하는 표지적인 유물이다.

막새틀은 성형 도구의 한 종류로, 막새 및 귀면와와 같이 장식적 기능을 갖는 기와를 시문하기 위해 사용되는 틀을 가리킨다(崔英姬 2010). 재료에 따라 목제, 도제, 석제가 있었을 것이며, 우리나라에서는 도제만 실물로 존재하는데 막새 표면에서 확인되는 목리흔을 통해 목제의 존재도 추측해 볼 수 있다. 막새틀은 (도9)의 ④와 같이 내범, 주연 바깥의 외범, 두 가지를 고정시키는 고정틀로 이루어졌을 것으로 추정된다.[*] 삼국시대에는 주연부 문양이 시문되지 않는 한 대부분 외범이 없는 막새틀이 사용되었으며, 통일신라시대에는 일반적으로 〈도9-①〉과 같이 연주문이 장식된 주연부까지 존재하는 막새틀이 사용되었다. 막새의 제작은 전술한 것처럼 막새틀을 이용한 문양 제작→평기와 접합→막새 뒷면 조정이라는 과정을 거친다.

① **막새면 제작 방법** : 막새틀 안에 점토를 채워서 문양면을 만드는데, 문양면에는 점토를 보충하거나 수정하는 작업 때문에 생겨나는 특정한 흔적이 확인되기도 한다. 이선희(2009)는 막새틀에 점토를 채워 넣을 때와 막새틀에서 문양면이 찍혀 나온 이후에 이루어지는 수작업을 각각 중조기법, 수날기법으로 분류하였다. 먼저 중조기법은 문양을 찍어내기 위해 막새틀의 좁고 깊은 부분에 작은 점토를 미리 채워 넣고 그 위에 큰 점토를 얹은 다음 손이나 도구로 누르는 것을 의미한다. 이 과정에서 미리 채워 넣은 점토와 그 후에 얹어진 점토 사이에는 작은 틈이 생겨서 문양면에 가는 실선이

---

[*] 막새틀의 구조는 星野猷二, 毛利光俊彦 등의 일본 학자들이 설정한 개념으로 최영희의 논고(2010)에 소개되어 있다. 일본에서는 내범을 文型, 외범을 枷型, 고정틀을 外郭이란 용어로 사용한다. 내범, 외범, 고정틀은 조성윤의 안(2008)을 최영희가 따른 것으로 본고에서도 이를 차용하였다.

보인다. 신라 고식연화문 수막새 중에는 연판의 볼륨이 크고, 자방과 연자 중에 입체적인 것이 많기 때문에 뚜렷한 문양을 만들기 위해서 이러한 작업이 필요했을 것이다. 주로 단판 연화문수막새에서 많이 확인되며, 통일신라시대가 되면 양감이 있는 사자문수막새와 같은 특정 막새에만 보인다. 다음으로 수날기법은 막새틀에서 분리된 문양면에 문양의 양감을 살리기 위해 점토를 보충하거나 수정하는 것을 의미한다. 이러한 작업이 가해진 막새는 연자나 연판 끝에 점토가 보충되어 있거나 의도적으로 문양 일부가 지워져 있어서 막새의 형식을 정할 때 좀더 세심한 관찰이 요구된다. 이러한 기법들은 기와가 대량 생산된 7세기 말 이후의 막새들에서는 거의 보이지 않는다.

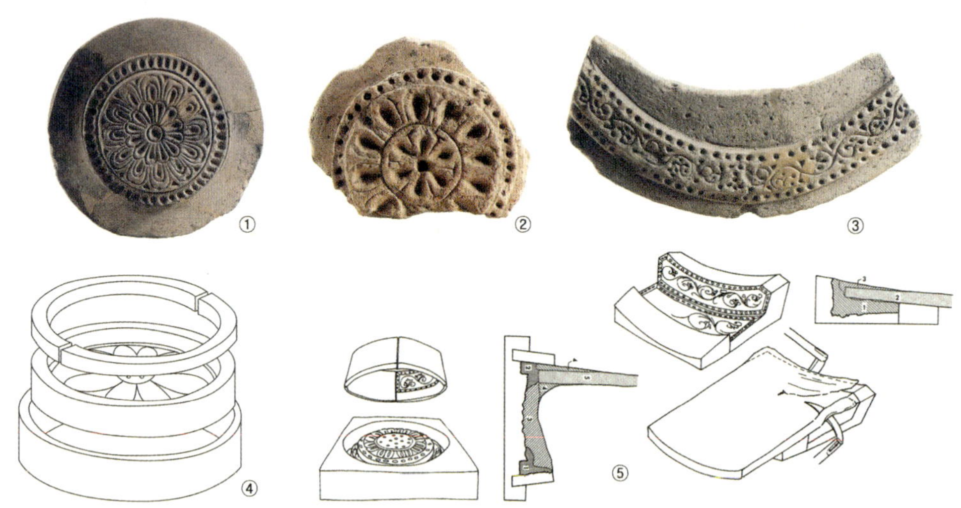

도9_ 막새틀 종류 및 접합 방법
(①~③ 국립경주박물관 2000, ④ 국립부여문화재연구소 2010, ⑤ 최영희 2010)

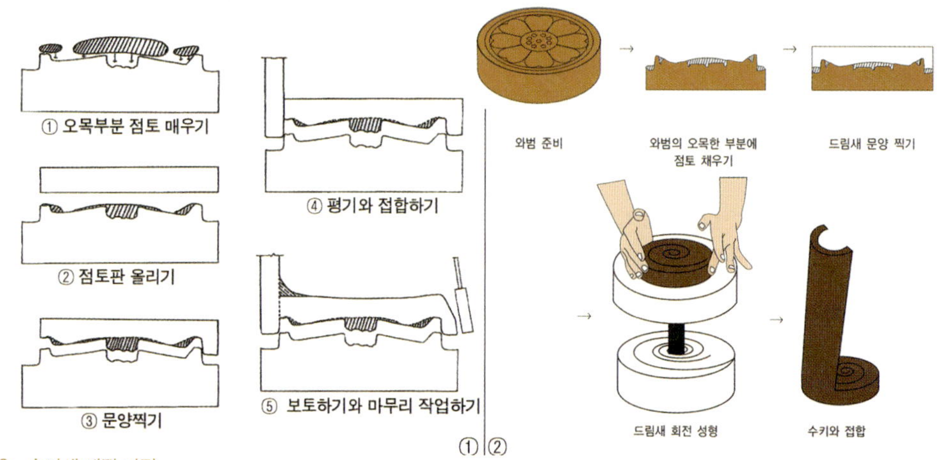

도10_ 수막새 제작 과정
(① 이선희 2009, ② 국립부여문화재연구소 2011 전재 후 편집)

② **평기와 접합 방법** : 막새와 평기와 접합 방법은 공인 또는 공방의 제작 기술의 차이로 인식된다. 평기와 접합 방법에는 다양한 형식이 존재하지만 크게 네 가지로 대별된다.[*] 첫째, 원통접합후분할법으로서 일체식(김성구 2000, 金基民 2001, 金有植 2010), 분할절지법(趙成允 2008), 배면접합법(이선희 2009), 원통접합법(魯秀敏 2012) 등으로도 명명된다. 이 기법은 완성된 수막새의 뒷면에 원통형의 수키와를 부착시키거나 문양면만 완성된 수막새의 주연부부터 점토띠를 말아올려 원통형의 수키와를 만든 후 불필요한 수키와의 아랫부분을 잘라내는 방법이다. 불필요 부분을 잘라냈기 때문에 막새 뒷면에는 돌출부가 남는데, 주로 낙랑 및 한성기 백제 수막새에서 확인된다. 둘째, 수키와가공접합법으로서 주연부까지 완성된 수막새의 뒷면에 하단부를 경사지게 깎아낸 수키와를 부착하는 방법이다. 수막새의 뒷면도 수키와 접합면과 각도가 맞도록 조정하기도 하는데 이 부분에는 전사된 수키와 포목흔이 남지 않는 것이 특징이다. 셋째, 수키와피복접합법으로서 주연접합법(이선희 2009), 수키와주연접합법(魯秀敏 2012)으로도 불린다. 수키와의 하단부를 수막새의 상단에 얹어서 수키와가 수막새의 주연부가 되는 경우, 주연부까지 완성된 수막새의 뒷면에 수키와를 부착하는 경우, 주연부 상부 일부에 수키와를 얹는 경우로 나뉜다. 이 수키와들은 가공되지 않은 상태로 수막새에 부착되기 때문에 수키와가 떨어져 나간 수막새에는 전사된 포목흔이 남는 것이 특징이다. 넷째, 수키와삽입접합법으로서 수막새 뒷면의

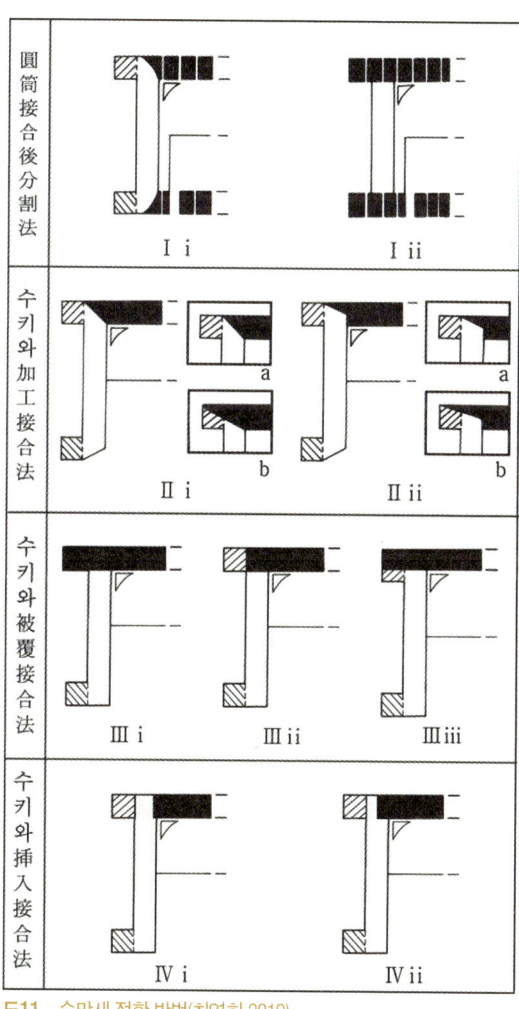

도11_ 수막새 접합 방법(최영희 2010)

---

[*] 막새 접합 방법에 관한 기왕의 연구는 접합방법의 차이점을 세분하여 많은 형식을 설정하였을 뿐 형식별 의미는 알 수 없었다. 본고에서는 다양한 접합 방법의 의미를 밝혀서 네 가지 종류로 구분한 최영희의 안(2010)을 따르고자 한다. 암막새의 경우는 연구 성과가 전무하여 본고에서는 언급하지 않지만 통일신라시대 수막새의 접합 방법과 거의 유사할 것으로 추정된다.

접합면에 얇게 점토를 깔고 수키와를 부착한 후 주변을 보토하여 완성시키는 기법이다. 수막새 뒷면에 홈을 내지 않고 수키와를 부착하는 것이 특징인데 통일신라시대 이후 흔히 사용된다.

③ **막새 뒷면 조정 방법** : 막새틀에서 문양을 찍어낸 다음 막새의 뒷면을 손으로 누르거나 도구로 조정하면 막새 뒷면에는 목리흔, 타날흔, 회전 혹은 무질서한 물손질흔 등이 남는다. 목리흔이나 무질서한 물손질흔은 신라 수막새의 뒷면에서 흔히 관찰된다. 타날흔과 회전 물손질흔은 분황사 출토 신라 수막새 뒷면에서 다량 확인된다. 격자문이나 선문 타날판으로 막새 뒷면을 두드리는 방법은 분황사 창건 기와로 여겨지는 고구려계 수막새에서 확인된다. 회전 물손질흔은 회전대 위에서 정면하는 방법으로 수막새 뒷면에는 나선형이나 원형의 회전 흔적이 나타난다(朴恩眞 2005). 회전 물손질흔은 백제 사비기에 사용되었던 방법 중 하나로써 삼각형돌기식의 8엽 단판 연화문수막새에서 주로 나타난다. 이러한 막새 뒷면 조정 방법은 무질서한 물손질 조정으로 점차 정형화된다.

변천

신라 막새의 변천 과정은 문양을 중심으로 연구되어 왔으며 최근에는 접합 기법이라는 기술적 측면도 함께 논의되고 있다. 문양은 다양한데 반해 접합 기법은 차이가 두드러지지 않아서 이러한 기술적 차이가 시간성을 반영하는지 공간성을 반영하는지 판단하기 어렵다. 그러나 삼국시대 신라와 통일신라시대의 막새는 기술과 문양에서 큰 차이가 나기 때문에 양 시기별 특징이 뚜렷이 구분된다.

① 6세기 전엽~7세기 말

신라 막새 연구의 쟁점은 막새가 신라에 최초로 도입된 시기 및 계통과 관련된 문제이다. 앞 장에서 언급한 바와 같이 초기 신라 수막새는 6세기를 전후하여 등장하였고 백제와 고구려 수막새 문양의 영향을 받은 것으로 보인다. 단판 연화문은 도입 초기의 신라 수막새 문양이며 신라가 통일되기 이전의 약 200년 동안 대표적인 문양으로 사용된다. 단판 연화문수막새로는 연판 안에 장식이 전혀 없고 연판 폭이 넓은 활판계의 '백제계'수막새와 연판 폭이 좁고 그 끝이 날카로운 협판계의 '고구려계' 수막새가 있다. 백제계 수막새는 경마장 예정부지 C-Ⅰ지구, 인왕동 556·566번지 유적, 화곡리 유적, 육통리 기와가마터, 월성해자 등지에서 출토되었다. 고구려계 수막새는 나정, 월성해자, 황룡사지, 분황사에서 출토되었는데 백제계 수막새에 비해 출토량이 적다. 이 두 수막새의 문양 차이는 기술 계통의 차이로 언급되어 왔으나, 최근의 연구에서 고구려계 수막새의 대표적인 접합 기법으로 여겨졌던 수키와피복접합법이 고구려가 아닌 백제의 한성기 기와에서부터 사용되었던 것으로 밝혀졌다. 오히려 고구려에서는 수막새 뒷면에 수키와를 바로 접합시키되 접합력을 높이기 위해 수막새 뒷면이나 수키와 하단부에 음각선을 새기거나 다치구로 긁는 방법이 사용되었다고 한다(吉井秀夫·崔英姬 2009, 鄭智燕 2011). 신라의 고구려계 수막새는 문양적 모티브는 고구려 평양 출토품과

도12_ 고구려, 백제, 신라 수막새 비교
① 고구려, ② 백제 대통사지, ③ 성동동 전랑지, ④ 나정, ⑤ 월성해자, ⑥ 재매정지
(①~③·⑤·⑥ 국립경주박물관 2000, ④ 중앙문화재연구원 2008)

유사하나 기술 계통은 백제와 일치하기 때문에 고구려에서 신라로의 직접적인 제와 기술의 전수는 상정하기 어렵다. 백제계의 원형돌기식 수막새는 대개 무와통으로 제작된 수키와와 접합된다. 백제계 수막새 문양은 백제 웅진기의 대통사식 수막새와 유사하나 접합 기법은 백제 한성기에 사용된 원통접합후분할법이다. 한편 경주 육통리 기와가마터에서 출토된 원형돌기식 수막새의 접합 기법이 수키와피복접합법으로서 공주 정지산유적, 부여 구아리유적 출토 대통사식 수막새와 유사하다. 이 백제계 수막새의 문양 및 기술 계통은 백제 웅진기에 사용된 것으로 대통사식 수막새가 성립된 6세기 전·중엽경에 해당한다고 볼 수 있다(崔英姬 2010).

6세기 후반부터 7세기 전반 무렵이 되면 백제계와 고구려계 수막새의 융합형이라 여겨지는 신라식 수막새가 등장한다. 신라식 수막새는 6~8엽의 연판 안에 능선이나 능각이 추가되는 형태로써 화천리유적, 황룡사지, 흥륜사지, 영묘사지, 분황사, 월성해자 등의 왕경 각지에서 다량 출토된다. 이 수막새들은 대부분 수키와피복접합법으로 제작된다. 이 기법이야말로 백제계 수막새에 적용되던 원통접합후분할법보다는 효율적인 제작 기법으로써 기와 수요가 증대되던 당시의 기와 생산 체계에 적합했을 것이다.

백제 사비기에 유행하였던 삼각돌기식 연화문수막새와 문양, 접합 기법, 뒷면 조정 방법이 유사한 단판 연화문수막새가 분황사와 경주공업고등학교부지(國立慶州博物館 2011)에서 출토되었다. 이 수막새는 수키와가공접합법과 막새 뒷면의 회전 물손질흔이 특징적인데, 이러한 백제계 수막새의 등장에 대해서 최영희(2010)는 백제 공인이 직접 신라에 와서 제와술을 전했을 것으로 추정했다. 백제에서 삼각돌기식 수막새가 6세기 후반에 제작(李炳鎬 2008)되므로 이 시기 이후를 신라 수키와가 공접합법의 상한으로 설정가능하다. 수키와피복접합법이 통일신라시대 이전에 주로 사용되었다면 수키와가공접합법은 7세기 이후에 적극적으로 사용되면서 통일신라시대까지 지속되었던 것으로 보인다.

7세기에는 복판연화문 수막새와 주연부 안쪽 구상권에 연주문이 있는 연화문수막새도 등장한다. 또한 연판 내에 자엽이 시문되는 수막새도 제작되는데, 통일신라시대에 화려하게 전개된 수막새 문화의 과도기적 양상을 보여준다(金有植 2010). 통일신라시대 이전의 암막새로는 경마장 예정부지 C-I지구, 월성해자 등지에서 출토된 토기 구연부 형태의 자료를 들 수 있다. 그러나 본격적인 암막새는 통일신라시대 이후에 등장하며 여러 가지 문양이 다양하게 나타나면서 발전한다.

② 7세기 말~10세기 전엽

통일신라의 와전 문화는 삼국의 전통을 계승하면서 중국 당나라의 영향을 받아 동아시아에서 가장 화려하게 성장한다(김성구 2000). 통일신라 초기에 창건된 사천왕사(679)와 감은사(682) 유적에서 고식수막새가 소량 확인된 반면 주연부에 연주문이 장식된 막새가 다량 확인되어 새로운 양식의 출현을 엿볼 수 있다. 7세기 후반이 되면 연화문뿐만 아니라 보상화, 인동초, 여러 동물을 모티브로 한 매우 다채로운 문양이 제작된다. 또한 연화문도 양식 분화로 단판, 복판, 중판, 세판, 혼판 등이 제작된다. 특히 두 연판이 겹쳐서 얹혀지거나 엇갈리면서 이중으로 구성된 중판이 가장 대표적으로 단·단엽형, 단·복엽형, 복·단엽형, 복·복엽형 등으로 세분된다(김성구 2000). 단판도 유문자엽형이 증가하고 세판은 연판수가 10엽 이상으로 늘어나며, 보상화문 혹은 당초문이 연화문과 조합되는 혼판 양식도 상당히 성행하였다. 이외에도 단판·중판 양식의 보상화문, 가릉빈가문, 봉황문, 사자문 등의 다양한 양식이 출현한다. 또한 무악식·유악식 암막새가 등장하여 다양하게 발전하는데 수막새와 마찬가지로 주연부에 연주문이 시문된다. 암막새는 가장 기본적으로 당초문이 사용되고, 인동당초, 보상화당초, 포도당초, 화엽당초 등으로 응용된다. 또한 용, 기린, 서조 등의 금수문과 비천문 등도 사용된다(김성구 2000). 안압지에서 출토된 「儀鳳四年皆土」명 무악식 당초문암막새와 중판 연화문수막새, 「調露二年」명 쌍록보상화문전은 7세기 말 화려했던 통일신라의 와전 문화를 보여준다.

8세기 중반은 불교 미술이 매우 발달하던 시기지만 막새의 문양은 이전 시기에 비해 도식화되는 경향을 보인다. 이 시기에는 전대에 화려하게 장식되었던 연화문수막새와는 반대로 문양면을 원권으로 구획하고 그 내·외판에 호박씨 형태의 연판만 있는 '국화형·호박씨' 연화문수막새가 주류를 이룬다. 금장리 기와가마터, 석굴암, 불국사, 숭복사지 등지에서 출토되는데 8세기 후반경에는 출현한 것으로 보인다. 이뿐만 아니라 쌍조문, 기린문, 용문 등의 금수문도 추상화되는 경향을 보인다. 9

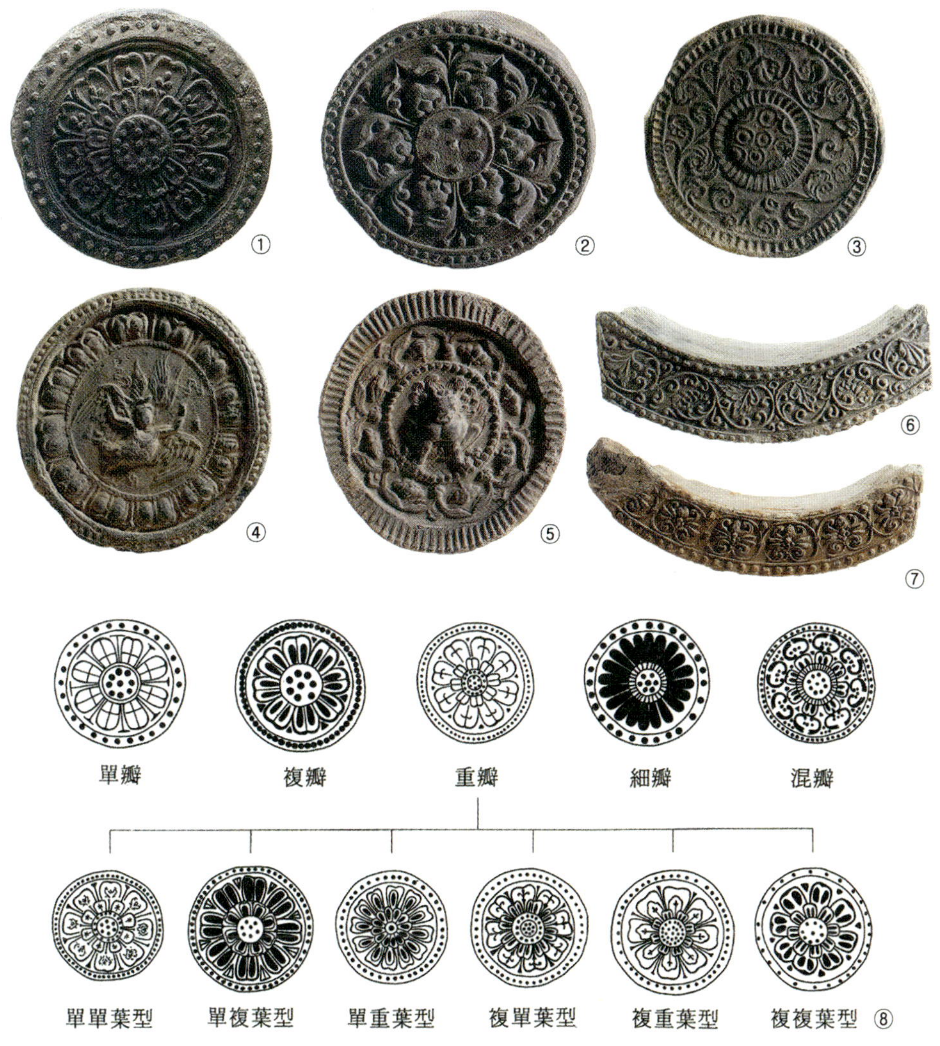

도13_ 통일신라시대 막새
①·②·③·⑥ 안압지(국립경주박물관 2000), ④·⑤·⑦ 출토지 미상(국립경주박물관 2000), ⑧ 연화문 종류(용강동 원지유적, 영남문화재연구원 2007)

세기 전반에서 10세기 초까지 연화문수막새의 문양은 더욱 세장화·단순화된다(金有植 2010). 세판문 계열의 단·단엽, 단·복엽의 연화문이 자방 주위를 이중으로 두르는 중판 연화문수막새가 전기에 이어 계속 유행하고 복판 연화문의 꽃잎 형태도 하트형으로 변한다(李仁淑 2012).

통일신라시대에는 수막새 뒷면을 'ㄴ'자형이나 'ㄷ'자형으로 자르거나, 하단부가 가공된 수키와를 수막새 뒷면에 접합한다고 보는 의견(魯秀敏 2012)이 있다. 반면 수막새 뒷면을 긁어내거나 홈을 만드는 것이 아니라 접합 부위를 보토하면서 수키와를 접합했다고 보기도 한다(崔英姬 2010). 현재까지 통일신라시대 수막새를 기술적으로 연구한 논고가 적어 상세한 검토는 불가능하다. 그러나 대체적인 기술의 흐름을 보면, 연주문을 표현하기위해 주연부까지 완성된 막새틀을 이용하여 문양면을 완성한 다음 주연부 뒷면의 가공을 최소화하면서 수키와를 접합했던 것으로 보인다. 이것은 기와 제작에 소요되는 공정 시간을 최대한 줄여서 빠른 시간 내에 기와를 완성하기 위한 것으로 생각된다.

__출토 유적

생산지 유적

기와가마터는 기와를 제작·생산하여 공급하던 곳으로 풍부한 물·연료·양질의 흙·얕은 구릉·소비지까지의 교통로가 필수적이다. 그래서 경주에서 확인되는 기와 가마터도 평지인 시내 쪽을 벗어나 주위를 둘러싸고 있는 천북면·내남면·현곡면 등지의 산지를 중심으로 확인된대도14. 기와 제작 초기에 해당하는 6세기대에는 기와가 토기 가마에서 소성되는 와도겸업요 형태를 보이다가 7세기대에 이르면 기와만 단독으로 소성되는 기와 전용 가마가 등장한다. 기와의 유통은 궁궐과 관아 건물에 집중 소비되던 양상을 띠다가 8세기가 지나면서 왕경 전역의 건물지로 확대되는 모습을 보인다. 또한 단순 공급, 소비의 형태가 아니라 개별 기와가마터에서 출토되는 기와가 다수의 유적에서 소비되거나 다수의 기와가마터에서 출토되는 동형의 기와가 하나의 소비지에서 출토되기도 하는 복수공급체계의

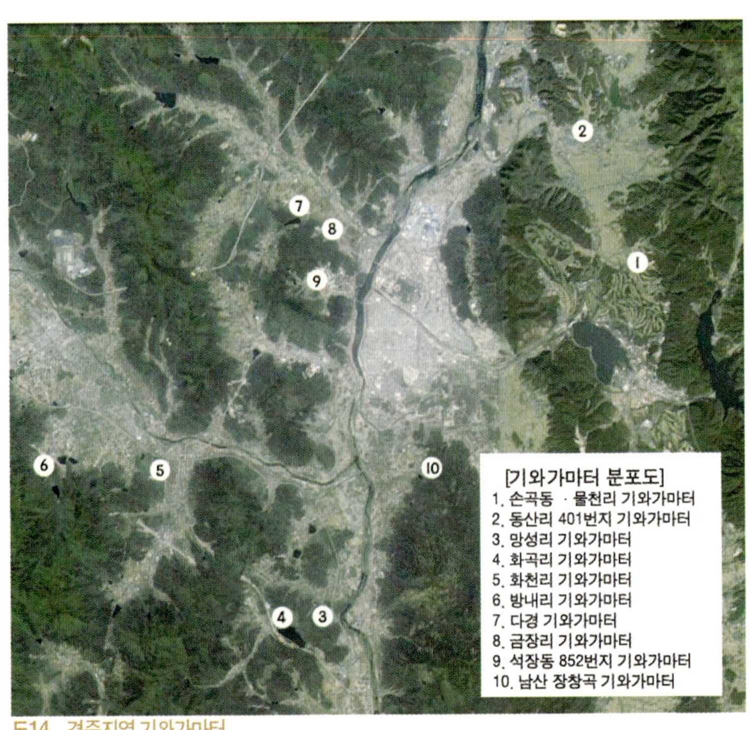

도14_ 경주지역 기와가마터

형태를 띤다(박헌민 2012). 「경덕왕이 瓦器典을 陶登局으로 고치고, 干 1명, 史 6명을 두었다」라는 『三國史記』의 기록*으로 보아 당시 기와가마는 국가가 관리하는 관요적 성격임을 알 수 있다.

표3_ 단계별 기와의 유통 특징(박헌민 2012)

시기	생산지	소비지		특징
6세기대	육통리 와요 화곡리 와요 물천리 와요	월성 안압지 황룡사 삼랑사		2~20km이내 궁궐과 관아건물 집중 소비 복수공급체계
7세기대	망성리 와요 다경 와요 남산 장창곡 와요 동산리 와요 화천리 와요	월성 안압지 전랑지 분황사	창림사 남간사지 삼랑사	10km 이내 왕경과 초기 사원 집중 소비 복수공급체계
8세기 이후~ 10세기 전반	금장리 와요 동산리 와요 석장동 와요 방내리 와요 남산 장창곡 와요	월성 안압지 전랑지 용강동 원지 왕경 정비 이후 건물지		소비지 범위 확대 복수공급+복수소비체계

● 천북면

물천리·손곡동 가마터

경주시 천북면 손곡동·물천리 일대로 1996년부터 2000년까지 국립경주문화재연구소(A), 동국대학교경주캠퍼스박물관(B), 한국문화재보호재단(C-I)이 조사지역을 3개로 나누어 발굴조사를 실시하였다. 그 결과 A지구에서는 47개의 토기 가마, 통일신라시대의 유계무단식 기와 가마 1기, 생산·제작과 관련된 공방지, 수혈, 건물지가 확인되었다. 기와는 토기 가마 내부에서 토기 받침대로 사용되었고 무와통으로 제작된 암키와가 공방지 일대에서 출토되었다. B지구의 토기 가마 1호에서도 대부완을 비롯한 토기와 기와가 함께 출토되어 와도겸업요였음을 알 수 있다. C지구에서는 기와가마가 발견되지 않았으나 작업장으로 추정되는 여러 수혈에서 무와통·모골와통·원통와통으로 제작된 다양한 평기와가 출토되었다. 또한 지표채집이지만 원형돌기식 연화문수막새가 확인되어 이 일대가 초기 기와의 생산지였음을 알 수 있다(韓國文化財保護財團 1999, 東國大學校 慶州캠퍼스博物館 2003, 國立慶州文化財研究所 2004c).

---

* 「…瓦器典 景德王改爲陶登局 後復故 干一人 史六人…」(『三國史記』권 제39 잡지 제8 직관 중). 도등국은 내성에 소속되어 도기류 생산을 담당하던 곳이다.

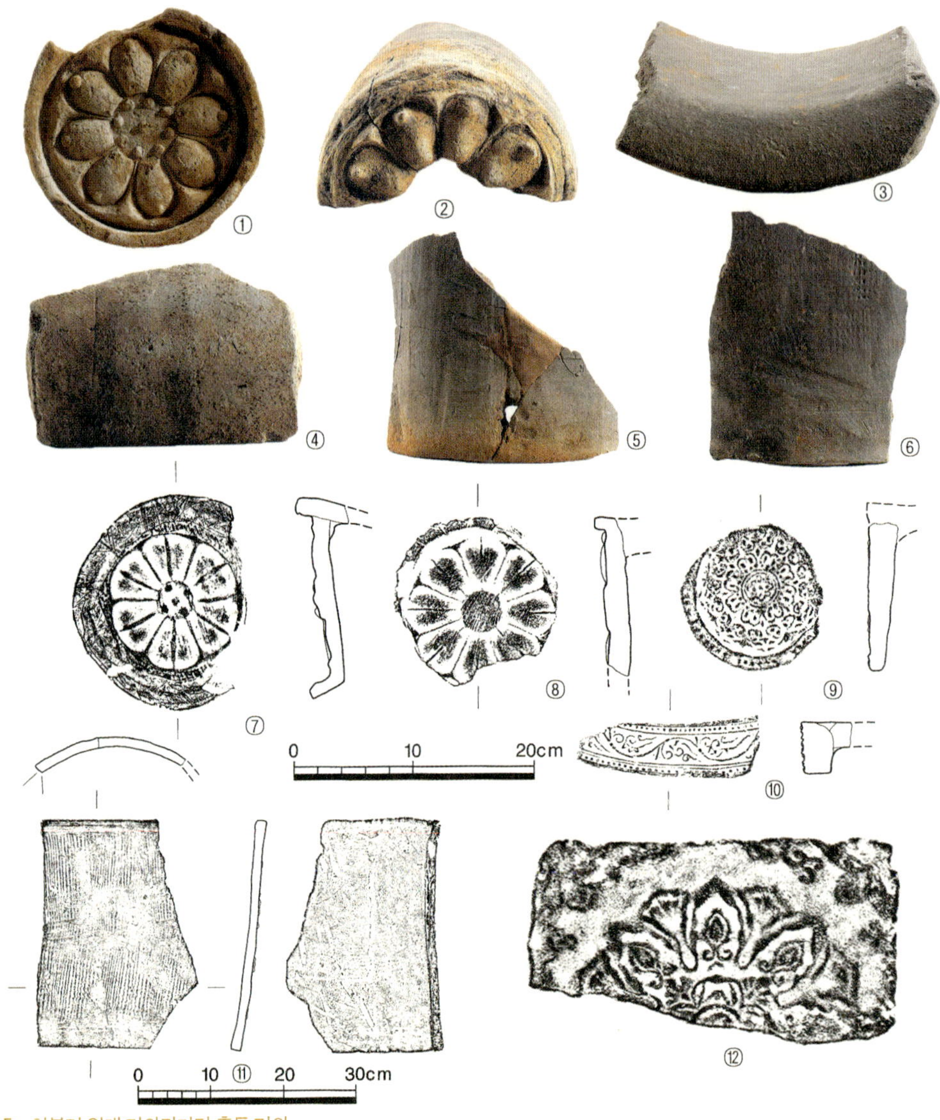

도15_ 천북면 일대 기와가마터 출토 기와
①~⑥ 경마장 예정부지 C-1지구(국립경주박물관 2000), ⑦~⑫ 동산리유적Ⅲ(신라문화유산연구원 2010)

동산리유적

경주시 천북면 동산리 401번지 일원으로 2007년 신라문화유산연구원에서 발굴조사를 실시하였다. 그 중 생산과 관련된 유구는 삼국시대부터 통일신라시대 가마 3기, 폐기장 50기, 수혈 등이 해당한다. 가마는 삭평되거나 유실되어 구조 확인이 어렵고 출토 유물이 미비하다. 대신 토기와 기와가 섞여 있는 폐기장과 수혈이 다수 확인되는데 삭평된 가마와 관련된 것으로 추정되며 와전류, 토기류, 토제품이 출토되었다. 단판·중판·보상화문·연화보상화문수막새, 당초문암막새, 중판 타날된

448

평기와, 연화보상화문의 전돌이 출토되었으며, 여러 장이 겹쳐 소성된 수키와가 폐기장에서 다수 확인된다. 출토유물로 보건대 동산리 기와가마터는 6세기 말에서 8세기대에 조업된 것으로 파악된다(신라문화유산연구원 2010).

● 내남면

망성리 가마터

내남면 망성 2리 산113번지 일대에 위치하는 가마터로 주변에는 망성리 토기가마터 및 화곡리 토기가마터가 산재해 있어 일대에 가마군이 형성되었음을 알 수 있다. 가마는 대부분 파괴되어 원형을 파악하기 어렵지만 보고자는 지상식 평요로 추정하였다. 지표조사 과정에서 「儀鳳四年皆土」명 기와, 단판·중판 연화문수막새, 당초문암막새, 쌍록보상화문전 등의 기와편 400여점이 채집되었다. 보고자는 채집된 기와와 전돌이 월성과 안압지 등지에 공급되었으며 6세기 후반부터 7세기 말에 이르는 기간 동안 가마의 생산이 활발했던 것으로 보았다(朴洪國 1988).

화곡리 생산유적

경주시 내남면 화곡리 18-1번지 일원으로 화곡지구 지표수보강개발사업 예정지구이다. 성림문화재연구원에서 2006년부터 2008년까지 발굴조사를 실시하였으며 생산유적(I구역)과 분묘유적이 확인되었다. 그 중 생산유적은 토제품을 제작·생산·폐기하는 일련의 공정과 관련된 장인 집단의 공방터로서 폐기장으로 이용된 자연 수로 2기, 가마 8기, 회구 4기, 화구시설 4기, 공방지(폐기장, 녹로축혈, 태토저장시설, 집수장 등), 구, 고상식 건물지, 건물지 등이 확인되었다. 유물은 총 5,456점이 출토되었으며 그 중 와전류는 가마, 폐기수혈, 자연 수로 등 유적 곳곳에서 다양하게 확인된다. 특히 폐기수혈에서 고식 수막새 11점, 무와통으로 제작된 평기와 32점, 자연 수로 1·2에서 200여점 이상의 기와가 출토되었다. 출토된 고식 연화문수막새는 인왕동 556번지, 경마장 예정부지 C-I지구, 건천 서면 출토품과 유사하다. 중판 연화문수막새는 통일신라 초기 왕경에 공급된 것으로서 망성리 기와가마터, 금장리 기와가마터에서도 확인된다. 화곡리유적은 9세기경 유행한 호박씨문수막새를 정점으로 더 이상 조업이 이루어지지 않은 것으로 판단되며 암막새가 전혀 출토되지 않은 점이 특징적이다(聖林文化財研究院 2012).

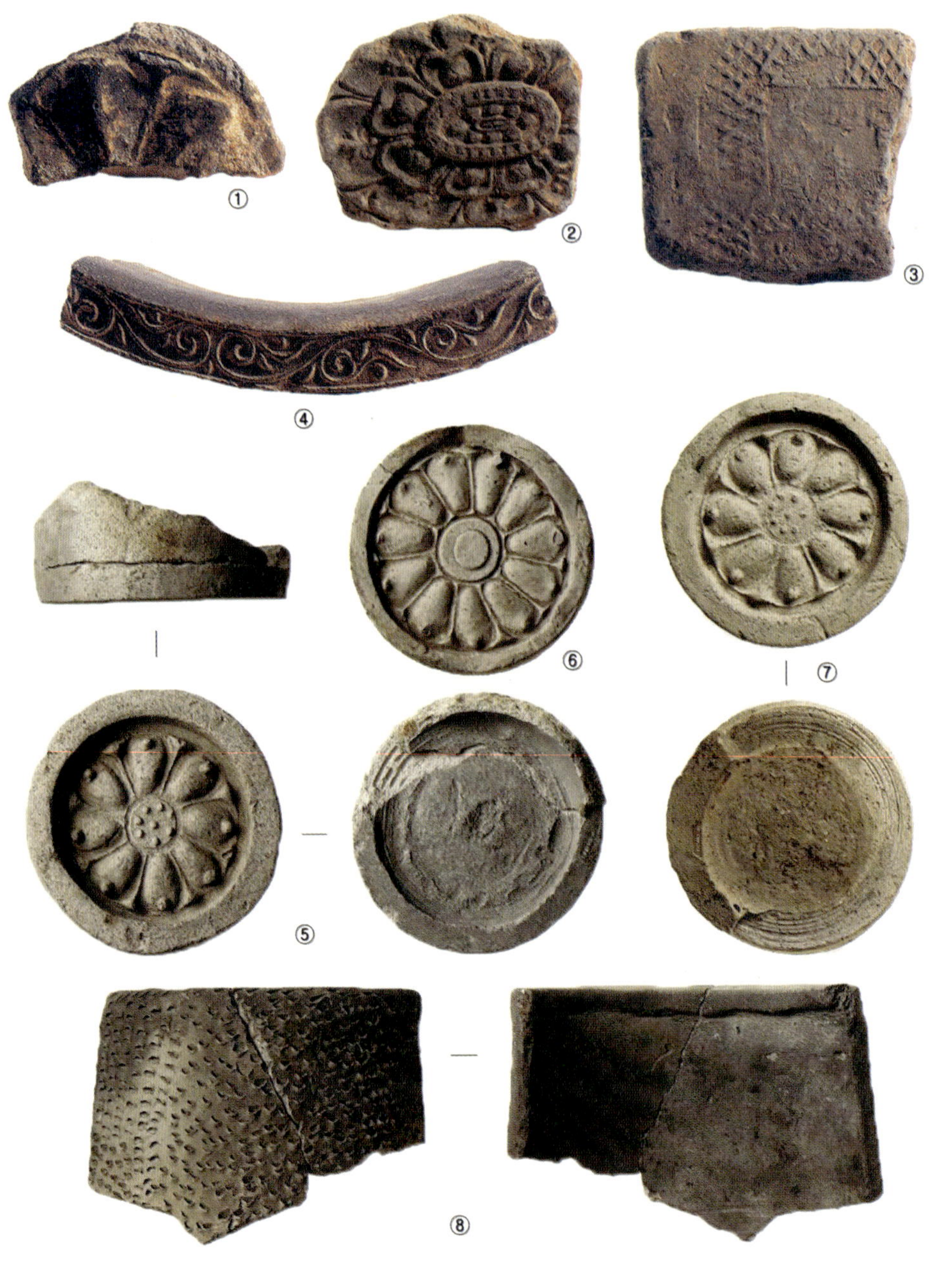

도16_ 내남면 일대 기와가마터 출토 기와
①~④ 망성리 가마터(국립경주박물관 2000), ⑤~⑧ 화곡리 생산유적(성림문화재연구원 2012)

● 건천읍

화천리 산251-1번지 유적

경주시 건천읍 화천리 산251-1번지 일대에 위치하며 영남문화재연구원에서 2009년부터 2010년에 걸쳐 발굴조사를 실시하였다. 생산과 관련된 유구는 삼국시대부터 조선시대까지의 기와가마가 해당된다. 삼국시대 기와가마는 총 9기로 반지하식 평요이며 유계무단식 구조의 기와 전용 가마이다. 백제 일부 지역에서 확인되는 다(삼공)연도가 조사되어 백제와의 유사성이 확인된다. 전형적인 고식 단판 연화문수막새와 단판 타날판 평기와가 확인되었으며 초대형 기와도 출토되었다. 통일신라시대 1·2호 기와가마는 소형으로 중판 타날판 평기와와 「封」·「井」명 기와가 출토되었다. 고식 연화문수막새가 634년 분황사 창건 기와와 유사하여 화천리 기와가마의 조업은 7세기 중엽경에는 개시된 것으로 판단된다(嶺南文化財研究院 2012).

방내리 생활유적

경주시 건천읍 방내리 일원에 위치하며, 2004년부터 2005년에 영남문화재연구원에서 발굴조사하였다. I에서 III 구간으로 나누어 조사하였는데 III구역에서 통일신라시대부터 고려시대 기와가마 9기가 확인되었다. 통일신라 기와가마는 반지하식 등요로 유계무단식의 구조이다. 와전류가 총 693점 출토되었으며 대부분이 통일신라 말부터 고려 전기에 해당하는 장판 타날판 평기와이다. 방사성탄소연대측정과 고고지자기측정 결과 방내리유적 가마는 대략 9세기 초부터 11세기 중엽 정도에 조업된 것으로 추정된다(嶺南文化財研究院 2007).

● 현곡면

금장리 가마터

경주시 현곡면 금장 3리 일원으로 금장들과 시평들 사이에 위치한다. 1978년 경주고적발굴조사단과 국립경주박물관이 A, B, C로 구역을 나누어 조사를 실시한 결과 20여기의 기와가마가 확인되었다. 와전류는 200여점이 출토되었는데 복판·중판 연화문수막새, 암막새, 도제 와범 등이 있다. 통일신라시대가 중심 연대이며 150년 이상 조업되었을 것으로 추정된다. 보고서는 발간되지 않았으며 출토 기와 일부가 『新羅瓦博』에 소개되었다(김성구 1992).

금장리유적

경주시 금장리 65-9번지 일원으로 2004년부터 2005년에 걸쳐 경상북도문화재연구원에서 발굴조

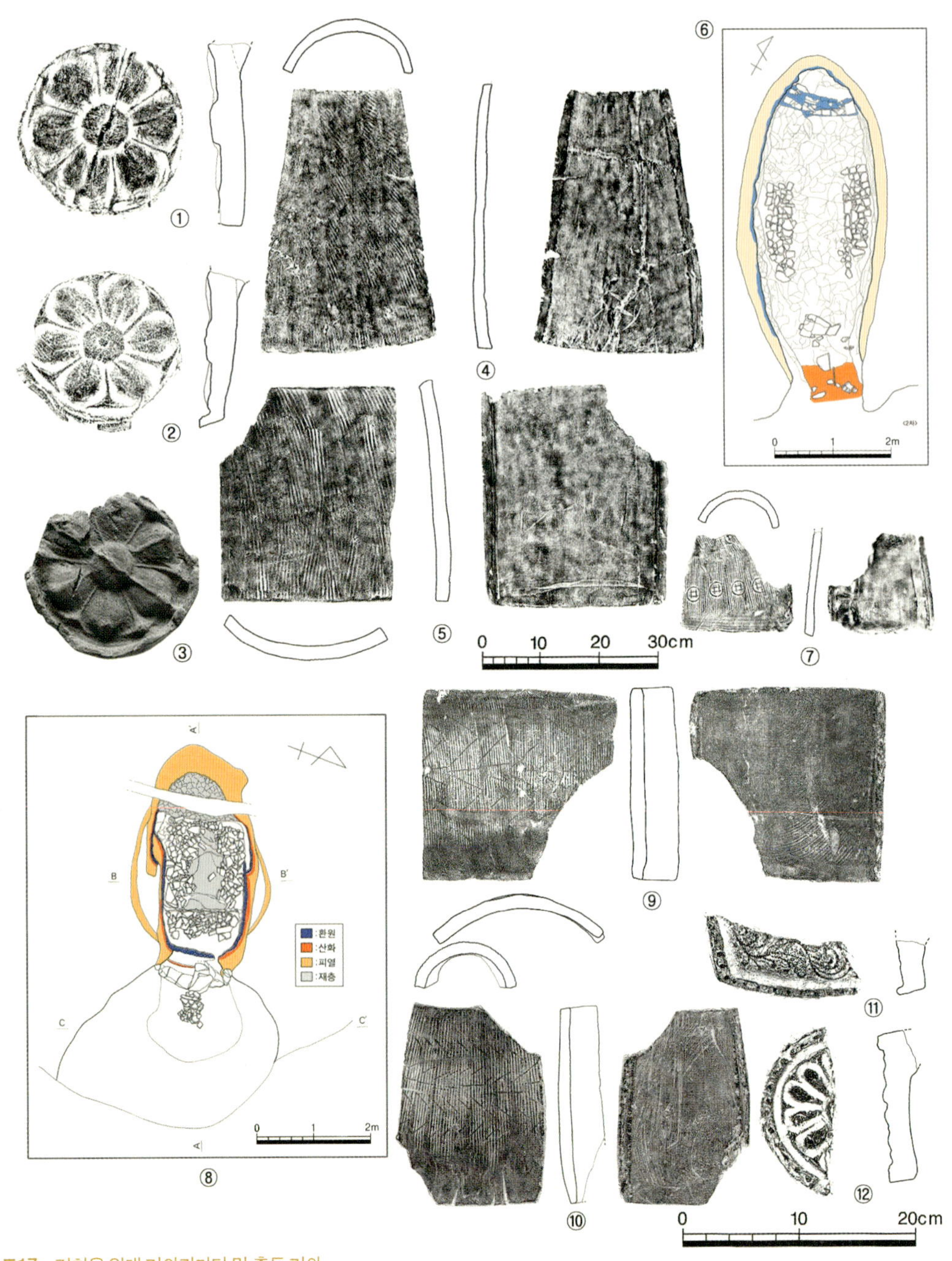

도17 _ 건천읍 일대 기와가마터 및 출토 기와
①~⑦ 화천리 산251-1유적Ⅱ(영남문화재연구원 2012), ⑧~⑫ 방내리 생활유적(영남문화재연구원 2007)

사를 실시하였다. Ⅰ구역에서는 청동기시대 유구가, Ⅱ구역에서는 통일신라시대 기와가마 2기, 폐기
장 2기, 수혈유구 30기, 우물 1기 등이 확인되었다. 통일신라시대 가마는 모두 반지하식 등요로 유계
무단식의 구조이나 일부 유실되어 규모 파악이 어렵다. 와전류는 수키와 96점, 암키와 42점, 「在城」

452

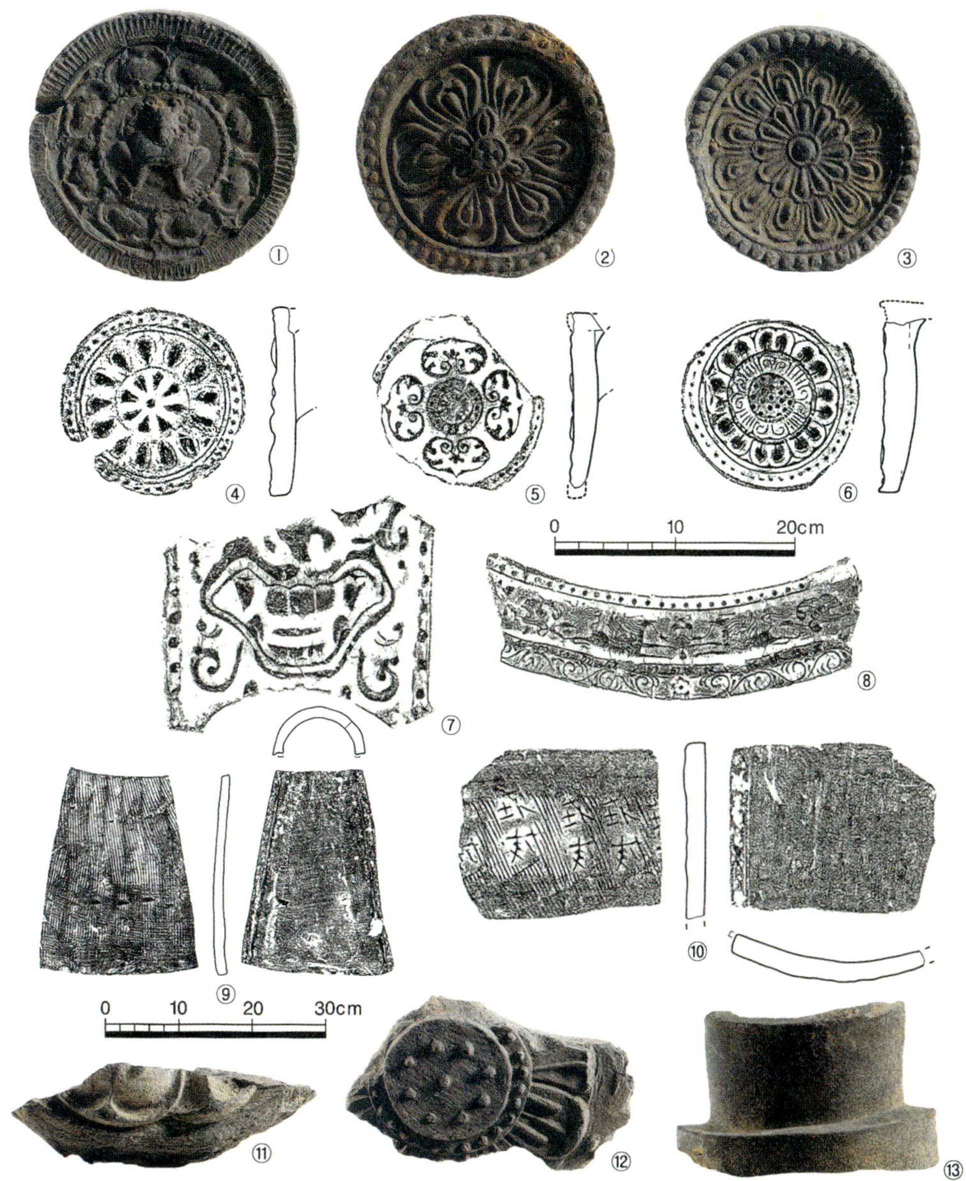

도18_ 현곡면 일대 기와가마터 출토 기와
①~③ 금장리 가마터(국립경주박물관 2000), ④~⑩ 금장리유적(경상북도문화재연구원 2007), ⑪~⑬ 다경 가마터(국립경주박물관 2000)

명 암키와, 암막새 7점, 수막새 29점이 출토되었다. 통일신라시대 중판 연화문수막새가 대부분이며 보상화문, 사자문, 기린문과 같은 특수 문양의 수막새도 확인된다. 「在城」명 암키와를 비롯한 출토품 대부분이 경주 시내 주요 유적에서 확인되며 7세기 후반경에서 8세기 전반경에는 기와가마의 조업이 개시된 것으로 판단된다(慶尙北道文化財硏究院 2007).

경주시 현곡면 하구 3리 120번지의 낮은 구릉 사면에 위치하며 국립경주박물관에서 지표조사를 하여 340여점을 채집하였다. 단판·복판 연화문수막새, 당초문암막새, 귀면와, 선문 평기와, 쌍록보상화문전, 사래기와 등이 확인되었다. 보고자는 다경 가마에서 생산된 기와가 6세기 후반부터 통일신라 직후인 7세기 후반까지 경주 일대의 동궁과 여러 사찰에 공급되었다고 보았다(金誠龜 1983).

소비지 유적

● 국가 관련 시설

궁궐·관아·제의장 등 신라시대 국가와 관련된 시설은 현재 월성을 비롯한 동궁과 월지, 국립경주박물관 부지 및 첨성대 주변 지역에 존재했을 것으로 추정된다. 궁궐은 금성, 만월성, 월성이 있다고 전해지나 월성만이 현존하며 월성은 통일신라가 멸망할 때까지 정궁으로서 역할을 하였다. 동궁과 월지는 출토유물과 위치를 보았을 때 『三國史記』기록 상의 월지·동궁와 일치한다. 한편 시조 혁거세의 탄강설화와 관련된 나정에서 팔각건물지가 확인되어 소지마립간 9년(487) 기사[*]에 등장하는 나을의 신궁으로 보이나 명확한 근거가 부족하다. 그러나 나정은 이른 시기의 기와가 출토된 유적이고 신라 시조와 관련된 전설이 전해 내려오는 곳이기 때문에 어느 정도 신궁의 가능성은 추측해 볼 수 있다. 이외에도 통일신라 전후의 별궁으로 추정되는 성동동 전랑지 유적(國立慶州文化財研究所 1995)과 제 2의 안압지로 불리는 용강동 원지 유적(嶺南文化財研究院 2001)이 있으나, 궁궐 여부에 대한 명확한 근거는 현재까지도 없는 상황이다.

월성은 인왕동 387번지 일대에 위치하는 신라 궁성 유적으로 월성, 월성해자, 그 주변에 대한 조사가 오늘날까지 지속되고 있다. 1914년 초반 鳥居龍藏에 의한 발굴조사를 통해 실체가 드러나게 되었고 1979년 경주고적발굴조사단(현 국립경주문화재연구소)에 의해 월성 내부인 동문지 조사가 처음 실시되었다. 이후 1984·1985년 '가'에서 '라'구역 시굴조사에서 해자와 통일신라시대의 건물지가 확인되었으며, 지금까지 1~5호 해자, 월성 북편, 계림 동편·북편·남편, 첨성대 남편 건물지, 석교지, 도로, 요지, 우물, 수로 등이 확인되었다. 최근에는 4호·5호 해자에 대한 복원·정비가 완료되었고, 월정교 북쪽과 계림 남편 일대의 월성해자에 대한 발굴조사를 진행하였다. 월성해자는 소지마립간 9년

---

[*] 「…九年 春二月 置神宮於奈乙 奈乙始祖初生之處也…」(『三國史記』권 제3 신라본기 제3 소지마립간)

도19_ 월성해자 출토 기와
① 월성 일대 발굴조사 현황도, ②~⑪, ⑬~⑮ 국립경주박물관 2000, ⑫ 월성해자 5호(국립경주문화재연구소 2012c)

(487)에 월성을 수리하면서 석축해자로 재건축된 것으로 보이는데 발굴된 유물 중에서 와전류가 다수를 차지한다. 각종의 기와 중에서도 백제계·고구려계로 일컬어지는 고식 연화문수막새가 다양하게 확인되며 초기 암막새 형태로 여겨지는 토기구연암막새도 출토되었다. 이것은 초기 기와의 수급지로서 월성이 중심지였음을 말해주는 유물이다(國立慶州文化財硏究所 1990·2004d·2011·2012c).

동궁과 월지

동궁과 월지는 문무왕 14년(674)에 축조된 신라 궁성지로, 조선시대 문헌기록에 따라 안압지라 불렸으나 현재는 '동궁과 월지'로 명칭이 변경되었다. 문화재관리국 경주고적발굴조사단이 실시한 1975년 발굴에서 건물지 26개소, 입·출수를 위한 시설물, 담장시설 등이 확인되었다. 토기, 기와, 금속, 목제류 등 3만여점이 출토되었는데 그 중 기와의 수량만 5,798점이다. 각종 연화문, 당초문, 가릉빈가문, 초화문, 비천문, 귀면문, 보상화문, 운문의 막새와 다양한 종류의 기와가 출토되었다. 특히 「儀鳳四年皆土」(679)명 암키와, 「調露二年」(680)명 쌍록보상화문전은 절대연대가 기록된 자료로 『三國史記』 문무왕 19년(679)에 동궁을 축조했다는 기사와 일치한다. 한편 2007년부터 2012년까지 동궁과 월지 동편 '가'지구에 대한 조사가 실시되어 건물지 4동, 담장, 기타 부속시설 등이 확인되었다. 와전류는 433점이 출토되었으며, 연화문, 보상화문, 복합문, 쌍조문, 사자문, 가릉빈가문 등의 수막새가 주를 이룬다. 보고자는 출토유물과 유구가 월지와 유사한 것으로 보고 현재 동궁과 월지의 영역에 포함되었을 것으로 추정하였다(文化公報部 文化財管理局 1978, 國立慶州文化財硏究所 2012a).

나정

현재 경주시 탑동 700-1번지에 위치한 나정 유적은 2002년부터 2005년까지 4차례에 걸쳐 조사되었다. 나정과 직접으로 관련된 것으로 추정되는 건물지와 청동기시대 주거지, 삼국시대 수혈유구 등이 확인되었다. 와전류 918점, 토도류 375점, 금속류 56점, 기타 6점 등 총 1,390여점이 출토되었다. 와전류는 전체 출토품의 66%을 차지하는데 연화문·사자문 수막새, 당초문·쌍조문·기린문·비천문 암막새, 「儀鳳四年皆土」·「生」·「法正○○○○」명 등의 명문와가 있다. 나정에서 출토된 수막새는 월성과 월성해자, 안압지, 황룡사지, 분황사 출토품과 유사하며 소위 고구려계 수막새로 지칭되는 것도 확인된다. 「儀鳳四年皆土」명 기와는 월성, 안압지, 사천왕사지 등지에서 출토되나 나정 출토품은 태토와 제작 방법 등이 다르다. 보고자는 나정 출토품의 제작방법이나 명문 새김 양상이 안압지 출토품보다 이르다고 보았다. 「生」자명 기와는 월성에서 출토되었을뿐 다른 유적에서는 확인된 바 없다(中央文化財硏究院 2008).

도20_ 안압지 및 나정 출토 기와
①~⑤ 안압지(국립경주박물관 2000), ⑥~⑫ 나정(중앙문화재연구원 2008)

● 사찰 유적

　신라에서 불교가 공인된 것은 법흥왕 14년(527)으로 초기 사찰은 주로 월성을 중심으로 한 주변 지역에 창건된다. 최초의 사원인 홍륜사 및 호국사찰인 황룡사, 분황사, 삼랑사, 영묘사 등이 해당되는데 황룡사나 분황사의 경우 일탑삼금당식의 가람배치를 보인다. 통일신라시대 왕경 내 사찰 수는 167개소에 이르며, 현재 경주 시내를 벗어난 곳에 다수가 조영되었는데 위치 확인이 가능한 곳은 29

개소이다. 이 시기는 금당 앞에 2개의 탑이 위치하는 쌍탑가람이 특징적이며 사천왕사지, 감은사지, 망덕사지, 불국사 등에서 확인된다. 당시 사찰을 조영하기 위해 막대한 양의 기와가 소비되었으며 발굴조사에서 확인되는 기와 수량도 매우 방대할 뿐만 아니라 화려한 것이 특징적이다.

흥륜사는 법흥왕대 불교가 공인된 이후 처음으로 창건된 사찰로 진흥왕 5년(544)에 완공된다. 그러나 현재 천경림 흥륜사 자리에서 「靈妙寺」명 기와가 출토됨으로써 흥륜사의 위치 논란이 시작되었다. 문헌기록, 「興」자명 기와 및 발굴된 건물지 등으로 보아 현재 경주공업고등학교(이하 경주공고) 일원이 가장 유력한 곳으로 비정된다. 경주공고 주변에 관한 조사는 1999년 경상북도문화재연구원에 의한 수습발굴(459-9번지)이 있다. 건물지, 석렬유구, 집석유구, 집와유구가 확인되었으며 암·수막새, 평기와, 치미편, 망새, 전 등의 와전류 등이 출토되었다. 특히 8세기 전기로 추정되는 사자문 수막새의 문양과 제작기법이 금장리 기와가마터 출토품과 유사하다. 또한 2008년부터 2009년 경주박물관에서 경주공고 운동장 일부를 발굴하여 적심 7개소, 기단석렬 4개소, 배수시설 1개소, 기와무지, 수혈 10개소 등을 확인하였다. 토기, 와전류, 자기 등 583점이 출토되었으며 그 중에는 「□(王?)興□」·「寺」명 기와, 6세기 전엽의 고식 연화문수막새와 통일신라시대 중판·세판 연화문수막새도 있다. 보고자는 6세기 전반으로 편년되는 고식 연화문수막새를 「興輪寺式瓦當」으로 부를 것을 제안하였다(慶尙北道文化財硏究院 2001, 國立慶州博物館 2011).

황룡사는 경주시 구황동에 위치했던 신라의 대표적인 사찰로 527년 불교가 공인된 이후 흥륜사 다음으로 창건된다. 진흥왕 30년(569)에 일탑일금당식의 창건가람이 완공되고 이후 장육존상(574)의 설치, 중금당·동금당·서금당(584) 및 9층 목탑(645)이 축조됨으로써 중건가람이 완성된다. 1976년부터 1983년까지 8차례에 걸쳐 문화재관리국 경주고적발굴조사단이 발굴조사를 실시하여 중문, 탑, 금당, 강당, 경루, 종루 등의 유구 및 네 차례의 가람 변천 과정을 알아냈다. 또한 토기, 와전류, 금속제품 등 4만여 점이 출토되었는데 와전류만 3만여 점 넘게 수습되었다. 와전류에는 각종 암·수막새, 망와, 치미, 용두, 잡상 등의 특수 장식용 기와도 다수 확인되었다. 건물지 기단구축토, 폐와무지에서 신라 고식 연화문수막새가 주로 출토되었으며 연판 끝이 첨형인 일명 고구려계 수막새가 동금당지 창건 기단토 내에서 다수의 고식 수막새편과 함께 출토되었다(文化財管理局 文化財硏究所 1984).

458

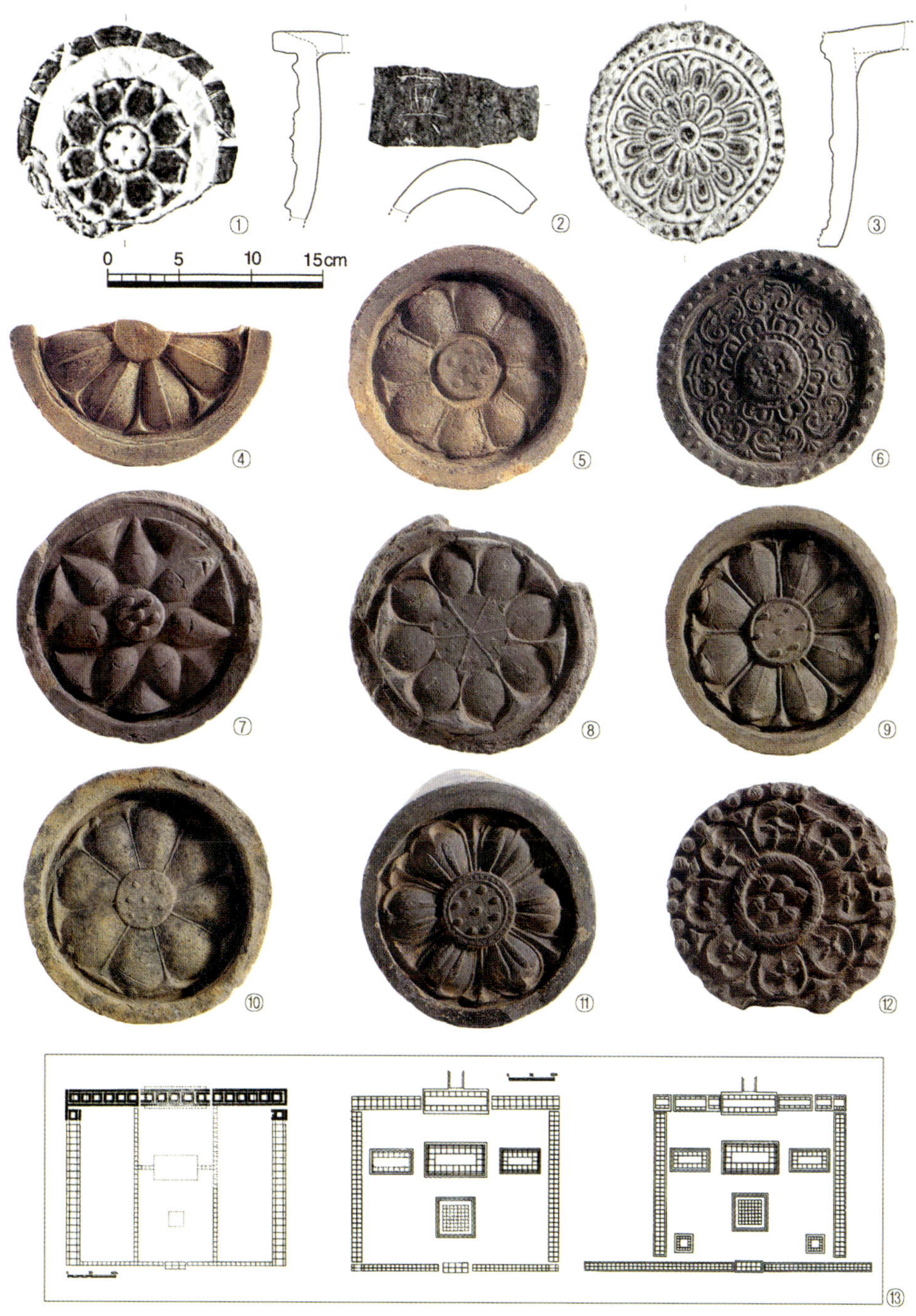

도21 _ 흥륜사지 및 황룡사지 출토 기와
흥륜사지(①~③ 경주공고부지, 국립경주박물관 2011, ④~⑥ 국립경주박물관 2000),
황룡사지(⑦~⑫ 국립경주박물관 2000, ⑬ 문화재관리국 문화재연구소 1984)

분황사

경주시 구황동에 위치한 분황사는 선덕왕 3년(634)에 창건된 이래 현재까지 그 법등이 이어지고 있다. 1990년부터 2003년까지 국립경주문화재연구소에서 금당지, 석탑 및 주변을 발굴하여 금당지의 구조 및 변화, 동회랑지, 석탑지 등의 건물지를 확인하였다. 창건가람은 석탑을 남쪽에 두고 그 북쪽에 삼금당을 배치한 일탑삼금당식 가람배치였으며 일차중건 이후 일탑일금당식으로 바뀌었다. 이후 금당지 및 경역이 축소되어 현재 보광전에 이르는데 일차중건 금당의 7.5%밖에 되지 않는다. 와전류·토기류·금속류 등 1,614점의 유물이 출토되었으며 암·수막새, 치미, 귀면와, 전돌 등 와전류가 중심이다. 특히 분황사 창건와로 파악되는 고구려계 연화문수막새를 비롯한 고식 신라기와 및 통일신라시대 쌍조문암·수막새, 고려시대부터 조선시대에 이르는 막새, 평기와, 그 외에도 각종 기와가 1,000여점 이상 출토되었다(國立慶州文化財硏究所 2005).

천관사지

경주의 도당산 서쪽 자락에 위치한 천관사지는 김유신과 천관이라는 여인과 관련된 전설이 내려오는 곳으로 정확한 명칭 및 창건 시기를 알 수 없는 곳이다. 남산 일대 보존·정비 사업의 일환으로 2000년부터 2001년에 국립경주문화재연구소에서 발굴을 실시하였다. 탑지 1개소, 석등지, 건물지 7개소, 문지 1개소, 동서·남북 축대, 석조시설 2개소, 우물 3개소, 석렬, 배수로 등이 확인되었지만 전체 발굴이 이루어지지 않아 규모나 배치 상태를 알 수 없다. 약 17,000여 점에 달하는 평기와 및 157점의 막새, 「昌林寺」·「天」명 명문와, 토기류, 금동불상 등이 출토되었다. 특히 건물지 1에서 무와통, 모골와통, 원통와통으로 제작된 평기와가 섞여 출토되어 다양한 기술 계통을 확인할 수 있다. 또한 고식 연화문수막새부터 통일신라시대의 다양한 중판·세판 연화문수막새 및 고려시대의 귀목문막새가 확인되어 유적의 존속연대가 대략 삼국시대 말기부터 고려시대 전기까지 해당함을 알 수 있다(國立慶州文化財硏究所 2004b).

사천왕사지

경주시 배반동 935-2번지 일대에 위치하는 사천왕사지는 나당 전쟁에서의 승리를 기원하기 위해 창건되어 문무왕 19년(679)에 완공되었다. 통일신라시대의 전형적인 가람 배치인 쌍탑가람배치가 시작되는 곳으로 신라 사찰의 가람배치에 있어서 모본이 된다. 사천왕사지에 대한 조사는 일제강점기 일본인에 의해 건물지에 대한 측량과 유물 수습 정도가 있었고 이후 보존·관리의 필요성으로 국립경주문화재연구소에서 2006년부터 2012년까지 발굴조사를 실시하였다. 이 조사에서는 녹유신장벽전의 위치 및 배치상태, 익랑지, 회랑지, 강당지 등 회랑 내곽에 대한 가람배치는 물론 사역 외곽의 귀부와 비석, 석교 등도 확인되었다. 또한 와전류 165점, 토기·자기류 18점, 녹유신장벽전 17점

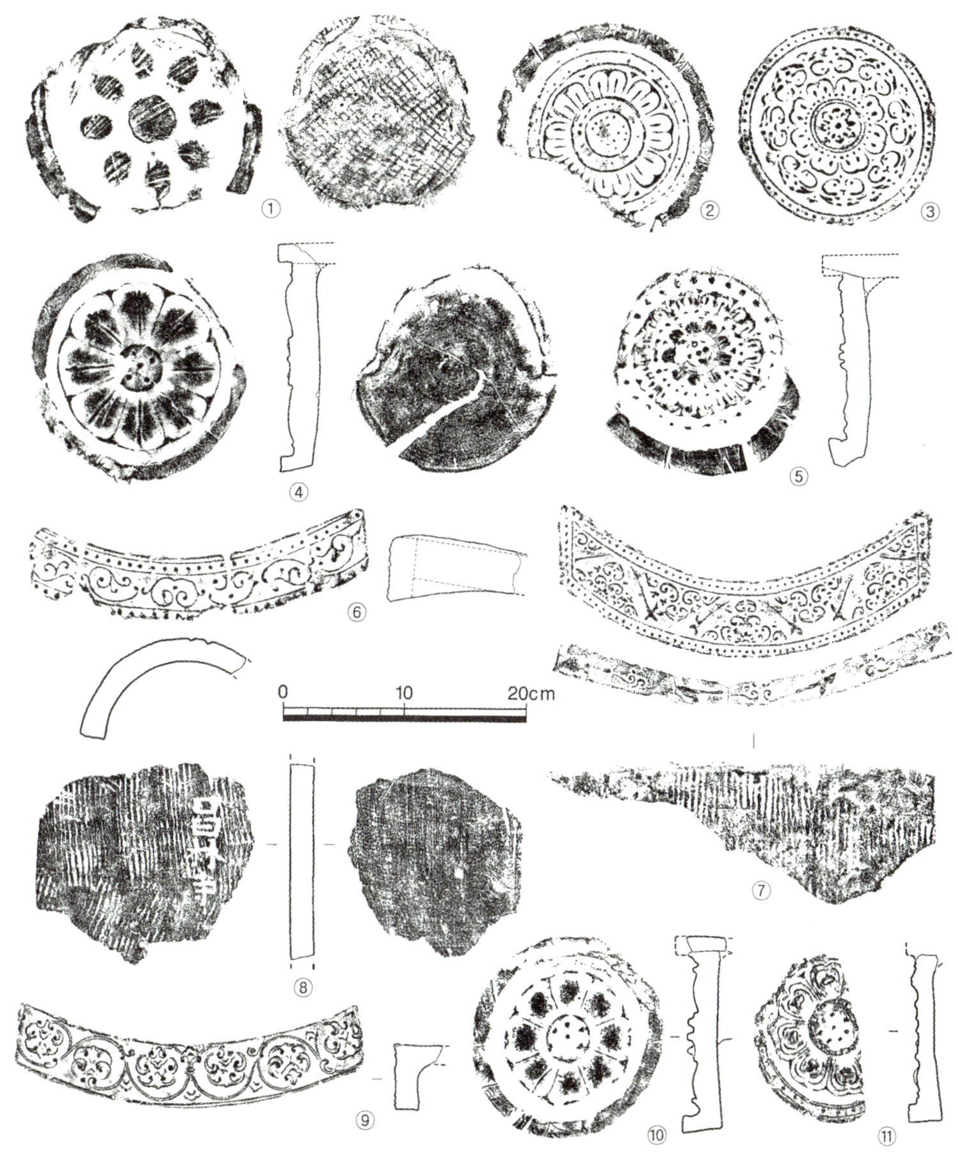

도22_ 분황사 및 천관사지 출토 기와
①~⑦ 분황사(국립경주문화재연구소 2005), ⑧~⑪ 천관사지(국립경주문화재연구소 2004b)

등 총 300여점이 출토되었다. 와전류에는 연화문·보상화문·인동문·당초문·초화문·수면문·용문·비천문 막새를 비롯하여 「四天王寺」·「四天王寺己巳年重修瓦」등의 명문와, 이형와, 녹유 부연와, 연목와 등이 확인되었다. 고식 연화문수막새 및 무악식암막새가 출토되지 않는 것이 특징적이다(國立慶州文化財硏究所 2012b).

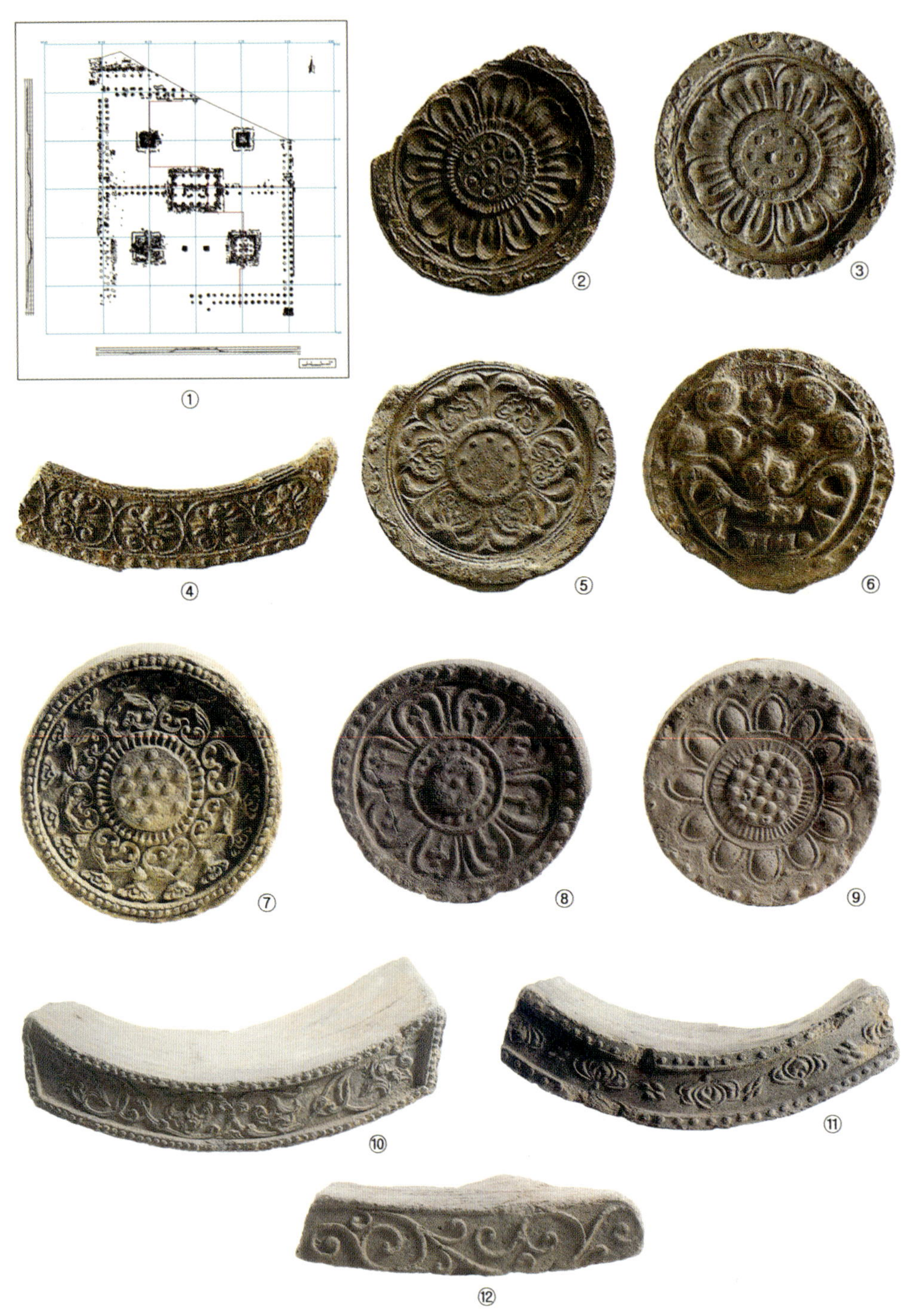

도23_ 사천왕사지 및 감은사지 출토 기와
①～⑥ 사천왕사(국립경주문화재연구소 2012b), ⑦～⑫ 감은사지(국립경주박물관 2000)

462

경주시 양북면 용당리에 위치하는 유적으로, 문무왕대 공사가 시작되어 신문왕 2년(682)에 가람이 완성되었다. 1959년 국립박물관 주관 하에 서탑 해체복원 및 가람배치 확인 작업을 하였다. 1979년부터 1980년에 걸친 2차 발굴에서는 금당지, 강당지, 중문지, 회랑지, 석탑, 부속 유구 등이 조사되어 전체적인 범위가 밝혀졌으며, 초창 후 두 차례에 걸쳐 중건되었음을 확인하였다. 4,268점의 유물이 출토되었으며 그 중 와전류가 4,071점이나 된다. 주로 통일신라 이후에 해당하는 연화문·보상화문·쌍조문수막새, 당초문·화문·초화문·쌍조문 암막새, 박공기와, 연목기와, 모서리기와, 회첨막새,「感恩寺」·「金乙」 명문와 등의 각종 기와가 출토되었다(國立慶州文化財硏究所 1997).

● 분묘

6세기 전반 이후 전대에 유행하던 적석목곽분을 대신하여 횡혈식 석실분이 축조된다. 횡혈식 석실이란 주검이 안치되는 방형·장방형 석실과 이를 연결하는 통로 시설로 이루어진 묘제로 추가 매장이 가능한 것이 특징이다. 석실 내부에는 시신을 안치하는 관대나 시상대가 있으며 그 위에 석재 두침, 견좌, 족좌 또는 기와를 두기도 하였다. 경주 시내 중심을 벗어난 외곽 구릉 지역인 동천동, 보문동, 서악동, 용강동, 충효동 등지에 주로 분포하며 현재 250여기에 달한다. 전대의 적석목곽분과는 구조 및 출토유물에서 큰 차이를 보이는데 단순한 구조적 변화뿐만 아니라 고대 사회의 여러 측면에서 모종의 변화를 나타내는 것으로 보인다. 일제강점기 때 발굴된 충효동 석실분, 동천동 와총이 대표적이지만 도판이 간략하여 상세한 검토는 어렵고, 여기서는 1945년 이후에 발굴된 횡혈식 석실분 중 기와가 출토된 유적을 소개하고자 한다. 기와는 대부분 시신 안치용으로 사용된 것으로 추정되며 출토 유물과는 매납 동시성이 보장되지 않지만 사용 시기의 상한 및 하한을 어느 정도 추론할 수 있다.

용강동 82번지 석실분

용강동 82번지에 위치하는 이 고분은 1968년 토사 채취를 위한 채토 과정에서 발견되어 문화재관리국에 의해 긴급 발굴되었다. 유물 정리 및 보고서 발간이 이루어지지 않고 있다가 2009년에 정식으로 보고서가 발간되었다. 평면 방형의 석실분으로 우편수식이며 시상대로 기와가 사용되었다. 토기 5점, 연화문수막새 2점, 토수기와 1점, 철기류, 인골 등이 출토되었으며 현실과 연도 사이 바닥에 여러 장의 평기와가 놓여있다고 보고되나 보고서에는 게재되지 않았다. 연화문수막새는 10엽으로 월성해자 출토품과 동범와로 추정된다. 토수기와에는 사절흔과 포목흔이 남았으며 외면에 백회가 부착되어 있어서 피장자의 두침으로 사용되었을 가능성이 높다. 점열수적문과 이중반원문 인화문

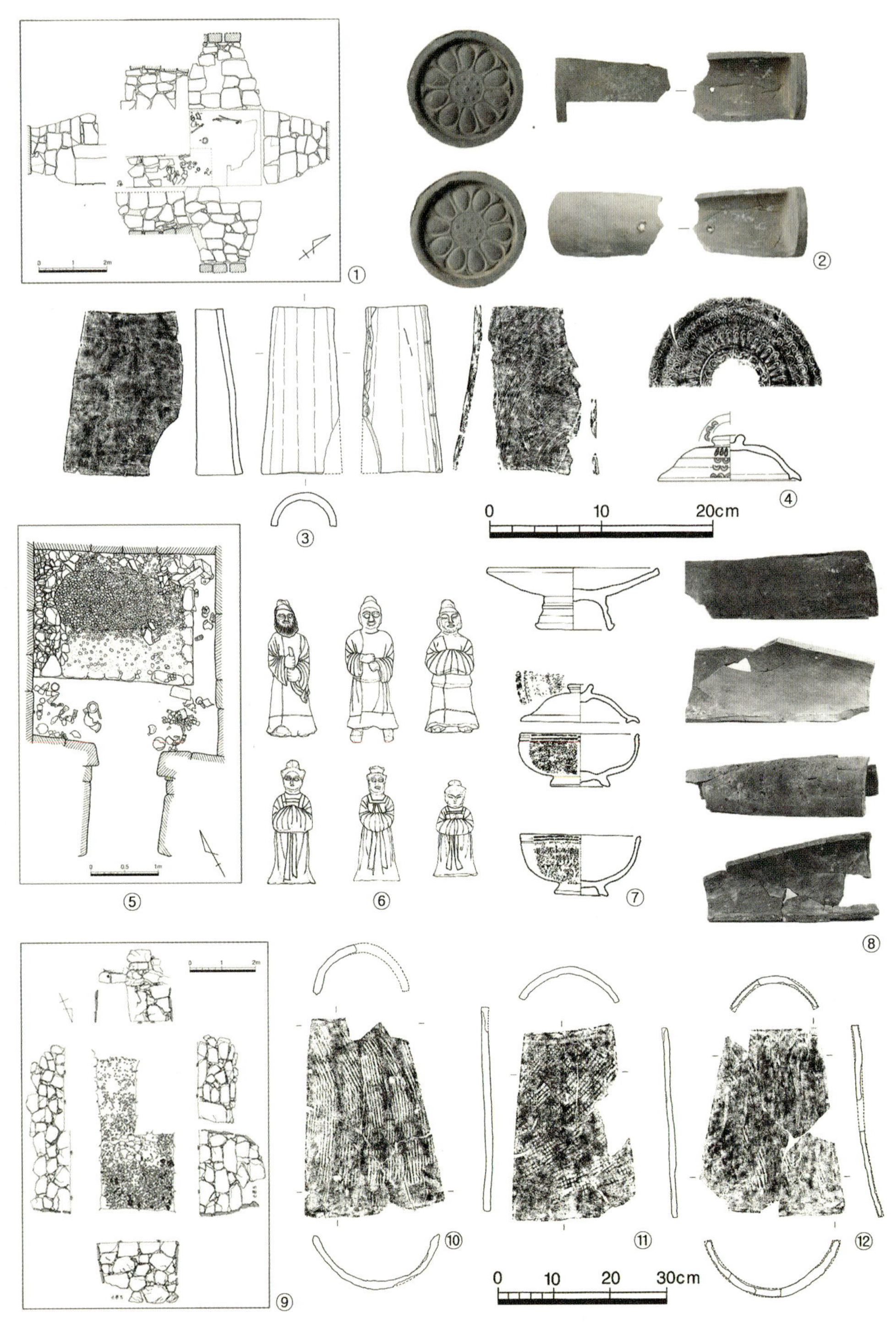

도24 _ 용강동 일대 횡혈식 석실분 출토품
①~④ 용강동 82번지 석실분(국립경주문화재연구소 2009), ⑤~⑧ 용강동고분(문화재연구소 경주고적발굴조사단 1990), ⑨~⑫ 근
화여중고 신축부지내 유적(대구가톨릭대학교박물관 2010)

토기 뚜껑 2점은 7세기 전엽부터 중엽, 전면 이중원문이 시문된 인화문 토기는 7세기 후엽, 운문이 시문된 것은 8세기 중엽 이후로 추정된다. 따라서 용강동 82번지 석실분은 적어도 7세기 초에는 축조된 것으로 판단된다(國立慶州文化財硏究所 2009).

용강동고분

용강동 1130번지에 위치하며 토사 채취 등으로 훼손된 것을 1986년 경주고적발굴조사단이 발굴조사를 하였다. 석실은 정방형으로 내부에 동서가 긴 장방형의 시상을 설치하였다. 시상 동벽 공간 사이와 남편 동서 양쪽에서 채색 인물토용 28점, 토마 4점, 토기 15점, 벽면 하단부 따라 청동제십이지신상 7점이 출토되었다. 고배, 유개합 등의 토기류 15점은 현실 동벽과 시상 사이의 공간에 위치하며 토수기와편 4점은 시상 위에서 교란된 채 출토되었다. 추가장의 여부를 알 수 없으나 출토유물 및 중앙연도식 석실분 구조로 보아 통일신라로 접어드는 7세기 후반을 하한으로 설정할 수 있다(文化財硏究所 慶州古蹟發掘調査團 1990a).

근화여중고 신축부지내 용강동고분군

경주시 용강동 산 85번지 일대의 근화여중고 신축부지에 대해 효성여자대학교박물관(현 대구가톨릭대학교박물관)에서 1991년 발굴조사를 실시하였다. 제1구간에서 2구간으로 나누어 조사되었으며 횡혈식 석실, 횡구식 석실, 수혈식 석곽 등을 포함하여 109기의 분묘가 발굴되었다. 기와는 제1구간 분구묘 1호부터 5호(대형·중형급 분구묘)와 제 2구간 무분구묘 29호, 31호에서 32매 출토되었다. 보고자는 석실 내부의 도굴 혹은 추가장 때문에 기와의 원상태를 파악하기 어렵다고 보았다. 대부분 원통와통으로 제작된 포목흔이 있는 무문 수키와가 다수를 차지하며 중판 타날판 암키와 및 수키와도 출토되었다(대구가톨릭대학교박물관 2010).

방내리고분군(1996)

경주시 건천읍 방내리 산 1번지 말암산에 소재하며, 경부고속도로 건설로 인해 1968년부터 1969년, 5개월 동안 국립경주문화재연구소에서 발굴조사를 실시하였다. 적석봉토분, 석곽묘, 횡혈식 석실분 등 67기의 분묘가 조사되었으며 기와가 출토된 것은 36호·40호·42호 횡혈식 석실분이다. 36호분은 장방형 석실의 소형 고분으로 현실 바닥에 암키와, 수키와를 이용하여 만든 2인용 시상이 두 줄 있다. 수키와 10점, 암키와 9점, 수적형문·삼각집선문·원점문 등이 시문된 인화문 토기가 출토되었다. 수키와 중에 복판 연화문수막새가 부착된 것도 있으며 평기와는 대부분이 단판 타날판으로 타날되었다. 40호분은 장방형 석실의 원형분으로 36호분과 마찬가지로 평기와 시상이 2열 있다. 단판 타날판 평기와 32매, 인화문 토기, 은제세환이식 등이 출토되었다. 42호분도 크기가 다른 암키와

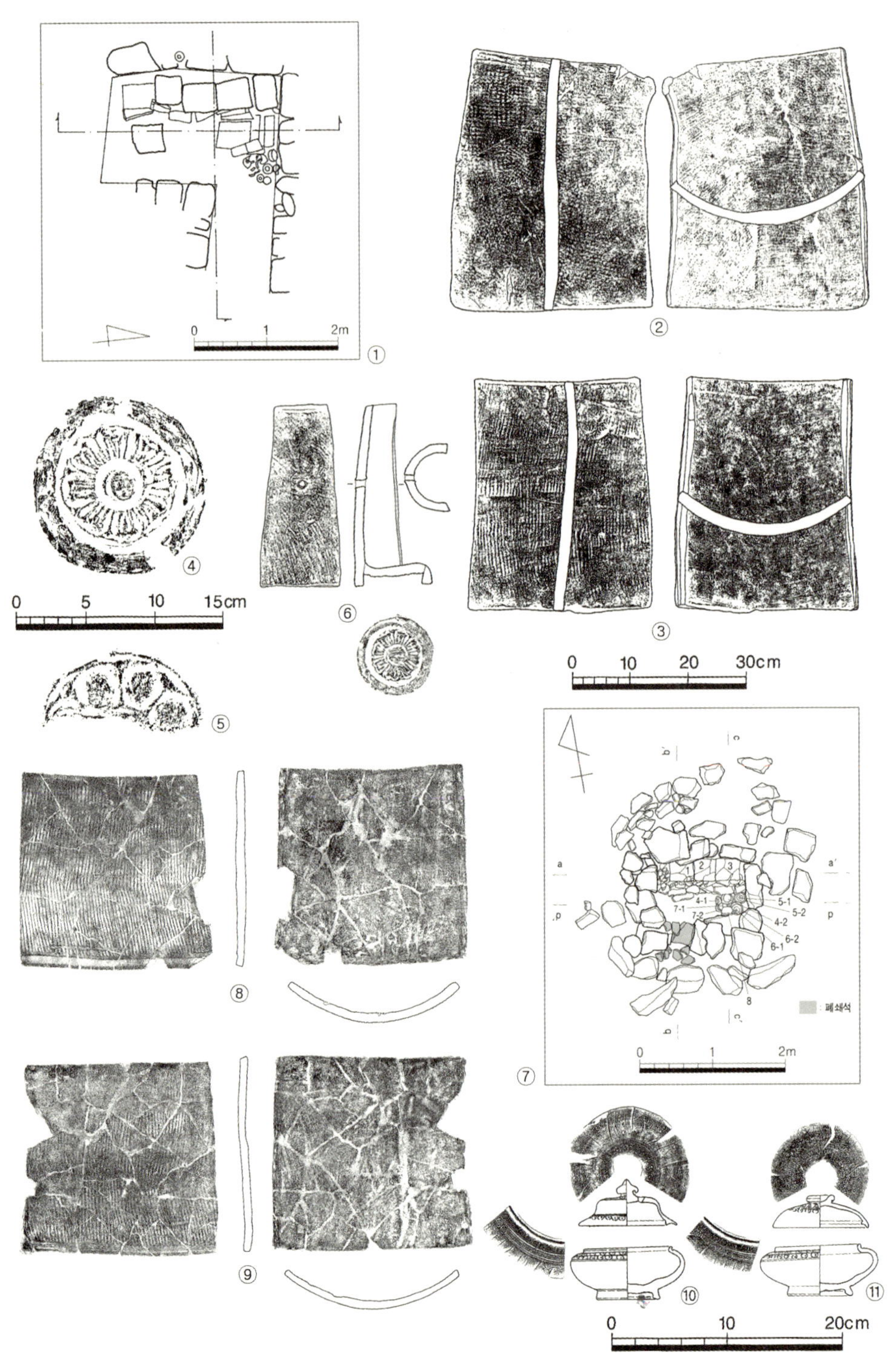

도25_건천읍 방내리 일대 횡혈식 석실분 출토품
①~⑥ 방내리 36호분(국립경주문화재연구소 1996), ⑦~⑪ 방내리 8호 석실분(영남문화재연구원 2009)

466

2매를 연결하여 시상을 만들었는데 출토 인화문토기로 볼 때 36호분과 거의 동시기로 판단된다(國立慶州文化財研究所 1996).

방내리고분군(2009)

경부고속철도 구간 내 건천읍 방내리 일대에 위치하며 영남문화재연구원에서 2004년부터 2005년에 걸쳐 발굴조사 하였다. 삼국시대 석곽묘 34기, 석실분 23기, 고려시대 석곽묘 1기, 조선시대 토광묘 1기 등이 확인되었다. 기와가 출토되는 분묘는 8호 석실분으로 평면 횡장방형의 좌편수식이다. 천석을 이용하여 시상대를 만든 후 그 위에 2열의 받침돌을 나란히 놓고 평기와 3매를 1열로 놓아 마무리하였다. 추가장이 이루어지지 않은 것으로 추정되며 우·후벽 모서리 바닥면에 유개대부호 4세트, 파수부옹 1점이 출토되었다. 출토된 암키와 3매 모두 동일한 성격으로 파악된다. 평면 장방형의 연질 소성으로 내외면의 박리가 심한 편이지만 외면에 종선문 중판 타날의 흔적이 보인다. 보고자는 출토된 인화문 토기를 근거로 8호분이 7세기 중반에서 후반으로 편년된다고 보았다(嶺南文化財硏究院 2009).

월산리유적

경주시 내남면 월산리 산 119-1 외에 해당하며 1998년부터 1999년, 국립경주문화재연구소에서 발굴조사를 실시하였다. 삼국시대부터 통일신라시대의 석곽묘, 석실묘가 중심 유구로 확인되었다. B-5호 횡혈식 석실분에서는 토수기와 2점, 암키와 4점이 출토되었으며 1차 시상대로 사용되었을 가능성이 크다. 기와는 6점 모두 단판 타날판으로 타날하였으며 포목흔이 남아 있는 것이 특징적이다. 1차 시상에서 인화문 유개대부완, 2차 시상에서는 연질완이 출토되어 7세기 중엽경에는 축조되었을 것으로 판단된다(國立慶州文化財研究所 2004a).

● 왕경유적

왕경[*]이란 왕성이 존재하는 국가의 중심부로 중국, 일본의 경우 성과 곽으로 구분되는 특정 지역이 존재하지만 신라의 경주는 나성이 존재하지 않아 그 범위가 모호하다. 다만 현재 경주 중심지에서 확인되는 신라시대 도로에 의한 구획 흔적이 방리제와 관련된 것으로 보인다. 이 구획된 공간은 지배집단의 피지배집단에 대한 철저한 통제 관리를 반영하며, 편리한 교통로의 결절지로서 신라 내에서의 중추적인 역할을 담당하던 특수한 공간으로 여겨진다. 이러한 도시 구획이 통일 이전 월성을 중

---

[*] 신라 수도를 지칭하는 용어와 그 범위에 대해서는 이견이 다양하다. 본고에서는 현재 통용되고 있는 '왕경'이라는 용어를 사용하고자 한다.

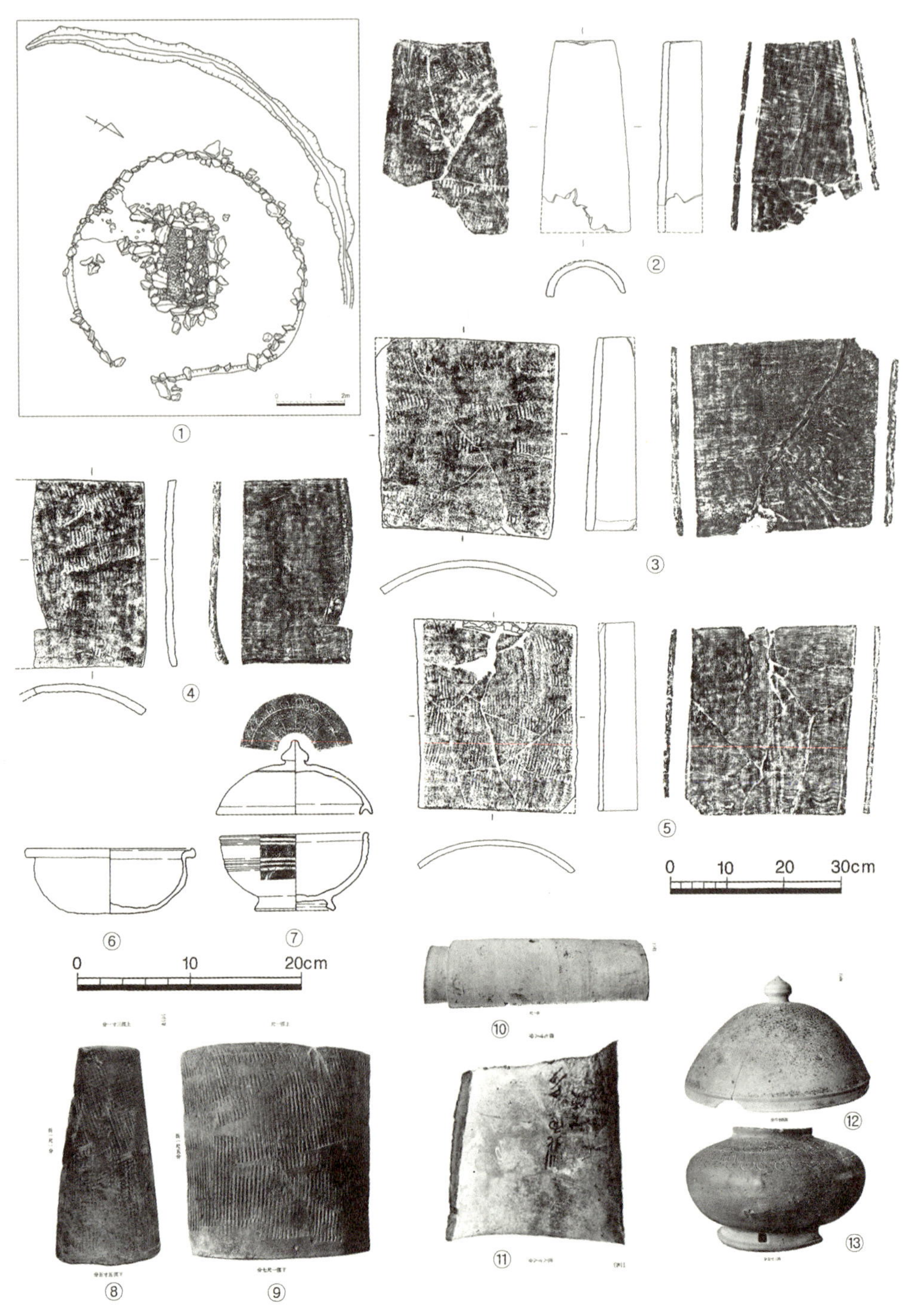

도26_ 월산리 B-5호분 및 기타 분묘 출토품
①~⑦ 월산리 유적(국립경주문화재연구소 2004a), ⑧·⑨ 보문리 고분(조선총독부 1916), ⑩~⑬ 동천동 와총(조선총독부 1916)

심으로 이루어졌다면 7세기 후반을 기점으로 북천(알천) 이북의 동천동, 용강동, 황성동 일대로 확
장되고, 8세기 중·후반이 되면 서부동, 동부동, 성동동 일대로 마무리 된다(황보은숙 2008). 문무왕
대 삼국 통일로 인한 왕경 내의 인구 증가로 말미암은 도시의 확장과 기와 수요의 증가는 비례 관계
였으며 9세기 헌강왕대의 기사[*]는 개발이 마무리되어 완전히 안정화된 왕경의 모습을 보여준다. 현
재 경주에서 확인되는 왕경유적은 200여 곳에 달하며 도로, 건물지, 담장, 우물 등의 생활유적의 성
격을 띤다. 또한 대부분의 유적이 7세기 후반 이후에 해당하며 출토품에 와전류가 반드시 포함되는
것은 통일신라시대 이후 도시 확장과 기와 건물지의 확대, 기와 수요의 증가라는 일면을 보여준다.

인왕동 556·566번지 유적

인왕동 556번지 유적은 선덕여자고등학교 교사 증축 부지에 해당하며 1998년 국립경주문화재연
구소에서 발굴조사를 실시하였다. 도로, 담장, 건물지 등이 확인되었으며 인화문토기를 비롯한 토
기류 및 암·수막새, 평기와, 귀면와, 전돌 등이 출토되었다. 보고자는 556번지 유구가 5세기 말부터
10세기 이후까지 사용된 것으로 보았으며, 특히 건물지 기단성토층 하층에서 확인된 무와통 제작법
의 평기와와 원형돌기식수막새가 이단투창고배, 개배 등의 토기류와 공반 출토되어 이 기와들의 제
작시기가 5세기 말부터 6세기 초에 해당될 것이라 추정하였다. 1·5 건물지와 도로유구에서 「儀鳳
四年皆土」명 기와, 중판 연화문수막새 등 안압지와 금장리 기와가마터에서 출토되는 기와들이 확인
되었다. 주변에 월성, 동궁, 황룡사 등이 위치하며 비교적 이른 시기의 기와가 출토되기 때문에 인왕
동 556번지 유적은 관아 혹은 궁성 관련 유적으로 추정된다(國立慶州文化財硏究所 2003).

황룡사 동편 S1E1지구 유적

황룡사지 동편 S1E1지구 신라 왕경 유적은 1987년부터 2002년도까지 16년에 걸쳐 경주고적발굴
조사단(1990년 이후 국립경주문화재연구소)에 의해 발굴조사되었다. 황룡사지 외곽을 조사하는 과
정에서 일부 유구가 확인되어 발굴조사가 시작되었는데 그 외곽에서 '井'자형으로 설치된 도로에 의
하여 다른 구획과 나누어지는 공간이 확인된 것이다. 이 공간 안의 가옥들은 도로 안쪽에 '口'자형으
로 설치된 담장 내부로 한정되어 방형으로 배치되며 내부에는 소형도로만 확인되고 별도의 십자로
가 없어서 최소 생활단위 공간인 '방'으로 추정된다. 대체로 7세기 후반, 황룡사가 창건된 이후에 조
성되어 통일신라 멸망 전후로 '방'의 틀이 무너진 것으로 보인다. 유구로는 도로와 배수로, 방 내부
에는 민가, 작은 사찰형태의 건물군, 우물, 담장 등이 확인되었다. 그리고 왕경 내에서 발견되는 각
종 토기, 막새, 평기와, 불상, 일반 석제, 옥, 자기 등이 대부분 출토되었다. 황룡사지와 월성 등지에

---

[*] 「…王顧謂侍中敏恭曰 孤聞今之民間 覆屋以瓦不以茅 炊飯以炭不以薪 有是耶 敏恭對曰 臣亦嘗聞之如此…」(『三國
史記』권 제11 신라본기 제11 헌강왕 6년)

서 보이는 고식연화문 수막새부터 통일신라시대의 중판·복판·세판연화문·보상화문·연화보상화
문·쌍조문·사자문·가릉빈가문수막새, 당초문, 인동당초문·귀면문·쌍조문의 화려한 통일신라시
대 암막새, 단판·중판 타날판 평기와, 연목기와, 모서리기와, 치미편, 귀면와, 보상화문전 등이 다양
하게 확인되었다(國立慶州文化財研究所 2002).

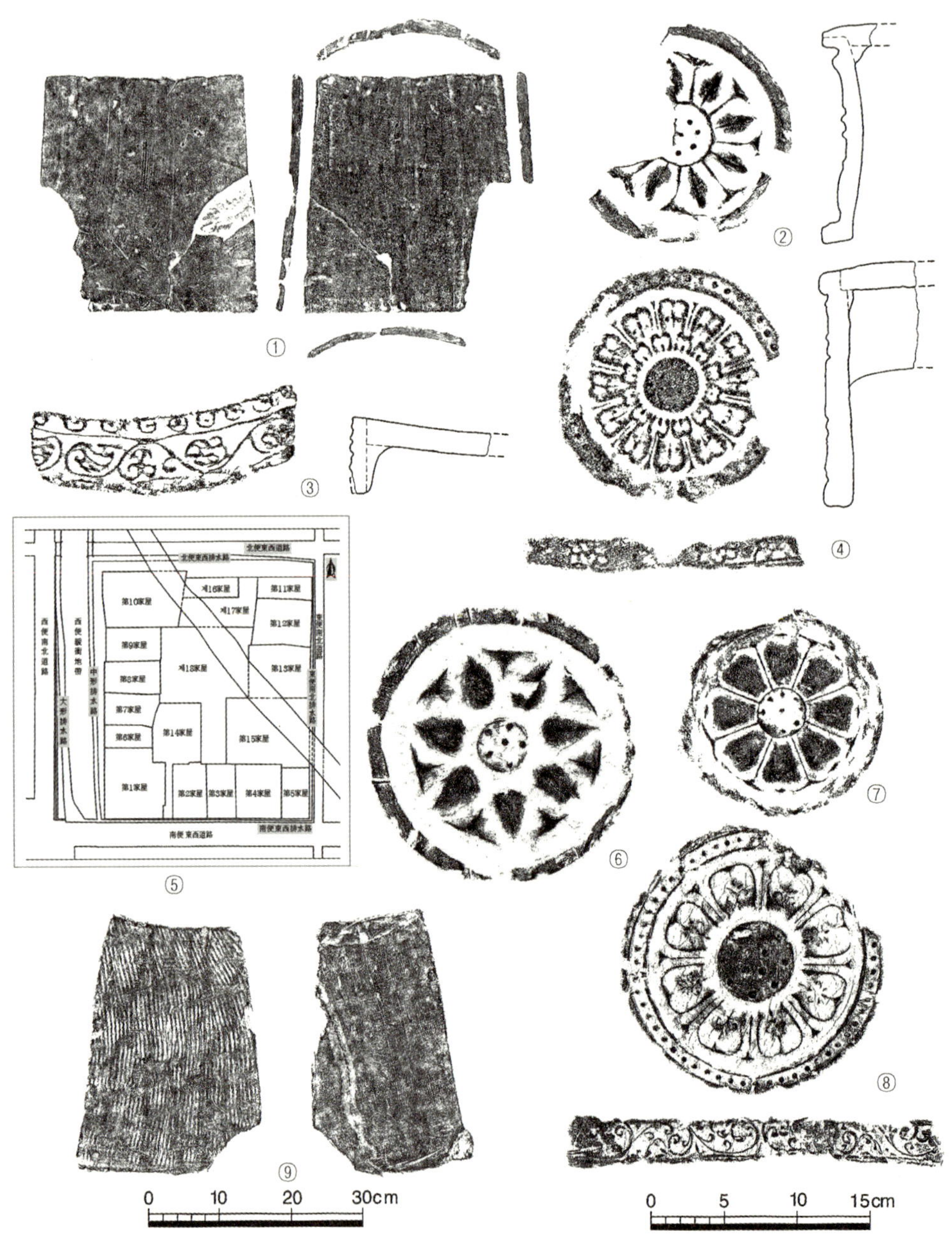

도27 _ 왕경유적 출토 기와
①~④인왕동 556·566번지 유적(국립경주문화재연구소 2003), ⑤~⑨신라왕경(국립경주문화재연구소 2002)

국립경주박물관 부지 내 유적

국립경주박물관에서는 1998년과 2000년 두 차례, 박물관 내 미술관부지와 연결통로부지에 대한 발굴을 실시하였다. 각각의 조사에서 도로유구, 구상유구, 폐기유구, 건물지, 우물, 담장지 등의 통일신라시대 유구가 확인되었다. 도로유구는 근처의 일정교와 낭산, 월성의 궁성 내부와 통할 것으로 추정되며 미술관부지에서 확인된 도로는 현재 미술관 내부에 보존·전시되고 있다. 5세기부터 6세기대에 도로유구가 축조되고 부분적으로 건물이 조영되기 시작하다가 7세기 후반부터 8세기 중반 무렵에 우물, 건물, 담장 등이 완성되어 사용되었으나, 통일신라가 멸망하면서 도로를 제외한 나머지 유구들은 폐기된 것으로 추정된다. 대부분 통일신라시대의 유물로 토기류가 가장 많으나 와전류, 금속류, 목제품, 석제품 등이 출토되었다. 특히 우물지에서 다수의 유물이 출토되었으며 미술관부지의 우물에서 8세 가량의 인골과 동물뼈가 발견되기도 하였다. 트렌치와 남북도로유구에서 일부 고식연화문 수막새가 출토되었지만 대부분은 통일신라시대 이후의 중판·복판·세판·보상화문 등의 다양한 수막새, 중판 타날판 평기와이다. 또한 「南宮之印」의 명문수키와가 출토되었는데 이것은 박물관 일대가 월성에 부속된 남궁이었을 가능성을 보여주는 자료이다(國立慶州博物館 2002).

동천동 고대 도시유적

경주시 동천동 987번지 일원으로 1997년부터 1999년까지 경주대학교박물관에서 택지 조성 전에 구제발굴을 실시하였다. 그 결과 도로(배수시설, 배수구), 건물지, 우물, 수혈, 석조시설, 폐와무지, 청동 공방지, 삼가마, 구 등이 확인되었다. 우물 2·17·18호, 삼가마를 제외하고는 모두 통일신라시대 유구로 파악된다. 유구의 중복관계 등을 고려해볼 때 7세기 후반경인 통일신라시대 초에 형성되어 10세기 전반경까지 유지된 것으로 보인다. 출토유물은 대부분 보존구역 내에 매몰되고 일부가 소개되었다. 와전류로는 「井桃」·「習府」명 암키와, 무악식 당초문암막새, 「調露二年」명 쌍록보상화문전과 유사한 전돌이 출토되었다. 고식연화문 수막새와 단판 타날판 평기와가 극히 일부 출토되지만, 대부분이 7세기 후반 이후의 자료이다(慶州大學校博物館 2009).

동천동 696-2번지 유적

동천동 696-2·697-13번지 일원의 공동주택 신축부지를 한국문화재보호재단이 2006년부터 2007년까지 발굴조사를 실시하였다. 7세기 중반경부터 8세기 초 통일신라시대에 조성된 남북·동서도로, 담장, 배수로, 우물, 건물지 등의 생활유구와 청동 공방지와 같은 생산 유구가 확인되었으며 일부 유구는 조선시대에 형성된 것으로 보인다. 특히 남북·동서 도로의 교차점이 확인되어 450척×350척을 기본 단위로 하는 분할법이 이 유적에도 적용되었음을 확인하였다. 통일신라시대를 중심연대로 하는 도로유구와 건물지 등에서 선문의 단·중판으로 타날된 평기와, 중판·복판·세판연화

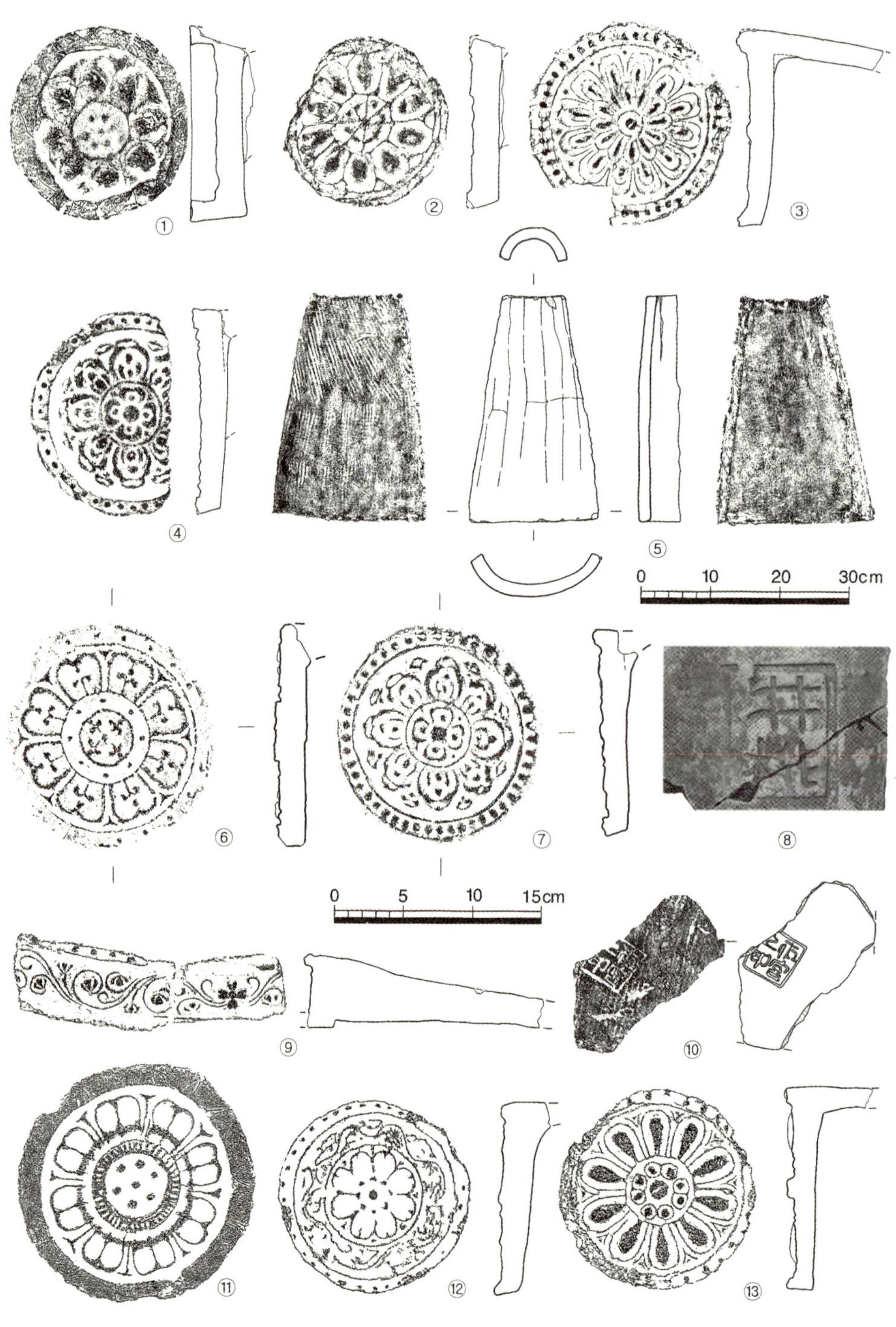

도28_ 왕경유적 출토 기와
①~⑤ 국립경주박물관 부지내 유적(국립경주박물관 2002), ⑥~⑧ 동천동 고대 도시유적(경주대학교박물관 2009), ⑨~⑬ 동천동
696-2번지 유적(한국문화재보호재단 2010)

문·사자문·가릉빈가문수막새, 당초문·쌍조문암막새, 전돌 등이 출토되었다. 수막새의 경우 7세기 후반부터 9세기까지 조업된 것으로 추정되는 금장리 기와가마터 출토품과 유사하다. 또한 9세기 중엽부터 10세기 초로 비정되는 「南宮之印」명 기와와 월성에서 주로 확인되는 「在城」명 기와도 출토되었다(韓國文化財保護財團 2010).

__맺음말

신라 기와는 6세기 전후에 제작되기 시작하여 불교가 공인된 이후 불사의 조영과 더불어 그 수요가 급증하였다. 신라의 초기 수막새는 백제 기와의 제작 기술, 고구려 기와의 문양에 영향을 받은 연화문수막새이다. 통일신라시대부터는 암막새를 비롯하여 지붕을 구성하는 각종 기와가 등장하기 시작한다. 이때에는 화려하면서도 불교와 관련되는 여러 도상들이 기와 무늬로 채용된다. 한편 무와통, 모골와통, 원통와통으로 다양하게 제작되던 평기와가 7세기 전후 무렵부터 원통와통 제작으로 정형화되고 중판 타날판이 등장한다. 8세기대에는 왕경 확장과 함께 기와 수요가 증가하다가 통일신라의 멸망으로 신라의 화려했던 와전 문화는 쇠퇴한다.

이 글에서는 기와 중에서도 출토량이 가장 많은 평기와와 막새를 중심으로 연구사, 편년, 출토 유적 등을 살펴보았다. 현재 경주에서 출토되는 신라 유물 중 절반 이상이 기와라고 해도 과언이 아닐 정도로 기와의 출토량은 매우 많다. 그만큼 기와 연구가 절실함에도 불구하고 기와의 압도적인 출토 수량과 절대 연대 자료의 부족이라는 난제 때문에 연구 대상에서 기피되는 것은 사실이다. 그럼에도 불구하고 기와를 통해서 건물지의 조영 시기와 성격 등을 추론할 수 있기 때문에 기와는 고고학, 미술사, 건축학, 역사학 등에서 다양하게 언급되고 있다.

지금까지 신라 기와는 내적 방법, 외적 방법, 공간적 분석[*]으로 연구되어 왔지만 아직 심도 있는 논의는 부족한 편이다. 이것은 가장 기초적인 기와 속성 분석 방식에서 기인한다. 현재 보고서나 논문에서 사용되는 막새의 접합 기법이나 문양은 의미 있는 속성이 추출되기보다는 보여지는 속성 그대로가 분류되는 경우가 많다. 또 출토 수량이 많은 평기와는 보고되는 양이 적고 분석되는 속성 또

---

[*] 내적방법에는 기와 시료분석을 통한 내적인 속성, 소성 온도 등의 연구, 와요지 목탄시료 등에 대한 탄소연대측정 및 지자기 연대측정법 등이 해당한다. 외적방법은 기와에 드러난 흔적을 직접 관찰하고 제작 기법을 추정하는 것이다. 공간적 분석은 지역에 따른 기와의 내외적인 차이를 분석하여 제작장소, 수급처, 국가간 교류 등을 확인하는 작업이다(崔孟植 2001).

한 몇 가지로 한정된다. 기와를 분석할 때 더 많은 속성을 기록하기 보다는 현재 사용되는 속성 중에 유의미한 속성을 선별하여 데이터함으로써 신라 기와의 시공간적인 특징을 파악할 필요가 있다. 한편 통일신라시대 이후에는 다양한 문양을 가진 각종 기와가 출토되기 때문에 문양을 객관적인 기준으로 구분하여 코드화하고 이를 불교 교리에 입각하여 해석할 필요도 있다(金有植 2004). 그리하여 막새, 평기와, 전돌 등을 통해 각 유적의 조영 시기와 성격을 좀 더 객관적으로 언급할 수 있는 근거가 마련되어야 한다.

신라 기와 연구에 있어서 무엇보다 가장 중요한 과제는 이제 기와 그 자체의 연구에만 머물러서는 안된다는 것이다. 신라 기와는 왕경 내에서 다양한 건축부재로 사용되어 당시 가마에서 생산된 기와의 유통 관계, 왕경 내 기와 건물지의 확산에 따른 왕경의 공간적인 분석, 중앙과 지방과의 차이를 말해주는 중요한 자료이다. 나아가 신라 기와와 주변 국가들의 기와에까지 관심을 가진다면 제와술의 영향 관계를 포함하여 문헌에 등장하지 않는 당대의 문화 교류사에 대해서도 언급할 수 있을 것이다.

참고문헌

보고서·도록

慶尙北道文化財硏究院, 2001, 『慶州市 沙正洞 459-9番地 收拾發掘調查報告書』.

_____________________, 2007, 『慶州 金丈里遺蹟』.

慶州大學校博物館, 2006, 『慶州 佛國寺 境內 聖寶博物館 建立豫定敷地 發掘調查報告書』.

_____________________, 2009, 『慶州 東川洞 古代 都市遺蹟:慶州市 宅地造成地域 內 7B/L』.

國立慶州文化財硏究所, 1996, 『慶州 芳內里古墳群』.

_____________________, 1997, 『感恩寺 發掘調查報告書』.

_____________________, 2002, 『新羅王京 發掘調查 報告書 I』.

_____________________, 2003, 『慶州 仁旺洞 556·566番地遺蹟 發掘調查報告書』.

_____________________, 2004a, 『慶州 月山里遺蹟』.

_____________________, 2004b, 『慶州 天官寺址 發掘調查報告書』.

_____________________, 2004c, 『慶州蓀谷洞·勿川里遺蹟:慶州競馬場豫定敷地 A地區』.

_____________________, 2004d, 『月城垓子 發掘調查報告書 II』.

_____________________, 2005, 『芬皇寺 發掘調查報告書 I』.

_____________________, 2009, 『文化遺蹟發掘調查報告(緊急發掘調查報告 IV)』.

_____________________, 2011, 『月城垓子 發掘調查報告書 III(4號 垓子)』.

_____________________, 2012a, 『慶州 東宮과 月池 I』.

_____________________, 2012b, 『四天王寺 I -金堂址- 發掘調查報告書』.

_____________________, 2012c, 『月城垓子 發掘調查報告書 III(5號 垓子)』.

_____________________, 2013, 『신라 수막새 분류기준안』.

國立慶州博物館, 2000, 『新羅瓦塼:아름다운 신라 기와, 그 천년의 숨결』.

_____________________, 2002, 『國立慶州博物館敷地內 發掘調查報告書:美術館敷地 및 連結通路敷地』.

_____________________, 2011, 『慶州工業高等學校內 遺構 收拾調查』.

국립문화재연구소, 1996, 『제와장』.

국립부여문화재연구소, 2010, 『(瓦)백제 사비기 기와 연구 II』.

_____________________, 2011, 『(瓦)백제 사비기 기와 연구 III』.

대구가톨릭대학교박물관, 2010, 『慶州 龍江洞古墳群:경주 근화여중고 신축부지내』.

東國大學校 慶州캠퍼스博物館, 2003, 『慶州 蓀谷洞·勿川里遺蹟(III)』.

_____________________, 2005, 『王京遺蹟 III』.

文化公報部 文化財管理局, 1978,『雁鴨池 發掘調査報告書』.

文化財管理局 文化財研究所, 1984,『皇龍寺 遺蹟發掘調査報告書Ⅰ』.

文化財研究所 慶州古蹟發掘調査團, 1990a,『慶州龍江洞古墳 發掘調査報告書』.

＿＿＿＿＿＿＿＿＿＿＿＿＿＿＿＿＿, 1990b,『月城垓字 發掘調査報告書Ⅰ』.

聖林文化財研究院, 2012,『慶州 花谷里 生産遺蹟』.

신라문화유산연구원, 2010,『慶州 東山里遺蹟Ⅲ』.

嶺南文化財研究院, 2007,『慶州 芳内里 生活遺蹟』.

＿＿＿＿＿＿＿＿＿＿, 2009,『慶州 芳内里古墳群』.

＿＿＿＿＿＿＿＿＿＿, 2012,『慶州 花川里 山251-1遺蹟Ⅱ』.

朝鮮總督府, 1916,『朝鮮古蹟圖譜三』.

中央文化財研究院, 2008,『慶州 蘿井』.

韓國文化財保護財團, 1999,『慶州 競馬場 豫定敷地 C-I 地區 發掘調査報告書』.

＿＿＿＿＿＿＿＿＿＿, 2010,『慶州 東川洞 696-2番地遺蹟』.

논저

吉井秀夫·崔英姬, 2009,「京都大學 總合博物館 所藏 山田釟次郎 寄贈 고구려 기와의 검토」,『일본
　　　소재 고구려 유물Ⅱ-일제 강점기 고구려 유적 조사 재검토와 關西地域 소재 고구려 유물
　　　1-』, 동북아역사재단.

金基民, 2001,「新羅기와 製作法에 관한 研究:慶州 勿川里 出土기와를 중심으로」, 東亞大學校 大學
　　　院碩士學位論文.

金誠龜, 1981,「雁鴨池 出土 古式瓦當의 形式的 考察」,『美術資料』29, 國立中央博物館.

＿＿＿, 1983,「多慶瓦窯 出土 新羅와전 小考」,『美術資料』33, 國立中央博物館.

＿＿＿, 1985,「統一新羅時代의 瓦塼研究」,『美術史學研究』第162·163號, 韓國美術史學會.

＿＿＿, 1992,『옛기와』, 대원사.

＿＿＿, 2000,「新羅瓦當의 變遷과 그 特性」,『기와를 통해 본 고대 동아시아 삼국의 대외교섭』, 국립
　　　경주박물관·경주세계문화엑스포2000조직위원회.

＿＿＿, 2005,「韓國 瓦塼研究의 回顧와 展望」,『한국 기와연구의 회고와 전망』, 한국기와학회 학술
　　　논집Ⅰ.

金有植, 2001,「기와를 通해 본 新羅·高句麗의 對外交涉」,『東岳美術史學』제2호, 東岳美術史學史學
　　　會.

______, 2004,「통일신라시대 기와 연구의 현황과 과제」,『통일신라시대 고고학』第28回 韓國考古學 全國大會, 韓國考古學會.

______, 2006,「6-8세기 新羅기와 研究 檢討」,『東岳美術史學』제7호, 東岳美術史學史學會.

______, 2010,「新羅 瓦當 研究」, 東國大學校 大學院 博士學位論文.

김지영, 2011,「慶州地域 三國~統一新羅時代 막새기와의 流通」,『嶺南文化財研究』제24집, 嶺南文 化財研究院.

金和英, 1967,「三國時代 蓮華紋 研究」,『歷史學報』34, 歷史學會.

______, 1968,「統一新羅時代 蓮華紋 研究」,『梨大史苑』7, 梨花女子大學校 史學會.

______, 1977,「韓國 蓮華紋 研究」, 梨花女子大學校 大學院 博士學位論文.

김희철·이동주, 2009,「평기와의 속성 정리 시론」,『野外考古學』第6號, 한국문화재조사연구기관협 회.

魯秀敏, 2012,「新羅 蓮花文수막새 製作技術의 確立과 展開:慶州地域을 中心으로」, 嶺南大學校 大學 院 碩士學位論文.

盧潤相, 2006,「新羅時代 蓮花文수막새 研究:慶州地域 寺址發掘出土品을 中心으로」, 東國大學 校大學院 碩士學位論文.

______, 2013,「신라막새의 용어와 연구현황」,『신라기와 조사현황과 향후 연구방향 검토』, 국립경 주문화재연구소.

朴恩辰, 2005,「芬皇寺 출토 수막새에 관한 研究:문양과 제작방법을 중심으로」, 東亞大學校 大學院 碩士學位論文.

박정재, 2009,「경주지역 신라 수막새 편년에 대한 연구」, 동아대학교 대학원 석사학위논문.

박헌민, 2012,「新羅 瓦의 生産과 流通方式의 變化」,『嶺南考古學』63, 嶺南考古學會.

朴洪國, 1988,「月城郡 內南面 望星里 瓦窯址와 出土瓦塼에 대한 考察」,『嶺南考古學』5, 嶺南考古學 會.

上原直人, 1997,『歷史發掘11:瓦を讀む』, 講談社.

徐五善, 1985,「韓國 平瓦紋樣의 時代的 變遷에 대한 研究」, 忠南大學校 大學院 碩士學位論文.

宋應星(崔炷 주역), 1997,『天工開物』, 傳統文化社.

申昌秀, 1987,「三國時代 新羅기와의 研究;皇龍寺址 出土 新羅기와를 中心으로」,『文化財』20, 文化 財管理局.

______, 2005,「신라기와의 研究成果와 課題」,『한국 기와연구의 회고와 전망』, 한국기와학회 학술 논집I.

양종현, 2012,「신라기와의 지방확산에 대한 검토」,『文化財』제45권 제3호, 국립문화재연구소.

柳煥星, 2007, 「羅末麗初 慶州 出土 寺刹銘 平기와 硏究」, 慶州大學校 大學院 碩士學位論文.

尹根一, 1977, 「統一新羅時代 瓦當의 製作技法에 關한 硏究:雁鴨池 出土遺物을 中心으로」, 檀國大學校 大學院 碩士學位論文.

李東柱, 2007, 「기와로 본 신라 王京의 변천 연구」, 東國大學校 大學院 碩士學位論文.

李炳鎬, 2008, 「扶餘 陵山里寺址 出土 瓦當의 再檢討」, 『韓國古代史硏究』제51집, 韓國古代史學會.

이선희, 2009, 「月城垓子 출토 古式수막새의 제작기법과 편년 연구」, 『韓國考古學報』70, 韓國考古學會.

李仁淑, 2004, 「統一新羅～朝鮮前期 평기와 製作技法의 變遷」, 慶北大學校 大學院 碩士學位論文.

______, 2012, 「경주지역 출토 통일신라시대 수막새 편년」, 『韓國考古學報』85, 韓國考古學會.

李仁淑·崔兒先, 2011, 「평기와 用語 檢討」, 『韓國考古學報』80, 韓國考古學會.

정자영, 2013, 「신라기와 조사연구 방향 검토」, 『신라기와 조사현황과 향후 연구방향 검토』, 국립경주문화재연구소.

鄭智燕, 2011, 「古新羅 高句麗系 蓮花文수막새 硏究」, 嶺南大學校 大學院 碩士學位論文.

趙成允, 2000, 「慶州 出土 新羅 평기와의 編年 試案」, 慶州大學校 大學院 碩士學位論文.

______, 2003, 「新羅 長板 打捺紋樣 평기와의 慶州 製作與否에 대하여」, 『梨花史學硏究』제30집, 梨花史學硏究所.

조원창, 2005, 「百濟 瓦博士의 對新羅·倭 派遣과 製瓦術의 傳播」, 『韓國上古學報』제48호, 韓國上古史學會.

______, 2006, 「皇龍寺 重建期 瓦當으로 본 新羅의 對南朝 交涉:蓮花突帶文 圓瓦當(수막새)을 중심으로」, 『韓國上古史學報』제52호, 韓國上古史學會.

______, 2010, 『한국 고대와당과 제와술의 교류』, 서경문화사.

조원창·박연서, 2007, 「大通寺址 출토 백제 와당의 형식과 편년」, 『百濟文化』36, 公州大學校 百濟文化硏究所.

佐原眞, 1972, 「平瓦桶卷作り」, 『考古學雜誌』58-2, 日本考古學會.

차순철, 2007a, 「慶州地域 寺院出土 平瓦의 需給關係 考察-專用瓦·共用瓦·交流瓦를 中心으로」, 『佛敎美術史學』5, 佛敎美術史學會.

______, 2007b, 「경주지역 평기와의 타날형태 변화에 대한 검토:단판·중판·인장 그리고 장판으로」, 『문화재』제40호, 국립문화재연구소.

______, 2007c, 「경주지역 횡혈식석실분의 시상(屍床)구조변화 연구」, 『慶州文化硏究』제9집, 慶州大學校 慶州文化硏究所.

차인국, 2013, 「평기와 제작흔의 실험고고학적 연구」, 『야외고고학』제17호, 한국문화재조사연구기관협회.

崔孟植, 1995, 「百濟 平기와의 製作技法 研究」, 『百濟研究』25, 忠南大學校 百濟研究所.

______, 2001, 「평기와 研究의 最近動向:三國을 중심으로」, 『百濟研究』34, 忠南大學校 百濟研究所.

______, 2002a, 「皇龍寺址 廻廊外廓 出土 평기와 調査研究」, 『文化史學』제17호, 韓國文化史學會.

______, 2002b, 「統一新羅 평기와 研究」, 『湖西考古學』6·7, 湖西考古學會.

______, 2006, 『(삼국시대) 평기와 연구』, 주류성출판사.

崔英姬, 2003, 「江原地方 高麗時代 평기와에 관한 研究」, 檀國大學校 大學院 碩士學位論文.

______, 2009, 「新羅における平瓦·丸瓦製作技術の展開」, 『東アジア瓦研究』第1号, 東アジア瓦研究會.

______, 2010, 「新羅 古式수막새의 製作技法과 系統」, 『韓國上古史學報』제70호, 韓國上古史學會.

崔兒先, 1993, 「平瓦製作法의 變遷에 대한 研究」, 慶北大學校 大學院 碩士學位論文.

허미형, 1989, 「統一新羅期 平瓦에 대한 研究:二聖山城出土瓦를 中心으로」, 漢陽大學校 大學院 碩士學位論文.

황보은숙, 2008, 「경주분지의 왕경형성 과정에 관한 연구」, 부산대학교 대학원 석사학위논문.

10

신 동 조

신라의 철생산

＿머리말

철문화의 유입은 철제 농공구의 등장과 보급에 따른 생산력의 증대, 철제 무기의 등장과 발전에 따른 전쟁 양상의 변화 등 사회적으로 큰 변화를 야기하였다. 그런데 철의 생산은 철광석 산지 확보 등의 자연 환경적 조건 및 고도의 제철 기술, 그리고 이를 운영할 사회조직과 같은 내적 기반을 모두 갖추어야 가능하기 때문에 철을 생산할 수 있는 정치체와 철을 생산할 수 없는 정치체 사이에는 정치·경제적으로 큰 격차가 발생할 수밖에 없다. 당연히 철을 생산할 수 있는 정치체로 정치·경제적 권력이 집중되어 정치체 간의 통합이 가속화되므로 철과 철기의 생산은 고대 국가로 성장하기 위한 주요한 원동력 중 하나라 할 수 있다.

480

더군다나 신라의 전신인 사로^{斯盧}·사라^{斯羅}의 어원이 '쇠의 나라'를 의미한다는 점과 변진^{弁辰}에서 생산한 철을 한^韓과 예^濊 그리고 왜^倭와 낙랑^{樂浪}·대방^{帶方} 두 군^郡에도 공급하였다는 기사[*]는 신라로 성장하기 이전 사로국단계부터 풍부한 철생산을 바탕으로 발달된 수준의 철문화를 누렸음을 짐작케 한다. 이를 증명하듯 변·진한이 위치한 영남지방의 원삼국시대 분묘에서는 주조괭이·철겸·따비형 철기·판상철부·단조철부 등의 농공구는 물론 철검·환두도·철모의 무기류 및 재갈·교구의 마구류 등 다종다양한 철기들이 출토되었다. 다양한 철기를 분묘에 부장하는 전통은 삼국시대까지 이어져 각 유물에 대한 연구들이 비교적 활발하게 이루어졌다. 그에 비해 철과 철기를 생산하는 제철 문화에 대한 연구는 조사 사례의 부족 및 고대 제철 기술을 파악하기 위해 필수적인 금속학적 분석 연구에 대한 이해의 어려움 등으로 아직 미진한 편이다.

신라의 제철 문화에 대한 연구는 신라의 주요한 성장 배경 중 하나로 철 생산을 들어 철산^{鐵産}에 대해 문헌사적으로 접근한 연구(文暻鉉 1992)와 신라 초기 쇠부리업에 대하여 경제사적으로 접근한 연구(梁勝弼 1994)가 이루어졌다. 1990년대 이후 경주 황성동 제철유적을 비롯하여 양산 물금유적과 밀양 사촌유적 등이 조사되면서 본격적으로 고고학적 접근이 이루어졌다(孫明助 1997·1998·2001, 尹鍾均 1998, 金權一 2003·2009·2011, 金一圭 2006). 또한 제철 관련 유적들의 조사 사례가 늘어나면서 출토된 유물에 대한 금속학적 분석도 활발해져 많은 자료들이 축적되고 있다.^{**} 이러한 연구 성과들을 바탕으로 그동안 조사된 신라지역의 제철 관련 주요 유적과 유물들을 소개하고 신라의 제철문화에 대해 개략적으로 살펴보고자 한다.

_ 철과 철기의 생산

제철 공정

철을 만드는 제철 작업은 매우 복잡하고 다양한 공정을 거친다.^{***} 가장 먼저 이루어지는 공정은 채광^{採鑛}으로 철광산에서 철광석·토철 등을 채굴하거나 강가나 바닷가에서 사철을 채취하는 과정이다. 현재 한반도에서 발굴 조사된 고대 채광 유적은 울산 달천유적 1곳에 불과하지만 늦어도 기원전 1세기대에는 달천광산에서 채광이 이루어졌음이 확인되었다(蔚山文化財硏究院 2010c). 따라서 영남지방에서의

---

[*] 國出鐵. 韓濊倭皆從取之. 諸市買皆用鐵. 如中國用錢. 又以供給二郡.
（『三國志』「魏書東夷傳」弁辰條）
^{**} 제철 관련 금속유물의 분석 결과는 주로 발굴조사 보고서에 수록되므로 일일이 열거하지 않았다.
^{***} 제철 공정은 여러 단계를 거치지만, 각 공정의 일부분을 거치지 않고 진행될 수도 있다.

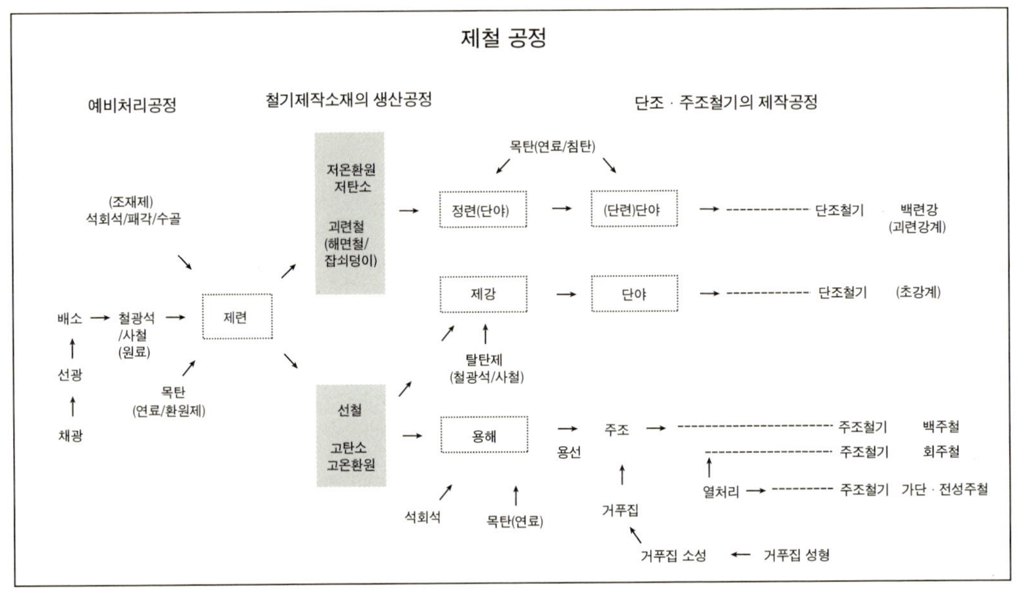

도1_ 제철공정도(한국문화재조사연구기관협회 2012:747 제철공정도 일부 수정)

철 생산이 늦어도 이 시기부터 이루어졌음을 미루어 짐작할 수 있다.

이어서 이루어지는 공정인 선광^{選鑛}은 채광한 광석 중에서 철의 함유량이 많은 광석을 선별하는 작업으로 육안으로 고르거나 물에 넣어 비중의 차이를 이용하는 등의 방법이 사용되었다. 채광과 함께 이루어졌을 가능성이 크지만 대규모 제련 유적인 양산 물금유적(東亞大學校博物館 2000)에서 크고 순도가 낮은 철광석들이 토기편, 유출재 등과 함께 폐기된 구상 유구가 확인되어 제련지에서도 선광 공정을 통해 다시 한번 더 품위가 높은 원광을 선별하였던 것으로 보인다.

이렇게 채광되고 선광된 광석들은 제련로에 들어가기 전 녹는점 이하로 광석을 가열하여 조직에 균열을 만들어 광석의 파쇄 및 환원을 용이토록 하는 배소^{焙燒} 공정을 거친다. 특히 철광석의 배소는 중량을 줄여 운송을 용이하게 하는 등의 장점을 가지므로 철광석을 채광한 후 인근에서 바로 배소 공정이 이루어졌을 가능성이 크다. 양산 물금유적과 밀양 임천리유적(頭流文化財研究院 2012)에서 는 배소가 이루어진 것으로 추정되는 유구가 확인되어 선광과 마찬가지로 제련 조업지에서도 배소 공정이 행해졌을 가능성을 무시할 수 없다.

제련^{製鍊}은 배소 처리된 광석(철광석·사철·토철)을 제련로에 넣고 송풍·가열하여 1차적으로 철 을 뽑아내는 과정으로 철 생산의 매우 중요한 기술이라 할 수 있다. 원광에서 철 성분을 녹이기 위해 서는 1,200℃에 달하는 온도로 높이는 기술 뿐만이 아니라 고온을 견딜 수 있는 제련로의 제작도 이 루어져야 한다. 또한 온도를 높이는 연료인 동시에 철조직에서 산소를 제거하여 환원제로 기능을 하는 목탄의 생산과 운송, 이와 함께 원광의 철 성분과 불순물의 분리를 돕는 각종 조재제^{造滓劑}(석회

482

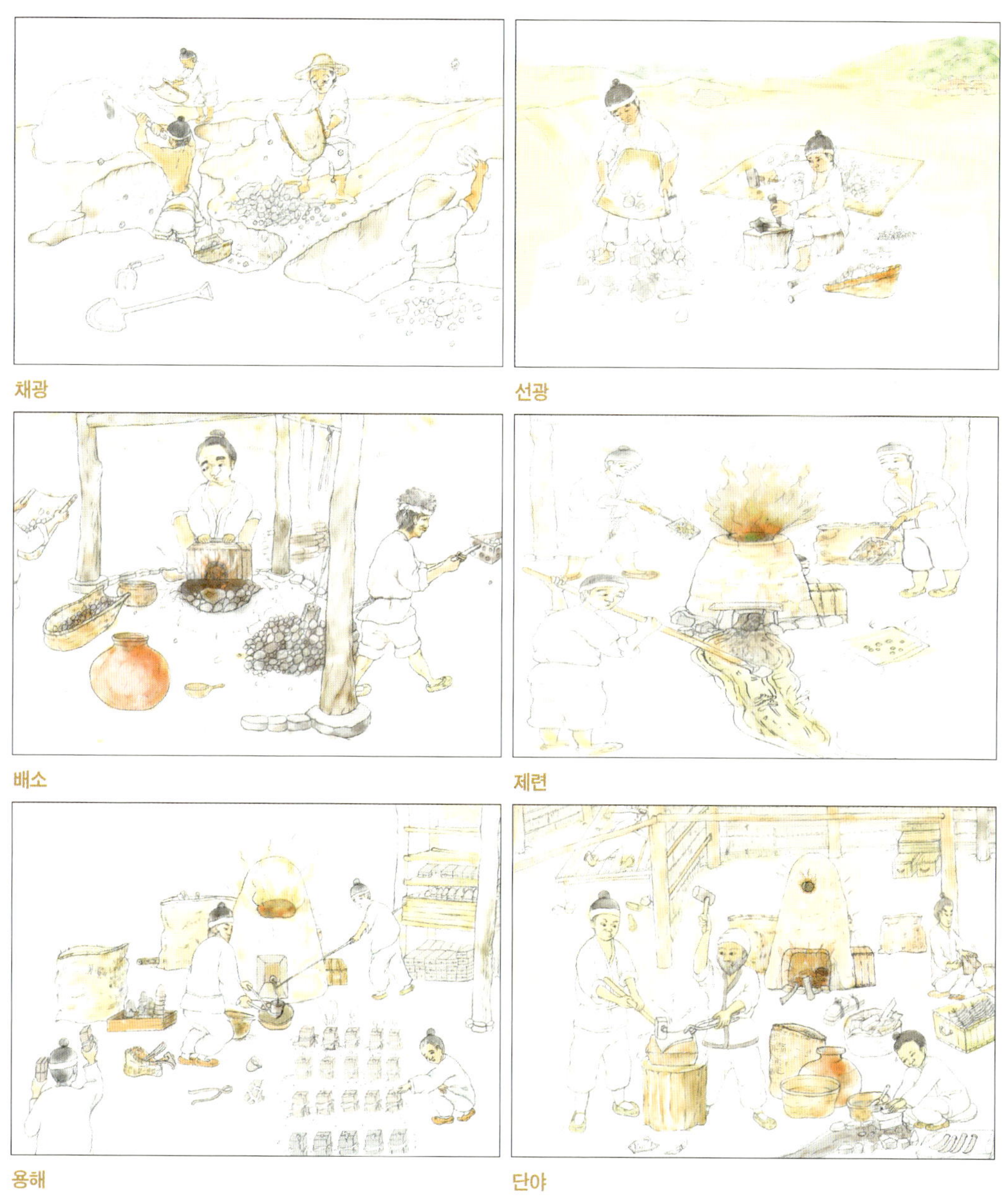

도2_ 제철의 각 공정(한국문화재조사연구기관협회 2012)

석/패각 등)의 투입 등 다양한 기술적 정보와 많은 노동력을 필요로 한다. 제련 공정을 거쳐서 4% 정도의 탄소를 포함한 선철銑鐵이나 저탄소의 괴련철塊鍊鐵이 생산된다.

제련로에서 1차적으로 생산된 철괴에는 여전히 불순물이 많고 정제되지 못하여 그대로 사용하기 어려우므로 불순물이 많은 철괴를 정련로에서 재차 가열하고 단타하여 불순물을 제거하고 형태를 잡아 일정한 규격을 갖춘 철소재를 생산하는 정련精鍊 공정을 거친다. 이 공정에서 괴련철은 침탄浸炭을 통해 고탄소의 선철은 용융 상태에서의 탈탄脫炭을 통해 강소재를 생산한다. 백련강百鍊鋼*, 초강炒鋼**, 관강灌鋼*** 등의 고대 제강법이 알려져 있다.

단야鍛冶란 제련과 정련 공정을 거쳐 생산된 철소재를 반용융의 상태로 달군 뒤 두들겨 원하는 형태의 철제품을 만드는 방법이다. 단타·합단·절단 등을 통해 형태를 만들고 담금질 등의 열처리를 통해 제품의 부분적인 성질 개선이 가능하다. 칼, 화살촉, 도끼, 철겸 등 일부 기종들은 날을 갈아 완성된다.

주조鑄造는 탄소가 많이 포함된 선철(주철鑄鐵)을 용해로에서 가열하여 용융된 상태의 쇳물을 미리 제작된 거푸집에 흘려 부어 철기를 제작하는 과정이다. 거푸집에서 그대로 굳힐 경우 철기의 단면이 백색을 띠며 단단한 백주철白鑄鐵이 되고, 냉각속도를 천천히 하는 서냉법徐冷法****을 사용할 경우 단면이 회백색을 띠고 연성을 가지는 회주철灰鑄鐵이 된다. 여기에 추가적인 열처리를 거칠 경우 가단주철可鍛鑄鐵*****이 되어 단타도 가능한 소재가 생산되기도 한다.

제철로와 부속 시설

철과 철기를 생산하는 제철 유적에서는 각종 제철로와 용범·노 벽체 폐기장, 목탄·패각 저장소 등의 다양한 부속 시설이 확인된다. 다양한 제철 관련 유구 중 제련·정련·제강·단야·용해 등의 공정에서 필수적으로 필요한 것이 제철로이다. 제철로는 제철 공정에 따라 700~1,200℃에 달하는 고온을 유지하여야 하기 때문에 노의 벽체는 진흙에 모래, 짚 등을 섞어 다진 다음 오랫동안 가열하여 높은 온도와 압력을 견딜 수 있게 제작되었다. 제철로의 상부 구조는 잔존하지 않아 정확한 양상을

---

* 제철 관련 용어 해설은 아래 자료를 참고하였다.
한국문화재조사연구기관협회, 2012, 「4. 제철용어집」, 『한반도의 제철유적』.
백련강은 괴련철이나 숙철을 침탄 분위기의 노 안에서 가열한 후 계속적으로 반복단타하여 조직 내 개재물을 타출시키거나 미세하게 분산시켜 재질을 개선한 강철이다.

** 선철을 노 내에서 가열할 때 산화물을 투입하고 목제 봉으로 용탕을 휘저어 공기와의 접촉면을 넓혀 산소를 충분히 공급해 강을 제조하는 방법이다. 중국은 한대(漢代)부터 이러한 기술이 개발된 것으로 알려져 있으나 기술 체계에 대해서는 명확하게 알려진 바 없다. 우리나라의 경우 경주 황성동, 진천 석장리 등에서 제철로의 크기, 형태, 노벽의 철재 용착양상 등에서 일부 가능성이 있는 것으로 알려져 있다.

*** 노 내에서 탄소 함량이 적은 순철 위에 탄소 함량이 높은 선철을 올려놓고 가열하면 녹는점이 낮은 선철이 먼저 녹아 연철 사이로 침투되어 재질을 개선하는 제강법이다. 중국 위진남북조시대에 개발된 것으로 알려져 있다.

**** 금속의 열처리 방법의 하나로 금속을 가열한 후 대기 중에서 냉각시키는 방법(불림·燒準)과 고온으로 가열하여 일정 시간동안 열적 평형상태를 이루도록 하여 조직을 안정시키는 방법(풀림·燒鈍)이 있다.

***** 힘을 가하면 깨지기 쉬운 주철을 열처리하여 연성(軟性)을 높여 단조할 수 있도록 만든 철이다. 주철을 노 안에서 약 1주일간 고온 상태를 유지시켜 조직 속의 시멘타이트를 흑연화하는 방법을 이용한다.

484

파악하기 어려워 제철로의 성격이 불분명한 경우가 많다. 철과 철기의 생산 시 다양한 제철 공정을 거치는 만큼 여러 유형의 제철로가 사용되므로 제철로 및 제철 유적의 성격을 밝히기 위해 제철로 의 구조는 물론 철재 등의 금속학적 성분 분석 등과 같은 다양한 접근이 필요하다.

● 제련로 製鍊爐

제련로는 평면 형태가 지름 90~150㎝ 내외의 원형을 기본으로 하는 노와 평면 타원형 또는 팔자 형을 띠는 배재부로 구성된다. 노는 모래와 숯 등을 이용하여 바닥 하부시설을 한 뒤 할석을 이용하 여 2~3단 정도로 쌓아 올린 후 노의 벽체를 쌓아 올렸다.

제련 공정은 불순물이 많이 포함된 철광석 등의 원광에서 1차적으로 철을 걸러내는 작업이기에 철 보다 녹는점이 낮은 많은 양의 불순물들이 먼저 녹아서 노 하부에 고여 노 내부의 온도를 떨어뜨릴 수 있다. 따라서 생성된 철재를 배재구 排滓口를 통해 빠르게 제거해 주어야 하므로 넓은 배재부의 유 무가 다른 제철로와의 큰 차이라 할 수 있다. 노에서 배재부로 연결되는 부분의 바닥은 소결되었다.

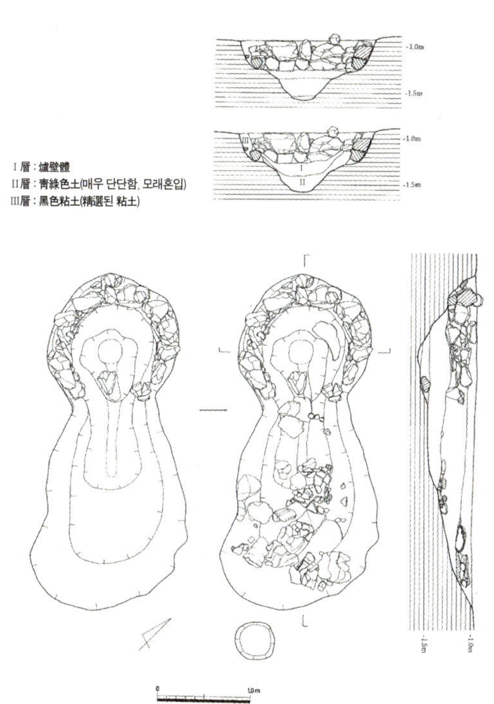

도3_ 제련로(밀양 사촌유적 1호 제련로)

노벽 내에는 철재가 비교적 두텁게 용착되 는데, 벽체의 상부에는 비중이 낮은 청회색 의 유리질 철재가, 하부에는 비중이 큰 적갈 색의 철재가 용착되어 높이마다 다른 색상과 성질의 철재가 용착되는 점 역시 제련로의 특징이다(김권일 2010a:48).

이 밖에 원광에 포함된 각종 불순물들이 녹아 굳어진 유출재와 철괴형 철재*도 다량 으로 확인된다.

● 용해로 鎔解爐

용융된 쇳물을 도가니에 담아 거푸집에 붓 는 후속 작업이 진행되므로 노의 위치보다 작업장이 좀 더 낮은 편이 효율적이라 할 수 있다. 다른 공정의 제철로와는 달리 방형 혹 은 타원형의 수혈을 판 뒤 수혈의 한 쪽에 치

---

* 유출재는 제련 시 철보다 녹는 점이 낮은 각종 불순물들이 먼저 녹아 흘러나와 굳어진 철재로 자갈색의 매끈한 표 면을 가지며 철성분은 없다. 철괴형 철재는 제련 시 목탄 등과 엉겨 응고된 것으로 적갈색을 띠며, 부분적으로 강 한 자성을 가지기도 하나 전체적으로는 철성분이 매우 적다.

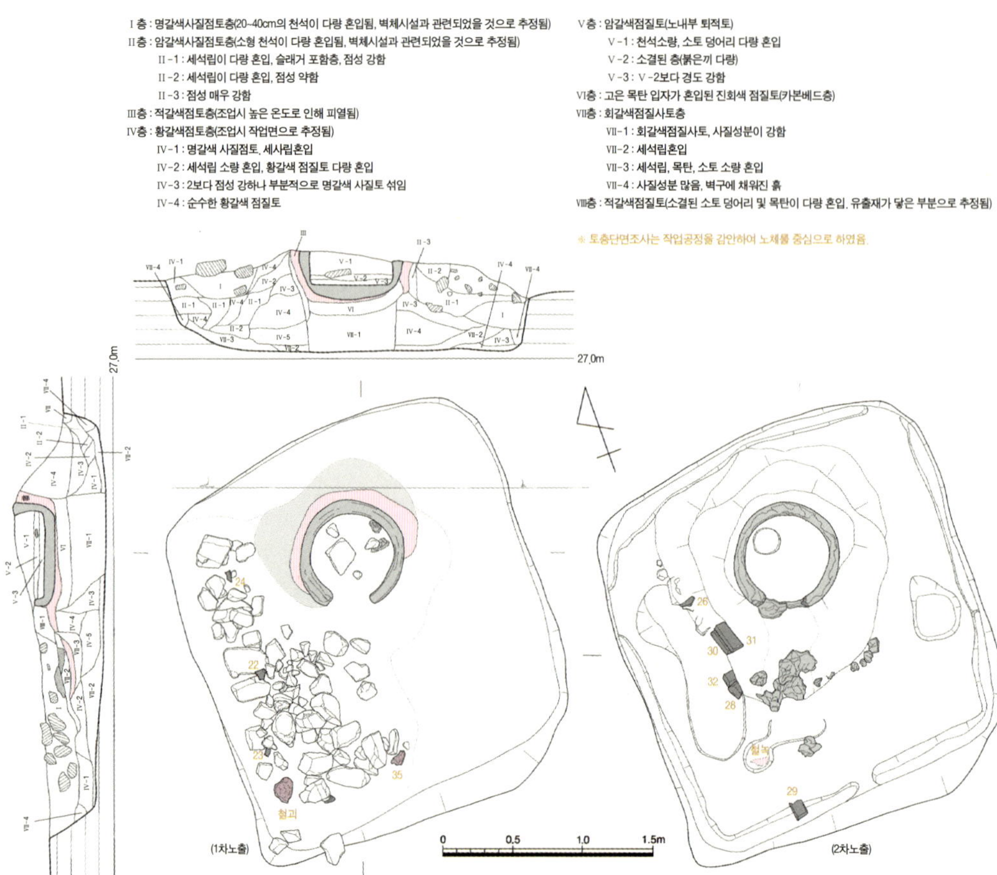

도4 _ 용해로(경주 황성동 886-1번지 유적 용해로 3호)

우친 곳에 노가 축조된다. 노는 지름이 50~70㎝ 내외이며, 평면 형태는 원형을 띤다. 모래와 숯을 깔아 바닥을 마련한 후 벽체를 쌓아 올렸으며, 고온을 유지하기 위해 제련로와 유사하게 제작되었을 것으로 추정된다. 용해로는 한 번 사용한 후 폐기되지 않고 몇 차례의 보수 과정을 거쳐 재사용되기도 하였다. 용해로는 1차 제련 또는 2차 정련 공정을 거친 불순물의 함유율이 낮은 철기제작소재를 사용하기 때문에 노 벽 내에 옅은 청회색의 철재가 고르게 용착된다(김권일 2010a:50).

한 유적 내에 주로 여러 기가 함께 확인되어 용해 조업은 비교적 대규모로 이루어졌던 것으로 추정된다. 용해 조업 시 사용된 거푸집, 도가니, 유리질 철재* 등이 주변에서 출토된다.

● 단야로 鍛冶爐

단야로는 지름이 30~80㎝ 내외로 제철로 중 가장 작으며, 평면 형태는 원형 혹은 타원형을 띤다. 땅을 파지 않고 지상에 축조되거나 매우 얕게 파기 때문에 잔존 상태가 양호하지 않다. 정련된 철

---

* 회청색·녹갈색을 띠는 표면 광택을 가지며, 철성분은 거의 없다.

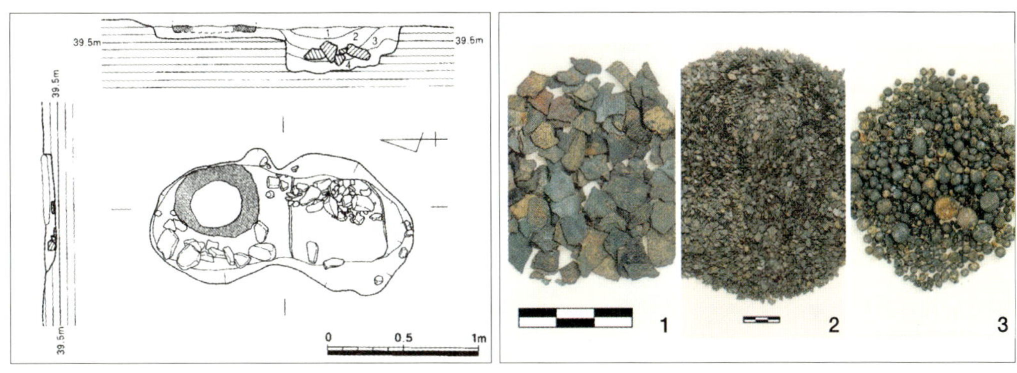

도5_ 단야로(경주 성동동386-6번지 수혈 24호)와 단조박편(1, 2), 입상재(3)

기제작소재를 이용하여 제작하기 때문에 노의 바닥과 벽체에는 철성분이 많아 적갈색을 띠는 철재가 노의 하부에 소량 부착된다(김권일 2010a:50). 단타 작업이 수반되므로 단타 작업 시 받침돌로 사용된 석제 모루가 함께 확인되기도 한다. 철재 중에서 자성이 가장 강하고 물방울 모양을 한 입상재 및 망치와 모루를 이용하여 단타할 때 철기에서 박리되어 떨어지는 단조박편이 주변에서 확인된다.

● 제강로製鋼爐

연철을 침탄시키거나 선철을 탈탄하는 제강 공정에 필요한 노로, 고대에는 초강·관강 등의 제강법이 사용된 것으로 알려져 있다. 제강법에 따라 사용된 노를 구분하기에는 아직 자료가 부족한 편이다. 그러나 원삼국시대~삼국시대 철기 유물의 금속학적 분석에서 초강의 사용이 확인되어(신경환·장경숙 1998) 늦어도 원삼국시대 목곽묘단계부터는 초강로의 존재를 상정할 수 있다.

또한 금속학적 분석을 통해 경주 황성동 강변로 3호 노에서는 초강법의 공정이 제기되었으며(大澤正已·長家伸 2005)[*], 황성동 537-2번지유적 3호 노에서는 순철 소재와 용해된 주철을 원료로 사용하여 강소재를 생산하는 독특한 제강법(넓은 의미의 관강)이 사용된 것으로 파악되었다(박장식 2001)[**].

경주 황성동유적에서 확인된 제강로는 내경 40~50㎝ 내

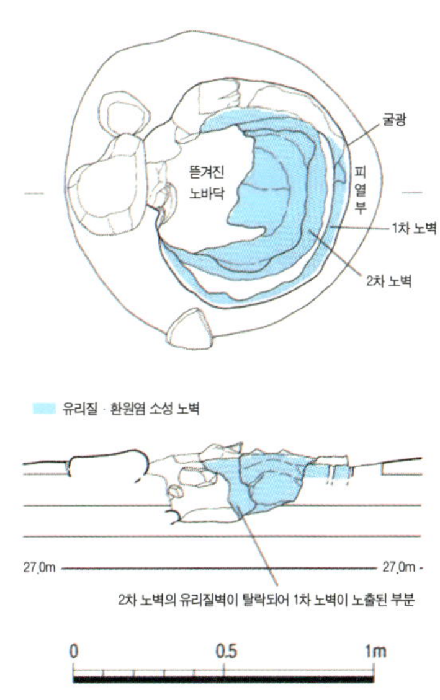

도6_ 제강로(경주 황성동 강변로 3호 노)

---

[*] 동일한 유구에서 출토된 시료의 분석을 통해 순철로 강을 생산하기 위한 강엿쇠둑(단야로)으로 판단하기도 하였다(권혁남·유혜선 2005).

[**] 관강법이 중국의 위진남북조시대에 개발되었기 때문에 수용하기 어렵다는 견해도 있다(신경환 외 2007:206).

도7_ 선광구(상)와 배소로(하)
(상 : 양산 물금유적, 하 : 밀양 임천리유적)

외의 원형을 띠며, 반지하식의 구조를 가진다. 바닥은 점토와 목탄을 섞어 오목하게 깔았으며, 노벽의 내면에는 환원염 소성의 회청색 철재가 비교적 고르게 부착되었다(김권일 2010a:153).

● 그 외 제철 관련 부속 시설

제철 유적에서는 각종 제철로 외에도 다양한 부속 시설들이 공반된다. 철광석을 선별하는 선광은 육안으로 이루어지기도 하지만, 구溝나 수혈에서 비중 차이를 이용하기도 하므로 철광석과 맥석이 집중 분포되어 있다면 선광유구로 추정할 수 있다. 양산 물금유적에서는 순도가 낮은 철광석과 유출재 등이 함께 폐기된 구상 유구가 확인되어 선광 공정이 이루어진 것으로 보인다.

배소로는 제련로에 광석을 투입하기 전 광석의 파쇄 및 환원을 용이하게 하기 위해 광석을 녹는점 이하로 가열하는 유구이다. 비교적 낮은 온도에서 가열하기 때문에 철재는 생성되지 않으며, 노벽의 경화도도 낮다. 광석의 파쇄 시 사용된 모루돌이 확인되기도 한다. 금속학적 분석을 통해 철광석에서 배소흔이 확인된다면 배소로로 판단할 수 있다.

이 외에 제철 작업 시 발생하는 각종 부산물-철재·노벽체·거푸집 등-을 폐기하는 폐기장, 광석이나 목탄 등의 원료를 저장하는 저장 시설, 제철로의 벽체를 제작하거나 보수할 때 필요한 점토를 채취하기 위한 점토 채취장과 연료 및 탈탄제의 역할을 하는 목탄을 생산하는 가마, 각종 원료 및 생산된 제품의 운반을 위한 도로 시설 등이 함께 확인되기도 한다.

제철 관련 도구

● 송풍 장치와 송풍관

제철 공정에서 노 안의 온도를 700~1,200℃ 이상의 고온으로 유지하는 것은 매우 중요한 작업으로, 연료의 공급 못지않게 중요한 것이 바로 산소를 주입하는 송풍 장치이다. 송풍 장치로는 나무 상자 모양 또는 가죽으로 만들어진 풀무가 있으나, 고대 송풍 장치의 실물은 확인된 바 없어 자세

도8__ 송풍관(밀양 사촌유적 외)

도9__ 송풍구(밀양 임천리유적 B지구)
1 : 23호 노 전경, 2 : 23호 노 송풍구(외→내), 3 : 23호 노 송풍구(내→외),
4 : 54호 노 송풍구

한 양상은 알 수 없다. 송풍관은 송풍 장치와 노 내부를 연결하여 노 안으로 바람을 불어 넣는 도구로, 제철 유적에서 다량으로 출토되나 각종 제철로의 잔존 상태가 좋지 않아 주로 폐기장에서 출토된다. 다양한 재료를 사용한 것으로 알려져 있으나, 한반도에서는 대부분 토제품이 확인되었다.

송풍관은 구경 10㎝를 기준으로 대구경과 소구경으로 구분된다. 대구경 송풍관은 제련로용으로, 소구경은 단야로용으로 추정된다. 송풍관의 형태는 크게 원통형과 'ㄱ'자형으로 나뉜다. 원통형은 풀무와 같은 송풍 장치에서 노까지 나가는 부분이며, 'ㄱ'자형은 끝부분에 철재가 부착되어 있고 노와 연결하기 위해 점토로 보강한 흔적이 남아있어 노 내부로 관입된다. 철재가 아래쪽으로 흘러내린 것으로 보아 노벽에 비스듬히 설치된 것으로 추정된다.

밀양 임천리유적에서는 노의 외부에서 내부로 경사지게 관입된 송풍구 흔적이 제철로의 하부에 남아있는 사례가 다수 조사되었다. 송풍구는 양쪽 장벽에 각각 1개씩 설치되었으며, 송풍구의 직경은 크게 4㎝, 13㎝ 가량으로 구분된다. 23호 노에서는 벽체 내부에 슬래그가 전면적으로 고르게 융착되어 있으나, 송풍구 주변에만 요면을 이루어 조업 이후 의도적으로 송풍관을 제거한 것으로 추정된다. 54호 노에서는 동장벽쪽 송풍구 외면에 노벽체를 따라 송풍관이 설치된 것으로 추정되는 흔적이 확인되었다.

제련, 용해, 단야 등 성격이 다른 각종 노에 장착된 송풍관의 구분 및 관입 위치와 관입 각도 등에 대해 좀 더 구체적으로 밝히는 연구 등이 이루어져야 한다.

● 거푸집과 도가니

용해 공정에 사용되는 특징적인 도구들이다. 거푸집은 용해로에서 생성된 쇳물을 흘려 부어 주조 철기를 만들기 위한 틀로 주로 고운 모래가 섞인 점토로 만들어진다. 쇳물이 닿은 부분은 회색을 띤

다. 거푸집은 제작하고자 하는 철기의 모양을 절반씩 새겨 하나로 합치는 합범合范과 한 쪽 틀에만 철기의 모양을 새기는 단범單范으로 구분된다. 3~4세기 대 주조괭이 거푸집의 출토 사례가 가장 많다. 이 외에 철탁 제작을 위해 사용된 거푸집이 밀양 임천리유적에서 확인되었다(도19-7).

도가니는 용융된 쇳물을 거푸집에 흘려 붓기 위한 도구로 주로 흙이나 아연으로 만들어진다. 신라의 대표 용해 유적인 경주 황성동유적에서는 도가니가 출토되지 않아 탕도湯道*를 이용하여 용해로에서 거푸집으로 바로 쇳물을 주입한 것으로 추정된다(孫明助 1998:26, 김권일 2009:99).

● 단야구

단야구란 단야 공정에 사용되는 갖가지 공구이다. 철기 제작 시 불에 달구어진 철기제작소재를 집는 집게, 철기제작소재를 두드려 철기를 성형하는데 사용되는 망치, 단야 작업이 끝난 후 쇠붙이를 벼리거나 날을 세울 때 사용하는 줄, 망치로 쳐서 철기제작소재를 절단하는 데 사용되는 끌, 단야 작업 시 대상물의 받침대로 사용되는 모루, 날을 세울 때 사용되는 숫돌 등이 대표적인 도구이다.

그런데 실제 제철 관련 유적에서 단야구가 출토된 사례는 매우 드물고 5세기 이후 분묘 부장품으로 출토되는 예가 대부분이다. 경주 황남대총 북분·창녕 교동 89호·경산 조영EI-1호와 같은 대형분에서는 유물이 크고 사용흔이 관찰되지 않아 비실용적인 집게 1점만이 부장되는데, 단야집단을 관할하는 수장의 위세품적 성격을 가지는 것으로 추정된다. 중·소형 분묘에서는 실제 사용한 단야구들이 여러 조합을 이루면서 부장되어 단야집단을 실제 운영한 야장冶匠의 분묘로 파악되기도 한다

---

* 탕도를 봉상철기의 거푸집으로 보는 의견(東潮1999:72, 國立慶州博物館 2001a:110)도 있다. 그러나 거푸집으로 사용될 경우 쇳물이 고여야 하는데 양 쪽이 모두 트여 있고, 용해로에서 소량 출토되는 것으로 보아 탕도로 사용되었을 가능성이 크다.

(金銀珠 2006:77~79).

황룡사지(文化財管理局 文化財研究所 1984), 미륵사지(文化財管理局 文化財研究所 1989)와 같은 거찰[巨刹]과 양주 대모산성(翰林大學校博物館 1990), 이천 설봉산성(단국대학교 매장문화재연구소 2002), 대전 계족산성(忠南大學校 百濟研究所 2005) 등의 성곽에서도 망치, 집게, 모루, 끌과 같은 단야구가 소량 확인되었다. 현재 확인되는 수량은 매우 적으나 사원과 산성 내에서도 단야 공방지가 운영되어 각종 철기의 간단한 보수와 제작이 이루어졌음을 직접적으로 보여준다.

철기제작소재

철 생산은 철광석(사철) 산지의 확보와 같은 자연 환경적 조건은 물론 제철 기술·전업집단의 운영과 같은 사회·경제적 조건을 모두 갖추어야만 가능하다. 따라서 철은 고대 국가의 주요한 경제적 기반인 동시에 정치적으로도 중요한 지배 수단 중 하나였기에, 철을 둘러싼 교역은 국가에 의해 독점 관리되고 규제되었을 가능성이 크다. 이때 교역의 대상이 된 철은 원광보다는 제련과 정련 과정을 거친 후 일정한 규격을 갖추어 유통 및 철기 제작에 편리한 형태를 가졌을 것이다. 현재까지 확인된 다양한 철기 중 유통을 위해 제작된 철기제작소재로 가장 적합한 형태를 띠고 있는 것이 바로 철정[鐵鋌]이다.

철정은 판상의 얇은 덩이쇠로 신부의 가운데가 좁고 양 단이 넓은 평면 형태를 가져서 그 자체로는 도구로 사용되기에 어려운 형태이다(도 13-좌). 다량으로 부장되는 예가 많고 끈으로 묶어 10매 단위로 부장되기도 하여 용도에 대해 다양한 의견들이 논의되고 있다[*]. 금속학적 분석을 통해 실용기로서의 사용이 제한적이며 간단한 (단련)단야 공정을 통해 다른 철기로 만들 수 있으므로 1차적으로는 철기제작소재의 용도로 제작되었으나, 그 중요성을 인정받아 다양한 양상으로 분묘에 부장된 것으로 추정된다. 양 단이 넓은 전형적인 철정 이외에 철기제작소재로 사용된 것으로는 봉형을 띠며 비교적 두꺼운 형태를 가지는 것도 있다(도 13-우).

철정은 크게 원삼국시대의 판상철부에서 판상철부형 철정을 거쳐 철정으로 변화하는 것으로 이해된다(宋桂鉉 1995). 판상철부 단계에서는 공통 양식기를 가지다가 철정으로 변화하면서 각 지역의 특징을 가지고 제작되기 시작한다. 철정의 지역적 특징은 20㎝ 이상의 중대형 철정에서 두드러지게 나타나며, 철정의 단부 형태를 기준으로 구분된다(박천수 2007, 朴智惠 2013). 신라형 철정은 단부에서 신부로 이어지는 평면 형태가 곡선을 이루며, 단부의 형태는 직선적이거나 호형을 그리고

---

[*] 지금(地金), 화폐의 기능을 담당하였다고 파악한 견해(黑田幹一 1938, 村上英之助 1977, 宋桂鉉 1995)와 철기 제작의 소재로 사용되었다는 견해(孫明助 2003, 李賢惠 1995, 大澤正己·山本信夫 1997)로 크게 나누어진다. 최근에는 화폐와 철기제작소재 등 복합적인 역할을 담당한 것으로 보는 의견도 제시되고 있다(김정완 2000, 김혁중·정주희 2011, 박선미 2011).

단부의 좌우가 신부보다 둥글게 외만하면서 벌어진다. 이러한 형태의 철정은 경주 외에도 부산, 경산, 창녕 등 신라와 밀접한 관련을 맺고 있는 지역에서 확인되어 김해와 함안을 중심으로 부장되는 금관가야형 철정 및 아라가야형 철정과는 다른 양상을 보인다.[*]

   부산의 대표적 고분인 복천동 10 · 11호분(釜山大學校博物館 1983)에서는 신라형 철정 77점 부장되었지만, 경주 황남대총 남분(文化財管理局 文化財研究所 1993)에는 전장 50㎝ 이상의 철정 86점, 24~32㎝ 내외의 중형 철정 1246점, 봉형 철정 80여 점이 부장되어 동시기 경주지역의 철 생산 및 철기제작소재 유통망의 장악력을 잘 보여준다. 따라서 철기제작소재인 철정의 공급과 유통은 신라가 지방을 통제하기 위한 중요한 수단 중 하나였음이 분명하다(이희준 2007:267~269). 또한 신라형 철정은 5세기 전반 이후 금관가야산 철정을 대신하여 일본열도로 유입되기도 한다(박천수 2007:336~338).

__신라 · 통일신라의 제철 유적

   지금까지 조사된 신라~통일신라의 주요 제철 유적을 정리한 것이 〈표1〉이다. 제철 유직은 조업 공정에 따라 크게 채광, 제련 · 정련, 용해, 단야 유적으로 나눌 수 있지만 제련+단야, 용해+단야 등 2가지 이상의 공정이 복합적으로 이루어지기도 한다. 복합 공정이 이루어진 유적이라도 각 유적에서 대표적으로 이루어진 공정을 잘 보여주는 사례를 중심으로 살펴보도록 하겠다.

---

[*] 금관가야형 철정은 단부의 좌우가 직선적으로 외만하면서 신부보다 살짝 벌어지는 형태를 가지며, 아라가야형 철정은 단부가 내만하며 단부의 좌우가 둥글게 벌어지는 특징을 가진다(朴智惠 2013:82~84).

표1_ 신라~통일신라 주요 제철 유적(김권일 2012 〈표1〉 수정 후 인용)

연번	유적명	유구 성격	출토유물	조업 성격	시기
1	울산 달천유적	채광수혈, 채광갱	철광석, 와질토기, 왜계토기	채광	원삼국 ~
2	경주 황성동유적	용해로, 단야로, 거푸집 폐기장 외	철괴, 철재, 단조박편, 송풍관, 거푸집	용해 · 단야 정련 · 제강	1~4세기
3	울산 중산동 798-2유적	용해공방지	거푸집, 송풍관, 철재, 동물뼈	용해	3~4세기
4	대구 봉무동유적	용해로, 폐기장	거푸집, 송풍관, 철재, 노벽체편	용해	3~4세기
5	경주 월성해자 남편유적	수혈, 주혈군, 소토유구	도가니편, 철재, 철괴, 방형석재	단야	3~4세기
6	경주 덕천리유적	제철로지, 수혈	거푸집, 송풍관, 철괴, 철광석	용해, 제련?	5~6세기
7	울산 천상리 평천유적	단야공방지	단조박편, 철재	단야	4~5세기
8	밀양 사촌유적	제련로	철광석, 철재, 송풍관	제련	6~7세기
9	밀양 임천리유적	각종 제철로, 폐기장, 탄요 외	거푸집, 송풍관, 노벽체, 철광석, 철괴, 유출재	제련, 용해, 단야	5~7세기
10	양산 물금유적	각종 제철로, 선광구 외	가철광석, 송풍관, 노벽체, 철재	제련	5~8세기
11	대구 시지유적	수혈, 노지	노벽체, 송풍관, 철괴, 철재	단야, 용해?	5~6세기
12	동해 송정동유적	수혈, 단야공방지	송풍관, 철재, 노벽체	단야	4~5세기
13	경주 성동동 386-5 유적	단야로, 수혈	노벽체, 철재	단야	8~10세기
14	울산 입암리유적	단야공방지	단조박편, 철재	단야	7~10세기
15	거창 정장리유적	구상유구, 수혈	송풍관, 철기, 철재, 거푸집	용해? 단야	8~9세기
16	충주 하구암리 큰골유적	제련로, 단야로	단조박편, 철편, 철재	제련, 단야	9~10세기
17	충주 탑평리유적	주거지, 소토유구	송풍관, 철재, 거푸집?	용해? 단야?	6~8세기
18	충주 두정리유적	소성유구, 수혈유구	유출재, 철재, 노벽체	제련	통일신라~ 고려
19	전주 찰방유적	구상유구 (폐기장)	철재, 망치, 거푸집, 송풍관, 도가니	용해?	통일신라
20	홍천 성산리유적	추정제철유구, 폐기장	철재	?	통일신라
21	춘천 근화동유적	제련로	철재, 도가니, 송풍관	제련, 용해	통일신라~ 고려

도14_ 신라~통일신라 제철 유적 (※ 유적명은 〈표 1〉 연번 참조)

채광과 제련 공정은 원료의 확보가 용이하고 연료 공급이 원활하며, 생산된 제품을 운송하기에 용이한 곳을 중심으로 이루어지지만 주조, 단조 기술을 사용하는 철제품의 제작은 자연환경적 입지조건보다는 중간소재를 공급받아 수요처를 중심으로 이루어진다.

채광 유적

철 생산에서 무엇보다도 중요한 것이 철 원료의 확보이다. 철의 원료는 크게 철광석과 사철로 나누어지는데, 실제 수많은 제철 유적에서 철광석이 확인되어 철광석을 채광하여 원료로 사용한 것으로 보인다. 강가나 해안에서 물체질을 통해 채취되는 사철이 삼국시대에 사용되었는지는 아직 불분명하다.

현재 발굴조사를 통해 확인된 고대 채광 유적으로는 울산 달천유적이 유일한 사례이다.[*] 달천유적에서는 원삼국시대, 조선시대, 일제강점기의 채광 유구가 조사되었을 뿐 삼국시대 및 통일신라시대에 이르는 채광 유구는 아직 확인되지 않았다. 그러나 삼국시대 출토 철기 유물의 시료 분석 결과 달천 광산의 특징인 비소(As)가 포함된 예가 다수 확인되므로(박장식 2003, 신경환 외 2007, 신경환 외 2009, 大澤正己·長家伸 2005) 달천광산이 삼국시대는 물론 통일신라시대에 이르기까지 신라의 중요한 철광석 채광지로 운영되었다 보아도 무방할 것이다 .

달천유적에서 확인된 원삼국시대 채광 유구는 수혈, 채광장, 채광갱으로 구분된다. 수혈은 평면 형태가 원형, 타원형, 말각방형 등으로 다양하고 바닥이 다소 울퉁불퉁해 노천에서 채광을 했던 구덩이로 추정된다. 채광장은 평면 형태에 규칙성이 없고 경사면을 따라 최대 0.5m 내외로 굴착하였으며 바닥은 다소 울퉁불퉁하다. 채광갱은 평면 형태가 대체로 원형으로 여러 차례 중복되었으며, 지름 4~5m, 깊이 2m 내외로 다소 깊다. 조선시대의 채광 유구는 수직·수평갱의 형태를 띤다. 삼국시대 채광 유구는 조선시

---

[*] 조선시대에 조성된 수원 망포동유적에서 사철의 채취를 위해 굴토하였을 가능성이 있는 구(溝)가 확인된 바 있다 (김권일 2010b:149).

도15_ 울산 달천유적
1 : 채광 유구 전경, 2 : 원삼국시대 채광갱, 3 : 조선시대 채광갱, 4 : 철광석

대의 것보다는 원삼국시대의 것과 유사할 것으로 예상된다.

이 외에도 『세종실록지리지世宗實錄 地理志』, 『신증동국여지승람新增東國輿地勝覽』에 따르면 영남지방에서는 18개 읍에서 철광산이 확인되는데(신종환 2012:601~602), 경주 주변 지역으로는 감은포철산, 언양 석남산철산이 알려져 있다. 이외 영남지방에서는 양산 화자포철산, 합천 야로, 밀양 동송곡산, 김해는 물론 안동, 예천 등지에서도 철산지가 운영되었다. 이 모든 철산지가 삼국시대 및 통일신라시대에 개발되어 운영되었다고는 볼 수 없으나, 이 중 많은 철광산이 개발·운영되었을 것으로 추정된다. 또한 신라가 삼국을 통일한 이후 백제의 주요한 철산지인 충주지역에 중원경을 설치한 점으로 보아 가야와 백제, 고구려에서 개발·운영하였던 전국 각지의 철산지에서 채광이 이루어졌을 것이다.

채광된 철광석은 채광지에서 선광이 이루어져야 운송 시 더욱 효율적이므로 선광 후 폐기된 맥석과 철광석이 함께 확인된다. 선광된 철광석은 채광지 인근에서 제련 공정을 거친 후 철기제작소재 및 다양한 철제품으로 제작되어 신라 중앙정부의 통제 하에 각 지역으로 유통되었을 것이다.

제련·정련 유적

제련은 철광석이나 사철 등의 원광에서 1차적으로 철을 추출해내는 공정으로 많은 양의 철재가 생성된다. 원광에서 불순물을 빨리 걸러내기 위해 패각류 또는 동물뼈, 석회석 등의 조재제가 사용되기 때문에 이러한 조재제가 함께 확인되기도 한다. 정련은 제련 과정을 거쳐 생산된 철을 정련로에 넣어 재가열하여 불순물을 걸러내는 공정으로 제련 공정보다는 적은 양의 철재가 확인된다. 정련 공정을 통해 일정한 규격을 가진 괴상이나 판상의 형태를 가진 철기제작소재가 생산되어 유통의 편의성을 높였다. 제련로와 정련로의 구분은 아직까지 명확한 기준은 마련되지 않았고 한 곳에서 이루어졌을 가능성이 크므로 세분하지 않고 함께 살펴보고자 한다.

현재 확인된 제련 유적의 입지를 살펴보면 철 생산에서 중요한 원료인 철광산이 인근에 위치하며, 연료 및 조재제로 사용되는 목탄을 생산하기 위한 풍부한 산림, 그리고 원료의 공급 및 생산물의 유통을 위해 육상 또는 하상의 교통로가 확보된 곳이라는 자연적 조건을 갖추고 있는 곳에 자리 잡고 있다.

● 양산 물금유적(東亞大學校博物館 2000)

유적 주변에 위치한 오봉산에 기록상 15세기부터 1995년도까지 채광한 것으로 알려진 물금광산이 자리하여 원료의 확보가 용이하다. 또 낙동강과 양산천의 합류지로 수운을 이용한 교통로가 확보된 곳으로 제련 유적의 자연적 입지 조건을 충분히 갖추었다. 유적은 가촌리유적과 범어리유적 2개소로 구분되나, 시기적으로 연결되어 제철 조업의 이동 양상을 짐작할 수 있다.

가촌리유적은 출토된 유물로 보아 주로 5~6세기대를 중심으로 운영되었다. 장방형 수혈 내부의 한 쪽에 치우쳐 원형로가 확인되고 철광석, 송풍관편 등의 제련 관련 유물이 함께 확인되어 제련로로 사용된 것으로 볼 수 있다. 또한 당시 제련 관련 야장의 주거지로 추정되는 장방형 주거지 2동 및 패각 소성유구와 배소유구도 조사되었다.

범어리유적은 출토된 토기편으로 보아 7~8세기대를 중심으로 운영되었다. 총 24기의 수혈에서 36개소에 달하는 제철로와 선광유구, 배소시설 및 제련 공정에서 반드시 필요한 조재제인 패각의 저장과 소성을 위한 유구도 확인되었다. 조사된 제철로의 형태는 11호 유구 내부에서 확인된 2기의 상형로를 제외하면 모두 원형로이다. 원형로는 지름 80~300㎝에 이르는 등 다양한 규모를 가지며, 철광석이 출토되거나 배소시설 등이 부속되기도 한다. 길이 200㎝ 내외의 비교적 큰 규모의 장방형 소토흔이 확인된 11호에서는 배소 흔적이나 철광석이 전혀 확인되지 않고 다른 원형로들에서 멀리 떨어져 위치한 점으로 보아 정련 공정이 행해졌던 것으로 추정된다. 다수의 송풍관과 철재, 노 벽체편 등이 출토되었으나, 거푸집편은 출토되지 않아 용해 공정은 이곳에서 운영되지 않았을 가능성이 크다. 이외에 철광석 및 목탄 등의 원료 유입 및 이곳에서 생산된 제품의 운송을 위한 도로 유구도 함

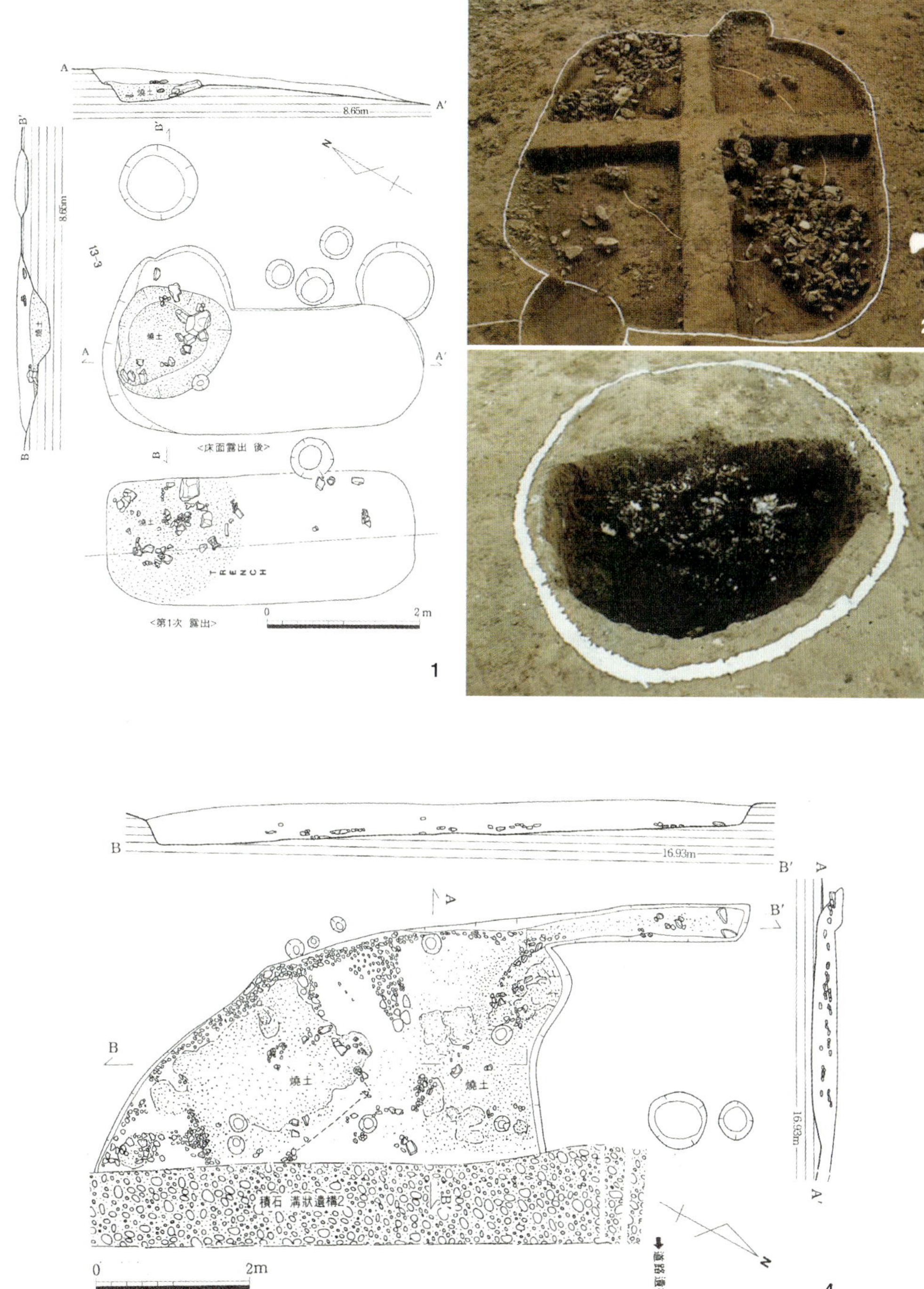

도16__ 양산 물금유적
1 : 가촌리 7호 제철유구, 2 : 범어리 7호 제철유구, 3 : 범어리 19-3호 패각 저장유구, 4 : 범어리 11호 제철유구

께 확인되었다.

　신라가 양산지역을 비교적 빨리 복속한 배경 중 하나로 낙동강로의 확보 및 풍부한 매장량을 자랑하는 물금 일대의 품위가 높은 철광산의 확보 역시 중요한 요인으로 지적된다(이희준 2007:201).

　유적 뒤쪽에 위치한 가래봉에서 최근까지 철광 조업이 이루어진 것으로 알려져 있어, 철광석은 풍부한 편이라 할 수 있다. 또한 인접한 동천과 밀양강을 통해 낙동강로를 이용할 수 있고 삼림이 울창하여 제철유적의 입지로서 매우 양호한 지역이다.

　시굴조사를 통해 모두 7기의 원형 제련로가 조사되었다. 제련로는 지름 120㎝ 내외의 원형 노와 길이 200㎝ 내외의 타원형 배재부로 이루어져 있다. 노는 수혈을 오목하게 굴착한 후 모래, 목탄, 철재 등을 교대로 깔아 방습시설을 한 뒤 소형 할석을 이용하여 3단 정도로 둥글게 쌓아올린 후 점토를 발라 바닥 시설을 하였다. 노와 배재부의 연결 부분은 석축이 확인되지 않아 생산된 철을 수거하기 위해 의도적으로 노의 일부를 파괴한 것으로 보인다. 배재부는 노의 바닥에서부터 2단의 경사를 이루어 노 외부로 빠져나간다. 바닥은 고열을 받아 회색을 띠며 단단하다. 노 주변과 배재부에서 송풍관, 철광석, 소철괴, 노벽체, 집게, 생활 토기 등의 유물이 다량 출토되었다. 1호 제련로 출토 철광석의 금속 분석 결과, 배소 처리된 광석을 사용하였음이 확인되었다.

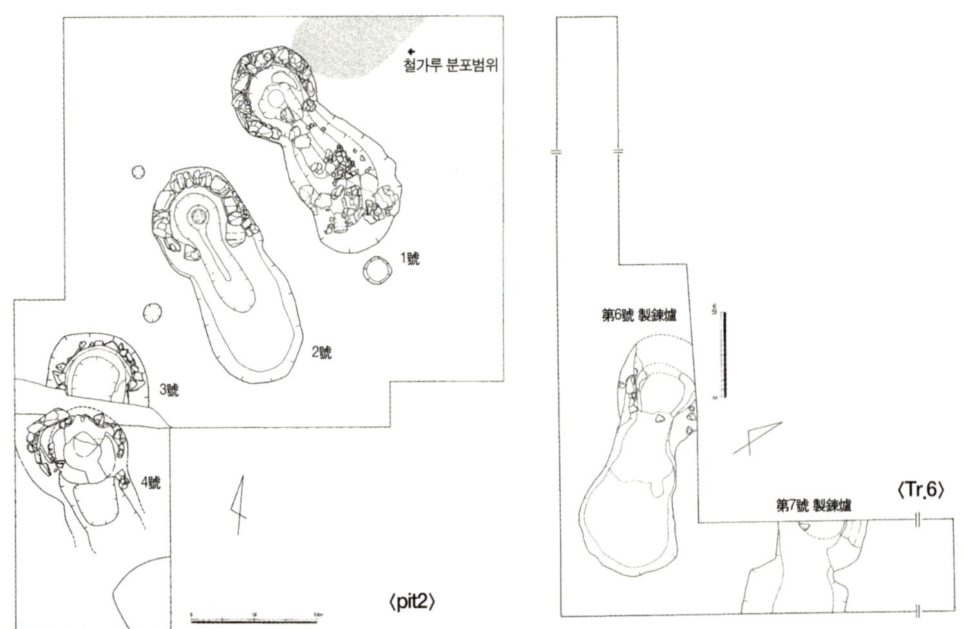

도17_ 밀양 사촌유적 제련로 배치도

　　트렌치 조사를 통해 유적의 극히 일부만 발굴 조사되었는데도 불구하고 7기의 제련로가 확인되었

고 폐기된 철재와 노벽 등의 퇴적층이 200㎝ 이상으로, 노가 중첩된 상태로 확인되어 대규모 제련 유

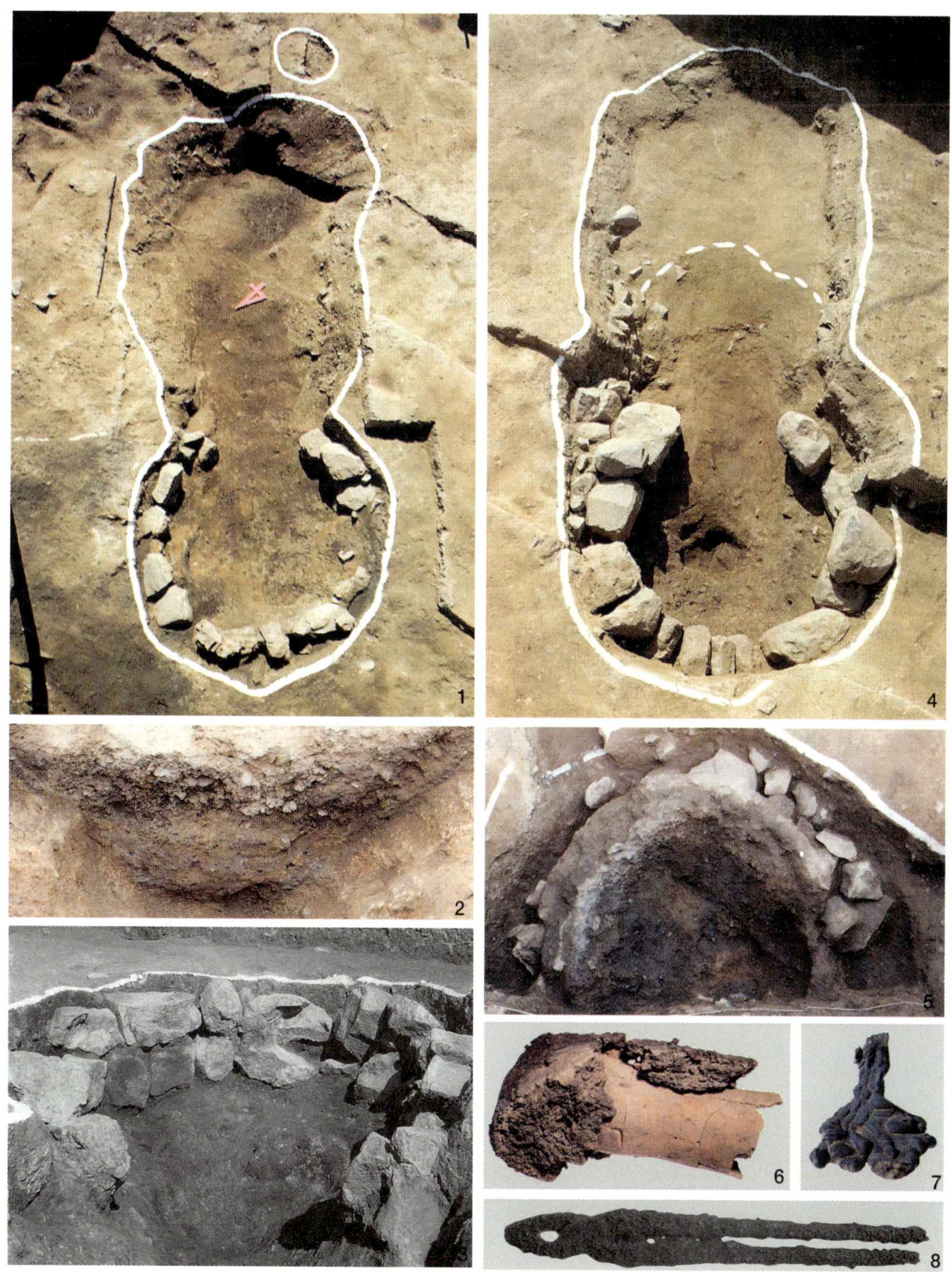

도18＿ 밀양 사촌유적
1~3 : 1호 제련로, 4 : 2호 제련로, 5 : 3호 제련로, 6 : 송풍관, 7 : 유출재, 8 : 집게

적이 운영되었던 것으로 추정된다. 또한 규격화된 제련로가 나란하게 배열되어 있는 점으로 보아 일정 개수만큼 동시에 조업이 이루어지는 대량 생산체제를 갖추었던 것으로 판단된다(孫明助 2001).

- 밀양 임천리유적(頭流文化財硏究院 2012, 삼강문화재연구원 2012)

밀양 삼랑진 인근에 위치한 유적으로 나지막한 구릉의 사면 말단부에 입지한다. 임천천과 밀양강

도19_ 밀양 임천리유적 B지구
1 : 2호 노, 2 : 11호 노, 3 : 55호 노, 4~6 : 61호 노와 소형 토기, 7 : 철탁 거푸집편, 8 : 각종 철재, 9 : 송풍관

이 650m 가량 떨어진 곳에서 흘러 수로를 이용한 교통이 편리한 곳이라 할 수 있다. 밀양 사촌유적과는 직선거리로 약 5.5㎞ 가량 떨어져 있다. 함께 출토된 토기로 보아 6~7세기대 운영된 신라의 중요한 제철 유적 중 하나이다.

삼국시대 제철로 85기, 추정 배소로 1기, 제철 관련 폐기장 20여기 이상, 점토 저장시설, 점토 채취장 10개소, 가마 2기, 탄요 1기 등이 조사되었다. 제철로는 내부 직경 100㎝ 이상의 중형과 50㎝ 이하의 소형으로 크게 구분된다. 중형은 제련로로, 소형은 정련·용해·단야 등의 2차 공정과 관련된 노로 추정된다. 제련로는 밀양 사촌유적의 제련로와 크기 및 구조가 유사하며, 폐기장 주변에 2~3기의 제련로가 조성된 것으로 보아 복수의 노를 동시에 축조해 조업한 것으로 보인다. C·D지점에서는 원형의 노와 배재시설로 이루어진 제련로가 다수를 차지하며, A·B지점에서는 소형이 대부분을 차지해 제철 조업의 유형에 따른 공간 배치가 의도된 것으로 파악된다. 1호 노 주변과 폐기장에서 철탁 거푸집편이, 물체질을 통해서 다량의 단조박편, 입상재, 단야재 등이 확인되어 용해 공정은 물론 정련 내지는 정련단야 공정도 이루어졌음이 밝혀졌다.

소형 노는 2열의 석재시설이 부가된 노(도19-1), 노 바닥 전면에 주먹크기만한 천석이 깔린 노(도19-1·2), 점토로 만들어진 벽체 없이 북쪽 단벽은 1매의 판석을, 나머지 세 벽면에는 슬래그만 잔존한 노(도19-3) 등 다양한 양상을 띠고 있어 좀 더 면밀한 검토가 필요하다. 61호 노의 배재부에서는 고배형의 소형토기 6점이 확인되어 제철 작업과 관련한 제의 행위도 이루어졌음이 밝혀졌다(도19-4~6).

또한 노벽의 축조와 보수에 사용할 점토를 채취한 곳으로 추정되는 점토 채취장 및 점토 저장시설도 확인되었으며, 제철로의 연료인 백탄을 생산한 탄요, 배소로 및 제철 작업과 관련된 공방지 또는 야장들의 주거지로 추정되는 수혈도 40여기 이상 조사되었다. 따라서 이 유적은 배소, 제련, 정련, 용해, 단야에 이르는 대규모 복합 공정이 이루어진 종합 제철단지라 할 수 있다.

용해 유적

정련 과정을 거친 정제된 철기제작소재를 사용하여 각종 주조철기를 생산하는 유적이다. 유리질화된 철재 및 송풍관편이 출토되며, 토제 거푸집 폐기장도 확인된다. 현재 확인되는 용해 유적의 대부분은 3세기~4세기대의 주조괭이 생산유적이다.

• 경주 황성동 제철유적[*]

　신라의 대표적인 제철 유적이면서 원삼국시대 목관묘~삼국시대 석곽묘에 이르는 분묘군도 함께 확인된다. 제철 관련 유구는 주로 유적의 남서쪽에, 분묘는 유적의 북동쪽에 위치한다.

　연구자마다 연대 폭이 다양하지만 황성동에서는 늦어도 기원전후한 시기부터는 원형 주거지 내에서 단야 공정을 중심으로 한 철기 제작이 이루어진 것으로 파악된다. 원삼국시대 후기 목곽묘 단계에 들어서면서 방형 주거지 또는 건물지 내에서 단야 조업이 실시되었다. 또한 이 시기에 용해로가 설치되어 용해 조업을 통한 주조괭이의 생산이 본격적으로 시작될 뿐만 아니라 제철 유구군의 북쪽 끄트머리에 위치한 강변로유적에서는 제강로로 추정되는 제철로도 다수 확인되어 강철제 무기류 등이 제작되었을 가능성이 있다.

　황성동유적의 제철 유구는 제철로의 유형에 따라 밀집되어 있어 제철 공정에 따른 공간적 분할이 확인되는데, 함께 공반된 토기편 등으로 보아 남서쪽에서 북동쪽으로 점차 범위를 확대해 나간 것으로 보인다(김권일 2009a:103~106). 이는 황성동유적의 제철 문화가 단야 중심의 제철 문화에서 여러 기의 용해로와 정련로를 함께 운영하면서 제강까지 실시하는 종합 제철유적으로 변화하였음을 의미한다.

　한편 경주 용강동유적에서는 제철 조업을 한 노는 아직 확인되지 않았지만, 주조괭이 거푸집 폐기장 및 송풍관편, 철재 등의 제철 관련 유물이 출토되었다(聖林文化財研究院 2010). 따라서 사로에서 신라로 성장해 가는 시기인 3~4세기대 경주지역 주조괭이의 생산이 황성동 일대만이 아니라 형산강 지류인 용강동 일대까지 넓게 형성되어 있었음을 알 수 있다.

　이러한 대규모 용해 조업의 운영은 철기제작소재의 안정적인 공급망이 확보되었음을 의미한다. 황성동유적 출토 제철 관련 유물의 금속학적 분석을 통해 비소가 확인되어 달천광산의 철광석

---

[*] 경주 황성동 제철유적에 대한 조사는 여러 기관에서 참여하였기에 조사 현황을 아래 표로 정리하였다.

표2　경주 황성동 제철유적의 조사 현황

연번	유적명		주요 유구	참고문헌
1	524-9번지		용해로, 주혈건물지	國立慶州博物館 1999
2	535-5번지		수혈유구, 송풍관, 지석	韓國文化財保護財團 2004
3	535-8번지		용해로, 수혈	韓國文化財保護財團 2002
4	537-2번지		용해로, 정련로, 폐기장, 작업장	韓國文化財保護財團 2001
5	537-4번지		용해로, 송풍관	韓國文化財保護財團 2002
6	590번지		용해로, 수혈, 도로	慶尙北道文化財研究院 2011
7	강변로유적		단야로, 용해로, 폐기장, 작업장	韓國文化財保護財團 2005
8	886-1번지		용해로, 저탄장	韓國文化財保護財團 2007
9	887-8번지		용해로	신라문화유산조사단 2008
10	907-2번지	가지구	주거지, 용해로, 폐기장, 단야로	國立慶州博物館 2000
11		나지구	주거지, 단야로, 가마, 저탄장	慶北大學校博物館 2000
12		다지구	주거지, 단야로?, 저탄장, 폐기장	啓明大學校博物館 2000
13		고가수조	정련로, 작업장	啓明大學校博物館 2000

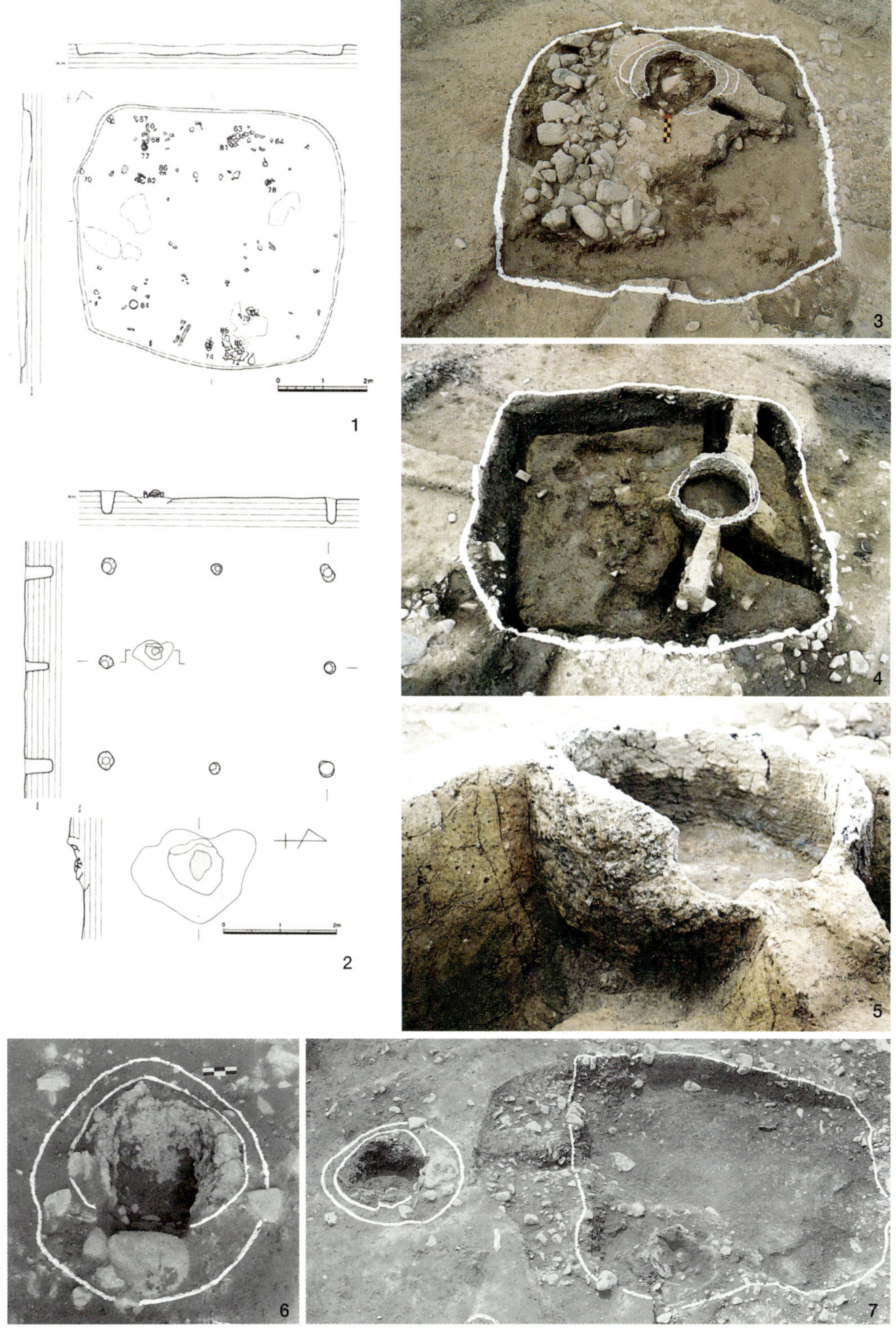

도20_ 경주 황성동 제철유적
1 : Ⅱ-나-4호 단야주거지, 2 : Ⅰ-나-15·16호 단야공방지, 3~5 : 886-1번지 용해로 3호, 6~7 : 강변로 3호 제강로

도21 _ 경주 용강동유적 거푸집 폐기장

을 이용한 철기제작소재가 공급되었음을 알 수 있다(大澤正己 1999). 또한 용해 조업은 규격화된 제품의 대량 생산을 특징으로 한다. 황성동에서 다수 출토된 주조괭이의 거푸집으로 추정한 주조괭이와 동일한 규격의 것이 포항 옥성리와 울산 하대유적에서도 확인되어 이곳에서 생산된 주조괭이가 광범위하게 유통되었음을 알 수 있다(류위남 2009:87). 주조괭이는 당시 농경에서 중요하게 사용된 기경구起耕具로 농업 생산력의 증대와 관련 있으며, 제강로에서 생산된 강철 무기류들은 집단 내부 및 집단 간의 통합과 복속의 중요한 수단이 되었을 것이다. 따라서 이러한 제품들의 생산과 교역은 단순히 취락 차원에서 이루어질 수 없으며 중앙 정부(국읍)에서 운영·관리되었다 보아야 한다.

이는 동시기 조영된 목곽묘군의 양상을 통해서 살펴볼 수 있다. 대규모 용해 조업과 제강 조업이 실시되는 단계의 황성동유적 목곽묘군은 목관묘와 서로 혼재해 있으며, 장신구와 토기의 부장이 빈약하다는 점으로 보아 경주지역 내 하위 취락의 고분군으로 상정할 수 있다(李熙濬 2011:176). 더군다나 황성동유적에서 대량으로 제작된 주조괭이의 부장이 확인되지 않는다는 점은 피장자들이 제철 관련 작업에 종사하며 제품을 생산하였지만 생산품의 교역과 분배에는 관여하지 못하였음을 보여준다. 또한 제련 공정과 목탄 가마 역시 확인되지 않아 용해 조업에 필요한 철기제작소재 및 목탄 등을 안정적으로 공급해주는 상위 정치제, 즉 국읍國邑의 존재를 상정할 수 있다(孫明助 1997:83).

현재 확인되는 자료로는 늦어도 4세기대에 들어서면 황성동유적에서는 더 이상 대규모 용해 조업이 이루어지지 않는다. 황성동유적에서의 용해 조업 종료 시기를 전후해서 경주 덕천리, 대구 봉무동 등지의 경주 외곽지역에서 주조괭이 생산 시설과 거푸집 등이 확인되어 왕경지구 내 제철 시설의 재편성 가능성을 시사한다.

● 울산 중산동 798-2번지 유적*(蔚山文化財研究院 2010d)

울산 중산동고분군과 달천광산이 인접한 곳으로 나지막한 구릉의 말단부에 위치한다. 동천을 이용하여 울산만으로 나아가는 길목에 위치한다. 함께 출토된 노형토기, 완 등의 토기편으로 보아 주로 3~4세기 전반에 운영되었던 것으로 추정되며, 주조괭이 거푸집 및 송풍관, 철재, 조재제로 사용

504

도22_ 울산 중산동 798-2번지 유적
1 : 5호 수혈, 2 : 주조괭이 거푸집편, 3 : 송풍관편, 4 : 철광석

된 동물뼈 등이 출토되었다.

수혈에서 철재 및 부산물과 함께 수혈의 한 쪽에 용해로로 추정되는 노지가 확인되는 등 동시기 용해로의 일반적인 구조와 동일한 점으로 보아 용해 공정이 이루어진 것으로 추정된다(김권일 2013:442). 출토된 철광석의 성분 분석 결과 비소가 포함되어 인근의 달천광산에서 채광된 철광석을 사용하였으며, 과다 배소로 인해 과립상의 분말화가 진행된 것이 확인되었다(신경환 외 2010).

• 대구 봉무동유적(嶺南文化財硏究院 2011)

단야로 1기, 용해로 1기와 제철 관련 폐기장 1기가 확인되었다. 단야로는 5호 주거지에서 남동쪽으로 70㎝ 가량 떨어진 곳에 위치한다. 노 내부에서 단조박편이 확인되어 점토와 돌을 사용하여 지름 50㎝ 가량의 원형로를 설치하고 간단한 단야공정을 실시하였던 것으로 추정된다. 용해로는 명확하게 확인되지 않았으나, 다량의 주조괭이 거푸집, 송풍관, 노 벽체편, 철재 등이 출토되어 대규모 용해 조업이 이루어졌던 것으로 추정된다. 특히 기와와 유사한 토제에 점토를 덧대어 만든 노 벽체편이 출토되어 노벽을 쌓아 올릴 때 기와 혹은 대호편 등의 토제품도 사용하였음이 처음으로 확인되었다. 제철 유구에서 얼마 떨어지지 않은 곳에 고대 영남지방의 주요 수송로였던 금호강으로 향하는 도로 유구도 확인되어 철기제작소재 및 목탄 등이 이곳으로 운송되었을 뿐만 아니라 이곳에서 생산된 철제품들이 육로는 물론 수로를 이용하여 주변으로 공급되었음을 짐작케한다.

출토 시료에 대한 금속 분석 결과, 배소 공정을 거치지 않은 고품위의 자철광석을 이용하였으며, 사철이 아닌 철광석을 제련하여 생산된 선철괴를 사용한 용해 조업이 이루어졌음이 확인되었다(신경환 외 2011).

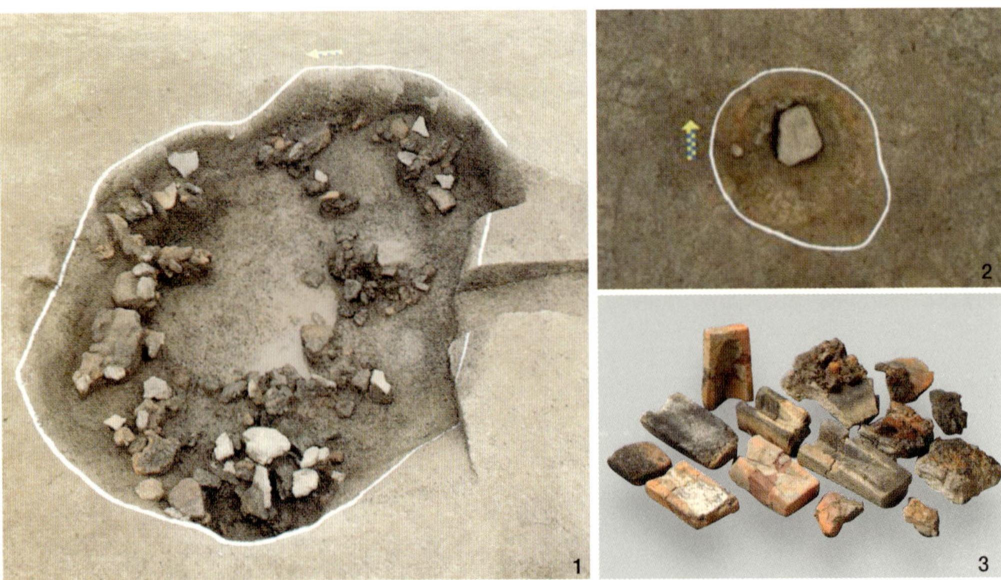

• 거창 정장리유적(경상문화재연구원 2011)

용해로 2기, 추정 용해로 1기, 제철 관련 작업장, 폐기장 1기가 조사되었다. B-1호 용해로는 말각 방형의 수혈을 굴착하고 내부에 (타)원형의 노를 축조하였다. 노의 흔적은 5곳에서 확인되는데 여러 차례에 걸친 노의 재축조도 확인된다. 바닥 전체에 철재가 깔려 있었으며, 노 벽체편, 거푸집편이 출토되었다. 다량의 거푸집편이 출토되었으나 대부분 파편으로 어떠한 종류의 철기를 주로 주조하였는지 명확하지는 않지만 파편의 형태나 요철면의 형태로 보아 솥과 주조괭이를 생산한 것으로 추정된다. 공반된 도질토기편, 병·편병의 구연부편으로 보아 통일신라시대에 운영된 용해 공방지이다.

함께 조사된 정장리토성이 통일신라시대 지방 호족이 축조한 것으로 추정되므로(경상문화재연구원 2011:248~250) 정장리토성 축조 세력이 이곳 제철 공방지를 운영하였을 가능성이 크다.

단야 유적

　정련된 철기제작소재를 이용하여 완제품인 단조 철기를 제작하는 공정으로 단조박편을 비롯하여 입상재, 철편 등의 부산물이 생성된다. 단독으로 조사되기 보다는 다른 공정의 제철 유구와 함께 확인되는 예가 많다. 단야 유적의 입지를 살펴보면 큰 하천이 인접한 곳이 다수를 점하지만, 제련·정련·용해와 달리 큰 하천이 인접하지 않은 곳에서도 확인되어 단야 유적의 입지는 상기한 세 공정의 제철 관련 유적보다 제약을 덜 받았던 것으로 추정된다. 고구려 벽화에서 볼 수 있듯이 단야 공정은 간단한 도구와 작은 단야 시설만 갖추면 혼자서 작업이 가능한 공정이기 때문에 취락지 내 수혈에서 확인되기도 한다.

● 경주 왕경지구 내 단야 유적

　경주 왕경지구 내에서는 공방지가 다수 조사되었는데, 주로 청동과 철기 공방지로 추정된다. 월성해자 남편 4호 수혈에서 숯이 포함된 흑색 재층이 타원형으로 노출되었고 내부에서 적색 소토가 확인되어 단야와 관련된 시설이 존재하였을 가능성이 점처진다. 철재, 철괴, 벽체편, 추정 모루돌, 철기의 날을 가는데 사용된 숫돌 등의 제철 관련 유물들도 출토되었다. 또한 주혈군의 중앙부에서

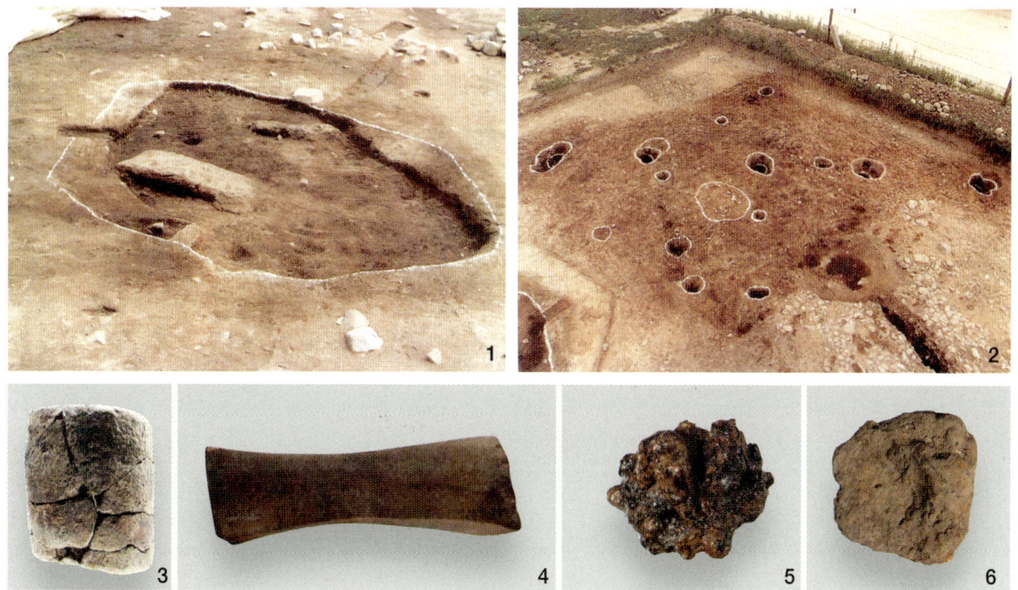

도25＿ 경주 월성해자 유적-계림남편지구
1 : 4호 수혈, 2 : 주혈군, 3 : 도가니, 4 : 숫돌, 5 : 철재, 6 : 철괴

도 100×75cm 규모의 적색 소토군이 확인되었고, 노출 당시에 냇돌, 소토덩이, 철재 등이 출토되어 단야 관련 시설로 추정된다(國立慶州文化財研究所 2004).

통일신라시대의 경주 성동동 386-6번지 유적의 24호 수혈에서도 외경 약 50cm의 원형 노와 길이 80cm 가량의 타원형 수혈이 확인되었는데, 노가 수혈 바닥보다 약 20cm 가량 높다. 노의 규모로 보아 단야로로 사용되었을 가능성이 있다(嶺南文化財研究院 1999).

● 울산 천상리 평천유적(蔚山文化財研究院 2005b)

울산 문수산에서 뻗어나온 구릉의 말단부로 평탄지에 가까우며, 유적의 서쪽과 북쪽은 천상천이 감싸고돌아 울산의 젖줄인 태화강으로 합류하는 곳에 위치한다. 제철 관련 유구로는 단야공방지 1기(I-38호 수혈)와 목탄요 3기(I-64·65호, II-38호 수혈), 토취장(I-57호 수혈)이 조사되었다.

단야공방지는 길이 784cm, 너비 630cm 가량의 평면 형태 말각장방형을 띠는 수혈로, 수혈 내에서 단야로로 추정되는 7개의 소토 흔적과 함께 단조박편 및 철재가 확인되었다. 북쪽으로 훼손된 부분을 감안하면 내부에 더 많은 단야로가 있었을 것으로 추정된다. 대부분의 단야로가 독립적으로 배치되나, 이 유적에서는 하나의 대형 수혈 내부에 여러 개의 단야로가 확인되는 것이 특징이다.

철재 등의 성분 분석 결과, 주철을 탈탄처리한 소재를 고온에서 녹여 단접하는 단련 단야과정이 상정되며, 비소가 확인되어 달천광산의 철광석을 이용하였을 가능성이 지적되었다(大澤正己·長家伸 2005).

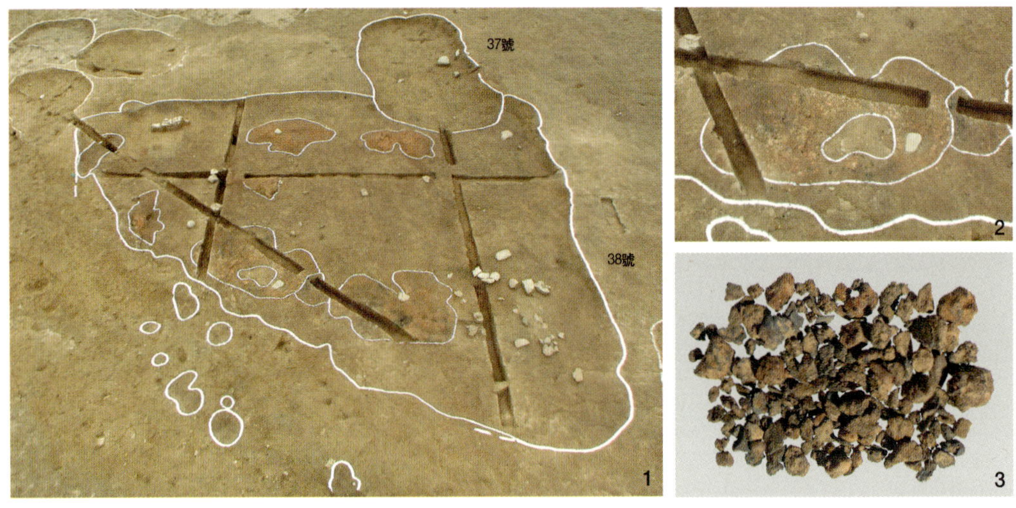

도26_ 울산 천상리 평천유적
1 : I-38호 단야공방지, 2 : I-38호 단야공방지 내 노 세부, 3 : 단조박편

• 울산 입암리유적(蔚山文化財研究院 2010)

　유적은 태화강이 서에서 동으로 크게 돌아 흐르는 곳에 형성된 충적지 내의 동쪽 끝부분 강변에 위치한다. 제철 관련 유구로는 통일신라시대 목책의 안쪽에서 단야공방지 1기(통일신라시대 67호 수혈)가 조사되었다. 단야공방지는 285×250㎝ 내외의 평면 형태 원형을 띠며, 바닥에 모래와 목탄을 섞은 점토를 깔았다. 수혈의 남쪽에 다량의 소토층이 남아 있고 소토 주변에 집적된 목탄으로 보아 그 자리에 노가 축조된 것으로 추정된다. 내부토에서 정련 단야재와 단련 단야재를 비롯하여 단조박편과 소량의 철재, 입상재 등 단야 작업을 보여주는 자료가 출토되었다.

　제철 관련 유물들을 금속학적으로 분석한 결과 티타늄이 검출되지 않아 철광석을 원료로 사용하였으며, 단야로 주변 유구에서 정련 단야재와 단련 단야재가 모두 확인되었으나 두 가지의 노를 각각 사용한 것이 아니라 하나의 노를 각 공정에 따라 병용하여 사용한 것으로 추정되었다(신경환 외 2010). 60호 수혈의 내부토에서도 노 벽체편, 정련 단야재, 입상재, 단조박편 등이 출토되어 단야조업과 관련된 유구일 가능성이 크다. 유적 내에서는 판상철기를 비롯하여 삼지창, 삽날, 접시, 교구, 도자 등 다양한 유물들이 출토되어 다양한 단조철기의 제작이 이루어졌던 것으로 추정된다.

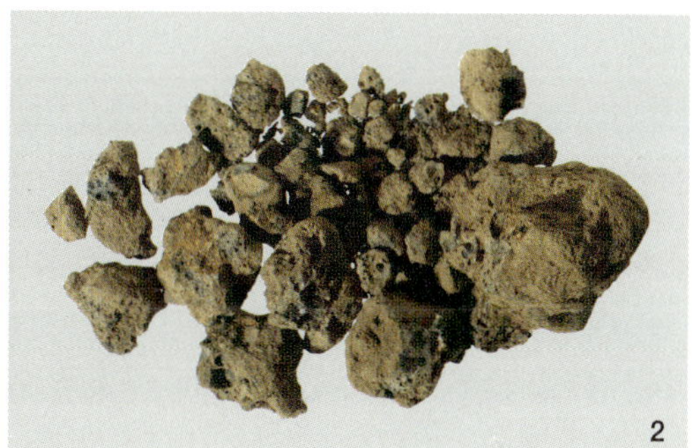

도27＿ 울산 입암리 유적
1 : 단야공방지(통일신라시대 67호 수혈), 2 : 철재

목탄 생산유적

　제철 조업에서 철광석을 녹이기 위해 1,200℃에 달하는 높은 온도로 올리고 고온을 유지하기 위해서는 연료의 공급은 필수적이다. 또한 탄소를 침투시켜 철광석에 포함된 불순물을 제거하고 철의 녹는점을 낮추는 작업 역시 제련 공정의 매우 중요한 요소로, 이때 유용하게 사용된 것이 목탄이다. 목탄은 탄화 과정과 탄의 표면에 따라 크게 흑탄과 백탄으로 구분된다. 백탄은 탄질이 치밀하고 단단하여 고온을 일정하게 오래토록 유지할 수 있어 고대부터 제철·제련 작업에 이용되어 왔다(김호

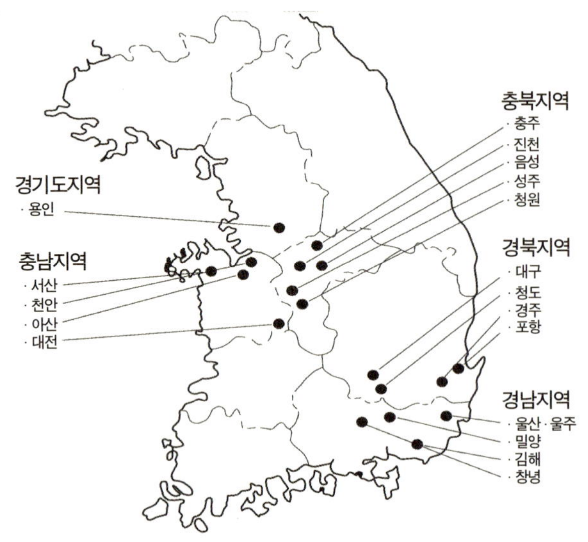

도28_ 측구부탄요의 분포(金鎬詳 2003)

상 2007:276). 불완전 연소된 흑탄은 불을 붙이기 쉽고 화력은 강하나 그 온도를 오래 유지할 수 없어 취사·난방 및 가정에 필요한 생활용으로도 이용되었으나, 고온을 일정하게 장시간 유지할 필요가 없는 제철 작업에도 사용되었을 것이다.[*]

다양한 제철 조업 중 철광석을 녹이는 제련 공정 시 사용되는 목탄의 양은 제련로 안에 투입되는 철광석보다 2배 이상 사용된다.[**]

따라서 목탄요는 삼림 자원이 풍부하고 원료와 목탄의 운송이 편리하며 이동 거리도 짧은 제철 유적 인근에 위치할 가능성이 크다. 특히 백탄을 생산하는 측구부탄요는 많은 양의 목탄이 사용되는 제련 유적 인근에 위치할 가능성이 매우 크다. 실제 채광 유적인 울산 달천유적 인근과 경주지역을 중심으로 다수의 측구부탄요가 확인된다. 측구부탄요는 대부분 2~3기 이상이 밀집되어 조성되었으나 경주 손곡동·물천리유적(東國大學校 慶州캠퍼스博物館 2002), 경주 월산리유적(國立慶州文化財研究所 2003), 울산 매곡동유적(蔚山文化財研究院 2005a)에서는 20여기 이상이 조사되었다.

이 유적들 내 모든 목탄요가 동시에 운영되었다고 보기는 어렵지만 경주지역 내에서 생산된 목탄들은 형산강을 이용하여 경주 분지 내로 운송되어 제철작업(주로 용해·단야)은 물론 취사·[***]난방 등에 사용되었을 것이다. 울산 매곡동유적에서 생산된 목탄은 다양한 용도로 사용되었겠지만 인근에 달천광산이 위치한 점을 고려하면 주로 제련 공정에 사용되었을 것으로 추정된다. 제철 조업 시 필수적일 뿐만 아니라 많은 인적·물적 자원이 요구되는 대규모 목탄 생산시설은 국가 차원에서 조직적으로 관리·운영되었을 것으로 추측된다.

---

[*] 중세 이후에는 송풍 기술의 발전으로 흑탄으로도 충분한 화력을 유지할 수 있었을 가능성이 제시된 바 있다(金權一 2003:72~73).

[**] 고대 제철로 복원 실험 중 제련 공정에서는 철광석 525kg, 목탄 1,200kg을 사용하여 괴련철 84.3kg을 얻고 다시 여기에 목탄 220kg, 석회석 26.25kg을 사용하여 최종적으로 9kg의 철을 얻었다고 한다(李東完 2003).

[***] 헌강왕대 번창한 신라 왕도를 묘사하면서 왕경 내에 거주하는 집에서는 모두 목탄으로 밥을 짓고 땔나무를 사용하지 않았다는 기록이 있어 실생활에도 목탄이 널리 사용되었음을 알 수 있다.
覆屋以瓦不以茅炊飯以炭不以薪有是耶(『三國史記』, 卷12 新羅本紀 11, 憲康王 六年(880년))

510

도29 _ 목탄요
1 : 울산 달천리 나지구 1호 목탄요, 2 : 경주 손곡동·물천리유적 C-1-2지구 목탄요, 3 : 경주 월산리 B-6호 목탄요

목탄요는 편년이 가능한 유물이 거의 출토되지 않아서 연대 추정에 상당한 어려움이 있다. 주로 유구의 중복이나 고고지자기연대 측정법을 통해 목탄요의 절대연대를 추정한다. 고고지자기연대 측정 결과 4세기대를 전후한 시기의 목탄요들이 다수 확인된다. 목탄요가 제철 조업에 필수적인 시설이라는 점을 고려한다면 이 시기에 활발하게 운영된 신라지역의 제철 문화 양상도 미루어 짐작할 수 있다. 주조 괭이를 생산한 대규모 용해유적이 대구 봉무동 등지에서도 확인되는 등 고도의 제작 기술 및 운영 체계를 갖춘 신라의 제철 문화가 경주지역만이 아니라 지방에서도 확인된다는 점도 이를 뒷받침한다.

__신라 · 통일신라의 제철 문화

삼국시대 이전

영남지방의 제철 문화는 부산 동래 내성유적의 주거지(釜山直轄市立博物館 1990)에서 단야 작업이 이루어졌음을 보여주는 철편과 소토, 추정 모루돌이 출토되었고, 사천 늑도유적(慶南考古學研究

511

所 2006)에서도 단야 흔적이 확인되는 것으로 보아 늦어도 기원전 2세기 후반 경에는 수입된 철기제작소재를 이용하여 간단한 철기를 제작하고 보수하는 수준의 단조 철기문화를 먼저 수용한 것으로 추정된다.

울산 달천유적에서는 기원전 1세기 중엽부터 철광석의 채광이 이루어졌음이 확인되었다(蔚山文化財研究院 2010c:149). 이 시기의 제련 유적은 아직 확인된 바 없지만 채광 유적의 존재로 보아 제련 공정 역시 이루어졌음을 상정할 수 있다. 울산 달천유적에서 채광이 시작되는 기원전 1세기 중엽을 전후하여 주조괭이와 판상철부의 복수 부장과 연속 부장이 확인되어 이 시기부터 영남지방에서 철생산이 이루어졌음은 명백하다.[*] 즉 영남지방에서는 늦어도 기원전 2세기대 초보적인 제철 문화가 유입된 이후 짧은 시기 내에 채광, 제련, 단야, 용해 등의 제철 문화가 급격하게 발전하였다.

신라의 전신인 사로가 위치한 경주지역은 분묘 내 철기 부장량이 다른 지역들보다 뛰어나며, 주조괭이의 연속 부장, 철기제작소재로 추정되는 판상철부의 복수 부장이 확인된다. 또한 경주 분지 인근 철광산의 존재 및 황성동유적과 같은 철기 제작 전업집단의 운영 등으로 보아 경주지역은 원삼국시대 전기 목관묘단계 영남지방에서의 초기 철 생산지로 상정할 수 있으며, 철 생산을 바탕으로 한 철과 철기 교역망의 중심지 역할을 수행하였다(申東昭 2007:106~108).

여러 기의 단야 주거지가 확인되는 원삼국시대 전기 목관묘단계의 경주 황성동 제철유적은 철기제작소재를 공급받아 각종 철기를 제작하는 공정만이 확인되었다. 이는 황성동 제철유적으로 공급되는 철기제작소재와 목탄의 생산이 다른 곳에서 분업적으로 운영되었으며, 그 외 제철관련 각 공정을 유기적으로 운영하는 철기 생산 체제를 사로국이 갖추고 있었음을 시사한다. 2세기 중반에 들어오면서 단야 공방지 및 주조괭이를 생산하는 대규모 용해 공방지가 황성동유적 내에 조성·운영된다. 대규모 용해 조업의 시작은 철기제작소재의 안정적인 공급이 확보되었음을 의미한다. 이 시기에 사용된 철광석의 금속학적 분석 결과 비소가 확인되어 달천광산에서 채광된 철광석을 제련하여 생산된 철기제작소재가 이곳까지 운반되어 사용되었음이 밝혀졌다(大澤正己 1999).[**]

당시 농업 생산력과 밀접한 관련을 가지는 주조괭이가 황성동유적에서 대량 생산되어 경주지역만이 아니라 포항과 울산지역에서도 확인된다(류위남 2009:87). 또 『삼국지三國志』 위서 동이전魏書 東夷傳의 기사를 참조하면 진한(경주지역)에서 생산된 철 혹은 철기제작소재는 한韓과 예濊, 낙랑·대방 및 왜로 수출되는 국제적 교역품이었다. 따라서 철·철기의 생산과 교역은 단순히 취락 차원에서 이루어질 수 없고 국읍에서 운영·관리되었으며, 사로국은 발달된 제철 문화를 바탕으로 생산된 철과

---

[*] 원삼국시대 전기 목관묘 단계에서 출토된 주조철부를 영남지방에서 생산된 것이 아니라 낙랑을 비롯한 북부지방과의 교섭에 의한 산물로 보는 견해(김일규 2007:223)도 있다.

[**] 기원전 1세기 중엽경에는 달천광산에서 철광석을 채광하였다는 점, 경주지역에서 아무런 자연지형적 방해를 받지 않고 달천광산에 도달할 수 있다는 점을 고려한다면 원삼국시대 전기 목관묘단계에도 달천광산의 철이 경주지역으로 유입되어 사용되었을 가능성이 크다.

철기제작소재 및 각종 철기들의 유통을 통제함으로써 주변 국(國)들보다 경제적으로 우위에 설 수 있게 될 뿐만 아니라 사회 통합력 역시 다른 국들보다 먼저 강화되어 고대 국가로 발돋움할 수 있었다.

한편 포항 옥성리유적에서 초강제품이 확인되었고(신경환·장경숙 1998), 경주 황성동 강변로에서 확인된 제철로들이 제강로로 상정되는 점(金一圭 2006, 김권일 2009:101)으로 보아 초강 등의 제강 기술이 이 시기에는 도입되었던 것으로 보인다.

삼국시대

4세기대에 들어서면서 경주 황성동 일대에 대규모로 형성된 주조괭이 생산 조업은 중단된다. 조업이 중단되면서 울산 중산동(3~4세기대)과 대구 봉무동(4세기대), 경주 덕천리(5~6세기대)에서 주조괭이를 생산한 용해 유적이 확인되어 이전 시기 경주지역 중심지구에서 이루어지던 대규모 용해 조업이 경주 주변 지역은 물론 지방으로까지 이동한 것으로 보인다. 이러한 용해 조업지가 주변 지역으로 이동·확산되었다는 것은 주조제품을 생산하는 데 필요한 철기제작소재의 생산량이 이전 시기보다 크게 늘어났으며, 이전 단계보다 증대된 철기제작소재를 원거리 운송하기 위한 사회적 체계도 마련되었음을 의미한다.

특히 삼국시대는 각종 농공구 및 무기·무구·마구 등의 각종 철제 도구들의 수요가 급증하는 시기로 다량의 철기제작소재가 제작·유통되었다.[*][**] 따라서 당시의 폭발적인 철기 수요를 충족시키기 위해 새로운 철산지를 개발하거나 채광·제련 기술의 발달을 통해 철기제작소재의 생산량을 증가시킨 것으로 추정된다. 즉 이전 단계에는 달천광산을 비롯한 경주 인근에 위치한 광산의 철광석을 이용하여 철과 철기제작소재를 생산하였지만, 삼국시대에 들어서면 이전 단계와 달리 경주지역에서 원거리에 위치한 양산, 밀양 등지에서도 철광산의 개발·운영 및 제련 조업을 통해 철과 철기제작소재를 생산하게 되었다.

양산 물금유적, 밀양 사촌·임천리유적 등 대규모 제련 조업이 확인된 유적들은 모두 5~6세기대 운영된 제련 유적으로, 낙동강 하류역에 위치한 점을 고려하면 신라의 낙동강 하류역 진출 이후 이 지역들에서 철광산의 개발 및 이와 연동한 대규모 제련 조업의 운영을 상정할 수 있다. 특히 밀양 사촌과 임천리유적에서는 비슷한 형태와 규모를 가지는 제련로가 2~3기씩 함께 확인되어 동시에 철을 대량 생산할 수 있는 체제를 갖추었으며, 이는 국가 관리 하에서 동일한 기술 체계가 사용되었음

---

[*] 경주 덕천리유적에서 제철로 1기가 확인되었으나 잔존 상태가 불량하여 노의 형태나 규모를 알 수 없다. 하지만 습지에서 주조괭이 거푸집편, 도가니편 등 용해 관련 유물들이 출토되어 이 일대에서 용해 조업이 이루어진 것으로 추정된다.

[**] 경주 황남대총 남분에서 출토된 철정의 총 중량이 보고서 기준으로 최소 321~498kg에 달한다(성정용·성수일 2012:651). 이에 미치지는 못하지만 경주 이외의 부산·경산·대구·창녕 등지에서도 다량의 철정이 분묘에 부장되었다.

을 보여준다.

　이러한 철산지의 원거리화는 유통 체계에서도 큰 변화를 야기하였을 것이다. 원삼국시대에는 경주 인근에서 생산된 철과 철기제작소재 등을 경주 중앙에서 독점하여 이를 각 지방으로 유통시켰던 것으로 파악된다. 하지만 양산과 밀양 등지에서 생산된 철과 철기제작소재가 경주지역을 거쳐 다시 영남 각지로 유통되었다고 보기보다는 생산지에서 낙동강로를 이용하여 각 지역으로 유통되었다고 보는 게 좀 더 타당할 것이다. 이는 철 생산지에 대한 신라 중앙세력의 강력한 정치적·경제적 장악이 선행되었음을 의미한다. 또한 철기제작소재를 공급받는 지방세력에 철과 철기제작소재의 공급량을 조절함으로써 이전 단계보다 강화된 지방 통제 수단 중 하나로 사용되었을 것이다.

　5세기대에 들어서면 철기를 제작하는 각종 단야구들이 각 지역의 중심 고총고분만이 아니라 중소형 분묘를 중심으로 부장된다. 실제 사용한 단야구가 부장된 중소형 분묘의 묘주를 야장으로 추정한다면(김은주 2006:77~79), 영남 각 지역에서 철기를 생산하는 단야 공방지도 이 시기 크게 증가하였음은 물론 각종 철기를 제작하는 기술도 각 지역으로 널리 보급되었음을 짐작할 수 있다.

　한편 백제지역에서는 4세기대의 대표 제철유적인 진천 석장리유적에서 대규모 제련 공정과 함께 용해·단야공정이 모두 확인되었다(國立淸州博物館 2004). 이에 반해 신라지역에서는 경주 황성동 제철유적에서 제련 공정이 확인되지 않는 점으로 보아 원삼국시대부터 채광 및 철을 생산하기 위한 제련(정련) 공정과 후속 공정인 정련~용해·단야공정이 분리되어 운영되었다. 이후 늦어도 5세기대가 되면 밀양 임천리유적의 사례처럼 철을 생산하는 제련부터 정련·단야·용해에 이르는 공정이 한 곳에서 모두 이루어지는 복합 공정의 제철 조업이 이루어지는 것으로 추정된다.

　채광·제련 공정이 용해·단야 공정과 분리·운영되는 생산 체계는 제철 조업에 필수적인 목탄·각종 조재제·철기제작소재 등의 공급을 통해 각 공정이 유기적으로 운영되도록 통제·관리 하는 정치체의 역할이 매우 중요하다. 이러한 역할을 수행함으로써 신라 중앙세력은 주변 지역에 대한 통합을 더욱 가속화할 수 있었을 것이다. 신라 중앙세력의 주변 지역에 대한 정치적·경제적 통제력이 크게 강화된 이후에는 철·철기 제작 공정을 통합하여 한 곳에서 효율적으로 운영하는 체제로 변화되어 가는 것으로 이해된다.

통일신라시대

　통일신라시대에 운영된 제철 유적은 조사 사례가 많지 않아 구체적인 양상을 살피기 어렵다. 먼저 신라가 백제의 주요한 철산지인 충주지역을 복속한 이후 이곳에서 운영된 제철 유적의 사례를 통해 삼국 통일 이후 가야와 백제·고구려 고지故地 곳곳에 위치한 철산지에 대한 관리를 개략적으로 살펴보도록 하겠다.

　신라는 6세기 중반 백제의 주요한 철산지인 충주지역을 복속하고 국원소경國原小京(이후 중원경中原京)을 설치하여(557년) 귀족의 자제 및 6부의 부유한 백성들을 사민徙民시키는 등 이 지역을 효과적으로 통치하고자 하였다. 이 시기에 운영된 유적이 충주 탑평리유적(국립중원문화재연구소 2013·중앙문화재연구원 2013)이다. 탑평리유적에서는 백제, 고구려, 신라·통일신라시대 순으로 문화층이 중첩되어 확인된다. 백제 주거지 내에서 괴련철, 망치, 슬래그 등이 다수 출토되어 제철 조업이 행해졌음이 밝혀졌다. 단각고배, 인화문토기로 보아 6세기 중반 이후로 편년되는 신라·통일신라 문화층에서도 제철 관련 공방시설로 추정되는 소토 유구와 소량의 철재가 조사되었고, 단야구인 집게·철착 및 도가니, 주조괭이 거푸집, 송풍관, 유출재 등이 수습되었다. 이러한 양상으로 보아 신라의 국원소경 설치 후에도 이곳에서 여전히 제철 조업이 이루어졌음을 짐작케 한다. 그 외 충주지역에서는 충주 하구암리 큰골유적(韓國文化財保護財團 2001)과 충주 두정리유적(中原文化財研究院 2010)에서 제련로와 단야로, 유출재 등이 확인되어 통일신라시대에도 충주지역이 여전히 주요한 철산지로 운영되었음을 알 수 있다. 이러한 충주지역의 양상으로 미루어 보아 신라가 삼국을 통일한 이후 백제와 가야, 고구려의 주요 철산지에 대한 국가적 차원에서의 관리가 이루어졌던 것으로 추정된다.

　삼국 통일 이후 인구의 증가와 도시의 발달로 철기 제작장이 왕경에서 없어지는 것으로 파악하는 견해(김세기 2006:59)도 있으나, 경주 성동동유적 및 왕경지구에서 출토되는 단야구로 보아 모든 제철 유적이 왕경 내에서 사라졌다고 볼 수 없다. 다만 황성동유적과 같은 대규모 제철 유적은 사라지고 소규모의 철기 제작공방이 운영되었던 것으로 추정된다.

　이 외에 황룡사지, 미륵사지와 같은 거찰 유적에서 비록 소량이지만 집게와 망치 등의 단야구가 확인되어 거찰을 중심으로 한 사원 수공업의 운영을 짐작케 한다. 다만 사원이 직접 채광 및 제련시설을 운영하였다고 보기는 어려우므로 이들은 철기제작소재를 제공받아 간단한 단야작업을 통해 철기를 생산하고 수리하는 정도였을 것이다(김권일 2010a:73). 또 양주 대모산성, 이천 설봉산성, 대전 계족산성 등의 관방 유적에서도 집게·망치·모루 등의 단야구가 확인되어 산성 내에서 간단한 철기의 제작 및 수리 정도의 단야 공방지가 운영되었음을 보여준다. 특히 계족산성에서는 철재가, 포천 반월산성에서는 철기제작소재로 추정되는 봉형 철기가 출토되어(박장식 2004) 산성 내에서 제철 조업의 가능성을 뒷받침한다.

　한편 8세기 중반~9세기 중반경에 운영된 것으로 추정되는 거창 정장리유적에서는 방형의 수혈 내에 여러 차례에 걸친 노의 축조에 따른 소결 흔적이 5곳에서 확인되어 비교적 큰 규모의 용해 조업이 이루어졌음을 알 수 있다. 정장리유적의 제철 조업을 운영한 세력에 대해서는 정장리 토성을 축조한 세력으로 추정되는데, 정장리 토성의 축조 세력을 거창지방의 호족집단으로 추정한다면(경상문화재연구원

2011:248~250) 이는 통일신라시대 귀족 수공업의 모습을 보여주는 사례라 할 수도 있겠다.

따라서 통일신라시대 전반에는 한반도 각지의 철산지에서 국가 주도하에 대규모 제련 조업이 이루어진 것으로 추정된다. 단야나 용해 공정을 통한 철기의 제작도 국가 주도하에서 이루어졌지만 사원과 귀족이 국가로부터 철기제작소재를 제공받아 각종 철기를 제작하고 보수하는 등의 공정도 행해졌던 것으로 보인다. 그러나 8세기 중엽에 이르러서는 시전市典에서 대량의 철이 매매될 정도로 민간의 철 생산과 유통이 자유로워진다는 점을(박남수 2009:336) 고려한다면 철을 생산하는 제련 공정 역시 모두 국가의 통제 하에 이루어지지는 않았던 것으로 추정되며, 일부 지방의 경우에는 유력 호족 및 상인 등의 주도 하에 철 생산과 대규모 철기제작시설이 운영되었을 것으로 예상된다.

맺음말

이상으로 신라의 제철 문화에 대해 개략적으로 살펴보았다. 영남지방은 기원전 2세기대에 철문화가 유입된 이후 급격한 발전을 이루었다. 철과 철기의 생산은 진한의 여러 소국 중 하나였던 사로가 고대 국가인 신라로 발전하게 되는 주요한 원동력 중 하나로 꼽을 수 있다. 신라가 삼국을 통일하는 데에도 풍부한 철 생산과 수준 높은 철기 생산력이 그 바탕이 되었다. 하지만 당시 사회 변동의 주요한 요인이라 할 수 있는 제철 문화에 대한 연구는 아직 각 유적에 대한 개별적 검토를 다룬 것이 많고, 도식화된 제철 공정의 개괄적인 내용만을 파악하거나 철기 유물의 개별적인 분석 결과에 그치는 경향이 강하다. 본고 역시 삼국시대 신라 및 통일신라시대 제철 문화에 대해 자료를 소개하고 간략하게 정리만 하여 종합적으로 다루지 못하였으며, 금속학적 분석 자료에 대한 이해의 부족으로 제철 기술의 발전상에 대해 충분히 검토하지 못하였다. 최근 고고 자료 및 금속학적 분석 자료가 증가됨에 따라 앞으로 두 학문 간의 활발한 교류를 통해 고대 제철 문화에 대한 다양한 접근이 이루어지기를 기대한다.

___참고문헌

보고서·도록

慶南考古學研究所, 2006, 『勒島貝塚』, 遺蹟發掘調查報告書 6冊.

慶北大學校博物館, 2000, 『慶州 隍城洞 遺蹟Ⅲ·Ⅳ』, 慶北大學校博物館 學術調查報告 第26冊.

경상문화재연구원, 2011, 『居昌 正莊里 遺蹟』, 學術調查報告書 第11冊.

경상북도문화재연구원, 2011, 「경주 황성동 590번지 삼국~통일신라시대 고분군」, 『2010/2011 유적
　　　　　발굴성과 발표자료집』, 한국문화재조사연구기관협회.

啓明大學校博物館, 2000, 『慶州 隍城洞 遺蹟Ⅴ』, 啓明大學校博物館 遺蹟調查報告 第10輯.

國立慶州文化財研究所, 2003, 『慶州月山里遺蹟- 京釜高速道路(下行線) 貨物駐車場 敷地 』, 學術研
　　　　　究叢書 35.

　　　　　　　　　　, 2004, 『月城垓字 發掘調查 報告書Ⅱ』, 學術研究叢書 41.

國立慶州博物館, 1999, 『慶州 隍城洞 524-9番地 溶解爐蹟』.

　　　　　　, 2000, 『慶州 隍城洞 遺蹟Ⅱ·Ⅲ』, 國立慶州博物館 學術調查報告 第12冊.

國立金海博物館, 2001, 『密陽沙村製鐵遺蹟』, 國立金海博物館 學術調查報告 第1冊.

國立中原文化財研究所, 2013, 『忠州 塔坪里 遺蹟(中原京 추정지) 발굴조사보고서』, 國立中原文化財
　　　　　研究所 學術研究叢書 第12冊.

國立淸州博物館, 1997, 『鐵의 歷史』.

　　　　　　, 2004, 『鎭川 石帳里 鐵生産遺蹟』, 學術調查報告書 第9冊.

단국대학교 매장문화재연구소, 2002, 『이천 설봉산성 3차 발굴조사 보고서』, 매장문화재연구소 학
　　　　　술조사총서 제13책.

　　　　　　　　　　　　, 2004, 『포천 반월산성-종합보고서』, 매장문화재연구소 학술조사총
　　　　　서 제23책.

東國大學校 慶州캠퍼스博物館, 2002, 『慶州 蓀谷洞·勿川里(Ⅰ)-木炭窯遺蹟』, 東國大學校 慶州캠퍼
　　　　　스 博物館 研究叢書 第19冊.

東亞大學校博物館, 2000, 『梁山勿禁遺蹟』, 古蹟調查報告書 第31冊.

頭流文化財研究院, 2012, 『밀양역~삼랑 국도건설공사 구간 내 문화유적 발굴조사 약보고서』.

文化財管理局 文化財研究所, 1984, 『皇龍寺』.

　　　　　　　　　　, 1985, 『皇南大塚 北墳 發掘調查報告書』.

　　　　　　　　　　, 1989, 『彌勒寺』.

　　　　　　　　　　, 1993, 『皇南大塚 南墳 發掘調查報告書』.

복천박물관, 2003, 『기술의 발견』.

釜山大學校博物館, 1983, 『東萊福泉洞古墳群I』, 釜山大學校博物館遺蹟調査報告 第5輯.

釜山直轄市立博物館, 1990, 『東萊福泉洞燒成遺蹟』, 遺蹟調査報告書 第5册.

삼강문화재연구원, 2012, 『밀양역~삼랑 국도건설공사 구간 내 밀양 금곡 제철유적(C·D구역) 약식 보고서』.

서울대학교박물관, 2001, 『三國時代鐵器研究』, 서울大學校博物館學術叢書 10.

聖林文化財研究院, 2010, 『慶州 龍江洞 青銅器時代 聚落遺蹟』, 聖林文化財研究院 學術調査報告書 第32册.

신라문화유산조사단, 2008, 『慶州 隍城洞 887-8番地 遺蹟(王京遺蹟Ⅴ)』, 新羅文化遺産調査團 調査研究叢書 5.

嶺南埋藏文化財研究院, 1999, 『大邱 時至地區 生活遺蹟 Ⅰ』, 嶺南埋藏文化財研究院 學術調査報告 第15册.

嶺南文化財研究院, 1999, 『慶州電話局 新築豫定地 慶州 城東洞 386-6番地 生活遺蹟』, 嶺南文化財研究院 學術調査報告 第16册.

_______________, 2000, 『大邱 時至地區 生活遺蹟Ⅱ』, 嶺南文化財研究院 學術調査報告 第21册.

_______________, 2000, 『大邱 時至地區 生活遺蹟Ⅲ』, 嶺南文化財研究院 學術調査報告 第25册.

_______________, 2009, 『경부 고속철도 건설공사구간내 慶州 德泉里遺蹟 Ⅴ-三國時代 以後-』, 嶺南文化財研究院 學術調査報告 第171册.

_______________, 2011, 『대구 이시아폴리스 조성사업부지내 大邱 鳳舞洞遺蹟 Ⅳ』, 嶺南文化財研究院 學術調査報告 第187册.

蔚山大學校博物館, 2000, 『울산달천유적』, 蔚山大學校博物館 學術研究叢書 第5輯.

蔚山文化財研究院, 2005a, 『蔚山梅谷洞遺蹟 Ⅰ地區』, 蔚山文化財研究院 學術調査報告 第23册.

_______________, 2005b, 『蔚山天上里平川遺蹟』, 蔚山文化財研究院 學術調査報告 第25册.

_______________, 2010a, 『울산太和江文化』, 울산문화재연구원 개원10주년 기념도록.

_______________, 2010b, 『蔚山立岩里遺蹟』, 蔚山文化財研究院 學術調査報告 第78册.

_______________, 2010c, 『蔚山達川遺蹟 3次 發掘調査』, 蔚山文化財研究院 學術調査報告 第83册.

_______________, 2010d, 『蔚山中山洞798-2遺蹟』, 蔚山文化財研究院 學術調査報告 第84册.

蔚山發展研究院 文化財센터, 2004, 『蔚山 中山洞 二化遺蹟』, 蔚山發展研究院 文化財센터 學術研究叢書 第6輯.

中央文化財研究院, 2013, 『忠州 塔坪里 彈琴湖 漕艇競技場 造成敷地內 忠州 塔坪里遺蹟』, 發掘調査報告 第201册.

中原文化財研究院, 2010, 『忠州 豆井里 遺蹟』, 調査報告叢書 第88册.

518

忠南大學校 百濟研究所, 2005, 『大田 鷄足山城』, 忠南大學校 百濟研究所 學術研究叢書 第13輯.

韓國文化財保護財團, 2001a, 『慶州 隍城洞 537-2 賃貸아파트 新築敷地 發掘調査報告書』, 學術調査
報告 第109册.

_________________, 2001b, 『中部內陸高速道路 忠州區間 文化遺蹟 發掘調査報告書』, 學術調査報
告 第111册.

_________________, 2002, 『慶州 隍城洞 537-1·10, 537-4, 535-8, 544-1·6番地 發掘調査 報告
書』, 學術調査報告 第132册.

_________________, 2004, 「慶州 隍城洞 535-5番地 共同住宅 豫定敷地 文化遺蹟 試·發掘調査 報
告書」, 『慶州地域 文化遺蹟 試掘調査 報告書』, 學術調査報告 第155册.

_________________, 2005, 『慶州 隍城洞 遺蹟 II~IV-江邊路3-A工區 開設區間內 發掘調査 報告
書』, 學術調査報告 第171册.

_________________, 2007, 『慶州 隍城洞 遺蹟 V-隍城洞 886-1番地 共同住宅新築敷地 發掘調査
報告書』, 學術調査報告 第190册.

한국문화재조사연구기관협회, 2012, 『한반도의 제철유적』, 주요 유적 종합 보고서IV.

翰林大學校博物館, 1990, 『楊州 大母山城』, 翰林大學校 博物館 研究叢書 4.

논저

權丙卓, 1988, 「新羅 판장쇠(鐵鋌)考」, 『新羅와 周邊諸國의 文化交流』, 新羅文化祭學術發表會論文
集 第9輯, 新羅文化宣揚會.

______, 1992, 「隍城洞 쇠부리터」, 『新羅生産經濟의 新研究』, 新羅文化祭學術發表會論文集 第13輯,
新羅文化宣揚會.

권혁남·유혜선, 2005, 「황성동(강변로유적) 출토 철재에 대한 연구」, 『慶州 隍城洞 遺蹟 III-江邊路
3-A工區 開設區間內 發掘調査 報告書』, 韓國文化財保護財團.

金權一, 2003, 「南韓地域 古代 製鐵爐에 대한 一研究」, 한신大學校 大學院 碩士學位論文.

______, 2009, 「경주 황성동유적 製鐵文化에 대한 연구」, 『嶺南文化財研究』第22輯, 嶺南文化財研究
院.

______, 2010a, 「製鐵爐의 類型分析 試論-신라 製鐵文化의 특징과 관련하여」, 『慶州史學』第31輯,
慶州史學會.

______, 2010b, 「제철유적 조사연구법 시론」, 『文化財』43, 국립문화재연구소.

______, 2012, 「1. 한반도 고대 제철문화의 검토」, 『한반도의 제철유적』, 한국문화재조사기관협회.

______, 2013, 「울산지역의 제철 문화」, 『울산 철 문화』, 울산박물관 학술총서V, 울산박물관.

김도헌, 2002,「三韓時期 鑄造鐵斧의 流通樣相에 대한 檢討」,『嶺南考古學』31, 嶺南考古學會.

김세기, 2006,「신라왕경의 생산유적과 생산체계의 변화」,『신라왕경의 구조와 체계』, 新羅文化祭學
　　　術發表會論文集 第9輯, 東國大學校 新羅文化研究所.

金銀珠, 2006,「三國時代 鍛冶具 研究 −嶺南地方을 中心으로」, 嶺南大學校 大學院 碩士學位論文.

김일규, 2007,「한국 고대 제철유적의 조사 현황과 특징」,『선사·고대 수공업생산유적』, 第50回 全
　　　國歷史學大會 考古學部 發表資料集, 韓國考古學會.

김정완, 2000,「충청·전라지역 출토 철정에 대하여」,『考古學誌』11, 韓國考古美術研究所.

김창석, 2005,『삼국과 통일신라의 유통체계 연구』, 일조각.

김혁중·정주희, 2011,「영남지방 철정연구 시론」,『제7회 철문화연구회 학술세미나』, 한국철문화연
　　　구회.

金鎬詳, 2003,「韓國의 木炭窯 研究」, 대구카톨릭대학교 대학원 박사학위논문.

＿＿＿, 2007,「韓國의 木炭窯 研究 現況」,『선사·고대 수공업 생산유적』, 第50回 全國歷史學大會
　　　考古學部 發表資料集, 한국고고학회.

盧太天, 2000,『韓國古代 鍛冶技術史 研究』, 學研文化社.

류위남, 2009,「삼한시대 영남지역 출토 주조철부와 판상철부 연구」,『嶺南考古學』51, 嶺南考古學會.

文暻鉉, 1992,「신라의 철산」,『新羅産業經濟의 新研究』, 西景文化社.

박남수, 2009,『신라수공업사』, 신서원.

박선미, 2011,「한반도 출토 덩이쇠[板狀鐵斧·鐵鋌]의 성격과 의미」,『白山學報』89, 白山學會.

박장식, 2001,「경주 황성동 537-2 임대아파트 신축부지 출토 철기제작 관련 유물에 대한 금속학적 분
　　　석」,『慶州 隍城洞 537-2 賃貸아파트 新築敷地 發掘調査 報告書』, 韓國文化財保護財團.

＿＿＿, 2003,「김해 대성동고분군 출토 철제유물의 제작기술에 관한 연구(금속조직 분석을 통하여)
　　　『金海 大成洞 古墳群Ⅲ』, 慶星大學校博物館.

＿＿＿, 2004,「포천 반월산성 출토 금속유물의 미세조직에 나타난 철기 및 청동기술」,『포천 반월산
　　　성-종합보고서』, 단국대학교 매장문화재연구소.

朴智惠, 2013,「4~6世紀 嶺南地方 出土 鐵鋌의 變遷과 地域性」, 慶北大學校 大學院 碩士學位論文.

박천수, 2007,『새로 쓰는 고대 한일교섭사』, 사회평론.

성정용·성수일, 2012,「5. 鐵鋌을 통해 본 古代 鐵의 生産과 流通」,『한반도의 제철유적』, 한국문화
　　　재조사연구기관협회.

孫明助, 1997,「慶州 隍城洞 製鐵遺蹟의 性格에 대하여」,『新羅文化』第14輯, 東國大學校 新羅文化研
　　　究所.

＿＿＿, 1998,「韓半島 中·南部地方 鐵器生産遺蹟의 現況」,『嶺南考古學』22, 嶺南考古學會.

______, 2001, 「洛東江 下流域의 古代 鐵生産-梁山·密陽地域을 중심으로」, 『東垣學術論文集』4, 韓國考古美術研究所.

______, 2003, 「加耶의 鐵生産과 流通」, 『가야 고고학의 새로운 조명』, 혜안.

______, 2005, 「고대 제철유적의 조사」, 『한국 매장문화재 조사연구 방법론』1, 국립문화재연구소.

______, 2006, 「古代 鍛冶遺蹟의 諸樣相:최근 발굴성과를 중심으로」, 『科技考古研究』12號, 아주대학교박물관.

______, 2008, 『백제의 철기문화』, 주류성.

______, 2012, 『韓國 古代 鐵器文化 研究』, 진인진.

宋桂鉉, 1995, 「洛東江下流域의 古代 鐵生産」, 『加耶諸國의 鐵』, 仁濟大學校 加耶文化研究所編, 신서원.

______, 1997, 「삼국의 철기문화」, 『鐵의 歷史』, 국립청주박물관.

______, 2002, 「嶺南地域 初期鐵器文化의 受容과 展開」, 『고고학으로 본 변·진 한과 왜』, 영남고고학회·구주고고학회 제4회 합동고고학대회 발표요지, 영남고고학회·구주고고학회.

宋閨貞, 2011a, 「統一新羅時代 鐵·鐵器의 生産과 流通에 관한 試論的 考察」, 『제7회 철문화연구회 학술세미나』, 한국철문화연구회.

______, 2011b, 「統一新羅時代 鐵·鐵器의 生産과 製作技術」, 『科技考古研究』17號, 아주대학교박물관.

신경환·이남규·장경숙·남수진, 2010, 「울산 입암리유적 출토 단야관련 유물의 금속학적 분석고찰」, 『蔚山立岩里遺蹟』, 蔚山文化財研究院.

______, 2011, 「대구 봉무동유적 출토 제철관련 유물의 금속학적 분석고찰」, 『대구 이시아폴리스 조성사업부지내 大邱 鳳舞洞遺蹟IV』, 嶺南文化財研究院.

신경환·이남규·장경숙·배민규, 2009, 「경주 덕천리유적 출토 제철관련유물의 분석고찰」, 『경부고속철도건설공사구간내 慶州 德泉里遺蹟V-三國時代 以後-』, 嶺南文化財研究院.

신경환·이남규·장경숙·이재용, 2007, 「경주 황성동 제철유적 시료의 분석적 고찰」, 『慶州 隍城洞遺蹟V-隍城洞886-1番地 共同住宅新築敷地 發掘調査 報告書』, 韓國文化財保護財團.

신경환·장경숙, 1998, 「浦項玉城里古墳群 出土 鐵器의 金屬學的 分析」, 『浦項玉城里古墳群II-나地區-』, 嶺南文化財研究院.

申東昭, 2007, 「嶺南地方 原三國時代 鐵斧와 鐵矛의 分布定型 研究」, 慶北大學校 大學院 碩士學位論文.

신종환, 2012, 「3. 조선시대의 제철문화」, 『한반도의 제철유적』, 한국문화재조사연구기관협회.

安春培, 1993, 「韓國 古代의 鐵生産과 流通」, 『釜山女大史學』第10·11合輯, 釜山女子大學 史學會.

梁勝弼, 1994, 「新羅 初期 쇠부리業 研究」, 嶺南大學校 大學院 碩士學位論文.

윤동석, 1986, 「철제유물과 제조법에 따른 기초지식」, 『保存科學研究』7권, 국립문화재연구소.

尹東錫·大澤正己, 2000, 「隍城洞遺蹟 製鐵關聯遺物의 金屬學的 調査」, 『慶州 隍城洞遺蹟 II·III』, 國立慶州博物館.

尹鍾均, 1998, 「古代 鐵生産에 대한 一考察」, 全南大學校 大學院 碩士學位論文.

이남규, 2008a, 「백제 철기의 생산과 유통에 대한 시론」, 『백제 생산기술의 발달과 유통 체계 확대의 정치사회적 함의』, 학연문화사.

______, 2008b, 「철기 생산 프로세스의 이해」, 『한국 매장문화재 조사연구 방법론』4, 국립문화재연구소.

李東完, 2003, 「한국 고대제철에 대한 연구-고대제철 복원실험을 중심으로」, 한신大學校 大學院 碩士學位論文.

이영훈·손명조, 2000, 「고대의 철·철기생산과 그 전개에 대한 고찰」, 『韓國古代史論集』9, 韓國古代社會研究所.

이현혜, 1995, 「鐵器普及과 政治權力의 成長-辰弁韓地域 政治集團을 중심으로」, 『加耶諸國의 鐵』, 仁濟大學校 加耶文化研究所編, 신서원.

이희준, 2007, 『신라고고학연구』, 사회평론.

______, 2011, 「경주 황성동유적으로 본 서기전 1세기~서기 3세기 사로국」, 『新羅文化』第38輯, 東國大學校 新羅文化研究所.

차순철, 2006, 「三國~統一新羅時代 城郭의 鐵器生産과 管理」, 『東北亞歷史論叢』18號, 동북아역사재단.

崔景圭, 2004, 「1-3世紀 慶州 隍城洞集團에 대한 研究」, 東亞大學校 大學院 碩士學位論文.

金一圭, 2006, 「隍城洞遺跡の製鋼技術について」, 『七隈史學』第7號, 福岡大學人文學部歷史學科.

大澤正己, 2001, 「密陽沙村製鐵遺蹟 出土 關聯遺物의 金屬學的 調査」, 『密陽沙村製鐵遺蹟』, 國立金海博物館.

大澤正己·山本信夫, 1997, 「鐵鋌の新例に關する檢討」, 『考古學雜誌』62-4, 日本考古學會.

大澤正己·長家伸, 2005, 「平川遺跡出土鍛冶關聯遺物の金屬學的調査」, 『蔚山天上里平川遺蹟』, 蔚山文化財研究院.

______, 2005, 「隍城洞(江邊路遺蹟)出土の鑄造·鍛冶關聯遺物の金屬學的調査」, 『慶州 隍城洞 遺蹟III -江邊路3-A工區開設區間內 發掘調査 報告書-』, 韓國文化財保護財團.

東潮, 1999, 『古代東アジアの鐵と倭』, 溪水社.

村上英之助, 1977, 「鐵鋌の本質とその編年序說」, 『考古學研究』24-2, 考古學研究會.

黑田幹一, 1938, 「新羅の鐵鋌について」, 『貨幣』231.

11

한 성 욱

신라의 자기문화

_머리말

중국은 은대殷代(기원전 1600년경~1046년) 중기에 원시청자를 생산하기 시작하여 후한後漢(23~220년) 말기에는 진정한 의미의 청자에 이르고 만당기晩唐期(7세기 중기~907년)에 세련되어 오대五代(907년~10세기 중기)에 이르러 완벽한 자기를 만들었다. 한편, 한반도에서는 장보고[張保皐, ?~841년(문성왕 3)] 대사의 대중對中 교역활동과 발달된 도기 생산기술을 바탕으로 중국의 신기술을 받아들여 신라 하대에 자기를 생산하였다는 주장이 있으나 현재 가장 큰 소비지였던 경주와 장보고 대사의 근거지였던 완도 청해진淸海鎭(828~851년) 등에서 신라 자기가 출토되지 않아 고고학적으로 입증된 사실은 없다(이희관 2011, 홍보식 2011). 다만 중국의 해무리굽[玉璧底] 청자완을 모방한 도기 해무리굽완이 강릉 임영관臨瀛館 터와 영월 흥녕선원興寧禪院 터 등에서 출토되어 주목되고 있다. 따라

524

사진1_ 흑유천계호 동진(東晋)
천안 용원리

사진2_ 청자사이호 남조(南朝)
익산 익점리

서 현재까지 신라에서 자기를 생산하였다는 고고학적 실증 자료가 확인되지 않고 있기 때문에 신라시대의 자기는 자체 생산이 아닌 중국으로부터 수입되어 하대에 널리 사용되었음을 알 수 있다.

중국의 선진 자기문화를 가장 적극적으로 수입하여 유통 시킨 세력은 백제이다. 백제 영역에서는 일찍부터 흑유천계호黑釉天鷄壺와 청자사이호靑瓷四耳壺 등(사진1·2) 다양한 중국 자기가 넓은 지역에서 출토되고 있어 이를 뒷받침하고 있다(국립공주박물관 2011, 국립대구박물관 2004). 그러나 고신라는 경주 황남대총皇南大塚에서 출토된 흑갈유병黑褐釉瓶(사진3) 등 극히 일부만 확인될 뿐(김영원 2004:140) 대부분 차문화의 확산으로 9세기 이후 신라 하대에 유입된 것들이 알려져 있다. 따라서 신라 유적에서 확인되는 자기는 대부분 신라 하대 중국에서 유입된 청자와 백자 등으로 이는 도당渡唐 유학생과 유학승留學僧 등에 의해 음다문화飮茶文化가 유입되면서 함께 들어온 것이다. 즉 차문화가 확산되면서 차를 마시는 다완으로 중국 자기가 선호되어 경주와 구산선문九山禪門을 비롯한 지방 유력 사찰 등에서 수입하여 널리 사용하였던 것이다(이희관 2013b). 특히 신라 하대의 선종 불교는 차문화를 더욱 확산시키는 요인으로 작용하여 자기에 대한 수

사진3_ 흑갈유병 남조
경주 황남대총

요를 팽창시켰으며 이것이 결국 고려청자와 백자가 생산되는 계기가 되었던 것이다. 따라서 이 글에서는 중국 자기의 유입과 확산의 배경이 되었던 신라 하대의 역사 문화적 배경을 살펴본 다음 신라 유적에서 출토된 중국 월주요越州窯 청자와 형주요邢州窯 백자, 장사요長沙窯 청자 등의 현황과 용도를 정리한 후 이들 중국 자기들의 성격과 특징 등을 살펴보고자 한다.

_중국 자기의 유입 배경

신라는 지리적 위치 때문에 중국과의 교류가 매우 늦게 시작되어 진평왕 43년(621) 처음 공식적으로 사신을 파견하였다. 즉 당 성립 이전까지 신라는 중국과 외교관계가 거의 없어 중국 문물의 유입이 쉽지 않았다. 그러나 당과 교류를 시작하고 이후 발달된 항해술과 조선술을 바탕으로 문물교류가 활발히 전개되어 세련된 중국 자기들이 대량 유입되어 신라의 왕경 유적과 관아, 사원 등에서 확인되고 있다. 한편 지리적 외교적 요인도 있지만 신라는 백제에 비해 중국 자기에 대한 선호도가 기본적으로 낮았던 것으로 추정된다. 이처럼 여러 요인에 의해 중국 자기의 수요가 많지 않았던 신라에 중국 자기가 유입된 가장 큰 배경은 당으로 유학을 떠났던 유학생과 유학승들의 역할이 컸다. 이 시기 당은 차무역의 성행과 다세茶稅의 부과, 공다원貢茶院 설치를 비롯하여 육우(陸羽, 727~803년)가 『다경茶經』을 완성하는 등 차문화가 성행하고 정립되는 시기였다. 이런 중국의 차문화를 적극 유입하여 널리 확산시킨 세력이 바로 도당 유학승과 유학생들인 것이다. 특히 도당 유학승들은 당나라 중기부터 그 종풍이 크게 흥성하고 있던 선종禪宗을 수용하여 신라 하대의 불교계를 주도하였다. 이들에 의해 선종이 확산되고 9세기 구산선문이 개창되면서 이들이 선호하였던 차문화도 더욱 유행하고 중국 자기의 유입도 확대되었다.

한편 당대唐代가 되면 중국의 자기 문화는 더욱 발전되어 절강성浙江省 월주요越州窯 청자와 하북성河北省 형주요邢州窯 백자, 호남성湖南省 장사요長沙窯 청자 등 매우 다양한 도자 문화가 꽃을 피우며 대중화되어 간다. 이런 비약적인 자기 문화의 발전은 9세기대 활발한 국외 수출로 이어져 신라를 비롯하여 일본, 인도, 이란 등 동북아와 동남아, 중근동까지 광범위하게 확산된다. 즉 중국 자기의 유입은 새로운 문물의 전파에 따른 신라의 자체 필요성도 있었지만 중국의 적극적인 국외 수출의 영향에서도 그 원인을 찾을 수 있다.

육우의 『다경』에 의하면 차를 따서 만들고 끓이는 과정에 많은 다도구가 필요한데 이와 같은 도구 가운데에서도 가장 기본적인 도구가 차를 마시는데 사용하는 찻잔이다. 당시 중국에서 사용한 찻잔은 주로 완^椀이었다. 이 시기 중국에서는 주로 말차를 마셨는데 이를 마시는 그릇을 육우는 『다경』에서 완이라 하였다. 완은 차문화의 가장 핵심적인 요소로 액체인 차를 편리하게 마시며, 이를 즐기고 돋보이도록 하기 위해 정성을 들여 만들었다. 또한 다완은 차의 색상과도 어울러 그 품격을 한층 높여주는 역할을 하였다. 이와 같은 다완의 중요성과 그 역할은 조선시대 일본에 전래된 조선 다완에서도 쉽게 유추할 수 있다.

중국에서는 남청북백^{南靑北白}이라 하여 남쪽의 월주요 청자와 북쪽의 형주요 백자가 유명하였는데, 육우는 형주의 백자완을 으뜸으로 하는 자들도 있으나 월주요 청자를 따르지 못함을 지적하면서 월요 청자를 최상이라고 하였다(류건집 2007:145~146). 신라에서도 이를 반영하듯 월요계 청자완이 대부분을 차지하며 형요계 백자완이 일부 출토되고 있어 이를 뒷받침하고 있다(국립대구박물관 2004, 이희관 2012). 신라에서 특히 많이 수입하였던 청자완과 백자완이 수입 자기의 중심을 이룬 것은 당시 중국에서 유행하던 음다법이 그대로 신라에 유입되었기 때문이다. 현재 우리가 차를 마시는 방법은 보통 찻잎을 다관에 넣고 뜨거운 물을 부어 우려내는 방식이다. 이것을 흔히 포다법^{泡茶法}이라 한다. 그런데 중국의 법문사^{法門寺} 등에서 나온 이 시기 다도구 가운데 차를 가는 맷돌이 있는 것에서 알 수 있듯이, 당나라 시대에는 찻잎을 쪄서 이를 눌러 일정한 모양의 떡처럼 만든 차 덩이(떡차, 餠茶, 團茶)를 구워 다연^{茶研}이라고 하는 작은 맷돌로 갈아 뜨거운 물에 타서 거품을 내어 먹는 방식을 취하였다. 오늘날의 말차^{抹茶}와 같은 방식으로 이것에는 자다법^{煮茶法}과 점다법^{點茶法} 두 가지가 있다. 자다법은 차를 떡처럼 뭉쳐 말려두었다가 이를 구워 맷돌이나 방아에 찧어 적당하게 부수어 끓는 물에 삶아 마시는 방법이며(사진4), 점다법은 사발에 가루를 넣고 물을 부어 찻솔로 저어 거품을 내어 마시는 방법(사진5)인데 당대^{唐代}에도 있었으나 송대^{宋代}에 특히 유행하였다. 포다법은 명나라 때에 발달하였으므로, 신라에 중국 자기와 함께 유입된 다법은 자다법이라고 할 수 있다. 한편 기록에는 없으나 신라에서도 중국의 사례처럼 금과 은, 금동, 옥, 유리 등도 다완으로 사용하였던 것으로 추정된다. 이는 상류층

사진4 _ 자다법(宮樂圖 唐, 宋代 模本; 國立古宮博物院)

사진5_ 점다법(河北省 宣化 遼代 고분벽화)

사진6_ 경주 안압지 "정언다" 명 토기완

사진7_ 경주 창림사지 "다연원" 명 기와

의 무덤인 대형 고분에서 이들 유물이 출토되고 있음에서 쉽게 유추할 수 있다.

　우리나라 고대 차문화의 실체를 규명하는 것은 자료도 많지 않고 기록이 단편적으로 남아 있어 연구에 어려움이 많다. 그러나 신라 역시 자료가 미흡하지만 고구려나 백제에 비해 다양한 사료와 금석문 등의 자료가 남아 있어 일찍부터 차문화가 발달하였음을 알 수 있다(류건집 2007:95~118, 이귀례 2002:30~40). 또한 이들 기록을 통해 신라인들이 단차團茶와 말차抹茶, 입차葉茶 등을 음용하였으나 말차를 보다 선호하였음을 알 수 있다. 그리고 안압지雁鴨池에서는 "정언다貞言茶"라는 글씨가 쓰여진 토기가 출토되었으며(사진6), 경주 남산 창림사지昌林寺址에서는 "다연원茶淵院"이라는 글씨가 있는 기와(사진7)가 출토되어 고고학적으로도 신라 차문화의 실체를 뒷받침하고 있다. 특히 안압지에서 발굴된 '정언다'명문의 찻잔은 크기로 보아 말차나 단차을 마시던 그릇으로 추정되고 있다. 이는 신라인들이 일찍부터 중국 청자나 백자 다완을 모방하여 이를 도기로 만들어 차를 마셨음을 알려주고 있으며, 이러한 과정에서 중국 자기를 사용할 경제력이 없었던 계층들은 중국의 해무리굽[玉璧底] 청자완을 모방한 도기완을 제작하여 사용하였으며, 강릉 임영관지(사진8, 강원문화재연구소 2005:65)와 영월 흥녕선원지 등에서 확인되고 있다(사진9, 강원문화재연구소 2008).

528

신라인들은 차를 생활 음료 이외에 의례용으로 사용하고 있었다. 차 공양은 부처 외에 고승과 조상에까지 행해졌고 다례茶禮가 생활화되어 있었다. 이러한 사실들로 미루어 볼 때 홍덕왕興德王 3년 (828) 왕명에 의해 대렴大廉이 중국 당나라에서 차 종자를 가져와 지리산 계곡에 심은 것은 급증하는 차 수요에 대처하기 위한 대량 생산을 위한 조치로 해석해야 옳을 것이다. 특히 "차는 선덕왕(善德王, 780~785) 때부터 있었지만, 이때에 이르러 성행하였다(『三國史記』卷第十 新羅本紀 第十 興德王 三年 冬十二月條)"는 기록이 있어 이를 뒷받침하고 있다.

이처럼 당시 성행하였던 차문화의 확산은 경주를 중심으로 전국에서 출토되는 월주요와 형주요, 장사요 자기를 통해 쉽게 확인되고 있다(국립대구박물관 2004). 이들 자기들은 조공무역과 사무역, 또는 도당 유학승과 유학생들의 소지품 등으로 유입되어 사용되었다. 또한 홍덕왕 11년(836) 장보고가 지금의 완도에 청해진을 설치하면서 중국과의 교역이 더욱 확대되어 경주를 중심으로 중국 자기가 널리 확산되었던 것으로 판단된다. 한편 이 시기 경주 이외의 지방에서 사용되던 중국 자기들은 중앙 정부에서 사여賜與되기도 하였으나, 당시 활발하게 전개되었던 지방 해상세력에 의한 사무역 등을 통해 직접 수입하여 사용하였을 것으로 판단된다.

신라에 가장 많이 유입된 중국 청자는 9세기 전반 굽 너비가 2㎝ 전후로 매우 넓은 전형적인 옥벽저완玉璧底碗이 제작되지만 9세기 중엽이 되면 굽 너비가 점차 좁아지면서 소멸하고 9세기 후반이 되면 굽 너비가 옥벽저완보다 좁고 일반적인 굽보다는 넓은 옥환저완玉環底碗이 등장한다. 이들 청자들은 대부분 문양이 없고 굽 높이가 낮은 특징을 갖추고 있는데, 신라에 유입된 청자들도 대체로 생산지인 중국의 변화를 반영하면서 출토되고 있다. 한편 경주에서 출토된 청자의 경우 9세기 전반 유입품은 최고급 양질청자가 1/3 정도이지만 9세기 후반이 되면 2/3 정도로 증가한다. 이는 9세기 후반이 되면 갑발匣鉢의 사용이 보편화되어 월요 청자의 품질이 높아지고 생산량이 증가하기 때문이다. 또한 대량생산에 의한 수출정책과 장보고 대사의 해상활동 등 활발한 대외무역의 결과이다. 9세기대 왕성하게 유입되던 중국 자기는 후삼국이 성립되고 중국도 오대십국五代十國이라는 정치적 혼란기에 접어드는 10세기가 되면 수입이 줄어들어 출토 사례도 경주 이외는 홍성 신금성 등에서 제한적으로 확인된다. 그러나 비색청자秘色靑瓷의 비율은 더욱 높아지는데, 이는 오대시기가 되면 밀봉자질갑발密封瓷質匣鉢의 사용이 일반화되어 비색청자의 생산이 크게 증가되는 것과 깊은 관련이 있다 (이종민 2002:28~29, 이희관 2013a:187~191). 이후 10세기 중반이 되면 고려 청자가 생산되고 이의 영향으로 중국 자기의 수요가 급감하면서 그 역할을 마감한다.

사진8 _ 옥벽저 도기완
강릉 임영관

사진9 _ 옥벽저 도기완
영월 흥녕선원

사진10 _ 옥환저 도기완
강진 용운리 63호 청자요지

사진11_ 9세기 전반
옥벽저완, 경주 배동 골호

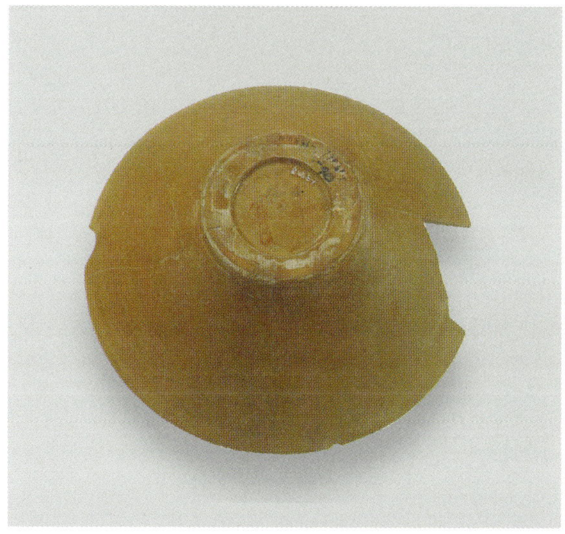

사진12_ 9세기 후반
옥환저완, 경주 황룡사

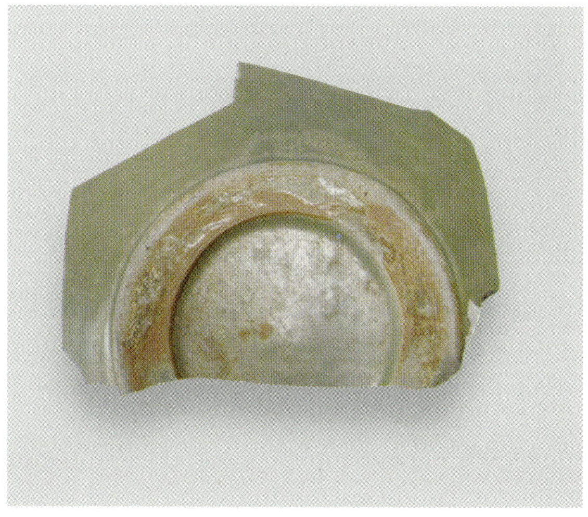

사진13_ 10세기 전반
옥환저완, 경주 분황사

__중국 자기의 출토 현황

　중국에서 신라에 유입된 자기는 남방의 월요계 청자가 가장 많은 수량을 차지하며 이외에 북방의 형요계 백자가 다완으로 애용되었다. 이들 이외에 장사요長沙窯 청자가 주자를 중심으로 소량 확인되고 있다. 이들 중국 자기는 다완으로 사용하였던 완이 절대적으로 많이 유입되었으며, 완 이외의 그릇들도 대부분 다도구로 쓰였던 그릇들로 판단된다.

월주요 청자

　중국에서 유입된 자기 가운데 가장 많은 수량을 차지하는 청자는 육조시대의 전통을 계승하여 절강성浙江省의 상우上虞와 여요余姚, 소흥紹興, 영파寧波 등을 중심으로 생산하였던 월주요계 청자이다. 명칭은 이곳이 옛 월주越州 지역에 속하는 것에서 유래되었다. 월주요는 중국 자기의 원류로 동한대東漢代부터 남송대南宋代(1127~1279년)까지 청자를 생산하였는데, 특히 중당기中唐期(8세기 중엽~9세기 중엽)부터 북송대北宋代(960~1126년)까지 가장 번성하였다. 당대唐代(618~907년)에는 시문詩文에 등장할 정도로 미감을 인정받았으며, 오월吳越(907~978년)에는 왕인 전씨錢氏의 비호 아래 비약적인 발전을 하였다. 요장窯場은 절강성 이외에도 강소성

도1_ 중국 중요 가마터 분포도

江蘇省, 복건성福建省, 강서성江西省, 광동성廣東省 등에서도 확인되고 있으며, 오랫동안 운영되어 월요의 중심지인 절강성지역에는 수백기의 가마가 분포하고 있다. 월요 청자는 일찍부터 해외에 수출되어 많은 영향을 끼쳤는데, 고려청자의 발생에도 가장 많은 영향을 주었다. 특히 육우가 『다경』에서 월주요 청자를 최고의 다완으로 소개하여 더욱 유명해졌다.

신라에 유입된 월요 청자는 다른 자기에 비해 수량도 많고 기종도 다양한데 그 중에서도 완과 발이 절대적으로 가장 많은 수량을 차지하고 있다. 이는 월주요의 남방 청자를 최고의 다완으로 예찬한 육우의 『다경』이 신라에도 많은 영향을 미쳤기 때문으로 판단된다. 청자는 음다도구인 완과 발 이외에도 합과 호, 병, 항, 주자 등이 소량 확인되고 있는데, 호는 대호와 아주 작은 호가 함께 확인되고 있다. 이들 기종들 역시 다도구로 이용되었던 것으로 판단된다. 이들 청자들은 대부분 특별한 문양은 없으나 경주 동천동 출토 잔 받침의 경우 음각초화문을 시문하고 있어 매우 특별한 제품임을 알 수 있다. 잔 받침은 매우 이례적인 기종이며 무늬도 갖추고 있어 사용자의 지위가 상당하였던 것으로 판단된다. 그리고 문양은 없으나 구연을 살짝 오려내거나 그릇의 측면을 살짝 눌러 꽃 모양으로 성형한 완과 발이 광양 옥룡사지와 익산 미륵사지, 홍성 신금성, 부여 부소산성 등에서 확인되고 있다(사진14).

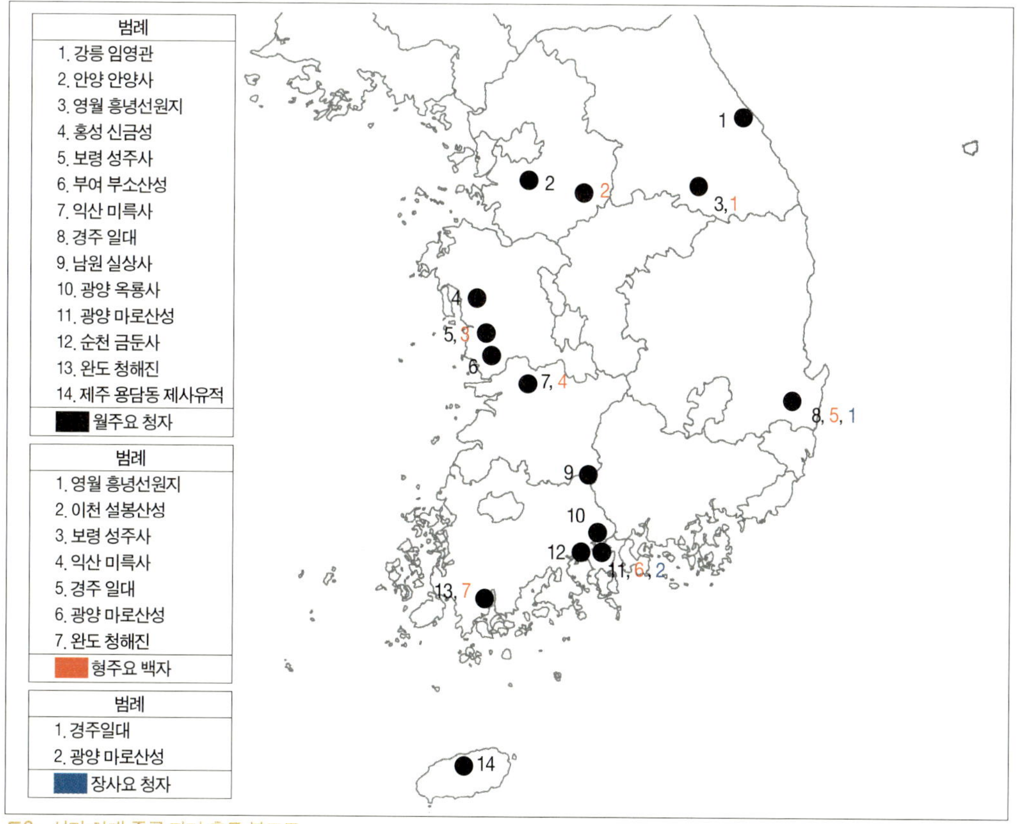

사진14_ 청자화형완
익산 미륵사지

형주요 백자

　월주요 청자 다음으로 많이 출토되고 있는 중국 자기는 백자이다. 백자는 형주요와 정요에서 주로 생산되었는데, 신라에 유입된 백자는 형주요 생산품이 대부분이다. 형주요는 하북성 남부의 임성현臨城縣과 내구현內邱縣을 중심으로 운영하였던 당대唐代의 대표적 백자 요장이다. 당나라 이조李肇의 『국사보國史補』에는 형요의 백자완과 단계자석연端溪紫石硯이 천하에 귀천 없이 통용되었다고 기록되어 있어 널리 사용되었음을 알 수 있다. 또한, 육우는 『다경』에서 형주의 백자를 월주요 청자와 비교하여 구름의 흰색과 은의 질감에 비유하면서 그 아름다움을 설명하고 있다. 형주요 백자는 청자와 함께 해외에 널리 유출되어 일본과 중동 등에서도 확인되고 있다. 정요定窯는 하북성 곡양현曲陽縣 간자촌澗磁村 일대을 중심으로 분포하고 있는데, 형주요 백자의 영향을 받아 당唐 말기 9세기에 시작

534

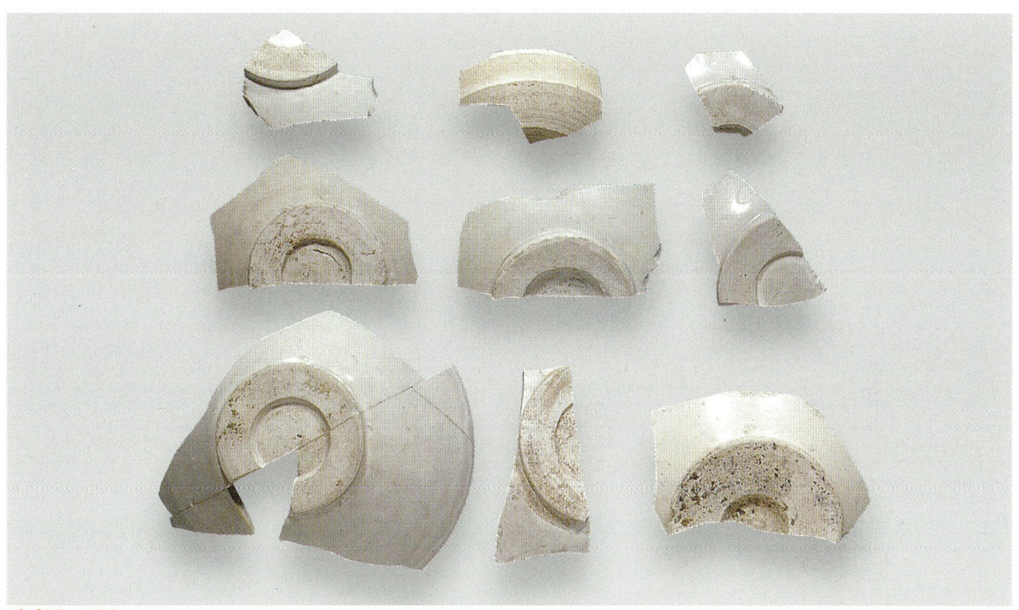

사진15_ 백자
경주 왕경

사진16_ 백자
경주 안압지

사진17_ 백자
광양 마로산성

사진18_ 백자완
이천 설봉산성

하여 송대宋代의 대표적인 백자 요장으로 운영되었다.

　신라에 유입된 중국 백자는 청자에 비하면 수량도 많지 않고 경주를 중심으로 영월 흥녕선원지와 이천 설봉산성, 울산 반구동 항구 유적, 보령 성주사지, 익산 미륵사지, 남원 실상사, 광양 마로산

536

성, 완도 청해진 등 한정된 지역에서만 출토되고 있다. 그릇의 종류는 경주 황룡사와 완도 청해진에서 출토된 호가 일부 알려져 있으나 다완으로 사용하기 위한 완과 발이 절대적으로 많은 수량을 차지하고 있어 특정 기종만을 수입하였을 가능성이 있다. 이들 백자완은 대부분 그릇 전면全面을 시유한 다음 굽바닥을 깨끗하게 닦아내고 있으며, 구연부의 외측을 도톰하게 성형한 옥연형玉緣形으로 이 시기 형요계 백자의 특징을 잘 갖추고 있다. 한편 청자에 비해 백자완의 출토 수량이 많지 않은 것은 육우가 『다경』에서 형주의 백자완보다 월주요의 청자완을 최상이라고 평가한 것에서 영향을 받았을 가능성이 많다. 이런 영향 때문인지 백자보다 적은 수량이 유입된 장사요 청자보다 그릇의 종류가 한정되고 있다. 그리고 백자가 청자에 비해 한정된 지역에서 소량 출토되고 있는 것은 특정인들이 청자보다 백자를 선호하였던 결과일 수 있다. 즉 청자보다 백자를 더욱 애호하였던 특정 소비자들을 위해 백자 완이 일부 유입되어 사용되었던 것으로 판단된다.

장사요 청자

월주요 청자와 형주요 백자 이외에 신라에 유입된 자기는 장사요 청자이다. 장사요는 중국 호남성湖南省 장사시長沙市 망성현望城縣을 관통하는 상강湘江의 동쪽 기슭에 위치한 동관진銅官鎭과 석저石渚 와사평瓦渣坪, 석저 북쪽의 고성촌古城村 일대에 분포하는데 고성지역이 가장 핵심 요장이다. 상강은 북으로 동정호洞庭湖와 장강長江으로 이어지는 곳으로 수상교통이 편리하고 수자원이 풍부하며 수목이 우거져 땔감이 풍부하다. 또한 주변에 다량의 자토瓷土가 분포하고 있으며, 용요龍窯를 설치하기에 적합한 지형조건을 갖추고 있어 많은 가마가 운영되었다.

신라에 유입된 장사요 청자는 현재까지 7점이 확인되고 있는데 첩화기법貼花技法을 이용하여 문양을 시문한 청자갈반첩화문주자靑瓷褐斑貼花文注子가 4점이며, 청자갈녹채비조문주자靑瓷褐綠彩飛鳥文注子와 청자쌍이호靑瓷雙耳壺, 청자완이 각 1점씩 확인되고 있다. 소량이지만 기종이 주자와 완·호로 매우 한정되어 있음을 알 수 있다. 그

사진19_ 청자첩화인물문주자
전 경주

가운데 주자가 가장 많은 수량을 차지하고 있어 장사요 생산품은 주자가 신라에서 선호되었을 가능성을 시사하고 있다. 출토지는 전라남도 광양 마로산성에서 출토된 청자갈녹채비조문주자를 제외하면 모두 경주지역에서 출토되고 있다. 경주지역에서 출토된 장사요 청자는 왕경 유적을 비롯하여 분황사와 추정 인용사지, 골호로 사용된 배동 출토품과 경주 출토품으로 전하는 청자갈반첩화인물문주자靑瓷褐斑貼花人物文注子 등이 알려져 있다. 신라에 유입된 장사요 청자는 중국 장사요의 변천과정과 비교하였을 때 9세기 전반 생산된 것으로 판단되며, 무역품을 대량 생산하였던 장사요의 특징으로 볼 때 생산 시기와 같은 시기에 신라로 유입되었던 것으로 추정된다(신준 2011:128~132).

장사요 청자는 대외 교역을 목적으로 대량 생산하여 중국뿐만 아니라 일본과 동남아 등에서 많은 수량이 확인되고 있는데 비해 국내에서는 극히 소량만 확인되고 있어 신라인들이 장사요 청자의 색감이나 문양을 선호하지 않았던 것으로 추정된다. 즉 월주요 청자와 다른 색감과 문양이 신라인들의 미감과는 맞지 않아 소량 유입되었다고 생각된다. 이는 중국 청자를 매우 적극적으로 선호하였던 일본인들이 고려 청자는 매우 소극적으로 수입하고 있는 것에서도 유추할 수 있다(한성욱 2008:463~467).

_중국 자기의 용도와 품질

앞에서 검토한 것처럼 신라에 유입된 중국 자기 가운데 청자와 백자는 대부분 완이 중심을 이루고 있음을 알 수 있다. 청자는 이외에 발과 합, 호, 병, 항, 주자, 잔 받침, 향로 등이 소량 확인되고 있으며, 호는 대호와 아주 작은 호가 함께 확인되고 있다. 그러나 수도인 경주와 해상활동의 중심지였던 청해진을 제외한 유적에서는 완 이외의 기형은 극소량에 불과하여 두 지역의 정치적 경제적 위상을 미루어 짐작할 수 있다. 특히 경주는 가장 많은 수량과 다양한 기종이 유입되고 있는데, 향로와 합, 잔 받침 등은 다른 지역에서는 출토된 사례가 없어 최고의 소비지였음을 알 수 있다(이희관 2013a:163~182).

백자는 일부 유적에서 작은 호가 알려져 있으며, 장사요 청자는 주자를 중심으로 호와 완이 각 1점씩 확인되고 있다. 이와 같이 신라에 유입된 중국 자기들은 음다에 가장 필수적인 완을 비롯하여 다도구에 필요한 용기들이 절대적임을 알 수 있다. 청자와 백자 등 자기들이 다도구로 주로 애용된 것은 열전도율이 비교적 낮아 보온에 유리하고 뜨거운 액체를 담거나 따라서 마시는데 적합하였기 때문이다. 이 가운데 가장 많이 사용된 것이 직접 차를 담아 마시는 다완이다. 이는 자기가 갖는 촉감의 이로움과 시각적인 미감을 갖추고 있었기 때문으로 판단된다. 그리고 완의 경우 다양한 형태가 제작되었으나, 신라에 유입된 완은 구성이 매우 단조로워 특정한 기형이 다완으로 선호되어 수입되었음을 알 수 있다. 이외에 역시 다완으로 사용되었던 발이 많이 확인되고 있으며, 주자와 병, 호, 항은 차물을 덥히거나 따르는 용도로 사용되었을 것으로 판단된다. 잔 받침은 다완을 받쳤던 용도로 추정된다. 또한 합과 소형호는 현재도 차를 보관하는 용기로 널리 사용되고 있어 이들 그릇들이 차를 즐기는 도구로 유입되었음을 쉽게 알 수 있다.

이와 같은 다도구 중심의 자기문화는 고려에도 그대로 이어져 시흥 방산동 등 고려 초기 청자 가마의 생산품에서도 비슷하게 확인되고 있다(해강도자미술관 2001). 이들 고려 초기청자 요장에서 확인되는 출토품은 발과 완, 접시, 잔, 잔 받침, 주자, 병, 호, 합, 제기, 타호唾壺, 장고, 벼루 등으로 기종이 비교적 단순하다. 이 가운데 출토품의 거의 절반을 차지할 정도로 가장 많이 확인되는 것이 완이며, 이외에도 역시 다완으로 사용되었던 발과 음다 도구로 사용되었을 잔과 잔 받침이 있다. 또한 주자와 병, 호, 합도 차를 보관하거나 타는 용기로 사용되고 있어 대부분의 기물들이 차와 밀접한 관련을 맺고 있다. 따라서 초기청자 요장에서 생산한 기물이 신라 하대에 확산된 중국 자기와 관계가 깊으며 고려청자 발생에 중요한 역할을 하였음을 알 수 있다. 또한 해무리굽[玉璧底] 청자완을 모방한 도기 해무리굽완의 생산도 계승되어 강진지역에서 가장 빠른 청자 가마터 가운데 하나인 용운리 63호 가마터에서도 확인되고 있어(사진10) 신라 하대의 음다 풍속이 지속되고 있음을 알 수 있다.

한편 경주 배동 출토 청자 완과 호는 다도구로 유입된 후 골호骨壺의 내호(장사요 청자쌍이호)와 그 뚜껑(월주요 청자완)으로 용도가 변화된 매우 이례적인 사례이다(사진22, 강경숙 1987:218~220). 이외에도 경주 석장동 출토 청자완은 구연부가 파손된 것을 재가공하여 토기 골호의 뚜껑으로 사용하고 있어(국립대구박물관 2004:49) 주목된다. 그리고 중국 자기들은 경주 동천동 출토 잔 받침

사진20 _ 청자주자
제주 용담동 제사유적

사진21 _ 청자주자
寧波 和義路 遺蹟

의 음각초화문을 제외하면 특별한 문양은 없으며, 일부 구연을 살짝 오려 내거나 그릇의 측면을 살짝 눌러 화형으로 성형한 사례들이 있을 뿐이다. 이는 신라인들이 특별한 기교나 화려함을 피해 참선에 맞는 단아한 그릇들을 선호하였기 때문으로 추정된다.

신라에 유입된 중국 자기 가운데 경주 왕경 유적 출토품은 대부분 갑발을 이용하여 단독 번조하였다. 또한 유약은 그릇 전체에 시유施釉하였으며 유층이 균일하고 유색은 담청녹색이나 담녹색을 띠는 등 일정한 품질 이상의 고급품이 대부분이다. 경주 이외의 지역에서 출토되는 청자들은 품질이 낮아 성형이 거칠고 그릇 내면에

사진22_ 청자골호
경주 배동

받침 흔적이 있으며 굽 부분을 시유하지 않은 것들이 많다. 그러나 완도 청해진 출토품은 양질과 조질 등 다양한 품질이 확인되고 있어 주목된다. 이는 경주의 경우 신라의 지배층이 거주하는 곳임을 반영하는 것이며, 청해진은 당시 교역의 중심지 역할을 하고 있었기에 가능하였다고 판단된다. 즉 중국 고급 자기는 주로 청해진을 통해 경주로 공급되었으며, 이외는 지방 해상세력에 의해 소량 유입되었던 결과로 추정된다(이희관 2013a:182).

__출토 지역의 검토

신라에 유입된 중국 자기는 현재까지 왕경인 경주에서 많이 출토되었는데, 이는 수도로서 경제력과 정치력을 보유한 가장 많은 소비자가 몰려 있었기 때문이다. 예나 지금이나 수도는 보수성도 있으나 시대적 변화에 가장 민감하고 새로운 문물을 가장 먼저 받아들여 소비하는 곳이라고 할 수 있다. 출토유적은 왕경의 경우 안압지와 황룡사 등 왕실과 사찰을 비롯하여 일반 주거 유적에서도 많은 수량이 확인되고 있다. 또한 지방에서는 사찰과 성곽, 제사유적에서 주로 출토되고 있어 중국 자기가 지배층을 위한 그릇이었음을 쉽게 알 수 있다. 그리고 중국 자기는 골호骨壷로 사용된 경주 배동과 석장동 출토품을 제외하면 모두 생활유적에서 출토되어 음다를 위한 일상 용기로 사용되었음

을 고고학적인 조사를 통해서도 알 수 있다.

　신라에는 8세기 후반~9세기 전반부터 중국 자기가 본격적으로 유입되고 있는데 이 시기는 사찰보다 지배층의 거주지 등에서 많이 출토되고 있어 특징적이다. 월요 청자의 가장 큰 소비지인 경주지역 출토 청자완을 살펴보면 9세기 전반 생산품은 대부분 사찰 이외의 유적에서 출토되는 특징을 보여주고 있다. 따라서 이 시기에는 골품 귀족들이 중국 자기 수요층의 중심을 이루고 있었으며, 사찰에서 아직 음다 풍습이 일반화되지 않았음을 알 수 있다. 경주 이외의 사찰에서도 9세기 전반에 생산된 청자완의 출토 사례가 많지 않아 이 시기에는 사찰에서 음다가 일반화되지 않았음을 재차 확인할 수 있다. 이와 같은 신라 지배층들의 음다 풍습은 중국의 영향에 의한 유행으로 진정한 음다보다 귀족들의 권위를 위한 위세품적 성격도 있었을 것으로 추정된다. 당대는 중국의 다예茶藝가 완성되어 정형화되어 가던 시기로 760년경 육우에 의해 『다경』이 간행되었으며, 874년 조성된 법문사 지하 궁전에서 세련된 다도구들이 출토되고 있어 중국에서는 이미 음다 문화가 널리 확산되어 있었으며 신라 지배층들도 이를 인식하고 있었을 것으로 판단된다. 그러나 9세기 후반이 되면 사찰에서 월요 청자가 현저하게 증가하여 경주지역의 경우 절반 가량을 차지하며 기종의 대부분은 완이다. 이러한 출토 상황은 경주 이외의 지역도 유사하여 이 시기에 이르러 사찰이 새로운 음다 계층으로

사진23_ 청자
경주 왕경

사진24_ 청자
경주 안압지

등장하였음을 알 수 있다(이희관 2013a:185~188). 9세기 후반은 중국으로부터 선종禪宗이 유입되어 구산선문九山禪門이 개창되는 중심 시기로 선종은 교종教宗과 달리 인간의 타고난 본성이 곧 불성佛性임을 강조하고 있다. 이를 깨치기 위한 견성오도見成悟道의 방법으로 참선參禪을 행하는데, 오랜 시간 참선하면 집중력이 흩뜨러지고 졸음이 오게 마련이다. 이러한 생리적인 현상을 억제하기 위해 차를 마시는데, 차의 주요 성분 가운데 하나인 카페인이 강력한 각성 효과를 가지고 있기 때문이다. 따라서 음다는 수행에 있어 반드시 필요한 요소로 구산선문의 개창과 더불어 점차 확산되고 선종의 교세가 확장되면서 다완의 수요가 크게 늘어났던 것으로 판단된다. 경주지역은 선종과는 일정한 거리가 있는 교학불교教學佛教가 중심이었으나 경주의 사찰에서도 적지 않은 다기들이 출토되고 있어 음나문화가 그들에게도 일징한 영향을 미친 것으로 추정된디. 시찰에서 음다는 하나의 추세가 되었으며, 귀족들과 함께 음다문화를 선도하는 계층으로 자리잡아 중국 자기의 주요 소비자가 되었던 것이다(이희관 2013b:62~63).

그런데 신라하대에 청해진이 설치되고 구산선문을 비롯한 선종 사원의 사세가 왕성하였던 전라도 서남해안 지역은 현재까지 장보고 대사의 청해진과 익산 미륵사, 남원 실상사, 순천 금둔사, 광양 옥룡사를 제외하면 중국 자기가 확인되고 있지 않아 매우 이례적이다. 특히 이들 서남해안은 장흥 보림사와 곡성 태안사, 화순 쌍봉사, 강진 무위사 등 핵심적인 선종 사찰이 많이 분포하고 있음에도

542

불구하고 출토 사례가 거의 없어 검토가 요구된다. 그리고 광양 마로산성의 경우 월요 청자와 형요 백자, 장사요 청자 등 신라 하대에 유입된 중요 중국 자기가 모두 확인되고 있어 매우 특징적이다. 이들 자기가 모두 확인되는 유적은 경주에서도 황룡사와 왕경에서만 확인되고 있어 향후 음다와 관

사진25_ 청자
영월 흥녕선원

사진26_ 청자
완도 청해진

련하여 마로산성 지배층의 성격을 규명할 필요성이 있다. 한편, 그동안 장보고에 의해 설진된 청해진의 핵심적 시설로 주목받았던 장도유적(국립문화재연구소 2001·2002)에서 출토된 월주요 청자를 분석하여 이들이 9세기 후반~10세기 전반에 제작된 옥환저완이 중심을 이루고 있어 검토가 필요하다는 주장이 제기되었다(이희관 2012:159~207). 즉 장도 출토 중국 자기들이 청해진이 폐진된 851년 이후에 유입되었다는 것으로 이는 청해진뿐만 아니라 9세기대 중국 자기의 유통에 대한 장보고 대사의 역할에 대해서도 검토가 필요함을 의미한다. 또한 앞서 제기한 청해진 주변에 분포하는 서남해안지역의 중국 자기 부재와도 비교할 필요성이 있다.

__맺음말

신라의 자기문화를 대표하는 중국의 청자와 백자는 신라가 당과 본격적으로 교류하면서 신라 자체의 필요성과 대외 수출품으로 자기를 외국으로 대량 수출하던 중국의 정책에 의해 많은 수량이 유입되어 경주를 비롯한 많은 곳에서 음다 용기로 사용하였다. 신라에 유입된 중국 자기는 신라의 문화생활을 윤택하게 하는 것에도 기여하였으나 무엇보다 고려

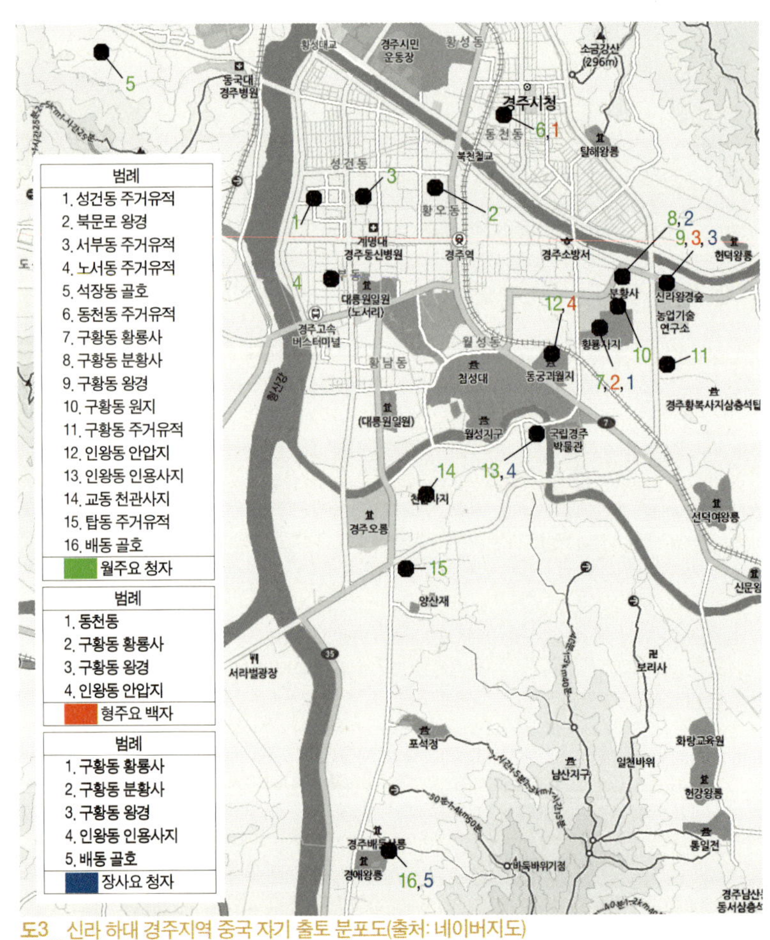

도3_ 신라 하대 경주지역 중국 자기 출토 분포도(출처: 네이버지도)

자기 탄생을 선도하였다. 다구^{茶具} 특히 다완에 대한 욕구는 중국으로부터 수입의 한계점을 극복하기 위한 고려 자기 발생에 지대한 영향을 끼쳐왔고 그것이 바로 고려 자기 탄생의 결정적 계기 가운데 하나가 되었다. 즉 신라에 유입된 당대 청자와 백자 다도구가 한반도 도자의 탄생을 가져 오는데 중요한 배경이 되었던 것이다.

신라의 자기문화를 풍성하게 하였던 중국 자기 가운데 월주요 청자와 형주요 백자가 대부분을 차지하는 것은 중국의 차문화가 확산된 결과이며, 육우의 『다경』이 신라에도 깊은 영향을 미쳤던 결과이다. 특히 육우가 극찬하였던 청자 이외에 백자가 유입되었던 것은 중국 다완을 수용하였던 수요층의 미감이 다양하여 청자보다 백자를 선호하였던 수요자가 존재하였던 결과로 판단된다.

신라에 유입된 중국 자기는 9세기에 시작되어 수도인 경주를 중심으로 장보고 대사가 설진하였던 완도의 청해진을 비롯하여 전국에서 확인되고 있다. 이 가운데 가장 많은 수량이 출토되고 품질도 우수한 곳은 역시 경주지역이다. 또한 선종 불교의 중심지인 구산선문이 개창하는 9세기 중반 이후 음다문화가 확산되면서 유입이 증가하며 지방에도 확산됨을 알 수 있다.

중국 자기에 대한 본격적인 연구는 아직 많이 부족한 것이 현실이다. 앞으로 이에 대한 지속적인 관심과 출토유물에 대한 정리와 검토가 필요하다. 그리고 당삼채^{唐三彩}를 포함하여 다양하게 유입된 중국 도기를 포함한 폭 넓은 정리와 검토 연구가 함께 진행되어야 하겠다(사진27·28). 무엇보다 북한지역에서 출토되고 있는 중국 자기에 대한 이해도 향후 필요한 과제이다.

사진27_ 도기삼채골호(陶器三彩骨壺)
경주 조양동

사진28_ 도기갈유사이호(陶器褐釉四耳壺)
완도 청해진

참고문헌

보고서·도록

강원문화재연구소, 2005, 『강릉 관아지』.

______________, 2008, 『영월 흥녕선원 1·2차 시굴조사 보고서』.

경기도박물관, 2004, 『여주 중암리 고려백자요지』.

국립경주문화재연구소, 2001, 『신라왕경발굴조사보고서』 I 유물도판.

______________, 2002, 『신라왕경발굴조사보고서』 I 본문.

국립공주박물관, 2011, 『중국 六朝의 도자』.

국립대구박물관, 2004, 『우리 문화 속의 중국 도자기』.

국립문화재연구소, 2001·2002, 『장도 청해진』 I·II.

국립전주박물관, 2014, 『진안 도통리 청자』.

국립중앙박물관, 2008, 『국립중앙박물관소장 중국도자』.

국립청주박물관, 1989, 『한국출토 중국도자 특별전』.

국립해양유물전시관, 2005, 『신라인 장보고-바닷길에 펼친 교류와 평화-』.

기전문화재연구원, 2007, 『용인 서리 상반 고려백자요지』.

세계도자기엑스포재단, 2001, 『동북아도자교류전』.

울산박물관, 2011, 『울산박물관 개관기념도록』.

조선관요박물관, 2005, 『청자의 色形-한국·중국 청자 비교전-』.

해강도자미술관, 2000, 『벽돌가마와 초기청자』.

______________, 2001, 『방산대요』.

호암미술관, 1987·2003, 『용인 서리 고려백자요』 I·II.

논저

강경숙, 1987, 「경주 배리 출토 토기 골호 소고」, 『삼불김원룡교수정년퇴임기념논총』 II, 삼불김원
    룡교수정년퇴임기념논총 간행위원회.

______, 2012, 『한국 도자사』, 예경.

김영원, 2004, 「한반도 출토 중국 도자」, 『우리 문화 속의 중국 도자기』, 국립대구박물관.

김인규, 2007, 『越州窯 청자와 한국 초기청자』, 일지사.

김재열, 2000, 「통일신라 도자기의 대외교섭」, 『통일신라미술의 대외교섭』 한국미술의 대외교섭 IV,

　　　　한국미술사학회.

裘纪平(김봉건 역), 2005, 『茶經圖說』, 이른아침.

류건집, 2007, 『韓國茶文化史』上, 이른아침.

방병선, 2012, 『중국 도자사 연구』, 경인문화사.

신준, 2011, 「중국 장사요의 편년과 한국 출토 장사요 자기 연구」, 『야외고고학』 12, 한국문화재조사
　　　　연구기관협회.

이귀례, 2002, 『한국의 차문화』, 열화당.

이종민, 2002, 「한국의 초기청자 연구」, 홍익대학교 대학원 박사학위논문.

이희관, 2011, 「한국 초기청자 연구의 현황과 문제점」, 『지방사와 지방문화』 14-2, 역사문화학회.

＿＿＿＿, 2012, 「완도군 장도유적 출토 越窯靑瓷의 제작시기 문제」, 『해양문화재』 5, 국립해양문화재
　　　　연구소.

＿＿＿＿, 2013a, 「경주지역 출토 越窯靑瓷」, 『한국고대사탐구』 15, 한국고대사탐구학회.

＿＿＿＿, 2013b, 「고려청자 출현의 수수께끼」, 『동국사학』 55, 동국사학회.

陸羽, 733, 『茶經』.

윤용이, 1993, 『한국 도자사 연구』, 문예출판사.

정양모, 1991, 『한국의 도자기』, 문예출판사.

한성욱, 2008, 「일본 京都 출토 고려청자의 현황과 성격」, 『한국중세사연구』 25, 한국중세사학회.

홍보식, 2011, 「9세기(통일신라) 자기 생산설 비판」, 『박물관연구논집』 17, 부산박물관.

_편집을 마치며

신라 문화는 삼국의 문화를 융합하여 한국 문화의 토대를 형성하였다. 그럼에도 신라 문화에 대한 연구는 그 대부분을 차지하는 자료가 고고학임에도 불구하고 문헌사학의 연구를 중심으로 이루어져왔다.

신라사 연구가 문헌사 중심인 것은 고구려, 백제, 가야문화에 대한 연구가 문헌, 고고 양면에서 활발하게 행해진 것과는 현격한 차이를 보이고 있다.

신라 고고학은 출토 자료의 질과 양으로 볼 때 삼국시대 고고학의 가장 중요한 분야라 할 수 있다.

그럼에도 고고학을 통하여 신라사를 종합한 연구는 이제까지 시도되지 못했다. 그래서 이 책은 고고자료로서 신라의 역사와 문화를 종합하는 것을 목적으로 하였다.

또한 이 책은 신라 고고학에 대한 입문서로서의 역할과 시민을 위한 교양서의 역할을 겸하고자 하였다. 그래서 많은 도판을 삽입하여 신라의 역사와 문화를 시각적으로 접할 수 있게 하였다.

편자는 삼국시대 고고학개론이 없는 것에 항상 안타까움을 느껴왔다. 언젠가는 편자가 특히 관심이 있는 신라, 가야 고고학에 대한 개론서를 발간하고자 생각하고 있었다. 가야 고고학도 현재 집필이 진행되고 있다.

그런데 편집을 마치고 보니 집필 기간이 1년에 불과하여 정연한 체계를 갖추지 못했다는 생각이 든다. 그럼에도 이 책을 학계에 내놓는 것은 문헌사학에 치우친 신라사연구의 현황을 극복하고, 나아가 앞으로의 과제가 무엇인지 연구의 이정표를 설정하기 위함이다.

본서의 출간은 중앙문화재연구원 조상기원장님의 관심과 배려에 의해 이루어졌다. 원장님 이하 중앙문화재연구원 관계자분들께 감사드린다.

그리고 좋은 논고를 보내주신 집필자 여러분과 본서의 실무를 담당한 경북대학교 대학원 고고인류학과의 임영재, 박정현군과 교정에 힘써준 김우대군에게 고마움을 표한다. 마지막으로 좋은 책을 만들어주신 김영진사장님 이하 진인진 관계자 여러분께 감사드린다.

2014년 10월 15일 복현동산에서 박천수